MANUALE
SACRARUM CAEREMONIARUM
IN LIBROS OCTO DIGESTUM

A

PIO MARTINUCCI
APOSTOLICIS CAEREMONIIS PRAEFECTO

LIBER SEXTUS

ROMAE MDCCCLXXII
TYPIS BERNARDI MORINI

TAURINI		PARISIIS
APUD PETRUM MARIETTI EQ.		APUD VICTORIUM PALMÉ
TYPOGRAPHUM PONTIFICIUM		EDITOREM ET BIBLIOPOLAM

ROMAE APUD B. MORINI

Etiam quod ad versiones in aliud quodcumque idioma spectat, ius proprietatis sibi auctor reservat.

SACRARUM CAEREMONIARUM
MANUALE

LIBER VI.

DE ADVENTU.

CAPUT I.

1. Quoniam Adventus tempus est luctus et moestitiae, adhibendus est color violaceus, et quicumque ex Altari et choro removendus ornatus, qui laetitiam et festivitatem praeseferat.

2. Thronus Episcopi parabitur lodicibus sericeis coloris violacei et gradus illius cooperientur tapeto e panno violaceo. In faldistorio, quo utetur Episcopus orandi caussa, apponentur pulvini e serico violaceo. Altare ornabitur pallio violaceo, tapeto simili super gradibus, et inter candelabra non interponentur signa aut busta Sanctorum nec Reliquiaria cum S. Reliquiis, nec vasa cum floribus.

3. Ornatus autem throni Episcopalis servari poterit diebus etiam ferialibus, quibus occurrat aliud officium de ritu duplici aut semiduplici, dummodo nullum incideret festorum solemnium, in quibus celebret Episcopus, aut assistat Missae solemni, ut fit in celebritate de Immaculata B. Virginis Conceptione. Hoc enim casu variandus erit etiam throni apparatus.

4. Methodus superius innuta pro ornatu Altaris, throni, chori etc. observabitur in 1. 2. et 4. Dominica Adventus, in quibus Ministri sacri induentur planeta ante pectus plicata nec sonabitur organis. In hisce Dominicis si Episcopus assistet Missis solemnibus, utetur cappa.

5. In tertia Dominica, quae dicitur *Gaudete*, ad Missam solemnem tantum, ut praescribit Caeremoniale Episcoporum lib. II. cap. XIII. num 11. adhibebitur color rosaceus. Ministri sacri utentur dalmatica et tunicella, sonabitur organis (Caerem. Episc. lib. I. cap. XXVIII. num. 2.) et licebit interponere candelabris vasa cum floribus. Thronus tamen Episcopi servabitur paratus, ut in aliis Dominicis, itemque chorus, excepto Altari, ut supra dictum est, in Missa tantum solemni. Si hac in Dominica Episcopus assistet Missae indutus pluviali, utetur pluviali coloris rosacei et mitra pretiosa. Hoc uno casu in faldistorio, quo geniculabit Episcopus paratus, licebit pulvinos duos rosacei coloris apponere.

6. Quod ad antiphonas maiores, observabitur quod traditum fuit lib. II. cap. XII. num. 6. et 7.

IN VIGILIA NATIVITATIS DOMINI.

CAPUT II.

Observabitur quod praescriptum est lib. II. cap. XIII. de cantu Martyrologii et de Missa solemni. Martyrologium cantabitur a Canonico, vel ab uno ex Mansionariis seu Beneficiariis pro consuetudine cuiusque ecclesiae.

DE DIE NATALI D. N. I. C.

CAPUT III.

1. Ecclesia ornabitur nobiliter, ut assolet in festis principalibus, excepta porticu et fronte, quemadmodum praescribit Caeremoniale Episcoporum lib. I. cap. XII. num. 3.

2. In hac solemnitate Episcopus cantabit Missam solemnem; quapropter cantare debebit primas Vesperas ritu descripto cap. VIII. libri V.

3. Ad multam noctem cantabitur Matutinum, prima Missa et Laudes; aequum autem esset, ut Cathedralis, quod ad horam Officii, praecederet ceteras omnes urbis ecclesias.

4. Post Vesperas disponentur ea omnia, quae ad functionem nocturnam poterunt opus esse.

5. In presbyterio et in choro aderunt sufficienti numero candelabra cum intorticiis, quibus illustrari possit chorus. Caeremoniale praescribit « sex vel octo funalia cerae albae, « vel quot erunt necessaria pro consuetudine et dispositione loci ». Non videtur idcirco fore abs re, si pro intorticiis adhiberentur candelabra, cum pluribus luminibus cerae in singulis, quae valerent ad ornatum simulque ad usum illustrandi chorum. Hoc ipsum fiet per ecclesiam, quae usquequaque illustranda erit luminibus, praesertim si extarent in ea latibula aut recessus.

6. Designabitur unus vel plures custodes, qui bono ordini advigilent in ecclesia, ut vitentur mala, quae favore noctis occurrere possunt.

7. Si Episcopus cantabit Missam, praeparabitur, praeter consuetos, alter abacus contectus albo mantili, in quo disponentur omnia paramenta ad Sacrum peragendum et pluviale quoque cum formali, quo induetur Episcopus in fine Matutini. Sin Missam non celebrabit, sed intererit illi, praeparabuntur in abaco supradicto paramenta, quae praescribuntur pro assistentia.

8. Quando Missa cantetur ab Episcopo, Canonici quum tempus erit se parabunt in choro ipso, ideoque prospicietur, ut paramenta quae opus sunt, ordinatim contineantur canistris in Sacristia, ut debito tempore in chorum transferantur.

9. Item relate ad ornamentum Altaris, observabitur quod traditum est respectivis capitulis libri V. tum pro Matutino, tum pro Missa ab Episcopo cantata, aut ipso assistente, celebrata.

10. Curabitur, ut super abaco praeparatae sint plures

candelae subtiles in usum Episcopi et Canonicorum, qui cantare lectiones debebunt. In altero abaco, ubi disponentur sacra vasa, praeparabitur etiam vasculum argenteum, operculo clausum, aquae plenum cum purificatorio pro digitorum Episcopi purificatione.

11. Hora praestituta sonabunt in laetitiae argumentum omnia aera campana, accendentur in ecclesia lumina et aperientur eius portae.

12. Deinde signo dato, ut assolet, campanula Sacrarii, proficiscentur Canonici ad associandum Episcopum, qui ecclesiam ingressus orabit apud Altare SS. Sacramenti, postea ad Altare maius et ascendet in thronum. Tunc incipietur Matutinum solemne ritu descripto cap. VII. libri V.

13. Nocte ista servabitur ritus, qui proprius est, ab Episcopo si Missam cantabit, videlicet ad intonationem hymni *Iesu Redemptor omnium* attollet iungetque manus et inclinabit caput versus Altare ob reverentiam Divinae Incarnationis.

14. Ad cantum sexti responsorii post lectionem sextam, Caeremoniarius ducet ad abacum quatuor Acolythos ac duos familiares Episcopi, veste talari indutos, et uni ipsorum tradet caligas et sandalia, cooperta duplici velo consueto. Advertet etiam, ut Cappellanus a libro accipiat Canonem pontificalem et adsit prope thronum simul cum altero cappellano scotulam ferente.

15. Statim ac intonabitur antiphona prima *Ipse invocabit me* tertii nocturni, duo Canonici Diaconi assistentes consurgent, de suo stallo descendent, in medio choro conficient reverentiam ad Altare, venient ante thronum et reverentiam facient ad Episcopum, ascendent ad thronum et consistent in loco assistentiae.

16. Ad intonationem primi psalmi tertii nocturni *Misericordias Domini* etc. se sistent Episcopo duo Cappellani cum libro et scotula. Episcopus recitabit alternatim cum Diaconis assistentibus psalmos *Quam dilecta* et reliquos pro praeparatione ad Missam, ritu praescripto pro Missa solemni cap. IX. libri V.

17. Eodem tempore de abaco discedet Caeremoniarius,

dein quatuor Acolythi, postremo duo familiares nobiles Episcopi, qui facta ad Altare in medio choro seu presbyterio genuflexione, tum ad Episcopum ante thronum, ascendent in throni planum. Acolythi geniculabunt a lateribus Episcopi, bini in singulis lateribus, et eius cappae fimbrias hinc inde attollent: duo familiares tollent Episcopo calceos usuales eique reponent caligas et sandalia. Acolythi fimbriis cappae cooperient praedictos familiares, dum caligas et sandalia Episcopo, ut supra, inducent. Postea eodem ordine, quo accesserunt ad thronum, discedent ab ipso et exsequentes debitas genuflexiones redibunt ad abacum, ubi familiares deponent vela, quibus tegebantur caligae et sandalia. Acolythi se recipient ad locum suum.

18. Postquam Episcopus legerit psalmos et preces, de throno recedent Cappellani cum libro et scotula et Diaconi assistentes ordine supra dicto redibunt ad stallum suum.

19. Sub finem psalmi tertii eiusdem nocturni, Diaconus et Subdiaconus, qui debebunt Missae solemni inservire, discedent de choro et ibunt in sacristiam, comitantibus duobus Acolythis, vel clericis, ibique eisdem adiuvantibus, induent respectiva sacra paramenta.

20. Dum cantabitur octavum responsorium, Caeremoniarius invitabit clericos ad abacum, eisque distribuet sacra paramenta Episcopi, videlicet amictum, albam, cingulum, Crucem pectoralem, stolam, pluviale, formale pretiosum, mitram pretiosam et baculum pastoralem.

21. In promptu etiam apud abacum aderunt ministri pro lotione manuum Episcopi.

22. Ad cantum eiusdem responsorii redibunt ad Altare, comitantibus supradictis clericis, Diaconus et Subdiaconus parati, qui locum sument in scamno sibi assignato prope Altare.

23. Diaconi assistentes redibunt, ut supra, ad assistentiam Episcopi.

24. Accedent etiam ad thronum duo Acolythi cum candelabris pro cantu nonae lectionis.

25. Cubicularius Episcopi ascendet ad thronum, ut ipsi

tollat cappam, et consistet prope secundum Diaconum assistentem.

26. Praesto etiam erunt clerici cum paramentis Canonicorum in canistris et alii cum canistris ad recipienda indumenta choralia, quae Canonici ipsi dimittent.

27. Completo cantu octavi responsorii, assurget Episcopus cumque ipso ceteri omnes, et nonam lectionem cantabit.

28. Sub finem lectionis nonae ad thronum accedet Subdiaconus, consistet inter Acolythos et submissa voce praecinet Episcopo *Te Deum*.

29. Episcopus intonabit *Te Deum* et discedent a throno Acolythi cum candelabris, Subdiaconus et Cappellani a libro et scotula.

30. Ad cantum hymni praedicti sonabunt festivo more omnes campanae, chorus autem cantorum advertet, ut hymnum cantet commode, intercalando organorum sonum, ut graviter et accurate peragantur omnes sequentes actiones.

31. Episcopus, intonato *Te Deum*, descendet de cathedra in planum throni et adiuvantibus Diaconis assistentibus, cappam dimittet. Cubicularius cappam recipiet, expediet extremitatem posteriorem vestis, de throno discedet, referet cappam in Sacristiam et ibi complicabit ipsam, siquidem utenda est iterum ab Episcopo, completo officio.

32. Presbyter assistens ascendet a latere in planum throni, recepturus annulum Episcopi et mantile ipsi ministraturus in lotione manuum.

33. Statim ac descendet Episcopus in planum throni, discedent ex abaco ministri lotionis, qui accedent ad thronum, ministraturi lotionem Episcopi manibus. Episcopus adstans in pedes, manus lavabit. Presbyter assistens mantile porriget ei cum osculis consuetis; tum discedet de throno et se recipiet ad locum suum. Item a throno abeuntes cum debitis genuflexionibus ad abacum recedent ministri lotionis.

34. Postquam ad thronum pervenerint ministri lotionis, proficiscentur de loco suo Diaconus et Subdiaconus, sequentibus clericis, qui deferent praedicta paramenta Episcopi. Ministri sacri et clerici cum paramentis operam dabunt, ut adsint ad pedem throni, statim atque Episcopus manus abluerit.

35. Ascendent in planum throni Diaconus et Subdiaconus et successive clerici cum paramentis. Diaconus, adiuvante Subdiacono, paramentis praedictis induet Episcopum.

36. Diaconi assistentes, ubi ascenderint ad thronum sacri Ministri, de throno ipsi discedent et ad subsellia sua redibunt, ibique dimittent indumenta choralia seque parabunt amictu et dalmatica.

37. Ubi Diaconus incipiet parare Episcopum, intrabunt in chorum clerici cum paramentis pro Canonicis et unusquisque ipsorum in proprio stallo dimittet indumentum chorale et induet amictum ac paramentum, quod ei conveniet in ordine suo. Clerici referent e choro in Sacristiam canistros et indumenta Canonicorum.

38. Item prope abacum induent sibi pluviale quatuor Cappellani a baculo, a mitra, a libro et a scotula. Si Celebrans fuerit Metropolitanus, Subdiaconus qui gestabit Crucem Archiepiscopalem, se parabit in Sacristia, et paratus redibit ad Altare.

39. Diaconi assistentes, postquam induerint dalmaticam, redibunt ad thronum, ut officio assistentiae fungantur.

40. Diaconus igitur induet Episcopum amictu, alba, cingulo, Cruce pectorali, stola, pluviali et formali; postremo autem imponet ei mitram pretiosam et Episcopus recipiet sinistra baculum pastoralem. Presbyter assistens imponet annulum Episcopi digito.

41. Postea Diaconus cum Subdiacono reverentia facta ad Episcopum, descendent de throno et redibunt ad scamnum suum prope Altare.

42. Episcopus paratus ascendet in cathedram, sedebit, baculum deponet, a secundo Diacono assistente nudabitur mitra, deinde assurget in pedes eoque statu remanebit usque ad totum cantum hymni praedicti.

43. Quando Episcopus rediverit in cathedram et ceteri omnes iam parati aderunt suo quisque loco, cantabitur a cantoribus ℣. *Te ergo quaesumus* etc. in quo geniculabit Episcopus super pulvino posito in gradulo cathedrae, ceteri autem omnes genua submittent unusquisque loco suo.

44. Post cantum huius versiculi, ascendet ad thronum Presbyter assistens et consistet apud suum assistentiae scabellum.

45. Sub finem cantus eiusdem hymni, Caeremoniarius distribuet clericis reliqua paramenta Episcopi, videlicet tunicellam, dalmaticam, chirothecas et planetam et iubebit accendi septimum candelabrum iam praeparatum in Altari pro Missa solemni.

46. Sub hymni finem discedent ex abaco et procedent ad thronum duo Cappellani cum libro et scotula, deinde duo Acolythi cum candelabris propter orationem, quam cantabit Episcopus.

47. Completo cantu hymni praedicti, Episcopus cantabit *Dominus vobiscum* versus populum et iunctis manibus, deinde versus Altare *Oremus* et orationem *Concede, quaesumus* etc. Presbyter assistens librum sustinebit Episcopo in cantu huius orationis, post quam rursus subiunget *Dominus vobiscum*, ac responso a choro *Et cum spiritu tuo*, cantabitur commode a choro cum organis ℣ *Benedicamus Domino* cum *Deo gratias*.

48. Acolythi cum candelabris redibunt ad abacum post cantum orationis. Diaconus cum Subdiacono, sequentibus clericis, qui deferent paramenta Episcopi, redibunt ad thronum. Diaconus exuet Episcopum formali ac pluviali et adiuvante Subdiacono, induet illi tunicellam, dalmaticam, chirothecas et planetam, postea imponet ei mitram pretiosam. Priusquam autem Diaconus exuat Episcopum formali et pluviali, Presbyter assistens accedet ad Episcopum et ex eius digito educet annulum, quem custodiet apud se.

49. Interea dum Diaconus induet Episcopum, ut supra, Canonici descendent in presbyterium et circulum efficient; duo Acolythi accipient manipulos Diaconi et Subdiaconi, et Caeremoniarius, vel clericus alter Evangeliarium accipiet cum manipulo Episcopi et appropinquabunt ad thronum.

50. Postquam Diaconus cum Subdiacono paraverint Episcopum, recedent aliquantulum versus latera throni eisque ponetur manipulus ab Acolythis et Subdiaconus accipiet etiam Evangeliarium cum manipulo Episcopi.

51. Hoc tempore Presbyter assistens annulum digito Episcopi inducet cum osculis consuetis et Episcopus accipiet baculum sinistra. Benedictionem dabit Canonicis, qui ad subsellia redibunt.

52. Rebus omnibus rite dispositis, Episcopus ad Altare procedet. Praeibit Subdiaconus, qui ante pectus gestabit Evangeliarium cum manipulo; sequetur Presbyter assistens adstante ei a sinistris Diacono; deinde Episcopus medius inter Diaconos assistentes: caudatarius sequetur Episcopum eiusque extremitatem posteriorem vestis sustentabit; postremo duo Cappellani a mitra et baculo.

53. Episcopus postquam descenderit de throno, benedicet Clerum et progressus ante Altare, inchoabit Missam, quae cantabitur ritu praescripto cap. IX. lib. V.

54. Notandum quod in cantu ℣. *Et incarnatus est* etc. genuflectendum ab omnibus est; Episcopus genuflectet mitram in capite retinens, ceteri omnes capite nudato, suo quisque loco.

55. Praegustatio hostiarum et vini fiet a clerico aliquo, vel a cubiculario Episcopi, ne impediatur Sacristae celebratio Missae.

56. Ad Communionem Episcopi, Caeremoniarius ad Altare afferet vasculum argenteum aquae plenum cum purificatorio et ponet in Altari versus cornu Epistolae. Unus ex Acolythis afferet in latus idem calicis velum.

57. Post sumptionem Calicis, Episcopus relinquet calicem super corporali et iunctis manibus recitabit orationem *Quod ore sumpsimus* etc. Diaconus aut Subdiaconus, si nondum reversus erit ad Altare Presbyter assistens, calicem palla cooperiet. Diaconus item aut Subdiaconus vasculum praedictum extra corporale porriget Episcopo, qui recitans orationem *Corpus tuum Domine* etc. digitos purificabit et absterget purificatorio. Diaconus, relicto in Altari calici superponet patenam et velo ipsum cooperiet, ponens etiam purificatorium sub velo in latere corporalis.

58. Presbyter assistens deferet Missale cum cussino in cornu Epistolae, Subdiaconus descendet in planum et Diaconus reponet mitram Episcopo, qui lavabit manus ritu usitato et prosequetur atque complebit Missam, in qua non concedet Indulgentiam, quam largietur in tertia Missa.

59. Sacro peracto, Episcopus redibit in thronum, eum-

que sequentur etiam quatuor clerici recepturi paramenta missalia, et alteri duo, qui pluviale et formale reportabunt.

60. Episcopus in thronum reversus sedebit, deponet baculum et Ministri manipulos dimittent. Diaconus tollet mitram Episcopo et Subdiaconus manipulum. Postea Diaconus, adiuvante Subdiacono, exuent eum planeta, dalmatica ac tunicella eique reponent pluviale cum formali, Diaconus autem ei rursus imponet mitram.

61. Diaconus cum Subdiacono ad Altare revertentur. Diaconus veniet ad scamnum, Subdiaconus ad abacum, unde acceptis velis et comitatus a quatuor clericis, a Caeremoniario et a cubiculario Episcopi, redibit ad thronum. Ibi sandalia et caligae tollentur Episcopo eique reponentur calceamenta usualia.

62. Deinde Diaconus et Subdiaconus redibunt in Sacrarium, dimittent paramenta adhibita in Missa et super amictum imposito sibi paramento, quod eis conveniet, revertentur in chorum.

63. Canonici paramenta retinebunt ad Laudes, quae canentur ritu praescripto pro Vesperis primis, quando Episcopus pontificat Missam postridie et antiphonae praecinentur a Canonico, qui mane sequenti in tertia Missa ministrabit officio Subdiaconi, vel ab alio, pro consuetudine ecclesiae, ut monuimus cap. VIII. lib. V.

64. Sin Episcopus intonabit Matutinum et assistet Missae solemni, post *Te Deum* cantabit orationem ut supra, quo tempore Celebrans cum Ministris aderit apud Altare, observando quae tradita sunt respectivis capitulis libri V. nempe VII. de Matutino solemni et XIV. de assistentia Missae solemnis.

65. In hac Missa Episcopus geniculabit in cathedra, mitram capite retinens, ad cantum ℣. *Et incarnatus* et in fine Missae non concedet Indulgentias.

66. Sacro peracto, discedet Celebrans cum Ministris; Episcopus autem intonabit Laudes, quae canentur ritu praescripto cap. XII. eiusdem lib. V.

67. Post Laudes Episcopus associabitur ad residentiam

suam et claudentur portae ecclesiae, quae mundabitur, ac tollentur inde aut candelabra cum cereis eaque omnia quae nocte adhibita sunt, et praeparabitur totum id quod postridie mane opus est.

68. Si Episcopus velit secundam Missam ad auroram cantare, praeparentur in Altari maiore omnia ea, quae ad Missam opus sunt, non exceptis paramentis, quae disponenda essent in Secretario seu sacello in quo cantatur Tertia, siquidem Missa cum praecedenti hora Prima cantanda est apud Altare maius.

69. In accessu Episcopi ad ecclesiam observabitur ritus praescriptus: post brevem orationem ante SS. Sacramentum et apud Altare maius, ascendet in thronum et intonabit horam Primam. Sub finem psalmorum parabitur pluviali (quum iam sint parati Canonici). Subdiaconus cantabit Capitulum Primae, ut in aliis Missis pontificalibus. Episcopus cantabit orationem *Domine Deus omnipotens* etc. post quam, profectis Acolythis, sedebit cum mitra dum cantabitur Martyrologium. Prosequetur deinde Episcopus officium Primae in reliquis precibus, quo completo se parabit pro secunda Missa solemni.

70. In ipsa geniculabit Episcopus et ceteri omnes cum eo dum cantabitur ℣. *Et incarnatus*, ut in prima Missa. Si Calix aderit super Altare, Subdiaconus praesto erit cum Diacono ante Altare, quando adveniet Episcopus propter Offertorium, et conscendet suppedaneum a dextris et una cum Diacono. Tum Diaconus tollet velum de Calice, quem amovebit a medio et ponet versus latus suum super eodem corporali: accipiet hostias, iubebit fieri praegustationem earum, et unam ponet super patenam, quam tradet Episcopo propter oblationem. Postea iubebit fieri praegustationem vini et aquae; amovebit a Calice pallam, Calicem ipsum accipiet atque ita eum sustinens, ut mensam non contingat, infundet vinum et Subdiaconus aquam ritu praescripto. Diaconus non absterget purificatorio Calicem, sed ad colligendas guttas adhaerentes partibus internis, si opus erit, Calicem excutiet, ut guttae a vino colligantur: postea Calicem porriget Episcopo et cum ipso peraget oblationem. Interim unus ex Acolythis velum humerale ad Altare afferet et imponet humeris Subdiaconi, qui accipiet pate-

nam et observabit quae tradita sunt pro aliis Missis pontificalibus.

71. Si fiet Communio Cleri, videlicet clericorum Seminarii et aliorum qui Choro quidem addicti, sed non insigniti ordine presbyterali sunt, stabitur praescriptionibus notatis Cap. XI. libri V. Caveatur tamen, ne supersint aliae sacrae particulae in pixide, quae purificabitur ab Episcopo vel in hac Missa vel in tertia.

72. Relate ad purificationem et ablutionem, observabitur quod superius ad Missam primam num. 57. notatum est.

73. In fine Missae benedictionem donabit Episcopus, non vero Indulgentias, quas concedet in tertia.

74. Sin Episcopus vellet secundae Missae praedictae assistere, sive cappa sive pluviali indutus, cantabitur in choro Prima hora, qua completa, associabitur Episcopus et fiet quidquid praescribitur respectivis capitulis libri V. Etiam in hac secunda Missa, Episcopus, si paratus, genuflectet mitram retinens ad cantum ℣. *Et incarnatus* etc.

75. Quod ad offertorium et ad purificationem, servabuntur quae tradita sunt cap. XIV. libri II.

76. Missa tertia solemnis cantabitur ab Episcopo simul cum cantu horae Tertiae. Quod ad ritus sequendos observetur cap. IX. eiusdem libri V. Quod ad offertorium, si Episcopus celebraverit cum Pontificali Missam primam, fiet quod superius descriptum est num. 70. libri huius. Episcopus autem genuflectet uno genu ad cantum verborum *Et Verbum caro factum est* in Evangelio; genuflectet utroque genu ad cantum ℣. *Et incarnatus* etc. et in fine Missae concedet indulgentias consuetas.

77. Poterit autem secundas Vesperas cantare eadem solemnitate, quae observatur in primis, quando postridie celebraturus est Missam pontificalem. (Caerem. Episc. lib. 2. cap. 1. num. 3).

DE FESTIS DIEBUS
QUI NATALEM D. N. I. C. SEQUUNTUR.

CAPUT IV.

1. In festis Nativitatem Redemptoris sequentibus, nempe S. Stephani, S. Ioannis ac sanctorum Innocentium, ornatus altarium et ecclesiae erit paullo inferior, quam Natalis Domini, tamen distinguetur ab aliis festis et Dominicis communibus. Hisce diebus Episcopus pluviali paratus Missae solemni assistet.

2. Extremo anni die celebratur festum S. Silvestri Papae inter dies festos recensitum. Vespertino eiusdem diei tempore occurrunt primae Vesperae Circumcisionis, quas posset intonare Episcopus indutus pluviali et postridie mane assistere Missae solemni, pluviali pariter indutus.

DE FESTO EPIPHANIAE.

CAPUT V.

1. Festum Epiphaniae a Caeremoniali ponitur inter perquam solemnia, in quibus cantare Missam debet Episcopus. Quare in primis Vesperis et in Missa solemni servandi sunt ritus capitulis respectivis libri V. praescripti.

2. In Missa pontificali post Evangelium publicabuntur festa mobilia a Canonico aut ab alio, iuxta consuetudinem ecclesiae. Ne frustra eadem repetamus, inspiciantur quae notata sunt cap. XVI. libri II. Id tantum animadvertendum, quod in antedicta publicatione annuncianda est Synodus Dioecesa-

na vel etiam Concilium provinciale: indicetur et dies, si iam praefinita esset, secus dicetur *Post Pascha habebitur* etc. In Evangelio autem, ut alias quoque monuimus, genuflectetur ab omnibus versus Diaconum ad cantum verborum *Et procidentes* etc. Praeterea si Episcopus officiabit Matutinum, adstabit in pedes et capite detecto ad cantum antiphonae et psalmi *Venite exultemus* in principio tertii nocturni.

DE DOMINICIS POST EPIPHANIAM.

CAP. VI.

1. In hisce Dominicis nihil est quod peculiariter animadvertatur. Episcopus si velit Missae solemni assistere, induet cappam; ornatus autem Altaris, paramentorum et throni respondebit qualitati officii et colori quem officium requirit.

2. Si Episcopus intererit Missae solemni, fiet prius aspersio aquae benedictae ritu praescripto cap. XIX. libri V.

DE DOMINICIS SEPTUAGESIMAE, SEXAGESIMAE ET QUINQUAGESIMAE.

CAPUT VII.

1. A Dominica Septuagesimae initium ducit tempus luctuosum in praeparationem Paschatis, ideoque omittitur *Alleluia*. In hisce Dominicis usque ad Pascha et in officio feriali color adhibendus est violaceus, quapropter hic erit color in pa-

ramentis Ministrorum, in ornatu Altaris et in throno Episcopi. In Missa solemni sonabitur organis, et sacri Ministri induent dalmaticam ac tunicellam. Altare ornabitur simpliciter, sine vasis florum, sine Reliquiariis ac signis Sanctorum. In vesperis etiam, si fuerint de Dominica, sonabitur organis.

2. Si Episcopus assistet Missae solemni, induet cappam, et ante Missam fiet aspersio aquae benedictae, ut cap. XIX. libri V.

DE FESTO PURIFICATIONIS B. M. V.

CAP. VIII.

De rebus praeparandis.
Ad Altare SS. Sacramenti.

1. Genuflexorium cum strato et pulvinis, vel faldistorium, ut cap. IV. libri V.

2. Sex cerei in candelabris maioribus, accendendi saltem quando ab Episcopo adorabitur SS. Sacramentum.

In Sacristia.

3. Paramenta albi coloris pro Celebrante et Ministris, videlicet planeta cum stola et manipulo, dalmatica cum stola et manipulo, tunicella cum manipulo, tria cingula, tres albae tresque amictus. Si festum Purificationis B. V. inciderit in unam ex Dominicis secundae classis, praeparabuntur eadem paramenta, sed coloris violacei.

4. Vasculum aquae sanctae cum aspersorio adhibendum in ingressu Episcopi.

5. Disponentur quatuor pluvialia violacea pro Cappellanis a libro, a scotula, mitra et baculo; item planeta plicata cum cingulo, alba et amictu pro Subdiacono, qui Crucem debebit in processionem gestare.

Manuale Sacr. Caerem. lib. 6.

Ad Altare maius.

6. Altare exornabitur sex candelabris nobilibus cum cereis et Cruce, ac praeter tobaleas et tapetum, quod cooperiet totaliter gradus Altaris, apponetur duplex pallium, videlicet album, et violacem albo superpositum, amovendum processionis tempore. Sin festum occurret in unam ex Dominicis Septuagesimae, Sexagesimae aut Quinquagesimae, applicabitur solum pallium violaceum. Quando celebrabitur officium festi, detur opera, ut ponatur pallium violaceum postquam officii recitatio completa erit, idest quando Canonici et Clerus procedent ad Episcopum associandum.

7. Super mensam Altaris disponentur paramenta Episcopi, videlicet formale simplex, pluviale violaceum cum stola simili, Crux pectoralis, cingulum, alba et amictus. Quae paramenta contegentur amplo velo coloris violacei. In latere Evangelii collocabitur mitra auriphrygiata.

8. Prope Altare ponetur baculus pastoralis.

9. Loco solito aderit scamnum pro Celebrante et Ministris coopertum stragulo laneo decenti.

10. In medio Presbyterio ante Altare statuetur faldistorium cum pulvinis violaceis. Seorsim praeparabitur faldistorium alterum cum veste alba, in quo sedebit Episcopus post processionem, ut deinceps tradetur.

11. In latere Evangelii ponetur Crux processionalis firmata in basi, ac si qui functionem peragit, esset Metropolita, statuetur basis tantum pro Cruce Archiepiscopali.

In abaco.

12. Super abacum, qui contegetur albo mantili, ponentur candelabra cum cereis pro Acolythis. Thuribulum cum navicula plena thuris cum cochleari. Vasculum aquae sanctae cum aspergillo. Urceus et pelvis. Duo mantilia seu manutergia in lance. Velum humerale violaceum pro Magistratu, si ministrabit lotionem. Tobalea oblonga, acu picta, vel circumdata textili pinnato, extendenda super gremium Episcopi, dum candelas distribuet. Missale cum veste violacea in usum Episcopi pro benedictione candelarum. Scotula cum candela. Missale alterum cum tegumento albi coloris, utendum ab Episcopo in assistentia praestanda Missae solemni. Canon pontificalis. Pagella cum formula Indulgentiae. Paramanus albi coloris cum taeniis alligandus Episcopi cereo, ne manum eius offendat cera liquescens. Pluviale album cum stola alba, formale pretiosum et mitra pretiosa Episcopi pro assistentia praedicta. Duo pulvini albi coloris ponendi in faldistorio post functionem et pulvinus albus in throno, adhibendus quando Episcopus genuflectit ad *Incarnatus*. Calix cum purificatorio, patena cum hostia et palla, bursa cum corporali et velum Calicis. Ampullae vini et aquae in pelvicula cum mappula seu manutergio. Campanula. Intorticia pro elevatione. Missale cum cussino seu legili pro Celebrante. Epistolarium et Evangeliarium cum tegumentis albi coloris. Velum humerale album pro Subdiacono. Haec sacra supellex tota cooperietur velo violaceo, tempore processionis amovendo.

13. Si tamen occurreret una ex Dominicis privilegiatis, ut supra, non opus erit paramentis nec reliqua supellectile albi coloris sed violacei (*a*).

14. Prope thronum a sinistris praeparabitur alter abacus coopertus albo mantili, ne tamen impediat ordinem caeremoniarum; in quo ponentur candelae benedicendae ac distribuendae. Erunt e cera alba et pondere distincto pro Canonicis, pro Beneficiariis, pro Seminario proque Magistratu. Aderit etiam non parva candelularum copia, quae distribuantur populo expetenti. Erit autem pro Episcopo cereus, non tam pondere, quam specie insignis, ornatibus aureis, floribus pictis et his similibus distinctus. Candelae praedictae velo violaceo cooperientur.

15. Thronus cum cathedra instruetur lodice alba, superposita violacea, quae facile amoveri possit. Baldachinum ta-

---

(*a*) Id intelligitur quando officium Purificationis, sive non sit ecclesiae titulus sive alia de causa, non gaudeat ritu primae classis, hoc enim casu praestat ritus Dominicae, iuxta Breviarii et Missalis rubricas.

men erit album; neque enim tolli facile posset ob temporis angustias. Sin ob rationem allatam adhiberetur in Missa color violaceus, non opus erit lodicibus albis, eoque casu etiam baldachinum erit violaceum. Prope thronum disponentur tria scabella, et gradus eius sternentur tapeto. Planum etiam presbyterii tapeto contegetur.

16. In stallis seu sedilibus Canonicorum praeparabuntur paramenta violacea, ab ipsis induenda pro functione, videlicet pluvialia pro Dignitatibus, planetae pro Canonicis ordinis Presbyteralis et planetae plicatae (*a*) pro Canonicis ex ordine Diaconali et Subdiaconali. Super singulis praedictis paramentis aderit amictus. Pluviale pro Presbytero assistente et planetae plicatae pro Diaconis assistentibus disponentur in choro locis respectivis, ubi iis induentur: deinde ad thronum accedent ad assistentiam praestandam. Ad reponenda autem indumenta canonicalia in promptu erunt duo pluresve canistri plani stragulo cooperti.

17. Provideatur etiam ut adsint, quemadmodum praescribit Caeremoniale, *custodes, qui populum arceant, si forte tumultuose irrueret, ne indecenter Episcopum opprimat.*

18. Postremo ad balaustrium sive ad exitum presbyterii ponentur candelabra maiora cum cereis vel intorticiis, numero non minore quatuor, nec sex maiore.

De Functione

19. Recitatio officii ita dirigetur, ut hora Tertia compleatur ante horam praestitutam pro functione. Semel aut pluries pulsabuntur festivo more campanae, ut functionis initium significetur, iuxta consuetudines cuiusque loci. Completo officio, Canonici signo dato campanulae Sacrarii, procedent ad associandum Episcopum, ut cap. IV. lib. V.

20. Ingrediente in ecclesiam Episcopo, pulsabuntur festivo more campanae, sed non sonabitur organis, siquidem functio est ferialis et luctuosa.

(*a*) Patet rubrica Missalis et textus Caeremonialis, ut nempe in hac aliisque functionibus, in quibus locus non est dalmaticae nec tunicellae, planetae sint plicatae ante pectus. Quapropter probari non potest usus, in quasdam ecclesias invectus, utendi planetis nequaquam plicatis, sed recisis.

21. Dum Canonici procedent ad associandum Episcopum, se in Sacrario parabunt pluviali quatuor Cappellani a mitra, a baculo, a scotula et a libro, locumque sument in presbyterio. Item se parabit amictu, alba, cingulo et planeta plicata Subdiaconus Crucem gestaturus.

22. Postquam Episcopus oraverit ante SS. Sacramentum, procedet ad Altare primarium, et ubi venerit ad faldistorium, facta ad Crucem Altaris reverentia geniculabit eoque statu manebit, donec monebitur, ut assurgat. Canonici ad subsellia se recipient ac dimittent insignia canonicalia videlicet cappam aut mozzetam et supra rochetum aut superpellicium induent amictum et paramentum respondens ordini ad quem spectant. Aderunt quatuor aut sex clerici, delecti induendis Canonicis et recipiendis choralibus insignibus, quae illi dimittent.

23. In promptu etiam erunt prope Altare clerici, paramenta ad Episcopum allaturi.

24. Diaconi assistentes, postquam induerint planetam plicatam, procedent ad thronum et locum occupabunt apud scabella a lateribus cathedrae Episcopalis.

25. Post haec Episcopus, Caeremoniario attollente partem anteriorem cappae, quae erit super faldistorium extensa, assurget atque iterata ad Crucem altaris reverentia, accedet ad thronum et benedicet Clerum antequam illuc ascendat: sequentur Caudatarius sustentans eius extremitatem cappae et Cubicularius habitu formali indutus, cappam ipsam recepturus.

26. Profecto Episcopo, faldistorium amovebitur a duobus clericis, qui collocabunt illud seorsim et distribuentur clericis paramenta Episcopi, itemque successive cappellanus a mitra accipiet ex Altari mitram auriphrygiatam et sequetur clericos paramenta ferentes; reliqui duo Cappellani a libro et scotula, accipient scotulam et Missale veste violacea convestitum, ut praesto sint benedictionis tempore.

27. Episcopus, conscenso throno, brevi tempore sedebit; deinde assurgens, cappam dimittet, adiuvantibus Diaconis assistentibus et Cubiculario, qui adstans post secundum Diaconum assistentem, cappam recipiet, et expediet etiam extremitatem posteriorem vestis talaris Episcopalis. Episcopus non lavans manus, a Diaconis assistentibus induetur amictu, alba, cin-

gulo, Cruce pectorali, stola et pluviali, cui apponetur a primo Diacono formale simplex, postea Diaconus idem imponet ei mitram.

28. Interim in promptu erunt Cappellani a libro et scotula, ut supra, et praeterea thuribulum praeparabitur a thuriferario. Presbyter assistens remanebit in choro loco suo.

29. Quum paratus erit Episcopus, detegentur a Sacrista candelae benedicendae, positae, ut paullo ante innuimus, in abaco de industria locato inter thronum et Altare. A secundo Diacono mitra tolletur Episcopo, cui se sistent duo Cappellani cum libro et scotula.

30. Episcopus assurget, ac voce elata et tono feriali dicet *Dominus vobiscum*, deinde subiiciet quinque orationes, quae extant in Missali. Quando facturus erit Crucis signum versus candelas, primus Diaconus assistens attollet eius fimbriam dexteram pluvialis.

31. Sub finem quartae orationis, Presbyter assistens ascendet a latere ad thronum et se sistet prope primum Diaconum assistentem.

32. Eodem tempore discedent ex abaco clerici duo, quorum alter feret vasculum aquae sanctae cum aspersorio, alter thuribulum cum navicula; qui cum debitis genuflexionibus accedent ad thronum et consistent prope Presbyterum assistentem.

33. Hoc tempore ascendet ad thronum Canonicus Camerarius, seu Thesaurarius, sive Sacrario praefectus et consistet iuxta secundum Diaconum assistentem.

34. Postquam Episcopus quintam orationem recitaverit, sedebit et in thuribulum sibi obiectum a thuriferario genuflexo demittet incensum, ministrante Presbytero assistente cum osculo cochlearis et manus, ac dicente *Benedicite Reverendissime Pater*. Episcopus incensum in thuribulum cum benedictione iniiciet. Recedente thuriferario prope dexteram Presbyteri assistentis, Episcopus assurget, aspersorium aqua sancta perfusum accipiet a Presbytero assistente, qui porriget ei cum osculis consuetis, et asperget candelas in medio, a sinistris et a dextris suis, ac submissa voce recitabit antiph. *Asperges me* etc. Restituet aspersorium Presbytero assistenti, a quo thuribulum accipiet et candelas adolebit eodem modo, quo aspersit.

35. Interim accedent ad abacum tres aut quatuor clerici

designati cum Sacrista porrigendis ad thronum candelis, aliique clerici duo, quorum alter sustinebit mappam extendendam super genua Episcopi, ascendent ad thronum, et qui feret mappam consistet versus primum Diaconum assistentem.

36. Hoc etiam tempore ad thronum ascendet unus familiarium ecclesiasticorum Episcopi, indutus veste talari et pallio, ac se sistet prope secundum Diaconum assistentem.

37. Aspersis ac thurificatis candelis, discedent clerici a vasculo et a thuribulo referentes haec ad abacum.

38. Episcopus postquam adoleverit candelas, sedebit et a primo Diacono assistente cooperietur mitra. Presbyter assistens, vel dignior chori (si Presbyter assistens sive ex usu ecclesiae sive aliam ob caussam dignior Cleri non esset) se sistet Episcopo; accipiet e manibus Canonici Camerarii cereum Episcopi, et osculans cereum deinde manum Episcopi, cereum Episcopo tradet, qui committet illum familiari ecclesiastico; hic autem afferet illum apud Altare, eique iubebit apponi paramanum.

39. Presbyter assistens, seu dignior chori, de throno redibit a latere ad locum suum, rediturus deinceps cum aliis Canonicis ad excipiendam candelam.

40. Accepto ab Episcopo cereo, Diaconi assistentes elatas sustinebunt fimbrias pluvialis, et in gremio Episcopi explicabunt mappam, quam extensam sustentabunt in extremitatibus clerici duo prope Diaconos assistentes genuflexi (a).

41. Clerici delecti candelis ex abaco ad thronum afferendis, se ita disponent, ut hoc officio fungantur ordinatim et sollicite. Respectum etiam habebunt qualitati personarum, quibus candela erit distribuenda.

42. Statim ac posita erit mappa super gremium Episcopi, cantorum chorus cantare incipiet antiphonam *Lumen ad revelationem* etc. Tum vero initium distributionis fiet.

43. Proficiscentur Canonici e locis suis alter post alterum

(*a*) Non probatur usus, quippe contradicit Caeremoniali, ponendi super Episcopi genua gremiale lineum, quo utitur in ordinationibus, cingulo alligatum taeniis.

initium faciente digniore chori, quisquis ille sit, ac manu sustinente biretum; reverentiam ad Altare, dein progressi ante thronum, ad Episcopum conficient; ascendent ad thronum et inclinati accipient candelam ab Episcopo, osculantes prius candelam sibi ab ipso praesentatam, deinde manum eius. Tum iterata ante Episcopum reverentia, redibunt a latere ad locum suum. Candelae distribuendae tradentur a clericis delectis supradicto Canonico Camerario, seu Thesaurario, sive Sacrario praefecto, hic eas transmittet secundo Diacono assistenti, qui sine osculo manus porriget Episcopo: vel etiam a Sacrista minori tradentur praedicto Diacono assistenti, idque pro consuetudine ecclesiae cuiusque.

44. Canonici ad thronum accedent, iuxta ordinem antiquitatis et praebendarum ipsorum, videlicet praecedent Dignitates, tum Canonici Presbyteri, deinde Diaconi, postea Subdiaconi.

45. Post Canonicos paratos, candelam accipiet Magistratus, si aderit, dein Beneficiarii seu Mansionarii et ipsi iuxta ordinem praecedentiae inter eos constitutae. Si Subdiaconus Crucem gestaturus in processionem, esset e coetu Beneficiariorum, primum locum sumet inter eos, utpote sacris vestibus indutus, secus post ipsos incedet. Canonici tantum accipient candelam stantes: ceteri omnes genuflexi. Diaconi assistentes accipient illam in ordine suo: ipsi quoque descendent de throno et reverentias conficient ad Altare et ad Episcopum, ut ceteri. Hoc ipsum exsequetur Canonicus ille, qui candelas ministrabit, ut superius. Celebrans et Ministri, recepta candela, recedent recta in Sacrarium, ut ad Missam cantatam parentur. Sequentur deinde Cappellani a libro, a scotula, a mitra et a baculo pastorali, post ipsos clerici Seminarii, postremo familiares nobiles Episcopi aliique laici, si vigebit eos admittendi usus.

46. Si mos erit, ut in distributione ecclesiastici omnes praecedant Magistratui, servabitur.

47. Foeminae nullo prorsus modo admittendae in presbyterium sunt. Quapropter si populo candelae distribuendae sint, peragere distributionem poterit Sacerdos quispiam in-

dutus superpellicio et stola in uno ex sacellis lateralibus, eo tamen ordine ut foeminae a viris dirimantur.

48. Circa distributionis finem in promptu erunt ministri lotionis. Item monebitur thuriferarius ut in promptu habeat thuribulum et praesto sint Acolythi qui candelabra ferre ad thronum debebunt.

49. In fine distributionis cessabit cantus antiphonarum et accedent ad thronum ministri lotionis exsequentes genuflexiones consuetas. Presbyter assistens ascendet ad thronum a latere priusquam illuc veniant ministri praedicti, eo quod suppeditare debeat mantile; quod tamen non explicabitur super genua Episcopi, quia iam aderit mappa superius innuta. Presbyter assistens mantile porriget Episcopo, osculans manum eius. Abluente manus Episcopo, assurgent Canonici, ceteri omnes genuflectent. Post lotionem redibit ad locum suum in chorum Presbyter assistens, descendens a latere de throno. Recedent quoque de throno clerici, qui mappam extensam super gremium Episcopi retinebant, eamque ad abacum referent.

50. Interea duo Cappellani a libro et scotula accipient Missale et scotulam ac praesto erunt apud thronum. Clerici autem qui candelas ministrabant ad thronum, accipient singuli candelam, qua accensa, candelas accendent omnibus, qui locum habebunt in processione: advertent, ut statim accendant, nisi tamen delecti fuerint ad hoc officium alii clerici, ne retardetur processio.

51. Eodem tempore cantores cantabunt antiphonam *Exurge Domine* cum versiculo psalmi illic innuti, quae autem antiphona cantanda est non distributionis tempore, sed pro initio processionis, postquam Episcopus laverit manus.

52. Quando repetetur praedicta antiphona, Acolythi cum candelabris venient ante thronum et absoluto antiphonae cantu, secundus Diaconus assistens tollet Episcopo mitram. Episcopus assurget cumque ipso omnis chorus. Tum, sistentibus se ante ipsum Cappellanis cum libro et scotula, tono feriali cantabit *Oremus. Exaudi, quaesumus, Domine* etc.

53. Si festum Purificationis inciderit post Septuagesimam, neque erit Dominica, cantato ab Episcopo *Oremus*, ante ora-

tionem praedictam, primus Diaconus assistens cantabit *Flectamus genua* et genuflectent omnes, excepto Episcopo, et secundus Diaconus assistens cantabit *Levate*, omnesque consurgent et Episcopus cantabit orationem superius innutam.

54. Dum orationem illam cantabit Episcopus, perget ad thronum thuriferarius cum thuribulo, genuflexionem faciens ad Altare, dein ad Episcopum priusquam ad thronum ascendat. Item Presbyter assistens a latere ad thronum redibit, ministraturus incensum.

55. Recitata oratione, Episcopus sedebit rursusque cooperietur mitra a primo Diacono assistente. Thuriferarius genuflexus in gradulo cathedrae praesentabit ei thuribulum apertum: Presbyter assistens ministrabit incensum Episcopo, dicens *Benedicite, Reverendissime Pater*: Episcopus incensum in thuribulum imponet cum formula usitata, dein benedicet, et Presbyter assistens restituet naviculam thuriferario, qui de throno descendet ac subsistet prope Acolythos, ante thronum adstantes.

56. Presbyter assistens de throno descendet a latere et redibit in chorum ad locum suum expectans tempus coeundi cum Canonicis in processionem.

57. Dum Episcopus ponet incensum in thuribulum, Subdiaconus, accepta Cruce, veniet ante thronum et locum sumet inter Acolythos, conversus ad Episcopum. Item Cappellanus Episcopi, cuius cereum custodiet, accenso ipso cereo, ascendet ad thronum et consistet prope secundum Diaconum assistentem.

58. Episcopus assurget ac primus Diaconus assistens cantabit *Procedamus in pace*, cui respondebunt cantores *In nomine Christi Amen*. Episcopus salutabit Crucem et rursus sedebit, expectans signum in processionem incedendi.

59. Cappellanus a baculo accipiet baculum pastoralem delaturus in processionem.

60. Proficiscetur immediate Subdiaconus gestans Crucem, Acolythi ac thuriferarius, et principium processionis fiet ordine sequenti.

61. Praeibit claviger, seu clavigeri ecclesiae si plures erunt, cum suis insignibus. Thuriferarius cum thuribulo. Sub-

diaconus cum Cruce medius inter Acolythos cum candelabris. Cantores, qui cantabunt antiphonam *Adorna thalamum* etc. cum reliquis; eaque de re curae erit directori cantus providere libellos decentes, quibus contineantur praedictae antiphonae notis musicis subiectae. Clerici Seminarii. Beneficiarii seu Mansionarii. Canonici Subdiaconi, qui si dispari essent numero, tres incedent in fine. Canonici Diaconi, cum eodem discrimine pro numero dispari. Canonici Presbyteri. Dignitates, inter quas incedet Presbyter assistens. Episcopus medius inter Diaconos assistentes, qui fimbrias pluvialis eius sustentabunt. Sequetur Caudatarius sustinens eius vestis talaris extremitatem posteriorem, et quatuor Cappellani a mitra, baculo, libro et scotula, postremo eius nobiles familiares.

62. Omnes manu gestabunt candelam accensam, exceptis thuriferario, Subdiacono cum Acolythis, cantoribus, Diaconis assistentibus, caudatario, quatuor cappellanis antedictis et familiaribus nobilibus Episcopi. Qui dextrorsum in processionem incedent, candelam sustinebunt dextra, qui autem sinistrorsum, sinistra.

63. Cappellanus qui cereum custodiebat Episcopi, priusquam Episcopus in processionem incedat, cereum tradet secundo Diacono assistenti, qui porriget illum Episcopo, manum eius osculans dum porriget: Episcopus cereum accipiet sinistra, idemque Diaconus animadvertet ad cooperiendam Episcopi manum velo, quod pendet e cereo. Episcopus in processionem benedicet adstantes manu dextra.

64. Processio dirigetur intra ambitum ecclesiae, vel etiam extra ipsam, si talis erit usus. Processionis tempore sonabunt campanae festivo more.

65. Si Celebrans fuerit Archiepiscopus, Crux praeferetur Canonicis paratis, et Subdiaconus eam deferet, versa ad Celebrantem imagine Crucifixi.

66. Statim ac de presbyterio exierit processio, Sacrista cum inservientibus Sacrario amovebunt a throno lodicem violaceam et vestem violaceam cathedrae, relicta alba, itemque tollent pallium violaceum et apparebit album; faldistorio autem Episcopi apponent pulvinos albi coloris, remotis violaceis, et aba-

cum nudabunt velo violaceo: praeparabunt etiam alterum faldistorium, alba veste instructum, in medio presbyterio ante Altare, in quo sedebit Episcopus: super Altare autem ponent pluviale album cum stola, formale pretiosum et mitram pretiosam pro Episcopo. Tollent deinde abacum inter thronum et Altare iacentem, in quo positae fuerant candelae benedicendae.

67. Celebrans cum Ministris opus est ut paratus sit initio processionis, qua inchoata, procedet cum Ministris ad Altare, praecedentibus duobus vel tribus clericis, et reverentia facta ad Altare, sedebunt in scamno praeparato; adveniente autem Cruce processionali, consurgent et nudabunt caput.

68. Processio redibit in chorum sive ad Altare maius, et cantores cantabunt antiphonam *Obtulerunt* etc. ac si processio extra ecclesiam exierit, antiphona illa cantabitur in ingressu ecclesiae ipsius: Subdiaconus Crucem reponet in basi et recedet in Sacrarium ad paramenta dimittenda: Acolythi candelabra super abacum deponent ac thuriferarius subsistet cum thuribulo prope abacum, quum illo opus sit principio Missae. Unusquisque se recipiet ad locum suum et candelam extinguet. Clerici delecti porrigendis vel recipiendis paramentis Episcopi, relicta candela, manebunt prope Altare. Aderunt alii duo clerici, qui supplebunt mitrae et baculo, insuper et alii, qui recipiant in canistris paramenta Canonicorum, eisque rursus induant insignia canonicalia.

69. Quum ultimi duo Canonici ex Ordine Diaconali pervenerint in presbyterium, extinguent candelas et consistent a lateribus faldistorii in medio presbyterio statuti. Ceteri Canonici recedent ad subsellia sua, extinguent candelas, ibique dimittent sacra paramenta et resument indumenta sive insignia sua.

70. Episcopus progressus ante Altare, salutabit Crucem, benedictionem donabit Celebranti et Ministris, qui excipient illam cum inclinatione profunda, si tamen Ministri non fuerint Canonici, genua submittent. Tum Episcopus in faldistorio sedebit, facie versa ad Altare et secundus Diaconus assistens, osculans manum eius tollet ei cereum, qui recipietur a Cappellano illius custode et extinctus ab eodem custodietur. Manentibus in assistentia Episcopi ultimis duobus Cano-

nicis ex Ordine Diaconali, recedent ad paramenta dimittenda suo loco Diaconi assistentes, qui resumpto habitu chorali redibunt ad Episcopum ; tunc discedent praedicti duo Canonici, qui supplebant et se recipient ad locum suum, ubi paramenta dimittent ac resument insignia canonicalia.

71. Item quatuor Cappellani a libro, scotula, mitra et baculo redibunt in Sacrarium, dimittent pluviale et retinebunt superpelliceum ; qui autem est a mitra, sibi collo imponet vimpam seu velum pro mitra gestanda.

72. Interea tribus clericis distribuentur paramenta albi coloris Episcopi, aliique tres in promptu erunt ad recipienda paramenta violacea, quae dimittet.

73. Quum reversi fuerint Diaconi assistentes ad latera Episcopi, secundus ipsorum mitram tollet Episcopo, tum primus, adiuvante secundo, exuet eum formali simplici, pluviali et stola violacea, quae omnia a praedictis clericis referentur in Sacrarium. Induetur deinde Episcopus stola et pluviali albi coloris, super pluviale firmabitur formale pretiosum et imponetur ei mitra pretiosa.

74. Quum Celebrans appropinquaverit ad Altare, Episcopus assurget et accedet ad Altaris gradus; tunc a clericis duobus amovebitur faldistorium ante Altare positum. Secundus Diaconus assistens mitra nudabit Episcopum, et Missae initium fiet ritibus descriptis cap. XIII. lib. V.

75. Notandum est tantum, quod candelae accensae sustinendae manu sunt in cantu Evangelii, et ab Elevatione usque ad Consummationem inclusive. Quocirca clerici delecti candelis accendendis, accendent ipsas tempore gradualis et advertetur ut in promptu sit candela Celebrantis, quam ipse manu sustinebit, quando cantabitur Evangelium, eique tradet Caeremoniarius. Omnes autem candelam sustinebunt dextera. Primus accendetur cereus Episcopi, tum Canonicorum, deinde aliorum candelae, Episcopus cereum accipiet ad Evangelium, quando dimissa mitra, assurget. Diaconus primus assistens cereum Episcopo tradet, idemque recipiet statim ac cantatum erit Evangelium, priusquam ascendat Subdiaconus cum libro Evangelii. Presbyter etiam throno assistens, candelam sustinebit.

76. Quod spectat ad *Sanctus*, ordo iste servabitur. Episcopus, recitato Trisagio, descendet ad faldistorium et quando geniculaverit, primus Diaconus assistens tradet ei cereum, quem post Elevationem Diaconus idem recipiet, priusquam Episcopus assurgat ut genuflectat; quum autem in thronum redierit ac mitram dimiserit, restituet ipsi cereum itemque recipiet ante Pacem, reddetque rursus, postquam Pacem donaverit Diaconis assistentibus: postremo illum recipiet ab Episcopo, priusquam rursus sedeat.

DE FERIA IV. CINERUM.

CAPUT IX.

Quae sint praeparanda.
Apud Altare SS. Sacramenti.

1. Genuflexorium cum strato et pulvinis aut cum faldistorio ut cap. IV. lib. V.
2. Sex cerei in candelabris maioribus, accendendi saltem quando ab Episcopo adorabitur SS. Sacramentum.

In Sacristia.

3. Paramenta violacea pro Celebrante et Ministris, videlicet planeta et stola, binae planetae violaceae et plicatae ac stola una, tria cingula, tres albae tresque amictus.
4. Vasculum aquae benedictae cum aspergillo, utendum in ingressu Episcopi.
5. Pluvialia quatuor violacea pro Cappellanis a mitra, baculo, libro et candela.
6. Altera planeta plicata cum cingulo, alba et amictu pro Subdiacono, qui cineres debebit ante Episcopum sustinere.

In Altari maiore.

7. Altare instruetur sex candelabris simplicibus cum cereis et Cruce, nullo alio ornamento candelabris interposito; praeter tobaleas et tapetum, quo contegentur gradus Altaris, apponetur in fronte pallium violaceum.

8. Super mensam Altaris disponentur paramenta Episcopi, videlicet formale simplex, pluviale cum stola violacea, Crux pectoralis, cingulum, alba et amictus, omnia contecta velo violaceo. In latere Evangelii ponetur mitra auriphrygiata; in latere Epistolae lanx argentea cum cineribus aridis ex reliquiis ramorum palmae et olivae combustorum, quae in Dominica palmarum anni superioris benedictae fuerunt.

9. Prope Altare situs erit baculus pastoralis.

10. Loco solito aderit scamnum cum postergali pro Celebrante et Ministris coopertum stragulo e panno violaceo.

11. In medio presbyterio ante Altare praeparabitur faldistorium cum pulvinis violaceis.

12. In latere Evangelii aderit basis ad firmandam Crucem Archiepiscopalem, si Celebrans esset Archiepiscopus.

In abaco.

13. Super abacum, qui contegetur albo mantili, ponentur duo candelabra cum cereis pro Acolythis. Thuribulum cum navicula plena incenso et cochleari. Vasculum aquae benedictae cum aspersorio. Urceus et pelvis. Mantilia duo in lance. Velum humerale violaceum pro Magistratu, si lotionem ministrabit. Mappa longa phrygiata vel circumdata textili pinnato, extendenda super genua Episcopi, dum cineres distribuet. Medulla panis et mali medici in lance. Missale cum veste violacea pro Episcopo. Canon pontificalis. Scotula cum candela. Libellus cum formula Indulgentiarum. Calix cum purificatorio, patena cum hostia et palla, bursa cum corporali et velum calicis. Ampullae vini et aquae in pelvicula cum manutergio. Campanula. Intorticia pro Elevatione. Missale super cussino vel legili pro Celebrante. Epistolarium et Evan-

geliarium cum veste violacea utrumque. Velum humerale pro Subdiacono. Manipuli pro Celebrante et Ministris. Stola latior pro Diacono (a).

14. Thronus cum baldachino et cathedra ornabitur lodice violacea, tapetum etiam sternendum super gradus, violaceum erit. Apponentur quoque tria scabella pro Assistentibus.

15. In subselliis Canonicorum praeparentur paramenta violacea pro Canonicis, videlicet pluvialia pro Dignitatibus, planetae pro Canonicis Presbyteris, et planetae plicatae pro Canonicis Diaconis et Subdiaconis, cum amictu in singulis paramentis. Item aderunt planetae plicatae pro Diaconis assistentibus et pluviale pro Presbytero assistente cum amictu in respectivis chori subselliis.

16. Praeparantor etiam canistri plani et ampli, in quibus reponantur indumenta seu insignia canonicalia, quando dimittentur a Canonicis, ut induant paramenta sacra.

17. In presbyterio sive ad cancellos statuentur funalia cum intorticiis vel cereis non plura quam sex, nec minora quatuor.

18. Non indicantur instructiones pro expulsione publicorum poenitentium, hac die notata in Pontificali Romano; quoniam huiusmodi functio obsolevit.

In functione

19. Recitata in choro Hora Nona tum officii divini tum alterius minoris de B. Virgine, discedet Clerus de choro et procedent Canonici ad associandum Episcopum quo ordine descriptum est cap. IV. lib. V. signum autem procedendi dabitur, sono campanulae Sacrarii.

20. Interim in Sacrario induentur sacris paramentis Celebrans cum Ministris; Subdiaconus, qui pelviculam cinerum sustinere debebit; et quatuor Cappellani a libro ecc. induent pluviale. Procedent autem ad Altare priusquam illuc adveniat Episcopus, eosque comitabuntur duo quatuorve clerici superpellicio induti.

(a) Stola latior nequaquam esse insignita Crucibus debet, quali perperam uti quidam solent.

21. Ingrediente in ecclesiam Episcopo, sonabunt festivo more campanae. Organis autem non sonabitur, quoniam officium est feriale.

22. Episcopus, postquam adoraverit SS. Sacramentum, procedet ante Altare maius ibique benedictionem dabit Celebranti et Ministris, qui adstabunt in pedes scamno prope latus Epistolae. Celebrans se profunde inclinabit, Ministri quoque, si fuerint Canonici, secus genuflectent. Episcopus, reverentia ad Crucem facta, geniculabit in faldistorio, in quo Caeremoniarius extendet eius cappam, ibique manebit donec ei significabitur ut ascendat in thronum. Canonici sua subsellia occupabunt, ibique dimisso habitu chorali, supra rochetum aut superpellicium induent amictum et paramentum respondens ordini suo. Item Diaconi assistentes paramenta sibi induent locis suis, deinde ascendent ad latera cathedrae episcopalis. Clerici designati adiuvandis Canonicis in induendis sacris vestibus, meminerint asportare de choro indumenta Canonicalia, et in fine officii in chorum illa referre.

23. Canonicis indutis, Caeremoniarius innuet Episcopo ut de oratione surgat eumque comitabitur ad thronum, sequente Caudatario et Cubiculario, qui cappam eius deinde recipiet. Distribuentur paramenta Episcopi clericis, qui ad thronum deferent illa. Diaconi assistentes, adiuvante Cubiculario, qui consistet prope Diaconum secundum, tollent cappam Episcopo eumque parabunt, quin lavet manus, amictu, alba, cingulo, Cruce pectorali, stola et pluviali, cui apponetur formale simplex. Primus Diaconus assistens imponet ei mitram auriphrygiatam.

24. Dum Episcopus incipiet paramenta induere, Cappellanus a mitra accipiet mitram ex Altari, eam allaturus ad thronum; itemque duo Cappellani a libro et scotula accipient Missale cum scotula ex abaco et ascendent ad thronum, subsistentes prope secundum Diaconum assistentem. Advertent clerici designati, ut in promptu habeant thuribulum et vasculum aquae sanctae cum aspersorio.

25. Quum Episcopus indutus erit paramentis, Subdiaconus, qui debet esse ex ordine Beneficiariorum aut Cappella-

Manuale Sacr. Caerem. lib. 6.

norum, indutus ut supra dictum est, amictu, alba, cingulo et planeta plicata, facta prope Altare ad Episcopum, dein ad Crucem Altaris genuflexione, ad Altare ascendet, accipiet lancem seu pelviculam, in qua positus erit cinis, eamque sustinens utraque manu ad altitudinem vultus sui et de Altari descendens, iterabit ante Crucem genuflexionem. Accedet inde ad thronum et ante illius infimum gradum genuflectet ante Episcopum, ad thronum ascendet et in gradu superiore throni geniculabit e regione Episcopi (a).

26. Se sistent Episcopo duo Cappellani a libro et scotula. Episcopus sedens leget antiphonam *Exaudi nos Domine* etc. cum ℣. psalmi, cum *Gloria Patri* et repetet antiphonam eamdem (b).

27. Postea secundus Diaconus assistens tollet mitram Episcopo, qui assurget et cantabit *Dominus vobiscum* et quatuor orationes in Missali praescriptas pro eadem benedictione. Quando Episcopus benedicturus erit cineres, primus Diaconus assistens advertet ut fimbriam dexteram eius pluvialis attollat.

28. Circa finem tertiae orationis, accedent ad thronum duo clerici cum thuribulo et vasculo. Ascendet etiam a latere ad thronum Presbyter assistens et stabit prope Diaconum primum assistentem, et apud eum consistent thuriferarius et alter clericus praedictus cum vasculo aquae sanctae et aspersorio. Venient insuper ad thronum clerici duo cum mappa extendenda super Episcopi genua, qui consistent apud secundum Diaconum assistentem: unus tamen eorum ipsam mappam afferet plicatam.

29. Post quartam orationem Episcopus sedebit ac mini-

(a) Si vigeret usus, ut Canonicus Sacrista maior adsit in suppedaneo Altaris et cineres tradat Subdiacono, licebit eum servare.

(b) In Caeremoniali (lib. II. c. XVIII. num. 6.) non innuitur ut cantetur a choro. Animadvertendum porro est, quod ritus benedictionis cinerum idem est ac in Missali statutus, ideoque quum a rubrica Missalis praescribatur, ut cantetur, nulla videtur obstare ratio, quominus cantetur etiam quando benedictio persolvitur ab Episcopo, idque multo magis, quod functio peragitur cum cantu eaque de caussa cantantur reliquae omnes antiphonae, quae sequuntur.

strante Presbytero assistente, ponet cum benedictione incensum intra thuribulum a thuriferario genuflexo sustentum. Thure benedicto et recedente thuriferario, Episcopus assurget, aspersorium a Presbytero assistente cum osculis consuetis recipiet et asperget cineres in medio, a sinistris et a dextris suis, recitans submissa voce antiphonam *Asperges me* etc. restituet aspersorium Presbytero assistenti, a quo recipiet thuribulum et adolebit cineres eodem modo quo asperserit. Tum reddito thuribulo eidem Presbytero assistenti, sedebit et a primo Diacono assistente nudabitur pileolo: discedent praedicti clerici cum vasculo ac thuribulo, quae referent ad abacum, itemque Presbyter assistens descendens a latere de throno redibit ad locum suum.

30. Quando Episcopus incensabit cineres, Celebrans, comitante Caeremoniario, discedet de scamno suo et reverentia ad Crucem facta, procedet ad thronum.

31. Subdiaconus sustinens pelviculam cinerum, postquam eos asperserit ac thurificaverit Episcopus, assurget ac veniet geniculatum ad dexteram Episcopi, ut ante eum sustineat pelviculam in illorum distributione.

32. Genuflexo autem a dextris Episcopi Subdiacono praedicto, Celebrans facta profunda inclinatione, ad thronum ascendet et conscenso gradulo cathedrae, accipiens tribus dexterae digitis pollice, indice et medio aliquantulum cineris, imponet ipsum capiti Episcopi, in formam Crucis, dicens *Memento homo quia pulvis es et in pulverem reverteris*, dein descendet de gradulo cathedrae et recedet versus sinistram Episcopi.

33. Primus Diaconus assistens, pileolum et mitram reponet capiti Episcopi: tum uterque Diaconus assistens, attollentes pluviale, extendent super genua Episcopi mappam, quae in extremitatibus sustentabitur a duobus Cappellanis vel clericis genuflexis in primo throni gradu a lateribus Diaconorum assistentium.

34. Dum Episcopo reponetur mitra, descendent Canonici de stallis suis, manu sustinentes biretum et singuli incedentes et conficientes reverentiam prius ad Altare deinde ad Episcopum antequam ascendant ad thronum, accedent ad cinerem excipiendum.

35. Cantores statim ac proficiscetur Dignitas prima, incipient cantare antiphonam *Immutemur habitu* etc. et reliquas, easque repetent etiam si opus fuerit, donec peragetur distributio.

36. Extensa mappa super genua Episcopi, se sistet ei Celebrans, cui cinerem imponet, quo recepto, Celebrans facta reverentia profunda, descendet a latere de throno et redibit prope Altare, ubi erat cum Ministris. Ascendent deinde ad thronum unus post alium Canonici ut supra, et eundem ordinem servabunt in reverentiis. Episcopus dicet singulis dum imponet cinerem, *Memento homo* etc. ut supra. Diaconi assistentes cinerem recipient iuxta ordinem antiquitatis suae respectu aliorum Canonicorum, descendentes de throno et exsequentes reverentiam ad Altare deinde ad Episcopum, ut facient ceteri omnes. Ministri autem Celebrantis, si fuerint Canonici, incedent loco suo, ut de Diaconis assistentibus notatum est: sin autem essent e numero Beneficiariorum aut Mansionariorum, incedent primi post Canonicos. Canonici tantum excipient cinerem stantes et profunde inclinati: ceteri omnes excipient genuflexi.

37. Celebrans, si opus ei fuerit manus abluere, postquam cineres imposuerit Episcopo, abluet quando pervenerit ad locum prope Altare, et in hac actione utetur ampulla, ut in Missa, nisi gauderet privilegio utendi urceo cum pelvi etiam praesente Episcopo. Acolythi qui Missae inservire debebunt, ministrabunt ei lotionem.

38. Idem Celebrans et Ministri post exceptum cinerem, sibi imponent brachio sinistro manipulum apud abacum vel prope scamnum, in quo sedere solent.

39. Canonici, exceptis Diaconis assistentibus, sedebunt quando initium fiet distribuendi cineres Beneficiariis.

40. In excipiendis cineribus servabitur ordo sequens. Celebrans: Dignitates: Canonici ex ordine Presbyterorum: Canonici ex ordine Diaconorum: Canonici ex ordine Subdiaconorum: Ministri Celebrantis, nisi fuerint Canonici, ut superius notatum est: Beneficiarii seu Mansionarii: Cappellani a libro, scotula, mitra et baculo: clerici Seminarii: Magistratus,

si aderit, et laici nobiles: postremo ceteri laici pro consuetudine cuiusque loci. Foeminae in presbyterium non admittentur: poterunt eis ministrari cineres a Cauonico Poenitentiario vel ab alio Sacerdote in aliquo laterali Sacello, itemque multitudini, ut vitetur turba, observando quae tradita sunt in festo Purificationis B. V.

41. Episcopus autem cineres ultimo loco imponet Subdiacono, qui sustinuerit cinerum pelviculam.

42. Circa finem distributionis in prompta erunt Ministri lotionis et clericus, qui deferet mantilia, advertet etiam ut afferat pelviculam cum medulla panis. Aderunt etiam Acolythi, gestaturi candelabra, ut infra. Item Cappellani a libro et scotula resument Missale et scotulam atque adstabunt throno.

43. Subdiaconus, qui cinerum pelviculam sustinuerit Episcopo, de throno descendet, genuflectet ad Episcopum, dein ad Altare, deponet cinerum reliquias super abacum, et comitatus a clerico exuet se paramentis sacris in Sacrario.

44. Statim ac de throno discesserit Subdiaconus praedictus, ascendent ministri lotionis et Presbyter assistens reveniet a latere ad thronum, ut ministret mantile. Super genua Episcopi non extendetur alterum mantile, siquidem iam adest mappa; ipse autem exterget manum medulla panis ut cinerem tollat. Quando Episcopus lavabit manus, Canonici stabunt, ceteri omnes procumbent in genua. Presbyter assistens ministrabit mantile; post haec redibit ad locum suum. Post lotionem discedent etiam qui duo clerici sustinuerunt mappam super Episcopi genua eamque involutam advertent referre ad abacum, ne decidat cinis, qui forte potuisset in ipsam dilabi in actu distributionis.

45. Profectis ministris lotionis, accedent ad thronum Acolythi cum candelabris. Diaconus secundus mitram tollet Episcopo, qui assurgens cantabit *Dominus vobiscum* et orationem *Concede nobis Domine* etc. tono feriali.

46. Post orationem Episcopus sedebit ac rursus cooperietur mitra a primo Diacono assistente.

47. Ascendent statim ad thronum ultimi duo Canonici ex ordine Diaconorum, et descendent inde duo Diaconi as-

sistentes, qui recedent ad stallum ubi dimittent paramenta. Intrabunt in chorum clerici designati recipiendis Canonicorum paramentis et afferent insuper insignia choralia, rursus a Canonicis induenda. Canonici paramenta dimittent. Diaconi assistentes redibunt ad thronum, unde discedent ultimi duo Canonici, qui in locis suis dimittent vestes sacras et habitum choralem recipient. Cappellani supradicti pluvialia dimittent in Sacrario. Interim baculus pastoralis a Cappellano accipietur et portabitur ad thronum.

48. Rebus omnibus rite dispositis, Celebrans procedet ad Altare, Missam cum Celebrante inchoaturus.

49. Quod ad assitentiam observabitur quod est descriptum capitulis XIII. et XX. lib. V. quodque traditum est cap. X. eiusdem libri relate ad sacram concionem, quae post Evangelium Missae solemnis habebitur.

50. Quoniam huic Missae Episcopus assistit pluviali indutus, utetur mitra et baculo quotiescumque de throno descendet ad faldistorium ante Altare et quoties ad thronum redibit, idque etiam post Elevationem. Eadem de caussa incensabitur etiam post introitum postque Evangelium.

DE QUADRAGESIMA ET DE TEMPORE PASSIONIS.

CAPUT X.

1. Quadragesimali tempore ornatus Altaris, throni et chori respondebit officio feriali, quod est luctuosum, ideoque adhibentor paratus et vestes sacrae coloris violacei; ac si quod officium de ritu duplici aut semiduplici intra hebdomadam celebrabitur, variandus erit color in pallio et in paramentis: sed in throno et apparatu chori retinebitur ornatus coloris violacei, modo non sit unum e festis solemnioribus;

hoc enim casu mutabitur etiam ornatus throni et chori iuxta qualitatem festi.

2. Altare instruetur simpliciter candelabris tantum et Cruce, nullo alio interposito ornamento, cuiusmodi sunt vasa cum floribus, Reliquiaria et signa Sanctorum.

3. In Missis ferialibus non sonabitur organis et sacri Ministri utentur planetis plicatis.

4. A Sabbato ante Dominicam primam usque ad Pascha recitantor aut cantantor Vesperae, etiam in festis solemnibus, ante prandium seu post Nonam et Missam de feria, exceptis tantum Dominicis, in quibus cantantor hora consueta.

5. Festum Annunciationis B. Virginis recensitum est inter solemniora propter Redemptoris Incarnationem. Quapropter Clerus in choro, Celebrans cum Ministris et ipse Episcopus genuflectent ad cantum versiculi *Et incarnatus est* etc. regula superius tradita cap. III. libri huius pro die Nativitatis Domini. Si transferetur officium festi huius, genuflexio fiet quo die reponetur officium idem.

6. In quarta Dominica appellata *Laetare*, sonabitur organis, adhibebitur color rosaceus, Ministri induent dalmaticam ac tunicellam et licebit ornare floribus Altare ad Missam solemnem tantum, ut praescribit Caeremoniale, utque notatum est cap. I. huiusce libri.

7. Incidente in Quadragesimam celebratione alicuius funeris aut anniversarii pro defunctis, vel etiam alicuius Missae votivae solemnis, cavebitur ne fiat unquam post Vesperas, sed semper post Nonam.

8. Quod ad velandas Cruces et Imagines, observabitur quod superius traditum est lib. II. cap. XXI.

9. Item Passionis tempore, ex dispositionibus Caeremonialis, quaevis ecclesia utetur cantu *non figurato, sed Gregoriano.*

10. Relate ad festa, huic tempori occurrentia, stabitur iis, quae habentur capite citato.

11. In Dominicis Quadragesimae, si Episcopus assistet Missae solemni, servabuntur ea quae pro functionibus huiusmodi sunt notata in respectivis capitulis lib. V. Si in quarta Dominica assistet Missae paratus pluviali, induet pluviale rosaceum.

12. In festo Annunciationis B. V. Episcopus assistet Missae paratus pluviali, vel cantabit Missam post Tertiam, si ex hoc mysterio suum ecclesia cathedralis titulum acceperit. Cantabit etiam Vesperas secundas, ut praescribit Caeremoniale lib. II. cap. XXXIV.

DE DOMINICA PALMARUM.

CAPUT XI.

Quae sint praeparanda.
Apud Altare SS. Sacramenti.

1. Genuflexorium cum strato et pulvinis vel faldistorium, ut cap. IV. lib. V.
2. Cerei sex in candelabris maioribus, accendendi saltem quando Episcopus ibi orabit.

In Sacristia.

3. Paramenta pro Celebrante proque Ministris, videlicet planeta violacea et binae alterae similes plicatae, binae stolae ac tres manipuli coloris eiusdem, tria cingula, tres albae, tresque amictus.
4. Stolae ac manipuli tres eiusdem violacei coloris cum cingulis, albis et amictibus tribus pro cantoribus Passionis, et liber Passionis cum notis musicis, instructus veste seu tegumento violaceo.
5. Planeta plicata violacea cum cingulo, alba et amictu pro Subdiacono Crucem gestaturo in processionem.
6. Quatuor pluvialia violacea pro Cappellanis a libro, scotula, baculo et mitra.
7. Vasculum cum aspersorio adhibendum in ingressu Episcopi in ecclesiam.

In Altari maiore.

8. Praeter tapetum violaceum, quod cooperiet omnes gradus Altaris, apponetur pallium violaceum et sex candelabra cum cereis albis et Cruce simili candelabris, convestita velo violaceo. Candelabra erunt argentea vel saltem argento colorata, distincta, quoad fieri possit, ab illis quae diebus ferialibus, et ab aliis quae in festis solemnibus adhibentur.

9. Super mensam Altaris disponentur paramenta Episcopi, nempe formale simplex, pluviale cum stola violacea, Crux pectoralis, cingulum, alba et amictus, quae omnia contegentur velo violaceo. In latere Evangelii ponetur mitra auriphrygiata, et prope Altare baculus pastoralis.

10. Aderit scamnum usitatum prope latus Epistolae in usum Celebrantis et Ministrorum, contectum stragulo e panno violaceo.

11. Ante Altare praeparabitur faldistorium cum pulvinis violaceis pro Episcopo, qui ibi suo tempore orabit. Alterum insuper faldistorium convestitum tegumento violaceo, in quo sedebit Episcopus post processionem. Prope latus Evangelii ponetur Crux processionalis contecta velo violaceo, cui adhaerebit lemniscus eiusdem coloris, quo liganda erit palma, Si Celebrans esset Archiepiscopus, praeparabitur basis tantum, qua firmari possit Crux Archiepiscopalis.

In abaco.

12. Super abacum albo mantili coopertum ponentur candelabra cum cereis albis pro Acolythis: thuribulum cum navicula plena thuris et cochleari: vasculum aquae sanctae et aspersorium: urceus cum pelvi: duo mantilia seu manutergia in lance: velum humerale violaceum sine opere textili, utendum a Magistratu, si ministrabit lotionem: mappa longa phrygio opere distincta, extendenda in gremio Episcopi, quando palmas distribuet: Missale cum tegumento violaceo in usum Episcopi: scotula cum candela: Canon pontificalis: formula pro indulgentiis publicandis: taenia violacea ad ligandam pal-

mam in summitate Crucis processionalis, nisi ad hanc rem adessent iam taeniae in velo Crucis, ut supra : calix cum purificatorio, patena cum hostia et palla, velum calicis et bursa cum corporali : ampullae vini et aquae in pelvicula; mappula seu manutergium pro Celebrante: campanula ; intorticia e cera alba pro Elevatione : Missale cum legili vel cussino pro Celebrante : Evangeliarium et Epistolarium cum vestibus violaceis : velum humerale opere phrygio distinctum pro Subdiacono : stola latior pro Diacono.

In Presbyterio.

13. Thronus parabitur colore violaceo, videlicet baldachinum, lodix seu postergale et cathedra. Prope cathedram aderit pulvinus violaceus in usum Episcopi, quando genuflectere debebit. Aderunt etiam tria scabella pro Assistentibus, et gradus throni erunt ex toto cooperti tapeto violaceo.

14. Inter Altare et thronum a sinistris Episcopi praeparabitur abacus albo mantili contectus, in quo ponentur rami palmae et olivi distribuendi. Palmae erunt distinctae pro Canonicis, pro Magistratu, pro Beneficiariis etc. Aderit insuper palma Episcopi, quae in primis erit insignis non tam amplitudine, quam ornamentis, quibus erit distincta. Omnes contegentur velo violaceo, removendo in actu benedictionis.

15. In stallis sive sedilibus Canonicorum praeparantor respectiva paramenta coloris violacei, videlicet pluvialia pro Dignitatibus, planetae pro Canonicis Presbyteris, planetae plicatae pro Canonicis Diaconis et Subdiaconis, et amictus. Item in sedilibus chori in promptu erunt planetae plicatae et pluviale cum amictibus pro Presbytero assistente proque Diaconis assistentibus.

16. Canistri plani et ampli ad recipienda insignia sive habitus chorales Canonicorum, postea paramenta ab eis adhibita.

17. Delecti custodes invigilabunt ordini, ne forte in distributione oriatur populi tumultus.

18. Super balaustrium sive cancellos Presbyterii disponentur candelabra maiora cum intorticiis aut cereis ex alba cera, numero quatuor, ad summum sex.

19. Curabitur ut platea aut via ante ecclesiam, qua transibit processio, verratur sive mundetur.

In Functione.

20. Recitata in choro hora Tertia, cessabitur ab officio recitando: tum sono campanulae Sacrarii proficiscentur Canonici ad associandum Episcopum, ut cap. IV. lib. V.

21. In ingressu Episcopi sonabunt campanae more festivo: organa autem tacebunt, quia functio est ferialis.

22. Interea se parabunt Ministri, nempe Diaconus et Subdiaconus paramentis sacris, ut in Missa solemni, comprehenso manipulo, et comitantibus clericis duobus, accedent ad scamnum usitatum prope Altare maius, expectantes adventum Episcopi. Idem facient quatuor Cappellani, qui sunt a mitra, baculo, libro et scotula, quique induto sibi pluviali, venient ad Altare; quod faciet etiam Subdiaconus, Crucem in processionem gestaturus.

23. Episcopus, postquam adoraverit SS. Sacramentum, procedet ad Altare maius ibique genuflexus orabit, neque assurget, donec monebitur a Caeremoniario, ut ascendat in thronum. Canonici se recipient ad subsellia, seque parabunt respectivis paramentis, induentes supra rochetum vel supra superpelliceum, amictum et pluviale ac planetam vel integram vel plicatam, iuxta gradum ad quem spectant. Presbyter assistens se parabit pluviali in suo stallo, quod erit primum prope thronum, ibique manebit usque ad functionis initium: Diaconi assistentes se parabunt et ipsi suis locis, deinde ascendent ad thronum. Aderunt clerici designati adiuvandis Canonicis, dum se parabunt, et custodiendis eorum insignibus, quae post functionem resument. Clerici, quorum officium afferre paramenta Episcopi ad thronum, praesto erunt apud Altare.

24. Quum parati erunt omnes Canonici, Caeremoniarius retrahet de faldistorio partem anteriorem cappae Episcopi, qui assurget atque iterata reverentia ad Crucem, ascendet in thronum ac transiens per presbyterium benedicet Clerum, sequentibus eum Caudatario, qui extremitatem posteriorem cap-

pae sustentabit, et Cubiculario qui postea cappam recepturus erit.

25. Clerici duo faldistorium amovebunt de medio Presbyterio et seorsim reponent.

26. Distribuentur paramenta clericis, qui deferent eadem ad thronum.

27. Eodem tempore Cappellani a libro et scotula accipient ex abaco Missale et scotulam pro Episcopo, itemque Cappellanus a mitra accipiet illam ex altari et ad thronum portabit.

28. Episcopus, conscenso throno, sedebit et adiuvantibus Diaconis assistentibus ac Cubiculario, qui consistet prope secundum Diaconum assistentem, dimittet cappam. Cubicularius expediet etiam extremitatem posteriorem vestis talaris Episcopi et in Sacrario complicabit cappam, resumendam in exitu functionis. Postea Episcopus, non lavans manus, ope Diaconorum assistentium induet sacra paramenta, videlicet amictum, albam, cingulum, Crucem pectoralem, stolam cum pluviali violaceo, super quo ponetur formale simplex. Post haec primus Diaconus assistens imponet ei mitram.

29. Tunc Sacrista, vel alter designatus, deteget ramos palmae et olivi positos in abaco supradicto, amovens inde velum, quo cooperiebantur.

30. Cantores cantabunt antiphonam *Hosanna Filio David* etc. quam Episcopus, stantibus assistentibus eius, leget e Missali quod ei sustinebit Cappellanus a libro. Ad cantum praedictae antiphonae Episcopus, Assistentes et Clerus in choro sedebunt.

31. Completo huius antiphonae cantu, Diaconus secundus mitram tollet Episcopo, qui assurgens cantabit *Dominus vobiscum*, deinde orationem sequentem tono feriali; et Clerus consurget. Hoc tempore Subdiaconus, qui erat ad scamnum prope Altare, perget ad abacum et planetam plicatam dimittet; deinde accipiet librum Epistolarum, quem sustinens ante pectus veniet in medium ante Altare, et reverentia facta vel genuflexione ad Crucem, dein ad Episcopum, consistet quo loco cantari solet Epistola, cavens ne tergum vertat Altari, neque Episcopo.

32. Post orationem Episcopus sedebit, rursusque cooperietur mitra a primo Diacono assistente. Subdiaconus lectionem cantabit quo tono cantatur Epistola in Missis solemnibus; post lectionem ascendet ad thronum, osculabitur manum Episcopi, accipiet ab ipso benedictionem et redibit ad abacum, ubi deposito Epistolario, resumet planetam plicatam et se recipiet ad locum suum.

33. Cantores cantabunt Responsorium *Collegerunt.* Episcopus leget lectionem, graduale seu responsorium, *Munda cor meum* et Evangelium, stantibus hoc tempore Assistentibus. Dum cantabitur graduale, Cappellanus a baculo, accipiet baculum ex Altari et afferet ad thronum; item praesto erit thuriferarius cum thuribulo, iturus ad thronum, et Acolythi gestaturi candelabra et, ubi innuetur eis, coituri cum Ministris antedictis.

34. Legente responsorium Episcopo, Diaconus perget ad abacum, dimittet planetam plicatam et supra stolam sibi imponet stolam latiorem: accipiet librum Evangeliorum et reverentia aut genuflexione facta ante Episcopum, dein ante Altare, ascendet ad ipsum et super mensam librum Evangeliorum deponet.

35. Statim ac Episcopus legere Evangelium desierit, Presbyter assistens ad thronum ascendet a latere: quo veniet etiam Diaconus cum debitis reverentiis vel genuflexionibus et manum osculabitur Episcopi. Diaconus de throno descendet ac reversus ad Altare, genibus flexis dicet *Munda cor meum.* dum appropinquabunt ad Altare Subdiaconus et Acolythi cum candelabris.

36. Thuriferarius sequetur Diaconum ad thronum euntem, et quando Diaconus descendet, ascendet ipse cum thuribulo, expectabit dum Episcopus, ministrante Presbytero assistente, incensum demittat ac descendet de throno cum thuribulo, expectans ibi dum tempus erit coeundi cum Diacono, Subdiacono et Acolythis. Presbyter assistens manebit in throno apud scabellum suum.

37. Diaconus recitato *Munda cor meum,* resumet librum ex Altari se adiunget Subdiacono, et iunctim conficient reverentiam vel genuflexionem ante Crucem et ad thronum adi-

bunt. Diaconus, si fuerit Canonicus, profunde inclinatus, sin minus, genuflexus benedictionem petet ab Episcopo, qua accepta, procedet ad Evangelium cantandum, ut in Missa pontificali cap. IX. lib. V.

38. Quando discedent Diaconus cum Subdiacono, Acolythi ac thuriferarius de throno, tolletur Episcopo mitra a secundo Diacono assistente. Episcopus ad cantum Evangelii assurget et baculum iunctis manibus sustinebit, ut capite citato.

39. Completo cantu Evangelii, Diaconus cum Acolythis redibunt ad locum suum et Subdiaconus afferet librum Evangeliorum osculandum Episcopo: quo facto, redibit ad locum suum cum debitis reverentiis vel genuflexionibus.

40. Dum Subdiaconus ascendet ad thronum, descendet Presbyter assistens, qui subsistens ante thronum, thuribulum recipiet a thuriferario et triplici ductu incensabit Episcopum, qui post hanc thurificationem benedicet eum.

41. Presbyter assistens post hanc actionem se recipiet ad locum suum in chorum. Diaconus cum Subdiacono pergent ad abacum et dimittent manipulos, qui referentur in Sacrarium a clerico quopiam: Diaconus autem dimittet etiam stolam latiorem et resumet planetam plicatam.

42. Postquam thurificatus erit Episcopus, se sistent ei Cappallani cum Missali et scotula. Episcopus adstans in pedes et iunctis manibus etiam ad Praefationem, cantabit tono feriali orationes in Missali notatas.

43. Interea praesto erunt clerici cum vasculo aquae benedictae cumque thuribulo. Signum dabitur etiam clericis, qui mappam sustinere super genua Episcopi debebunt. *Sanctus* cantabitur a cantoribus tono feriali.

44. Circa finem quintae orationis, idest *Deus qui per olivae ramum* etc. ascendent ad thronum praedicti clerici cum vasculo ac thuribulo, et a latere ascendet etiam Presbyter assistens. Diaconus primus assistens animadvertet sublevare fimbriam dexteram pluvialis Episcopi, quando benedictionem versus palmas dabit.

45. Post orationem sextam *Benedic quaesumus Domine* etc.

Episcopus sedebit et incensum, ministrante Presbytero assistente, demittet cum benedictione in thuribulum ei praesentatum a thuriferario genuflexo. Assurget rursus deinde Episcopus et accepto a Presbytero assistente aspersorio, recitans submissa voce ant. *Asperges me* etc. palmas asperget in medio, a sinistris et a dextris suis, ac reddito aspersorio Presbytero assistenti, accipiet ab eo thuribulum et palmas adolebit, ut supra.

46. Discedent de throno clerici cum vasculo cumque thuribulo, et Presbyter assistens manebit apud thronum.

47. Episcopus tono feriali prosequetur cantare *Dominus vobiscum* et septimam orationem *Deus qui per Filium tuum* etc. Hoc tempore ad thronum ascendet Canonicus Camerarius sive Thesaurarius, seu Sacrario praefectus (de more cuiusque ecclesiae) traditurus palmas distribuendas, clerici tres aut quatuor numero, qui palmas debebunt Canonico praedicto ministrare, Cappellanus Episcopi habitu talari sine superpelliceo, qui recepturus erit palmam Episcopi, et qui clerici sustinere mappam extensam debebunt super genua Episcopi; quae tamen mappa ab altero eorum afferetur plicata. Canonicus thesaurarius locum sumet prope secundum Diaconum assistentem, clerici cum mappa prope duos Diaconos assistentes, et Cappellanus Episcopi apud primum Diaconum assistentem.

48. Cantata oratione antedicta, Episcopus sedebit et a primo Diacono assistente rursus mitra cooperietur. Se sistet ei Presbyter assistens, qui erit dignior Capituli, et a Canonico Thesaurario seu Camerario, sive Sacrario praefecto acceptam palmam ornatam praesentabit Episcopo, osculans palmam dein manum Episcopi. Episcopus palmam acceptam tradet Cappellano suo, qui custodiet eam apud se, manens in gradibus throni a dextris. Presbyter assistens, seu dignior, reverentia facta ante Episcopum, descendet a latere de throno et redibit ad subsellium suum, ut se adiungat ceteris Canonicis qui palmam acceptum ibunt, ut infra.

49. Palma ab Episcopo accepta, Diaconi assistentes attollent pluviale Episcopi, et super eius genua extendent mappam, quae sustentabitur a duobus clericis genuflexis prope Diaco-

nos assistentes (a) Palmae distribuendae porrigentur a Canoninico Thesaurario, seu Camerario sive Sacrario praefecto, secundo Diacono assistenti, qui eas ministrabit Episcopo. Primus Diaconus assistens elatam sustinebit fimbriam dexteram pluvialis Episcopi.

50. Presbyter assistens postquam venerit ad subsellium suum, accipiet manu biretum et inde descendens ac salutans Crucem Altaris, dein Episcopum, ad thronum ascendet, palmam excipiet osculans prius palmam postea manum Episcopi, cui reverentia iterata, descendet a latere de throno et revertetur ad locum suum. Id ipsum facient ceteri Canonici, qui unus post alium ad thronum ascendent eodem modo quo Presbyter assistens.

51. Statim ac de loco suo discesserit Presbyter assistens, cantores incipient cantare antiphonam *Pueri Hebraeorum* deinceps ceteras, prosequentes cantum toto distributionis tempore. Quod exsequentur Canonici, fiet etiam a ceteris, eo tantum discrimine, ut Canonici palmam accipiant stantes et profunde inclinati, ceteri genuflexi accipiant et pro reverentiis faciant genuflexiones ante Episcopum. Canonici stabunt in stallis suis, donec ultimo Canonico distributa erit palma, postea sedebunt.

52. Distributionis ordo erit qui sequitur. Dignitates, Canonici Presbyteri, Canonici Diaconi, Canonici Subdiaconi, quos inter incedent, loco qui spectat ad ipsos, Diaconus et Subdiaconus, qui ministrabunt ad Altare, aliter incedent, ut infra. Magistratus : Beneficiarii seu Mansionarii, quorum primi ibunt Diaconus et Subdiaconus, si ad caetum eorum spectabunt. Post Beneficiarios incedet Subdiaconus gestaturus Crucem, dummodo non sit Beneficiarius, siquidem in hac hypothesi primus ibit inter Beneficiarios, sed post Diaconum et Subdiaconum antedictos. Cappellani a libro, scotula, mitra et baculo. Clerici Seminarii. Ultimo loco laici aliique, qui ab Episcopo admittentur.

53. Si vigeret usus, ut Magistratus incederet post totum Clerum, servandus erit.

(a) Inspiciatur adnotatio subiecta num. 40. cap. VIII. libri huiusce.

54. Providebitur ut populo distribuantur palmae in aliquo Sacello laterali, ut vitetur multitudinis confusio, quemadmodum notatum fuit in festo Purificationis cap. VIII. num. 47. libri huiusce.

55. Distributionis tempore clericus aliquis accipiet ex abaco palmam designatam Cruci processionali, eamque in eiusdem Crucis summitate ligabit.

56. Celebrans redibit ad locum suum in chorum cum ceteris Canonicis, quum vero Ministri acceperint palmam, venient ante ipsum et conficient ei reverentiam. Ille assurget seque adiunget eis et facta reverentia aut genuflexione respectiva ante Episcopum, dein ad Altare, recedent in Sacrarium, ubi se parabunt pro Missa solemni, ut docebitur inferius.

57. Interim in promptu erunt Ministri lotionis, Acolythi candelabra gestaturi ad ultimam orationem, thuriferarius cum thuribulo propter processionem, et duo Cappellani a libro et scotula recipient ex abaco Missale cum scotula et afferent ad thronum.

58. Quum distributio peracta erit, ascendet a latere ad thronum Presbyter assistens eoque venient etiam ministri lotionis et Episcopus lavabit manus. Non oportebit extendere mantile super genua Episcopi, siquidem imposita erit mappa extensa, ut superius descriptam est. Presbyter assistens porriget ei mantile. Lavante manus Episcopo, Canonici stabunt, ceteri omnes genua submittent.

59. Post lotionem remanebit in throno Presbyter assistens: discedent autem ministri lotionis, et clerici quoque illi, qui sustinebant mappam super genua Episcopi, quorum alter ad abacum reportabit plicatam mappam eamdem.

60. Ubi de throno discesserint Ministris, lotioni accedent illuc Acolythi cum candelabris, qui praemissis debitis genuflexionibus, subsistent ante thronum. Diaconus secundus assistens mitram tollet Episcopo, qui assurget et e libro sustentato a Cappellano cantabit *Dominus vobiscum* et orationem *Omnipotens sempiterne Deus* etc. Acolythi manebunt apud thronum sustinentes candelabra.

61. Interim ad thronum accedent thuriferarius cum thuri-

Manuale Sacr. Caerem. lib. 6.

bulo et Subdiaconus gestans Crucem velatam, qui consitet inter Acolythos. Advertet autem ut adsit ante thronum, quum absoluta erit oratio praedicta.

62. Rursus Episcopus sedebit ac mitra cooperietur a primo Diacono assistente. Thuriferarius ante Episcopum genuflexus, obiiciet ei thuribulum. Presbyter assistens ministrabit incensum et Episcopus cum formula usitata ac benedictione incensum intra thuribulum demittet.

63. Descendet de throno thuriferarius et consistet post Subdiaconum cum Cruce et Acolythos. Presbyter assistens descendet a latere de throno et redibit ad locum suum.

64. Primus Diaconus assistens elata voce cantabit *Procedamus in pace* et cantores respondebunt *In nomine Christi. Amen.* Episcopus assurget in pedes, se inclinabit ad Crucem processionalem, deinde rursus sedebit, expectans donec sit tempus se adiungendi processioni. Acolythi ac thuriferarius genuflexionem conficient ad Episcopum et discedent de throno, atque ita processionis fiet initium.

65. Processio extra ecclesiam dirigetur per plateam seu viam proximam, quae in antecessum, ut supra innuimus, mundata erit, et processionis tempore sonabunt in laetitiae argumentum omnia sacra aera turris, quae tamen si nimium fragorem efficerent, iubebitur abrumpi sonum quando cantandus erit in limine portae hymnus, ut docebitur infra.

66. Ordo autem processionis hic erit. Praeibunt clavigeri, sive claviger, ecclesiae si aderunt. Thuriferarius cum thuribulo, Subdiaconus gestans Crucem et a lateribus eius Acolythi cum candelabris. Cantores, qui cantabunt antiphonam *Cum appropinquaret* etc. ac sequentes, toto processionis tempore. Advertent tamen, ut comparent sibi libellos, in quibus scriptae in notis musicis extent antiphonae praedictae cum hymno deinceps cantando. Clerici Seminarii. Mansionarii seu Beneficiarii, Canonici Subdiaconi, quorum si dispar esset numerus, ultimi incedent terni : Canonici Diaconi. Canonici Presbyteri : Dignitates, qui omnes utentur animadversione notata pro numero dispari. Sequetur Episcopus medius inter Diaconos assistentes, qui fimbrias pluvialis eius sustinebunt elatas.

Tum duo Cappellani a mitra et baculo, deinde reliqui duo a scotula et libro, postremo ceteri familiares Episcopi nobiles seu togati.

67. Si fuerit Metropolitanus, gestabitur quidem Crux archiepiscopalis a Subdiacono, ut supra, non vero ante Clerum, sed ante Canonicos paratos, et imagine Crucifixi, quamvis velata, conversa ad Archiepiscopum. Hoc casu postquam Archiepiscopus salutaverit Crucem, Subdiaconus cum Acolythis ac thuriferario subsistet prope ingressum Presbyterii, ibique expectabit donec transeat Clerus, qui debebit Crucem praecedere.

68. Palma ab omnibus manu sustinebitur, exceptis thuriferario, Subdiacono cum Cruce, Acolythis, cantoribus, Diaconis assistentibus, et praedictis quatuor Cappellanis. Qui dextrorsum incedent, palmam gestabunt manu dextera, qui sinistrorsum, sinistra. Episcopus priusquam de throno surgat, ut proficiscatur in processionem, palmam a primo Diacono assistente sinistra recipiet ac sustinebit sinistra, siquidem manu dextera debebit in processione benedicere adstantes.

69. Quum processio pervenerit ad fores ecclesiae, aperietur ostium a custodibus designatis, qui ut essent clerici superpellicio induti magnopere expediret, siquidem hoc modo exerceretur officium clericorum, qui appellantur ostiarii. Cantores duo manebunt intra ecclesiam prope portam, ut cantent hymnum, de quo postea.

70. Processio dirigetur, quemadmodum dictum est superius, per plateam seu vias adiacentes. Si valde numerosus esset Clerus, curabitur ne processionis initium revertatur ad portam ecclesiae, donec non erit totaliter egressa.

71. Processio in reditu ordinabitur ante portam ecclesiae quo modo convenientius erit. Posset dividi Clerus in triplicem ordinem, quorum primum efficere possent clerici Seminarii, alterum ante clericos Beneficiarii seu Mansionarii, tertium ante eos Canonici; Episcopus autem subsistere posset in medio, facie versa ad ostium ecclesiae. Crux tamen consistet in limine ecclesiae et cantores prope limen.

72. Egressa ex ecclesia processione, ostium primarium

claudetur : signo deinde dato illuc rediisse Clerum, ac finito cantu antiphonarum, qui duo cantores restiterint intra ecclesiam, cantare incipient versiculum primum hymni *Gloria, laus et honor* etc. Cantores autem qui aderunt extra ecclesiam repetent eumdem versiculum *Gloria, laus* etc. Tum illi duo subiungent in cantu reliquos versiculos et Cantores extra post singulos versiculos repetent singulis vicibus primum versiculum *Gloria laus* etc. Cantatis versiculis omnibus, vel parte illorum « prout tempus et occasio postulabit » ut ait Caeremoniale Episcoporum lib. II. cap. XXI. num. 9. Subdiaconus extremitate hastae Crucis pulsabit portam, quae aperietur, et Subdiaconus gestans Crucem, Acolythi ac thuriferarius subito in ecclesiam intrabunt, qui si deberent ante Canonicos paratos incedere, subsistent a dextra portae in interiori parte ecclesiae, ut in ordinem rursus disponantur et ad Altare maius dirigatur processio.

73. Dum Processio erit extra ecclesiam, Celebrans cum Ministris paratis, comitantibus clericis duobus procedent ad Altare, et reverentia facta ad Crucem, sedebunt in scamno consueto, expectantes processionis reditum. Praedicti duo clerici statuent ante Altare faldistorium, in quo sedebit Episcopus.

74. In processionis ingressu in ecclesiam cantabitur a cantoribus antiphona *Ingrediente Domino* etc. In reditu ad chorum, unusquisque locum suum occupabit ac deponet palmam. Thuriferarius consistet prope abacum; Acolythi deponent ibi candelabra: Subdiaconus firmata Cruce in stylobata seu basi recedet in Sacrarium et exuet paramenta: ultimi duo Canonici ex ordine Diaconorum, subsistent a lateribus faldistorii, ut assistant Episcopo: clerici delecti assistendo Canonicis dum sacra paramenta dimittent, in promptu habebunt canonicalia insignia; deinde in Sacrarium reportabunt paramenta: Celebrans cum Ministris, adventante apud faldistorium Cruce processionali, caput bireto nudabunt, consurgent, et Episcopus quando aderit ante eos, dabit ipsis benedictionem, quam Celebrans excipiet stans, Ministri autem genuflectent, nisi fuerint Canonici.

75. Episcopus ante Altare progressus, profunda reveren-

tia salutabit Crucem, benedictionem dabit Celebranti et sedebit in faldistorio, versa facie ad Altare, expectans dum Canonici sacra indumenta dimittant, ut Missam exordiatur.

76. Quando Episcopus sedebit, secundus Diaconus palmam e sinistra Episcopi accipiet et cappellano eius tradet, ut superius. Diaconi assistentes recedent ad stallum suum ibique sacra indumenta dimittent; quod facient etiam ceteri Canonici, omnesque resument insignia canonicalia. Quatuor cappellani a mitra, baculo, libro et scotula recedent in Sacrarium ad pluvialia deponenda et redibunt ad Altare ut ibi adsint in principio Missae: cappellanus autem a mitra sibi imponet vimpam, seu velum ad mitram sustinendam.

77. Reversis ad Episcopum Diaconis duobus assistentibus discedent ex assistentia ultimi duo Diaconi et pergent ipsi quoque ad paramenta dimittenda sollicite; ne nimium expectet Episcopus.

78. Interea Celebrans ad Altare accedet ad Missam inchoandam, propter quam Episcopus assurget de faldistorio, proximabit ad gradus Altaris, nudabitur mitra a secundo Diacono assistente, et reverentia facta ad Crucem, exordietur Missam, cui respondebit Celebrans. Clerici duo removebunt faldistorium, in quo sederat Episcopus, et seorsim illud reponent.

79. Functio dirigetur eodem modo, quo descripta fuit cap. XIII. lib. V. cum sequentibus tamen exceptionibus.

80. In cantu Epistolae ad illa verba *Ut in nomine Iesu etc.* genuflectent omnes quo loco aderunt, capite nudato. Episcopus tantum genuflectet mitram in capite retinens, super gradum cathedrae in pulvino, quem apponet Caeremoniarius: Diaconi assistentes attollent fimbrias pluvialis, et genuflectentem sustentabunt.

81. Post Epistolam, Episcopus leget Epistolam, Graduale cum Tractu, *Munda cor meum* cum ultima parte Passionis, quae cantabitur a Diacono.

82. Tres Passionis cantores, quando cantabitur *Kyrie* in Missa aut paulo post, se paratum ibunt in Sacrarium: cum eis venient tres cappellani, qui sustinere librum debebunt. Adiuvantibus Cappellanis, induent amictum, albam, cingulum,

manipulum violaceum et stolam diaconalem coloris eiusdem. Cantor textus accipiet librum, quem sustinebit utraque manu ante pectus.

83. Quando cantabitur tractus post Epistolam, reverentia facta ad Crucem Sacrarii, procedent ad Altare hoc ordine.

84. Praeibit Caeremoniarius, tum cantor Textus, qui librum gestabit, ut supra dictum est, deinde Succentor sive, ut aiunt, cantor turbarum, postremo qui Christi personam agit. Sequentur eos tres cappellani iunctim incedentes.

85. In ingressu presbyterii caput nudabunt, et qui cantor portabit librum, medium locum occupabit, qui Christi personam agit, adstabit ei dextrorsum, qui turbarum, sinistrorsum: tres cappellani post eos adstabunt ad lineam. Conficient genuflexionem ad Altare, dein ad Episcopum ante thronum. Eodem ordine ascendent unus post alium ad Episcopum, cuius manum osculabuntur; rursus deinde coeuntes iterabunt ad Episcopum genuflexionem et venient ad locum, quo cantatur Evangelium.

86. Cantor textus stabit medius, a dextris eius qui Christi, a sinistris qui turbarum partes sustinet. Cappellani adversus cantores consistent quo modo solet Subdiaconus in cantu Evangelii.

87. Cantor textus librum aperiet ac tradet apertum cappellano suo, qui sustinebit medius inter alios duos; et sic deinceps reliqui duo librum alternatim sustinebunt.

88. Tractu absoluto, cantor incipiet canere Passionem. Statim assurgent omnes et palmam dextera sustinebunt. Episcopo mitram tollet secundus Diaconus assistens, primus autem porriget ei palmam.

89. Celebrans in latere Epistolae Passionem leget usque ad ultimam partem, et palma ei tradetur a Diacono. Caeremoniarius autem palmam dabit Diacono et Subdiacono.

90. Quum Celebrans legere Passionem desierit, convertetur ad Passionis praedictos cantores, et a sinistris eius in gradu superiori stabit Diaconus, et a sinistris Diaconi in gradu inferiori stabit Subdiaconus, uterque ad cantores praedictos conversi, ut Celebrans.

91. Ad illa verba *Emisit spiritum* omnes in genua procumbent suo quisque loco, et Episcopus geniculabit in gradulo cathedrae super pulvinum ibi appositum.

92. Assurgente deinde Episcopo, consurgent ceteri omnes et peragetur cantus Passionis, quo absoluto, claudetur liber et recipietur a cantore textus, eoque ordine quo confecerunt genuflexionem in accessu, genuflectent ad Episcopum, dein ad Altare, ac recepto bireto quo cooperient caput statim ac de presbyterio exierint, revertentur in Sacrarium, ubi sacra indumenta dimittent (a).

93. Absoluto cantu Passionis, Celebrans redibit ad medium Altaris, dicet *Munda cor meum* et in latere Evangelii partem ultimam Passionis leget e Missali illuc allato a Subdiacono. Interim Diaconus sibi imponet stolam latiorem, librum afferet ad Altare, eaque exsequetur, quae in Missis solemnibus, quibus assistit Episcopus, tradita sunt cap. XIII. libri V. excepto tantum, quod Acolythi candelabra deferre non debent.

94. Episcopus, post cantum Passionis, palmam suam dabit primo Diacono assistenti, sedebit et ab eodem primo Diacono reponetur ei mitra. Manum dabit osculandam Diacono, incensum imponet in thuribulum, benedictionem donabit Diacono, postea nudatus mitra assurget ad cantum Evangelii sive ultimam Passionis partem, in qua palmam manu dextera sustinebit.

95. Episcopus tantum, non vero quispiam alius, palmam recipiet a primo Diacono assistente, quum post *Sanctus* descenderit ad faldistorium, eamque sustinebit ad Elevationem solummodo.

(a) Quod spectat ad cantum Passionis, observentur adnotationes cap. XXII. lib. II. insertae.

DE MAIORE HEBDOMADA.

CAPUT XII.

1. Primis tribus maioris Hebdomadae diebus nullus occurrit specialis ritus.
2. Si placebit Episcopo Missae solemni assistere, utetur cappa, officium enim est feriale.
3. Relate ad cantum Passionis in feria III et in IV eiusdem hebdomadae, sive adsit Episcopus, sive non, observanda sunt quae capitulis XXII et XXIII. lib. II. notata sunt.

DE MATUTINIS TENEBRARUM

CAPUT XIII.

Quae sint praeparanda.

1. Ad Altare SS. Sacramenti faldistorium, vel stratum cum pulvinis in genuflexorio, ut cap. IV. lib. V.
2. Sex in Altari cerei ardebunt tantum in accessu Episcopi ad Ecclesiam.

In Altari maiore.

3. Instruetur Altare tapeto violaceo super gradus, pallio violaceo, tobaleis et sex candelabris cum Cruce simili, velo violaceo convestita. Candelabra sunto ex aurichalco aut ex aere, non argento colorata, et in ipsis insistent candelae e cera communi.
4. Mensa contegetur velo violaceo aut alio simplici tegumento ut fieri solet quando Episcopus Vesperas solemnes cantat.

5. In latere Epistolae statuetur candelabrum triangulare, quod sustinebit quindecim candelas, omnes e cera communi, non excepta quae altius inter ceteras eminet in apice candelabri. Prope candelabrum istud aderit hasta cum extinctorio ad extinguendas candelas. Aderit insuper scabellum gradatum, quo commode possit ex apice ultima candela tolli, ut docebitur inferius.

6. Si Altare versum ad orientem esset, neque ullo modo posset abscondi lumen, ponetur ibi laterna. sive capsula lignea altitudinis proportionalis cum spina ferrea in parte interna pro candela affigenda.

7. Praeparabitur liber instructus veste violacea, ex quo Episcopus leget orationem *Respice* in fine officii, qui liber poni poterit in angulo Altaris.

8. Nullo opus est abaco.

9. Praeparabitur hasta cum extinctorio ad extinguendos cereos Altaris.

10. Ante Altare statuetur faldistorium cum pulvinis violaceis in quo genuflectet Episcopus.

11. Legile cum breviario formae grandioris et liber lamentationum cum notis musicis.

12. Thronus habebit baldachinum, lodicem et vestem cathedrae coloris violacei. Gradus etiam illius sternentur tapeto violaceo.

13. Apud balaustrium sive tribunam ponentur candelabra cum intorticiis aut cereis e cera communi, numero sex.

14. In Sacristia praeparabitur vasculum aquae sanctae cum aspersorio in Episcopi ingressu adhibendum.

In functione

15. Una aut pluribus vicibus pro consuetudine cuiusque loci pulsabuntur festivo more campanae et ad horam praestitutam recitabitur in choro Completorium, quo absoluto, sono campanulae Sacrarii signum dabitur Canonicis adesse tempus associandi Episcopum.

16. Hoc tempore accendentur cerei in Altari, funalia ad tribunam et quindecim candelae in candelabro triangulari.

17. In accessu Episcopi ad ecclesiam sonabunt tantum campanae festivo more.

18. Episcopus in ingressu ecclesiae, hac die asperget se ipsum et adstantes. Si fuerit Metropolitanus, non deferetur ante ipsum Crux Archiepiscopalis.

19. Postquam Episcopus aqua benedicta asperserit adstantes, Caeremoniarius expediet ei caputium cappae, et ipso Episcopi caput cooperiet.

20. Adorabit SS. Sacramentum, detracto sibi de capite caputio , postea procedet ad Altare maius. Ibi caput nudabit caputio, geniculabit in faldistorio, dicet orationem *Aperi Domine* etc. tum assurgens , salutabit Crucem, caput rursus operiet caputio et ascendet in thronum, radente humum syrma, seu posteriori extremitate cappae, quam eatenus sustinuerit caudatarius.

21. Conscenso throno, sedebit neque adstabit ei Canonicus ullus assistens. Aderit tamen a latere Caeremoniarius et poterunt adesse etiam quatuor cappellani ante thronum superpellicio induti, qui cum tempus erit, in gradibus throni sedebunt.

22. Quum Episcopus in thronum ascenderit, sedebunt omnes et clerici duo de medio presbyterio amovebunt faldistorium Episcopi et statuent ibidem legile cum Breviario pro lectionibus cantandis.

23. Episcopus, postquam sederit brevi tempore, se nudabit caputio, assurget cumque ipso totus chorus, et recitabit totum secreto *Pater noster*, *Ave Maria* et *Credo* quibus recitatis, Caeremoniarius innuet cantoribus ut incipiant antiphonam, quae ab ipsis intonabitur et cantabitur. Cantata antiphona prima, intonabitur psalmus ab eisdem apud legile , quin duo cantores procedant in medium ante Altare.

24. Completa antiphona, Episcopus sedebit et caput cooperiet caputio, omnesque considebunt. Episcopus cappa utetur ex toto explicata.

25. Psalmus continuabitur a parte illa in qua aderit hebdomadarius, ideoque ad confusionem vitandam, designabitur Caeremoniarius unus, qui ad intonationem cuiusque psalmi se

inclinabit versus illam partem, ad quam prosequi cantum psalmi pertinebit.

26. In psalmorum fine, eo quod careant *Gloria Patri*, fiet quaedam inflexio vocis per hemitonium vel producendo aut duplicando notam in tertia ultima syllaba ultimi verbi psalmi, ut assolet in Sacello Pontificio.

27. In fine singulorum psalmorum extinguetur in candelabro triangulari candela una, initium autem sumetur in extremitate versus cornu Evangelii, deinde ex altera extremitate versus latus Epistolae, atque ita alternatim extinguentur deinceps.

28. Post versiculum ante lectiones primi nocturni assurgent Chorus et Episcopus, qui caput nudabit caputio et recitabit totum secreto *Pater noster*.

29. Interim a Caeremoniario invitabitur qui cantare primam lectionem aut lamentationem debebit ; hic de suo loco descendet et reverentia vel genuflexione facta ad Crucem, dein ad Episcopum, consistet ante legile, manus illi imponens.

30. Recitato *Pater noster*, Episcopus sedebit et caputio cooperiet caput. Chorus etiam sedebit. Cantor, nullam petens benedictionem nec reverentiam aliam faciens, incipiet lamentationem primam cantare, qua finita, factis ad Altare et ad Episcopum reverentiis vel genuflexionibus, ad locum suum se recipiet.

31. Cantores primum responsorium cantabunt, sub cuius finem invitabitur qui secundam cantare lamentationem debebit, idemque observabitur usquequaque in tertia lamentatione et reliquis sex lectionibus.

32. Post cantum tertii responsorii, cantores iidem intonabunt primam antiphonam secundi nocturni, sedentibus omnibus, atque ita deinceps etiam ad Laudes, in quarum intonatione nemo assurget, quum debeat tantum consurgere chorus in recitatione *Pater noster* ante lectiones.

33. Circa finem Laudum tolletur de medio choro legile cum Breviario, adhibitum in lectionibus et reponetur faldistorium cum pulvinis pro Episcopo.

34. Repetita quinta antiphona psalmorum in Laudibus,

cantabitur versiculus, ad quem nemo assurget. Postea cantores iidem intonabunt et cantare prosequentur antiphonam, quae praecedit *Benedictus.*

35. Quando a cantoribus intonabitur *Benedictus,* consurgent omnes et Episcopus caput etiam nudabit caputio. Clericus designatus extinguendis Altaris cereis, incipiet eos extinguere ad versiculos *Ut sine timore* et sic deinceps singulas singulis versiculis. Extinguetur primum ultima quae magis abest a Cruce in latere Evangelii, deinde altera in latere Epistolae itemque alternatim. Extinguentur etiam hoc tempore ab alio clerico intorticia sive cerei qui ardebunt in candelabris maioribus tribunae; aderunt et alii clerici qui extinguent per ecclesiam lumina omnia, etiam lampades, exceptis tantum quae ardebunt ante SS. Sacramentum.

36. Notandum autem, quod extinctis hoc vespere lampadibus et luminibus universis, nulla amplius accendentur usque ad Sabbatum sanctum, ut docebitur inferius.

37. Dum a cantoribus repetetur antiphona post *Benedictus,* unus e clericis designatis tollet e candelabro triangulari unicam candelam ibi adhuc ardentem in summitate eamque elatam sustinebit in cornu epistolae Altaris: absoluto autem cantu praedictae antiphonae, candelam adhuc ardentem abscondet post Altare vel in laterna statim ac incipietur cantus antiphonae *Christus factus est* etc.

38. Dum cantabitur antiphona post *Benedictus,* Episcopus de throno descendet, quin caudatarius sustineat eius extremitatem posteriorem cappae et procedet ad faldistorium. Ibi autem, quando incipietur antiphona *Christus* etc. caput nudabit caputio et geniculabit in faldistorio. Totus pariter chorus procumbet in genua. Post antiphonam recitabitur secreto *Pater noster,* deinde recitabitur psalmus *Miserere,* sub cuius finem unus ex cappellanis librum accipiet de Altari et praesentabit Episcopo, qui genuflexus recitabit orationem *Respice* etc. conclusionem dicens secreto.

39. Absoluta oratione, et signo dato a Caeremoniario, omnes qui aderunt in choro, manu pulsabunt scamnum, quoad clericus, qui candelam absconderat, rursus eam ostendat, statimque abrumpetur strepitus omnis.

40. Episcopus assurget ac salutata Altaris Cruce, reponet capiti caputium et transibit ad Altare SS. Sacramenti, quod adorabit ut in accessu, et ad Episcopium associabitur. In Episcopi de ecclesia recessu campanae festive pulsabuntur.

DE FERIA V. IN COENA DOMINI
CELEBRANTE EPISCOPO

CAPUT XIV.

De rebus praeparandis.
In Altari SS. Sacramenti.

1. Altare, in quo asservatur SS. Sacramentum, ornabitur candelabris ceterisque ornamentis usitatis. Pallium et conopoeum in tabernaculo erunt coloris violacei, utpote respondentis officio.

2. Mane eius diei et usque ad consummationem Missae cantatae, licebit ministrare fidelibus SS. Eucharistiam, praesertim in satisfactionem praecepti paschalis.

3. Lampades, ut praecedenti capite innuimus, ardebunt in isto Altari tantum et immediate extinguentur quum inde remotum fuerit SS. Sacramentum.

4. Ante Altare praedictum praeparabitur faldistorium cum pulvinis e panno violaceo, vel genuflexorium cum strato et pulvinis, ut cap. IV. lib. V. quod tamen amovebitur postquam Episcopus ibi oraverit in accessu ad ecclesiam.

In Secretario seu Sacello,
in quo se parabit Episcopus.

5. Altare instruetur pallio violaceo ac tapeto simili in gradibus, sex candelabris argenteis cum cereis albis, et Cruce simili velo violaceo convestita. Super mensam Altaris dispo-

nentur paramenta albi coloris pro Episcopo, videlicet planeta, chirothecae in lance, dalmatica, tunicella, stola, Crux pectoralis, cingulum, alba et amictus. Paramenta praedicta contegentur velo coloris violacei. In latere Evangelii aderit mitra pretiosa. Sin autem esset Metropolita, cum reliquis paramentis praeparabitur etiam S. Pallium in lance coopertum velo albi coloris, altera insuper lanx cum spinulis tribus.

6. Prope Altare ponetur baculus pastoralis.

7. Ante Altare statuetur faldistorium cum pulvinis violaceis, in quo geniculabit suo tempore Episcopus.

8. Super abacum albo mantili contectum, disponentur caligae cum sandaliis albi coloris, quae cooperientur velis coloris violacei, scotula, Canon pontificalis, Breviarium formae grandioris vel liber alius pro oratione *Respice* etc. ab Episcopo recitanda: urceus cum pelvi et duo mantilia in lance: velum humerale violaceum simplex, si lotio ministrabitur a Magistratu: manipuli albi coloris pro Diacono et Subdiacono: Evangeliarium veste albi coloris instructum cum manipulo Episcopi: thuribulum cum navicula: candelabra cum cereis pro Acolythis.

9. Apud abacum vel in latere Evangelii aderit Crux processionalis, contecta velo violaceo, imposita basi: quod si Celebrans esset Archiepiscopus, praeparabitur basis tantummodo.

10. Thronus Episcopi convestietur baldachino et reliquis ornamentis violacei coloris et super gradus tapeto etiam violaceo.

11. Prope ingressum Sacelli ipsius statuentur scamna stragulo decenti cooperta pro Presbyteris, Diaconis et Subdiaconis benedictioni et consecrationi Oleorum sanctorum assistentibus.

In Sacristia
sive in aula Secretario contigua.

12. Disponentur paramenta albi coloris pro Dignitatibus et Canonicis, videlicet pluvialia pro Dignitatibus, planetae pro Canonicis ex ordine Presbyterorum, dalmaticae pro Canonicis ex

ordine Diaconorum ac tunicellae pro Canonicis ex ordine Subdiaconorum ; singulis autem paramentis suus erit amictus.

13. Ibi quoque aderunt paramenta albi coloris pro sacris Ministris, quae sunt dalmatica ac tunicella, stola, bina cingula, binae albae et bini amictus. Ponetur insuper pluviale album pro Presbytero assistente.

14. In eadem aula vel in Sacristia communi praeparabitur amictus, alba, cingulum ac tunicella pro Subdiacono Crucem processionalem gestaturo: pluvialia quatuor albi coloris pro Cappellanis a mitra, a baculo , a libro et scotula. Alia insuper pluvialia octo coloris eiusdem pro Mansionariis seu Beneficiariis, quorum officium deferre baldachinum in Processionem. Paramenta vero pro Presbyteris , Diaconis et Subdiaconis assistentibus Oleorum sanctorum consecrationi praeparentur in Sacristia communi vel alio apposito convenienti loco, ad confusionem vitandam.

In Sacrario.

15. Vasculum aquae sanctae et aspersorium utendum in ingressu Episcopi ad ecclesiam.

16. Numero sufficienti superpellicia pro clericis inservientibus.

17. Paramenta albi coloris pro assistentibus sacrorum Oleorum benedictioni, videlicet planetae duodecim, dalmaticae ac tunicellae septem, stolae novendecim, sex et viginti manipuli totidemque cingula, albae et amictus cum biretis eodem numero.

18. Super Altare Sacrarii , quod cooperietur alba tobalea, praeparentur tres ampullae plenae olei de olivo electi et limpidi. Ampulla sacri Chrismatis esto amplior cum tegumento albi coloris, altera Olei Cathecumenorum cum tegumento viridi, tertia Olei infirmorum cum tegumento violaceo. Praeparabitur etiam patera cum balsamo. Ut ampullae , ita patera suum habebit operculum. Aderunt etiam duo mappae oblongae, lineae ferme similes vimpae seu velo mitrae, adhibendae in deferendis ampullis praedictis.

19. Praeterea praeparabitur unum vel plura Pontificalia pro cantoribus, qui cantare hymnum debebunt dum Olea supradicta deferentur.

20. Aequum esset ut arderent duo quatuorve cerei post benedictionem seu consecrationem, respectu habito Oleis consecratis.

In Altari maiore et Presbyterio.

21. Altare ornabitur festive, nempe candelabris nobilibus septem numero cum cereis albis, et Cruce simili contecta velo albi coloris, ante septimum candelabrum : tobaleis : pallio albo ac tapeto quod omnes gradus cooperiat. Tali autem modo pallium et tobaleae apponantur, ut facile inde tolli possint in altarium denudatione. Pallio albo superponetur violaceum, itemque velo albo Crucis superponetur velum violaceum, amovendum post recitatas Horas minores.

22. Ex parte Epistolae aderit scamnum consuetum pro Ministris, stragulo laneo coopertum.

23. Prope latus Evangelii statuetur basis seu stylobata pro Cruce processionali aut archiepiscopali.

24. Seorsim ponetur faldistorium cum pulvinis violaceis, quo utetur Episcopus genuflectens in fine Vesperarum.

In abaco.

25. Super abacum contectum albo mantili disponentur Missale cum veste albi coloris, in usum Episcopi; scotula; Epistolarium, cum veste, ut supra; legile seu cussinus pro Missali; velum humerale phrygiatum albi coloris pro Subdiacono; calix utendus in Missa cum purificatoriis duobus, patena cum hostiis tribus, palla, corporale intra bursam et velum calicis: alter calix maior, cum patena et palla, cum velo albo sericeo et taenia sericea pariter alba ad ligandum velum praedictum. Magnopere deceret, ut calix ille forma esset grandiori, quam alii et haberet cochleare, nempe patenam eiusdem magnitudinis ac hostiae, cum labro in gyro et manubrio quo accipiatur, ut mos est in Sacello pontificio, eoque modo de-

clinaretur periculum frangendi Hostiam , quum extrahenda erit de calice, et fragmenta poterunt colligi facilius. Tertius etiam calix opus est cum purificatorio, quo utetur Episcopus ante sacrorum Oleorum consecrationem : pyxis cum particulis, instructa operculo et veste etiam albi coloris, si transferenda erit: ampullae vini et aquae in pelvicula et patera praegustationis: gremiale album acu pictum et aequale paramentis pro Episcopo: urceus cum pelvi et duo mantilia in lance: velum humerale album simplex pro lotione, si ministrabitur a Magistratu : vasa vitrea cum vino et aqua ac mappulae pro purificatione illorum qui S. Eucharistiam excipient : octo decemve stolae albae in usum Presbyterorum qui de sacra mensa participabunt: mappa linea, opere textili cum laciniis, utenda in Communione: Rituale in usum Diaconi pro cantando *Confiteor*: pluviale album coloris eiusdem, et formale pretiosum pro Episcopo in fine Missae ; mitra auriphrygiata : Canon pontificalis : pars tertia Pontificalis Romani cum veste alba pro sanctis Oleis consecrandis: pelvicula et cochleare maius ad miscendum balsamum in lance aut pelvicula : alterum thuribulum cum navicula : intorticia pro Elevatione : Breviarium pro recitando psalmo *Deus*, *Deus meus respice in me* in denudatione Altarium et pro oratione *Respice* dicenda in Vesperarum fine : pulvinus albi coloris in usum Episcopi, quando geniculabit in infimo gradu.

26. Prope abacum praeparabitur baldachinum albi coloris hastile pro processione. Praeparabitur etiam umbella, quae adhibebitur dum SS. Sacramentum ad Sacrarium deferetur.

27. Non longe ab eodem abaco una pluresve capsae decentes, quae contineant intorticia et candelas in processionem gestandas. Aderit intorticium distinctum pro Episcopo.

28. Thronus cooperietur baldachino et lodicibus albis, ita tamen appositis ut facile amoveri possint in Altaris denudatione. Aderunt tria scabella pro Assistentibus et pulvinus albi coloris in quo genuflectet Episcopus. Gradus throni sternentur amplo tapeto, itemque pavimentum presbyterii.

29. Praeparabitur mensa maior in totum cooperta alba tobalea, ponenda in medio presbyterio : faldistorium cum vestibus albis : scabella tria aequalia scabellis throni.

Manuale Sacr. Caerem. lib. 6. 5

30. Prope aditum presbyterii vel ex alia parte, secundum dispositiones locorum, ponentur scamna panno viridi convestita pro Presbyteris Diaconis et Subdiaconis.

31. Ad cancellos tribunae seu ad balaustrium disponentur sex vel octo candelabra cum cereis vel intorticiis et super balaustrium ponentur tobaleae pro Communione.

32. Extra presbyterium ante balaustrium statuetur scamnum distinctum pro tredecim pauperibus, quorum abluentur pedes.

Ad Sacellum
in quo exponetur SS. Sacramentum.

33. Altare parabitur omni magnificentia, multis luminibus e cera alba, floribus etc. et sublimis supra Altare aderit urna seu capsula, in qua condetur SS. Sacramentum et in intima eius parte ponetur corporale extensum. Pallium erit album; Sacellum autem in parietibus convestietur paratibus nobilibus, exceptis tamen figuris sive imaginibus, quae Passionem repraesentent, neque admittuntur vela violacea multoque minus nigri colori ad ornamentum. Ardebunt in Sacello isto, quum expositum aderit SS. Sacramentum, sex saltem cerei (a).

34. In infimo gradu Altaris praeparabitur pulvinus albus et aderit etiam scabellum gradatum ad conscendendum Altare.

35. Scamna sine postergali cooperta viridi tapeto ibi quoque ponentur, apud quae geniculabunt Canonici.

36. Aderunt Canon pontificalis pro benedictione, scotula cum candela et liber seu tabella cum formula pro Indulgentiis publicandis.

37. Seorsim statuetur faldistorium cum duobus tantum pulvinis e panno violaceo pro Episcopo, qui post functionem ibi orabit.

Pro Mandato peragendo.

38. Instruetur aula quaedam in Episcopio aut prope ecclesiam, sed quae prorsus ab ecclesia seiuncta sit, ut vitentur irreverentiae et confusio.

(a) Observetur adnotatio subiecta num. 6. cap. XXV. lib. II.

39. In capite aulae nobiliter exornatae praeparabitur thronus cum baldachino, lodice et stragulo cathedrae coloris violacei: tapeto etiam violaceo sternentur throni gradus.

40. A lateribus throni duo longa sedilia ponentur cum pannis violaceis vel alius materiae fusci coloris pro Canonicis.

41. A dextris throni post scamna Canonicorum statuetur scamnum altius aliis coopertum tapeto viridi, in quo sedebunt pauperes, quorum abluentur pedes. Altus erit eius gradus in commodum Episcopi; sub eodem scamno erit quoddam forum, unde possit effundi aqua.

42. Contra idem scamnum ponetur abacus maior albo mantili contectus, in quo aderunt duo candelabra cum cereis; formale simplex, pluviale violaceum, stola violacea, Crux pectoralis, cingulum, alba et amictus, quae velo violaceo contegentur. Mitra auriphrygiata; Evangeliarium cum veste albi coloris; scotula cum candela; Missale cum veste violacea pro Episcopo; thuribulum cum navicula; manipuli albi pro Diacono et Subdiacono: urceus cum pelvi, mantilia duo in lance, medulla panis et mali medici in lance altera pro Episcopo: urcei plures cum aqua calida et frigida, ac duo pluresve urcei grandiores pro abluendis pauperum pedibus: tredecim mantilia maiora in pelvi aut in canistro ad abstergendos eorumdem pedes, bursa sericea violacea cum eleemosynis eis distribuendis, ita tamen ut singulae eleemosynae sint divisae et schedulis inclusae.

43. Baculus pastoralis ponetur prope abacum. Praeterea si Celebrans erit Archiepiscopus, praeparabitur basis pro Cruce Archiepiscopali prope legile, quod adhibebitur in cantu Evangelii. Iuxta abacum ponentur scabella duo, queis utentur Ministri, cum tempus erit sedendi.

44. Legile cum veste albi coloris pro cantando Evangelio ita ponetur a sinistris throni, ut Diaconus quando Evangelium cantabit, stet facie versa ad pauperes, et eadem ex parte prope murum aderit alterum legile nudum cum libro chorali in usum cantorum pro antiphonis cantandis.

45. Ad haec fiet septum aliquod circa thronum et scamna descripta, ut impediatur quominus urgeat populi frequentia.

46. In aliqua cella aulae contigua, super abacum disponentur dalmatica cum stola ac tunicella albi coloris, bina cingula, binae albae binique amictus pro **Ministris** et superpellicia pro inservientibus.

47. Aderit etiam focus cum igne pro thuribulo (a).

In functione.

48. Ante functionem pulsabuntur campanae festivo more semel aut pluries et hora praestituta sed multo mane recitabuntur a Clero Horae minores, videlicet Prima, Tertia et Sexta, submissa voce et ritu praescripto in Breviario Romano ad rubricam peculiarem huius diei. Super Altare ardebunt cerei pro recitatione Horarum earundem.

49. Recitatis Horis minoribus praedictis, tolletur pallium violaceum et velum violaceum de Cruce Altaris maioris et in ipso accendetur septimus cereus; accendentur etiam cerei in fanalibus, in Altari Secretarii et in abaco. Sonabitur campanula Sacrarii et Canonici cum Capitulo proficiscentur ad associandum Episcopum, ut cap. IV. lib. V.

50. Hoc tempore unus e Caeremoniariis curabit ut sacris vestibus descriptis parentur duodecim Presbyteri, septem Diaconi septemque Subdiaconi, qui expectabunt in Sacrario, dum innuetur ipsis ut incedant ad Secretarium: itemque se parabunt pluviali albo quatuor Cappellani a mitra, a baculo, a libro et scotula, et Subdiaconus qui Crucem processionalem gestaturus erit.

51. Ingrediente in ecclesiam Episcopo, non sonabitur organis, sed tantum campanis festivo more. Episcopus in limen ecclesiae quum venerit, accipiet aspersorium, signabit seipsum deinde asperget adstantes. Caput cooperiet caputio cappae et procedet ad Altare SS. Sacramenti. Si fuerit Metropolitanus, praeferetur ante eum Crux archiepiscopalis. Ante Altare SS. Sacramenti, caputio sibi de capite detracto,

---

(a) Ritum pro reconciliatione poenitentium, eo quod antiquatus sit omittendum censuimus.

orabit: deinde assurget atque iterata genuflexione, caput sibi rursus cooperiet caputio, procedet ad Sacellum Secretarii.

52. Providebitur, ne ministretur S. Communio apud praedictum Altare SS. Sacramenti, quo tempore ibi orabit Episcopus, ne plus aequo detineatur in adoratione, quum satis prolixae sint huius diei functiones.

53. Veniens Episcopus in Sacellum Secretarii, caput nudabit caputio et reverentia facta ad Crucem, geniculabit in faldistorio, ibique manebit donec locum occupaverint apud scamna seu in stallis Canonici et reliqui de Clero. Innuente Caeremoniario, assurget atque iterata reverentia ad Crucem impositoque capiti rursus caputio conscendet thronum, ubi sedebit, nullis Diaconis assistentibus.

54. Brevi interposita mora, caput deteget conversusque ad Altare recitabit *Pater noster* et *Ave Maria* secreto in totum. Hisce absolutis, Caeremoniarius innuet cuidam cantorum, qui aderunt prope aditum chori ex parte adversa Episcopi throno, et ille submissa voce ac sine cantu intonabit psalmum Nonae *Mirabilia testimonia tua*, qui cum sequentibus duobus recitabitur alternatim et cum pausa multa a choro. Episcopus sedebit et caputio cappae cooperiet caput.

55. Statim ac sederit, se sistent ei clerici aut cappellani duo, superpellicio induti, cum Canone et scotula, atque Episcopus leget psalmos et preces pro Missae praeparatione, advertens omittere *Gloria Patri* in fine psalmorum (a) et recitabit etiam orationes designatas ad paramenta.

56. Cappellanus unus indutus superpellicio, accipiet sandalia cum caligis albis, quae contegentur velis coloris violacei, et comitantibus aliis quatuor aut sex clericis indutis su-

---

(a) Caeremoniale Episcoporum lib. II. cap. XXIII. num. 4. praescribit Episcopo haec « dum dicetur Nona, capiet sandalia, leget psalmos » sine *Gloria Patri* et in fine cum dicitur a choro *Christus factus est*, genufle- » ctet ante Altare » Ut decenter autem peragatur lectio psalmorum, fieri non potest, ut recitentur quo tempore recitantur tres Nonae psalmi; quapropter aut repetendi pluries erunt ii Nonae psalmi, aut posset Episcopus privatim recitare psalmos praedictos in praeparatione, et dum ponentur ei caligae, posset legere orationes tantum ad paramenta praescriptas.

perpellicio, sequente Episcopi cubiculario, afferet illa ad thronum et ponet Episcopo, quemadmodum descriptum fuit in Missa pontificali cap. IX. lib. V. Curabitur autem, ut vela supradicta et pelvis ferantur deinde ad abacum Altaris maioris, pro recipiendis sandaliis post Missam, de quo inferius.

57. Quum Episcopus legere desierit psalmos et orationes, ut supra, finis imponetur recitationi psalmorum Nonae; Episcopus assurget et de capite sibi detracto caputio cappae, quam humi tractabit; procedet ad faldistorium positum ante Altare, geniculabit, recitabit antiphonam *Christus factus est*, *Pater noster* secreto et *Miserere* submissa voce, cuius in fine a cappellano praesentabitur ei liber cum oratione *Respice quaesumus Domine* etc. et Episcopus genuflexus et submissa voce leget e libro orationem praedictam, prosequens tacite conclusionem *Qui tecum vivit* etc.

58. Dum ad recitandum *Miserere* descendet de throno Episcopus, Presbyter assistens ac duo Diaconi assistentes discedent de loco suo et ibunt in Sacrarium seu cubiculum, ubi praeparata erunt paramenta et sibi induent dalmaticas albi coloris ut praesto sint ad assistentiam Episcopi.

59. Si Magistratus ministrabit lotionem, unus ex ipsis invitabitur ad abacum, ubi geniculabit dum dicetur *Miserere*, ut in promptu postea sit ad lotionem ministrandam.

60. Sub finem eiusdem *Miserere* efficietur, ut exeant e Sacrario Ministri Altaris, Cappellani, duodecim Presbyteri, septem Diaconi, septem Subdiaconi et Subdiaconus a Cruce; curabitur etiam, ut adsint in Secretario quo ipso momento absolvatur recitatio Nonae, et unusquisque occupabit locum qui tribuetur ei.

61. Completa antedicta oratione, Episcopus iterata reverentia ad Crucem Altaris, non cooperiens caput caputio, redibit in thronum; tum vero de Secretario discedent Canonici omnes ad sibi induenda paramenta albi coloris.

62. Statim ad thronum pergent Diaconi assistentes iam parati et Presbyter assistens locum occupabit in primo stallo prope thronum, ut in promptu sit ad ministrandum mantile Episcopo. Clericis distribuentur paramenta Episcopi.

63. Cum prope erit, ut compleatur paramentorum distributio, Episcopus, adiuvantibus Diaconis assistentibus et cubiculario, qui adstabit secundo Diacono assistenti, cappam dimittet, deinde lavabit manus et induet paramenta quo modo descriptum fuit cap. IX. libri V.

64. Quum Canonici sacra paramenta sibi induerint, redibunt bini, praecedentibus senioribus, in Secretarium et reverentia facta ad Altare et ad Episcopum, consistent in circulo ante Episcopum dum ipse sacris vestibus induetur.

65. Si Celebrans erit Archiepiscopus, utetur S. Pallio.

66. Posteaquam Episcopus sacris paramentis indutus incensum in thuribulum demiserit, salutaverit Crucem processionalem et peregerit illa omnia, quae capite citato de Missa pontificali descripta sunt, procedet ad Altare, non sonantibus organis.

67. In processione a Secretario ad Altare maius ordo sequens tenebitur. Praeibunt clavigeri, seu claviger ecclesiae si aderit. Thuriferarius cum thuribulo. Subdiaconus tunicella paratus, gestans Crucem velo violaceo convestitam, medius inter duos Acolythos cum candelabris, ardentibus candelis. Clerici Seminarii bini. Beneficiarii seu Mansionarii, pariter bini. Septem Subdiaconi parati, bini, ac terni ultimo loco. Septem Diaconi pariter ut Subdiaconi praedicti. Duodecim Presbyteri parati, bini et ipsi. Canonici Subdiaconi parati tunicellis. Canonici Diaconi parati dalmaticis. Canonici Presbyteri planetis parati. Dignitates, induti pluvialibus. Incedent omnes bini; si tamen dispar numerus in aliquo coetu ex supradictis esset, ultimo loco incedent terni, ut supra de Subdiaconis paratis. Subdiaconus, qui sustinebit Evangeliarium cum manipulo Episcopi. Diaconus a sinistris Presbyteri assistentis. Episcopus medius inter Diaconos assistentes. Caudatarius sustentans partem extremam posteriorem vestis Episcopalis. Cappellani a mitra et baculo. Reliqui duo a libro et scotula. Si Celebrans erit Archiepiscopus, deferetur Crux post Beneficiarios, nempe ante Clerum paratum, imagine Crucifixi ad Archiepiscopum conversa.

68. Procedetur ad Altare maius, ubi locum occupabunt quisque sibi attributum, quod curabit Caeremoniarius, prae-

sertim relate ad duodecim Presbyteros, septem Diaconos septemque Subdiaconos. Hoc tractandum erit secundum capacitatem et amplitudinem presbyterii, observando quoad fieri possit, locorum dispositionem, indicatam a Pontificali Romano in rubrica huius functionis.

69. Missa cantabitur, ut praescriptum est in supra citato capitulo, notando quod in Confessione omittitur psalmus *Iudica me Deus* et sonatur organis unice ad intonationem et in cantu hymni *Gloria in excelsis*, in cuius intonatione pulsabuntur festivo more omnia sacra aera turris et campanulae internae in ecclesia, et sonus sive organorum sive campanarum cessabit prorsus usque ad intonationem eiusdem hymni in Missa Sabbati sancti.

70. Quum Episcopus legerit Offertorium, dum peragentur actiones descriptae num. 109 et seqq. cap. IX. lib. V. Subdiaconus perget statim ad abacum et sumpto velo humerali, deferet super Altare pixidem cum particulis consecrandis, a qua amotum fuerit velum seu vestis alba, eamque collocabit ex parte Epistolae. Tum redibit ad abacum accipiet calicem cum patena ac tribus hostiis maioribus eumque afferet ad Altare ritu ibidem descripto. Ponet calicem super Altare et immediate pixidem cum particulis Diacono tradet. Diaconus eam deteget ac ponet supra corporale versus sinistram Episcopi. Postea Diaconus idem iubebit fieri praegustationem hostiae et vini et patenam tradet Episcopo cum hostiis duobus maioribus. Post Offertorium Diaconus pixidem cooperiet eamque ponet in parte posteriori super corporale, ne impediat incensationem oblatorum, et Episcopus ponet hostiam pro Missa in medio, alteram, adhibendam in expositione, ponet super corporale a dextris suis, aliquantulum versus locum calicis. Diaconus animadvertet contegere purificatorio patenam, quae aderit a dextris sub corporali, ut in Missis lectis.

71. Deinde peragetur Sacrum ordine consueto, notando tamen, quod Subdiaconus postquam infuderit aquam in calicem, redeat ad abacum ibique dimisso velo humerali, vadat ante Altare, in medium infimi gradus, siquidem in hac Missa propter Oleorum consecrationem, non sustinetur pa-

tena, ut in aliis Missis solemnibus. Attamen idem Subdiaconus ascendet in suppedaneum, dum Episcopus iniiciet incensum in thuribulum, et accedet ad sinistram eius, attollens una cum Diacono illius planetam in thurificatione Altaris.

72. Postquam Episcopus a Diacono thurificatus erit, Subdiaconus ad locum suum redibit ibique manebit usque ad *Sanctus*, tunc enim ad Altare ascendet recitaturus Trisagium cum Episcopo.

73. Quum Episcopus ascenderit ad Altare, ponetur in medio presbyterio mensa contecta albo mantili, faldistorium cum veste alba pro Episcopo, impositum suppedaneo cooperto tapeto, duo scabella a lateribus faldistorii pro Ministris et alterum scabellum pro Presbytero assistente a latere tabulae seu mensae a dextris Episcopi. Faldistorium statuetur tali modo, ut Episcopus quum sederit, spectet altare. Super eamdem mensam in maius commodum Episcopi ponetur legile seu cussinus cum Pontificali, quod aderit a sinistris eius. Quod si mensa illa non impediret caeremonias actionesque missales, poterit collocari ante functionem. Super mensam eamdem poni poterit lanx quaedam, in qua ponentur opercula ampullarum, ne inquinent tobaleam.

74. Clerici cum intorticiis ad Elevationem locum sument a lateribus Altaris, non vero in medio presbyterio, ne impediant transitum Episcopi, quando descendet de Altari ad Olea consecranda. Possent iidem clerici descendere etiam post Elevationem et redire post consecrationem Olei sancti pro infirmis, ante Communionem.

75. Subdiaconus thurificabit SS. Sacramentum in Elevatione, ideoque ad illa verba *Quam oblationem*, discedet de medio Altaris et perget in latus Epistolae, ubi recipiet thuribulum, in quo positum iam erit incensum.

76. Diaconus ad praedicta verba pixidem deteget et admovebit ad Episcopum, ac post elevationem Hostiae et genuflexionem, rursus eam cooperiet et ponet loco suo, idque faciet priusquam detegat Calicem palla.

77. Post Elevationem a Caeremoniario afferetur ad Altare calix alter cum purificatorio et ab Acolytho uno ampulla

vini in pelvicula. Subdiaconus ad Altare ascendet ad dexteram Diaconi. Episcopus postquam pronunciaverit illa verba *sed veniae, quaesumus, largitor, admitte. Per Christum Dominum nostrum*, genuflectet cum Ministris et transibit in latus Epistolae, non tamen descendens de suppedaneo. Ibi Diaconus sustinebit calicem et Subdiaconus accipiet ampullam vini. Episcopus digitos ponet super calicem, Subdiaconus effundet vinum ad illos purificandos et Diaconus supponet purificatorium ad abstergendos. Calix ille contegetur eodem purificatorio et relinquetur super Altare in latere Epistolae versus candelabra, eo quod sumere illum debeat Episcopus post Communionem.

78. Interea praesto erunt Cappellani cum mitra et baculo, ac reliqui duo Cappellani a libro et scotula procedent ad mensam in medio presbyterio iam collocatam, alter secum afferens scotulam, alter librum pontificalem sustenturus ante Episcopum, quando opus erit.

79. Presbyteri, Diaconi et Subdiaconi consecrationi Oleorum sacrorum assistentes, non discedent de locis suis.

80. Postquam Episcopus digitos, ut supra, purificaverit, redibit in medium suppedaneum et genuflexionem una cum Ministris iterabit ad SS. Sacramentum, quod aderit in Altari. Descendet deinde de suppedaneo, et in primo Altaris gradu reponetur ei mitra auriphrygiata a Diacono et baculum pastoralem sinistra accipiet,

81. Quin benedictionem donet Canonicis, quod ibi aderit SS. Sacramentum, adstante Diacono a dextris eius, a sinistris Subdiacono, praeeunte Presbytero assistente, descendet ad faldistorium, quod ante mensam supradictam praeparatum erit, ibique sedebit versa facie ad Altare. Quum sederit, baculum dimittet: a dextris eius sedebit Diaconus, a sinistris Subdiaconus et a latere dextro mensae Presbyter assistens, qui sedebunt in scabellis praeparatis.

82. Diaconi assistentes, qui aderant ante Altare, genuflectente Episcopo, genuflectent et ipsi, deinde recedent in unum Altaris latus, siquidem ab officio suo prorsus vacant in functione ista.

83. Tunc Archidiaconus, qui hac die fungetur officio Presby-

teri assistentis, assurget ac facta reverentia ad Episcopum, paullulum conversus ad Subdiaconos assistentes, elata voce ac tono lectionis dicet *Oleum infirmorum*, quo dicto rursus sedebit.

84. Caeremoniarius invitabit unum ex Subdiaconis et clericos duos, qui iunctim genuflexionem facient utroque genu ad SS. Sacramentum, tum genuflectent ante Episcopum si ante ipsum praeteribunt.

85. Pergent in Sacristiam, ac si opus fuerit propter frequentiam populi, clavigeri seu custodes ecclesiae antecedent eos. Ubi ventum erit in Sacristiam, Subdiaconus accipiet ampullam veste violacea contectam et brachio sinistro afferet ad Altare, advertens ut brachio cooperiat dimidiam partem ampullae, altera parte superiori aperta et visibili. Hoc modo revertentur ad Altare.

86. Appropinquante Subdiacono, assurget de loco suo Presbyter assistens et se sistet ante mensam contra Episcopum, ne tamen vertat humeros ad Altare.

87. Subdiaconus cum clericis reversi in chorum, genuflexionem in medio ante Altare conficient utroque genu ad SS. Sacramentum et procedent ante Episcopum, cui genuflectent.

88. Subdiaconus proximabit Presbytero assistenti eique submissa voce dicet *Oleum infirmorum*.

89. Presbyter assistens accipiet ampullam praedictam et voce paullo altiori dicens *Oleum infirmorum* praesentabit illam Episcopo, ponet super mensam et redibit ad locum suum.

90. Subdiaconus cum clericis consistent prope mensam in parte adversa Presbytero assistenti, sed humeros neque ad Episcopum neque ad Altare convertent.

91. Diaconus ampullam deteget nudando ipsam veste violacea et operculo. Interim in promptu habebitur apparatus lotionis manuum Episcopi.

92. Episcopus assurget ac submissa voce recitabit Exorcismum; quo recitato, mitra per Diaconum dimissa, eodem vocis tono dicet *Dominus vobiscum* et orationem, in cuius fine non respondebitur *Amen*, quoniam sequitur *Per quem* in Missa.

93. Oratione completa, Diaconus mitram reponet Episcopo,

qui sedebit, deinde operculo ampullam claudet iterum. Presbyter assistens et Subdiaconus, qui ampullam detulit, accedent ad medium mensae. Presbyter assistens ampullam recipiet ac reddet Subdiacono, qui brachio sinistro acceptam, comitante Caeremoniario deferente vestem ampullae detractam, et clericis duobus, genuflexione facta ad Episcopum, dein ad Sacramentum, reportabit in Sacristiam.

94. Profecto Subdiacono, Episcopus lavabit manus, qua in actione, ut alias declaratum est, ab omnibus genuflectetur, exceptis Canonicis, qui stabunt.

95. Redibunt interim ad Altare Cappellanus cum scotula, et alter a libro cum Presbytero assistente, postquam hic mantile Episcopo ministraverit.

96. Profectis ministris lotionis, assurget de faldistorio Episcopus et medius inter Diaconum et Subdiaconum, recepto sinistra baculo pastorali, redibit ad Altare, non benedicens Clerum, ut alias dictum est.

97. Progressus ante infimum gradum, dimittet baculum pastoralem, dein mitram et pileolum, genuflectet utroque genu sine pulvino ante SS. Sacramentum et ascendet ad Altare, ubi genuflexione iterata, iunctis manibus prosequetur Missam ad verba *Per quem haec omnia* etc. Diaconus ascendet ad Altare ad dexteram Episcopi et Subdiaconus manebit ad pedem Altaris loco solito.

98. Diaconi assistentes redibunt in medium ante Altare, ubi erant quando aderat Episcopus. Redibunt etiam clerici cum intorticiis, si discesserint post Elevationem, ut superius notatum est.

99. Continuabitur Missa usque ad consummationem utriusque speciei, ut in aliis Missis solemnibus; tamen Subdiaconus non ascendet ad Altare cum Diacono ad *dimitte nobis* in *Pater noster*, quia patenam non sustinebit; dicetur et cantabitur *Agnus Dei*, sed Pax non donabitur, ideoque Presbyter assistens et Diaconus neque genuflexionem facient, neque discedent de locis suis.

100. Dum Episcopus sumet Sacramentum, Caeremoniarius, genuflexione facta, discedet de Altari, accipiet ca-

licem maiorem cum reliquis rebus supra descriptis, eumque afferet ad Altare et ponet versus medium, sed extra corporale.

101. Postquam Episcopus sumpserit Calicem, Diaconus palla cooperiet calicem eumdem. Deinde accipiet calicem maiorem allatum ad Altare a Caeremoniario, et detracto velo, taenia, palla ac patena, extrahet cochleare, si aderit, et ponet illud super corporale, sin minus, ibi ponet calicem ipsum. Episcopus, genuflexione facta una cum Diacono, accipiet alteram Hostiam consecratam eamque ponet in cochleari vel in Calice. Diaconus cochleare cum Hostia consecrata accipiet, et ponet ipsam in calice reposito super corporale, palla cooperiet Calicem, cui imponet patenam inversam; deinde explicato velo calicem cooperiet, et velum satis adstrictum ligabit taenia supra nodum pedis seu infra cuppam, eumdemque calicem relinquet in medio corporali versus Crucem: tum pixidem cum particulis accipiet, ante Calicem collocabit, eique detrahet operculum.

102. Genuflexione facta, geniculabit cum Subdiacono in extremitate suppedanei et cum ipso S. Communionem ab Episcopo excipiet.

103. Post haec Communio Cleri peragetur ordine cap. XI. lib. V. notato, ea tamen exceptione, quod Pax ab Episcopo nemini dabitur, neque Canonicus ullus dabit eam Episcopo, quod etiam observabitur a Diacono et Subdiacono.

104. Episcopus S. Eucharistiam administrabit etiam tredecim pauperibus ad balaustrium, ceterisque fidelibus, si usus vigebit. Eoque casu advertet Parochus ut praesto sit cum schedulis paschalibus tradendis communicatis.

105. Episcopus descendens ad balaustrium, eamdem methodum servabit ac in Communione ad Altare; a lateribus autem Diaconi et Subdiaconi incedent clerici duo cum intorticiis, quae sustinebant ab Elevatione, manentibus autem ceteris genuflexis in locis suis, idque ut Episcopus cum Ministris suis actiones ad balaustrium peragendas expedite exsequi possit.

106. Paullo ante Communionem in Missa solemni amovendum esset SS. Sacramentum a Sacello in quo aderit con-

ditum, et translatum in Sacristiam ponendum loco segregato recondito; poterit hoc fieri etiam peracto Sacro, prout videbitur opportunius.

107. Dum Episcopus Communionem populo administrabit in promptu erit apud abacum clericus delaturus umbellam et alter cum velo humerali ad transferendas particulas, quae supererunt in pixide. Quapropter, reverso ad Altare Episcopo, Parochus vel Sacerdos alius superpellicio indutus et stola alba imposita collo, velo humerali super humeros, geniculabit in suppedaneo et pixidem a Diacono recipiet: tum praecedentibus duobus clericis cum intorticiis, quae sustinuerunt ad Elevationem et altero clerico cum umbella, proficiscentur in Sacristiam ad SS. Sacramentum reponendum. De choro egressi submissa voce recitabunt alternatim psalmum aliquem cum Sacerdote praedicto, omittentes *Gloria Patri* in fine.

108. Episcopus reversus ad Altare, patena colliget fragmenta in corporali, ubi erat Hostia, quae reposita fuit in Calice, demittet illa in Calicem suum et purificationem sumet alterius etiam calicis, super quem purificavit digitos antequam benediceret Oleum infirmorum. Accipiet deinde ablutionem, non abscedens de medio Altaris, et prompte Subdiaconus calicem cooperiet, quem tradet Caeremoniario vel alteri Cappellano reportandum ad abacum.

109. Caveant cantores, ne cantent versiculum *Communio* post consummationem et qui duo cantores hymnum cantare debebunt in Oleorum consecrandorum translatione, praesto erunt in Sacristia, ut inferius.

110. Cappellani a mitra et baculo in promptu erunt cum mitra et baculo itemque duo Cappellani a libro et scotula accedent ad mensam supradictam, eorum alter afferet scotulam, alter attendet ad librum pontificalem.

111. Diaconi assistentes recedent, ut antea.

112. Episcopus, quando praesto erunt Diaconus et Subdiaconus, genuflexione facta ad Sacramentum, descendet de Altari et in primo gradu rursus cooperietur mitra a Diacono et sinistra accipiet baculum pastoralem. Eum antecedet Presbyter assistens, et sequentur praedicti Cappellani a baculo et

mitra, ac thuriferarius sustinens thuribulum cum navicula. Benedictionem non donans Clero, veniet ad mensam supradictam ibique sedebit in faldistorio, et baculum dimittet, adstantibus Diacono a dextris, Subdiacono a sinistris. Presbyter assistens locum sumet a latere mensae prope dexteram Episcopi.

113. Se sistet Episcopo thuriferarius genuflexus, et ministrante incensum Diacono, Episcopus imponet illud in thuribulum cum benedictione usitata.

114. Tunc Presbyter assistens, salutato Episcopo, conversus aliquantum ad Presbyteros et ad ceteros assistentes pro Consecratione Oleorum, dicet elata voce ac tono lectionis *Oleum ad sanctum Chrisma,* et interposita brevissima pausa, eodem vocis tono dicet *Oleum Catechumenorum.* Immediate pergent Presbyteri, Diaconi et Subdiaconi ad accipienda Olea benedicenda, ordine sequenti.

115. Anteibit claviger seu clavigeri ecclesiae, qui continebunt populi frequentiam, ne processioni sit impedimento: thuriferarius cum thuribulo: Subdiaconus tunicella indutus, qui gestabit Crucem medius inter duos Acolythos cum candelabris, ardentibus cereis, incedent bini septem Subdiaconi, ultimo loco terni, sequentur septem Diaconi eodem ordine, postremo duodecim Presbyteri, qui et ipsi incedent bini. Omnes, excepto Subdiacono gestante Crucem, genuflexionem utroque genu ad SS. Sacramentum conficient et genuflectent ad Episcopum, si praeteribunt ante ipsum. Unus pluresve Caeremoniarii dirigent totam actionem

116. Ubi ventum erit in Sacristiam, in promptu iam erunt duo cantores cum Pontificali ad cantandos versiculos hymni; Caeremoniarius autem efficiet, ut aliquis e Subdiaconis accipiat vas seu pateram balsami et Diaconorum duorum collo imponet mappulam seu tobaleam strictam, qua accipient ampullas Olei chrismalis et Olei catechumenorum, advolvent eas extremitate sinistra mappulae et deferent ipsas brachio sinistro, advertentes ut brachio cooperiant dimidium inferius ampullae et dimidium superius sit visibile.

117. Ad Altare autem hoc ordine redibunt. Anteibit thuri-

ferarius, deinde Subdiaconus cum Cruce inter Acolythos. Sequentur duo cantores induti superpellicio, cantaturi versiculos supra indicatos; deinde sex Subdiaconi, bini; tum Diaconi quinque, duo nempe in primo pari, tres in secundo; sequetur Subdiaconus, qui utraque manu ante pectus gestabit pateram balsami, positam in lance et clausam operculo; post eum duo Diaconi ferentes ampullas praedictas, quorum ille qui deferet ampullam Olei Chrismalis, incedet a dextris, alter cum ampulla Olei Catechumenorum, a sinistris. Bini deinde ibunt duodecim Presbyteri. Hoc tempore Caeremoniarius afferet super abacum, ante quem sedebit Episcopus, cochleare et rudiculam in lance argentea.

118. Statim ac processio ista egressa erit de Sacristia, duo cantores incipient cantare ℣. *O Redemptor* etc. et absolutus a cantoribus repetetur a choro. Subiicient deinde reliquos versiculos, et ad singulos respondebit chorus eodem versiculo *O Redemptor* etc. Poterunt cantari omnes vel aliqua eorum pars, prout distabit ab Altari Sacristia.

119. Ad Altare quum venerint, Subdiaconus cum Cruce, Acolythi cum candelabris, thuriferarius cum thuribulo locum sument prope Altare a latere Epistolae, advertentes ne tergum vertant ad Altare neque ad Episcopum. Quinque Subdiaconi ante Altare procedent, genuflexionem conficient ad Sacramentum, dein ad Episcopum, et consistent a tergo Episcopi, locum relinquentes pro Diaconis: Diaconi quoque, genuflexione facta ad Sacramentum, deinde ad Episcopum, a tergo Episcopi consistent ante Subdiaconos. Subdiaconus cum vase balsami et duo Diaconi cum ampullis consistent in una parte Presbyterii expectantes dum transeant duodecim Presbyteri, qui bini genuflexionem conficient ad Sacramentum et ad Episcopum, deinde dirimentur seni in utramque partem a lateribus mensae, binas alas efficientes inter Altare et mensam eamdem.

120. Post haec se sistet cum debitis genuflexionibus ante Episcopum Diaconus ille, qui deferet ampullam cum Oleo pro Chrismate, eamque tradet Presbytero assistenti qui ibi praesto erit. Presbyter assistens accipiet illam advertens ut cum ipsa

accipiat, etiam mappulam, qua involuta erat : praesentabit eam Episcopo, nihil dicens et sic involutam ponet super mensam : Diaconus praedictus recedet ad latus dexterum mensae post locum Presbyteri assistentis sive Archidiaconi.

121. Deinde se sistet, ut supra, Subdiaconus cum vasculo balsami, quod tradet Presbytero assistenti, qui acceptum ostendet Episcopo et in mensa ponet ante ipsum: Subdiaconus autem recedet ad sinistram Diaconi, qui Chrismatis attulit ampullam.

122. Diaconus alter qui deferet ampullam cum Oleo pro Cathecumenis retinebit ampullam ipsam et adstabit Diacono antedicto, qui attulit ampullam Chrismatis.

123. Diaconus minister vasculo balsami detrahet operculum et admovebit illud versus Episcopum, si necesse fuerit, deinde mitram tollet Episcopo.

124. Episcopus assurget, dicet *Dominus vobiscum* et orationem *Deus mysteriorum caelestium* et alteram *Creaturarum omnium, Domine*, praescriptam in benedictione balsami.

125. Post orationes eas Episcopus rursus sedebit eique a Diacono reponetur mitra. Tum Diaconus idem exuet vestem seu tegumentum album ampullae Chrismatis, quae erit super mensa, non vero tollens mappulam seu tobaleam obvolutam, deinde aperiet eam seu tollet operculum, ipsamque super mensam ipsam admovebit versus Episcopum.

126. Cochleare accipiet et cum osculis consuetis tradet Episcopo, qui assurget et unum vel duo cochlearia olei accipiet et in vasculum balsami infundet, deinde restituet cochleare Diacono, qui recipiet illud cum osculis et reponet in lance seu pelvicula, advertens ne mappula inquinetur oleo. Diaconus sumet rudiculam et tradet Episcopo. Episcopus oleum miscebit balsamo, curans ut fiat satis fluidum. Restituet rudiculam Diacono et mitram in capite retinens, recitabit invitationem ad orationem, dicens *Oremus Dominum Deum* etc.

127. Absoluta invitatione praedicta, Diaconus ponet a latere vasculum balsami et paullo amplius admovebit Episcopo ampullam Olei pro Chrismate. Episcopus adstans in pedes, halitabit tribus vicibus in modum Crucis super ampullam et

sedebit. Diaconus, si opus fuerit, reponet ampullam in altera extremitate mensae in commodum Presbyterorum.

128. Duodecim Presbyteri praedicti, unus post alium, genuflexionem simplicem ad Sacramentum, dein ad Episcopum peragentes, accedent ad mensam, halitabunt singuli ter in modum Crucis super ampullam praedictam et redibunt quo loco erant.

129. Post haec Diaconus rursus admovebit Episcopo ampullam et Episcopus assurgens cum mitra et iunctis manibus recitabit elata voce exorcismum super Oleum, et post verba *Spiritus Sancti*, dimissa per Diaconum mitra, manibus expansis cantabit Praefationem tono feriali. Conclusionem autem praefationis, recitabit iunctis manibus et voce submissa.

130. Episcopus accipiet vasculum balsami et infundet ipsum intra ampullam ac si opus fuerit, utetur cochleari, dicens *Haec commixtio liquorum* etc.

131. Diaconus, qui attulit ampullam e Sacristia, accedet ad mensam, tollet ex ampulla mappulam, qua obvoluta erat, eamque sibi collo reponet.

132. Episcopus, primus, ter salutabit Chrisma, dicens *Ave sanctum Chrisma*, vocem efferens singulis vicibus et post tertiam salutationem osculabitur labrum ampullae, sedebit et a Diacono rursus cooperietur mitra.

133. Idem Diaconus paullulum admovebit ampullam ad alteram extremitatem tabulae et Presbyter primus procedet ante Altare, genuflectet ad Sacramentum et conversus ad tabulam faciet genuflexionem, cantans *Ave sanctum Chrisma*; appropinquabit paullo amplius et genuflexionem iterans, cantabit elevans vocem *Ave sanctum Chrisma*; accedet ad mensam et genuflectens, vocemque amplius attollens cantabit tertia vice *Ave sanctum Chrisma*, et labrum ampullae osculabitur: deinde genuflectet ad Episcopum et redibit ad locum suum. Tunc de suo loco discedet Presbyter secundus et salutabit S. Chrisma eodem prorsus modo ac primus, et sic tertius ac deinceps reliqui usque ad ultimum seu duodecimum.

134. Peracta salutatione duodecim Presbyterorum, Diaconus ampullam cooperiet operculo et relinquet super mensam versus sinistram Episcopi.

135. Accedet ad mensam Presbyter assistens et alter Diaconus, qui adhuc sustinebit ampullam Olei pro Catechumenis. Presbyter assistens accipiet illam, relinquens mappulam collo Diaconi, praesentabit illam Episcopo et ponet super mensam. Presbyter assistens se recipiet ad scabellum suum et Diaconus supradictus, qui ampullam detulit, redibit quo loco erat antea.

136. Diaconus ministrans aperiet ampullam demens ei vestem et operculum eamque admovebit ad Episcopum.

137. Episcopus assurget, ter halitabit in modum Crucis super ampullam Olei et rursus sedebit. Duodecim Presbyteri halitabunt super eamdem ampullam, ut antea super ampullam Chrismatis et ad locum suum revertentur.

138. Postea Episcopus assurget et mitram retinens in capite leget submissa voce exorcismum super Oleum, eoque absoluto, dimittens mitram per Diaconum, recitabit submissa voce orationem *Deus incrementorum* etc.

139. Completa oratione, Episcopus primum, deinde post eum duodecim Presbyteri ordine supradicto, salutabunt Oleum benedictum, dicentes tribus vicibus *Ave sanctum Oleum* et osculabuntur labrum ampullae. (*a*). Diaconus ampullam admovebit Episcopo et Presbyteris ordine eodem quo traditum est de ampulla S. Chrismatis.

140. Dum salutabitur Oleum Catechumenorum in promptu habebitur lotio manuum pro Episcopo et amoveri a mensa poterit cochleare, rudicula et vasculum balsami, quo opus fuit pro benedictione.

141. Completa salutatione praedicta, Diaconus ministrans cooperiet operculo ampullam Olei sancti et tradet Diacono qui detulit in chorum; Caeremoniarius secum feret vestes quibus ampullae erant convestitae.

142. Proficiscetur Subdiaconus Crucem gestans cum thuriferario et Acolythis et redibitur in Sacristiam ordine sequenti.

143 Thuriferarius cum thuribulo antecedet Subdiaconum

(*a*) Iuxta expressionem Pontificalis « reverenter salutant Oleum » Presbyteri supradicti non genuflexionem, sed reverentiam debent ad Oleum sanctum Catechumenorum conficere.

gestantem Crucem, medium inter duos Acolythos cum candelabris, sequentur duo cantores, septem Subdiaconi bini, et ultimo loco terni; quinque Diaconi, bini primo loco, terni secundo: tum duo Diaconi cum ampullis involutis extremitate mappulae in brachio sinistro et sine vestibus, quibus prius erant indutae; deinde duodecim Presbyteri bini.

144. Ubi egredietur e presbyterio processio, duo cantores intonabunt versiculum *Ut novetur* etc. et chorus subiunget ℣. *O Redemptor*, atque ita deinceps donec pervenerint in Sacristiam, ubi depositis Oleis consecratis et traditis Parocho vel alii, cui commissa sit eorum custodia, redibunt ad Altare ordine tradito in principio, videlicet thuriferarius, Subdiaconus deferens Crucem cum Acolythis, septem Subdiaconi, septem Diaconi et duodecim Presbyteri, omnesque locum ibi suum resument.

145. Priusquam in Sacristiam redeat processio cum Oleis sanctis, Mansionarii numero octo, designati deferendo baldachino in processionem, pergent in Sacristiam, dimittent sua choralia insignia, si habebunt, et supra superpellicium induent pluviale album, deinde bini sequentur Oleorum sanctorum delatores, revertentes ad Altare, et consistent in aditu presbyterii, ubi accipiendum erit baldachinum. Hoc autem tempore clerici duo de medio presbyterio amovebunt mensam in consecratione supradicta adhibitam. Accedent ad Episcopum ministri lotionis. Episcopus sedens lavabit manus, genuflectentibus omnibus, exceptis Canonicis qui stabunt.

146. Quum in Sacristiam pervenerint Presbyteri, Diaconi et Subdiaconi deferentes Olea sancta, cantabitur a cantoribus versiculus *Communio* et procedent ad Altare duo Cappellani a libro et scotula. Episcopus sinistra accipiet baculum pastoralem, nec benedicens Canonicos, redibit ad Altare, praecedente Presbytero assistente, adstantibus a lateribus Diacono et Subdiacono, sequentibus autem Cappellanis a mitra et baculo.

147. Quum Episcopus assurrexerit rediturus ad Altare, clerici duo de medio tollent faldistorium cum parvo suppedaneo, et scabella adhibita in praedicta Oleorum sacrorum benedictione.

148. Clerici iidem, aliis adiuvantibus, intorticia et candelas e capsis educent et accendent ut tradant Canonicis. Intorticia danda essent universis ; sed Canonicis saltem tradentur, et unum pondere et ornatu distinctum dabitur Episcopi Cappellano, veste talari induto. Presbyteris, Diaconis et Subdiaconis qui astiterunt Oleorum consecrationi, et Mansionariis seu Beneficiariis dari poterunt candelae. Distribuentur autem candelae etiam clericis Seminarii.

149. Praesto erit alter thuriferarius cum thuribulo, clerici cum octo intorticiis, quae inservierunt Elevationi, cleririci cum paramentis Episcopi et clerici illi, qui transferre baldachinum hastile ad ingressum presbyterii debebunt.

150. Episcopus ante Altare progressus, dimittet baculum et a Diacono tolletur ei mitra et pileolus. Genuflexionem utroque genu sine pulvino faciet ad SS. Sacramentum et ascendet ad Altare, stantibus a tergo eius Diacono et Subdiacono. Presbyter assistens accedet ad Missale in latus Epistolae. Diaconi assistentes redibunt ad locum suum ante Altare.

151. Conscenso suppedaneo, Episcopus genuflexionem faciet ad Sacramentum, osculabitur Altare et transibit in latus Epistolae, ubi e Missali leget versiculum *Communio*.

152. Quum cantores finierint cantum ℣. *Communio*, redibit Episcopus in medium, genuflectet ad Sacramentum simul cum Ministris, qui stabunt, ut supra, post eum, osculabitur Altare, convertetur ad populum a latere, ne vertat humeros ad Sacramentum et cantabit *Dominus vobiscum*. Deinde iterabit genuflexionem ad Sacramentum et reversus ad Missale cantabit orationem. Redibit in medium, genuflectet, cantabit, ut antea *Dominus vobiscum*: tum Diaconus conversus ad populum, sicut Episcopus, cantabit *Ite Missa est* et respondebit chorus cantans *Deo gratias* eo quod non sonabitur organis.

153. Episcopus, dicta oratione *Placeat* etc. benedictionem dabit sine mitra sed cum baculo, ac si fuerit Archiepiscopus, habebit ante se Crucem, quam tamen non salutabit, respectu SS. Sacramenti.

154. Interea Cappellanus a mitra, deponet super abacum mitram auriphrygiatam et accipiet pretiosam.

155. Prope thronum stabit Parochus vel alius, cui commissa fuerit Oleorum sanctorum custodia.

156. Episcopus, dimisso baculo, non perficiens circulum, neque iterum ad Sacramentum genuflectens, convertetur ad Altare et signans solum se ipsum incipiet Evangelium S. Ioannis, descendet de Altari et iterata genuflexione utroque genu, cooperietur mitra pretiosa a Diacono, recipiet baculum et recitans Evangelium S. Ioannis, procedet ad thronum quo postquam pervenerit, dimittet mitram et conversus ad Altare genuflectet dicens *Et Verbum caro* etc. Episcopum sequentur clerici recepturi paramenta, aliique duo ferentes pluviale et formale pretiosum.

157. Si fuerit Archiepiscopus dimittet post benedictionem S. Pallium, quod relinquetur super Altare non in medio sed a latere.

158. Post ultimum Evangelium sedebit in throno, reponetur ei mitra a Diacono et recipiet baculum. Se sistet ei Parochus, vel Canonicus Sacrista maior, cui Episcopus inculcabit Oleorum sanctorum custodiam, ut praescribit Pontificale Romanum. Si placeret, posset uti eiusdem Pontificalis verbis, quae sunt « Frater dilectissime, iubeo te ut moneas Presby-
» teros attente, ut iuxta Canonum traditionem, Chrisma et
» sacra Olea fideliter custodiant; et nulli sub praetextu me-
» dicinae vel maleficii tradere praesumant, alioquin honore pri-
» ventur ». Parochus vel alius, reverentia facta, Episcopi manum osculabitur et cum debitis reverentiis discedet.

159. In promptu erunt prope thronum duo thuriferarii cum thuribulis et naviculis.

160. Postea duo sacri Ministri sibi detracto manipulo, exuent Episcopum usque ad tunicellam et Episcopo salutato, de throno discedent, tum genuflexione facta ad Sacramentum, recedent in Sacristiam, ubi dimittent supradicta paramenta, induent amictum cum tunicella vel cum dalmatica et revertentur in chorum propter Processionem. Clerici reportabunt ad abacum paramenta, quae Episcopus dimiserit.

161. Ministris sacris succedent Diaconi assistentes, qui Episcopo induent pluviale album et formale pretiosum, et primus Diaconus assistens mitram ei pretiosam imponet. Episcopus assurget eique se sistet thuriferarius unus cum thuribulo et ministrante naviculam Presbytero assistente sine osculo manus aut cochlearis, Episcopus incensum in primum thuribulum ingeret sine benedictione: posito incenso intra thuribulum primum, se sistet alter thuriferarius, et in alterum thuribulum Episcopus incensum sine benedictione iniiciet. Thuriferarii praesentabunt thuribulum stantes,

162. Presbyter assistens et uterque thuriferarius accedent ad pedem Altaris. Presbyter assistens consistet a dextra et thuriferarii a lateribus: interim autem clericus aliquis ponet pulvinum album pro Episcopo super gradum infimum, et secum habebit velum humerale imponendum Episcopo.

163. Cappellani a libro et scotula, accipient Canonem et scotulam, quibus opus erit deinceps.

164. Episcopus accipiet sinistra baculum et de throno descendet, benedictionem Canonicis non donans. Ante Altare quum venerit, baculum dimittet et a secundo Diacono assistente nudabitur mitra et pileolo,

165. Episcopus cum Assistentibus genuflexionem conficient in pavimento sine pulvino, deinde consurgent et Episcopus genuflectet super pulvinum positum in infimo gradu.

166. Thuribulum accipiet a Presbytero assistente et triplici ductu SS. Sacramentum thurificabit et reddet thuribulum Presbytero assistenti. Hic thuribulum redonabit thuriferario et cum debitis genuflexionibus ad locum suum inter Canonicos se recipiet.

167. Clericus huic rei designatus in promptu erit cum intorticio aut cereo, illi tradendo accenso propter processionem.

168. Interea disponetur Processio, ut infra, et curabitur ut sine perturbatione ordinetur, sed sollicite, ne nimium expectet Episcopus apud Altare. Cantores intonabunt *Pange lingua* statim ac Episcopus SS. Sacramentum a Diacono acceperit.

169. Invitabitur nobilior laicorum Magistratus ad sustentandam vestis Episcopalis extremitatem posteriorem.

170. Postquam Episcopus thurificaverit SS. Sacramentum et reddiderit thuribulum Presbytero assistenti, velum humerale nobile imponetur eius humeris a Caeremoniario et ante pectus alligabitur a secundo Diacono assistente.

171. Ascendet ad Altare primus Diaconus assistens, genuflectet ad Sacramentum, accipiet Calicem, apponens dextram cuppae, sinistram infra pedem, eumque afferet ad Episcopum. Sacramento se inclinabit Episcopus, qui assurgens accipiet sinistra nodum Calicis et dextram superponet patenae.

172. Diaconus primus, SS. Sacramento Episcopo tradito, genuflexionem faciet.

173. Diaconi assistentes extremitate veli humeralis cooperient Calicem et manus Episcopi, commutabunt locum suum, nempe Diaconus primus transibit ad dexteram, alter Diaconus ad sinistram Episcopi, qui non ascendens ad Altare, proficiscetur in processionem.

174. Ordo autem in processione servandus, erit sequens. Antecedent clavigeri, seu claviger ecclesiae : Subdiaconus tunicella paratus, qui gestabit Crucem processionalem velo violaceo convestitam, cuius a lateribus duo Acolythi cum candelabris, accensis candelis : cantores, qui variarum concentu vocum cantabunt hymnum *Pange lingua :* clerici Seminarii bini candelas accensas manu sustinentes dextera, qui dextrorsum incedent, sinistra, qui sinistrorsum (eodemque discrimine ceteri omnes): Beneficiarii seu Mansionarii cum candelis vel intorticiis: septem Subdiaconi septemque Diaconi incedentes eodem ordine ac saepe alias dictum est, et duodecim Presbyteri bini: Canonici Subdiaconi, Canonici Diaconi, Canonici Presbyteri et Dignitates, omnes cum intorticiis ardentibus et capite aperto, etiamsi gauderent usu mitrae. Inter Dignitates incedet etiam Presbyter assistens, qui ingressus in Sacellum, in quo exponetur SS. Sacramentum, deponet intorticium et procedet ad pedem Altaris, functurus officio suo : duo thuriferarii cum thuribulis, in quibus reponent incensum, quum opus fuerit : Episcopus medius inter Diaconos assistentes, qui attollent eius fimbrias pluvialis ; syrma autem a tergo sustinebitur a nobili laico. Episcopus incedet sub umbraculo, cuius hastas sustentabunt Mansionarii octo, induti, ut supra dictum est, pluviali albo. Circa umbraculum seu baldachinum incedent octo clerici cum intorticiis ardentibus. Cappellanus habitu talari sine superpelliceo, qui pro Episcopo gestabit intorticium distinctum, ibit extra baldachinum a dextra primi Mansionarii sustentantis hastam baldachini. Sequentur Episcopum caudatarius eius et duo Cappellani cum mitra et cum baculo, reliqui duo a libro et scotula, postremo eius nobiles familiares. Si Celebrans fuerit Archiepiscopus, Crux a Subdiacono inter Acolythos deferetur ante Clerum paratum et imago Crucifixi versa erit ad Archiepiscopum.

175. Processio dirigetur per ecclesiam, non egrediens extra portam et veniet ad Sacellum praeparatum pro expositione SS. Sacramenti. Ibi Crux cum Acolythis consistet a latere Evangelii; Seminarium, Beneficiarii et Ministri parati pro sacris Oleis, consistent in Sacello, si capax erit, secus disponentur extra illud in plures ordines distinctos, videlicet Seminarium in binas alas, ante Seminarium Beneficiarii, ante Beneficiarios Clerus paratus. Canonici intrabunt in Sacellum; nisi autem sufficiens esset spatium, disponentur in gyrum circa Altare, restantibus dignioribus versus ingressum, ut Episcopo sint propiores. Duo thuriferarii introibunt in Sacellum et consistent a lateribus Altaris, itemque a dextris consistet ante Altare Presbyter assistens.

176. Ingrediente in Sacellum Episcopo, removebitur baldachinum, quod accipietur a clericis duobus et parieti prope Sacellum ipsum applicabitur, adhibendum in crastina functione.

177. Diaconus primus assistens geniculabit ante Episcopum, quando hic perveniet ante Altare. Diaconus alter extremitatem veli humeralis detrahet de manibus Episcopi, qui SS. Sacramentum tradet primo Diacono. Hic assurget expectans, dum Episcopus geniculaverit in pulvino super infimum gradum posito, et Sacramentum adoraverit.

178. Idem Diaconus primus, accepto Sacramento, ascendet ad Altare et adiutus a Caeremoniario vel ab alio Cappellano, conscendet scabellum gradatum, si opus fuerit, et Sacramentum reponet intra urnam seu custodiam, non clauso illius ostiolo:

iterata deinde in suppedaneo genuflexione, ad Episcopi dexteram redibit.

179. Interim Diaconus alter expediet ac tollet Episcopo velum humerale, quod recipiet clericus unus et custodiet, relaturus ipsum in Sacristiam.

180. Reverso ad Episcopi dextram Diacono primo, Episcopus assurget ac sublevante eius fimbrias pluvialis eodem Diacono, incensum sine benedictione demittet in thuribulum unum ei praesentatum a thuriferario stante, incensum sine osculis ministrante Presbytero assistente.

181. Episcopus rursus geniculabit super pulvinum. Cantores cantabunt stropham *Tantum ergo* deinde alteram *Genitori Genitoque* et Episcopus accepto thuribulo sibi tradito a Presbytero assistente, thurificabit SS. Sacramentum triplici ductu, postea thuribulum restituet Presbytero assistenti, qui ibi manebit.

182. Thuriferarii recedent cum debitis genuflexionibus ad ingressum Sacelli ut ibi praesto sint in reditu processionis et simul incedant ante Crucem.

183. Sacramento ab Episcopo thurificato, ascendet rursus ad Altare primus Diaconus assistens et claudet ostiolum custodiae seu tabernaculi, in quo asservabitur SS. Sacramentum.

184. Cappellanus a libro, statim ac descenderit Diaconus, ponet super Altare Canonem apertum pro benedictione, vel sustinebit apertum ante Archiepiscopum, ut infra.

185. Absoluto cantu hymni praedicti, Episcopus ascendet ad Altare, genuflectet ad Sacramentum, benedictionem largietur populo, non gestans mitram in capite, sed cum baculo, quem accipiet priusquam proferat verba *Pater* etc. Advertet, ut genuflectat priusquam convertatur ad populum, nec vertat humeros ad Altare in donanda benedictione. Postquam donaverit benedictionem, Episcopus consistet versus populum, et Presbyter assistens in latere Epistolae, paullum ad populum conversus, publicabit formulam Indulgentiae consuetae, postea redibit ad locum suum inter Canonicos.

186. Si fuerit Archiepiscopus, sustinebitur Crux a Subdiacono genuflexo ante Altare, et Archiepiscopus, facta ad Sacramentum genuflexione, vertet aliquantum humeros versus cor-

nu Evangelii et conversus ad Crucem suam, benedictionem donabit.

187. Aderunt clerici designati recipiendis extinguendisque intorticiis et candelis, quum conditum fuerit intra tabernaculum vel urnam SS. Sacramentum.

188. Statim in ordinem redigetur processio, quae revertetur ad Altare maius, eadem ac supra dispositione, excepto quod thuriferarii incedent ante Crucem; Mansionarii seu Beneficiarii, pluviali induti, incedent ante Clerum paratum.

189. Episcopus, quum de Altari descenderit, ad SS. Sacramentum utroque genu genuflectet cum Assistentibus, assurget ac rursus cooperietur mitra pretiosa a primo Diacono assistente, recipiet baculum sinistra et cum processione proficiscetur ad Altare maius.

190. Profecto de Sacello Episcopo, statuetur ante Altare faldistorium nudum cum duobus pulvinis e panno violaceo, ubi Episcopus orabit in discessu de ecclesia.

191. Quando processio ad Altare maius pervenerit, thuriferarii recedent in Sacristiam; Subdiaconus reponet suo loco Crucem itemque Acolythi candelabra super abacum, et unusquisque locum suum occupabit. Interea praesto erunt clerici recepturi paramenta Episcopi, et Cappellanus unus cum quatuor aut sex clericis, ad tollendas ei caligas et sandalia, aliique clerici ad reportanda Canonicorum paramenta.

192. Episcopus reversus ante Altare, reverentiam faciet ad Crucem et cum Diaconis assistentibus in thronum ascendet.

193. Post Episcopi in thronum ascensum, discedent de presbyterio cum debitis reverentiis aut genuflexionibus Subdiaconus qui gestavit Crucem, octo Mansionarii pluvialibus parati, qui detulerunt hastas baldachini, septem Subdiaconi, septem Diaconi et duodecim Presbyteri qui astiterunt benedictioni et consecrationi Oleorum, et in Sacristia vestes sacras dimittent.

194. Item in Sacristiam ad sacras vestes dimittendas venient duo Cappellani a libro et a scotula, qui subito redibunt in chorum, deinde etiam reliqui duo Cappellani a mitra et baculo, postquam res istas deposuerint. Cubicularius Episcopi in promptu erit cum cappa et caligis apud thronum.

195. Episcopus a Diaconis assistentibus exuetur paramentis, quae ab Acolythis referentur ad Altare, unde postea recipientur a Sacrista in Vesperarum principio, vel quando Episcopus peraget gratiarum actionem.

196. Dimittente paramenta Episcopo, etiam Canonici exuent paramenta et recipient sua canonicalia insignia. Canonicorum paramenta referentur in Sacristiam.

197. Episcopo deinde (quin lavet manus) a Cubiculario alligabitur extremitas posterior vestis talaris et reponetur cappa, quae a Canonicis assistentibus explicabitur.

198. Discedent duo Diaconi assistentes et se recipient ad subsellia sua, ubi dimissis paramentis, resument habitus chorales et ad assistentiam redibunt.

199. Interim se sistent Episcopo Cappellani cum libro et scotula; ipse leget canticum, psalmos et preces pro gratiarum actione. Animadvertet omittere *Gloria Patri* in fine psalmi.

200. Reversis ad assistentiam Diaconis, ascendent ad thronum Cappellanus cum Acolythis et ritu superius descripto num. 56. capitis huius, tollent Episcopo caligas et sandalia; cubicularius autem reponet ei calceos. Sandalia et caligae, velis violaceis contecta, referentur ad abacum, unde Vesperarum tempore tollentur ea omnia, quae in Missa et in functione adhibita fuerint.

201. Quum Episcopus desierit legere preces et resumpserit calceos usuales, Diaconi discedent de assistentia et recedent ad subsellia sua. Clerici duo statuent ante Altare faldistorium cum pulvinis violaceis in usum Episcopi.

202. Episcopus assurget et secreto recitabit *Pater noster* et *Ave Maria,* quibus absolutis, Caeremoniarius innuet cantorum alicui, qui aderunt in parte hebdomadario opposita, et ille intonabit antiphonam *Calicem salutaris* etc. et recitabuntur Vesperae sine cantu. Episcopus sedebit et caput cooperiet caputio cappae, neque habebit assistentem ullum praeter Caeremoniarium a latere et quatuor Cappellanos superpellicio indutos, qui sedebunt in gradibus throni. Omnes sedebunt etiam ad versiculum post quinque psalmos et ad antiphonam cantici *Magnificat.* Quando incipietur *Magnificat,* Episcopus nudabit caput, assurget et signabit se, cumque ipso consurget omnis chorus. Completo *Magnificat*, rursus caput cooperiet caputio, et humi tractans extremitatem posteriorem cappae, veniet ad faldistorium in medio positum ante Altare, sibi tollet caputium et geniculabit ad antiphonam *Christus factus est* etc. eoque statu manebit toto psalmo *Miserere*, cuius in fine recitabit orationem *Respice*, secreto dicens conclusionem *Qui tecum* etc.

203. Dum recitabuntur Vesperae, in qua aula peragetur mandatum, disponentur ordinatim apud scamnum tredecim pauperes, quorum lavandi pedes erunt, et se parabunt paramentis duo Canonici Diaconus et Subdiaconus, qui ministrarunt in Missa solemni. Aderit unus e Caeremoniariis, qui omnia moderetur.

204. Completis Vesperis, duo Canonici Diaconi assistentes accedent ad latera Episcopi, et clerici duo removebunt faldistorium et circa Altare disponentur sex vel octo clerici designati ad Altare denudandum.

205. Episcopus appropinquabit ad gradus Altaris, intonabit antiphonam *Diviserunt sibi*, quae continuabitur legendo alternatim a choro simul cum psalmo *Deus, Deus meus*. Intonata antiphona, Episcopus ad Altare ascendet et eius tobaleas elevabit, deinde recedet inter Diaconos assistentes.

206. Clerici tollent tobaleas Altaris, extinguent omnes cereos, denudabunt abacum, expoliabunt thronum ac si fieri poterit, tollentur etiam tapeta.

207. Sacrista cum aliis clericis denudabunt reliqua Altaria, in quibus, ut in maiori, relinquetur tantummodo Crux cum candelabris ac tela cerata, seu chrismalis super Altare, sive lapidem sacrum.

208. Quum denudata omnia Altaria fuerint, repetetur antiphona *Diviserunt* etc. Clerici duo reponent ante Episcopum faldistorium nudum cum pulvinis duobus violaceis, et Canonici assistentes revertentur ad locum suum.

209. Episcopus geniculabit in faldistorio et brevi facta oratione, associatus a Canonicis et Clero ibit adoratum SS. Sacramentum in Sacello expositum, postea transibit in aulam delectam ad Mandatum peragendum. Si fuerit Archiepiscopus praeferetur ante eum Crux Archiepiscopalis.

210. Abluentur pedes pauperibus tredecim, qui ab Episcopo novis vestibus misericorditer induti erunt et in functionis actu utentur uniformi habitu e panno albi coloris, qui iuxta formam descriptam in veteri Caeremoniali Episcoporum, est toga quaedam e collo defluens ad pedes, cum cingulo simili ad lumbos cingendos, cum caputio, quod e collo descendit aliquantum super humeros et pectus; insuper biretum albi coloris rotundae formae gestandum in capite. Aequum esset etiam, ut haberent calceamenta albi coloris cum caligis e panno, apertis in collo pedis, ut posset pes educi in actu lotionis. Hac re non est nobis animus innovandi quicquam de variis usibus, qui in ecclesiis sive in Capitulis recepti essent. In lavandis igitur tredecim pauperum pedibus ordo sequens servabitur.

211. Quum omnia erint disposita, ascendent ad thronum Diaconus et Subdiaconus parati sacris vestibus albi coloris ibique expectabunt Episcopum. Clerici delecti ferendis paramentis Episcopi se disponent apud abacum. In principio scamni in quo sedebunt pauperes, aderit quidam familiaris Episcopi, pallio indutus, qui tempore debito excalceabit pauperes praedictos.

212. Ingredietur Episcopus in aulam, benedicet pauperes, qui nudabunt caput et in genua procumbent. Episcopum sequentur Canonici, qui locum sument apud scamna sibi attributa. Cantores consistent prope legile praeparatum pro ipsis. Ceteri de Clero stabunt a lateribus throni.

213. Episcopus in thronum ascendet cumque ipso ascendent duo Diaconi assistentes. Si fuerit Archiepiscopus, Crucifer cum Cruce se sistet prope legile, in quo cantabitur Evangelium. Distribuentur clericis paramenta pro Episcopo. Cappellani a mitra et baculo accipient haec et ascendent ad thronum post clericos. Cappellanus a mitra utetur velo pendente de collo.

214. Episcopus, adiuvantibus Diaconis assistentibus et Cubiculario, qui adstabit post secundum Diaconum assistentem, dimittet cappam, et Cubicularius expediet eius vestis extremitatem posteriorem. Recedent aliquantulum Diaconi assistentes, et Episcopus a Diacono et Subdiacono induetur

amictu, alba, cingulo, Cruce pectorali, stola et pluviali violaceo, in quo a Diacono firmabitur formale simplex. Diaconus imponet Episcopo mitram auriphrygiatam, et cum Subdiacono facta ei reverentia, de throno descendet.

215. Quando Episcopo induetur pluviale, ascendet a latere ad thronum Presbyter assistens, ac thuriferarius in promptu erit cum thuribulo ad pedem throni.

216. Ministri iidem de throno profecti, venient ad abacum, ubi assument manipulum. Diaconus accipiet librum Evangeliorum alba veste coopertum, adstante a sinistris eius Subdiacono et a lateribus Acolythis, qui deferent candelabra ardentibus candelis.

217. Profectis de throno Ministris supradictis, ascendet illuc thuriferarius, quo genibus flexis thuribulum sustinente ante Episcopum, et incensum cum solitis osculis ministrante Presbytero assistente, Episcopus incensum in thuribulum iniiciet, benedicens ipsum formula usitata.

218. Presbyter assistens descendet a latere de throno et ad locum suum inter Canonicos redibit.

219. Accedent ad imum throni Diaconus, Subdiaconus, Acolythi ac thuriferarius, quibus genuflexis, excepto Subdiacono, Diaconus profunde inclinatus petet benedictionem *Iube Domne benedicere* et Episcopus respondebit *Dominus sit* etc.

220. Consurgentes thuriferarius et Acolythi, factaqae ab ipsis genuflexione et a Ministris paratis reverentia, venient ad legile pro cantu Evangelii praeparatum, in quo Diaconus librum ponet et aperiet atque Evangelium cantabit quemadmodum traditum est cap. IX. lib. V.

221. Episcopus mitra nudabitur a secundo Diacono assistente, assurget et baculum accipiet, quem iunctis manibus continebit dum Evangelium cantabitur.

222. Ad cantum Evangelii, stabunt omnes, comprehensis pauperibus, qui biretum manu sustinebunt.

223. Interea clericus unus in promptu erit cum lance, recepturus formale Episcopi, alter in promptu habebit gremiale cum taeniis pro Episcopo, afferendum ad thronum, alii duo accipient pelves cum urceis, advertentes ut aqua sit

tepens, alii duo supplebunt istis, unus deferet pelvim cum manutergiis pro pauperibus, et quidam e Cappellanis Episcopi habitu talari indutus, accipiet bursam cum eleemosynis pauperibus distribuendis. Omnes cum rebus suis in promptu erunt, nequid in actu functionis desideretur.

224. Cantato Evangelio, Episcopus dimittet baculum. Subdiaconus a Diacono librum Evangelii recipiet et apertum afferet ad Episcopum, qui osculabitur illum. Acolythi cum debitis genuflexionibus redibunt ad abacum et candelabra ibi deponent. Diaconus cum thuriferario a dextris eius procedent ante thronum.

225. Quum Episcopus osculatus erit Evangelium, Subdiaconus coibit ad pedem throni cum Diacono, hic autem accepto thuribulo, triplici ductu adolebit Episcopum, qui thurificatione accepta, benedicet eum et sedebit.

226. Diaconus et Subdiaconus, reverentia facta ad Episcopum, pergent ad abacum, ubi manipulum dimittent et Subdiaconus deponet etiam librum Evangeliorum, nisi eum iam tradiderit clerico cuidam. Postea quando initium fiet mandati, sedebunt ibi in scabellis iam sibi praeparatis.

227. Ascendent ad thronum clerici duo, alter cum gremiali, alter cum lance pro formali.

228. Diaconus primus assistens tollet Episcopo formale, quod ponet in lance et a clerico referetur ad abacum. Diaconus idem, adiuvante altero, exuent Episcopum pluviali, quod relinqueut super cathedram throni. Primus Diaconus reponet Episcopo mitram, deinde super genua ipsius explicabit gremiale, quod taeniis cohibebitur ad cingulum.

229. Cantores incipient cantare antiphonas *Mandatum novum* etc. et sequentes, quandiu durabit functio.

230. Episcopus assurget ac descendet de throno: adstabunt lateribus eius Diaconi assistentes: Caudatarius syrmam eius sustentabit: antecedent duo clerici, unus cum urceo aquae tepentis, alter cum pelvi; sequetur clericus, qui deferet mantilia seu manutergia et Cappellanus ferens bursam cum eleemosynis. Pauperes sedebunt capite cooperto, et excalceatum iam pedem dexterum habebunt. Canonici sedebunt, quum Episcopus de throno discesserit.

231. Episcopus geniculabit ante pauperem primum, qui sedebit prope scamnum Canonicorum: clericus cum pelvi, adstans Episcopo a sinistris, supponet pelvim dextero pauperis pedi, alter cum urceo, adstans dexterae Episcopi, aquam sensim effundet super pedem, quem lavabit Episcopus. Post hanc primam lotionem, clericus cum urceo sustinebit aliquantulum pedem pauperis, quem Episcopus absterget ac deinde osculabitur. Diaconus primus ministrabit Episcopo mantile. Clericus cum pelvi effundet aquam infra scamnum, quemadmodum notatum fuit principio. Episcopus absterso pede pauperis, donabit ei mantile, accipiet eleemosynam a primo Diacono, cui tradiderit Cappellanus supradictus, eamque largietur pauperi, qui manus eius osculabitur.

232. Assurget Episcopus, geniculabit ante secundum pauperem, eademque methodo pedem eius lavabit, et sic deinceps reliquorum pauperum. Ceteri clerici designati afferendis urceis cum aqua, praesto erunt, quum opus fuerit, novam aquam ministrare.

233. Pauperes, postquam ablutus ipsis pes erit, sibi calceos rursus inducent, adiuvante familiari supradicto.

234. Circa finem Mandati, in promptu erit clericus cum formali in lance, et alter qui recipiet gremiale. Item praesto erunt ministri pro lotione manuum Episcopi, et qui clericus deferet mantilia, advertet etiam ut afferat lancem cum medulla panis et mali medici.

235. In promptu etiam erunt Cappellani cum libro et scotula pro Episcopo et Acolythi, candelabra gestaturi.

236. Postquam Episcopus laverit omnium pauperum pedes, redibit in thronum cum Diaconis assistentibus. Ascendet a latere ad thronum Presbyter assistens, et cum debitis genuflexionibus ascendent etiam ministri lotionis cumque ipsis clericus a gremiali et alter cum formali. Episcopus lavabit manus ac, si opus fuerit, utetur etiam medulla panis et mali medici. Non extendetur mantile super eius genua, quoniam aderit iam gremiale. Presbyter assistens porriget ei mantile cum osculis.

237. Quando Episcopus lavabit manus, genuflectent omnes,

exceptis Canonicis. Geniculabunt etiam pauperes, qui deinde stabunt in pedes reliquo functionis tempore, quemadmodum stabunt ceteri omnes assistentes.

238. Discedent de throno ministri lotionis, et clericus a gremiali recipiet ipsum a Diaconis assistentibus et reportabit ad abacum. Etiam Presbyter assistens redibit ad locum suum inter Canonicos.

239. Acolythi cum candelabris, statim ac discesserint ministri lotionis, procedent ante thronum. Cappellani cum libro et scotula ascendent ad thronum prope secundum Diaconum assistentem.

240. Diaconi assistentes pluviale Episcopo reponent, eique Diaconus primus reponet etiam formale; secundus autem tollet ipsi mitram.

241. Assurget Episcopus, eique a Cappellanis praesentato libro cum scotula, cantabit *Pater noster*, ℣. *Et ne nos inducas*, et reliquos cum oratione.

242. Post orationem discedent Acolythi et redibunt ad thronum Diaconus ac Subdiaconus, sequentibus clericis paramenta recepturis et cubiculario cum cappa.

243. Episcopus, orationis cantu absoluto, nihil dicens elevabit manum et Crucis signum faciet super adstantes, omnesque geniculabunt.

244. Ascendent Ministri praedicti cum clericis et retrocedentibus aliquantulum Diaconis assistentibus, exuent Episcopum sacris paramentis, ac postquam dimiserit amictum, salutabunt eum et discedent ad sacras vestes dimittendas.

245. Episcopus resumet cappam, adiuvantibus Diaconis assistentibus et Cubiculario, qui insuper extremitatem posteriorem vestis eius alligabit. Discedet associatus a Canonicis ut cap. IV. lib. V. In aedibus autem suis convivio excipiet pauperes, quorum lavit pedes et cum suis ipse familiaribus ecclesiasticis ad mensam illis cibos ministrabit.

Pro Matutino tenebrarum.

246. Praeparanda erunt omnia ea quae notata fuerunt Cap. XIII. libri huius. Animadvertendum tantum, quod Altare debet esse totaliter nudum cum solo chrismali seu tobalea cerata super mensam. In Altari sex candelabra sunto neque auro, neque argento colorata, sed ex aere vel cupro aut alia materia fusci coloris, cum Cruce simili candelabris, nigro velo contecta. Ante Altare aderit faldistorium (quod tamen esse deberet e ligno nucis simplex sine ullo ornatu aureo nec argenteo) pro Episcopo cum duobus pulvinis laneis violacei coloris. Thronus erit nudus ex toto et super cathedram ponetur pulvinus e panno violaceo in commodum Episcopi.

247. Apud Altare, in quo aderit expositum SS. Sacramentum, statuetur genuflexorium sine strato, sed cum duobus tantum pulvinis e panno violaceo, vel faldistorium cum solis pulvinis e panno violaceo, aequale faldistorio Altaris maioris.

248. Functio tractabitur eodem ordine ac pridie, excepto quod Episcopus nec seipsum neque adstantes asperget in limine ecclesiae, siquidem amota fuerit aqua benedicta e fontibus lustralibus. Sin mos esset relinquendi aquam sanctam in fontibus praedictis, licebit Episcopo in aditu ecclesiae seipsum aspergere et adstantes.

De lotione Altaris.

249. Si lavandi Altaris vigebit consuetudo, observabitur ritus, qui insertus extat sequenti cap. XVI.

ASSISTENTIA AB EPISCOPO PRAESTANDA
OFFICIIS FERIAE V. IN COENA DOMINI.

CAPUT XV.

1. Raro admodum accidere potest, ut Episcopus assistat officio feriae V. maioris hebdomadae in sua ecclesia cathedrali. Etenim quum illa die benedicenda sint et consecranda sacra Olea et S. Chrisma, pro huiusmodi benedictione et consecratione requiritur ut Episcopus ordinarius Missam celebret solemniter.

2. Si quo morbo vel alia rationabili causa impediretur, modo sit aliquis Episcopus suffraganeus sive auxiliaris vel etiam extraneus, oportebit ut ipsi functionem peragendam committat, cui tamen aequum non esset ut interveniret, siquidem praesentia eius moram afferret functioni expedite persolvendae, quae satis est prolixa.

3. Sin abesset Episcopus, cui functio ipsa committeretur, ideoque remittendae essent ampullae cum Oleis sacrandis ad Episcopum viciniorem, si eo statu fuerit Episcopus dioecesanus, ut possit officio assistere, hic erit tantum casus, in quo possunt praesentes instructiones necessariae videri.

4. Missa solemnis celebrabitur a digniore Capituli, assistet Episcopus pluviali indutus, qui in fine gestabit in processionem SS. Sacramentum, ut praescribit Caeremoniale Episcoporum lib. II. cap. XXIII. num. 14.

De rebus praeparandis.
In Altari SS. Sacramenti.

5. Altare, in quo asservabitur SS. Sacramentum, instruetur candelabris ceterisque ornamentis consuetis: pallium et conopoeum tabernaculi erunt coloris violacei, utpote respondentis officio. Matutino tempore usque ad finem Missae cantatae

licebit administrare fidelibus S. Communionem, praesertim in satisfactionem praecepti paschalis. Lampades, ut superius innutum est, ardebunt in hoc tantum Altari; extinguentur autem statim ac SS. Sacramentum amotum erit.

6. Ante Altare ipsum praeparabitur faldistorium cum pulvinis e panno violaceo, vel genuflexorium cum strato et pulvinis, ut cap. IV. lib. V. quod tamen removebitur, postquam Episcopus ibi oraverit in accessu ad ecclesiam.

In Sacrario
vel in alio commodiore loco.

7. Disponentur paramenta albi coloris pro Dignitatibus et Canonicis, videlicet pluvialia pro Dignitatibus, planetae pro Canonicis ex ordine Presbyterorum, dalmaticae pro Canonicis ex ordine Diaconorum ac tunicellae pro alteris ex ordine Subdiaconorum. Singulis paramentis suus etiam erit amictus.

8. In eodem sive Sacrario, sive alio loco praeparabitur tunicella albi coloris cum cingulo, alba et amictu pro Subdiacono Crucem processionalem gestaturo, et pluvialia octo coloris pariter albi pro Beneficiariis seu Mansionariis, umbraculum hastile in processionem delaturis.

9. In Sacrario praeparabitur vasculum aquae sanctae cum aspersorio, adhibendum in ingressu Episcopi in ecclesiam et paramenta albi coloris pro Celebrante et Ministris, eaque sunt planeta, stola et manipulus; dalmatica, stola et manipulus; tunicella et manipulus, tria cingula, tres albae tresque amictus et bireta.

10. Superpellicia sufficienti numero pro inservientibus: duo candelabra cum cereis albis pro Acolythis.

In Altari maiore et Presbyterio.

11. Altare ornabitur more festivo, nempe sex candelabris nobilibus eum cereis albis et in medio Cruce aequali candelabris, albo velo contecta; tobaleis, pallio albi coloris et tapeto, quod cooperiat gradus Altaris. Tali autem modo posi-

tae erunt tobaleae et pallium, ut facile tolli possint in denudatione Altaris. Pallio albi coloris superponetur violaceum, itemque super velum album Crucis ponetur alterum violaceum, utrumque post Horarum minorum recitationem tollendum.

12. Super mensam disponentur paramenta albi coloris pro Episcopo, videlicet pluviale cum stola albi coloris, Crux pectoralis, cingulum, alba et amictus, prope haec aderit in lance formale pretiosum. Paramenta ista cooperientur albo velo, cui superponetur alterum violaceum, amovendum quando tolletur pallium violaceum. Utraque mitra, nempe auriphrygiata et pretiosa cum velo seu vimpa pro ministro.

13. Prope latus Epistolae statuetur consuetum scamnum pro Celebrante et Ministris, stragulo laneo coopertum.

14. Non longe a cornu Evangelii aderit Crux processionalis contecta velo violaceo, posita in basi, ac si Ordinarius erit Archiepiscopus, praeparabitur basis tantum.

15. Baculus pastoralis apud Altare.

16. Ante Altare ponetur faldistorium cum pulvinis albis et seorsim praeparantor pulvini duo violacei substituendi albis in fine functionis.

· *In abaco.*

17. Abacus sternetur albo mantili et super ipsum disponentur res sequentes: Missale cum tegumento albo pro Episcopo; Canon pontificalis pro benedictione in fine Missae, additis quoque orationibus *Misereatur vestri* etc. et *Indulgentiam* etc. dicendis ab Episcopo post *Confiteor* ad Communionem; scotula cum candela pro Episcopo; Evangeliarium cum veste alba; Epistolarium cum veste alba; Missale cum veste alba pro Celebrante; pulvinus albus, vel legile pro Celebrante; velum humerale albi coloris phrygiatum pro Subdiacono; calix cum purificatorio, patena cum binis hostiis, palla et corporale intra bursam; alter calix maioris formae cum patena et palla, cum velo sericeo albi coloris et cum taenia sericea pariter alba ad ligandum velum; cochleare ad reponendam S. Hostiam in calice isto, ut cap. praeced. num. 25; pixis cum particulis

operculo clausa et cum veste quoque albi coloris, si transferenda erit; ampullae cum vino et aqua in pelvicula; vasa vitrea cum vino et aqua et mappulae pro purificatione communicandorum; octo decemve stolae albi coloris pro Canonicis ceterisque qui de sacra mensa participabunt; mappa e tela linea, acu picta, cum laciniis, adhibenda in Communione; rituale in usum Diaconi pro cantando *Confiteor*; velum humerale albi coloris, acu pictum pro Episcopo; thuribula duo duaeque naviculae cum thure; intorticia quatuor pro elevatione; Breviarium vel alius liber utendus in denudatione Altarium et pro oratione in fine Vesperarum; pulvinus albus, quo utetur Episcopus, quando geniculabit in infimo gradu Altaris.

18. Apud abacum praeparabitur umbraculum hastile albi coloris, in Processione adhibendum. Praeparabitur etiam umbella albi coloris ad transferendum in Sacrarium SS. Sacramentum.

19. Item apud abacum una pluresve capsae decentes, quae contineant intorticia et candelas deferendas in processionem. Aderit etiam intorticium distinctum pro Episcopo.

20. Thronus cooperietur baldachino et lodicibus albi coloris, ita tamen aptatis, ut possint removeri in denudatione Altaris. Aderunt tria scabella pro Assistentibus et pulvinus albi coloris pro Episcopo, quando genuflectendum erit. Gradus throni sternentur in totum tapeto amovendo cum ceteris ornamentis.

21. Ad cancellos tribunae vel balaustrii disponentur sex candelabra maiora cum intorticiis aut cereis albis et super balaustrium aderunt tobaleae pro Communione.

22. Extra presbyterium ante balaustrium statuetur scamnum pro pauperibus, quorum abluentur pedes.

23. Quod spectat ad res praeparandas in Sacello, ubi exponetur SS. Sacramentum et in aula, in qua peragetur Mandatum, inspiciantur quae descripta sunt a num. 33. ad 47. praecedentis capituli; nulla enim occurrit variatio.

In Functione.

24. Semel aut pluries sonabitur campanis festive, priusquam functionis initium fiat, idque pro consuetudine cuiusque loci.

25. Hora praestituta congregabitur Clerus in Sacrarium et accensis cereis in Altari, recitabuntur in choro horae minores, quae sunt Prima, Tertia, Sexta et Nona, submissa voce et ritu in Breviario praescripto.

26. Absoluta Nonae recitatione tolletur pallium violaceum, velum violaceum de Cruce Altaris et velum alterum, quo contecta erant paramenta Episcopi et accendentur cerei in fanalibus seu candelabris maioribus. Sonabitur campanula Sacrarii, et Canonici cum clero proficiscentur ad associandum Episcopum, ut cap. IV. lib. V.

27. Interim ad Altare procedet Celebrans cum Ministris et observabitur totum id, quod praescriptum est cap. XIII. libri supradicti, de Missa solemni celebrata ante Episcopum paratum pluviali, exceptis animadversionibus sequentibus.

28. Ingrediente in ecclesiam Episcopo, sonabitur festive omnibus campanis, organa autem tacebunt.

29. Cavendum, ne administretur S. Communio, dum Episcopus, apud Altare in quo asservatur, SS. Sacramentum adorabit.

30. In introitu seu confessione omittetur psalmus *Iudica me Deus* etc.

31. Ad intonationem hymni *Gloria in excelsis* festive sonabitur campanis omnibus, campanulis internis ecclesiae, et organis etiam, sed in cantu huius hymni tantummodo.

32. Subdiaconus ad Altare afferet pixidem pro Communione, utens velo humerali; dehinc ad abacum redibit, calicem accipiet et afferet ad Altare.

33. Si quod esset discrimen amplitudinis inter Hostiam reponendam in Calice et alteram a Celebrante sumendam, moneatur a Caeremoniario Celebrans, ne in dubio haereat, utra sit Hostia pro Calice relinquenda.

34. Clerici cum intorticiis manebunt genibus flexis a *San-*

ctus usque ad totam Communionem Cleri et laicorum. Locum sument a lateribus Altaris, facie ad invicem conversa, ne ordinem Communionis impediant.

35. Recitabitur *Agnus Dei* et Canonici ad circulum descendent: meminerit autem Presbyter assistens genuflexionem suo loco conficere cum Canonicis et redire ad stallum suum, quin vadat ad Altare, quoniam ritus donandae Pacis omittitur.

36. Diaconus et Subdiaconus, recitato *Agnus Dei* cum Celebrante, genuflexionem conficient ad Sacramentum et locum commutabunt, videlicet Diaconus transibit ad sinistram, Subdiaconus ad dexteram Celebrantis, et genuflexionem iterabunt.

37. Dum Celebrans communicabit, afferetur a Caeremoniario calix alter cum palla, patena, velo ac taenia, in quo reponetur SS. Sacramentum.

38. Postquam Celebrans communicaverit, Subdiaconus palla Calicem cooperiet. Postea Diaconus et Subdiaconus, genuflexione facta, locum commutabunt, nempe Diaconus redibit ad dexteram, Subdiaconus ad sinistram Celebrantis, Diaconus accipiet calicem, a Caeremoniario allatum ad Altare, eoque posito super corporale, extrahet cochleare, quod etiam ante Celebrantem deponet: Celebrans cum Ministris genuflexionem conficient. Celebrans accipiet S. Hostiam eamque ponet in cochleari. Diaconus cochleare manubrio acceptum ponet intra Calicem. Sin abesset cochleare, Celebrans S. Hostiam accipiet et intra Calicem ponet. Dein Diaconus pallam Calici, pallae patenam inversam superponet, et conteget Calicem velo, quod ligabit taenia albi coloris supra nodum et infra cuppam calicis. Celebrans, dum Diaconus taeniam ligabit, poterit dexteram, non disiungens pollicem ab indice, imponere super patenam, ne excurrat, donec velum taenia erit firmatum. Postea Diaconus calicem istum accipiet, locabit in medio corporali, sed versus Crucem altaris, accipiet pixidem eamque ponet in medio corporali versus Celebrantem, et genuflexio a Ministris una cum Celebrante conficietur.

39. Celebrans cum Subdiacono apud Altare manebunt. Diaconus autem de Altari discedet, adibit ad thronum, cantabit *Confiteor*, postea manebit ibi ad cantum utriusque orationis *Mi-*

servatur etc. et *Indulgentiam* etc. cantandae tono feriali ab Episcopo, qui post haec prosequetur stare. Redibit ad Altare Diaconus, et fiet Communio methodo tradita cap. V. lib. II.

40. Post Communionem si tam multae superfuerint in pixide particulae consecratae, ut Celebrans nequeat eas consummare, vel si placeat easdem consulto reservare pro infirmis, per Parochum vel alium Sacerdotem, qui indutus superpelliceo, stola et velo humerali albi coloris, genuflexus in extremo suppedaneo pixidem accipiet a Diacono, et comitantibus iis clericis, qui hactenus ab elevatione sustinuerint intorticia ardentia, et altero clerico aut Presbytero, qui sustentabit umbellam apertam, transferetur Sacramentum in Sacrarium vel Sacellum aliud ab ecclesia seiunctum, in quo hisce diebus custodietur

41. Transferetur etiam eodem modo pixis cum SS. Sacramento, quod asservatum fuerit in Altari suo, aperto postmodum ostiolo ciborii seu tabernaculi et quae lumina ibi ardebant antea, extinguentur.

42. Communione peracta, Celebrans Missam prosequetur ritu descripto cap. VII. lib. II.

43. Episcopus et Chorus non considebunt post Communionem respectu SS. Sacramenti. Episcopus stans leget e Missali versiculum *Communio* et sine mitra benedictionem solemnem in fine Missae donabit.

44. Post benedictionem ab Episcopo donatam, Celebrans non publicabit Indulgentias, sed conversus ad Altare cum Ministris recitabit ultimum Evangelium, advertens ut Altare non signet, sed tantum seipsum ad verba *Initium sancti Evangelii* etc. et genuflectat versus SS. Sacramentum, quando dicet *Et Verbum caro* etc.

45. Sub Missae finem venient in Sacrarium octo Mansionarii seu Beneficiarii, delaturi hastas umbraculi et Beneficiarius alter seu Cappellanus, qui debebit tunicellam induere ad gestandam Crucem. Ibi se respectivis sacris vestibus parabunt, et peracto Sacro, intrabunt in chorum seu presbyterium cum debitis genuflexionibus. Mansionarii seu Beneficiarii pluviali induti consistent prope aditum presbyterii, ut expedite accipiant umbraculum hastile: Subdiaconus locum sumet prope Crucem processionalem, accepturus eamdem, quando innuetur ei.

46. Si fuerit Archiepiscopus, qui assistat Missae solemni, notetur quod in fine Missae ad benedictionem sustinenda est Crux a Cappellano non parato tunicella, sed induto superpellicio.

47. Sacro peracto, descendent de Altari Celebrans et Ministri, qui genuflexione facta utroque genu ad SS. Sacramentum, recta pergent in Sacrarium, antecedentibus clericis duobus.

48. Tempore eodem ad thronum ascendent ultimi duo Canonici ex ordine Diaconorum, vel etiam alii pro consuetudine cuiusque loci, ad assistendum Episcopo; Diaconi autem assistentes cum debita reverentia discedent de throno et genuflexione utroque genu facta ad SS. Sacramentum, recedent in Sacrarium ad induendam dalmaticam.

49. Hoc ipsum facient ceteri omnes Canonici in choro praesentes, qui bini sequentur Celebrantem in Sacrarium ubi sacris vestibus induentur ac deinde eodem ordine in chorum revertentur. Curandum est, ut actio ista fiat expedite.

50. Qui duo Canonici astiterint Episcopo ad thronum, supplentes Diaconis assistentibus, quum hi redierint ad thronum, discedentes pergent in Sacrarium ad sacros habitus assumendos, postea in chorum revertentur et locum sument cum ceteris Canonicis. Celebrans etiam indumenta missalia dimittet, induetur pluviali aut planeta iuxta ordinem ad quem attinebit et redibit in chorum locum sumens inter Canonicos aut inter Dignitates. Id ipsum facient sacri Missae solemnis Ministri, in ordine illo, cui erunt addicti.

51. Sub exitum Sacri quatuor aut sex clerici educent e capsis intorticia et candelas quas accendent, et expleta Missa, distribuent Beneficiariis seu Mansionariis, clericis Seminarii et reliquis de Choro. Advertent, ut cum intorticiis accensis praesto sint in ingressu presbyterii sive portae lateralis, qua Canonici in chorum redibunt, et illa tradant singulis Canonicis in Presbyterium revertentibus, exceptis duobus Diaconis assistentibus et Presbytero assistente, huic tamen dabunt post actiones quae sequuntur. Tradent etiam intorticium distinctum cuidam familiarium ecclesiasticorum Episcopi, qui familiaris indutus erit veste talari et pallio.

52. Aderunt prope Altare duo thuriferarii cum thuribulis et naviculis, alter clericus cum velo humerali pro Episcopo, alter autem ponet pulvinum albi coloris in infimo gradu Altaris in usum Episcopi eiusdem. Cappellanus a mitra advertet ut mitram auriphrygiatam deponat super abacum et ex Altari accipiat pretiosam.

53. Quando omnia disposita erunt ad initium processionis faciendum, ascendet a latere ad thronum Presbyter assistens eodemque tempore ascendent illuc thuriferarii cum thuribulis.

54. Primus Diaconus assistens reponet pileolum et mitram pretiosam Episcopo, qui pergens stare in pedes ingeret incensum in bina thuribula.

55. Presbyter assistens incensum ei ministrabit sine osculis; Episcopus autem incensum successive demittet in thuribula sine benedictione.

56. Hoc ipso tempore Subdiaconus accipiet Crucem processionalem et Acolythi candelabra cum cereis ardentibus, tum simul coeuntes venient prope ingressum presbyterii, facturi processionis principium statim ac de throno se movebit Episcopus. In ipso profectionis actu ab Acolythis fiet genuflexio.

57. In promptu etiam erunt clerici duo, qui umbraculum hastile accipiant et tradant octo Beneficiariis pluviali indutis.

58. Thure ab Episcopo imposito, duo thuriferarii procedent ante Altare, itemque Presbyter assistens, qui consistet ad infimum gradum prope latus Epistolae.

59. Si aderit Magistratus, senior aut dignior qui in ipso est, veniet in aditum presbyterii, sustenturus extremitatem posteriorem vestis Episcopi in processione.

60. Postquam de throno discesserint thuriferarii et Presbyter assistens, Episcopus sinistra accipiet baculum pastoralem, et de throno descendens procedet ad Altare, advertens, quum descenderit de throno aut per chorum transibit, ne benedicat Clerum.

61. Episcopus ante Altare progressus, pastoralem baculum dimittet, eique secundus Diaconus assistens tollet mitram et pileolum. Episcopus cum Assistentibus genuflexionem conficient super pavimentum sine pulvino: deinde assurget ac geniculabit supra pulvinum positum in infimo gradu Altaris.

62. Presbyter assistens thuribulum accipiet ac tradet Episcopo, qui SS. Sacramentum thurificabit triplici ductu. Presbyter assistens recipiet ab Episcopo thuribulum, quod restituet thuriferario, redibit ad locum suum inter Dignitates, aut Canonicos et intorticium vel cereum accensum accipiet, in processionem incessurus.

63. Hoc tempore ordinabitur processio, ut infra; curabitur autem, ut disponatur ordine debito expedite, ne nimium Episcopus ad Altare exspectet. Si Clerus esset valde numerosus, posset statim post peractum Sacrum ordinari processio.

64. Cantores intonabunt hymnum, *Pange lingua*, quando Diaconus Episcopo tradet SS. Sacramentum.

65. Postquam Episcopus thurificaverit SS. Sacramentum et Presbytero assistenti reddiderit thuribulum, imponetur eius humeris a Caeremoniario velum humerale, quod ipsi ante pectus a secundo Diacono assistente firmabitur. Diaconus primus assistens ascendet ad Altare, genuflexionem faciet ad Sacramentum, accipiet Calicem apponens dexteram cuppae eius, sinistram infra pedem, eumque afferet ad Episcopum. Episcopus se inclinabit Sacramento et assurgens Calicem sinistra accipiet ad nodum, dextram patenae imponet. Diaconus primus, tradito Episcopo Sacramento, genuflexionem exsequetur. Diaconi assistentes extremitatibus veli humeralis Calicem et Episcopi manus cooperient: locum commutabunt, et primus consistet a dextris, alter a sinistris Episcopi, qui non ascendens ad Altare, proficiscetur cum processione.

66. Ordo autem in processione servandus, erit sequens. Praeibit claviger vel clavigeri ecclesiae, si aderunt: Subdiaconus tunicella paratus, qui Crucem processionalem, velo violaceo contectam gestabit medius inter Acolythos, sustinentes candelabra accensis cereis: cantores, qui vocum variarum concentu cantabunt hymnum *Pange lingua*: clerici Seminarii, bini gestantes candelas ardentes dextera, qui dextrorsum incedent, sinistra, qui sinistrorsum (idque observabitur a ceteris omnibus): Beneficiarii seu Mansionarii cum candelis vel intorticiis: Canonici Subdiaconi, Canonici Diaconi, Canonici Presbyteri, et Dignitates manu gestantes intorticia et capite nudato,

ut ceteri omnes, eo tamen discrimine, ut ultimo loco incedant terni quicumque sit ordo, si eorum numerus fuerit dispar : inter Dignitates locum occupabit Presbyter assistens, qui quum pervenerit ad Sacellum, in quo exponetur SS. Sacramentum, deponet intorticium et procedet ante Altare, Episcopo ministraturus incensum, ut infra : thuriferarii duo cum thuribulis, in quibus reponent incensum, quum opus fuerit: Episcopus medius inter Diaconos assistentes, qui sustinebunt eius fimbrias pluvialis; extremitas autem posterior vestis eius sustentabitur a nobiliori laico praesente : Episcopus incedet sub umbraculo, cuius hastae deferentur a Mansionariis octo, pluviali albo indutis, ut superius docuimus. Circa umbraculum incedent clerici octo induti superpelliceo, qui manu sustinebunt intorticia ardentia. Cappellanus, qui veste talari, non superpellicio indutus, sustinebit intorticium distinctum Episcopi, incedet extra umbraculum a dextris primi Mansionarii qui deferet hastam primam umbraculi. Sequentur Episcopum caudatarius et duo Cappellani a baculo et a mitra, tum alii duo a libro et a scotula, ultimo demum loco nobiles familiares eius.

67. Si Celebrans fuerit Archiepiscopus, gestabitur Crux a Subdiacono, inter Acolythos, ante Canonicos, Crucifixi imagine versa ad Archiepiscopum. Omnes ii, quibus in processione locus erit, descendentes de stallis suis, meminerint in medio presbyterio genuflexionem peragere utroque genu.

68. Processio non egredietur de ecclesia, sed proficiscens per navem primariam absolvetur ad Sacellum praeparatum pro SS. Sacramenti expositione. Quum illuc ventum erit, Crux cum Acolythis subsistet ex parte Epistolae, Seminarium et Beneficiarii seu Mansionarii consistent in Sacello, si capax erit, secus extra illud : Canonici se disponent ad balaustrium vel circa Altare, restantibus dignioribus versus aditum ut sint propiores Episcopo. Duo thuriferarii consistent a lateribus Altaris, itemque a dextris ante Altare locum sumet Presbyter assistens.

69. Ingrediente in Sacellum Episcopo, removebitur umbraculum, quod accipietur a duobus clericis et applicabitur prope Sacelli parietem, quum postridie eamdem ob rem sit adhibendum.

70. Quando Episcopus adstabit ante Altare, primus Diaconus assistens in genua procumbet ante eum. Diaconus secundus extremitatem veli humeralis tollet de manibus Episcopi, qui Sacramentum tradet primo Diacono: hic assurget et expectabit dum Episcopus geniculaverit super pulvinum, iam praeparatum in infimo gradu et adoraverit SS. Sacramentum.

71. Diaconus primus, accepto Sacramento, ascendet ad Altare, adiutus a Caeremoniario vel ab alio Cappellano, conscendet, si opus fuerit, scabellum gradatum, et reponet SS. Sacramentum in urna seu custodia, relicto eius ostiolo aperto: iterata deinde in suppedaneo genuflexione, ad Episcopi dexteram redibit.

72. Interea Diaconus secundus expediet ac tollet Episcopo velum humerale, quod clericus unus recipiet et apud se custodiet, relaturus ipsum in Sacrarium.

73. Episcopus, reverso ad eius dexteram Diacono primo, assurget ac sublevante eius fimbriam pluvialis eodem Diacono, ponet sine benedictione incensum in thuribulum unum sibi obiectum a thuriferario stante in pedes, incensum sine osculis ei ministrante Presbytero assistente.

74. Episcopus rursus geniculabit super pulvinum. Cantores cantabunt stropham *Tantum ergo*, deinde alteram *Genitori Genitoque* et Episcopus thuribulo, quod accipiet a Presbytero assistente, thurificabit triplici ductu SS. Sacramentum et thuribulum restituet eidem Presbytero assistenti, qui ibi consistet. Thuriferarii cum debitis genuflexionibus venient in ingressum Sacelli, ut ibi se prompte ordinent ante Crucem in reditu processionis.

75. Thurificato ab Episcopo SS. Sacramento, ascendet rursus ad Altare primus Diaconus assistens et claudet ostiolum custodiae seu tabernaculi, in quo asservabitur SS. Sacramentum.

76. Cappellanus a libro, quum descenderit Diaconus, ponet super Altare Canonem apertum pro benedictione, aut sustinebit eundem ante Archiepiscopum, ut infra.

77. Absoluto hymni praedicti cantu, Episcopus ascendet ad Altare, genuflectet ante SS. Sacramentum, osculabitur Altare et benedictionem solemnem populo impertietur sine mi-

tra, sed cum pastorali, quod accipiet priusquam dicat *Pater* etc. Advertet, ut genuflectat priusquam convertatur ad populum, et ne vertat humeros ad Altare, donans benedictionem. Subsistet Episcopus versus populum, postquam benedictionem dederit: Presbyter assistens in latere Epistolae aliquantulum conversus ad populum, formulam indulgentiae consuetae publicabit, postea redibit ad locum suum inter Canonicos.

78. Si Celebrans fuerit Archiepiscopus, sustinebitur Crux a Subdiacono genuflexo ante Altare, et Archiepiscopus, genuflexione facta ad SS. Sacramentum, vertet aliquantulum humeros versus cornu Evangelii et conversus ad Crucem suam donabit benedictionem.

79. Erunt delecti clerici recipiendis et extinguendis intorticiis et candelis, quum conditum erit in urna seu tabernaculo SS. Sacramentum.

80. Sine mora Processio rursus ordinabitur et redibit ad Altare maius ordine superius descripto, exceptis thuriferariis, qui ante Crucem praeibunt et Beneficiariis seu Mansionariis, pluviali indutis, qui locum sument ante Canonicos paratos.

81. Episcopus de Altari quum descenderit, genuflexionem cum Assistentibus utroque genu conficiet ante SS. Sacramentum, rursus cooperietur mitra pretiosa a primo Diacono assistente, recipiet baculum sinistra et cum processione ad Altare maius revertetur.

82. Profecto de sacello Episcopo, ponetur ante Altare faldistorium nudum cum pulvinis duobus e panno violaceo, in quo Episcopus orabit in discessu de ecclesia.

83. Quum processio ad Altare maius pervenerit, fient omnia ea quae tradita sunt capituli praecedentis num. 191 et seqq. omittendo tamen quae ibi notantur de gratiarum actione post Missam ab Episcopo persolvenda et de modo ei tollendi caligas et sandalia.

84. Post haec recitabuntur Vesperae, denudabitur Altare et peragetur Mandatum, ut ibidem descriptum est. Quod si Episcopus nequiret assistere Vesperis, denudationi Altaris et Mandato, postquam sacra indumenta dimiserit et cappam resumpserit, descendet de throno, brevi orabit ante Altare

et associatus a Clero adorabit SS. Sacramentum in Sacello, ubi aderit expositum, postremo redibit ad residentiam suam.

85. Clerus, associato Episcopo, revertetur in chorum et recitabit Vesperas: Celebrans qui cantaverit Missam, ritu descripto cap. XXV. lib. II. exsequetur denudationem Altarium, postea Mandatum

DE LOTIONE ALTARIS
VESPERE FERIAE V. IN COENA DOMINI

CAPUT XVI.

1. Quibusdam in Ecclesiis servari solet vetustissimus ritus lavandi Altaris primarii in feria V. maioris hebdomadae, qui ritus inter ecclesias Cleri saecularis religiosissime observatur in Vaticana Basilica Principi Apostolorum dicata. Praxim huius basilicae sequentes, innuemus methodum servandam, quando placeat Episcopo vel etiam Canonico hebdomadario ritum istum persolvere.

De rebus praeparandis.

2. In Sacrario praeparentur paramenta Episcopi in plano canistro; videlicet pluviale cum stola nigri coloris, Crux pectoralis, cingulum, alba et amictus; formale simplex et mitra simplex linea albi coloris, vel damascena coloris eiusdem: velo sericeo nigro omnia haec cooperiantur.

3. Stolae sex nigri coloris eodemque numero superpellicia pro Dignitatibus aut Canonicis senioribus; collocentur et haec in altero canistro ad Altare afferendo, quum tempus erit. Praeparetur etiam superpellicium alterum pro Canonico Sacrario praefecto.

4. Altare nudum erit, ut expoliatum fuit mane post functionem: aderit Crux velata et sex candelabra cum cereis e cera communi, qui in lotionis actu erunt extincti.

5. Candelabrum triangulare cum quindecim candelis paullo longius a loco solito ponatur, ne actum huius ritus impediat.

6. Super Altaris abacum, qui relinquetur nudus, praeparentur tria vasa sive urcei argentei pleni vino generoso, cui perparva aquae copia misceatur: unusquisque urceus ponatur in lance vel pelvi simili. Septem mantilia seu tobaleae maiores lineae, mundae, septem spongiae, et utraque pariter ponentur in binis lancibus argenteis. Aspersoria effecta e ligno taxo vel buxo pro Episcopo, pro Canonicis, pro Beneficiariis seu Mansionariis proque Clericis. Antiphonarium instructum tegumento nigri coloris ad recitandam orationem *Respice* etc.

7. Praeter faldistorium pro oratione Episcopi, quod iam praeparatum erit in medio presbyterio, statuetur in latere Epistolae faldistorium alterum nudum cum solo pulvino nigro, in quo sedebit Episcopus. Aderit etiam pulvinus alter nigri coloris, in quo Episcopus geniculabit, ut infra.

De Functione

8. Dum recitabitur aut cantabitur *Miserere* post *Benedictus*, revenient in Sacrarium clerici designati, accipient ibi paramenta pro Episcopo et sex Canonicis, eaque deferent in presbyterium et super abacum deponent.

9. Sic etiam Canonicus Sacrario praefectus veniet in Sacrarium, dimittet cappam sive aliud indumentum chorale, superpellicium sibi induet supra rochetum, si hoc licebit uti, redibit in presbyterium et aderit prope Altare in latere Epistolae (*a*).

10. Post orationem *Respice* postque strepitum qui fieri solet ut finis indicetur officii Tenebrarum, Episcopus assurget de faldistorio, in quo genuflexerit, salutabit Crucem, ascendet in thronum ibique sedebit.

(*a*) Quando ad Altare ministrant Canonici, quaecumque sit functio, dimittere debent habitum choralem ac tenentur superpellicium sibi induere supra rochetum, si rocheti usu gaudebunt.

11. Immediate ad thronum ascendent duo Diaconi assistentes propter assistentiam Episcopi et ascendet etiam Cubicularius recepturus cappam.

12. Interim clerici duo de medio presbyterio tollent faldistorium, in quo genuflexerit Episcopus et ponent illud seorsim.

13. Paramenta Episcopi a Caeremoniario distribuentur clericis, qui ritu usitato illa deferent ad thronum.

14. Ubi clerici cum paramentis ad thronum pervenerint, Episcopus, adiuvantibus Diaconis assistentibus, dimittet cappam, quam recipiet Cubicularius et animadvertet ad eam complicandam, repositurus ipsi post functionem.

15. Episcopus a Diaconis assistentibus parabitur amictu, alba, cingulo, Cruce pectorali, stola et pluviali nigri coloris, cui apponetur formale simplex, et a primo Diacono imponetur capiti eius mitra simplex.

16. Dum parabitur Episcopus, Canonici non descendent ad circulum consuetum.

17. Hoc ipso tempore alii clerici, huic rei designati, paramenta Dignitatibus afferent et Canonicis, quorum sex tantum, dimissa cappa vel alio indumento chorali, induent superpellicium et stolam nigri coloris e collo pendentem.

18. Item cantores superpellicio induti se sistent versus latus Epistolae aut Evangelii Altaris, vel etiam dirimentur in choros binos ex utroque latere, instructi breviario pro recitando psalmo *Deus, Deus meus, respice in me* etc.

19. Parato et sedente Episcopo, clerici quatuor supra lances duas deferent aspergilla, quae tradent Canonicis non paratis. Deinde iidem clerici vel alii quatuor afferent aspergilla pro Beneficiariis seu Mansionariis, quibus tradent: demum quatuor alii clerici afferent alia aspergilla pro clericis, eaque ipsis etiam tradent.

20. Postquam erunt singulis distributa aspergilla, Episcopus assurget ac procedet ad Altare. Antecedent eum sex Dignitates seu Canonici parati stola; ipse autem incedet inter duos Diaconos assistentes, qui sustinebunt eius fimbrias pluvialis, sequetur Cappellanus a mitra. Procedens ad Altare non benedicet Clerum. Immediate sequentur eum Canonici, Beneficiarii seu Mansionarii et clerici.

21. Sex praedicti Canonici quum ad Altare venerint, subsistent ante gradum infimum, terni in utroque latere, seniores autem in medio. Episcopus se sistet medium inter ipsos, et secundus Diaconus tollet ei mitram. Diaconi assistentes recedent seque aggregabunt ceteris Canonicis. Canonici, Beneficiarii et clerici efficient post Episcopum triplicem ordinem ferme in semicirculum et seniores erunt in centro propius Episcopum.

22. Erit etiam in promptu prope Altare Cappellanus cum libro pro Episcopo.

23. Episcopus, postquam dimiserit mitram, geniculabit in medio gradu infimo super pulvinum, quem apponet clericus quispiam, et cum Episcopo in genua procumbent sex Dignitates seu Canonici parati stola ac brevi tempore orabunt.

24. Post haec Episcopus e libro, quem ei praesentabit Cappellanus, alta voce sed sine cantu intonabit antiphonam *Diviserunt sibi*, quae continuabitur eodem tono a cantoribus, una cum psalmo XXI. *Deus, Deus meus, respice in me etc.*

25. Intonata antiphona, assurget Episcopus cumque ipso consurgent sex Canonici seu Dignitates parati stola et a clerico aliquo tolletur pulvinus, in quo genuflexerit Episcopus.

26. Accedent rursus ad Episcopum duo Diaconi assistentes simul cum clericis duobus. Diaconi assistentes tollent ei formale et pluviale, quae recipientur a clericis et ad abacum referentur. Diaconus primus mitram Episcopo reponet, et post haec praedicti duo Diaconi ad locum suum inter Canonicos redibunt.

27. Episcopus, postquam reposita ipsi erit mitra, ascendet ad Altare medius inter supradictos sex Canonicos seu Dignitates et adiuvantibus eisdem Dignitatibus, amovebit a mensa tobaleam ceratam, qua cooperiebatur, eamque Acolythi duo recipient et ad abacum portabunt.

28. Dum Episcopus ascendet ad Altare, subibunt illuc a latere Epistolae clerici tres, quorum alter afferet aspergillum pro Episcopo, reliqui duo sex aspergilla pro Dignitatibus praedictis seu Canonicis. Caeremoniarius, vel Canonicus Sacrario praefectus aspergillum Episcopi accipiet eique tradet

sine osculis consuetis; clericus unus aspergillum donabit unicuique Dignitati seu Canonicis paratis, et praedicti clerici ad abacum redibunt.

29. Ascendet aut accedet ad Altare Canonicus Sacrario praefectus simul cum clerico, qui deferet in pelvi urceum unum vini plenum. Canonicus sacrista maior se sistet a dextris Episcopi et a sinistris primae Dignitatis et acceptum urceum cum vino et aqua effundet super mensam Altaris; restituet urceum clerico et una cum ipso descendet de Altari iterumque apud abacum recedet.

30. Episcopus cum sex Canonicis seu Dignitatibus saepius nominatis, vinum immediate aspergillo expandent super totam Altaris mensam, quam lavabunt ac tergent cum omni reverentia.

31. Dum Episcopus cum sex Canonicis lavabunt mensam reliqui sex Canonici seniores procedent ante Altare, geniculabunt in gradu infimo, eo tamen ordine ut qui primas obtinent, seu seniores ipsorum, medium occupent locum.

32. Postquam Episcopus cum praedictis sex Dignitatibus seu Canonicis laverit mensam, faciet cum ipsis reverentiam ad Crucem et descendent simul de Altari per latus Epistolae. Caeremoniarius et clerici superius nominati recipient ab Episcopo et a Canonicis seu Dignitatibus aspergilla, quae reponentur super lances.

33. Episcopus accedet ad faldistorium praeparatum in latere Epistolae, ibique sedebit mitra cooperto capite et leget e libro psalmum, quem continuabunt alta voce recitare cantores ac si opus fuerit, repetent etiam illius partem vel totum prout numerosus erit Clerus. Sex Canonici parati manebunt in plano lateris Epistolae, versa facie ad Altare.

34. Profecto de Altari Episcopo cum sex Canonicis seu Dignitatibns, consurgent sex illi Canonici seniores, qui geniculaverant in gradu infimo, conscendent suppedaneum et aspergillo lavabunt mensam Altaris; postea reverentia facta ad Crucem, descendent de Altari per latus Evangelii et ad locum suum revertentur.

35. Dum sex isti Canonici ad Altare ascendent, reliqui

sex Canonici ante Altare procedent et iis alteris de Altari profectis ascendent isti eademque ac primi illi exsequentur.

36. Eamdem methodum servabunt ceteri; ultimo autem loco si Canonici non fuerint sex numero, poterunt quinque vel quatuor aut tres idipsum peragere.

37. Postquam Canonici omnes laverint Altare, ascendet illuc rursus Canonicus Sacrista maior cum clerico, qui deferet alterum urceum vini plenum. Canonicus praedictus, stans in medio ante Altare, accipiet urceum vini, quod effundet in mediam mensam, restituet urceum clerico et recedent ambo, ut antea, apud abacum.

38. Tunc ad Altare immediate procedent Mansionarii seu Beneficiarii, seni singulis vicibus, observantes ordinem eumdem, qui descriptus est pro Canonicis. Post Beneficiarios procedent ceteri Presbyteri seu Cappellani sacro ordine constituti, siqui aderunt.

39. Postquam Beneficiarii seu Mansionarii, Presbyteri et clerici in sacris laverint, ut supra, Altare, ascendet iterum Canonicus Sacrario praefectus cum clerico et effundet, ut ante, super Altare tertium vini urceum : tum clerici, initio facto ab Acolythis, ordine supra demonstrato, ascendent ad Altare, lavabunt ipsum et revertentur ad locum suum.

40. Altari ab omnibus lavato, Episcopus, comitantibus Diaconis assistentibus, sex Canonicis seu Dignitatibus stola paratis, redibit ante Altare, ut antea; reverentia autem facta ad Crucem, Diaconi assistentes recedent inter Canonicos.

41. Episcopus cum praedictis sex Canonicis paratis ascendet ad Altare eodemque tempore ascendent illuc a latere Epistolae clerici tres, quorum unus deferet pelvim cum spongiis, alter lancem cum mantilibus, tertius pelvim vacuam.

42. A Caeremoniario vel a Canonico Sacrista maiore Episcopus accipiet spongiam, a clericis accipient sex Canonici seu Dignitates.

43. Episcopus cum praedictis Canonicis vinum totum, quod supererit super mensam, spongiis colligent, spongiasque reponent in pelvibus et super eas ponent etiam aspergillorum flores vel folia, quae in actu lotionis forte ceciderint su-

per mensam Altaris. Clerici ad abacum referent pelvim cum spongiis.

44. Post haec Caeremoniarius aut Canonicus Sacrista maior mantile porriget Episcopo; clericus autem singula mantilia tradet singulis Canonicis seu Dignitatibus supradictis.

45. Episcopus cum iisdem Canonicis exsiccabunt ac tergent Altare cum omni diligentia, deinde mantilia restituent clerico, qui ad abacum illa reportabit.

46. Spongiae, mantilia, aspergilla quoque curabitur ut laventur, et aqua eorum lotionis infundetur in Sacrarium.

47. Episcopus cum sex Canonicis de Altari descendent et ante infimum gradum consistent.

48. Redibunt ad Episcopum Diaconi assistentes eique reponent pluviale cum formali et secundus Diaconus tollet ei mitram.

49. Hoc ipso tempore Acolythi duo ad Altare ascendent a latere ac mensam iterum cooperient tobalea cerata; a cantoribus autem repetetur antiphona *Diviserunt sibi vestimenta mea* etc.

50. Diaconi duo assistentes ad locum suum inter Canonicos redibunt.

51. Episcopus medius inter supradictos sex Canonicos geniculabit super pulvinum ibi a clerico appositum cumque Episcopo genuflectet omnis Clerus.

52. Genuflexo Episcopo et Clero, a cantoribus eodem vocis tono recitabitur ℣. *Christus factus est... mortem autem Crucis.*

53. Subiungetur secreto *Pater noster.*

54. Episcopus genibus flexis recitabit e libro a Cappellano sustento, orationem *Respice quaesumus, Domine* etc. cum conclusione secreta.

55. Oratione recitata, assurget Episcopus et cum ceteris reverentiam conficiet ad Crucem. Revertentur ad eum Diaconi duo assistentes, et primus eorum mitram ei reponet.

56. Episcopus medius inter Diaconos assistentes, qui attollent eius fimbrias pluvialis, praecedentibus sex Canonicis seu Dignitatibus paratis, redibit in thronum, ubi adiuvantibus Diaconis assistentibus, sacra paramenta dimittet et cappam resumet.

57. Praedicti sex Canonici stolam ac superpelliceum dimittent et resument cappam aut aliud indumentum chorale, quo utentur.

58. Canonicus Sacrista maior redibit in Sacrarium, dimittet superpellicium et resumet habitum choralem.

59. A clericis duobus ante Altare pro Episcopo reponetur faldistorium cum pulvinis.

60. Referentur a clericis in Sacrarium paramenta ab Episcopo et Canonicis adhibita.

61. Episcopus de throno descendet ad faldistorium ibique brevi orabit. Tum associatus a Clero adorabit SS. Sacramentum et ad aedes suas se recipiet.

62. Ritus iste peragi solet in Cathedralibus tantum. Absente autem Episcopo, persolvetur a Canonico hebdomadario, vel ab alio qui recitaverit orationem in fine Matutini Tenebrarum, eademque methodus observabitur, exceptis variationibus, quas heic subiicimus.

63. Apparatus erit idem, qui supra descriptus, excepto faldistorio, quo Celebrans non utetur.

64. Completo cantu Matutini Tenebrarum, Celebrans et sex Canonici seu Dignitates ibunt in Sacrarium ibique dimittent cappam vel aliud indumentum chorale, quo uti solent. Hoc tempore aspergilla Clero in choro distribuentur. Celebrans supra rochetum vel supra superpellicium induet amictum, stolam nigri coloris cum pluviali simili et caput cooperiet bireto. Reliquae sex Dignitates seu Canonici induent superpelliceum, stolam nigri coloris et caput operient bireto.

65. Canonicus etiam Sacrista maior induet sibi superpellicium in Sacrario et redibit prope Altare.

66. Reverentia facta ad Crucem vel ad imaginem primariam Sacrarii, praecedentibus clericis duobus, iunctis manibus redibunt ad Altare. Sex antedicti Canonici seu Dignitates incedent bini, antecedentibus qui recentiores sunt: ultimo loco ibit Celebrans, assistente Caeremoniario.

67. Quum ventum erit ad Altare, consistent ibi ante infimum gradum, biretum dimittent et expectabunt dum Canonici, Mansionarii seu Beneficiarii et clerici sint in ordinem instructi ante Altare, ut superius notatum est.

68. Clero tali modo ordinato, Celebrans cum sex Canonicis paratis genua submittent in infimo gradu. Celebrans alta voce intonabit antiphonam *Diviserunt sibi*, quam cantores prosequentur.

69. Celebrans cum iisdem sex Canonicis assurget, et adiuvante Caeremoniario dimittet pluviale, quod a clerico aliquo reponetur super abacum.

70. Ascendet ad Altare Celebrans cum sex Canonicis seu Dignitatibus ac tum ab ipsis cum a Clero fiet quod superius traditum est ut pro lotione, ita pro abstersione Altaris. Celebrans autem postquam de Altari descenderit, non sedebit, sed stabit medius inter ceteros sex Canonicos.

71. Postquam abstersum erit Altare, Celebrans resumet pluviale et quum redierit ante Altare repetetur antiphona, tum recitato ℣. *Christus etc.* cum *Pater noster*, dicet orationem *Respice*, ut innutum est superius.

72. Clerus in Sacrarium revertetur, quem sequentur sex Canonici parati et Celebrans.

DE FERIA VI. IN PARASCEVE CELEBRANTE EPISCOPO.

CAPUT XVII.

De rebus praeparandis.
Ad Altare ubi expositum erit SS. Sacramentum.

1. Genuflexorium sine strato cum duobus tantum pulvinis e panno violaceo, vel faldistorium cum pulvinis, eodem numero eademque qualitate.

2. Velum humerale nobile albi coloris pro Episcopo.

3. Intorticia numero octo e cera alba pro Cappellanis, ea gestaturis in processionem.

4. Pulvinus sericeus nigri coloris in gradu infimo Altaris pro Episcopo.

5. Scabellum gradatum, si opus erit, in commodum Diaconi, qui debebit e custodia SS. Sacramentum educere.

6. Stola nigra pro Sacrista, qui aperturus erit custodiam SS. Sacramenti.

7. Clavis urnae super mensam Altaris.

8. Extra Sacellum, baldachinum hastile albi coloris.

*In Secretario seu Sacello,
in quo Episcopus induet paramenta.*

9. Altare esto nudatum cum sola Cruce velata et sex candelabris ex aere vel cupro, non argento neque auro colorata, cum cereis e cera lutea.

10. Super mensam Altaris disponentur Episcopi paramenta simplicia, nempe opere phrygio aliisque ornamentis destituta, eaque sunt manipulus, planeta, dalmatica, tunicella, stola, Crux pectoralis, cingulum, alba et amictus, omnia contecta velo nigri coloris. Paramenta item erunt nigri coloris. In latere Evangelii ponetur mitra simplex, linea aut damascena albi coloris cum laciniis rubris in vittis.

11. Prope Altare ponetur basis pro Cruce archiepiscopali, si Celebrans erit Archiepiscopus.

12. Abacus instruetur tobalea, quae tegat partem tantum superiorem, neque ullo modo defluat a lateribus. Aderunt candelabra cum candelis e cera communi, si Celebrans erit Archiepiscopus; duae planetae nigri coloris plicatae duoque manipuli pro Ministris, Breviarium vel liber pro oratione *Respice* etc. urceus et pelvis argentea, lanx argentea cum mantilibus duobus, velum humerale simplex violaceum, si lotio ministrabitur a Magistratu, et Canon pontificalis.

13. Ante Altare statuetur faldistorium cum pulvinis duobus e panno violaceo.

14. Thronus erit totaliter nudus et super sedile cathedrae ponetur pulvinus e panno violaceo. Praeparentur etiam duo scabella pro Diaconis assistentibus.

15. Prope Altare a latere Epistolae solitum scamnum pro Ministris, sine ullo tegumento.

16. Scamna pro Canonicis ceterisque de Clero sunto etiam nuda, omni ornatu ac tegumento destituta.

In aula seu Sacristia Secretarii.

17. Paramenta nigri coloris pro Canonicis, videlicet pluvialia pro Dignitatibus, planetae pro Canonicis Presbyteris et planetae plicatae pro Diaconis ac Subdiaconis, cum amictibus in singulis paramentis.

18. Paramenta pro Ministris sacris, nempe bini amictus, binae albae, bina cingula et stola una coloris nigri. Pluviale cum amictu pro Presbytero, qui hac die erit « *Canonicus Presbyter digniori Presbytero proximus* » quemadmodum praescribit Caeremoniale lib. II. cap. XXV. num. 7.

19. Pluvialia nigra duo pro Cappellanis a mitra et a libro.

20. Si Celebrans erit Archiepiscopus, praeparabitur etiam planeta plicata nigri coloris cum cingulo, alba et amictu pro Subdiacono, qui Crucem archiepiscopalem gestare in processionem debebit. Paramenta omnia carebunt omni opere phrygio omnique ornamento, quod praeseferat solemnitatem.

In Altari maiore.

21. Super Altare, quod erit totaliter nudum, erunt sex candelabra e cupro aut ex aere aliave materia fusci coloris cum candelis e cera communi non purgata, seu lutea. Inter candelabra aderit Crux eiusdem materiae, pede alto et aequali candelabris. Crux autem erit levis in commodum Episcopi contecta velo sericeo nigro, ita aptato, ut facile tolli possit: posset ideo esse circumsutum, excepto brachio dextero et summitate, ubi firmabitur globulis nigris vel uncinis exiguis.

22. In suppedaneo ponetur faldistorium nudum pro Episcopo, a latere Epistolae ita collocatum, ut quando ibi sedebit Episcopus, habeat Altare dextrorsum.

23. A latere Evangelii ponetur Crux processionalis contecta

velo violaceo ponetur in basi; quod si Celebrans fuerit Archiepiscopus, praeparabitur basis tantum.

24. Ante Altare praeparabitur faldistorium cum duobus pulvinis laneis coloris violacei.

Super abaco.

25. Abacus erit nudus et planum eius superius cooperietur mantili, quod nullatenus pendeat a lateribus. Ponentur super ipsum candelabra cum candelis luteis pro Acolythis, si Celebrans fuerit Episcopus; sin erit Metropolita, ponentur in Sacello Secretarii, ut supra dictum est. Urceus cum pelvi ex argento. Mantilia duo in lance argentea Si lotionem ministrabit Magistratus, praeparabitur etiam velum humerale simplex coloris violacei. Ampullae vini et aquae in pelvicula argentea cum patera praegustationis. Calix argenteus cum purificatorio, patena, palla et corporali intra bursam nigram: quod si placebit uti calice posito intra custodiam cum SS. Sacramento, praeparabitur bursa cum corporali et purificatoria. Vasculum aquae operculo instructum et purificatorium, si necesse fuerit. Cussinus nigri coloris aequalis paramentis, vel legile pro Missali. Missale cum tegumento et signaculis nigris pro Episcopo. Epistolarium et Evangeliarium cum vestibus nigris et signaculis similibus. Tobalea Altaris plicata, quae mensam tantum cooperiat nec defluat quidquam a lateribus. Gremiale nigrum aequale paramentis pro Episcopo. Thuribula argentea duo cum naviculis similibus. Pulvinus niger, in quo geniculaturus erit Episcopus ante Altare. Stola latior nigra pro Diacono. Lanx argentea ad excipiendas oblationes, quae fient Cruci. Formula Indulgentiarum. Breviarium maioris formae pro oratione *Respice* etc. in fine Vesperarum.

26. Prope abacum aderit tapetum amplum e panno violaceo cum pulvino e serico villoso coloris violacei ornato aureis praetextis et velum album sericeum cum opere phrygio et ornatibus coloris violacei, adhibendum in adoratione Crucis. Velum album et pulvinus suas habebunt taenias ad alligandam Crucem, si opus fuerit.

In Presbyterio.

27. Thronus esto nudus: aderit tantum pulvinus unus e panno violaceo in sede cathedrae: erunt scabella consueta pro Diaconis assistentibus.
28. Hastae cum gossipio cerato ad accendendas debito tempore candelas.
29. In candelabris maioribus seu fanalibus ponentur intorticia vel candelae e cera lutea.
30. Subsellia Canonicorum erunt nuda totaliter.
31. Praeparabitur etiam scabellum gradatum, si opus fuerit, ad conscendendum Altare, ut possit accipi Crux, quando erit detegenda.
32. Statuetur pulpitum nudum pro Concionatore versus cornu Evangelii non longe a Presbyterio.

In Sacrario.

33. Pluvialia octo nigri coloris pro Mansionariis gestaturis umbraculum hastile.
34. Amictus, albae, cingula, manipuli nigri et stolae nigrae pro cantoribus Passionis, omnia tria numero.
35. Liber Passionis cum veste et signaculis nigri coloris.
36. Nisi Celebrans fuerit Metropolitanus, praeparabitur planeta nigra plicata cum cingulo, alba et amictu pro Subdiacono Crucem gestaturo.
37. Vasculum aquae sanctae cum aspersorio, si servabitur aqua benedicta in fontibus lustralibus ecclesiae, quemadmodum in Matutino hesterni diei.

De functione

38. Hora praestituta recitabuntur in choro Horae minores, Prima, Tertia et Sexta, extinctis cereis.
39. Completa Horarum minorum recitatione, pulsabitur crotalum prope portam Sacrarii, quod erit signum Canonicis associandi Episcopum ut cap. IV. lib. V.

40. Si Celebrans fuerit Archiepiscopus, habebit ante se Crucem archiepiscopalem, et quum steterit in limine ecclesiae, se asperget et adstantes, si mos erit servandi hisce etiam diebus aquam sanctam in conchis apud portas ecclesiae, secus ritus iste omittetur.

41. Episcopus in ecclesiam ingressus caputio cappae cooperiet caput, et hac die abstinebit a benedicendo adstantes.

42. Quum pervenerit ad Sacellum, in quo aderit expositum SS. Sacramentum, caput nudabit caputio, ad faldistorium accedet, genuflexionem faciet utroque genu, geniculabit in faldistorio, orabit et genuflexione iterata ut supra, egredietur de praedicto Sacello et caput rursus caputio cappae cooperiet.

43. Transibit ad Secretarium sive ad Sacellum in quo separabit, ibique reverentia ad Crucem facta, geniculabit in faldistorio ac brevi tempore orabit, caputio de capite dimisso. Canonici et ceteri omnes locum in suis subselliis occupabunt, exceptis tribus Canonicis ministraturis officio Presbyteri assistentis, Diaconi et Subdiaconi, qui recedent ad sacra paramenta sibi induenda, ut praesto sint in fine Nonae. Cum ipsis recedet etiam ad se parandum Subdiaconus a Cruce, si Celebrans erit Metropolita, et Cappellanus a mitra.

44. Episcopus de oratione assurget, salutabit Crucem, caput operiet caputio, ascendet in thronum, syrmam cappae tractans humi et sedebit in cathedra nuda, absentibus a lateribus eius Diaconis assistentibus.

45. Brevi interposita mora, Episcopus assurget cumque ipso etiam chorus et caputio dimisso, conversus ad Altare dicet secreto *Pater noster* et *Ave Maria*. Post haec, signo a Caeremoniario facto cantori, qui aderit ex parte hebdomadario opposita, cantor ille submissa voce intonabit psalmum Nonae *Mirabilia testimonia tua* etc. et cum reliquis duobus continuabitur pausatim et alternatim a choro, qui sedebit.

46. Episcopus sedebit seque cooperiet caputio ad psalmi intonationem. Se sistet ei Cappellanus a libro cum Canone pontificali, et Episcopus omissis psalmis et precibus consuetis, recitabit solum orationes ad paramenta, omittens orationes statutas ad caligas et chirothecas, quae hac die non adhibentur.

47. Quum Cappellanus a libro officium suum expleverit, de throno discedet, librum relinquet super abacum et recedet in proximam Sacristiam ad induendum pluviale, exiturus deinceps, quum tempus erit, cum altero Cappellano a mitra, et pro oratione *Respice* supplere poterit alter clericus superpellicio indutus.

48. Sub finem psalmi tertii assurget Episcopus, descendet ad faldistorium, sibique detracto caputio, geniculabit ad antiphonam *Christus factus est* et ad *Miserere*, quod etiam faciet omnis chorus.

49. Curabitur, ut interea sint in promptu ministri lotionis, praesertim si haec ministrabitur a Magistratu, et clerici delaturi paramenta ad Episcopum.

50. Sub finem psalmi *Miserere*, Cappellanus aut clericus unus praesentabit Episcopo librum, ex quo ipse recitabit orationem *Respice, quaesumus, Domine*, secreto autem proferet conclusionem *Qui tecum* etc.

51. Post orationem assurget et facta ad Crucem reverentia, redibit in thronum.

52. Clerici duo tollent de medio faldistorium cum pulvinis et locabunt seorsim.

53. Post Episcopum ascendent ad thronum Diaconi duo assistentes et locum occupabunt apud scabella. Ascendet etiam Cubicularius, qui consistet prope secundum Diaconum assistentem.

54. Ingredientur in chorum Presbyter assistens, Diaconus et Subdiaconus parati, cumque ipsis intrabunt Cappellani a mitra et a libro, induti pluviali.

55. Ministri consistent apud scamnum suum prope cornu Epistolae, et Presbyter assistens ascendet in thronum ad Episcopi dextram.

56. Ministri lotionis appropinquabunt throno et distribuentur clericis paramenta Episcopi.

57. Episcopus, adiuvantibus Diaconis assistentibus et cubiculario cappam dimittet; a cubiculario autem expedietur eius extremitas posterior vestis.

58. Episcopus sedebit, et Presbyter assistens ex eius di-

gito educet annulum. Diaconi assistentes unum ex mantilibus extendent super eius genua, alterum accipietur a Presbytero assistente. Episcopus lavabit manus, eoque tempore genuflectent omnes, exceptis Canonicis, et Presbyter assistens porriget ei mantile sine osculo manus; quando autem de throno discedent ministri lotionis, descendet et ipse a latere de throno et primum in choro locum occupabit, qui proximus throno eidem erit.

59. Canonici recedent ad paramenta induenda, et parati redibunt in chorum ad subsellia sua.

60. Ascendent ad thronum cum debitis reverentiis Diaconus et Subdiaconus, sequentibus clericis, qui deferent paramenta Episcopi. Diaconi assistentes recedent ad assumenda paramenta et parati ad thronum revertentur.

61. Episcopus a praedictis Ministris parabitur amictu, alba, cingulo, Cruce pectorali, stola, tunicella, dalmatica et planeta. Statim deinde Subdiaconus imponet ei manipulum, Diaconus mitram, et reverentia ei facta descendent de throno et pergent ad abacum; ubi planetam induent et manipulum brachio inducent.

62. Profectis antedictis Ministris, revertetur ad thronum Presbyter assistens, qui annulum inseret digito annulari dextro Episcopi, cuius prope dexteram consistet, expectans dum tempus sit in processionem incedendi loco sibi attributo, ut inferius docebitur.

63. Si prima prophetia cantanda erit a Beneficiario, qui in choro non utatur superpellicio, hic recedet in Sacrarium, dimittet insignia choralia, et superpellicio indutus praesto erit prope abacum Altaris maioris.

64. Ministri, induto manipulo et planeta plicata, revertentur ad thronum et consistent versus sinistram Episcopi, donec sit tempus in processionem proficiscendi.

65. Ordinabitur processio, et methodo in aliis Pontificalibus servata, dirigetur per ecclesiam ea ratione, ut procedat ad Altare primarium, observando sequentem ordinem.

66. Antecedent clavigeri seu claviger ecclesiae cum insignibus consuetis, si aderunt. Tum clerici Seminarii, Benefi-

ciarii seu Mansionarii, Canonici Subdiaconi, Canonici Diaconi, Canonici Presbyteri, Dignitates, Subdiaconus, qui incedet solus, neque deferens librum Evangeliorum, Presbyter assistens cum Diacono a sinistris eius, Episcopus iunctis manibus nec benedicens adstantes, medius inter Diaconos assistentes, Caudatarius syrmam seu posteriorem extremitatem vestis episcopalis sustentans, duo Cappellani a mitra et a libro, postremo familiares nobiles Episcopi.

67. Si Celebrans fuerit Archiepiscopus, postquam erit omnibus paramentis indutus, se sistet Subdiaconus, gestans Crucem, ante thronum medius inter Acolythos, qui sustinebunt candelabra cum candelis extinctis, et Archiepiscopus assurgens se Cruci supradictae inclinabit, tum rursus sedebit, expectans signum proficiscendi. Hoc casu processio ordinabitur alia ratione; namque praeibunt clerici Seminarii, Beneficiarii seu Mansionarii, deinde Crux a Subdiacono gestata inter Acolythos cum candelabris, extinctis cereis, et imagine Crucifixi, quamquam velo contecta, versa ad Archiepiscopum. Sequentur Canonici parati, et reliqui, ut supra.

68. Quum processio ad Altare maius pervenerit, unusquisque occupabit locum sibi in choro convenientem, ac si Celebrans erit Archiepiscopus, Acolythi candelabra deponent super abacum, et Subdiaconus, Cruce firmata in sua basi, remanebit ibi prope Altare.

69. Episcopus ante faldistorium quum pervenerit, mitram per Diaconum dimittet, deinde se prosternet super faldistorium et prolixius, quam assolet, orabit. Adstabit ipsi Presbyter assistens a dextris, Diaconus a sinistris et a sinistris Diaconi Subdiaconus stabit: duo Diaconi assistentes consistent a tergo Episcopi et post Diaconos ipsos stabunt Cappellani a libro et a mitra.

70. Donec Episcopus erit genuflexus, ceteri omnes genibus insistent, exceptis illis qui debebunt actionem aliquam peragere. Duo Acolythi hoc tempore cum debitis genuflexionibus ascendent ad Altare et in eo ponent tobaleam, quae cooperiet mensam tantum, eamque ponent in longitudinem plicatam versus candelabra, ita ut possit deinceps explicari super mensam ipsam, ut declarabitur inferius.

71. Clericus alter accipiet ex abaco cussinum nigrum eumque statuet super mensam Altaris in latere Epistolae, ut in illo superponatur Missale. Clerici supradicti, functi officiis suis, redibunt quo loco erant, et geniculabunt. Aderunt etiam clerici duo, qui tollent de medio faldistorium. Clericus alter in prompta habebit gremiale Episcopi, tradendum Diacono, ut infra.

72. Postquam Episcopus oraverit, ut supra, assurget et praedicti duo Clerici amovebunt faldistorium cum pulvinis. Diaconus se sistet a dextris Episcopi, Subdiaconus a sinistris: Episcopus autem medius inter ipsos, sequente Cappellano a mitra, ascendet ad Altare, quod osculabitur in medio. Postea ibit sessum in faldistorio nudo, statuto in suppedaneo. Ibi sedens habebit a dextris Altare, a sinistris chorum.

73. Sedenti in faldistorio Episcopo Diaconus imponet mitram capiti et gremiale super genua.

74. Ubi Episcopo sedenti imposita erit mitra, Presbyter assistens veniet ante Altare versus Episcopum vel in latere Epistolae, Diaconi assistentes consistent versus cornu Evangelii, loco ambobus Ministris relicto. Descendent Diaconus et Subdiaconus, qui locum occupantes inter Presbyterum assistentem et Diaconos assistentes, conficient iunctim reverentiam ad Altare et ad Episcopum, tum conversi sedebunt in gradu primo infra suppedaneum, ordine supradicto, scilicet Presbyter assistens prope Episcopum, Diaconus a dextris Presbyteri assistentis, Subdiaconus a dextris Diaconi, primus Diaconus assistens a dextris Subdiaconi et secundus Diaconus assistens a dextris primi Assistentis. Cappellani a mitra et a libro sedebunt a tergo Episcopi in gradibus lateralibus Altaris.

75. Episcopo et praedictis Ministris sedentibus, accipietur Epistolarium aut Missale a Beneficiario vel ab alio, qui pro consuetudine cuiusque ecclesiae cantare prophetiam debebit: eum comitabitur Caeremoniarius ante Altare, eoque loco facta genuflexione, consistet ubi solet cantari Epistola et primam lectionem cantabit sine titulo ullo ac tono pro lectionibus statuto. Ipse sibi librum sustinebit, neque ei quisquam librum, multo minus legile sustentabit. Sub finem cantus prophetiae, Cappellanus a libro accipiet ex abaco Missale pro Episcopo.

76. Postquam Beneficiarius vel alius prophetiam cantaverit, redibit in medium et genuflexione facta ad Altare, redibit ad abacum in quo relinquet librum, deinde recedet in Sacrarium ad resumenda insignia choralia, rediturus in chorum ad locum suum.

77. Hoc tempore poterunt se parare tres cantores Passionis, ut in promptu sint prope Altare, quando cantabitur Tractus secundus.

78. Cantata prophetia antedicta, consurgent Ministri et Assistentes, qui sedebant ante et circa Altare. Ministri et Assistentes iidem, assurgentes, convertentur ad Altare, quin mutent locum suum et reverentiam ad Crucem, deinde ad Episcopum conficient. Presbyter assistens se sistet a sinistris Episcopi, ut assistat ipsi quando leget: Diaconus adstabit dexterae, Subdiaconus sinistrae Episcopi, non tamen a lateribus, sed paulo retro: Diaconi duo assistentes stabunt post Ministros praedictos, sed in plano ante gradus Altaris.

79. Cappellanus a libro, accepto Missali, genuflexionem in medio ante Altare faciet ad Crucem, conscendet suppedaneum, genuflectet ad Episcopum, aperiet Missale eique sustinebit apertum, ex quo Episcopus leget prophetiam et Tractum primum, quo lecto, Cappellanus a libro ponet Missale in cussino apertum super Altare et ad locum suum se recipiet.

80. Aderit semper prope Altare clericus unus, ac si opus fuerit, etiam duo, qui tollant faldistorium de suppedaneo Altaris, quando necesse erit, nisi forte suppedaneum adeo longum sit, ut faldistorium super ipso positum nequaquam impediat actiones, quae deinceps innuentur.

81. Interea cantabitur Tractus, qui primam prophetiam sequitur, et in fine ultimi versiculi, Diaconus veniet ante Episcopum, tollet ei gremiale et mitram, tum descendet in gradum primum, et a tergo eius in ultimo gradu stabit Subdiaconus et a latere dextro Altaris Presbyter assistens, ut assistat ad librum.

82. Episcopus, mitra nudato capite, assurget et a clericis amovebitur faldistorium. Cantu supradicti Tractus absoluto,

Episcopus ad Altare conversus cantabit *Oremus* et Diaconus cantabit *Flectamus genua* omnesque genua flectent, excepto Episcopo: Subdiaconus cantabit *Levate* et consurgent universi. Episcopus iunctis manibus, tono feriali subiunget orationem *Deus a quo et Iudas* etc.

83. Orationis tempore, Subdiaconus dimittet planetam plicatam et recipiet librum Epistolarum, quem utraque manu sustinebit ante pectus. In fine orationis procedet ante Altare et faciet reverentiam, tum veniet eo ubi cantatur Epistola, expectans dum sedeat Episcopus, priusquam illam cantare incipiat.

84. Quum Episcopus orationem compleverit, reponetur faldistorium eadem, ut antea, positione et Episcopus in eo sedebit. Diaconus imponet ei mitram, deinde gremiale, tum aggregabit se Presbytero assistenti ac Diaconis assistentibus, et sedebunt ut ante.

85. Sedenti Episcopo Subdiaconus reverentiam faciet, et lectionem tono Epistolae cantabit.

86. Absoluto lectionis cantu, consurgent Ministri et Assistentes, qui sedebant in gradu Altaris seque disponent quo ordine stabant, dum Episcopus prophetiam legebat.

87. Cappellanus a libro, cum genuflexionibus supra indicatis, redibit ad Altare, Missale accipiet ac praesentabit Episcopo, qui ex illo secundam lectionem leget ac Tractum, dum cantores Tractum ipsum cantabunt.

88. Subdiaconus, cantata lectione, iterabit reverentiam ad Crucem, relinquet librum in abaco, sibi rursus induet planetam et ascendet ad sinistram Episcopi, ut antea.

89. Hoc tempore exibunt e Secretario cantores Passionis cum Cappellanis, exsequentur quae descripta sunt in Dominica Palmarum (cap. XI. num. 82. et seqq. libri huius) eo tantum discrimine, ut utantur paramentis nigri coloris neque Episcopi manum osculentur priusquam incipiant cantum Passionis.

90. Quum Episcopus legere Tractum desierit, reponet super Altare Cappellanus Missale apertum; quo facto, ad locum suum se recipiet.

91. Cantu Tractus finito, Diaconus Episcopo tollet gremiale, deinde mitram. Cantores Passionis incipient ipsam cantare: Episcopus assurget: amovebitur faldistorium. Episcopus leget Passionem e Missali, posito super Altare in cornu Epistolae, aliquantulum conversus ad cantores praedictos, ad illa verba *tradidit spiritum*, nonnihil morae interponet, sed non geniculabit: perget deinde Passionem legere et ultimam quoque partem, praemittens *Munda cor meum*, remanensque in eodem vestigio.

92. Passionem legenti Episcopo Presbyter assistens a latere Altaris assistet ad librum. In gradu primo infra suppedaneum stabit Diaconus a dextris Episcopi: in gradu secundo a dextris Diaconi stabit Subdiaconus: Diaconi assistentes consistent in plano prope Diaconum et Subdiaconum.

93. Lecta Passione, Episcopus convertetur versus cantores, non abscedens loco suo: Presbyter assistens locum sumet aut supra suppedaneum aut in gradu primo a sinistris Episcopi: Diaconus in gradu altero a sinistris Presbyteri assistentis: Subdiaconus a sinistris Diaconi: primus Diaconus assistens a sinistris Subdiaconi: Diaconus secundus a sinistris primi, atque ita quamdam ferme lineam rectam versus cantores antedictos efficient.

94. Paullo ante quam cantentur verba *Consummatum est*, Caeremoniarius ex abaco accipiet pulvinum nigri coloris eumque ponet ante Episcopum. Ubi incipietur cantus verborum *tradidit spiritum*, omnes quo loco erunt, geniculabunt brevi tempore, conversi ad cantores, qui procumbent in genua ante librum. Assurgente deinde Diacono cantore, consurgent universi et cantus Passionis usque ad exitum continuabitur. Curabitur, ut sit qui tollat pulvinum, in quo genuflexerit Episcopus.

95. Provideatur etiam, ut invitetur sacer Orator, si concio habebitur de Passione Redemptoris.

96. Expleto Passionis cantu, reponetur faldistorium, ut a principio, in quo sedebit Episcopus: considebit etiam Clerus in choro. Diaconus mitra cooperiet Episcopum et super eius genua ponet gremiale. Discedent cantores Passionis cum cappellanis suis, eumdem ordinem servantes, quo ad Altare venerunt.

97. Diaconus, reposita mitra et gremiali Episcopo, reverebitur eum et a latere de Altari descendens, accedet ad abacum : ibi dimittet planetam plicatam, sibi imponet stolam latiorem , accipiet librum Evangeliorum et redibit ad Altare. Progressus ante gradus, reverebitur Crucem et Episcopum, ascendet ad Altare, ponet in media mensa librum praedictum, geniculabit in suppedaneo et recitabit *Munda cor meum*.

98. Subdiaconus medius inter Acolythos duos, qui candelabra non gestabunt, procedet cum ipsis ad Altare et consistent ante gradus. Appropinquabit Episcopo Cappellanus a mitra et secundus Diaconus assistens.

99. Diaconus, postquam dixerit *Munda cor meum*, assurget, accipiet librum, de Altari descendet et a dextris Subdiaconi consistet: cum ipso conficiet reverentiam ad Altare et ad Episcopum, Acolythi vero genuflexionem , et procedent ad ultimam partem Passionis cantandam tono Evangelii, ritu praescripto in Dominica praecedenti, excepto quod liber non adolebitur, neque Episcopus osculabitur illum.

100. Quando Diaconus cum Subdiacono de Altari discedet, secundus Diaconus assistens ascendet in suppedaneum, tollet gremiale et mitram Episcopo et recedet ad locum suum.

101. Episcopus, et cum ipso omnis chorus, assurget et convertetur ad Diaconum, qui cantabit Evangelium. Adstabit ei sinistrorsum Presbyter assistens et Diaconi assistentes se collocabunt ut ad cantum Passionis. Si opus fuerit, de Altaris suppedaneo tolletur faldistorium.

102. Evangelio cantato, Episcopus non osculabitur textum. Reponetur faldistorium in suppedaneo, sed converso postergali ad Altare; ibi sedebit Episcopus, rursus cooperietur mitra et recipiet gremiale a Diacono, qui nisi esset in promptu, adimplebitur hoc officium a primo Diacono assistente.

103. Quum sederit Episcopus, deducetur ante ipsum Concionator, qui genibus flexis (si esset Canonicus eiusdem ecclesiae profunde inclinabitur) non osculans manum eius nec petens benedictionem , poscet indulgentiam , dicens *Indulgentias, Reverendissime Pater* et Episcopus respondebit *Consuetas* vel *quadraginta dierum :* quod si Celebrans fuerit Cardinalis , dicet

centum dierum. Concionator assurget, descendet in planum, genuflexionem faciet aut reverentiam ante Altare et ascendet in pulpitum.

104. Concionatore de Altari profecto, sedebunt Ministri et Assistentes in gradu Altaris, ut antea, et sedebit etiam Chorus.

105. Concionator, conscenso pulpito, genuflectet ad Altare: sedebit momento temporis : caput deteget, assurget, se muniet signo Crucis, non recitabit *Ave Maria* et sacram concionem inchoabit. Post concionem autem, quum non fiat absolutio consueta, stans in pedes et capite detecto leget formulam usitatam Indulgentiae e tabella seu libello, quem ipsi tradet Caeremoniarius vel clericus aliquis.

106. Absoluta concione, omnes consurgent, et publicata indulgentia, descendet de pulpito Concionator, efficiens genuflexionem aut reverentiam ad Altare et ad Episcopum.

107. Episcopo tolletur gremiale cum mitra a Diacono. Presbyter assistens veniet ad Missale; Diaconus post Episcopum in gradum primum; Subdiaconus in ultimum gradum et Diaconi assistentes post Subdiaconum.

108. Nisi habebitur sacra concio, quum Diaconus cantaverit Evangelium, convertetur Episcopus ad Altare et orationes cantabit, ut infra.

109. Assurget Episcopus et amovebitur faldistorium. Episcopus ad Altare conversus cantabit e Missali orationes, iungens tamen manus in invitatione ad orationem, quae invitatio cantabitur notis in Missali praescriptis, oratio autem tono feriali et apertis manibus. Ante orationem cantabitur *Flectamus genua* a Diacono et *Levate* a Subdiacono, quando in Missali notabitur, ideoque curae erit Caeremoniario eos hac de re monere. Ad *Flectamus genua* geniculabunt omnes, ut supra dictum est, exceptis Episcopo et Presbytero assistente (a).

110. Ad orationem *pro haereticis* clerici duo acceptum tapetum violaceum extendent secundum Presbyterium, ponentes summitatem illius in infimo gradu Altaris, si locus id patiatur. Clericus alter ponet in eodem gradu vel in summitate ta-

(a) De oratione *pro Romano Imperio* vide lib. II. cap. XXVI. num. 41.

peti pulvinum violaceum e serico villoso, et super pulvinum superque tapetum explicabit velum album. Clerici supradicti conficient genuflexionem iunctim, quando pervenient ante Altare et quando inde discedent.

111. Si Altare versum ad Orientem esset, tapetum in media navi principali ecclesiae esset ponendum adhaerens Altari aut Confessioni.

112. Sub finem orationis, aderunt prope abacum cantores duo qui secum habeant Missale aut librum, in quo scriptum sit cum notis *Ecce lignum Crucis* etc. Aderit ibi etiam Sacrista superpellicio indutus.

113. Orationibus cantatis, reponetur faldistorium in suppedaneo Altaris, ut in functionis initio. Presbyter assistens accipiet ex Altari Missale et tradet ipsum Cappellano a libro: Diaconus et Subdiaconus ascendent in suppedaneum; Diaconi autem assistentes consistent a latere ante gradus Altaris in plano Epistolae. Episcopus sedebit: Diaconus et Subdiaconus exuent Episcopum planeta, quae reponetur super abacum: pileolus etiam ei tolletur a Diacono.

114. Episcopus assurget de faldistorio, quod statim removebitur, et medius inter Diaconum et Subdiaconum descendet in primum gradum infra suppedaneum, facie ad populum conversa, quicumque sit Altaris situs, sive nempe adhaereat parieti, sive sit versum ad navem primariam ecclesiae. Presbyter assistens Missale accipiet ac sustinebit apertum ante Episcopum, stans aliquantulum a latere, ne populo impediat prospectum Episcopi.

115. Si opus fuerit, collocabitur ante Altare scabellum gradatum, quo conscenso, Sacrista tollet de pede Crucem: quam de Altari descenderit, amovebitur scabellum. Diaconus, qui prope scabellum adstabit, acceptam Crucem tradet Episcopo ita ut imago Crucifixi versa sit ad populum. Praedicti duo cantores approximabunt ad Episcopum, locum sumentes ferme post Diaconum vel Subdiaconum, iuxta positionem Altaris.

116. Episcopus, recepta a Diacono Cruce, eodem adiuvante, deteget summitatem Crucis, quam sustinens utraque manu ante pectus, e Missali sustento a Presbytero assistente, canta-

bit verba *Ecce lignum Crucis;* praedicti duo cantores prosequentur reliqua, nempe *in quo salus mundi pependit* et chorus cantabit *Venite adoremus.* Omnes ad illa verba genuflectent, excepto Episcopo : Presbyter assistens librum claudet ac geniculabit cum ceteris.

117. Expleto cantu verborum *Venite adoremus,* consurgent omnes et Episcopus cum Ministris supradictis eodemque ordine, ascendet in suppedaneum Altaris, quo loco a Celebrante legitur Epistola, et adiuvante Diacono, deteget caput Crucifixi cum brachio dextro et brachium seu latus dexterum Crucis, et cantabitur *Ecce lignum* ut prima vice, animadvertendo, ut vox tollatur hemitonio, omnesque ut antea geniculabunt.

118. Post secundam adorationem Episcopus cum omnibus Ministris suis, ut in prima, veniet ad medium Altaris, deteget Crucem ex toto vocemque elevans altero hemitonio, cantabit tertia vice *Ecce lignum* etc. omnesque in genua procumbent eoque statu manebunt post *Venite adoremus.*

119. His verbis a Choro cantatis, Episcopus solus, comitante Caeremoniario, descendet de Altari deferens Crucem ad pulvinum praeparatum super tapetum violaceum in presbyterio aut in nave ante Altare, ut supra declaratum est. Ibi geniculabit, Crucem deponet super pulvinum ac si opus fuerit, in summitate et in extremitate ligabit eam taeniis appositis.

120. Episcopus assurget, genuflexionem conficiet ad Crucem et redibit ad Altare, in quo statim reponetur faldistorium, ibique aderit cubicularius Episcopi. Assurgente Episcopo, ceteri etiam omnes consurgent : Ministri autem qui aderunt ad Altare, assurgent et genuflexionem conficient una cum Episcopo versus Crucem in pulvino positam, et Diaconus cum Subdiacono occurrent ei, reducturi eumdem ad faldistorium. Presbyter assistens recedet de Altari et Missale tradet Cappellano a libro. Prope faldistorium aderit Cappellanus cum mitra.

121. Reverso ad Altare Episcopo, clericus unus collocabit a dextra Crucis lancem seu pelvim ad excipiendas oblationes.

122. Episcopus cum Ministris veniet ad faldistorium et in ipso sedebit. Diaconus reponet ei mitram : sedenti autem

cubicularius educet calceos. Episcopus in adoratione Crucis retinebit manipulum, itemque Ministri, neque enim Caeremoniale praescribit, ut dimittatur. Diaconi assistentes praesto erunt prope faldistorium : Caeremoniarius deferet bursam cum oblatione facienda ab Episcopo.

123. Episcopus, dimissis calceis, assurget et recedentibus Diacono ac Subdiacono succedent in assistentiam illius Diaconi duo assistentes, inter quos descendet de Altari cumque ipsis procedet usque ad extremitatem tapeti, incedens a sinistris suis et extra tapetum ipsum. Quum eo ventum erit, secundus Diaconus assistens tollet ei mitram et pileolum; caudatarius autem dimittet syrmam eius ut humi defluat. Duo Diaconi cum caudatario celeriter recedent, redeuntes ad principium seu summitatem tapeti, sed extra ipsum et ad dexteram.

124. Episcopus cum Caeremoniario tantum, qui eum comitabitur, genua submittet in extremitate tapeti ac brevi tempore orabit: assurget ac procedens ulterius, geniculabit in medio, brevi orans ut supra : rursus assurget et progrediens ante Crucem genua flectet et post brevem orationem, se inclinabit et osculabitur Crucifixum. Postea bursam cum oblatione a Caeremoniario accipiet eamque ponet in lance.

125. Assurget Episcopus et genuflexione facta uno genu ad Crucem, recedet extra tapetum, ubi aderunt Diaconi assistentes cum Caudatario, primusque Diaconus assistens reponet ei pileolum cum mitra; tum medius inter ipsos redibit ad altare, nullam ibi faciens reverentiam, absente Cruce.

126. Clerus in choro stabit, dum Episcopus adorabit Crucem. Statim ac Episcopus de Altari discedet iturus ad adorationem Crucis, cantores incipient cantare improperia eaque continuabunt toto adorationis tempore.

127. Dimittente, ut supra, calceos Episcopo, dimittent etiam Canonici; Ministri autem deponent illos in stallis suis, quando Episcopus eos deponet.

128. Post Episcopum procedent ad adorandam Crucem hoc ordine. Presbyter assistens medius inter Diaconum et Subdiaconum : tum Dignitates : Canonici Presbyteri : Diaconi

assistentes: Canonici Diaconi: Canonici Subdiaconi: Subdiaconus paratus, qui gestaverit Crucem archiepiscopalem, si Celebrans erit Archiepiscopus, secus parabit se propter Processionem post adorationem: Beneficiarii seu Mansionarii: Cappellanus a mitra et alter etiam a libro, nisi occupatus erit in officio suo: clerici Seminarii: Magistratus: laici nobiles: familiares nobiles Episcopi: populus, pro quo deligentur duo pluresve clerici qui confusionem prohibeant in exsequendis tribus genuflexionibus praescriptis.

129. In eadem adoratione non dimittentur paramenta a Ministris sacris, neque a Canonicis quidem et ceteris, qui eis erunt induti, quum hac in re sit explicita Caeremonialis dispositio; alioquin superesset eisdem solus amictus. Omnes illi, qui ad adorationem accedent, servabunt ordinem Episcopo praescriptum: nisi quod ad vitandam actionis prolixitatem, poterit alius ordo observari, videlicet quando primi aderunt ad Crucem, secundi genuflectent in medio tapeto, tertii genuflectent in principio illius. Quapropter opportunum esset, ut deligerentur clerici sex, qui adessent a lateribus tapeti et eo loco quo facienda erit genuflexio, ut ordine debito ritus iste servetur.

130. Advertatur, quod Presbyter assistens, Diaconus et Subdiaconus non accedere ad adorationem debent, nisi quum discesserit Episcopus, rediturus ad Altare.

131. Notandum etiam, quod incedere bini debent ad adorationem ac si quo in ordine, ex. gr. Canonicorum aut alio dispar esset numerus, ultimo loco accedent terni: sic Subdiaconus Crucifer coibit cum primo Beneficiario: Cappellanus a mitra cum primo clerico Seminarii, idemque de Magistratu dicendum et laicis nobilibus.

132. Episcopus ad Altare reversus sedebit in faldistorio, et cubicularius ei calceos statim reponet, deinde cum ceteris familiaribus recedet. Episcopus mitra nudabitur a secundo Diacono assistente et a primo reponetur ei planeta, mitra et gremiale. Haec actio adimplebitur a praedictis Diaconis, siquidem Ministri seu Diaconus et Subdiaconus quorum esset, aderunt ad Crucis adorationem.

133. Hoc tempore a clerico aliquo detegetur Crux archiepiscopalis vel processionalis; itemque a clericis aliis detegentur Cruces, quae adernnt in ecclesia.

134. Episcopo, post resumptam planetam et mitram, se sistet Cappellanus cum Missali, qui accedens ad Altare advertet ut genuflectat versus Crucem super pulvinum positam; Episcopus autem leget improperia (a).

135. Quando ad Altare redibunt sacri Ministri post adorationem Crucis, discedent Diaconi assistentes et ascendent ad illam adorandam; in eorum autem locum succedent Ministri praedicti.

136. Crucis adoratiouis tempore advertentur quae sequuntur.

137. Subdiaconus Crucifer, nisi erit paratus, postquam adorationem peregerit, perget in Sacrarium, se parabit amictu, alba, cingulo et planeta plicata nigri coloris, tum redibit in chorum et apud abacum consistet.

138. Mansionarii octo numero, postquam adoraverint Crucem, recedent in Sacrarium, induent sibi pluviale nigri coloris et revertentur in chorum incessuri in Processionem.

139. Octo Cappellani, gestaturi intorticia, postquam Crucem adoraverint, accedent ad Sacellum in quo adest expositum SS. Sacramentum ibique expectabunt, accipient intorticia ardentia et geniculabunt a lateribus Altaris vel alio loco, quando illuc perveniet processio.

140. Duo thuriferarii accipient thuribula cum naviculis eaque deferent in Sacrarium et ignem in eis accommodabunt; alter ipsorum perget in Sacellum, ubi expositum adest SS. Sacramentum, consistens in latere Epistolae, adveniente processione; alter autem redibit ad Altare seque sistet apud abacum.

141. Sacrista genuflexorium seu faldistorium ex hoc Sacel-

(a) Quum improperia legenda sint cum Ministris, quod ad divisionem illorum spectat, observari poterit ordo notatus lib. III. cap. V. pag. 40 et seqq. huius manualis, qui ordo desumptus est ex Memoriali rituum etc. a S. Rituum Congr. adprobato.

lo iubebit amoveri et Sacellum ipsum vacuari populo, quum eo perventura sit processio. Idem Sacrista aderit in hoc Sacello, veniente Episcopo, et secum retinebit stolam nigri coloris, quum aperire debeat SS. Sacramenti custodiam.

142. Sub finem adorationis accendentur ab Acolythis sex cerei Altaris, binae Acolythorum candelae et cerei sive intorticia ad tribunam aut balaustrium.

143. Quum Episcopus legere improperia desierit, Cappellanus a libro reponet Missale in Altari, et debitis peractis genuflexionibus, revertetur ad locum suum.

144. Diaconus et Subdiaconus prope finem adorationis, cum reverentia ad Episcopum et genuflexione versus Crucem approximabunt ad Altare et super mensam expandent tobaleam, quae principio posita fuit complicata. Subdiaconus redibit ad Episcopum: Diaconus descendens a latere de Altari, accedet ad abacum et bursam cum corporali et purificatorio acceptam afferet ad Altare, quo priusquam ascendat, genuflexionem faciet versus Crucem, et quum venerit in suppedaneum, reverentiam ad Episcopum; deinde in media mensa explicabit corporale, ponens purificatorium prope ipsum. Caeremoniarius aut clericus quispiam afferet ad Altare vasculum aquae propter purificationem.

145. Diaconus, postquam explicaverit corporale, redibit ad dexteram Episcopi et Cappellanus a libro acceptum ex Altari Missale cum cussino, peragens debitas reverentias, transferet in cornu Evangelii.

146. In promptu etiam erunt ministri pro lotione manuum Episcopi.

147. Expleta Crucis adoratione, Diaconus de Altari descendet, ut Crucem ad Altare reportet: secundus Diaconus assistens gremiale et mitram tollet Episcopo, qui geniculabit in pulvino sibi apposito a clerico. Sacrista aderit in suppedaneo Altaris et si opus erit, reponetur scabellum gradatum. Diaconus genuflexus ante Crucem solvet taenias, acceptamque utraque manu reportabit ad Altare. Cum Episcopo in genua procumbent ceteri omnes. Diaconus deferens Crucem quum pervenerit in suppedaneum Altaris, tradet eam Sacristae qui Al-

tare conscendet eamque pedi imponet : hoc tempore geniculabit etiam Diaconus.

148. Reposita suo loco Cruce, removebitur scabellum gradatum : Episcopus assurget ac sedebit; Diaconus reponet ei mitram. Pulvinus reponetur in infimo gradu.

149. Se sistent Ministri lotionis et Episcopus lavabit manus, ei ministrante mantile Presbytero assistente, illi autem discedent cum debitis genuflexionibus.

150. Lavante manus Episcopo, genuflectent omnes, exceptis Canonicis.

151. Clerici amovebunt tapetum cum pulvino cumque velo adhibito in adoratione et lancem cum oblationibus.

152. Se sistet Episcopo thuriferarius et Episcopus incensum, ministrante Presbytero assistente, demittet in thuribulum cum benedictione (a).

153. Ordinabitur processio, quae recta perget ad Sacellum, in quo aderit expositum SS. Sacramentum. Praeibunt clavigeri vel claviger ecclesiae, si aderunt. Thuriferarius cum thuribulo. Subdiaconus paratus, qui gestabit Crucem detectam medius inter duos Acolythos cum candelabris, ardentibus candelis. Cantores. Clerici Seminarii. Beneficiarii seu Mansionarii. Octo Mansionarii seu Beneficiarii parati nigris pluvialibus, delaturi baldachinum. Canonici Subdiaconi induti paramentis, videlicet amictu et planeta plicata nigri coloris. Canonici Diaconi parati, ut supra. Canonici Presbyteri induti amictu et planeta nigra. Dignitates cum amictu et pluviali nigro. Sequetur Subdiaconus solus paratus planeta plicata nigri coloris. Post ipsum Diaconus paratus stola latiori nigra a sinistris Presbyteri assistentis pluviali nigro parati. Tum Episcopus medius inter Diaconos duos assistentes, sequente Caudatario qui syrmam vestis eius sustentabit, et duobus Cappellanis a mitra et a libro. Familiares nobiles Episcopi ultimo loco sequentur. Si Celebrans esset Archiepiscopus, thuriferararius, Subdiaconus cum Cruce et Acolythi antecedent Clerum paratum tantum et imago Crucifixi versa erit ad Archiepiscopum.

(a) Id e Caeremoniali deducitur lib. II. cap. XXV. num. 29. « Episcopus sedens lavat manus et imponit thus in thuribulum more solito »

154. Omnes illi, qui in processionem incedent, excepto Subdiacono gestante Crucem, priusquam exeant de presbyterio, genuflexionem ad Crucem Altaris maioris uno tantum genu conficient.

155. Episcopus innuente Caeremoniario, surget de faldistorio, quod statim ab Altari amovebitur, descendet ante Altare et a Diacono nudabitur mitra. Tum genuflexionem ad Crucem Altaris simul cum Ministris et Assistentibus conficiet et resumpta mitra quae a Diacono ei reponetur, in processionem incedet.

156. Quum processio pervenerit ad Sacellum, in quo expositum aderit SS. Sacramentum, ita disponetur Clerus, ut facile possit redigi in ordinem; quocirca qui primi proficisci debebunt, propiores erunt ingressui; sic etiam in plures ordines disponi poterunt iuxta loci capacitatem.

157. Quicumque in Sacellum ingredietur, excepto Subdiacono gestante Crucem, genuflexionem in medio ad SS. Sacramentum exsequetur utroque genu, deinde perget ad locum suum, ubi statim genua submittet; genuflexionem deinde utroque genu iterabit, quando a Sacello discedet.

158. Thuriferarius approximabit ad Altare in latus Epistolae: Subdiaconus cum Cruce et Acolythis poterit consistere in latere Epistolae aut Evangelii, vel etiam prope aditum Sacelli: Mansionarii cum pluvialibus consistent in aditu Sacelli et clerici duo transferent illuc baldachinum hastile statim ac Episcopus intraverit in ipsum Sacellum. Aderunt etiam a lateribus Altaris thuriferarius alter cum thuribulo, Sacrista et Cappellani octo seu clerici cum intorticiis ardentibus e cera alba, ut superius dictum est. Canonici occupabunt locum sibi attributum; Diaconus et Subdiaconus quum simul venerint ante Altare, ex una parte recedent, ut locum dent Episcopo transeundi. Presbyter assistens accedet ad gradus Altaris versus dexteram Episcopi.

159. Episcopo, quum pervenerit prope Altare, secundus Diaconus assistens tollet mitram et pileolum. Episcopus genuflexionem faciet utroque genu in pavimento sine pulvino, assurget et geniculabit in pulvino posito in infimo gradu.

Diaconi assistentes genuflectent a lateribus eius, Presbyter assistens a dextris primi Diaconi assistentis; Diaconus et Subdiaconus a tergo Episcopi; post ipsos genuflectent Cappellani a libro et a mitra.

160. Quum geniculaverit Episcopus, Sacrista indutus superpellicio et stola nigri coloris collo imposita, conscendet Altare et aperiet custodiam, in qua asservabitur SS. Sacramentum.

161. Episcopus brevi orabit, deinde assurget, ac ministrante Presbytero assistente, incensum imponet in utrumque thuribulum sine benedictione. Geniculabit rursus et accipiens a Presbytero assistente thuribulum, triplici ductu SS. Sacramentum thurificabit; qua in actione Diaconi assistentes planetam Episcopi attollent.

162. Episcopus thuribulum restituet Presbytero assistenti et Caeremoniarius eius humeris imponet velum humerale albi coloris, quod ei firmabitur ante pectus a secundo Diacono assistente.

163. Diaconus primus assistens cum debitis genuflexionibus ascendet ad Altare, extrahet de custodia Calicem, in quo asservatur SS. Sacramentum, et Episcopo tradet illum. Diaconus praedictum Calicem accipiet, apponens dexteram cuppae, sinistram infra pedem. Episcopus, quum ei praesentabitur Calix a Diacono, reverentiam faciet profundam, assurget, Calicem accipiet, dexteram imponens patenae et sinistram applicans nodo infra cuppam; Diaconi assistentes extremitates anteriores veli humeralis conducent super manus Episcopi. Diaconus primus genuflectet et Episcopus ad populum convertetur medius inter Diaconos assistentes: cantores immediate intonabunt hymnum *Vexilla Regis prodeunt* cantu firmo.

164. Ordinabitur processio per ecclesiam incedens per navem primariam ad Altare maius. Antecedent clavigeri seu claviger ecclesiae. Subdiaconus paratus, qui Crucem gestabit medius inter duos Acolythos cum candelabris, ardentibus candelis. Cantores. Clerici Seminarii. Beneficiarii seu Mansionarii. Canonici Subdiaconi. Canonici Diaconi. Canonici Presbyteri. Dignitates, manente in singulis coetibus lege alias innuta de nu-

mero dispari. Si Celebrans esset Archiepiscopus, deferetur Crux cum Acolythis ante Canonicos paratos. Sequentur octo Cappellani cum intorticiis ardentibus, gestantes intorticium dextera qui dextrorsum, sinistra qui sinistrorsum incedent. Subdiaconus. Diaconus cum Presbytero assistente a dextris. Duo thuriferarii cum thuribulis. Episcopus, medius inter Diaconos assistentes, gestans SS. Sacramentum sub umbraculum hastile sustentum a Mansionariis octo indutis pluviali nigri coloris. Sequentur Caudatarius sustentans syrmam eius et duo Cappellani a mitra et libro. Ultimo loco incedent familiares nobiles Episcopi.

165. Quum processio pervenerit ad Presbyterium, Acolythi deponent candelabra super abacum et in genua procumbent. Subdiaconus firmabit Crucem in basi ibique consistet, paramenta suo tempore dimissurus cum ceteris. Clerus, quum venerit in chorum, non petet subsellia sua, sed instar circuli disponetur in Presbyterio et in plures ordines ita ut digniores sint versus Altare, dummodo id sinat amplitudo loci, secus Seminarium et Beneficiarii poterunt locum suum adire et Canonici tantum stabunt in Presbyterio circa Altare in modum circuli, ut supra declaratum est. Cappellani cum intorticiis consistent a lateribus Altaris quaterni ex utraque parte, alter contra alterum. Nemo genuflexionem faciet ad Crucem Altaris, quia SS. Sacramentum defertur in processionem. In aditu Presbyterii removebitur umbraculum hastile, quod acceptum a clericis duobus applicabitur parieti ecclesiae. Octo mansionarii poterunt consistere prope Canonicos. Thuriferarii locum sument a lateribus Altaris, advertentes ne impediant actiones quae sequuntur. Subdiaconus consistet in infimo gradu a laeva, Diaconus a dextra; Diaconi vero assistentes progressum ante Altare Episcopum relinquent medium inter Ministros praedictos. Presbyter assistens se sistet a dextra Altaris in eodem gradu, sed locum relinquet Diacono.

166. Quum Episcopus pervenerit ante Altare, Diaconus genuflectet ante ipsum et assurgens detrahet Sacramento velum humerale, accipiet Calicem cum Sacramento et expectabit dum Episcopus in genua procumbat ipsumque adoret. Dia-

coni assistentes de humeris Episcopi tollent velum humerale, quod recipietur a clerico et ad abacum referetur, postea geniculabunt a tergo Episcopi. Diaconus deferet Sacramentum super Altare, ponet ipsum in medio corporali, solvet taeniam qua velum ligatum erat ad nodum, velumque expandet diligenter, ne decidat patena. Iterabit genuflexionem et redibit ad dexteram Episcopi, qui assurget atque incensum, ministrante Presbytero assistente, imponet sine osculis in thuribulum. Rursus Episcopus geniculabit super pulvinum et accepto a Presbytero assistente thuribulo, SS. Sacramentum triplici ductu thurificabit dum interea Ministri antedicti attollent eius partem posteriorem planetae. Episcopus thuribulum Presbyro assistenti restituet, ille autem thuriferario.

167. Duo thuriferarii procedent ante Altare et genuflexionem conficient ad Sacramentum. Alter ipsorum discedet relaturus thuribulum in Sacrarium, alter accedet ad abacum, ubi renovabit ignem in thuribulo, si opus fuerit, ibique manebit propter thurificationem Altaris.

168. Thurificato SS. Sacramento, Episcopus assurget ac remoto pulvino, ascendet ad Altare inter Ministros, habens Presbyterum assistentem a sinistris, Diaconum a dextris et a dextris Diaconi Subdiaconum. Presbyter assistens adstabit Missali, actiones Episcopo indicaturus. Cappellanus a libro sequetur ad Altare Presbyterum assistentem, ut coadiuvet ipsum.

169. Conscenso suppedaneo, Episcopus simul cum Ministris genuflectet ad Sacramentum, ac si adhiberetur alter calix diversus ab illo in quo custodietur SS. Sacramentum, Subdiaconus illum accipiet ex abaco et afferet ad Altare.

170. Acolythus unus sequetur Subdiaconum, vel etiam quando Ministri ad Altare ascendent, afferet ampullas vini et aquae, praeterea in pelvicula aderit patera ad praegustationem faciendam. Sacrista indutus superpellicio sequetur Acolythum.

171. Diaconus velum album tollet de Calice: patenam accipiet ac manu sustinebit, sed intra limites corporalis. Sin autem adhiberetur alter calix, amota patena ab illo, in quo custodietur Sacramentum et posita seorsim, accipiet patenam

et sustinebit, ut supra. Episcopus Calicem palla nudabit et acceptum cochleare aut patenam cum manubrio, in qua intra calicem aderit S. Hostia, ponet quin eam tangat, super patenam a Diacono sustentam, vel si S. Hostia; erat in Calice, invertet ipsum leviter super patenam; sin extrahi Hostia non ita facile posset, attollet eam digito, cavens ne frangat ipsam neve digitos Diaconi attingat eadem. Episcopus relinquet calicem super corporali, ac si uteretur altero calice, qui non opus esset ut purificaretur, hic amovebitur ab Altari.

172. Diaconus sine osculis patenam tradet Episcopo, qui patena accepta, ponet S. Hostiam super corporale, nullum faciens Crucis signum, et patenam statuet super corporale a dextris suis versus Crucem. Si digitis S. Hostiam attigerit extrahens de Calice, purificabit illos in vasculo et absterget purificatorio.

173. Diaconus accipiet Calicem (quem, si fuerit idem in quo custoditum fuit Sacramentum, non absterget purificatorio) et in eum infundet vinum, quod prius simul cum aqua praegustaverit Sacrista. Subdiaconus duas tresve aquae guttas in calicem infundet, benedictionem tamen non petens. Acolythus ampullas cum patera ad abacum reportabit.

174. Diaconus Calicem accipiet ac sine osculis tradet Episcopo, qui manu acceptum ponet super corporale, nihil dicens nullumque faciens Crucis signum. Diaconus Calicem palla cooperiet. Thuriferarius ascendet ad Altare.

175. Curabitur etiam ut praesto sint Ministri lotionis manuum Episcopi.

176. Postea Presbyter assistens, Diaconus et Subdiaconus genuflexionem conficient ad Sacramentum. Presbyter assistens transibit ad Episcopi dextram et genuflexionem iterabit. Diaconus et Subdiaconus se sistent a tergo Episcopi super gradus Altaris. Presbyter assistens quando adstabit dextrae Episcopi, genuflexionem ad Sacramentum iterabit et sumpta navicula, ministrabit incensum Episcopo, qui sine benedictione illud imponet in thuribulum a thuriferario sustentum. Interea Diaconus et Subdiaconus accedent ad latera Episcopi. Presbyter assistens a thuriferario accipiet thuribulum, quod tradet

Episcopo, eoque tradito recedet in latus Epistolae. Diaconus et Subdiaconus redibunt ad latera Episcopi et partem posteriorem eius planetae sublevabunt.

177. Episcopus Oblata et Crucem, quemadmodum in aliis Missis, adolebit recitans verba eadem voce intelligibili. Cappellanus a libro, quando Episcopus adolebit Crucem, ascendet ad Altare et ab ipso amovebit Missale cum cussino, repositurus post thurificationem.

178. Episcopus, expleta thurificatione, thuribulum tradet Diacono et hic thuriferario, qui reportabit illud in Sacrarium.

179. Episcopus, restituto thuribulo, descendet in primum gradum Altaris et consistens a latere, ne tergum vertat Sacramento, lavabit manus non recitans psalmum *Lavabo* et Presbyter assistens ministrabit ei mantile sine osculis, sustinentibus extensum alterum mantile Diacono et Subdiacono, qui adstabunt ei a lateribus.

180. Deinde Episcopus et a sinistris eius Presbyter assistens et post eum Diaconus et post Diaconum Subdiaconus ascendent ad Altare, videlicet Episcopus cum Presbytero assistente in suppedaneum, Diaconus in gradum primum infra suppedaneum et Subdiaconus in infimum sive ultimum; quumque pervenerint in medium, genuflexionem ad Sacramentum conficient.

181. Episcopus inclinatus et manibus iunctis super Altare, dicet orationem *In spiritu humilitatis* etc. Tum genuflectet ad Sacramentum et se convertens aliquantulum super sinistram suam, quin compleat circulum, dicet manibus expansis *Orate fratres ut meum* etc. Subdiaconus non respondebit *Suscipiat* etc. Si Altare esset ad Orientem versum, Episcopus non convertetur.

182. Iterata genuflexione Episcopus cantu feriali subiunget *Oremus. Praeceptis salutaribus* etc. iunctis manibus, et *Pater noster* manibus apertis. Responso a choro *Sed libera nos a malo*, dicet secreto *Amen*: prosequetur deinde iunctis manibus et voce intelligibili orationem *Libera nos*, nec signabit se ad illa verba *Da propitius pacem* etc. In fine orationis huius Diaconus veniet ad Episcopi dextram et geniculabit in extremo sup-

pedaneo : Subdiaconus geniculabit loco suo a tergo Episcopi. Presbyter assistens genua submittet a sinistris Episcopi in extremitate suppedanei.

183. Completa oratione praedicta, Episcopus genuflexionem faciet, dextera accipiet patenam cui superponet S. Hostiam. Tum sinistra accipiet patenam et dextera S. Hostiam, quam substinebit elatam super patenam et dextera elevabit aliquantulum in altum S. Hostiam, ita ut conspici possit ab adstantibus. In elevatione ista Diaconus non attollet planetam, nec thurificabitur Sacramentum, nec pulsabitur crotalum.

184. Dum Episcopus inclinabit S. Hostiam, assurgent Subdiaconus, Diaconus et Presbyter assistens. Hic redibit ad Missale, Diaconus statim deteget Calicem et Subdiaconus stabit loco suo. Episcopus Hostiam non reponens super patenam nec faciens alteram genuflexionem, ponet illam supra Calicem et dimissa patena, quam sustinebat sinistra, ante pedem Calicis, dividet S. Hostiam in tres partes, ut in aliis Missis, ponet binas partes maiores super patenam et particulam intra Calicem, quae immergetur vino, nullum faciens Crucis signum nec proferens verbum ullum. Diaconus cooperiet Calicem et Episcopus cum Diacono genuflectent ad Sacramentum.

185. Episcopus manibus iunctis super Altare dicet orationem *Perceptio Corporis tui* etc. genuflectet post orationem, patenam cum S. Hostia accipiet, dicens *Panem coelestem* etc. et pectus tribus vicibus percutiens, tribus etiam vicibus dicet *Domine non sum dignus, ut intres* etc. Postea se signabit dicens *Corpus Domini nostri* etc. et communicabit.

186. Interim ascendet Subdiaconus ad dexteram Diaconi, eodemque tempore ad Altare ascendet Acolythus cum ampullis vini et aquae in pelvicula. In promptu etiam erunt Ministri lotionis.

187. Quum Episcopus communicaverit, Diaconus deteget Calicem, et facta genuflexione, Episcopus fragmenta ex corporali colliget patena eaque demittet in Calicem : item si adhibitum fuerit cochleare in calice ad reponendam S. Hostiam, abstergetur diligenter a fragmentis, quae ab Episcopo in Calicem demittentur. Episcopus Calicem accipiet et quin se signet aut

proferat formulam ullam, se communicabit particula S. Hostiae et vino quod erit in Calice.

188. Consurgent Cappellani cum intorticiis et redibunt in Sacrarium. Item assurgent Canonici et ceteri de Clero et se recipient ad subsellia. Cappellanus a mitra accedet ad Altare.

189. Episcopus non abscedens a medio Altaris, vino et aqua digitos purificabit super calicem, nihil dicens, infundente vinum et aquam Diacono eique ministrante ampullas Subdiacono. Episcopus sumet ablutionem nihil dicens.

190. Acolythus ampullas ab abacum reportabit et Subdiaconus transibit in cornu Evangelii ad abstergendum calicem quem postea referet ad abacum cum corporali, patena, palla et purificatorio, exsequens hanc actionem celeriter.

191. Quum Subdiaconus amoverit calicem ab Altari et de suppedaneo discesserit, Presbyter assistens admovebit Missale ad medium Altaris et Episcopus aliquantulum inclinatus et iunctis manibus dicet intelligibili voce orationem *Quod ore sumpsimus* etc.

192. Presbyter assistens claudet librum, quem relinquet super Altare. Diaconus mitram reponet Episcopo, qui transibit in cornu Epistolae super suppedaneum et manus lavabit nihil dicens. Presbyter assistens porriget ei mantile.

193. Ad lotionem manuum Episcopi genuflectent omnes, exceptis Canonicis.

194. Lotis manibus, Episcopus descendet de gradibus Altaris et convertetur ad ipsum. Diaconus ei tollet mitram, et Episcopus cum Ministris genuflexionem conficient ad Crucem Altaris. Diaconus mitram reponet Episcopo, qui minime donans benedictionem Clero, ascendet ad thronum comitantibus Ministris praedictis, sequentibus Diaconis assistentibus et clericis qui referre paramenta Episcopi debebunt. Ascendet illuc etiam cubicularius cum cappa.

195. Hoc ipso tempore clerici delegati exuendis Canonicis reportabunt canistros cum eorum insignibus canonicalibus.

196. Presbyter assistens et Diaconi assistentes, comitati Episcopum ad thronum, se recipient ad loca sua, ubi sacra paramenta dimittent ac resument habitum choralem, ibique con-

sistent neque ad thronum revertentur. Hoc ipsum facient ceteri Canonici. Mansionarii, qui detulerunt hastas baldachini et Subdiaconus Crucis delator recedent in Sacrarium ad paramenta dimittenda.

197. Diaconus et Subdiaconus, manentes in throno cum Episcopo, deponent Diaconus stolam latiorem cum manipulo, Subdiaconus planetam plicatam cum manipulo, deinde Episcopum exuent paramentis, quae a clericis reponentur super Altare. Cappellani quoque a mitra et a libro, relicta mitra in Altari et Missali in abaco, recedent in Sacrarium ad pluvialia dimittenda.

198. Episcopus quum omnia paramenta sacra dimiserit, resumet cappam, quae ipsi imponetur a Cubiculario et extremitas posterior vestis talaris alligabitur. Caeremoniarius ei cappam explicabit. Ministri cum debita genuflexione ad Crucem et reverentia ad Episcopum, recedent in Sacrarium ad sacras vestes dimittendas, et resumptis indumentis choralibus, revertentur in chorum.

199. Episcopus sedebit et caputio cooperiet caput. Hoc tempore Acolythi ex abaco et Altari tollent omnia paramenta et sacram supellectilem, quae adhibita sunt in Missa, ac tum ex abaco, tum ex Altari tollent etiam tobaleam, relictis accensis cereis. Clerici duo faldistorium cum pulvinis ante Altare constituent.

200. Post haec Episcopus, dimisso de capite caputio, assurget, dicet secreto *Pater noster* et *Ave Maria*; tum signo a Caeremoniario dato cantori, qui aderit in parte hebdomadario opposita, initium fiet antiphonae primae Vesperarum, quae recitabuntur alternatim ac sine cantu, ut num. 202. cap. XIV. libri huiusce. Prima antiphona recitata, Episcopus sedebit, caput cooperiet caputio et cum eo sedebit etiam Chorus. Consurget postea chorus et Episcopus, qui caput nudabit caputio, quando incipietur *Magnificat*. Ad repetitionem antiphonae cantici *Magnificat* descendet de throno Episcopus et extremitatem cappae tractans humi perget ad faldistorium, ubi geniculabit ad antiphonam *Christus factus est* etc. Post *Miserere* autem, genibus flexis recitabit orationem *Respice* cum conclusione tacite, e libro ipsi obiecto a Cappellano.

201. Postremo assurget ac genuflexione ad Crucem facta, discedet de ecclesia eodem ordine, quo venit, associatus a Clero, ac si fuerit Archiepiscopus, antecedet eum Crux Archiepiscopalis.

De Matutino tenebrarum.

202. Observabitur totum id, quod pridie descriptum fuit, ea tantum animadversione, ut Episcopus genuflectat ad Crucem, neque ulla reverentia ad Chorum fiat.

ASSISTENTIA AB EPISCOPO PRAESTANDA FUNCTIONIBUS FERIAE SEXTAE IN PARASCEVE AB EPISCOPO EXTRANEO PERAGENDIS.

CAPUT XVIII.

De rebus praeparandis.
Ad Altare, in quo exponetur SS. Sacramentum.

1. Praeparabitur faldistorium vel genuflexorium sine strato cum duobus pulvinis tantum e panno violaceo.
2. Velum humerale album, nobile pro Episcopo.
3. Intorticia octo numero e cera alba pro Cappellanis, qui gestare illa in processionem debebunt.
4. Pulvinus sericeus niger in infimo gradu Altaris pro Episcopo.
5. Pulvinus alter niger sericeus pro Episcopo celebrante, super infimum gradum Altaris in latere Epistolae.
6. Scabellum gradatum in commodum Sacristae, si opus fuerit, ad aperiendam custodiam SS. Sacramenti.
7. Clavis urnae super mensam Altaris cum corporali explicato in media mensa.

8. Stola nigri coloris pro Sacrista, qui dbebeit urnam seu custodiam SS. Sacramenti aperire.

9. Extra Sacellum, umbraculum hastile albi coloris.

In Sacrario

10. Paramenta nigri coloris pro sacris Ministris, videlicet pluviale pro Presbytero assistente, binae planetae plicatae, stola una et manipuli duo, cingula duo, albae et amictus pariter duo pro Diacono et Subdiacono.

11. Urceus et pelvis argentea et mantile in lance pro Episcopo celebrante simul cum Canone pontificali.

12. Super Altare Sacrarii disponentur paramenta pro Celebrante, videlicet manipulus, planeta, dalmatica, tunicella, stola, Crux pectoralis, cingulum, alba et amictus, quae contegentur velo nigri coloris, Mitra linea albi coloris cum laciniis rubris in vittis, et velum seu vimpa pro Cappellano a mitra prope paramenta. Notandum, quod paramenta hac die adhibenda, oporteret ut essent simplicia, idest sine opere phrygio aut ornamentis quae conveniunt solemnitatibus.

13. Superpellicia, quae satis sint pro clericis inservientibus.

14. In medio Sacrario sedes cameralis instructa corio pro Episcopo celebrante.

15. Amictus, albae, cingula, manipuli et stolae nigri coloris, tria omnia numero, pro cantoribus Passionis et liber Passionis instructus veste et signaculis nigri coloris.

16. Vasculum aquae sanctae cum aspersorio, si aqua benedicta conservabitur in fontibus lustralibus ecclesiae.

Ad Altare maius.

17. Altare erit nudum ex toto et aderunt sex candelabra ex cupro aut ex aere vel ex alia materia fusci coloris cum cereis luteis sive e cera communi. Inter candelabra erit Crux eiusdem materiae insistens pedi alto et aequali candelabris: Crux autem esto levis in commodum Episcopi celebrantis et

cooperietur velo e serico nigro, iam ita aptato, ut facile detrahi possit, ideoque posset esse circumsutum, praeterquam in brachio dextero et in summitate, quae clausa erit globulis nigris aut uncinulis.

18. Ante gradus Altaris in latere Epistolae praeparabitur faldistorium nudum, in quo sedebit Celebrans, et in sedili aderit simplex pulvinus e serico nigro sine ullo aureo ornamento.

19. Ante Altare statuetur faldistorium, in quo genuflectet Episcopus, et instruetur duobus tantum pulvinis e panno violaceo.

20. A laeva huius faldistorii ponetur scabellum nudum aequale scabellis throni et ante scabellum praeparabitur pulvinus convestitus serico nigro aequali paramentis, adhibendus a Celebrante.

21. In latere Evangelii super basi firmabitur Crux processionalis, contecta velo violaceo, ac si Ordinarius esset Archiepiscopus, praeparabitur basis tantum.

In abaco.

22. Abaci erunt nudi et sternentur sola tobalea linea quae cooperiat tantum planum superius, nec pendeat ullo modo a lateribus.

23. In abaco, posito a latere Epistolae pro Celebrante, disponentur res sequentes: duo candelabra cum candelis e cera communi seu lutea pro Acolythis: urceus cum pelvi ex argento et lanx argentea cum uno aut duobus mantilibus pro Celebrante: ampullae vini et aquae in pelvicula: calix argenteus cum purificatoriis, patena, palla et corporali in bursa nigra; sin adhiberetur calix, in quo custodietur SS. Sacramentum, praeparabitur tantum bursa nigra cum corporali et purificatoriis: vasculum aquae et purificatorium unum pro digitorum purificatione Celebrantis, si opus fuerit: cussinus niger aequalis paramentis, vel legile pro Missali: Missale pro Celebrante cum tegumento et signaculis nigri coloris; Epistolarium et Evangeliarium cum tegumento et signaculis, ut supra: to-

balea Altaris complicata, quae contegere mensam tantum debet nec defluere ullo modo a lateribus: gremiale nigrum pro Celebrante, aequale ceteris paramentis: thuribula duo argentea cum naviculis similibus: pulvinus niger in quo geniculaturus erit Celebrans: stola latior nigri coloris pro Diacono: lanx argentea ad excipiendas oblationes quae fient Cruci: formula indulgentiarum.

24. In altero abaco, qui adhibebitur pro Episcopo ordinario, ponetur pluviale nigrum cum stola simili, amictus, formale simplex, mitra damascena albi coloris et velum seu vimpa pro Cappellano: Missale cum tegumento et signaculis nigris, pulvinus niger sericeus utendus ab Episcopo, quum paratus erit pluviali: Breviarium seu liber pro oratione *Respice* in fine vesperarum.

25. Prope abacum ponetur tapetum maius e panno violaceo cum pulvino e serico villoso violacei coloris auro distinctum et velum album sericeum acu pictum, cum ornamentis violaceis, adhibendum in Crucis adoratione. Velo albo, quod firmatum erit super pulvinum, erunt taeniae e serico albo ad ligandam Crucem.

In Presbyterio.

26. Thronus erit ex toto nudus; aderit tantum pulvinus e panno violaceo in sedili cathedrae: alter pulvinus similis applicabitur cathedrae ipsi et adhibebitur pro genuflexionibus Episcopi. Aderunt duo scabella usitata pro Diaconis assistentibus.

27. Hastae cum gossipio cerato ad accendendas debito tempore candelas.

28. Intorticia vel cerei e cera communi super sex candelabra maiora in aditu Presbyterii.

29. Sedilia Canonicorum erunt totaliter denudata sine ullo ornamento.

30. Prope Altare in latere Epistolae aderit scamnum consuetum pro Ministris, et ipsum destitutum omni ornamento.

31. Si opus erit, praeparabitur scabellum gradatum in usum Diaconi ad conscendendum Altare, quum accipienda erit Crux.

32. Statuetur pulpitum nudum pro Concionatore non longe a Presbyterio.

In functione

33. Hora praestituta recitabuntur in choro Horae minores, videlicet Prima, Tertia, Sexta et Nona, sine cantu et submissa voce: cerei Altaris extincti sunto.

34. Hoc tempore in Sacrario Ministri se parabunt amictu, alba et cingulo; Diaconus autem induet etiam stolam Diaconalem.

35. Celebrans sedens in sede, dum se parabunt Ministri, assistentiam ei praestante Presbytero assistente, leget tantum orationes praescriptas ad paramenta, omittens orationes pro caligis, sandaliis et chirothecis, quae ista die non adhibentur, et reliquos psalmos ac preces. Clericus aliquis sustinebit ei librum apertum.

36. Quum Celebrans recitaverit orationes ad paramenta, Ministri de suo loco discedent, venient ante Celebrantem, eoque salutato, consistent a lateribus eius, nempe Diaconus a dextris et Subdiaconus a sinistris.

37. Praesto erunt familiares nobiles Celebrantis eum instrumentis lotionis manuum, iis autem absentibus, supplebunt clerici.

38. Interea distribuentur clericis paramenta Celebrantis.

39. Celebrans, adiuvantibus sacris Ministris eiusque etiam Cubiculario, dimittet mozzetam et mantelletum, sibi educet de digito annulum, qui recipietur a Presbytero assistente.

40. Tum Celebrans sedens et bireto cooperto capite, lavabit manus. Ministri sacri super eius genua sustinebunt extensum mantile.

41. Celebrans, lotis manibus, a Diacono quem adiuvabit Subdiaconus, parabitur amictu, alba, cingulo, Cruce pectorali, stola, tunicella, dalmatica et planeta.

42. Eodem tempore Presbyter assistens induet sibi pluviale nigri coloris supra superpellicium aut supra rochetum si huius usu gaudebit.

43. Celebranti planeta induto Diaconus imponet mitram,

Presbyter assistens inseret digito annulum sine osculis, postremo Subdiaconus brachio sinistro inducet manipulum.

44. Diaconus et Subdiaconus salutabunt eum, et venient quo loco sibi induerunt paramenta, ibique adiuvantibus clericis, induent manipulum et planetam plicatam; tum redibunt ad Celebrantem, cui facta rursus reverentia, consistent a sinistris eius, nempe Diaconus a sinistris Celebrantis, Subdiaconus a sinistris Diaconi et Presbyter assistens a dextris Celebrantis.

45. Recitatis in choro Horis canonicis, pulsabitur crotalum ad fores Sacrarii, ut detur Canonicis signum adesse tempus associandi Episcopum, ut cap. IV. lib. V.

46. Si mos erit conservandi aquam benedictam in fontibus lustralibus ecclesiae, aderit in limine ecclesiae clericus cum vasculo aquae sanctae cumque aspersorio.

47. Episcopus descendet ad ecclesiam, ac si fuerit Metropolitanus, praeferetur ante eum Crux Archiepiscopalis: quum ad limen ecclesiae pervenerit, asperget seipsum et adstantes, si mos hic vigebit, ut supra, secus actio ista omittetur.

48. Ingressus in ecclesiam Episcopus caput cooperiet caputio cappae; hoc autem die abstinebit a benedictione impertienda circumstantibus.

49. Ad Sacellum, in quo aderit expositum SS. Sacramentum, quum advenerit, de capite sibi detrahet caputium et progressus ad faldistorium vel genuflexorium, faciet genuflexionem utroque genu in pavimento nudo, geniculabit in faldistorio ibique manebit orando, donec a Caeremoniario innuatur ei, ut assurgat.

50. Hoc tempore exibit e Sacrario Celebrans et procedet ad Altare maius: praeibunt clerici bini iunctis manibus, tum Subdiaconus, deinde Celebrans medius inter Presbyterum assistentem a dextris et Diaconum a sinistris, sequentibus cappellano a mitra et altero qui extremitatem posteriorem vestis eius sustentabit, postremo familiaribus nobilibus, siqui erunt ei.

51. Celebrans, progressus ad Altare cum Ministris et clericis, reverentiam faciet ad Crucem, Ministri autem genuflexionem, nisi fuerint Canonici.

52. Celebrans ibit sessum ad faldistorium, habens a dextris Diaconum, a sinistris Subdiaconum. Presbyter assistens recedet et a latere consistet ante gradus Altaris ex parte Epistolae; clerici se sistent ante abacum.

53. Si lectio prima cantanda erit a Beneficiario aliquo, qui gaudeat usu cappae aut aliis insignibus choralibus, advertat beneficiarius praedictus, ut cappam dimittat, induat superpelliceum et praesto sit apud abacum statim ac perveniet Episcopus ad Altare.

54. Caeremoniarius Episcopi, quum cognoverit adesse ad Altare Celebrantem cum Ministris, signum faciet Episcopo, qui assurget atque iterata, ut supra, genuflexione utroque genu ad SS. Sacramentum, exibit de Sacello et extra ipsum rursus caput cooperiet caputio cappae.

55. Episcopus proficiscetur ad Altare maius et quum venerit ante faldistorium, sibi detrahet caputium, reverentiam faciet ad Crucem Altaris, geniculabit et procumbet super faldistorium.

56. Celebrans, ubi Episcopus ingredietur in presbyterium, assurget ac transiens dextere cum Ministris post Episcopum, accedet ad scabellum, in quo praeparatus erit ei pulvinus a sinistris Episcopi. Ibi Diaconus tollet mitram Celebranti et ipse geniculabit et procumbet super scabellum.

57. Diaconus et Subdiaconus geniculabunt super pavimentum post Celebrantem (*a*) et post duos Ministros genua submittet Cappellanus a mitra, manente prope abacum Cappellano caudatario, siquidem syrmam vestis Celebrantis non sustinebit.

58. Diaconi duo assistentes coibunt cum Episcopo intranti in presbyterium et geniculabunt super pavimentum a tergo Episcopi.

59. Si fuerit Archiepiscopus, Cappellanus crucifer statim firmabit Crucem in sua basi et apud illam geniculabit.

60. Canonici et reliqui de Clero ad subsellia in chorum se recipient, ubi geniculabunt.

(*a*) Ministri sacri procumbere in faciem suam non debent, nisi procumbet Celebrans. Regula haec observabitur etiam in aliis functionibus, quas describemus deinceps.

61. Episcopus cum Celebrante orabunt paullo prolixius solito, seu spatio unius *Miserere*.

62. Praesto erunt prope abacum duo Acolythi, extensuri super Altare tobaleam, ut infra.

63. Episcopus, Celebrans et ceteri assurgent de oratione.

64. Episcopus, reverentia facta ad Crucem, caput cooperiet caputio cappae et comitantibus duobus Diaconis assistentibus, ascendet in thronum. Extremitas posterior cappae eius a nullo sustinebitur. Non donabit benedictionem, neque ullo modo salutabit Celebrantem, aut Canonicos vel quemquam alium. Conscenso throno, sedebit in cathedra et Diaconi assistentes in scabellis consuetis. Hac die a Presbytero assistente non praestabitur assistentia ad thronum.

65. Cappellanus a libro Episcopi aderit prope latus sinistrum throni, functurus officio suo, quum opus erit.

66. Profecto Episcopo, statim a duobus clericis removebitur faldistorium, in quo genuflexerat; itemque clericus alter tollet scabellum cum pulvino adhibitum a Celebrante.

67. Episcopo de medio Altari profecto, Celebrans medius inter Diaconum et Subdiaconum, sequente Cappellano a mitra, ascendet ad Altare, quod osculabitur in medio.

68. Clericus unus in promptu habebit gremiale pro Celebrante.

69. Celebranti, osculato Altari, Diaconus reponet mitram; tum exsequentes ad Crucem, Celebrans reverentiam, Ministri genuflexionem aut reverentiam, descendent a latere de Altari et venient ad faldistorium Celebrantis, positum in latere Epistolae ante gradus Altaris. Celebrans sedebit in faldistorio et Diaconus gremiale super eius genua ponet.

70. Presbyter assistens Celebranti coibit cum Ministris a dextris Diaconi.

71. Ministri praedicti cum Presbytero assistente, reverentia facta ad Celebrantem, sedebunt in scamno sibi praeparato et caput bireto cooperient.

72. Sedente Episcopo in throno et Celebrante in faldistorio, procedent in medium duo Acolythi, quorum alter deferet tobaleam Altaris, debitisque factis reverentiis et genuflexionibus

ad Celebrantem, tum ad Episcopum, deinde ad Altare, ascendent ad Altare ipsum et in eo extendent tobaleam in longitudinem prope candelabra, advertentes ut ponant illam tali modo, ut facile possit super mensam explicari, sicut docebitur inferius.

73. Acolythis ad abacum reversis cum genuflexionibus, ut supra, cantor qui primam lectionem cantare debebit, comitante Caeremoniario, accipiet librum, quem clausum sustinebit ante pectus: procedens in medium chorum, reverentiam prius faciet ad Celebrantem, tum genuflexionem ad Altare et ad Episcopum, postea cantabit lectionem tono praescripto, eodem loco quo cantatur Epistola.

74. Prophetiae cantu finito, cantor iterabit genuflexiones et reverentias, ut antea, et reversus ad abacum deponet ibi Epistolarium et se recipiet in chorum ad locum suum, resumpto in Sacrario habitu chorali, ut superius notatum est.

75. Interim a cantoribus cantabitur tractus *Domine audivi* etc.

76. Se sistet Episcopo Cappellanus cum libro, ex quo Episcopus leget prophetiam cum tractu: hoc tempore Diaconi assistentes stabunt in pedes.

77. Subdiaconus ex abaco accipiet Missale Celebrantis, se sistet eidem et facta ante ipsum reverentia, aperiet librum et apertum ante eum sustinebit, ex quo ille prophetiam leget et tractum.

78. Hoc tempore se parabunt in Sacrario tres cantores Passionis adiuvantibus tribus respectivis cappellanis aut clericis, qui sustinere illis debebunt librum.

79. Lectis ab Episcopo et a Celebrante prophetia et tractu, cappellanus a libro et Subdiaconus respective ad locum suum se recipient.

80. Sub finem tractus Ministri nudabunt caput, consurgent et venient ad Celebrantem. Diaconus autem tollet ei gremiale et mitram.

81. In promptu erit clericus cum Missali Celebrantis et consistet post faldistorium eius.

82. Celebrans ad Altare convertetur, servans ritum prae-

scriptum a Caeremoniali Episcoporum lib. I. cap. XIX. num. 4. et seqq. Presbyter assistens manebit a dextris Celebrantis, Diaconus a tergo Celebrantis, Subdiaconus a tergo Diaconi.

83. Episcopus de capite dimittet caputium cappae et assurget.

84. Cum Episcopo consurget omnis chorus.

85. Celebrans cantabit *Oremus*, Diaconus *Flectamus genua* et Subdiaconus *Levate*.

86. Ad cantum *Flectamus genua*, tam in ista, quam in orationibus sequentibus, genuflectent omnes et ad verbum *Levate* consurgent. Tantum Celebrans, Presbyter assistens qui ei ad librum assistet, et clericus qui librum Celebranti sustinebit, stabunt in pedes. Pro Episcopo autem ponetur a Caeremoniario pulvinus super gradulum cathedrae.

87. Celebrans manibus expansis ac tono feriali cantabit orationem *Deus, a quo et Iudas* etc.

88. Oratione absoluta, omnes rursus sedebunt. Episcopus caput rursus cooperiet caputio cappae. Diaconus mitram et gremiale Celebranti reponet. Diaconus cum Presbytero assistente, reverentia facta ad Celebrantem, sessum pergent ad scamnum suum.

89. Sedentibus omnibus, ut supra, Subdiaconus dimittet planetam plicatam et recepto libro Epistolarum, comitante Caeremoniario, reverentiam faciet ad Celebrantem, deinde genuflexionem aut reverentiam ad Altare et ad Episcopum, et loco usitato secundam prophetiam, seu lectionem cantabit tono Epistolae.

90. Lectione cantata, iterabit genuflexiones aut reverentias, ut supra, et non osculans manum Episcopi aut Celebrantis, sibi reponet planetam plicatam, et sustinebit Celebranti Missale, ex quo is leget lectionem et tractum.

91. Absoluto cantu Lectionis, ut supra, se sistet Episcopo Cappellanus cum libro, et Episcopus sedens leget lectionem, tractum et *Munda cor meum* cum ultima Passionis parte, stantibus Diaconis assistentibus.

92. Cantorum chorus hoc tempore cantabit Tractum *Eripe me Domine* etc.

93. Cantores Passionis intrabunt in Presbyterium, si fieri poterit, ex parte Sacrarii, et consistent prope abacum. Cantor textus deferet librum. Antecedet eos Caeremoniarius et sequentur tres clerici seu cappellani induti superpellicio, qui sustinere eis librum debebunt. Si nullus alius erit in presbyterium ingressus, praeter principalem, animadvertent ut ingrediantur dum versus ultimus Tractus cantabitur.

94. Quum Celebrans lectionem et tractum legerit, Subdiaconus tradet clerico Missale, quod ille ponet super Altare in latere Epistolae cum cussino seu legili.

95. Quando ultimus versus tractus cantabitur, Cantores Passionis prodibunt in medium, reverentiam ad Celebrantem, deinde genuflexionem ad Altare et ad Episcopum conficient, neque osculantes manum Episcopi aut Celebrantis, procedent quo loco cantari solet Evangelium. Praeibit Cantor textus, deinde qui turbarum partes agit, postremo qui Christi, sequentibus tribus Cappellanis: loco supradicto Cantor textus consistet in medio, qui Christi personam agit a dextris illius, qui turbarum a sinistris. Tres Cappellani consistent adversum Cantores ipsos.

96. Tractu absoluto, Episcopus sibi detrahet caputium, assurget et cum eo consurget totus Chorus. Ministri consurgent et convenient ad Celebrantem; Diaconus tollet ei gremiale et mitram. Celebrans assurget et ascendet ad Altare a latere; Presbyter assistens stabit a dextris a latere Altaris ut assistat ad librum; Diaconus stabit a dextris Celebrantis in gradu inferiori et Subdiaconus in altero gradu inferiori a dextris Diaconi.

97. Cantores incipient ac prosequentur cantum Passionis. Cappellani sustinebunt eis librum, quem identidem sibi ad invicem per manus tradent.

98. Celebrans leget Passionem, conversus aliquantulum ad supradictos cantores, et postquam Passionem legerit, recitato *Munda cor meum* eodem loco, et lecta ultima Passionis parte, convertetur ad cantores. Presbyter assistens consistet a sinistris Celebrantis in gradu inferiori propius Celebranti, Diaconus in altero gradu a sinistris Presbyteri assistentis, et Subdiaconus in altero gradu vel in plano a sinistris Diaconi.

99. Antequam cantentur verba illa *tradidit spiritum*, ponetur pulvinus super gradulum throni pro Episcopo et alter in suppedaneo Altaris ante Celebrantem.

100. Ad verba antedicta omnes in genua procumbent, exceptis tribus Cappellanis, qui librum sustinebunt cantoribus Passionis.

101. Assurgente Episcopo, consurgent omnes et Passionis cantores prosequentur cantare Passionem usque ad finem.

102. Passionis cantu absoluto, Cantor textus librum claudet et recipiet, atque ordine supradicto simul cum reliquis duobus cantoribus ac tribus Cappellanis revertentur in Sacrarium, ubi paramenta dimittent.

103. Episcopus sedebit et caput operiet caputio cappae cumque ipso sedebit Chorus.

104. Celebrans ad faldistorium redibit, et Diaconus ei reponet mitram et gremiale.

105. Diaconus accedet ad abacum, exuet planetam plicatam et induet sibi stolam latiorem, librum Evangeliorum accipiet, debitisque peractis reverentiis vel genuflexionibus afferet ad Altare ac ponet in media mensa: geniculabit in suppedaneo et recitabit *Munda cor meum*.

106. Interim se sistent ante Celebrantem Subdiaconus cum Acolythis, qui stabunt iunctis manibus, quoniam non deferuntur candelabra.

107. Diaconus assurget et libro sumpto ex Altari genuflexionem aut reverentiam faciens ad Crucem, descendet a latere de Altari, venient ante Celebrantem et coibit cum Subdiacono a dextris ipsius, et cum Acolythis.

108. Hoc tempore apud abacum praesto erit Concionator.

109. Diaconus, Subdiaconus et Acolythi reverentiam ad Celebrantem conficient, venient ante Altare, deinde ante Episcopum et respective exsequentur reverentiam aut genuflexionem et consistent quo loco solet cantari Evangelium.

110. Episcopus capiti detrahet caputium cappae, assurget cumque ipso ceteri omnes.

111. Caeremoniarius gremiale et mitram tollet Celebranti, qui assurget et convertetur versus Diaconum: hic autem non

thurificans nec signans librum aut seipsum, cantabit tono Evangelii ultimam Passionis partem *Post haec autem* etc.

112. Evangelii cantu peracto, Diaconus librum claudet, quem Subdiaconus tradet uni ex Acolythis, atque iteratis, ut supra, reverentiis ac genuflexionibus, se recipient apud Celebrantem.

113. Post cantum ultimae partis Passionis Episcopus sedebit et caput operiet caputio.

114. Ministri redibunt cum debitis reverentiis ad Celebrantem, qui sedebit et Diaconus ponet ei mitram et gremiale.

115. Post haec Ministri recedent ad scamnum suum et sedebunt.

116. Concionator, comitante Caeremoniario, qui secum habebit formulam indulgentiarum, discedet de loco quo erit, salutabit Celebrantem, procedet ante Altare ac genuflectet, deinde ante thronum et genuflectet ad Episcopum, ad thronum ascendet, geniculabit ante Episcopum et neque osculans manum eius nec petens ab eo benedictionem, poscet tantummodo indulgentias, dicens *Indulgentias Rme Pater* et Episcopus respondebit *quadraginta dierum* (si fuerit Cardinalis concedet indulgentiam centum dierum). Concionator cum Caeremoniario assurget, de throno descendet, genuflexionem iterabit ad Episcopum, deinde ad Altare et reverentiam etiam ad Celebrantem, si rursus ante eum transibit. Ascendet in pulpitum et genuflexione facta versus Altare ac versus Episcopum, omittens recitare *Ave Maria*, exordietur statim sermonem, eoque absoluto, nudabit caput et stans in pedes publicabit indulgentiam, legens formulam, quae a Caeremoniario ei porrigetur.

117. Publicata indulgentia, descendet de pulpito et redibit in Sacrarium.

118. Ministri redibunt ante Celebrantem eique facta reverentia, Diaconus tollet gremiale et mitram. Celebrans assurget et cum Ministris ad Altare procedet in latus Epistolae et consistent hoc modo. Presbyter assistens a latere Altaris ex eadem parte Epistolae, ut assistat Celebranti, Diaconus a tergo

Celebrantis in primo gradu propius ipsum, et Subdiaconus in plano ante gradus post Diaconum.

119. Episcopus de capite dimittet caputium cappae, assurget et cum eo totus Chorus.

120. Caeremoniarius advertet ut pulvinum ponat pro Episcopo in gradulo cathedrae.

121. Celebrans iunctis manibus incipiet cantare in notis scriptis in Missali invitationem ad orationem, et post illam cantabit *Oremus* (Diaconus *flectamus genua* et Subdiaconus *levate*) manibus deinde expansis prosequetur tono feriali orationem respondentem invitationi (a).

122. Ad *Flectamus genua*, omnes genuflectent, ut supra, uno tantum genu, praeter Celebrantem et Presbyterum assistentem.

123. Caeremoniarius qui assistet Celebranti, monebit Ministros quando cantandum sit *Flectamus genua* ante orationes.

124. Ad orationem *pro haereticis* duo pluresve clerici extendent tapetum utendum in adoratione Crucis. Summitas seu caput tapeti ponetur super infimum gradum Altaris in medio et reliquum tapeti extendetur secundum planum presbyterii. Postea pulvinum cum velo albo ponent in capite tapeti super gradum Altaris infimum, in commodum eorum, qui adorare Crucem debebunt.

125. Si Altare esset orientale, advertatur quod cap. praeced. num. 111. traditum est.

126. Circa finem orationum, aderunt apud Altare cantores duo, qui sustinebunt Missale vel librum in quo notatum sit in cantu *Ecce lignum Crucis* etc.

127. Omnibus orationibus cantatis, Celebrans reverentia facta ad Crucem, mitram per Diaconum resumet et a latere ad faldistorium redibit cum Ministris.

128. Celebrans in faldistorio sedebit et Diaconus tollet ei mitram, deinde adiuvantibus Diacono et Subdiacono dimittet planetam.

129. Hoc tempore sedebit Episcopus et Chorus.

(a) De oratione *pro Romano Imperio* vide lib. II. cap. XXVI. num. 41.

130. Presbyter assistens accipiet ex abaco librum vel Missale, quo usus erit Celebrans.

131. Postquam Celebrans dimiserit mitram et planetam, medius inter Diaconum et Subdiaconum veniet ad latus posterius Altaris in partem Epistolae in planum ante gradus, facie conversa ad populum. Subdiaconus adstabit ei sinistrorsum et Presbyter assistens adstans a latere versus sinistram, sustinebit ei Missale apertum. Duo cantores supradicti consistent post Celebrantem.

132. Diaconus, comitante Caeremoniario, ascendet ad Altare a latere et conscenso suppedaneo, faciet ad Crucem reverentiam vel genuflexionem, et Crucem ex Altari accipiet.

133. Apponetur, si opus fuerit, scabellum gradatum a clerico, qui Diaconum ascendentem ac descendentem sustentabit, deinde scabellum praedictum amovebitur.

134. Accipiente Crucem Diacono, Episcopus caputium detrahet de capite, assurget et cum ipso chorus universus.

135. Caeremoniarius animadvertet ponere pulvinum super gradulum cathedrae pro Episcopo.

136. Diaconus acceptam Crucem deferet reverenter ambabus manibus, videlicet sinistra infra Crucem et dextra iuxta pedem Crucifixi, nullam peragens reverentiam aut genuflexionem descendet de medio graduum Altaris, veniet ad Celebrantem, tradet ei Crucem et consistet a dextris eius.

137. Celebrans Crucem accipiet utraque manu et elatam sustinebit ante pectus: adiuvante Caeremoniario aut Diacono deteget summitatem usque ad partem transversam ac tono in Missali indicato cantabit *Ecce lignum Crucis* et duo cantores prosequentur cantare *in quo salus mundi pependit*; Chorus autem respondebit *Venite adoremus*. His verbis geniculabunt omnes, excepto Celebrante: Presbyter etiam assistens, qui librum sustinebit Celebranti, claudet librum et in genua procumbet.

138. Cantatis verbis *Venite adoremus*, consurgent omnes et Celebrans cum Ministris, ut supra, ascendet ad Altare quo loco legitur Epistola, et adiuvante Diacono aut Caeremoniario, deteget brachium dexterum Crucis cum brachio dextero cumque capite imaginis Crucifixi et cantabit, ut antea, *Ecce*

lignum etc. vocem efferens hemitonio et ab omnibus genuflectetur eodem modo ut supra.

139. Deinde ipse Celebrans cum Ministris transibit in medium Altaris et in totum detecta, adiuvante Diacono aut Caeremoniario, ut supra, Cruce, vocemque attollens altero hemitonio, cantabit, ut prius, *Ecce lignum Crucis* etc. omnesque in genua procumbent.

140. Post verba *Venite adoremus* ad tertiam adorationem, omnes genibus flexis manebunt.

141. Unus Celebrans, comitante Caeremoniario, descendet de Altari et deferet Crucem ad pulvinum praeparatum cum tapeto violaceo in Presbyterio ibique consistet, geniculabit, Crucem deponet super pulvinum, ac si necesse fuerit, Crucem eamdem in utraque extremitate ligabit taeniis

142. Cruce in pulvino posita, assurget Celebrans et ceteri omnes cum eo.

143. Celebrans genuflexionem ante Crucem conficiet et ad faldistorium redibit. Ministri, qui geniculaverant in suppedaneo Altaris, consurgent una cum Celebrante, genuflexionem cum eo conficient ad Crucem, obviam illi venient et ad faldistorium deducent eum. Presbyter assistens recedet et librum tradet clerico, qui ad abacum referet illum.

144. Episcopus sedebit et caputio cappae cooperiet caput.

145. Cubicularius Episcopi habitu urbano indutus, comitantibus clericis quatuor, accedet ad thronum, faciet genuflexionem versus Crucem, dein ante thronum, priusquam illuc ascendat. Conscenso autem throno, geniculabit ante gradulum et quatuor praedicti clerici attollent cappae episcopalis fimbrias, quibus tegent cubicularium, calceos Episcopo detrahentem.

146. Clerici et cubicularius, detractis Episcopo calceis, recedent in latus sinistrum throni extra gradus throni ipsius.

147. Eodem tempore Celebranti in faldistorio sedenti detrahentur calcei a cubiculario suo, idque etiam facient Canonici in suis stallis et sacri Ministri apud scamnum suum.

148. Clericus unus ponet a dextra Crucis lancem vel pelviculam ad excipiendas oblationes. Non decet Diaconos assistentes dimittere calceos in throno et excalceatos comitari Episcopum ad Crucis adorationem, ideoque se gerent, ut infra.

149. Quum Episcopus dimiserit calceos, assurget de throno descendet vel per mediam illius partem vel a latere, iuxta positionem throni eiusdem, eumque comitabuntur Diaconi assistentes. Ipse sibi partem anteriorem cappae manibus sustinebit elatam, ut libere incedere possit, nec pars posterior ab ab ullo sustentabitur ita ut tractet ipsam super pavimentum.

150. Episcopus ad extremitatem inferiorem tapeti progressus, capiti detrahet caputium cappae et pileolum quoque, si illo utetur. Diaconi assistentes recedent: Episcopo deinde, peracta adoratione, obviam venient ad tapeti principium versus Crucem.

151. Statim ac Episcopus de throno surget iturus ad adorationem, consurget Clerus in choro. Eodem tempore cantorum chorus incipiet cantare improperia, quae prosequentur toto adorationis tempore.

152. Progressus, ut supra diximus, ad extremitatem tapeti Episcopus, uno comitante Caeremoniario, qui sustentabit eum in genuflectendo, si opus erit, genua submittet ac brevi tempore orabit ante Crucem; tum assurget ac procedens ulterius, geniculabit iterum in medio tapeto et orabit, ut supra; rursus assurget, procedet ante Crucem, genua submittet, brevi orabit ac devote osculabitur Crucifixum. Bursam cum oblatione a Caeremoniario acceptam deponet in lancem.

153. Assurget Episcopus, genuflexionem ad Crucem faciet genu dextero, recedet extra tapetum, ubi Diaconi assistentes praesto erunt, sibi reponet pileolum, caput operiet caputio cappae et ad thronum revertetur.

154. Diaconi assistentes, Episcopum ad thronum comitati, reverentiam ad Episcopum conficient, de throno descendent et se recipient in chorum ad stallum suum, ubi calceos sibi deducent.

155. Reverso ad thronum et in ipso sedente Episcopo, cubicularius cum clericis revenient ante ipsum eademque methodo ac supra, cubicularius ei reponet calceos. Post haec clerici et cubicularius ad locum suum se recipient.

156. Advertatur, ut clericus quispiam detegat Crucem processionalem sive Archiepiscopalem utque detegantur ceterae Cruces, quae aderunt in altaribus ecclesiae.

157. Quando Episcopus de adoratione Crucis redibit ad thronum, Celebrans, comitante Caeremoniario, discedet de faldistorio, veniet ad extremitatem tapeti, adoraturus Crucem; eodemque tempore incipient proficisci de stallis suis Dignitates et Canonici, ad Crucem adorandam.

158. Curabitur, ut duo Canonici seniores seu primae duae Dignitates Capituli adsint in loco indicato, quando illuc adveniet Celebrans.

159. Celebranti, quum illuc advenerit, proximabunt a lateribus duae Dignitates seu Canonici seniores et Crucem adorabunt eodem modo, quo Episcopus fecerit.

160. Ut actio ista tam boni exempli ac documenti peragatur ordine debito, observabitur quod traditum est capit. praeced. num. 129.

161. Ordo, quo Clerus procedet ad Crucis adorationem, erit sequens.

162. Post Episcopum accedet Celebrans, medius inter duas Dignitates seu Canonicos seniores, qui una cum Celebrante adorabunt Crucem. Tum reliquae Dignitates, si quae aderunt. Ministri Altaris, si fuerint Canonici, videlicet Presbyter assistens in medio, Diaconus a dextra, Subdiaconus a laeva, ac tam Presbyter assistens, quam Subdiaconus non dimittent paramenta (*a*). Canonici ex ordine Presbyterorum. Canonici Diaconi assistentes. Reliqui Canonici ex ordine Diaconorum. Canonici ex ordine Subdiaconorum. Si numerus alicuius gradus Canonicorum dispar esset, non coibunt terni in ultimo loco, sed ultimus unius incedet cum primo alterius ordinis, ut ex. gr. si numerus Canonicorum Presbyterorum esset dispar, ultimus Presbyter coibit cum primo Canonico Diacono, et sic de ceteris. Ratio est, quod in hac functione Canonici non induunt paramenta sacra, ut fit cum celebrat Episcopus, ideoque nulla extat dissimilitudo in vestium sacrarum qualitate. Sin autem in fine dispar esset numerus, ultimi coibunt ter-

---

(*a*) Ut Ministri sacri paramenta dimittant, nequaquam a Caeremoniali praescribitur. Presbytero assistenti, si esset Canonicus, rochetum tantummodo superesset, quo habitu non licet uti sine altero indumento.

ni, itemque in coetibus sequentibus. Post Canonicos accedent ad adorationem sacri Ministri, nisi fuerint Canonici, deinde Beneficiarii, Mansionarii, clerici Seminarii, Magistratus, nobiles laici, familiares nobiles Episcopi, et populus, exclusis prorsus mulieribus. Eunte autem ad adorationem populo, curabitur ut nulla oriatur perturbatio.

163. Celebrans Cruce, ut supra, adorata, redibit ad faldistorium, in quo sedebit et immediate a cubiculario reponentur ei calcei.

164. Ministri sacri, nisi fuerint Canonici, obviam procedent Celebranti de adoratione redeunti; Diaconus ei reponet planetam, mitram et gremiale super genua. Sin autem erunt Canonici, nec parati essent praestando hoc officium Celebranti, supplebitur a Caeremoniario.

165. Canonici ad subsellia sua se recipient sibique reponent calceos.

166. Diaconi assistentes, Cruce adorata, recedent ad stallum suum ibique calceis sibi repositis, redibunt in thronum ad assistentiam Episcopi.

167. Item Ministri, revertentur ad scamnum suum, sibi rursus inducent calceos et accedent ad Celebrantem, ut infra.

168. Reversis in thronum Diaconis assistentibus, se sistet Episcopo Cappellanus a libro qui sustinebit ante eum Missale apertum, ex quo cum Diaconis supradictis Episcopus ipse leget improperia (a).

169. Celebrans, quando ipsi adstabunt a lateribus Ministri, leget cum eis improperia e Missali, quod clericus unus sustinebit. Presbyter assistens aderit prope Subdiaconum, ut indicet Episcopo quae sint legenda.

170. Dum fiet adoratio Crucis, octo Beneficiarii, seu Mansionarii, qui superpellicio induti sine pluviali delaturi erunt baldachinum in processionem, postquam Crucem adoraverint, recedent in Sacrarium, dimissoque habitu chorali, induent sibi superpelliceum et accedent ad Sacellum, in quo custodietur SS. Sacramentum.

(a) Vide adnotationem num. 134 cap. praeced. subiectam.

171. Octo Cappellani seu clerici, intorticia in processionem delaturi, postquam adoraverint Crucem, venient in Sacellum, ubi asservabitur SS. Sacramentum, ibique acceptis intorticiis, consistent genibus flexis a lateribus Altaris, quaterni ex utraque parte.

172. Duo thuriferarii accipient thuribula cum naviculis, deferent illa in Sacrarium, ignem in eis aptabunt et praesto erunt apud Sacellum SS. Sacramenti in latere Epistolae, quando illuc erit adventura processio.

173. Advertet Sacrista, ut de medio praedicti Sacelli removeatur faldistorium seu genuflexorium, quo usus erit Episcopus in accessu ad ecclesiam, utque vacuum a populo idem Sacellum sit, quando illuc accessura processio erit.

174. Ipse Sacrista aderit in Sacello antedicto, quo tempore illuc adveniet Episcopus, ut aperiat urnam seu custodiam, in qua custodietur SS. Sacramentum.

175. Lectis ab Episcopo et a Celebrante improperiis, respectivi eorum Cappellani a libro secedent et Missalia in abacis relinquent.

176. Prope abacum, qui situs erit a latere throni, sub finem adorationis aderunt clerici quatuor et Cappellanus a mitra, ministraturi paramenta Episcopo. Aderit etiam cubicularius Episcopi, cappam excepturus quum tempus erit.

177. Sub finem adorationis Crucis, duo Acolythi accendent sex cereos Altaris, alteros in abaco et cereos sive intorticia posita in candelabris ad tribunam seu ingressum Presbyterii.

178. Diaconus cum Subdiacono, postquam Celebrans legerit improperia, facta ad ipsum reverentia, deinde genuflexione ad Crucem, ascendent ad Altare et explicabunt tobaleam, quae principio ab Acolythis posita fuerat complicata super mensam. Descendent de Altari et genuflexionibus iteratis ad Crucem, reverentia ad Celebrantem, Subdiaconus perget ad scamnum et sedebit; Diaconus autem veniet ad abacum, ubi acceptam bursam cum corporali et purificatorio, afferet cum reverentiis ac genuflexionibus, ut supra, ad Altare, corporale explicabit in medio, ponet bursam in latere Evangelii

iuxta candelabra et purificatorium a dextra corporalis, tum facta ad Crucem genuflexione, descendet a latere ad scamnum, ibique sedebit.

179. Presbyter assistens, sumpto ex abaco Missali cum cussino seu legili pro Celebraute, sequetur Diaconum, afferet librum ad Altare in cornu Epistolae, ibique eum aperiet, et genuflexione facta ad Crucem, revertetur a latere ad scamnum et sedebit.

180. Crucis adoratione peracta, Ministri consurgent et accedent ad Celebrantem. Presbyter assistens et Subdiaconus consistent prope sinistram Celebrantis. Diaconus, comitante Caeremoniario, reportabit ad Altare Crucem, ut infra.

181. Quando Diaconus ibit ad accipiendam e pulvino Crucem, Episcopus capiti detrahet caputium cappae et assurget in pedes. Cum eo consurget etiam Chorus. Caeremoniarius ponet super gradulum cathedrae pulvinum in quo Episcopus geniculabit.

182. Caeremoniarius assistens Celebranti, tollet ei gremiale et mitram, deinde prope latus dexterum faldistorii ponet pulvinum, in quo geniculabit Celebrans.

183. Aderit clericus cum scabello gradato, si opus fuerit Diacono ad Crucem in basi reponendam.

184. Diaconus comitante, ut supra, Caeremoniario, accedet ad Crucem, procumbet in genua, solvet taenias, quibus erat firmata in pulvino, accipiet eam reverenter utraque manu, assurget nullamque faciens reverentiam, illam referet ad Altare et imponet basi, in qua prius erat.

185. Statim ac Diaconus Crucem accepturus geniculabit, omnes in genua procumbent, non excepto Episcopo nec Celebrante.

186. Reposita a Diacono super Altare Cruce, consurgent omnes et sedebunt denuo.

187. Praesto erunt clerici duo, vel familiares nobiles Celebrantis pro lotione manuum.

188. Diaconus, Cruce in sua basi reposita, genuflexionem in suppedaneo faciet ante Crucem et a latere redibit ad Celebrantem, cui reponet mitram.

189. Sedente, ut supra, Episcopo, distribuentur clericis paramenta, quae ad thronum afferentur. Cubicularius Episcopi ascendet ad thronum et consistet prope secundum Diaconum assistentem cappam recepturus.

190. Dum Episcopi paramenta distribuentur, Celebrans lavabit manus.

191. Subdiaconus, accepturus Crucem processionalem, dimittet manipulum.

192. Episcopus, adiuvantibus Diaconis assistentibus et Cubiculario, dimittet cappam, quam Cubicularius recipiet et in Sacrario complicabit, repositurus illam Episcopo in fine officii. Advertet idem Cubicularius ut post receptam Episcopi cappam, expediat vestis episcopalis extremitatem posteriorem.

193. Canonici hac die non efficient circulum, cum parabitur Episcopus.

194. Episcopus parabitur a Diaconis assistentibus amictu, stola, pluviali nigro et formali simplici: a Diacono autem primo assistente imponetur ei mitra simplex.

195. Presbyter assistens Celebranti remanebit ad Altare in plano lateris Evangelii, ut deinceps Celebranti assistat ad librum.

196. Ordinabitur processio ad Sacellum, in quo erit expositum SS. Sacramentum, ordine sequenti (a).

197. Clavigeri, sive claviger ecclesiae; Subdiaconus ad Altare ministrans, qui dimisso manipulo, ut supra dictum est, accipiet Crucem processionalem iam detectam et incedet medius inter duos Acolythos gestantes candelabra, accensis cereis; cantores; clerici Seminarii; Mansionarii seu Beneficiarii; Canonici, bini; Dignitates, ut supra; Celebrans, cuius sinistrae adstabit Diaconus et prope Diaconum incedet clericus, recepturus mitram Celebrantis; Episcopus, medius inter Diaconos assistentes, qui fimbrias pluvialis eius sustinebunt; Cappellanus a mitra et Caudatarius; familiares nobiles Episcopi, si aderunt. Si Ordinarius esset Archiepiscopus, Subdiaconus cum Acoly-

(a) In Caeremoniali lib. II. cap. XXVI. num. 13. non praescribitur, ut ante Crucem processionalem praecedat thuribulum cum thure benedicto.

this locum sument ante Canonicos, et imago Crucifixi versa erit ad Archiepiscopum.

198. Omnes illi qui in processionem incedent, exeuntes de presbyterio genuflexionem uno genu conficient ante Crucem Altaris maioris. Celebrans de faldistorio proficiscetur, et ante Altare mitra nudabitur a Diacono, genuflexionem faciet ad Crucem Altaris, rursus cooperietur mitra a Diacono et suum locum in processione occupabit. Episcopus de throno descendet et ante Altare quum venerit a secundo Diacono assistente nudabitur mitra, genu flectet ad Crucem et reposita ipsi mitra a primo Diacono assistente, in processionem incedet.

199. Quum ad Sacellum, in quo expositum erit SS. Sacramentum, pervenerit processio, ita disponetur, ut possit facile rursus ordinari, quocirca qui primi in processionem incedent, restabunt propius ingressum. Id intelligi volumus ratione habita numeri Cleri et loci capacitatis, namque fiet ut magis expediet.

200. Unusquisque ad Sacellum perveniens, excepto Subdiacono gestante Crucem, genuflexionem utroque genu cum socio conficiet ad SS. Sacramentum, locum deinde suum occupabit, ubi procumbet in genua; discedens autem iterabit genuflexionem utroque genu.

201. Duo thuriferarii cum thuribulis et naviculis aderunt prope latus Epistolae; Subdiaconus cum Cruce et Acolythi cum candelabris consistent iuxta ingressum Sacelli; si tamen Ordinarius erit Metropolitanus, consistent apud Altare a latere Evangelii; Mansionarii seu Beneficiarii, superpellicio induti, qui delaturi erunt baldachinum, restabunt in aditu Sacelli, quo clerici duo transferent baldachinum hastile, statim ac Episcopus intraverit in Sacellum; Cappellani octo numero, qui superpellicio induti gestabunt intorticia ardentia e cera alba, geniculabunt quaterni ex utraque parte in lateribus Altaris, et animadvertent ita se disponere, ut nullo impedimento sint actionibus ad Altare peragendis; Canonici consistent circum Altare, stantibus prope Episcopum senioribus; Celebrans ad Altare appropinquans nudabitur mitra et pileolo a Diacono; progressus autem ante Altare, genuflexionem utroque genu

faciet ad SS. Sacramentum et recedet in latus Epistolae, ubi geniculabit super pulvinum positum in infimo gradu ex eodem latere Altaris; Episcopus incedet tres quatuorve passus longe a Celebrante, et appropinquanti ad Altare secundus Diaconus assistens tollet mitram et pileolum; progressus autem ante Altare, genuflexionem in pavimento faciet ad SS. Sacramentum utroque genu, non adhibito pulvino; tum assurget ac geniculabit super pulvinum in medio infimo gradu praeparato.

202. Accedet ad Altare Canonicus Presbyter assistens, qui in hac functione fungetur officio suo in ministrando tantum Episcopo incensum.

203. Genuflexo ante Altare Episcopo, Sacrista indutus superpellicio et stola nigra circa collum, ascendet ad Altare et aperiet custodiam in qua custodietur SS. Sacramentum.

204. Episcopus brevi tempore orabit, assurget ac ministrante Presbytero assistente, imponet incensum in utrumque thuribulum sine benedictione. Diaconus primus assistens in hac actione sublevabit fimbriam dexteram pluvialis Episcopi. Rursus geniculabit Episcopus, eique tradito thuribulo a Presbytero assistente, triplici ductu thurificabit SS. Sacramentum. Diaconi assistentes eius fimbrias pluvialis attollent.

205. Episcopus thuribulum restituet Presbytero assistenti, qui eodem thuribulo tradito thuriferario, redibit ad locum suum inter Canonicos.

206. Caeremoniarius humeris Episcopi imponet velum humerale albi coloris, quod ei firmabitur taeniis ante pectus a primo Diacono assistente.

207. Quum velum humerale Episcopo impositum erit, Celebrans ascendet ad Altare et cum debitis genuflexionibus e custodia educet utraque manu SS. Sacramentum, apponens dexteram infra cuppam calicis, sinistram pedi, et convertetur versus Episcopum.

208. Si difficile aut incommodum Celebranti esset de custodia educere SS. Sacramentum, poterit id fieri per Sacristam, qui deponet illud super Altare, eoque casu Celebrans acceptum ex Altari Sacramentum tradet Episcopo.

209. Episcopus profunda reverentia Sacramentum salutabit, assurget, Calicem sinistra ad nodum accipiet, dexteram imponens patenae. Diaconi assistentes extremitatibus veli humeralis cooperient SS. Sacramentum.

210. Celebrans, Calice tradito Episcopo, genuflectet in suppedaneo, assurget ac descendet de latere Epistolae, ut locum suum in processione resumat.

211. Statim ac Episcopus acceperit SS. Sacramentum, cantores cantu firmo cantare incipient hymnum *Vexilla regis prodeunt*, quem cantare prosequentur toto processionis tempore.

212. Ordinabitur per ecclesiam processio, quae proficiscetur ad Altare maius per navem primariam, ordine sequenti. Claviger seu clavigeri ecclesiae. Subdiaconus cum Cruce medius inter Acolythos gestantes candelabra ardentibus cereis. Cantores. Clerici Seminarii. Canonici. Dignitates. Celebrans capite nudato, adstante eius sinistrae Diacono et prope Diaconum incedente clerico a mitra. Cappellani cum octo accensis intorticiis, quae dextra sustinebunt qui dextrorsum, sinistra qui sinistrorsum incedent. Duo thuriferarii cum thuribulis, quae leviter agitantes adolebunt SS. Sacramentum. Episcopus subibit umbraculum, cuius hastas sustentabunt Beneficiarii superpellicio induti, et medius inter Diaconos assistentes, qui fimbrias pluvialis eius attollent, gestabit SS. Sacramentum. Sequetur Cappellanus caudatarius, qui syrmam Episcopo sustinebit, alter cappellanus deferens mitram, postremo familiares nobiles Episcopi. Si Ordinarius fuerit Metropolitanus, praeferetur Crux ante Canonicos, ut superius traditum est.

213. Quum ventum erit in presbyterium, Acolythi candelabra deponent in abaco et in genua procumbent; Subdiaconus Crucem collocabit quo loco erat ab initio, redibit ad abacum, manipulum sibi reponet in brachio sinistro et subsistet apud Altare in plano lateris Epistolae, ut se adiungat Celebranti. Unusquisque de Clero ad stallum suum se recipiet; Cappellani seu clerici cum intorticiis disponentur quaterni ex utraque parte a lateribus Altaris ibique genibus flexis manebunt donec super Altare aderit SS. Sacramentum. Nemo de Clero, qui in presbyterium ingredietur, genuflexio-

nem faciat ad Crucem Altaris ob reverentiam quae SS. Sacramento debetur. In ingressu presbyterii removebitur baldachinum, quod sumptum a clericis duobus applicabitur parieti ecclesiae, vel referetur in Sacrarium. Mansionarii seu Beneficiarii superpellicio induti, qui sustentaverint umbraculum hastile, geniculabunt in plano presbyterii. Thuriferarii accedent ad latera Altaris, caventes ne suo loco impediant actiones, quae sequentur. Diaconus, comitatus Celebrantem, procedet ad infimum gradum Altaris in latus Epistolae, ubi iam aderit Subdiaconus, ibique genuflectet.

214. Quando Episcopus pervenerit ad Altare, Celebrans convertetur ad eum, genuflectet atque assurgens accipiet de manibus eius SS. Sacramentum, tum expectabit dum Episcopus in genua procumbat et Sacramentum adoret.

215. Diaconi assistentes tollent de humeris Episcopi velum humerale, quod a clerico aliquo portabitur ad abacum. Prope Episcopum aderit etiam Presbyter assistens, incensum ei ministraturus, ut infra.

216. Celebrans SS. Sacramentum afferet ad Altare, ponetque in medio super corporale, iterabit genuflexionem versus latus suum dextrum, ne tergum vertat Episcopo, descendet a latere de Altari et veniet geniculatum inter Diaconum et Subdiaconum in latus Epistolae super pulvinum in infimo gradu ipsi praeparatum.

217. Genuflexo Celebrante, ascendet ad Altare Diaconus, genuflexionem ad SS. Sacramentum faciet a latere, ne tergum vertat Episcopo, expediet taeniam, qua nodo calicis firmatum erat velum, velumque ipsum expandet diligenter, ne moveatur patena calici imposita. Tum genuflexione iterata, ad Celebrantis dexteram reveniet.

218. Episcopus assurget et incensum, ministrante Presbytero assistente, iniiciet in thuribulum unum, a thuriferario stante praesentatum. Episcopus ponet incensum sine benedictione, genuflectet rursus et accepto a Presbytero assistente thuribulo, triplici ductu thurificabit SS. Sacramentum. Diaconi assistentes, genuflexi infra gradum infimum a lateribus Episcopi, sublevabunt eius fimbrias pluvialis.

Manuale Sacr. Caerem. lib. 6. 12

219. Thurificato SS. Sacramento, Episcopus thuribulum restituet Presbytero assistenti, assurget, genuflexionem ad Sacramentum utroque genu peraget in pavimento ac sine pulvino et revertetur ad thronum. Presbyter assistens euntem ad thronum Episcopum sequetur et consistet a dextris eius: sequetur etiam Caeremoniarius cum thuribulo et navicula.

220. Clerus in choro manebit genibus flexis, quamquam Episcopus in thronum redierit.

221. Alter ex thuriferariis revertetur in Sacrarium et deponet thuribulum.

222. Interim a clericis duobus ante Altare statuetur faldistorium in quo geniculabit Episcopus.

223. Episcopo, quum in thronum ascenderit, incensum ministrabit Presbyter assistens, eique praesentabit thuribulum Caeremoniarius. Episcopus incensum in thuribulum imponet sine benedictione.

224. Hoc ipso tempore Celebrans ascendet ad Altare cum Ministris et iunctim conficient genuflexionem ad SS. Sacramentum. Presbyter assistens Celebranti, adstabit a sinistris eius, indicans ipsi e Missali quid faciendum aut recitandum sit; Diaconus adstabit Celebranti dextrorsum, Subdiaconus a dextris Diaconi. Quando ad Altare ascendet Celebrans, Acolythus unus afferet illuc pelviculam cum ampullis vini et aquae.

225. Si adhiberetur calix diversus ab illo, in quo fuerit custoditum SS. Sacramentum, Subdiaconus accipiet ex abaco calicem cum purificatorio, patena et palla eumque afferet ad Altare. Hoc casu Acolythus cum ampullis sequetur Subdiaconum.

226. Clericus alter in promptu habebit vasculum vitreum aquae plenum pro digitorum purificatione, si opus fuerit, et afferet illud ad Altare.

227. Itaque stante ad Altare Celebrante, Diaconus tollet de calice velum, quod referetur ad abacum; accipiet deinde patenam, quam dextera sustinebit et a calice amovebit pallam. Celebrans, accepto cochleari, in quo aderit S. Hostia, vel calice, Hostiam ipsam, quin tangat, ponet super patenam a Diacono sustentam. Si ad illam extrahendam opus esset ut contingeret ipsam, digitos in vasculo purificabit et absterget purificatorio.

228. Diaconus sine osculis patenam cum Sacramento tradet Celebranti, qui sumpta patena utraque manu, ponet Sacramentum super corporale, nullum faciens Crucis signum, et patenam relinquet super corporali a dextris suis.

229. Postea Diaconus accipiet calicem et aliquantulum vini infundet in illum; Subdiaconus infundet duas tresve guttas aquae, ut in aliis Missis, quin benedictionem a Celebrante petat. Celebrans aquam non benedicet, nec dicet orationem consuetam *Deus, qui humanae* etc.

230. Diaconus Calicem tradet Celebranti, qui sine ullo Crucis signo collocabit illum super corporale, ut in aliis Missis, et Diaconus eundem palla cooperiet.

231. Subdiaconus cum debitis genuflexionibus transibit ad sinistram Celebrantis, propter Altaris thurificationem, ut infra.

232. Postquam Episcopus incensum in thuribulum ingesserit, Caeremoniarius redibit ad Altare cum thuribulo eodem et subsistet in latere Epistolae.

233. Presbyter assistens Episcopo redibit in chorum ad locum suum, functus iam officio suo in hac functione.

234. Primus Diaconus assistens reponet pileolum et mitram Episcopo, qui medius inter Diaconos assistentes, fimbrias pluvialis eius sustentantes, de throno descendet ad faldistorium ante Altare. Ibi secundus Diaconus assistens mitram et pileolum tollet Episcopo, qui cum suis Assistentibus et Cappellanis geniculabit in faldistorio, super quo extendetur eius pluviale.

235. Calice, ut supra, posito super Altare et contecto, Caeremoniarius tradet thuribulum Diacono, hic Celebranti sine osculis. Celebrans adolebit Oblata et Altare, ut in aliis Missis solemnibus, advertens tamen ut genuflexionem faciat ad SS. Sacramentum, siquando Crucem salutare deberet. Recitabitur a Celebrante alta voce *Incensum istud* etc. *Dirigatur* etc. Diaconus a dextris, Subdiaconus a sinistris planetam Celebrantis ex parte posteriori attollent.

236. Interim in promptu erunt Ministri lotionis pro Celebrante.

237. Thurificato Altari, Celebrans thuribulum Diacono tradet, dicens *Accendat in nobis* etc. Diaconus restituet thuribulum Caeremoniario, et hic thuriferario, qui referet illud in Sacrarium, siquidem in functione ista amplius illo opus non est.

238. Thurificationis tempore Presbyter assistens Celebranti amovebit ab Altari Missale cum cussino et peracta thurificatione reponet illud, restans prope Missale, ut supra dictum est.

239. Celebrans de Altari descendet et in latere Epistolae, extra Altare, lavabit manus, non recitans psalmum *Lavabo*. Diaconus et Subdiaconus sustinebunt ei mantile.

240. Celebrans, lotis abstersisque manibus, redibit ad Altare, Diaconus stabit a tergo eius super gradum proximum suppedaneo; Subdiaconus autem a tergo Diaconi super gradum infimum, vel in plano Altaris ante gradus.

241. Reversus ad medium Altare Celebrans genuflexionem faciet ad SS. Sacramentum, quod facient etiam Ministri loco superius indicato.

242. Celebrans inclinatus et iunctis manibus super Altare, dicet orationem *In spiritu humilitatis* etc. postea genuflectet ad Sacramentum et conversus aliquantulum super sinistram suam, non complens circulum, manibus expansis dicet *Orate, fratres*, *ut meum* etc. Subdiaconus non respondebit *Suscipiat Dominus* etc. (Si Altare fuerit ad Orientem versum, Celebrans non convertetur ad populum). Celebrans, iterata genuflexione, cantu feriali subiunget *Oremus. Praeceptis salutaribus* etc. iunctis manibus, tum *Pater noster* manibus expansis et cantu feriali. Responso a choro *Sed libera nos a malo*, dicet secrete *Amen*. Prosequetur deinde iunctis manibus et voce intelligibili *Libera nos* etc. nec se signabit ad illa verba *Da propitius pacem* etc.

243. In fine orationis huius, Diaconus accedet ad sinistram Celebrantis et geniculabit in margine suppedanei a sinistris Celebrantis, Subdiaconus autem suo loco super gradum Altaris.

244. Completa praedicta oratione, Celebrans genuflexionem faciet, dextera patenam accipiet eique imponet S. Hostiam. Postea sinistra patenam, dextera S. Hostiam accipiet, quam elatam supra patenam sustinebit, et S. Hostiam dextera

aliquantulum elevabit ita ut conspici possit. In hac elevatione nec Diaconus attollet eius planetam, nec thurificabitur Sacramentum, nec pulsabitur crotalum.

245. Dum Celebrans inclinabit S. Hostiam, consurgent Subdiaconus, Diaconus et Presbyter assistens. Hic redibit ad Missale, Diaconus statim deteget Calicem, Subdiaconus perget stare loco suo.

246. Celebrans non reponens Hostiam super patenam aut super corporale, neque ullam aliam faciens genuflexionem, demittet illam super Calicem, et relinquens sinistra patenam ante pedem Calicis, dividet Hostiam trifariam, ut in aliis Missis, binas partes maiores ponet in patena, particulam autem merget vino intra Calicem, nullum faciens Crucis signum nullumque proferens verbum. Diaconus Calicem rursus cooperiet; Celebrans cum Diacono genuflectent ad Sacramentum.

247. Post haec Celebrans manibus super Altare iunctis, dicet orationem *Perceptio Corporis tui* etc. Genuflectet post orationem, accipiet patenam cum S. Hostia, dicens *Panem coelestem* etc. ac pectus ter percutiens, dicet etiam tribus vicibus *Domine, non sum dignus*. Deinde se Sacramento signans, dicet *Corpus Domini nostri* etc. et communicabit (a).

248. Ascendet Subdiaconus ad dexteram Diaconi eodemque tempore accedet ad Altare Acolythus unus cum ampullis vini et aquae in pelvicula. In promptu etiam erunt Ministri lotionis.

249. Quum Celebrans communicaverit, Diaconus deteget Calicem, et genuflexione facta a Celebrante ac Ministris, Celebrans fragmenta de corporali colliget patena et ponet intra Calicem, atque ita si adhibitum fuerit cochleare in Calice ad reponendam S. Hostiam, abstergetur diligenter a fragmentis, quae a Celebrante immittentur in Calicem. Postea Celebrans accipiet Calicem nec se signans nec formulam ullam proferens,

---

(a) Notentur quae in Caeremoniali Episcoporum lib. II. cap. XXVI. num. 20. leguntur « Tunc secrete (Celebrans) ut alias dicit *Perceptio Corporis* etc. *Panem Coelestem* etc. *Domine non sum dignus* etc. et continuat *Corpus Domini* etc. »

se communicabit particula S. Hostiae et vino, quod erit in Calice.

250. Episcopus assurget, genuflexionem faciet ad Crucem, eique reposita a primo Diacono assistente mitra, redibit in thronum et sedebit.

251. Consurgent Cappellani cum intorticiis et coeuntes ante Altare, genuflexionem ad Crucem et ad Episcopum conficient et revertentur in Sacrarium.

252. Chorus etiam consurget et sedebit stallo quisque suo.

253. Praesto erunt apud thronum clerici recepturi paramenta Episcopi, et Cubicularius cum cappa.

254. Celebrans, non abscedens de medio Altari, digitos vino et aqua purificabit super calicem, infundente vinum et aquam Diacono, cui ministrabuntur ampullae a Subdiacono. Celebrans ablutionem sumet, nihil dicens.

255. Acolythus reportabit ampullas ad abacum et Subdiaconus transibit in cornu Evangelii, absterget calicem et superposito purificatorio, patena, palla et corporali intra bursam, referet haec omnia ad abacum, exsequens hanc actionem celeriter.

256. Diaconus mitram imponet Celebranti, qui in latere Epistolae lavabit manus. Presbyter assistens cum Diacono sustinebunt ei mantile.

257. Postea Diaconus tollet mitram Celebranti, descendet de abaco, stolam latiorem dimittet, resumet planetam plicatam et redibit ad Celebrantem.

258. Presbyter assistens admovebit ad medium Altaris Missale cum cussino.

259. Celebrans redibit ad medium Altaris et iunctis manibus atque inclinatus, dicet elata voce *Quod ore sumpsimus* etc.

260. His peractis, Celebrans de Altari descendet, medius inter Ministros et una cum ipsis genuflexionem conficiet ad Crucem. Tum Diaconus reponet ei mitram, et facta respective reverentia vel genuflexione ante Episcopum, praecedentibus clericis, quo ordine processit ad Altare, redibit in Sacrarium, ubi sacras vestes dimittet.

261. Profecto Celebrante, ascendent ad thronum clerici

Diaconi assistentes exuent Episcopum paramentis, quae reponentur super abacum, in quo erant ab initio.

262. Quum Diaconi assistentes exuerint Episcopum, reponent ei cappam adiuvante cubiculario, qui advertet alligare extremitatem posteriorem vestis talaris.

263. Cappa Episcopo reposita, Diaconi assistentes salutabunt eum et se recipient in chorum ad subsellia sua, functi in hac functione officio assistentiae.

264. Caeremoniarius cappam Episcopo explicabit et recitabuntur Vesperae, observando ritum praescriptum cap. XIV. num. 202. libri huius.

265. Si nullus sermo, seu sacra concio post Evangelium habita fuerit, quando in fine Vesperarum Episcopus ad faldistorium descendet pro recitando *Miserere*, accedet ad Episcopum Presbyter assistens, qui post orationem *Respice* etc. assurgens, convertetur ad populum et Indulgentiam publicabit, legens alta voce formulam praescriptam.

266. Si Episcopus Celebrans non erit subiectus Ordinario, ut notavimus cap. IV. libri V. Celebrans imponet incensum in thuribulum ad thurificanda oblata: eaque est unica variatio, quae occurreret num. 223. huiusce capituli.

DE ASSISTENTIA EPISCOPI
PRAESTANDA OFFICIO FERIAE VI. IN PARASCEVE,
A CANONICO CATHEDRALIS CELEBRATO.

CAPUT XIX.

De rebus praeparandis.
Ad Altare, in quo expositum aderit SS. Sacramentum.

1. Praeparabitur faldistorium, vel genuflexorium sine strato cum pulvinis duobus e panno violaceo, ut supra.

2. Velum humerale nobile albi coloris pro Episcopo.

3. Intorticia numero octo pro Cappellanis in processionem illa delaturis.

4. Pulvinus niger sericeus super infimum gradum Altaris pro Episcopo.

5. Scabellum gradatum in commodum Sacristae, si opus fuerit, ad extrahendum e custodia SS. Sacramentum.

6. Clavis urnae seu custodiae super mensam Altaris et corporale in medio explicatum.

7. Stola nigri coloris pro Sacrista, qui custodiam Sacramenti aperturus erit.

8. Extra Sacellum, umbraculum hastile albi coloris.

In Sacrario.

9. Paramenta pro Celebrante et sacris Ministris, videlicet amictus, albae, cingula et manipuli, tria omnia numero; stolae et planetae plicatae duae, integra una (*a*).

10. Superpellicea pro clericis inservientibus.

11. Paramenta pro cantoribus Passionis, nempe amictus, albae, cingula, manipuli, stolae, tria omnia numero, et liber Passionis instructus veste nigra et signaculis similibus.

12. Vasculum aquae sanctae cum aspersorio, si in conchis ecclesiae aqua benedicta servabitur.

Ad Altare maius.

13. Altare esto totaliter nudum et aderunt sex candelabra ex cupro aut ex aere vel alius materiae fusci coloris cum candelis e cera lutea, seu communi. Media inter candelabra erit Crux eiusdem materiae, alto pede et aequali candelabris. Crux tamen esto levis in commodum Celebrantis et convestita velo sericeo nigri coloris, iam aptato, ut facile tolli possit; ideoque expediret ut esset circumsutum, excepto brachio dextro et summitate, ubi firmabitur globulis nigris vel uncinulis.

(*a*) Vide quae praecedentis capit. num. 12. tradita sunt.

14. Ante Altare statuetur faldistorium, in quo genuflectet Episcopus, et aderunt in illo duo pulvini e panno violaceo.

15. A laeva faldistorii ponetur scabellum nudum aequale scabellis throni, utendum a Celebrante. Advertetur ne scabellum sit ad lineam faldistorii, sed retro aliquantulum.

16. A latere Epistolae, loco solito, aderit scamnum pro Celebrante et Ministris, et ipsum nudum ac destitutum omni ornatu vel tegumento.

17. In latere Evangelii imposita basi erit Crux processionalis velo violaceo convestita. Quod si ordinarius fuerit Archiepiscopus, praeparabitur basis tantum.

In abacis.

18. Abaci erunt nudi; planum eorum superius cooperietur sola tobalea linea alba, quae nihil defluat prorsus a lateribus. Porro in illo, qui stabilietur pro Celebrante in latere Epistolae, praeparantor duo candelabra cum candelis e cera lutea seu communi pro Acolythis; ampullae vini et aquae in pelvicula; calix argenteus cum purificatorio, patena, palla et corporali intra bursam nigram; si adhibebitur calix, in quo custodietur SS. Sacramentum, praeparabitur tantum bursa nigra cum corporali et purificatorio; vasculum aquae et purificatorium unum ad purificandos digitos Celebrantis, si opus fuerit; cussinus nigri coloris aequalis paramentis, vel legile pro Missali; Missale cum veste nigra et signaculis similibus; Epistolarium et Evangeliarium cum tegumento et signaculis, ut supra; Altaris tobalea, quae contegere mensam tantum debet, nec pendere a lateribus; thuribula argentea duo cum naviculis similibus; stola latior nigri coloris pro Diacono; lanx argentea ad excipiendas oblationes Crucis; formula Indulgentiarum.

19. In altero abaco, qui adhibebitur pro Episcopo, praeparabitur pluviale nigrum cum stola simili, amictus, formale simplex, mitra damascena albi coloris; velum seu vimpa, qua utetur Cappellanus a mitra; Missale cum tegumento ni-

gro et signaculis similibus; pulvinus e serico nigro utendus ab Episcopo, quum paratus erit pluviali, Breviarium vel liber cum oratione *Respice* etc. in fine Vesperarum.

20. Prope abacum istum ponetur tapetum maius e panno violaceo cum pulvino e serico villoso violacei coloris, in quo aderit velum sericeum album phrygiatum opere sericeo coloris violacei, et adhibebitur in adoratione Crucis: aderunt etiam taeniae albi coloris, sericeae adhaerentes pulvino et velo, ad firmandam Crucem,

In Presbyterio.

21. Thronus erit ex toto nudus; pulvinus tantum e panno violaceo in sedili cathedrae ponetur. Aderunt duo scabella pro Diaconis assistentibus. Praeparabitur pulvinus alter laneus coloris violacei, adhibendus in genuflexionibus Episcopi.

22. Hastae cum gossipio cerato ad accendendos cereos.

23. In sex candelabris ad ingressum Presbyterii ponentur intorticia vel cerei e cera communi.

24. Sedilia Canonicorum et Cleri carebunt quocumque ornatu et tegumento.

25. Praeparabitur etiam scabellum gradatum in usum Diaconi ad conscendendum Altare, quando erit accipienda Crux.

26. Statuetur pulpitum nudum pro Concionatore non longe a Presbyterio.

De functione

27. In choro recitantor horae minores Prima, Tertia, Sexta et Nona, voce submissa et sine cantu; cerei in Altari erunt extincti.

28. Dum horae praedictae recitabuntur, se parabunt in Sacrario Celebrans cum Ministris, et assument paramenta nigra ibi praeparata, ut superius notatum est.

29. Completa in choro horarum recitatione, pulsabitur crotalum ad fores Sacrarii, ut indicetur Canonicis tempus esse associandi Episcopum, ut cap. IV. lib. V.

30. Clericus designatus afferet ad portam vasculum aquae sanctae cum aspersorio, si mos erit hisce diebus servandi aquam benedictam in fontibus lustralibus.

31. Episcopus ad ecclesiam descendet, ac si fuerit Metropolitanus, praeferetur ante eum Crux Archiepiscopalis: ad portam ecclesiae quum venerit, asperget seipsum et adstantes, si in conchis ecclesiae servabitur aqua benedicta, ut supra; secus haec actio omittetur.

32. Episcopus in ecclesiam ingressus caput operiet caputio cappae et hac die a benedicendo dextera adstantes abstinebit.

33. In Sacello ubi expositum erit SS. Sacramentum, caput nudabit caputio, ante faldistorium genuflexionem in pavimento nudo faciet utroque genu, geniculabit in faldistorio ibique restabit orationi vacans, donec Caeremoniarius eum monebit, ut assurgat.

34. Hoc tempore egredietur e Sacrario Celebrans, praeeuntibus duobus Acolythis, Subdiacono et Diacono; procedet ad Altare maius et veniens in medium, reverentiam faciet ad Crucem; Ministri, nisi fuerint Canonici, genuflexionem conficient, itemque Acolythi, et sessum pergent ad scamnum sibi praeparatum in latere Epistolae. Acolythi autem consistent apud abacum.

35. Si cantanda erit prima lectio a Beneficiario seu Mansionario, qui gaudeat usu cappae aut alius indumenti choralis, dimittet ipsum in Sacrario, sibi induet superpelliceum et praesto erit apud abacum, quando Episcopus ad Altare perveniet.

36. Caeremoniarius Episcopi quum cognoverit omnia ad Altare disposita esse ad initium functionis faciendum, innuet ei ut discedat. Episcopus assurget, genuflexionem, ut supra, utroque genu ad SS. Sacramentum iterabit, exibit de Sacello et extra ipsum caputio cappae rursus operiet caput.

37. Celebrans et Ministri, ingresso in presbyterium Episcopo, caput nudabunt, consurgent et respective ante eum facient reverentiam vel genuflexionem et dextere transeuntes post Episcopum, accedent ad sinistram eius paullo retro. Ce-

lebrans geniculabit apud scabellum, Ministri geniculabunt a lateribus eius, retro aliquantulum (a).

38. Episcopus progressus ad faldistorium, caputium sibi detrahet de capite, salutabit Crucem Altaris, submittet genua et super faldistorium procumbet.

39. Diaconi assistentes coibunt cum Episcopo in presbyterium intrante et geniculabunt in pavimento a tergo eius.

40. Si fuerit Metropolitanus, Cappellanus crucifer statim firmabit in basi Crucem archiepiscopalem.

41. Canonici et ceteri de choro recedent ad subsellia ibique geniculabunt.

42. Episcopus et Celebrans solito prolixius orabunt, spatio ferme unius *Miserere*.

43. Interim in promptu erunt Acolythi apud abacum, tobaleam super Altare extensuri.

44. Episcopus, Celebrans et reliqui de oratione consurgent.

45. Episcopus, reverentia facta ad Crucem, caput operiet caputio, et in thronum ascendet, comitantibus duobus Diaconis assistentibus. Extremitas posterior eius cappae a nullo sustentabitur. Benedictionem nequaquam donabit, neque ullo modo salutabit Celebrantem neque Canonicos nec reliquos. Conscenso throno, sedebit in cathedra et Diaconi assistentes in scabellis consuetis. Hac die nullus erit Episcopo Presbyter assistens.

46. Cappellanus a libro Episcopi aderit prope latus sinistrum throni, functurus officio suo.

47. Profecto Episcopo, amovebitur statim a duobus clericis faldistorium, in quo ipse genuflexerat, et clericus alter tollet scabellum a Celebrante adhibitum.

48. Post Episcopi de Altari discessum, Celebrans medius inter Diaconum et Subdiaconum ascendet ad Altare, quod osculabitur in medio. Ministri deinde cum Celebrante conficient reverentiam vel genuflexionem ad Crucem, descendent cum Celebrante ipso a latere de Altari, venient sessum ad scamnum praeparatum et caput bireto cooperient.

(a) Inspiciatur adnotatio subiecta nnm. 57. cap. praeced.

49. Episcopo in throno et Celebrante cum Ministris in suo scamno sedentibus, prodibunt in medium duo Acolythi, quorum unus deferet Altaris tobaleam, debitisque reverentiis et genuflexionibus ad Celebrantem, Episcopum et Altare peractis, ascendent ad Altare et supra mensam extendent tobaleam in longitudinem prope candelabra ita tamen, ut explicari facile possit, quaemadmodum dicetur inferius.

50. Acolythis cum genuflexionibus, ut supra reversis ad abacum, qui cantor lectionem primam erit cantaturus, comitante Caeremoniario, procedet in medium, reverentiam primo ad Celebrantem faciet, dein genuflexionem ad Altare et ad Episcopum, postea quo loco cantari Epistola solet, lectionem cantabit tono pro lectionibus stabilito.

51. Expleto lectionis seu prophetiae cantu, genuflexiones et reverentias cantor, ut antea iterabit, redibit ad abacum, deponet ibi Epistolarium, recedet in Sacrarium, resumet habitum choralem, ut superius notatum fuit, et in chorum ad locum suum redibit.

52. A cantorum choro cantabitur tractus *Domine audivi* etc.

53. Se sistet Episcopo cappellanus cum libro, ex quo Episcopus leget prophetiam cum tractu, stantibus Diaconis assistentibus, donec leget Episcopus.

54. Subdiaconus accipiet ex abaco Missale Celebrantis, se sistet ante ipsum et reverentia facta, librum aperiet, et apertum ei sustinebit, ex quo Celebrans ipse leget prophetiam et tractum.

55. Hoc tempore se parabunt in Sacrario tres Passionis cantores, adiuvantibus respectivis eorum Cappellanis seu clericis qui debebunt ipsis sustinere librum.

56. Lecta ab Episcopo et Celebrante prophetia cum tractu, cappellanus a libro et Subdiaconus ad respectivum locum suum se recipient.

57. Clericus unus ponet super Altare in latere Epistolae cussinum seu legile cum Missali aperto pro Celebrante.

58. Quum parum aberit ut absolvatur cantus Tractus, caput nudabunt Celebrans et Ministri, atque a latere ascendent ad Altare in cornu Epistolae, ibique Diaconus subsistet a tergo

Celebrantis super gradum proximum suppedaneo, et Subdiaconus super gradum infimum vel in pavimento ante gradum eumdem.

59. Episcopus exuet caputium capiti et assurget.

60. Assurgente Episcopo, consurget etiam Chorus.

61. Celebrans cantabit *Oremus*, Diaconus *Flectamus genua*, Subdiaconus *Levate*.

62. Tam in ista, quam in reliquis orationibus genuflectent omnes ad cantum verborum *Flectamus genua*, omnesque consurgent ad verbum *Levate*, excepto Celebrante, qui stabit. Caeremoniarius advertet, ut pulvinum pro Episcopo praeparet in gradulo cathedrae.

63. Celebrans manibus expansis ac tono feriali cantabit orationem *Deus, a quo et Iudas* etc.

64. Cantata oratione, omnes rursus sedebunt. Episcopus caputio cappae operiet caput. Celebrans et Diaconus descendent de Altari ad scamnum, in quo denuo sedebunt et caput operient bireto.

65. Omnibus, ut supra, sedentibus, Subdiaconus exuet planetam plicatam et recepto Epistolario, comitante Caeremoniario, genuflexionem aut reverentiam faciet ad Altare et ad Episcopum et loco usitato cantabit secundam prophetiam seu lectionem quo tono cantatur Epistola.

66. Postquam cantaverit lectionem, iterabit genuflexiones aut reverentias, ut supra, et quin osculetur manum Episcopi aut Celebrantis, resumet planetam plicatam et sustinebit deinde Missale ante Celebrantem, qui sedens in scamno lectionem et tractum leget.

67. Lectionis cantu absoluto, ut supra, se sistet Episcopo cappellanus cum libro; Episcopus autem sedens leget lectionem, Tractum, *Munda cor meum* et ultimam Passionis partem, stantibus ad lectionem hanc Diaconis assistentibus.

68. Hoc tempore a cantoribus cantabitur tractus *Eripe me, Domine*. etc.

69. Cantores Passionis, dum cantabitur Tractus, ingredientur in Presbyterium, si fieri poterit, ex parte Sacrarii et consistent apud abacum. Cantor textus deferet librum. Eos

antecedet Caeremoniarius et sequentur tres clerici seu cappellani, librum ante ipsos sustenturi. Nisi alius erit aditus, praeter principalem, advertent ut ingrediantur dum cantabitur ultimus versus Tractus praedicti.

70. Lecta a Celebrante lectione et tractu, Subdiaconus tradet Missale Clerico, a quo ponetur super Altare a latere Epistolae in legili seu cussino.

71. Quando cantabitur ultimus versus Tractus, cantores Passionis procedent in medium, reverentiam conficient ad Celebrantem, si transibunt ante ipsum, deinde genuflexionem ad Altare et ad Episcopum, nec osculantes manum Episcopi aut Celebrantis accedent quo loco cantatur Evangelium. Praecedet cantor textus, tum succentor, postremo qui Christi partes sustinet, sequentibus tribus cappellanis: in loco supradicto cantor textus medium locum obtinebit, a dextris eius qui Christi personam agit, a sinistris, qui turbarum. Contra cantores ipsos consistent tres praedicti cappellani.

72. Completo cantu Tractus, Episcopus exuet caputium, assurget in pedes et cum ipso chorus universus. Celebrans et Ministri nudabunt caput, consurgent et ascendent a latere ad Altare, manente Diacono a dextris Celebrantis in gradu inferiori, et in altero gradu Subdiacono a dextris Diaconi.

73. Cantores incipient et prosequentur cantum Passionis. Cappellani sustinebunt eis librum, quem identidem sibi ad invicem transmittent.

74. Celebrans leget Passionem, paullulum conversus ad cantores, et postquam Passionem legerit, recitabit *Munda cor meum* in eodem loco, leget ultimam Passionis partem, postea convertetur ad cantores. Diaconus consistet in gradu inferiori proximo Celebranti, Subdiaconus in gradu infimo et in plano a sinistris Diaconi, uterque conversus ad cantores Passionis.

75. Antequam cantentur verba *Tradidit spiritum*, ponetur pulvinus in gradulo throni pro Episcopo.

76. Ad verba eadem geniculabunt omnes, exceptis cappellanis librum Passionis sustinentibus.

77. Assurgente Episcopo, consurgent omnes et cantus Passionis ab iisdem cantoribus continuabitur usque ad exitum.

78. Cantu Passionis absoluto, cantor textus librum claudet ac recipiet, et ordine supradicto, una cum reliquis duobus cantoribus ac tribus cappellanis revertentur in Sacrarium, ubi sacras vestes dimittent.

79. Episcopus sedebit et caput operiet caputio.

80. Celebrans convertetur ad Altare et subsistet ante librum.

81. Diaconus perget ad abacum, dimittet planetam plicatam et induet stolam latiorem. Accipiet Evangeliarium et cum debitis reverentiis ac genuflexionibus illud afferet ad Altare et ponet in media mensa; deinde geniculabit in extremitate anteriori suppedanei et recitabit *Munda cor meum*.

82. In medium ante gradus Altaris procedent Subdiaconus et Acolythi iunctis manibus, quia non gestantur candelabra.

83. Praesto erit apud abacum Concionator.

84. Diaconus assurget et sumpto libro Evangeliorum, descendet de Altari, coibit cum Subdiacono et Acolythis, et genuflexione facta ad Altare, accedent ad thronum et conficient genuflexionem aut reverentiam ante Episcopum, postea procedent ad locum, quo cantari Evangelium solet.

85. Episcopus caput nudabit caputio, assurget et cum eo consurgent ceteri omnes.

86. Celebrans stans ad Altare, couvertetur versus Diaconum.

87. Cantabitur a Diacono ultima pars Passionis quo tono cantatur Evangelium, non tamen thurificabit nec signabit librum aut seipsum.

88. Post cantatum Evangelium, Diaconus claudet librum, quem Subdiaconus tradet uni Acolytorum, atque iteratis ut supra, genuflexionibus aut reverentiis coibit cum Subdiacono; tum uterque se adiungent Celebranti, qui de Altari descendens, perget ad scamnum et sedebit una cum Ministris.

89. Episcopus sedebit et capiti sibi induet caputium. Chorus etiam considebit.

90. Concionator comitante Caeremoniario, qui secum feret formulam Indulgentiarum, discedet de loco quo erit, salutabit Celebrantem, si ante ipsum transibit, procedet ante Altare

et peraget genuflexionem, deinde ante thronum, et genuflectet ad Episcopum, ascendet ad thronum, geniculabit ante Episcopum et manum eius non osculans, nec petens benedictionem, rogabit Indulgentiam, tantum dicens « Indulgentias, Rme Pater » et Episcopus respondebit « quadraginta dierum » (si tamen fuerit Cardinalis concedet centum dierum indulgentiam). Concionator cum Caeremoniario assurget, descendet de throno, genuflexionem iterabit ad Episcopum, dein ad Altare; ascendet in pulpitum et genuflexione peracta versus Altare ac versus Episcopum, quin recitet *Ave Maria* exordietur statim sermonem suum; hoc autem confecto, nudabit caput et stans in pedes publicabit Indulgentiam, legens formulam, quam ei tradet Caeremoniarius.

91. Indulgentia publicata, Concionator de pulpito descendet et revertetur in Sacrarium.

92. Celebrans cum Ministris, redibunt ad Altare a latere consistentibus Diacono et Subdiacono a tergo Celebrantis, ut superius in prima oratione traditum est.

93. Episcopus exuet capiti caputium, assurget et Chorus omnis cum ipso.

94. Caeremoniarius meminerit pulvinum ponere pro Episcopo in gradulo cathedrae.

95. Celebrans incipiet notis in Missali scriptis cantare invitationem ad adorationem iunctis manibus, post quam cantabit *Oremus* (Diaconus *Flectamus genua*, Subdiaconus *Levate*) et manibus expansis prosequetur tono feriali orationem invitationi respondentem (a).

96. Ad *Flectamus genua* genuflectent omnes uno tantum genu, ut supra, excepto Celebrante.

97. Caeremoniarius assistens Celebranti, admonebit Ministros quum cantare debeant *Flectamus genua* et *Levate* ante orationes.

98. Ad orationem *pro haereticis*, duo pluresve clerici extendent tapetum adhibendum in adoratione Crucis. Summitas seu caput tapeti sternetur in medio infimi gradus Altaris

(a) De oratione pro *Romano Imperio* vide lib. II. cap. XXVI. num. 41.

et reliqua pars tapeti extendetur secundum planum presbyterii. Ponent in capite tapeti pulvinum cum velo albi coloris super gradum infimum Altaris in commodum illorum, qui Crucem adoratum ibunt.

99. Si Altare esset ad Orientem versum, advertentur quae tradita sunt num. 111. Cap. XVII.

100. Circa finem adorationis aderunt prope Altare cantores duo cum Missali aut libro, in quo extet in notis *Ecce lignum Crucis* etc.

101. Omnibus cantatis orationibus, Celebrans reverentia facta ad Crucem, descendet a latere de Altari, veniet ad scamnum et planetam dimittet.

102. Clericus unus accipiet ex Altari Missale, quo usus erit Celebrans.

103. Hoc tempore sedebit Episcopus et Chorus.

104. Postquam Celebrans exuerit planetam, medius inter Diaconum et Subdiaconum accedet ad latus posterius Altaris ex parte Epistolae in planum ante gradus, ibique stabit facie versa ad populum. Subdiaconus adstabit ei a sinistris et clericus cum Missali a latere versus sinistram eamdem, sustinens Missale apertum. Duo cantores praedicti consistent post Celebrantem.

105. Diaconus, comitante Caeremoniario, ascendet a latere ad Altare et, conscenso suppedaneo, reverentiam, vel genuflexionem faciet ad Crucem ipsamque ex Altari accipiet.

106. Si necesse erit, apponetur scabellum gradatum a clerico, qui sustentabit Diaconum ascendentem ac descendentem, postea scabellum praedictum removebitur.

107. Quando Diaconus accipiet Crucem, Episcopus capiti exuet caputium, assurget et Chorus universus cum eo.

108. Caeremoniarius meminerit collocare pulvinum pro Episcopo in gradulo cathedrae.

109. Diaconus Crucem acceptam deferet reverenter ambabus manibus et nullam faciens sive reverentiam sive genuflexionem, descendet de gradibus Altaris in medium, accedet ad Celebrantem, Crucem tradet ei et consistet a dextris eius.

110. Celebrans Crucem accipiet utraque manu et elatam

sustinebit ante pectus: adiuvantibus Diacono et Caeremoniario, eius summitatem deteget usque ad partem transversam, ac tono indicato in Missali cantabit *Ecce lignum Crucis*, et duo cantores prosequentur cantu *in quo salus Mundi pependit*; Chorus subiunget *Venite adoremus*. Ad verba ista omnes in genua procumbent ; clericus etiam qui librum apertum sustinebat ante Celebrantem, libro statim clauso, geniculabit. Celebrans unus stabit in pedes.

111. Cantatis verbis *Venite adoremus*, consurgent omnes ; Celebrans autem cum Ministris, ut supra, ascendet ad Altare quo loco legitur Epistola, et adiuvante Diacono aut Caeremoniario, deteget brachium dexterum Crucis cum brachio dextero et capite imaginis Crucifixi : cantabit ut antea, *Ecce lignum Crucis*, vocem efferens hemitonio, et ab omnibus genuflectetur, ut supra dictum est.

112. Deinde Celebrans cum Ministris transibit in medium Altaris et adiuvante, ut supra, Diacono aut Caeremoniario, deteget Crucem totaliter, ac vocem efferens altero hemitonio, cantabit ut prius *Ecce lignum Crucis* et omnes procumbent in genua.

113. Post verba *Venite adoremus* in tertia adoratione, genuflexi omnes restabunt.

114. Celebrans tantum, comitante Caeremoniario, de Altari descendet et Crucem afferet ad pulvinum super tapetum violaceum praeparatum in Presbyterio, ibique geniculabit, Crucem imponet super pulvinum, ac si opus fuerit, ligabit eam taeniis ex utraque extremitate.

115. Cruce pulvino imposita, assurget Celebrans et ceteri omnes cum eo.

116. Celebrans, genuflexione facta ad Crucem, redibit ad scamnum in latus Epistolae. Ministri, qui genuflexerant in Altaris suppedaneo, consurgent simul cum Celebrante, cum eo genuflexionem facient ad Crucem, occurrent ei et adducent ipsum ad scamnum.

117. Episcopus sedebit et caput operiet caputio.

118. Cubicularius Episcopi habitu urbano indutus, comitantibus clericis quatuor, ascendet ad thronum, genuflexionem faciens versus Crucem, dein ad thronum antequam illuc ascen-

dat. Conscenso throno, geniculabit ante gradulum cathedrae et quatuor praedicti clerici attollent cappae episcopalis fimbrias, quibus cooperient cubicularium, calceos detrahentem Episcopo.

119. Clerici et cubicularius, excalceato Episcopo, recedent in latus sinistrum throni extra gradus ipsius.

120. Tempore eodem Celebrans sedens in scamno, sibi exuet calceos, idemque facient in suis stallis Canonici et Ministri sacri apud scamnum suum.

121. A dextris Crucis ponetur lanx a clerico ad excipiendas oblationes.

122. Non decet Diaconos assistentes exuere calceos in throno et comitari Episcopum ad Crucis adorationem excalceatos: quocirca se gerent, ut inferius docebitur.

123. Episcopus, detractis sibi calceis, assurget, de throno descendet aut ex parte media, aut a latere, iuxta ipsius throni positionem, comitantibus eum Diaconis assistentibus. Sibi ipse sustinebit partem cappae anteriorem, super manus elevatam, ut liberius possit incedere; partem vero posteriorem nemine sustentante, ita ut illam tractet super pavimentum.

124. Quum Episcopus pervenerit ad extremitatem inferiorem tapeti, capiti exuet caputium, pileolum quoque sibi detrahet, si utetur eo. Diaconi assistentes recedent et Episcopo, post adorationem, obviam venient ad principium tapeti versus Crucem.

125. Ubi Episcopus se movebit de throno, iturus ad adorationem, consurget Chorus. Eodem tempore cantorum chorus incipiet improperia cantare, quae prosequentur toto adorationis tempore.

126. Progressus ad extremitatem tapeti Episcopus, comitante Caeremoniario tantum, qui eum in genuflectendo adiuvabit, si opus fuerit, procumbet in genua et brevi orabit ante Crucem; deinde assurget et procedens ad dimidium tapeti, geniculabit secunda vice et orabit, ut supra; assurget iterum, ante progredietur Crucem, geniculabit, orabit paulisper et devote osculabitur Crucifixum. Tum accipiet a Caeremoniario bursam cum oblatione eamque deponet in lance.

127. Post haec Episcopus assurget, genuflexionem faciet

ad Crucem genu dextero; recedet extra tapetum, ubi inveniet Diaconos assistentes, caput operiet pileolo et caputio cappae ac revertetur ad thronum.

128. Diaconi assistentes, Episcopum ad thronum comitati, reverentia facta, de throno descendent in chorum ad stallum suum, ubi calceos sibi detrahent.

129. Reverso ad thronum et in ipso sedenti Episcopo se rursus sistent cubicularius cum clericis, eodemque ordine ac supra, cubicularius reponet ei calceos. Postea clerici et cubicularius, debitis peractis reverentiis, ad locum suum se recipient.

130. Clericus aliquis animum advertet ad detegendam Crucem processionalem vel Archiepiscopalem, itemque detegentur Cruces quae Altaribus ecclesiae insistent.

131. Quando Episcopus post Crucis adorationem redibit in thronum, Celebrans comitatus a Caeremoniario, procedet ad terminum tapeti, Crucem adoraturus. Eodem tempore incipient de suis stallis proficisci ad Crucem adorandam Dignitates et Canonici.

132. Curabitur ut dignior Chori, seu Dignitas sit seu Canonicus, adsit in loco indicato, quando illuc adveniet Celebrans. Quo quum Celebrans pervenerit, dignior chori locum sumet a sinistris eius, et iunctim adorabunt Crucem, ut iam fecit Episcopus.

133. Ut actio ista bono exemplo sit et fiat ordinatim, observentur quae tradita sunt cap. XVII. num. 129.

134. Ordo procedendi ad Crucis adorationem, sequens erit.

135. Post Episcopum accedet Celebrans, adstante a sinistris eius Canonico seniore vel prima Dignitate Capituli. Tum reliquae Dignitates, si quae aderunt. Ministri Altaris, si fuerint Canonici, videlicet Diaconus et Subdiaconus; hic autem non dimittet planetam plicatam (a). Canonici, ex ordine presbyterali. Canonici Diaconi assistentes. Ceteri Canonici ex ordine Diaconorum. Canonici ordinis Subdiaconalis. Si numerus alicuius gradus Canonicorum dispar esset, non coibunt terni in

---

(a) Caeremoniale non praescribit, ut Subdiaconus dimittat planetam plicatam; neque ut Celebrans et Ministri sibi detrahant manipulum.

ultimo loco sed ultimus unius incedet cum primo sequentis ordinis, ut ex gr. si numerus Canonicorum Presbyterorum dispar esset, ultimus Presbyter coibit cum primo Canonico Diacono, et sic deinceps. Ratio est, quod in functione ista Canonici non induunt paramenta sacra, ut fit cum celebrat Episcopus, ideoque nulla extat diversitas in sacrarum vestium qualitate. Sin autem in fine dispar esset numerus, ultimi coibunt terni, itemque in coetibus sequentibus. Post Canonicos accedent ad adorationem sacri Ministri, nisi fuerint Canonici, deinde Beneficiarii, Mansionarii, clerici Seminarii, Magistratus, laici nobiles, familiares nobiles Episcopi et populus, exclusis prorsus mulieribus. Eunte autem ad adorationem populo, cavebitur ne ulla oriatur perturbatio.

136. Celebrans, Cruce adorata, redibit ad scamnum suum, sedebit et calceos sibi reponet.

137. Ministri sacri, nisi fuerint Canonici, obviam occurrent Celebranti de adoratione redeunti et Diaconus ei reponet planetam apud scamnum. Sin autem erunt Canonici, nec parati essent ad praestandum hoc officium Celebranti, supplebitur a Caeremoniario.

138. Canonici ad subsellia sua se recipient sibique reponent calceos.

139. Diaconi assistentes, Cruce adorata, redibunt ad stallum suum, ibique calceis sibi repositis, revertentur in thronum ad assistentiam Episcopi.

140. Item Ministri se recipient ad scamnum suum, sibi rursus inducent calceos et sedebunt cum Celebrante.

141. Reversis in thronum Diaconis assistentibus, se sistet Episcopo Cappellanus a libro, qui sustinebit ante eum Missale apertum, ex quo Episcopus alternatim cum Diaconis supradictis leget improperia.

142. Celebrans etiam, quum rediverint Ministri, cum ipsis improperia leget e Missali, quod clericus unus sustinebit (a).

143. Dum Crucis adoratio peragetur, Beneficiarii, seu Mansionarii, qui numero octo induti superpellicio sine pluviali de-

---

(a) Quomodo dividenda improperia sint, vide adnotationem cap. XVII. num. 134. libri huius.

laturi erunt baldachinum in processionem, postquam adoraverint Crucem, recedent in Sacrarium, habitum choralem dimittent, induent superpellicium et accedent ad Sacellum, in quo custodietur SS. Sacramentum.

144. Cappellani seu clerici, qui numero octo in processionem gestare intorticia debebunt, postquam Crucem adoraverint, accedent ad Sacellum, in quo custodietur SS. Sacramentum ibique receptis intorticiis accensis, consistent a lateribus Altaris, quaterni ex utraque parte.

145. Duo thuriferarii accipient thuribula cum naviculis, deferent illa in Sacrarium in eisque aptabunt ignem et praesto erunt in Sacello SS. Sacramenti a latere Epistolae, quando illuc adventura erit processio.

146. Sacrista curabit, ut de medio sacello amoveatur faldistorium seu genuflexorium adhibitum in accessu Episcopi ad ecclesiam et sacellum ipsum vacuum fiat a populo paullo ante quam adveniat processio.

147. Idem Sacrista aderit in sacello eodem, quando accedet illuc Episcopus, aperturus urnam seu custodiam, in qua erit asservatum SS. Sacramentum.

148. Lectis ab Episcopo et Celebrante improperiis, recedent cum libro respectivi Cappellani et super abacum relinquent Missale.

149. Apud abacum, in quo aderunt praeparatae sacrae vestes Episcopi, sub finem adorationis praesto erunt clerici quatuor et Cappellanus a mitra, paramenta praedicta Episcopo ministraturi. Aderit etiam cubicularius, cappam episcopalem recepturus debito tempore.

150. Sub finem adorationis, duo Acolythi accendent cereos Altaris, duas candelas in abaco et cereos candelabris impositos ad tribunam sive ad ingressum presbyterii.

151. Diaconus et Subdiaconus, postquam improperia cum Celebrante legerint, consurgent, reverentiam ad Celebrantem, deinde genuflexionem ad Crucem conficient, ascendent ad Altare et explicabunt tobaleam, quae principio ab Acolythis posita fuit plicata super mensam. De Altari descendent et genuflexione ad Crucem iterata, redibunt ad Celebrantem et sa-

lutabunt ipsum. Subdiaconus sedebit in scamno et Diaconus accedet ad abacum, unde bursam cum corporali et purificatorio acceptam afferet ad Altare cum reverentiis et genuflexionibus, ut supra, explicabit corporale in media mensa, ponet bursam in latere Evangelii prope candelabra et purificatorium a dextra corporalis; deinde genuflexione facta ad Crucem, descendet a latere ad scamnum, salutabit Celebrantem et sedebit.

152. Curae erit clerico alicui, dum Diaconus super Altare explicabit corporale, transferre in cornu Evangelii Missale cum cussino seu legili pro Celebrante.

153. Adoratione peracta, assurget Diaconus et comitante Caeremoniario, tollet Crucem de pulvino eamque reportabit ad Altare.

154. Quando Diaconus ad pulvinum accedet sumpturus Crucem, Episcopus nudabit caput, assurget et Chorus omnis cum ipso, non excepto Celebrante cum Subdiacono. A Caeremoniario ponetur in gradulo cathedrae pulvinus, super quem genua submittet Episcopus.

155. In promptu erit clericus unus cum scabello gradato, si opus fuerit Diacono, ad reponendam in sua basi Crucem.

156. Diaconus, comitante, ut supra, Caeremoniario, accedet ad Crucem, geniculabit, expediet taenias quibus firmata erit in pulvino, reverenter eam accipiet utraque manu, assurget nullamque faciens reverentiam, recta illam referet ad Altare et collocabit in basi, cui insistebat antea.

157. Statim ac Diaconus geniculabit ut Crucem accipiat, omnes in genua procumbent, non exceptis Episcopo et Celebrante.

158. Collocata a Diacono Cruce super Altare, omnes consurgent ac denuo sedebunt.

159. Diaconus, Cruce imposita basi, genuflexionem in suppedaneo ad Crucem faciet et redibit a latere ad scamnum prope Celebrantem.

160. Sedente Episcopo, distribuentur paramenta clericis, qui deferent illa ad thronum. Cubicularius Episcopi ad thronum accedet et consistet prope secundum Diaconum assistentem, recepturus cappam episcopalem.

161. Subdiaconus deponet manipulum sumpturus Crucem processionalem.

162. Episcopus, adiuvantibus Diaconis assistentibus et Cubiculario, dimittet cappam. Cubicularius autem advertet ut expediat extremitatem posteriorem vestis episcopalis, quum receperit cappam, quam deinde in Sacrario involvet, siquidem rursus adhibebitur in fine functionis.

163. Canonici hac die non efficient circulum quando parabitur Episcopus.

164. Episcopus parabitur amictu, stola, pluviali nigri coloris, et formali simplici ac primus Diaconus assistens imponet ei mitram simplicem.

165. Diaconus Altaris minister, manebit apud Altare ipsum, quum nullo fungi debeat officio in processione facienda.

166. Ordinabitur processio ad Sacellum (a) in quo expositum aderit SS. Sacramentum, ordine sequenti.

167. Clavigeri, seu claviger ecclesiae, Subdiaconus ad Altare ministrans, qui dimisso manipulo, accipiet Crucem processionalem iam detectam et incedet medius inter Acolythos gestantes candelabra ardentibus cereis; cantores; clerici Seminarii; Beneficiarii seu Mansionarii; Canonici, bini; Dignitates, ut supra; Celebrans comitatus a Caeremoniario suo; Episcopus medius inter Diaconos assistentes, qui fimbrias pluvialis eius sustinebunt; Cappellanus a mitra et Cappellanus caudatarius; familiares nobiles Episcopi, si aderunt. Sin Ordinarius esset Archiepiscopus, Subdiaconus cum Acolythis locum sument ante Canonicos, et imago Crucifixi versa erit ad Archiepiscopum.

168. Omnes illi qui in processionem incedent, de presbyterio discedentes genuflexionem facient genu dextero tantum ante Crucem Altaris maioris idemque exsequetur etiam Celebrans. Episcopus de throno descendet, et quum venerit ante Altare, nudabitur mitra a secundo Diacono assistente, genuflexionem faciet ad Crucem Altaris et reposita ipsi mitra a primo Diacono assistente, in processionem incedet.

(a) Non praescribitur a Caeremoniali, ut Episcopus pro ista processione incensum imponat in thuribulum.

169. Quum processio pervenerit ad Sacellum, in quo expositum erit SS. Sacramentum, disponetur ita, ut possit facile rursus ordinari, ideoque qui primus incedere in processionem debebit, restabit propius ingressum. Id intelligi volumus ratione habita numeri Cleri et capacitatis loci. Itaque res tractabitur quo modo poterit melius evenire.

170. Unusquisque ad Sacellum perveniens, excepto Subdiacono gestante Crucem, conficiet iunctim cum socio genuflexionem utroque genu in medio ad SS. Sacramentum, occupabit deinde locum suum, ubi geniculabit. Pari modo in discessu genuflexionem utroque genu iterabit.

171. Duo thuriferarii cum thuribulis ac naviculis aderunt prope Altare in latere Epistolae; Subdiaconus gestans Crucem et Acolythi cum candelabris consistent prope aditum Sacelli: sin autem Ordinarius fuerit Archiepiscopus, consistent prope Altare in latere Evangelii; Beneficiarii seu Mansionarii superpellicio induti, qui deferre hastas baldachini debebunt, consistent in aditu Sacelli, quo clerici duo transferent baldachinum hastile, statim ac ingressus erit in Sacellum Episcopus; Cappellani numero octo superpellicio induti, qui deferent intorticia ardentia e cera alba, geniculabunt quaterni in utroque latere Altaris, caventes tamen ne impedimento sint actionibus, quae peragendae erunt ad Altare; Canonici locum sument circa Altare, senioribus propius Episcopum remanentibus; Celebrans progressus ante Altare, genuflexionem in medio faciet utroque genu, recedet in latus Epistolae et geniculabit in infimo gradu; Episcopo, prope Altare quum venerit, tolletur mitra et pileolus a secundo Diacono assistente, progressus deinde ante Altare, genuflexionem utroque genu faciet in pavimento ad SS. Sacramentum, non utens pulvino; assurget postea et geniculabit in medio infimo gradu super pulvinum praeparatum.

172. Ad Altare accedet Canonicus Presbyter assistens, qui in functione ista exercebit officium ministrandi Episcopo incensum.

173. Genuflexo ante Altare Episcopo, Sacrista superpellicio indutus et collo circumdata stola nigri coloris, ascendet ad Altare et aperiet custodiam, in qua asservabitur SS. Sacramentum.

174. Episcopus brevi tempore orabit: tum assurget ac sublevante eius fimbriam dexteram pluvialis Diacono primo, incensum, ministrante Presbytero assistente, imponet sine benedictione in bina thuribula a thuriferariis non genuflexis sustenta. Episcopus rursus geniculabit et accepto a Presbytero assistente thuribulo, triplici ductu thurificabit SS. Sacramentum. Diaconi assistentes attollent fimbrias pluvialis Episcopi.

175. Episcopus thuribulum restituet Presbytero assistenti, qui thuribulo reddito thuriferario, redibit ad locum suum inter Canonicos.

176. Caeremoniarius humeris Episcopi imponet velum humerale albi coloris, quod ante pectus eius ligabitur taeniis a primo Diacono assistente.

177. Velo humerali Episcopo imposito, Celebrans ascendet ad Altare et cum debitis genuflexionibus SS. Sacramentum utraque manu educet e custodia, ponens dexteram infra cuppam calicis, sinistram ad pedem et convertetur versus Episcopum. Si difficile esset Celebranti accipere e custodia Sacramentum, id fiet a Sacrista, qui acceptum Sacramentum deponet super mensam Altaris et statim recedet.

178. Episcopus, profunda reverentia facta ad SS. Sacramentum, accipiet calicem ponens sinistram ad nodum, dexteram super patenam. Diaconi assistentes extremitatibus veli humeralis contegent SS. Sacramentum et manus Episcopi.

179. Celebrans, Calice tradito Episcopo, genuflectet in suppedaneo et assurgens descendet in latus Epistolae, resumpturus locum suum in processione.

180. Statim ac Episcopus acceperit SS. Sacramentum, cantores intonabunt cantu firmo hymnum *Vexilla Regis prodeunt*, quem eodem cantu prosequentur toto processionis tempore.

181. Ordinabitur processio per ecclesiam, proficiscens ad Altare maius per navem primariam ordine sequenti. Claviger, seu clavigeri ecclesiae, siqui aderunt. Subdiaconus gestans Crucem, medius intes Acolythos cum candelabris, ardentibus ce-

reis. Cantores. Clerici Seminarii. Beneficiarii seu Mansionarii. Canonici. Dignitates. Celebrans. Cappellani octo cum intorticiis ardentibus, quae sustinebunt dextera, qui dextrorsum incedent, sinistra, qui sinistrorsum. Duo thuriferarii leviter agitantes thuribula ad adolendum SS. Sacramentum. Episcopus sub umbraculo sustento a Beneficiariis seu Mansionariis octo superpellicio indutis, gestans SS. Sacramentum, medius inter Diaconos assistentes, qui fimbrias pluvialis eius sustentabunt. Sequetur Cappellanus caudatarius, sustinens extremitatem posteriorem vestis episcopalis, alter Cappellanus cum mitra et ultimo loco familiares nobiles Episcopi. Si Ordinarius fuerit Archiepiscopus, deferentur candelabra et Crux ante Canonicos, eodem modo ac supra.

182. Processione in presbyterium ingressa, Acolythi deponent candelabra super abacum et geniculabunt; Subdiaconus collocabit Crucem quo loco erat ab initio, redibit ad abacum, sibi reponet manipulum in brachio sinistro et subsistet prope Altare in plano lateris Epistolae ut se adiungat Celebranti: unusquisque de Clero redibit ad stallum suum; Cappellani seu clerici cum intorticiis disponentur quaterni in singulis partibus a lateribus Altaris ibique geniculabunt neque assurgent donec SS. Sacramentum aderit super Altari. Nemo de Clero, qui in presbyterium intrabit, genuflectet ad Crucem Altaris, quoniam gestatur in processionem SS. Sacramentum. In aditu presbyterii removebitur umbraculum hastile, quod a clericis duobus acceptum applicabitur uni parieti ecclesiae vel referetur in Sacrarium. Mansionarii seu Beneficiarii, qui superpellicio induti detulerint umbraculum, geniculabunt in plano presbyterii. Thuriferarii accedent ad latera Altaris, caventes ne suo loco impediant actiones secuturas. Diaconus et Subdiaconus aderunt genuflexi in infimo gradu Altaris a latere Epistolae, aliquanto inter se dirempti, ut locum Celebranti relinquant.

183. Ad Episcopum, ubi pervenerit ad Altare, Celebrans convertetur, genuflectet, accipiet e manibus eius SS. Sacramentum, deinde expectabit dum Episcopus in genua procumbat atque illud adoret.

184. Diaconi assistentes ex humeris Episcopi tollent velum humerale album, quod a clerico aliquo referetur ad abacum. Apud Episcopum aderit etiam Presbyter assistens, incensum ei ministraturus, ut infra.

185. Celebrans SS. Sacramentum deferet super Altare, ponet ipsum in medio corporali, genuflexionem iterabit, genuflectens versus latus suum dexterum ne tergum vertat ad Episcopum, descendet a latere de Altari et veniet geniculatum inter Diaconum et Subdiaconum in latus Epistolae super infimum gradum.

186. Celebrante genuflexo, ascendet ad Altare Diaconus, genuflexionem faciet ad SS. Sacramentum a latere, ne vertat humeros ad Episcopum, solvet taeniam, qua velum alligatum fuerit nodo Calicis, et velum ipsum diligenter expandet, ne decidat patena superposita Calici. Iterata deinde genuflexione, revertetur ad dexteram Celebrantis.

187. Assurget Episcopus et incensum, quod ei ministrabit Presbyter assistens, imponet in thuribulum ipsi praesentatum a thuriferario in pedes stante. Episcopus incensum imponet sine benedictione, genuflectet iterum et accepto thuribulo a Presbytero assistente, triplici ductu SS. Sacramentum thurificabit. Diaconi assistentes, qui genuflexi aderunt infra gradum infimum a lateribus Episcopi, fimbrias pluvialis eius attollent.

188. Thurificato SS. Sacramento, Episcopus thuribulum restituet Presbytero assistenti, assurget, genuflexionem utroque genu faciet ad Sacramentum in pavimento sine pulvino, postea redibit in thronum. Presbyter assistens sequetur Episcopum ad thronum et consistet a dextris eius. Sequetur etiam Caeremoniarius cum thuribulo et navicula.

189. Clerus in choro non assurget, quamquam Episcopus reversus sit in thronum.

190. Unus ex thuriferariis redibit in Sacrarium ibique deponet thuribulum.

191. A clericis duobus ante Altare collocabitur faldistorium, in quo geniculabit Episcopus.

192. Quum in thronum redierit Episcopus, Presbyter as-

sistens ei ministrabit incensum et Caeremoniarius vel thuriferarius stans obiiciet ei thuribulum. Episcopus imponet incensum in thuribulum sine benedictione.

193. Profecto de Altari Episcopo, ascendet illuc Celebrans cum Ministris et iunctim genuflexionem conficient ad SS. Sacramentum. Caeremoniarius Celebrantis adstabit illi a sinistris, indicans ipsi e Missali et suggerens quae dicenda ac facienda sint; Diaconus adstabit Celebranti dextrorsum et Subdiaconus dextrorsum Diacono. Ascendente ad Altare Celebrante, Acolythus unus afferet illuc pelviculam cum ampullis vini et aquae.

194. Si adhiberetur calix diversus ab illo, in quo custoditum est SS. Sacramentum, notentur quae superius tradita sunt num. 169. et seqq. cap. XVII. libri huius.

195. Clericus alter in promptu habebit vasculum aquae et purificatorium in usum Celebrantis, quum opus fuerit, ad purificationem digitorum.

196. Itaque, stante ad Altare Celebrante, Diaconus tollet de calice velum, quod feretur ad abacum; tum accipiet patenam, quam sustinebit dextera, et a calice amovebit pallam. Celebrans accepto cochleari in quo aderit S. Hostia, vel Calice, ponet illam super patenam a Diacono sustentam. Si necesse esset ut S. Hostiam extrahendi caussa, digitis attingeret, digitos in vasculo, ut supra, purificabit et absterget purificatorio.

197. Diaconus deinde sine osculis patenam cum Sacramento tradet Celebranti, qui accepta patena ambabus manibus, ponet Sacramentum super corporale, et in corporali eodem relinquet patenam a dextris suis.

198. Idem Diaconus accipiet calicem et in ipsum infundet aliquantulum vini, Subdiaconus duas tresve guttas aquae, non tamen petens a Celebrante benedictionem.

199. Celebrans a Diacono recipiet Calicem, et sine ullo Crucis signo collocabit illum super corporale, ut in aliis Missis, Diaconus autem palla ipsum cooperiet. Subdiaconus cum debitis genuflexionibus transibit ad sinistram Celebrantis propter Altaris thurificationem, ut infra.

200. Postquam Episcopus incensum in thuribulum impo-

suerit, Caeremoniarius redibit ad Altare cum thuribulo eodem et subsistet in latere Epistolae.

201. Presbyter assistens, functus officio suo in hac functione, redibit in chorum ad locum suum.

202. Diaconus primus assistens reponet pileolum et mitram Episcopo, qui medius inter Diaconos assistentes, sublevantes eius fimbrias pluvialis, descendet de throno ad faldistorium ante Altare. Quo quum pervenerit, secundus Diaconus assistens tollet ei mitram cum pileolo, et ipse cum suis Assistentibus et Cappellanis genuflectet ad faldistorium, super quo pluvialis eius fimbriae distendentur.

203. Posito et cooperto, ut supra, calice super Altari, Caeremoniarius thuribulum tradet Diacono et hic Celebranti, sine osculis. Celebrans thurificabit Oblata et Altare, ut in aliis Missis solemnibus, advertens tamen, ut genuflectat ad SS. Sacramentum, quando facienda esset ad Crucem reverentia. Recitabitur elata voce a Celebrante *Incensum istud* etc. *Dirigatur Domine* etc. Diaconus a dextris, Subdiaconus a sinistris attollent planetam Celebrantis in parte posteriori.

204. In promptu erunt duo Acolythi cum pelvicula et ampulla aquae, cumque mantili seu manutergio pro Celebrante.

205. Thurificato Altari, Celebrans thuribulum Diacono tradet, dicens *Accendat in nobis* etc. Diaconus thuribulum dabit Caeremoniario, hic thuriferario, a quo referetur in Sacrarium, siquidem in hac functione non opus est amplius thuribulo.

206. Quando incensabitur Altare curae erit alicui clerico amovere Missale cum cussino ab Altari et post incensationem illud referre.

207. Celebrans de Altari descendet, et in latere Epistolae extra Altare ipsum, lavabit manus, non recitans psalmum *Lavabo* etc. Subdiaconus ei porriget aquam et Diaconus mantile, quae postea recipientur ab Acolythis.

208. Celebrans, lotis et abstersis manibus, revertetur ad Altare: Diaconus stabit a tergo eius in gradu proximo suppedaneo et Subdiaconus post Diaconum in gradu infimo vel in plano Altaris ante gradus.

209. Quum ad medium Altaris Celebrans venerit, genuflexionem faciet ad SS. Sacramentum, quod facient etiam Ministri loco supra innuto.

210. Celebrans inclinatus et iunctis manibus dicet orationem *In spiritu humilitatis* etc. Deinde genuflectet ante SS. Sacramentum et conversus aliquantulum super sinistram suam nec circulum complens, manibus expansis dicet *Orate fratres ut meum* etc. Subdiaconus non respondebit *Suscipiat* etc. (Si Altare esset orientale, Celebrans non convertetur ad populum). Iterata genuflexione, Celebrans in cantu feriali subiunget *Oremus*, *Praeceptis salutaribus* etc. iunctis manibus, et *Pater noster* manibus expansis et cantu feriali. Responso a Choro *Sed libera nos a malo*, dicet secreto *Amen*; prosequetur deinde iunctis manibus et voce intelligibili *Libera nos* etc. nec se signabit ad illa verba *Da propitius pacem* etc.

211. In fine orationis huius Diaconus veniet ad dexteram, Subdiaconus ad sinistram Celebrantis et genuflectent in extremo suppedaneo.

212. Completa oratione praedicta, Celebrans genuflexionem faciet; dextera patenam sumet et in illa ponet S. Hostiam. Tum sinistra accipiet patenam et dextera S. Hostiam, quam elevatam sustinebit supra patenam, dextera elevabit paullulum sublime S. Hostiam ita ut conspici possit. In elevatione ista Diaconus non attollet planetam, non thurificabitur SS. Sacramentum nec pulsabitur crotalum.

213. Dum Celebrans S. Hostiam inclinabit, consurgent Subdiaconus et Diaconus. Hic statim deteget Calicem et Subdiaconus redibit ad locum suum.

214. Celebrans non reponens S. Hostiam super patenam nec super corporale, neque ullam aliam faciens genuflexionem, demittet illam super Calicem et sinistra deponens patenam super corporale ante pedem Calicis, dividet S. Hostiam in partes tres, ut in aliis Missis, binas partes maiores ponet super patenam et particulam vino immerget intra Calicem, nullum faciens Crucis signum nec proferens verbum ullum. Diaconus rursus cooperiet Calicem et Celebrans cum Diacono genuflectent ad Sacramentum.

215. Diaconus transibit ad sinistram Celebrantis, ut ipsi assistat ad Missale, Subdiaconus transibit ad dexteram et genuflexionem conficiet, quum pervenerit in suppedaneum.

216. Post haec Celebrans manibus super Altare iunctis, dicet orationem *Perceptio Corporis tui* etc. (a). Genuflectet post orationem et cum ipso etiam sacri Ministri, accipiet patenam cum S. Hostia dicens *Panem coelestem* etc. ac ter percutiens pectus, dicet etiam tribus vicibus *Domine non sum dignus* etc. Deinde Sacramento se signabit, dicens *Corpus Domini nostri* etc. et communicabit.

217. Accedet ad Altare cum debitis genuflexionibus Acolythus, qui afferet in pelvicula ampullas vini et aquae.

218. Postquam Celebrans communicaverit, Subdiaconus deteget Calicem et facta a Celebrante cum Ministris genuflexione, Celebrans fragmenta e corporali patena colliget eaque demittet in Calicem; itemque si adhibitum fuerit cochleare in Calice ad reponendam S. Hostiam, abstergetur fragmentis, ut patena. Postea Celebrans accipiet Calicem non se signans nec formulam ullam proferens, et sumet particulam S. Hostiae et vinum, quod aderit in Calice.

219. Episcopus assurget, genuflexionem faciet ad Crucem, a primo Diacono assistente reponetur ei mitra, redibit in thronum et sedebit.

220. Consurgent Cappellani cum intorticiis et coeuntes ante Altare, genuflexionem ad Crucem et ad Episcopum conficient ac se recipient in Sacrarium.

221. Chorus etiam consurget et unusquisque sedebit in stallo suo.

222. In promptu erunt apud thronum clerici recepturi paramenta et cubicularius sustinens cappam.

223. Celebrans minime abscedens de medio Altari, digitos supra Calicem purificabit, infundente vinum et aquam Subdiacono, ac nihil dicens sumet ablutionem.

224. Acolythus reportabit ampullas ad abacum et Acolythus alter in promptu habebit planetam plicatam pro Diacono.

(a) Inspiciatur adnotatio subiecta num. 247. cap. praec.

Manuale Sacr. Caerem. lib. 6.

225. Diaconus descendet de Altari, cum debitis genuflexionibus perget ad abacum; stolam latiorem dimittet, resumet planetam plicatam et reveniet in suppedaneum ad dexteram Celebrantis.

226. Subdiaconus, ministrata Celebranti ablutione, transibit in latus Evangelii, abstersurus calicem, plicaturus corporale et omnia relaturus ad abacum, ut in Missis solemnibus.

227. Celebrans, sumpta purificatione, iunctis ad pectus manibus et aliquantulum inclinatus in medio Altari, dicet submissa voce orationem *Quod ore sumpsimus* etc.

228. Celebrans cum Diacono manebunt in suppedaneo, donec Subdiaconus ad sinistram Celebrantis redierit.

229. Ad nutum Caeremoniarii Celebrans cum Ministris descendent de Altari, ubi praesto erunt Acolythi sine candelabris, et genuflexionem ad Crucem conficient.

230. Celebrans cum Ministris et Acolythis conficient postea respective reverentiam vel genuflexionem ante Episcopum, et ordine innuto in principio functionis revertentur in Sacrarium, ubi sacras vestes dimittent.

231. Profecto Celebrante, ascendent ad thronum clerici et Diaconi assistentes exuent Episcopum paramentis, quae reponentur in abaco, ubi erant a principio.

232. Quum Diaconi assistentes paramenta Episcopo exuerint, reponent ei cappam, adiuvante cubiculario, qui meminerit etiam syrmam vestis talaris eius alligare.

233. Reposita Episcopo cappa, Diaconi assistentes salutabunt ipsum et ad subsellia sua redibunt in chorum, expleta eorum in hoc officio assistentia.

234. Caeremoniarius explicabit Episcopo cappam et recitabuntur Vesperae, observando ritum praescriptum num. 202. cap. XIV. huiusce Libri.

235. Nisi habita fuerit sacra concio, sive sermo post Evangelium, quando Episcopus in fine Vesperarum descendet ad faldistorium pro recitatione psalmi *Miserere*, accedet ad Episcopum Presbyter assistens, qui post orationem *Respice* etc. assurget et conversus ad populum publicabit Indulgentiam, recitans elata voce formulam praescriptam.

236. Episcopus a Clero associatus de ecclesia discedet et ad suam residentiam se recipiet.

IN FUNCTIONIBUS SABBATI SANCTI
AB EPISCOPO CELEBRATIS.

CAPUT XX.

De rebus praeparandis.
Extra portam ecclesiae.

1. Praeparabitur focus amplior decens, qui alto pede fulciatur, ne sit nocumento tapetis presbyterii.
2. Aderunt iam carbones aliaeque materies combustibiles ad accendendum ignem; praeparetur etiam lapis silex, quo ignis eliciatur. Aderunt et forcipes ad ignem accipiendum.
3. Si baptismum conferatur infantibus et adultis, in limine ecclesiae (vel in baptisterio, si seiunctum ab ecclesia esset iuxta antiquam disciplinam) disponetur tapetum violaceum et super ipso statuetur faldistorium, in quo sedebit Episcopus, quod faldistorium ornabitur veste violacea.
4. Aderit abacus coopertus albo mantili et in ipso vasculum operculo instructum, quod continebit salem tritum et siccum: mantile pro Episcopo: index, seu folium chartae, in quo distincte et charactere maiusculo scripta extent nomina Catechumenorum.

In Baptisterio.

5. Praecedentibus diebus purgabitur et mundabitur fons baptismalis ex quo haurietur aqua consecrata, quae infundetur in sacrarium. Implebitur aqua limpida et munda, sufficienti copia, ut possit etiam fidelibus distribui, quemadmodum declarabitur inferius. Externae fontis partes poterunt exornari

floribus et super pavimentum licebit etiam flores spargere et herbas odoras.

6. Prope baptisterium, vel in alio decenti loco, una pluresve conchae maiores praeparari poterunt, in quas infundetur aqua baptismatis benedicta, priusquam illi misceantur Olea sacra, et haec adhibebitur tum ad satisfaciendum pietati fidelium, cupientium ipsa uti in domibus suis, tum ad implenda vasa prope portas ecclesiae sita.

7. Apud fontem locabitur abacus, coopertus alba tobalea; in ipso ponetur vasculum vacuum cum aspersorio, quod tempore debito implebitur aqua sancta: alia vasa decentia ad extrahendam aquam praedictam ac reponendam in conchas et in vasa prope portas ecclesiae, ut supra: ampullae argenteae cum manubriis, quarum in una erit S. Chrisma, in altera Oleum sanctum Catechumenorum: urceus cum pelvi ac duo mantilia in lance, aliquantulum etiam medullae panis et mali medici in pelvicula pro manuum Episcopi lotione, quae si ministrabitur a Magistratu, praeparabitur etiam velum humerale simplex coloris violacei: paramanus seu velum album cum taeniis alligandum Cereo paschali, quando ab Episcopo immergendus erit in fontem: pulvinus violaceus adhibendus in genuflexione ab Episcopo: spongia cum mantili e tela rudi ad abstergendum fontem.

8. A dextra fontis praeparabitur faldistorium tegumento violaceo convestitum ac si ministrabitur baptisma, tegumento violaceo supponetur etiam album. Faldistorium collocabitur super tapetum exiguum.

9. Aderunt etiam scamna panno violaceo cooperta, pro Canonicis, sita intra vel extra sacellum, iuxta formam et capacitatem ipsius; curabitur ne sint altiora faldistorio Episcopi, neve impediant populo conspectum, quoad fieri poterit.

10. Si conferetur baptisma, praeparabitur alter abacus maior contectus alba tobalea, super quo disponentur haec: cochleare concavum instar conchylii ad effundendam aquam baptismalem in caput baptizandorum; lanx argentea, in qua ponetur cochleare praedictum: vascula cum S. Chrismate et cum Oleo sacro Catechumenorum in lance, et aderit in ipsa

aliquantulum etiam gossipii soluti: vestes albae pro Catechumenis adultis: linteola linea, candida, loco vestium albarum pro infantibus: candelae pro eisdem: panni seu mantilia linea ad abstergendum caput: pluviale cum stola alba et formale pretiosum pro Episcopo: Rituale in folio maiori, vel appendix ad Rituale Romanum, in quo contineatur ritus conferendi baptismum.

Ad Sacellum, in quo conferetur S. Confirmatio.

11. In Sacello proximo Baptisterio praeparabitur totum id, quod opus erit ad Confirmationem administrandam Neophytis adultis. Altare ornabitur pallio albi coloris ac tapeto super gradibus. In Altari ponetur Crux sine velo cum candelabris nobilibus et cereis albae cerae, accendendis quando administrabitur Confirmatio. In suppedaneo statuetur faldistorium cum veste alba. Prope Altare aderit abacus alba tobalea contectus, in quo praeparabitur urceus cum pelvi pro Episcopo: mantilia in lance: et aliquantulum medullae panis et mali medici: velum humerale simplex albi coloris pro Magistratu, si lotionem Episcopo ministrabit: Pontificale (pars 1.) vasculum cum S. Chrismate in pelvicula: aliquantulum gossipii: vittae seu fasciolae, cresimatorum fronti advolvendae. Disponentur etiam scamna pro Canonicis et Clero, si fieri poterit per amplitudinem loci. Insuper Pontificale unum pro cantoribus, qui cantare debebunt antiphonam *Confirma* etc. Si fiat ab Episcopo homilia, praeparabitur scamnum sine postergali, convestitum panno viridi pro neophytis, tempore debito ponendum ante Altare.

Ad Altare SS. Sacramenti.

12. Si vigebit usus referendi in ecclesiam SS. Sacramentum antequam Episcopus peracto officio de ecclesia discedat, instruetur Altare candelabris nobilibus, pallio albi coloris, tobaleis, vasculo aquae cum purificatorio, clavicula ad ostiolum tabernaculi, corporali in tabernaculo et super Altare, tapeto super gradus, tobaleis in balaustrio, si mos erit administrandi

fidelibus S. Communionem post Missam cantatam in satisfactionem praecepti paschalis, et faldistorium vel genuflexorium, cum strato et pulvinis pro Episcopo, ut cap. IV. lib. V. stratum autem poni poterit complicatum super genuflexorium, deinceps explicandum in exitu functionis.

13. In eo sacello, ubi privatim erit hoc triduo SS. Sacramentum, in promptu erunt intorticia quatuor, umbella albi coloris, stola, velum humerale album et corporale super Altari cum clavicula ciborii seu tabernaculi.

Ad Altaria minora.

14. Tobaleis, Cruce detecta, candelabris nobilibus Altaria minora instruentur. Reliquiaria et vasa cum floribus, tapetum et pallium albi coloris ponentur post Missam solemnem. Lampades erunt satis mundatae et dispositae ita ut, cum tempus erit, facile possint accendi. Imagines seu tabulae pictae erunt contectae velis violaceis, quae tollentur in fine Litaniarum, ideoque vela sint ita aptata, ut facile ac tuto possint removeri.

Ad Altare maius,
In Presbyterio et in abacis.

15. Caeremoniale Episcoporum lib. II. cap. XXVI. num. 2. haec habet « ornatur Ecclesia, Altare, abacus et chorus prout in Dominicis Adventus et Quadragesimae ». Ut dispositio haec observetur quoad fieri potest, et congruenter officiis solemnibus, apparatus erit sequens.

16. In Altari ponentur septem candelabra nobilia cum cereis albis et ante septimum candelabrum aderit Crux detecta, aequalis candelabris. Nec reliquiaria nec signa nec vasa florum interponentur candelabris. Mensa cooperietur tribus albis tobaleis, quarum superior tegens latera defluet usque ad pavimentum. Apponetur pallium album nobile et super ipso alterum violaceum, facile amovendum, ut inferius. Sternentur gradus tapeto nobili superque ipsum altero violaceo, facile amovendo, si fieri poterit: sin minus, usque a principio extendetur tapetum nobile tantummodo.

17. Thronus parabitur lodicibus et pannis sericeis albi coloris, itemque baldachinum illius. Tamen supra postergale et in cathedra ponentur lodices et vestes violaceae tempore debito removendae. Gradus throni cooperientur tapeto rubri coloris, cui superponetur alterum tapetum violaceum tollendum quum paratus violacei coloris tollentur. Aderunt tria scabella consueta pro Assistentibus. Planum presbyterii interiacens Altari et throno, contegi poterit tapetis viridis coloris.

18. In medio presbyterio ante Altare statuetur faldistorium, in quo geniculabit Episcopus, cum pulvinis violaceis. Seorsim disponentur pulvini albi coloris, tempore debito substituendi violaceis.

19. In fine presbyterii statuentur scamna tapeto viridi convestita, quae satis sint pro Ordinandis. Praeparabitur etiam unum vel plura scamna, convestita ut supra, sed sine postergali pro novis Presbyteris, quando celebrabunt cum Episcopo.

20. Extra presbyterium ante balaustrium ponetur scamnum distinctum pro neophytis adultis et super balaustrium ipsum tobalea pro eorum Communione.

21. In latere Evangelii, vel in alia parte, iuxta constructionem presbyterii, collocabitur candelabrum maius instar columnae, in quo figetur Cereus Paschalis ingens et pictus, cum quinque foraminibus in formam Crucis, quae vergant ad Episcopum, quibus infigenda erunt grana thuris. Ante candelabrum aderit scala commoda et firma, in quam ascendet Diaconus infixurus grana praedicta. Curandum, ut ellychnium seu fila gossipii in summitate Cerei sint ita praeparata, ut facile possint accendi. Provideatur etiam, ne Cereus idem ullo modo periclitetur, quando educendus aut reponendus erit in candelabro propter benedictionem Fontis baptismalis (a).

22. Prope candelabrum praedictum praeparabitur legile contectum velo albo phrygiato, vel sericeo auro intertexto, pro cantando praeconio.

23. In latere Evangelii ponetur basis ad sustinendam arundinem cum tricereo.

(a) Commendabilis est usus adhibendi Cereum minorem in benedictione Fontis.

24. Ex parte Epistolae in loco usitato aderit scamnum pro Ministris, quod praeter tegumentum consuetum, poterit etiam convestiri altero e panno violaceo.

25. Ad tribunam sive ingressum Presbyterii ponentur in candelabris maioribus intorticia vel cerei albi coloris numero sex aut octo.

26. Super mensam Altaris disponentur paramenta Episcopi, videlicet (S. Pallium in lance contectum velo albo ac tres spinulae aureae gemmatae in altera pelvicula, si Celebrans erit Archiepiscopus) planeta, dalmatica, tunicella et stola albi coloris, quae cooperientur velo violaceo, ne ulla ex parte conspici possint: chirothecae albi coloris in lance supponentur velo praedicto. Deinde super velum istud aderunt paramenta violacea, nempe manipulus, planeta, chirothecae in lance, dalmatica, tunicella, pluviale et stola, omnia violacei coloris, Crux pectoralis, cingulum, alba et amictus, quae contegentur velo violaceo : prope paramenta formale simplex in lance. Mitra auriphrygiata vel ex tela aurea in latere Evangelii, cum velo seu vimpa pro Cappellano, adhibenda in benedictione ignis et granorum thuris.

27. Si fiat Ordinatio, ponetur seorsim faldistorium cum veste albi coloris, et cooperietur velo violaceo.

28. Abaci contecti albis tobaleis sint sufficientes numero rerum quae ibi erunt disponendae, videlicet in extremitatibus duo candelabra cum cereis pro Acolythis : calix cum purificatoriis duobus, patena cum duabus hostiis, palla et corporale in bursa albi coloris : gremiale album aequale paramentis : ampullae vini et aquae in pelvicula et patera praegustationis : urceus cum pelvi : mantilia duo in lance : velum humerale albi coloris simplex et alterum violaceum utendum a Magistratu, si lotionem Episcopo ministrabit: manipuli albi pro Ministris: Canon pontificalis : gremiale violaceum aequale paramentis : Epistolarium et Evangeliarium cum tegumentis et signaculis albi coloris et intra Evangeliarium manipulus albus pro Episcopo : caligae et sandalia pariter coloris albi cum velis violaceis, quibuscum afferentur, et aderunt etiam vela alba, quibuscum recipientur : Missale pro Episcopo cum veste viola-

cea: alterum etiam pro Episcopo cum veste alba : liber *Exultet* seu praeconii cum veste et signaculis albi coloris : liber pro cantandis prophetiis cum veste et signaculis violaceis : liber seu Breviarium maius pro oratione *Respice* etc. scotula cum candela extincta : mitra pretiosa : velum humerale album, phrygiatum pro Subdiacono : pixis cum operculo et in ea particulae quae sufficiant ordinandorum et neophytorum numero : liber cum intonatione *Alleluia* pro Subdiacono : antiphonarium pro antiphona praecinenda ad *Magnificat* : tabella cum formula indulgentiarum : candelae pro ordinandis.

29. Poterit praeparari alter abacus alba tobalea coopertus, in quo ponetur vasculum aquae benedictae cum aspersorio : quinque grana thuris infigenda Cereo, posita in lance argentea : thuribulum cum navicula plena thuris cum cochleari : intorticia pro elevatione. Si Episcopus celebrabit ordinationem, praeparabitur lanx cum forficibus, quorum manubria erunt inaurata et altera lanx argentea, qua excipientur capilli : mantile longum imponendum genibus Episcopi dum peragetur tonsura : binae claves ferreae, una inaurata, altera argento colorata, ligatae simul chordula sericea cum flocco aureo, positae in lance : Missale tradendum Lectoribus et Exorcistis : candelabrum exigua forma inauratum cum candela extincta : ampulla vacua : calix cum patena : ampullae plenae vini et aquae in pelvicula cum manutergio seu mappula : Missale tradendum Subdiaconis et Diaconis : calix alter cum aliquanto vino et paucis aquae guttis et patena cum hostia : vasculum cum Oleo sacro Catechumenorum in pelvicula, et aliquantulum gossipii soluti : medulla panis et mali medici in lance inaurata pro Episcopo : pelves cum urceis et mantilia cum medulla panis et mali medici ad lavandas manus novorum Sacerdotum : gremiale e tela linea cum taeniis pro Episcopo : unus vel plures calices vino pleni cum mappulis pro purificatione ordinatorum : tobalea longa linea pro Communione : pontificale (pars 1.) pro Episcopo : alterum pontificale in usum Archidiaconi.

30. Abacus autem, in quo aderunt paramenta albi coloris, contegetur velo amplo violaceo, ne quid appareat coloris albi praedicti.

31. Praeparabitur etiam cappa cum serico coloris rubini in caputio, pro Episcopo post functionem. Praeterea in promptu erunt cappae cum serico, loco pellium mustelae alpinae, pro Canonicis, vel superpellicia superponenda rochetis, iuxta privilegium, quo gaudebunt. Beneficiarii quoque monebuntur, ut in promptu habeant vel cappam cum serico, vel superpellicium substituendum cappae cum pelle mustelae alpinae, dum cantabitur *Alleluia* in Missa solemni.

32. In altero abaco contecto alba tobalea disponentur paramenta pro Ministris, videlicet Dalmatica et stola albi coloris pro Diacono ac Tunicella pro Subdiacono. Planetae duae plicatae violaceae cum binis manipulis similibus pro iisdem Ministris Dalmatica quoque, stola et manipulus albi coloris pro cantando Praeconio, nisi tamen placeret uti paramentis in Missa adhibendis.

33. Prope Altare praeparabitur baculus pastoralis.

34. Aderit etiam Crux processionalis in sua basi a latere Evangelii: si tamen Celebrans fuerit Archiepiscopus, basis tantum Crucis ponetur.

35. Seorsim legile nudum pro cantandis prophetiis.

36. Hastae cum gossipio cerato ad accendendos cereos Altaris etc.

37. Disponentur in canistris planis paramenta tum violacea tum alba pro Canonicis, videlicet pluvialia violacea et alba pro Dignitatibus: planetae violaceae et albae pro Canonicis Presbyteris: Dalmaticae ac tunicellae albi coloris et planetae plicatae pro Canonicis Diaconis et Subdiaconis.

In Sacrario

38. Pluvialia tria violacea pro Cappellanis a libro, a mitra et a baculo et quatuor pluvialia albi coloris pro Cappellanis eisdem, quibus adiungetur alter Cappellanus a scotula.

39. Planeta plicata violacea cum cingulo, alba et amictu pro Subdiacono Crucifero; insuper tunicella albi coloris pro eodem, si Celebrans erit Archiepiscopus.

40. Sacrae vestes pro Ministris, videlicet stola una violacea; cingula vero, albae et amictus duo numero.

41. Arundo altitudinis sufficientis ad accendendum Cereum et in summitate eius tres candelae simul iunctae in extremitate ac divisae instar trianguli. Praeterea laterna clausa cum candelula extincta, aliquantulum gossipii cerati et duo vel tria sulphurata ad accendendum lumen.

42. In altera aula contigua Sacrario disponentur paramenta albi coloris, quot opus erunt pro Ordinandis, videlicet singulis Presbyteris Missale, mantile seu mappula ex tela albi coloris, planeta, stola, manipulus, cingulum, alba et amictus: singulis Diaconis dalmatica, stola, manipulus, cingulum, alba, amictus: singulis Subdiaconis tunicella, manipulus, cingulum, alba, amictus: singulis demum Minoristis et Clericis singula superpellicea.

In Functione.

43. Si functiones omnes, quas hoc loco sumus descripturi, peragentur, in antecessum statuetur numerus sufficiens clericorum et inservientium, qui provideant rebus omnibus supra notatis, nec desit quidquam cum retardatione functionis.

44. Sacrista imprimis habeat suis nutibus subiectos inservientes multos, quibus distribute respectivas actiones attribuat; quumque agatur de functionibus in locis disparatis celebrandis, adsit qui attente invigilet rebus dispositis in locis praedictis.

45. Si multa populi frequentia interveniet functioni, deligentur etiam per ecclesiam custodes, qui tumultum prohibeant.

46. Itaque hora praestituta Clerus in chorum congregabitur et cereis extinctis ac submissa voce recitabuntur Horae minores, Prima, Tertia et Sexta.

47. Hoc tempore extra portam ecclesiae accendetur ignis, qui tamen excutiendus est de silice, ut praescribunt rubricae; neque enim ritus iste mysterio caret.

48. Recitata hora Sexta, pulsabitur crotalum, ut nuncietur Clero adesse tempus associandi Episcopum, sicut cap. IV. lib. V.

49. Interim in Sacrario se parabunt Ministri, nempe Subdiaconus amictu, alba et cingulo, Diaconus autem praeter pa-

ramenta praedicta induet etiam stolam diaconalem; tum recta procedent al Altare maius, comitantibus clericis duobus, priusquam perveniat ad ecclesiam Episcopus, et consistent ad scamnum sibi praeparatum.

50. Ordinandi autem iam parati vestibus sacris respectivis, non gestantes manu candelam ardentem, sequentur Ministros praedictos et locum sument apud scamna sibi praeparata.

51. Episcopus indutus cappa ornata pellibus mustelae alpinae, antecedente Cruce archiepiscopali, si fuerit Metropolitanus, accedet ad ecclesiam, in cuius limine, si mos erit servandi aquam benedictam, accipiet aspersorium a digniore Cleri, asperget se ipsum et adstantes; secus ritus iste omittetur.

52. Si soleret servari aqua benedicta in fontibus lustralibus apud portas ecclesiae, postquam ingressus erit Episcopus, curabit Sacrista, ut vacuefiant, propterea quod infundenda est aqua recens, quae benedicetur in fonte baptismali.

53. Ingressus in ecclesiam Episcopus, caput operiet caputio cappae et recta perget ad Altare maius. Ibi exuet caputium, reverentiam faciet ad Crucem et brevi tempore orabit. Canonici et ceteri de Clero locum quisque suum occupabunt, ubi genuflectent, exceptis clericis delectis afferendis ad thronum paramentis, qui genuflectent prope Altare, et Diaconis assistentibus, qui consistent a lateribus Episcopi.

54. Quum locum quisque suum occupaverit, Caeremoniarius admonebit Episcopum, qui assurget, et reverentia ad Crucem iterata, accedet ad thronum medius inter Diaconos assistentes, sequente Caudatario et Cubiculario.

55. Clerici duo faldistorium de medio removebunt et ponent seorsim.

56. Distribuentur clericis paramenta Episcopi et actio ista fiet sollicite. Cappellanus a mitra utetur velo seu vimpa e collo pendente. Cappellanus a libro superpellicio indutus Missale accipiet ex abaco et aderit apud secundum Diaconum assistentem.

57. Episcopus, conscenso throno, sedebit brevi tempore, postea Diaconi assistentes, adiuvante Cubiculario, tollent ei cappam, Cubicularius retinebit cappam prope thronum, propterea quod rursus induere illam debeat Episcopus.

58. Ascendent ad thronum Diaconus et Subdiaconus, quos sequentur clerici deferentes paramenta Episcopi. Iidem Ministri Episcopum induent amictu, alba, cingulo, Cruce pectorali, stola et pluviali, cui apponetur formale simplex, et a Diacono imponetur eius capiti mitra.

59. Hoc tempore clerici duo accipient focum cum igne et forcipe eumque afferent in ecclesiam, expectantes dum paratus fuerit Episcopus, ut illum transferant ante thronum.

60. Clericus alter accipiet ex abaco vasculum aquae sanctae cum aspersorio, alter grana thuris infigenda Cereo, ac tertius thuribulum sine igne et naviculam: qui sustinebit vasculum aquae sanctae, stabit in medio; qui grana thuris, a dextris; qui thuribulum, a sinistris. Crucifer etiam indutus superpellicio accipiet Crucem et expectabit donec tempus erit accedendi ad thronum, ut inferius.

61. Parato Episcopo, redibunt Ministri ad scamnum prope Altare, et Presbyter assistens ascendet a latere ad thronum.

62. Transferetur a clericis supradictis focus cum igne et ponetur ante thronum; tres clerici cum aqua sancta, cum granis et cum thuribulo, sequente Crucifero gestante Crucem, ad thronum accedent. Crucifer gestans Crucem, locum sumet ante focum, Cruce versa ad Episcopum, clericus cum vasculo ascendet ad thronum et consistet a dextris Presbyteri assistentis, alter cum granis consistet ante infimum gradum throni, sustinens grana ante Episcopum; thuriferarius autem adstabit sinistrae Cruciferi.

63. Tali modo dispositis praedictis inservientibus, Diaconus secundus assistens mitram tollet Episcopo, et ipsi se sistet Cappellanus cum Missali, qui subsistet a sinistris Episcopi, ne conspectum ipsi impediat earum rerum, quas erit benedicturus.

64. Episcopus assurget ac voce submissa benedicet ignem, dicens *Dominus vobiscum* cum tribus sequentibus orationibus. Ministri, qui adstabunt circa thronum, respondebunt ei, et primus Diaconus assistens attollet eius fimbriam pluvialis, quum signum Crucis dextera facturus erit. Sub finem tertiae orationis thuriferarius aliquantulum ignis benedicti in thuribulum forcipe imponet, deinde ascendet ad dexteram Acolythi sustinentis vasculum aquae sanctae.

65. Post benedictionem ignis, Episcopus subiiciet alteram orationem *Veniat quaesumus Domine* etc. pro benedictione granorum thuris.

66. Post haec Episcopus sedebit et incensum, ministrante Presbytero assistente, imponet cum benedictione in thuribulum; deinde assurgens ab eodem Presbytero assistente accipiet aspersorium aquae sanctae et asperget ignem atque grana, dicens submissa voce antiphonam *Asperges me* etc. Tum ab eodem accipiet thuribulum ac thurificabit ignem et grana.

67. Igne et granis benedictis, Episcopus sedebit. Presbyter assistens a latere discedet de throno. Clerici cum vasculo et cum granis, sequente Crucifero, redibunt ad abacum, ubi reponent res praedictas: Crucifer autem reponet Crucem quo loco erat antea.

68. Clerici qui focum ad thronum attulerunt, reportabunt illum in Sacrarium, vel reponent eumdem in angulo aliquo ecclesiae in usum fidelium, qui solent ignem benedictum accipere et pie adhibere. Thuriferarius poterit a latere manere ante thronum.

69. Ministri sacri, sequentibus clericis delegatis ad reportanda Episcopi paramenta, redibunt ad thronum et Episcopum exuent vestibus sacris, quae a clericis referentur super Altare; Caeremoniarius autem vel alius, qui accipiet eas, advertet ut pluviale supponat planetae, iterumque eadem paramenta cooperiat velo violaceo.

70. Exuto Episcopo, discedent Ministri et Diaconi assistentes, adiuvante Cubiculario, reponent cappam Episcopo, quae explicabitur ex toto, et Episcopus sedebit.

71. Praesto erunt in aditu Presbyterii clavigeri, seu claviger ecclesiae ad comitandum sacros Ministros.

72. Profecti de trono Ministri pergent ad abacum, ubi Diaconus dimittet stolam violaceam, et induet manipulum, stolam et dalmaticam albi coloris; Subdiaconus autem induet manipulum et planetam violaceam plicatam.

73. Ubi parati erunt Ministri, redibit in thronum a latere Presbyter assistens, qui postquam ascenderit etiam thuriferarius, ministrabit incensum Episcopo, qui cum benedictione

ponet illud in thuribulum. Presbyter assistens, ministrato incenso, redibit a latere ad locum suum.

74. Interim Subdiaconus accipiet Crucem, clericus unus accipiet grana et consistet a dextris Subdiaconi, thuriferarius descendet de throno et locum sumet a sinistris Subdiaconi, Diaconus autem post Subdiaconum se locabit et ad thronum accedent.

75. Subsistente ante thronum Subdiacono, assurget Episcopus, salutabit Crucem deinde iterum sedebit. Diaconus se inclinabit Episcopo, clerici genuflexionem conficient, et pergent in Sacrarium ad accipiendam arundinem. Clerus in choro sedebit, postquam praedicti Ministri de presbyterio discesserint.

76. Anteibunt clavigeri seu claviger ecclesiae: thuriferarius cum thuribulo adstans dextrorsum clerico deferenti lancem cum granis: Subdiaconus gestans Crucem: sequetur Diaconus, medius inter clericos duos.

77. Quum venerint in Sacrarium, Diaconus accipiet arundinem cum tribus candelis in summitate; clericus unus accipiet laternam cum candelula et gossipio cerato, tum ope unius sulphurati candelulam laternae accendet ex igne benedicto, qui aderit in thuribulo, et ordine superius innuto procedent ad exitum ecclesiae ante portam primariam. Ibi consistent versa facie ad Altare principale: clericus, qui sustinebit laternam cum lumine, accendet gossipium ceratum et Diaconus inclinata arundine, adiuvante clerico altero, si opus erit, iubebit accendi unam ex tribus candelis in summitate arundinis infixis. Accensa candela, Diaconus elevabit arundinem et genuflexus simul cum ceteris, excepto Subdiacono sustinente Crucem, cantabit notis praescriptis *Lumen Christi*: Episcopus et omnis Clerus in choro consurgent, capite nudato, eodemque tono respondebunt *Deo gratias*: et sic deinceps fiet secunda ac tertia vice.

78. Episcopus et Chorus rursus considebunt: tum Diaconus simul cum ceteris statim consurgent et procedent ad medium ecclesiae, ubi accensa candela altera, Diaconus altiori voce cantabit, ut supra, *Lumen Christi* et respondetur ut prima vice.

79. Postremo procedent ante Altare maius, ubi accende-

tur tertia candela eodem modo ut prima, et Diaconus voce elatiori cantabit *Lumen Christi* et respondebitur ut supra. Interim clericus in promptu habebit librum Praeconii tradendum Diacono et Cappellanus a libro ascendet ad thronum cum Missali, signaculo posito ad formulam benedictionis ab Episcopo donandae Diacono pro cantu Praeconii.

80. Tertia candela accensa, venient ante Altare, cui genuflexionem conficient clerici comitantes Ministros praedictos: Diaconus autem arundinem tradet clerico, qui proximus ipsi adstabit.

81. Discedent postea de Altari et ibunt alter post alterum ad legile positum iuxta candelabrum Cerei, ibique disponentur hoc ordine. Subdiaconus consistet a sinistra legilis, quae respondebit dexterae Diaconi, stans conversus ad Episcopum, nisi altare fuerit orientale et consequenter thronus situs erit contra Altare: ab altero latere, nempe a sinistra Diaconi, consistet clericus arundinem sustinens, conversus ut Subdiaconus; thuriferarius locum sumet a sinistra Subdiaconi et clericus sustinens grana, a dextra clerici sustinentis arundinem (a).

82. Profectis de Altari ministris praedictis, Diaconus accipiet librum Praeconii, quem sustinens ante pectus adibit ad thronum et consistens ante infimum gradum nec ascendens, profunde inclinatus petet benedictionem, dicens *Iube Domne, benedicere:* Episcopus donabit ei benedictionem, dicens *Dominus sit* etc. ut in Missali.

83. Accepta benedictione, Diaconus iterabit reverentiam ante Episcopum et recta perget ad legile, super quo librum ponet et aperiet. Tum accepto a thuriferario thuribulo, adolebit librum in medio et a lateribus, ut in cantu Evangelii, et consurgent universi.

84. Diaconus thuribulum restituet thuriferario, qui reportabit illud in Sacrarium vel ad abacum, deinde redibit prope Subdiaconum, recepturus Crucem in fine Praeconii.

(a) Si in ecclesia erunt ambones fixi marmorei, cantabitur praeconium paschale super ambone. Si capax erit, ascendent illuc Subdiaconus etiam cum clericis; sin minus, ascendet Diaconus tantum; ceteri restabunt in plano ecclesiae ante ambonem ipsum, ordine supra innuto.

85. Diaconus, postquam adoluerit librum, nec librum signans nec seipsum iunctis manibus incipiet cantare *Exultet*, ut in Missali.

86. Cantatis verbis *curvat imperia*, omnes considebunt et caput operient. Clericus cum granis accedet ad dexteram scabelli gradati. Diaconus conscendet scabellum et manu dextra quinque grana Cereo infiget loco designato, advertens ut sinistra sustentet Cereum, ne curvetur; grana vero in formam Crucis infiget, ordine sequenti:

$$\begin{matrix} & 1 & \\ 4 & 2 & 5 \\ & 3 & \end{matrix}$$

87. Clericus sustinens pelvim in qua aderant grana, redibit ad abacum ibique pelvim vacuam deponet et revertetur eodem, remoturus legile cum libro post cantum Praeconii.

88. Reversus ad legile Diaconus, canere Praeconium perget ad verba illa *In huius igitur noctis gratia* etc. omnesque consurgent rursus capite nudato.

89. Post verba *rutilans ignis accendit*, Diaconus abrumpet cantum et Clerus iterum considebit.

90. Diaconus accedet ad candelabrum, sequente clerico cum arundine, et arundine ab ipso accepta, ope unius candelarum accendet Cereum.

91. Accenso Cereo consurget Chorus; Diaconus autem restituta clerico arundine, redibit ad legile, et prosequetur cantum Praeconii ad verba *Qui licet sit divisus in partes* etc. usque ad illa verba *Apis mater eduxit* inclusive. Clericus, qui sustinebat arundinem deferet ipsam prope Altare et imponet basi ibi praeparata, tum revertetur ad locum suum.

92. Diaconus post verba supra notata, rursus cantum abrumpet, tunc aliquis clericus, accenso ex arundine gossipio cerato, accendet lampades omnes per ecclesiam, initium faciens ab Altari maiore.

93. Ubi lampades Altaris maioris vel saltem viciniores accensae erunt, consurget Chorus et Diaconus redintegrabit

cantum ad verba *O vere beata nox* et prosequetur illum usque ad finem (a).

94. Expleto cantu Praeconii, Subdiaconus tradet Crucem thuriferario, qui reponet ipsam quo loco erat; Diaconus claudet librum et relinquet super legili. Clericus qui sustinebat grana, librum referet ad abacum et legile tollet ac ponet seorsim.

95. Diaconus et Subdiaconus, iunctim conficientes reverentiam ad Altare et ad Episcopum si ante ipsum transibunt, pergent ad abacum, ubi Diaconus dimittet dalmaticam, stolam et manipulum albi coloris ac resumet stolam violaceam; Subdiaconus autem deponet planetam plicatam et manipulum ac redibit ad scamnum prope Altare.

96. Diaconi assistentes redibunt ad locum suum, et secreto ab Episcopo recitato *Pater noster* et *Ave Maria*, Caeremoniarius inuuet cantori, qui aderit ex parte hebdomadario opposita, et ille incipiet submissa voce psalmum *Mirabilia testimonia tua* et alternatim recitabitur Hora nona. Episcopus sedebit, capite operto caputio cappae. Clerus quoque in choro sedebit.

97. Clerici duo ponent in medio Presbyterio faldistorium cum pulvinis, in quo genuflectet Episcopus in fine Nonae.

98. Interim in promptu erit clericus cum Breviario, seu libro cum oratione *Respice*. In promptu etiam stabunt Caeremoniarius Episcopi et quatuor vel sex clerici, qui attollent cappam, quando Episcopus induet caligas et sandalia. Capellanus a libro in promptu habebit Canonem pontificalem pro praeparatione.

99. In fine tertii psalmi Episcopus de throno descendet, tractans humi syrmam cappae, et perget ad faldistorium ante Altare: ibi caput nudabit caputio et statim ac inchoabitur antiphona *Christus factus est*, geniculabit eoque statu manebit ad totum psalmum *Miserere* et etiam ad orationem *Respice*, quam ipse recitabit genuflexus, dicens conclusionem secreto. Ad orationem praedictam clericus unus ei librum sustinebit.

(a) Omittetur oratio pro *Romano Imperio* ut monuimus lib. II. cap. XXVII. num. 50.

100. Deinde assurget ac sequente Cappellano a libro sustinente Canonem, redibit in thronum, caput bireto cooperiet et ad eum accedent Diaconi assistentes. E libro a Cappellano praedicto sustento, una cum assistentibus recitabit submissa voce antiphonam *Ne reminiscaris* cum ritu duplici et psalmum *Quam dilecta* cum reliquis, quibus adiunget *Gloria Patri*, quia spectant ad Missam sequentem, quae est perquam solemnis. In hac recitatione servabunt methodum traditam cap. IX. lib. V.

101. Throno ab Episcopo conscenso, amovebitur de medio presbyterio faldistorium cum pulvinis et collocabitur seorsim.

102. Statim ac Episcopus in thronum ascenderit, Subdiaconus accedet ad abacum, eiusque manibus a Caeremoniario imposito velo violaceo, superponet caligas et sandalia albi coloris, quae cooperiet altero velo violaceo, ac sequentibus clericis sive acolythis praedictis et cubiculario, ad thronum ascendet et caligas ac sandalia imponet Episcopo, ut cap. IX. supra citato traditum est.

103. Subdiaconus ad abacum reversus, deponet ibi lancem cum velis et coibit cum Diacono.

104. In promptu erunt qui ministrare Episcopo lotionem debebunt et distribuentur clericis paramenta eius.

105. Quum Episcopus recitare desierit psalmos, preces et orationes, comprehensis illis quae praescriptae sunt ad paramenta, recedet Cappellanus a libro, quem deponet super abacum et perget in Sacrarium ad induendum pluviale simul cum ceteris Cappellanis a mitra et a baculo, tum redibunt ad Altare.

106. Episcopus, adiuvantibus Diaconis assistentibus et cubiculario dimittet cappam; cubicularius autem eius vestis extremitatem posteriorem expediet.

107. Presbyter assistens, quo munere hac die fungetur Archidiaconus propter Ordinationem, ascendet a latere ad thronum, ut annulum e digito eius educat eique ministret mantile.

108. Ascendent ad thronum Ministri lotionis, et Episcopus lavabit manus, ut eodem cap. IX. lib. V. omnesque ad actionem istam geniculabunt, exceptis Canonicis, qui stabunt in pedes.

109. In promptu erunt clerici, qui in canistris afferent paramenta violacea pro Canonicis, et alii clerici delecti adiuvando Canonicos eosdem in paramentis induendis.

110. Profectis Ministris lotionis, Diaconus et Subdiaconus, sequentibus clericis paramenta deferentibus, ad thronum ascendent et Episcopum induent amictu, alba, cingulo, Cruce pectorali, stola, tunicella, dalmatica, chirothecis, planeta et manipulo, omnibus violacei coloris, et Diaconus imponet ei mitram auriphrygiatam. Si fuerit Archiepiscopus, non utetur S. Pallio in functione, quae Missam praecedit.

111. Quum Diaconus et Subdiaconus in thronum venerint, discedent inde Presbyter assistens et Diaconi assistentes, qui in stallis suis se parabunt pluviali et planetis plicatis: similiter se parabunt ceteri Canonici, ubi incipiet parari Episcopus; clerici autem qui recipient insignia Canonicorum, advertent ea variare, ut superius notatum est. Statim ac Canonici parati erunt, descendent ante thronum et circulum ante Episcopum conficient; postquam autem paratus fuerit et benedictionem ipsis donaverit, cum reverentiis consuetis ad subsellia sua se recipient.

112. Item se parabunt in Sacrario tres Cappellani, ut supra, et Subdiaconus a Cruce, qui redibunt ad Altare; tres Cappellani ministrabunt ea, quae spectant ad eorum officium.

113. Revertentur in thronum Presbyter assistens cum Diaconis assistentibus, qui locum suum occupabunt. Presbyter assistens annulum inseret Episcopi digito: Diaconus cum Subdiacono discedent et pergent ad abacum, ubi induent manipulum et planetam plicatam.

114. Notandum etiam, quod cantores prophetiarum debent induere superpellicium, ac si officium istud spectaret ad Beneficiarios seu Mansionarios, moneantur ut debito tempore superpellicium assumant.

115. Ministri, induti postquam erunt planeta plicata et manipulo, procedent ante Altare, ibique subsistent expectantes Episcopum.

116. Postquam paratus erit Episcopus et omnia rite disposita fuerint, Episcopus accipiet baculum et praeeunte

Presbytero assistente, comitantibus Diaconis assistentibus, sequentibus Caudatario et Cappellanis a mitra et a baculo, de throno descendet et in plano benedicet Clerum ac procedet ad Altare.

117. Quum eo ventum erit, recedent Presbyter assistens et Diaconi assistentes, qui manebunt ibi; Episcopo autem se adiungent Diaconus et Subdiaconus. Episcopus dimittet baculum et a Diacono nudabitur mitra: ascendet cum ipsis ad Altare, quod osculabitur in medio, eique reposita a Diacono mitra, facta ad Crucem reverentia, descendet de Altari, cuius ante gradus coibit rursus cum Presbytero assistente ac Diaconis assistentibus, resumptoque baculo redibit in thronum, sequente clerico, qui deferet gremiale aequale paramentis. Cappellanus a libro aderit prope thronum, secum retinens Missale.

118. Diaconus et Subdiaconus redibunt ad scamnum ipsis praeparatum prope Altare.

119. Redeunte in thronum Episcopo, clericus unus ponet legile nudum in medio presbyterio et clericus alter super illud imponet et aperiet librum prophetiarum.

120. Interim secundus Caeremoniarius vel alius huic rei delegatus invitabit cantorem prophetiae primae.

121. Episcopus, conscenso throno, sedebit et baculum dimittet; Diaconus autem primus assistens gremiale imponet genibus eius. Chorus omnis sedebit.

122. Caeremoniarius secundus deducet ad legile cantorem prophetiae primae, qui ante legile quum venerit, genuflexionem peraget ad Altare dein ad Episcopum: tum manibus Missali impositis, cantare prophetiam incipiet.

123. Ut in ista, sic in reliquis prophetiis cavebitur ne incipiatur cantus priusquam sederit Episcopus ac mitram et gremiale receperit.

124. Quando cantor incipiet cantare prophetiam, se sistet Episcopo Cappellanus a libro, eoque sustinente Missale apertum, submissa voce prophetiam leget Episcopus, assistentibus ei Diaconis, qui stabunt; itemque stabunt Presbyter assistens apud scabellum assistentiae, Cappellani a mitra et a baculo et clericus a gremiali. Quum Episcopus legerit prophetiam, recedet Cappel-

lanus a libro: Assistentes sedebunt, ac poterunt etiam sedere ceteri Cappellani supradicti: clericus autem a gremiali sedere poterit in gradibus lateralibus throni.

125. Cantu prophetiae absoluto, cantor genuflexionem faciet ad Altare, deinde accedet ad thronum, quo priusquam ascendat, genuflexionem faciet ante Episcopum. Conscenso autem throno, osculabitur Episcopi manum, tum iteratis genuflexionibus, ut supra, se recipiet ad locum suum.

126. Quando ad thronum accedet cantor, consurgent Assistentes et Cappellani qui sedebant circa thronum.

127. Cantore de throno abeunte, secundus Diaconus assistens tollet Episcopo gremiale et mitram.

128. Consurget Chorus et Episcopus etiam, qui e Missali sustento a Presbytero assistente, cantabit *Oremus*, primus Diaconus assistens cantabit *Flectamus genua*, omnesque genuflectent, exceptis Episcopo et Presbytero assistente, sustentante Missale: secundus Diaconus assistens cantabit *Levate* et consurgent omnes, Episcopus cantu feriali et apertis manibus subiunget orationem.

129. Dum Episcopus orationem cantabit, secundus Caeremoniarius vel alius invitabit cantorem prophetiae secundae, qui peraget omnia eadem, quae peracta fuerint a cantore primae prophetiae.

130. Oratione ab Episcopo cantata, Presbyter assistens Missale tradet Cappellano a libro et ad scabellum suum redibit. Episcopus sedebit ac rursus reponetur ei mitra et gremiale a primo Diacono assistente.

131. Cantabitur deinde prophetia secunda, quam Episcopus etiam leget, et peragentur eadem omnia, quae tradita sunt ad primam, itemque in reliquis.

132. Post prophetias IV. VIII. et XI. a cantoribus cantabitur Tractus, quem leget Episcopus, postquam legerit prophetiam. Post duodecimam autem omittetur *Flectamus genua*.

133. Quando cantabitur prophetia ultima, praesto erit clericus unus ad tollendum librum cum legili, quod adhibitum fuerit in medio presbyterio pro candandis prophetiis: apud Altare aderunt clerici duo recepturi pluviale et formale

Episcopi: Acolythus unus candelas accendet in candelabris Acolythorum: aderunt et alii duo clerici, qui quum cantata erit duodecima prophetia cum oratione, tollent de candelabro Cereum, quoniam afferendus erit ad baptisterium. In promptu etiam erunt clerici, paramenta Episcopi recepturi, qui unus post alium sequentur sacros Ministros, et ultimo loco incedent clerici duo, qui deferent pluviale violaceum et formale simplex. Insuper in aditu presbyterii praesto erunt cantores, secum habentes libros ad cantandum tractum *Sicut cervus*, quando procedetur ad baptisterium.

134. Cantata prophetia duodecima cum duodecima oratione, Ministri Altaris planetas plicatas et manipulos dimittent et accedent ad thronum, sequentibus clericis supradictis.

135. Clericus qui custodiet gremiale, referet ipsum ad abacum.

136. Quum ad thronum ascenderint Ministri sacri, se recipient ad stallum suum Diaconi assistentes. Presbyter assistens annulum extrahet e digito Episcopi et custodiet apud se. Ministri Episcopo exuent planetam, chirothecas, dalmaticam ac tunicellam, quae paramenta a clericis supra dictis deferentur super Altare. Iidem deinde Ministri Episcopum induent pluviali, cui imponetur formale simplex. Diaconus mitra eum operiet et Presbyter assistens ipsi annulum reponet. Ministri redibunt ad abacum, resument planetas plicatas et revenient in thronum ad Episcopum.

137. Reversis in thronum sacris Ministris, se sistet ante thronum Subdiaconus Crucem sustinens cum Acolythis a lateribus eius et clerico deferente Cereum, a tergo Subdiaconi. Episcopus tunc assurgens salutabit Crucem, dein iterum sedebit, expectans tempus discedendi quando nunciabitur ei. Acolythi genuflectent et processio ad baptisterium dirigetur ordine sequenti:

138. Clavigeri seu claviger ecclesiae. Tonsurandi cum superpelliceo brachio superposito. Clericus deferens Cereum paschalem. Subdiaconus paratus Crucem sustinens cum Acolythis a lateribus, qui gestabunt candelabra ardentibus cereis. Cantores, qui ubi Crux de presbyterio exierit, cantare inci-

pient tractum *Sicut cervus desiderat* etc. Clerici Seminarii Ordinandi Minoribus ordinibus. Beneficiarii seu Mansionarii. Ordinandi Subdiaconatu, Diaconatu et Presbyteratu, qui ut ceteri procedent bini, ac si fuerint dispari numero procedent terni ultimo sui ordinis loco. Canonici Subdiaconi. Canonici Diaconi, inter quos aderunt Assistentes. Canonici Presbyteri. Dignitates. Presbyter assistens. Episcopus medius inter Ministros, et priusquam de throno descendat, accipiet baculum sinistra. Sequentur Caudatarius sustinens extremitatem posteriorem vestis episcopalis, tres Cappellani a mitra, a baculo et a libro, et hic postremus deferet Missale, nisi in antecessum praeparatum esset prope fontem baptismalem; ultimo autem loco familiares nobiles Episcopi, siqui aderunt.

139. Si Celebrans fuerit Archiepiscopus, Cereus et Crux inter Acolythos deferetur ante Clerum paratum, nempe ante Ordinandos Subdiaconatu, et imago Crucifixi convertetur ad Archiepiscopum.

140. Profecto de Altari Episcopo, Sacrista a pluribus clericis inservientibus iubebit de throno tolli lodices sive apparatus violaceos, tapeta violacea de throno et Altari, vela violacea de abacis et pallium etiam de Altari in maiorem commoditatem, cereis tamen extinctis. Iubebit ante Altare reponi faldistorium cum pulvinis violaceis pro Episcopo, ac tollet vel tolli iubebit ex abacis et presbyterio omnia illa, quibus non est opus amplius. Praeparari iubebit scabellum unum aut in medio presbyterio aut a latere, et in illo ponetur Missale apertum ad benedictionem fontis, in usum cantorum pro Litaniis cantandis, ut inferius. Paramenta etiam albi coloris pro Canonicis in eorum stallis, pro Ministris Altaris in abaco, et pro Cappellanis in Sacrario vel alio loco proximo presbyterio ponenda curabit. Item praeparabit canistra ad reponenda Canonicorum paramenta violacea, et post haec aderit prope Altare in reditu processionis, ut siqua aequivocatio eveniat, indicare possit paramenta aut reliqua quae opus erunt; agitur enim de functione extraordinaria.

141. Quum processio pervenerit ad Baptisterium, clericus deferens Cereum, Acolythi et Subdiaconus gestans Crucem con-

sistent extra ingressum a sinistris; Canonici locum sument apud scamna praeparata; ceteri autem de Clero disponentur aut intra aut extra Sacellum pro amplitudine loci.

142. Ante ingressum Baptisterii Episcopus quum venerit subsistet ac dimittet baculum. Presbyter assistens Missale accipiet e manibus Cappellani a libro, ut sustineat illud ante Episcopum. Diaconus tollet mitram Episcopo, qui iunctis manibus cantabit *Dominus vobiscum* et orationem *Omnipotens sempiterne Deus, respice propitius* etc. tono feriali ex libro sustento a Presbytero assistente.

143. Post orationem ab Episcopo recitatam, Diaconus mitram reponet Episcopo, qui baculum pastoralem sinistra recipiet et ingredietur intra Baptisterium. Presbyter assistens Missale restituet Cappellano a libro. Clericus sustinens Cereum intrabit intra septum ubi aderit fons baptismalis et locum sumet a dextris Episcopi. Crux cum Acolythis intrabunt in idem septum, si capax erit, vel consistent extra, sed tali modo ut Crux sit in conspectu Episcopi. Presbyter assistens locum sumet a sinistris et recipiet librum, ut sustineat apertum ante Episcopum, eique adstabit Cappellanus a libro adiumenti caussa. Episcopus consistet ante fontem, medius inter Ministros; ibique dimittet baculum et a Diacono nudabitur mitra.

144. Episcopus iunctis manibus dicet *Dominus vobiscum*, deinde tono feriali orationem *Omnipotens sempiterne Deus, adesto* etc. ad illa autem verba *Per omnia saecula saeculorum*, tonum variabit, cantans in notis praescriptis Praefationem et benedicet aquam, qua fons baptismalis erit impletus.

145. Ad verba *respice in faciem Ecclesiae tuae*, clericus unus accipiet mantile in lance positum, quo utetur Episcopus, et consistet prope Diaconum.

146. Post verba *sumat Unigeniti tui gratiam de Spiritu Sancto*, Episcopus appropinquabit ad fontem et pluviale eius attollentibus Ministris, manu dextera dividet aquam in formam Crucis et manum absterget mantili, quod ei porriget Diaconus cum osculo manus, et ipse Diaconus mantile restituet clerico qui prope Diaconum restare continuabit.

147. Episcopus aqua, ut supra, divisa, prosequetur in cantu

praefationem *Qui hanc aquam* etc. usque ad verba *non inficiendo corrumpat*; quibus verbis cantatis, accedet iterum ad fontem, et pluviale attollentibus Ministris, attinget aquam dextera, quam statim absterget mantili praebito a Diacono, deinde prosequetur cantum *Sit haec sancta et innocens* etc. Ad verba *unde benedico te* etc. aquam dextera benedicet, quemadmodum praescribitur in Missali. Diaconus pluviale eius attollet.

148. Post verba *cuius Spiritus super te ferebatur*, rursus accedet ad fontem Episcopus et extra ipsum effundet aliquantulum aquae « in quatuor mundi partes » ut habetur in Missali, seu versus quatuor ventos, advertens tamen, ne madefaciat Ministros ceterosque inservientes, qui circa fontem aderunt. Episcopus manum, ut supra, absterget mantili et Caeremoniarius interea vel clericus aliquis spongia vel mantili ex tela rudi absterget aquam super externam fontis partem ab Episcopo effusam.

149. Cantatis verbis *de petra produxit*, Episcopus perget cantare *Benedico te* etc. et aquam dextera benedicet, Diacono, ut supra, fimbriam pluvialis eius attollente.

150. Interim clericus unus circa Cereum, quo loco accipiendus erit ab Episcopo, ligabit paramanum seu velum album sericum, quo Episcopus cooperiet manus, dum Cereum in fontem immerget, ut eas defendat a cera liquente.

151. Cantatis ab Episcopo verbis *in nomine Patris et Filii et Spiritus Sancti*, Presbyter assistens Missale relinquet Cappellano a libro et hic prosequetur apertum sustinere ante Episcopum, qui praefationem alta voce leget, initium sumens a verbis *Haec nobis praecepta servantibus* etc. postmodum tribus vicibus halitabit super fontem in modum Crucis. Prosequetur deinde, legens, ut supra, verba *Tu has simplices aquas* etc. usque ad altera inclusive *purificandis mentibus efficaces*.

152. Presbyter assistens Missale recipiet et apertum sustinebit ante Episcopum. Clericus sustinens Cereum approximabit ad fontem et Cereum tradet Diacono, Diaconus Episcopo; Subdiaconus autem animum advertet ad manus eius contegendas velo. Episcopus acceptum manibus Cereum, granis ad ipsum conversis, adiuvantibus etiam Ministris, si opus erit,

qui pluviale eius attollent, immerget aliquantulum intra aquam, cantans tono solemni praefationis *Descendat*. . . *Spiritus Sancti*. Postea illum de fonte extrahet atque altius immergens, cantabit elatiori voce eadem verba *Descendat* etc. Extrahet illum secunda vice et altius tertia vice immergens ac vocem amplius efferens, cantabit, ut supra, *Descendat* etc. Cereum intra fontem adhuc retinens, ter in aquam sufflabit in modum literae graecae ψ et in cantu prosequetur *totamque huius aquae substantiam regenerandi foecundet effectu*. Post haec ex aqua educet Cereum, quem restituet Diacono, hic autem clerico. Cereus abstergetur mantili, qua parte fuerit immersus eique tolletur velum appensum. Clericus autem Cereum sustinens, redibit ad locum suum ante Crucem.

153. In promptu erit clericus cum vasculo vacuo et aspersorio, aliique clerici cum situlis, seu vasis ad extrahendam e Fonte aquam, quae infundetur in fontes lustrales ante portas ecclesiae et in unam pluresve conchas praeparatas in usum fidelium. Reservabitur etiam pars aliqua pro aspersione domorum.

154. Extracto de fonte Cereo, prosequetur Episcopus cantare tono feriali praefationem *Hic omnium peccatorum* etc. usque ad ultima verba *infantiam renascatur*.

155. Presbyter assistens relinquet Missale in manu Cappellani a libro; Episcopus autem leget submissa voce conclusionem *Per Dominum nostrum* etc.

156. Expleta praefatione, clericus unus aquam hauriet vasculo et aspersorio; quo facto, statim accedet ad Presbyterum assistentem.

157. Episcopus convertetur ad populum, habens a dextris Diaconum, a sinistris Subdiaconum, qui si necesse fuerit, locum commutabunt et fimbrias pluvialis sustinebunt.

158. Presbyter assistens se sistet Episcopo eique tradet aspersorium aqua benedicta perfusum. Episcopus asperget seipsum, deinde Presbyterum assistentem, Diaconum, Subdiaconum suosque reliquos Cappellanos inservientes, tum aspersorium Presbytero assistenti restituet.

159. Ministri antedicti, quando aspergentur ab Episcopo,

se profunde inclinabunt; Cappellani autem in genua procumbent.

160. Presbyter assistens recedet; Diaconus mitram imponet Episcopo, qui recipiet baculum pastoralem et ibit sessum ad faldistorium.

161. Idem Presbyter assistens, comitante clerico, qui deferet vasculum, et fimbriam eius pluvialis sustentabit, ordinem servans et cum reverentia reciproca asperget Canonicos, deinde ceteros omnes de Clero, pariter ordinatim, ac postremo per ecclesiam incedet et populum asperget.

162. Canonici sedebunt postquam aspersi fuerint, itemque ceteri de Clero, si praeparata pro ipsis erunt scamna.

163. Hoc tempore clerici designati extrahent aquam de fonte, quam reponent in amplo vase, ut supra innutum est, et ipsa implebunt etiam vasa lapidea, quae extant in limine ecclesiae.

164. Interim praesto erunt a dextra fontis clericus unus sustinens ampullas cum Oleis sacris et Ministri lotionis pro Episcopo. Item dispositi aderunt Catechumeni cum suis Patrinis extra ecclesiam (vel extra Baptisterium, si esset ab ecclesia seiunctum) si baptismum conferendum erit.

165. Posteaquam Presbyter assistens aqua benedicta aspersit Clerum et populum, reddet aspersorium clerico sustinenti vasculum, et redibit ante Episcopum, quem reverentia honorabit, et consistet a dextris Diaconi.

166. Episcopus assurget et assurgent etiam Canonici, si sederint, et perget ad fontem, ibique praeteriens salutabit Crucem processionalem ac dimittet baculum. Ministri attollent eius pluviale, Cappellanus a libro adstans a sinistris sustinebit ei Missale apertum. Presbyter assistens accipiet ampullam cum Oleo sacro Catechumenorum eamque porriget Episcopo, qui aliquantulum in aquam infundet, dicens *Sanctificetur et foecundetur* etc. Episcopus ampullam reddet Presbytero assistenti et ab eodem accipiet alteram cum S. Chrismate, eaque accepta infundet aliquantulum in aquam, dicens *Infusio Chrismatis* etc. Postea Presbyter assistens recipiet ampullam cum Oleo sacro Catechumenorum, eamque porriget rursus Episcopo qui ac-

cipiet illam sinistra, et ampullas dextera manu simul accipiens manubrio, infundet coniunctim paullulum Oleorum sacrorum in aquam dicens *Commixtio* etc. in modum Crucis, eaque infundet ad verba *In nomine Patris* etc. Restituet ampullas Presbytero assistenti, hic autem clerico, qui referet illas ad abacum. Tum Episcopus dextera diffundet et commiscebit in aqua Olea sacra, et manum absterget mantili, quod ei praesentabitur a Presbytero assistente.

167. Revertetur ad faldistorium, ibique sedens lavabit manus utens etiam, si opus fuerit, medulla panis et mali medici. Presbyter assistens ministrabit ei mantile. Ad actionem istam omnes genuflectent, exceptis Canonicis, qui stabunt.

168. Discedent Ministri lotionis. Presbyter autem assistens, si baptismum ministrabitur, se aggregabit Dignitatibus, seu Canonicis, quo loco ipsi conveniet.

169. Caeremoniale Episcoporum lib. II. cap. XXVII. num. 18. pro baptismate hac die conferendo praescribit ut « per octo dies ante in ipsa ecclesia, nisi periculum immineat, nullus infans baptizetur ».

170. Si Episcopus conferet baptisma infantibus, exsequetur omnia ea, quae praescribentur capitulo XI. lib. VII.

171. Expleto infantium baptismate, si adulti quoque baptizandi erunt, resumet pluviale cum stola violacea et peraget quidquid praescribetur cap. XII. libri eiusdem. Preces autem, quae antecedunt baptisma, recitabuntur in baptisterio, et Episcopus stabit ad faldistorium; recitaturus autem secreto orationem precibus praemittendam, genibus flexis super pulvinum, convertetur versus Crucem processionalem.

172. Si tamen propter diuturnitatem hodiernae functionis, quae prolixior etiam erit, si habebitur Ordinatio generalis, existimaret exorcismos Catechumenorum committendos alicui Dignitati Capituli, vel Parocho, Episcopus dimittet pluviale et stolam violaceam et induta stola cum pluviali albi coloris, non abscedens de fonte baptismali, incipiet functionem administrandi baptismum tum pro infantibus, tum pro adultis eo prorsus momento temporis, quo in Rituali praescribitur ut deponantur paramenta violacea et induantur alba.

Ritus autem servandus reperietur capitulis supra citatis eiusdem libri VII.

173. Hoc autem casu, dum canentur prophetiae, Parochus vel alius delegatus persolvendis exorcismis, indutus amictu supra rochetum vel supra superpelliceum, stola, et pluviali violaceo, comitantibus et assistentibus clericis quatuor, adimplebit actiones supra dictas. Catechumeni autem admissi in Sacellum Baptisterii, expectabunt baptisma in loco seposito.

174. Absoluto infantium baptismate, discedere de ecclesia poterunt Compatres cum suis infantibus baptizatis et restabunt Catechumeni adulti, quibus baptisma administrabitur ritu praescripto: post baptisma accipient Sacramentum Confirmationis.

175. Notandum autem est, quod in administrando baptismate et infantibus et adultis, ministrabunt Episcopo Diaconus et Subdiaconus. Presbyter assistens fungetur officio suo tunc solum, cum Episcopus abluturus erit manus, porrigens ei mantile.

176. Ritu administrandi baptismatis expleto, eodem ordine ac supra, ordinabitur processio ad Sacellum, in quo administranda erit Confirmatio, eo tantum discrimine, ut processionis initio, post clavigeros seu clavigerum ecclesiae, incedant Neophytae cum suis Commatribus, et post eas Neophyti cum suis Compatribus. Sequetur deinde Clerus et Crux, ac si Celebrans esset Archiepiscopus, sequentur cantores. Episcopus retinebit pluviale albi coloris in administrando praedictum Sacramentum.

177. Ubi processio venerit ad Sacellum supra nominatum, Neophyti confirmandi ingredientur in Sacellum et consistent prope Altare; Clerus autem disponetur vel in Sacello ipso, vel extra, prout capax erit locus, et Canonici locum sument apud scamna, si fuerint praeparata.

178. Curae erit clericis duobus ad Sacellum istud afferre formale simplex et pluviale cum stola violacea pro Episcopo.

179. Ingressus Episcopus in praedictum Sacellum sedebit

in faldistorio. Manus praeventive non lavabit; laverit enim eas post administrationem baptismatis. Ibi Sacramentum Confirmationis conferet neophytis, maribus et foeminis, observando ritum, qui describetur cap. I. sequentis lib. VII.

180. Post haec lavabit manus, ministrante mantile Presbytero assistente, et ad illam actionem genuflectent omnes, exceptis Canonicis. Episcopus deinde homiliam habebit ad Neophytos, convenientem circumstantiae, et homiliae tempore neophyti praedicti sedebunt in scamno ipsis praeparato ante Altare.

181. Sub finem sermonis sive homiliae in promptu erunt clerici cum stola et pluviali violaceo, cumque formali simplici pro Episcopo.

182. Tolletur deinde Episcopo mitra, formale pretiosum, pluviale et stola albi coloris a Diacono, et induetur stola ac pluviali violaceo, cui reponet formale simplex Diaconus idem, et Episcopum mitra cooperiet.

183. Interim ordinabitur processio ad Altare maius, et neophyti vel praecedent Clerum, ut supra dictum est, vel poterunt etiam sequi Episcopum, et ubi venerint ante Altare, consistent ad balaustrium extra presbyterium.

184. Quando ad Altare perveniet processio, qui clericus gestabit Cereum, aliis eum adiuvantibus, reponet illum super Candelabrum, advertens ut grana conversa sint ad Episcopum; tum amovebitur scabellum gradatum, quod ad hanc rem positum fuerat prope Candelabrum: Acolythi reponent candelabra super abacum, ardentibus candelis: Subdiaconus, qui gestabit Crucem, eam rursus imponet basi, et redibit in Sacrarium ad sacras vestes dimittendas, ac si Celebrans erit Archiepiscopus, induet paramenta albi coloris rediturus debito tempore cum ceteris in presbyterium: duo cantores delecti cantandis Litaniis locum sument ante scabellum, in quo praeparatum erit Missale pro cantu praedicto: Clerus occupabit subsellia sua: Ordinandi minoribus ordinibus consistent apud scamna sibi attributa: Ordinandi autem ordinibus maioribus ante Altare disponentur, videlicet Ordinandi Presbyteratu, contra Altare, Ordinandi Diaconatu, a dextris et Ordinandi Subdiaconatu, a sini-

stris; vel, nisi id patiantur angustiae presbyterii et ordinandorum multitudo, eo ordine disponentur, quo ipsis indicabitur a Caeremoniario : Canonici petent suum quisque stallum, exceptis duobus Diaconis assistentibus, qui consistent apud faldistorium positum in medio presbyterio, et prope ipsos aderunt clerici duo recepturi pluviale ac formale Episcopi; alter autem eorum meminerit accipere ex abaco etiam lancem pro formali.

185. Progressus ante faldistorium Episcopus salutabit Crucem Altaris et baculum deponet. Diaconus et Subdiaconus dimittent planetas plicatas, quae recipientur a clericis duobus. Deinde Diaconus Episcopo tollet formale et pluviale, quod a clericis delegatis reportabitur ad Sacrarium.

186. Episcopus mitram gestans capite, procumbet super faldistorium et ceteri omnes geniculabunt, comprehensis Diacono et Subdiacono, qui genuflectent a lateribus eius : ordinandi autem supra dicti procumbent super pavimentum, et cantores incipient statim cantare Litanias notatas in Missali hac die, et canentur ritu duplici, idest totus versiculus a cantoribus cantatus repetetur a Clero et ab adstantibus.

187. Ad versiculum *Omnes Sancti et Sanctae Dei* Diaconus et Subdiaconus consurgent et pergent ad abacum, in quo praeparata erunt eorum paramenta, ibique dimissis sacris vestibus violaceis, assument alteras albi coloris. Presbyter assistens in stallo suo exuet pluviale violaceum et induet album, ut in promptu sit cum Ministris assistere Episcopo ad versiculum *Peccatores*.

188. Hoc tempore distribuentur clericis paramenta albi coloris pro Episcopo, iidemque clerici deferentes ea, subsistent unus post alium ante gradus laterales Altaris a latere Epistolae.

189. Tres Cappellani a mitra, a baculo et a libro recedent in Sacrarium vel in alium locum, ubi deponent pluvialia violacea et indutis albis revertentur in chorum una cum altero Cappellano a scotula ; ac si Celebrans erit Archiepiscopus, revertetur etiam Subdiaconus Crucifer indutus paramentis albi coloris.

190. In promptu etiam erunt clerici, quorum officium recipere Canonicorum paramenta violacea eisque ministrare albi coloris.

191. Acolythi duo in promptu stabunt, accensuri cereos Altaris, intorticia vel cereos in presbyterio sive tribuna et scotulam pro Episcopo.

192. Dum accendentur Altaris cerei, duo pluresve clerici accipient ex abaco candelas pro Ordinandis easque accendent ac tradent ordinandis minoribus, reliquis autem, qui maiores ordines accepturi sunt, distribuent illas, quum de prostratione surrexerint.

193. Clerici insuper alii duo praesto erunt ut amoveant faldistorium, in quo genuflexerit Episcopus, et substituant ei pulvinos albos pro violaceis.

194. Ad versiculum *Peccatores* adstabunt duo Ministri a lateribus Episcopi et Diaconi assistentes recedent ad stallum suum, dimittent paramenta coloris violacei, assument albi coloris, deinde redibunt prope Episcopum.

195. Ad versiculum praedictum assurget Episcopus et cum ipso consurgent Canonici, qui in stallis suis exuent paramenta violacea, assument alba, deinde rursus geniculabunt.

196. Postquam surrexerit Episcopus, amovebitur faldistorium, accendentur in Altari cerei, et pallium etiam violaceum removebitur ab Altari, nisi iam remotum esset. Cantores cum maiori pausa cantabunt versiculos sequentes Litaniarum, ut detur tempus peragendi actiones omnes, quas innuemus.

197. Diaconus mitram tollet Episcopo et stolam violaceam adiuvante Subdiacono. Presbyter assistens annulum extrahet Episcopi digito, tum Diaconus cum Subdiacono Episcopum induent paramentis albis, videlicet stola, tunicella, dalmatica, chirothecis et planeta. Diaconus autem capiti eius imponet mitram pretiosam.

198. Interim in promptu erunt Cappellani cum libro et cum scotula pro benedictione peragenda super Ordinandis.

199. Si Celebrans erit Archiepiscopus, Subdiaconus accipiet S. Pallium et tradet Diacono, qui Archiepiscopo imponet illud, et spinulas quoque. Deinde Presbyter assistens di-

Manuale Sacr. Caerem. lib. 6.

gito eius inducet annulum. Ante Episcopum rursus statuetur faldistorium cum pulvinis albi coloris.

200. Si nondum cantatus erit versiculus *Ut omnibus fidelibus defunctis* etc. Episcopus genuflectet; Ministri interea sibi imponent manipulos albi coloris.

201. Cantato a cantoribus ℣. *Ut omnibus fidelibus defunctis*, assurget Episcopus et accepto baculo pastorali sinistra, conversus ad Ordinandos benedicet eos, dicens *Ut hos electos* etc. ut in Pontificali, sustinente ei librum Presbytero assistente; qui tamen versiculi non ut ceteri, a Clero et adstantibus repetentur: postea vero geniculabit rursus in faldistorio usque ad exitum Litaniarum. Presbyter assistens genuflectet a dextris Episcopi, Diaconus a sinistris et a sinistris Diaconi Subdiaconus.

202. Recedet Cappellanus a libro, relinquet Pontificale super abacum, accipiet Missale et ad locum suum redibit a tergo Episcopi cum ceteris Cappellanis.

203. Clericus unus ex abaco accipiet Evangeliarium cum manipulo Episcopi et tradet Subdiacono.

204. Litaniis absolutis, Episcopus cum Ministris, Chorus et ordinandi consurgent; ordinandi autem ad locum suum redibunt et accipient candelam ardentem.

205. A clericis duobus tolletur faldistorium, in quo genuflexerit Episcopus et removebitur scabellum cum Missali adhibitum a cantoribus pro canendis Litaniis. Incipient cantores cantu firmo ac tono feriali cantare *Kyrie eleison*, et in promptu erit thuriferarius cum thuribulo.

206. Approximabit ad gradus Altaris una cum Ministris Episcopus, cui a Diacono tolletur mitra, et facta profunda reverentia ad Crucem, exordietur Sacrum, ascendet ad Altare, quod adolebit; ipse autem thurificabitur a Diacono et redibit in thronum, observando quae praescripta sunt pro Missa solemni pontificali cap. IX. lib. V.

207. Profecto de Altari Episcopo, statuetur faldistorium cum veste albi coloris in medio suppedaneo et clericus unus in promptu habebit Pontificale seu librum pro interdicto publicando ab Archidiacono in antecessum ordinationis.

208. Episcopus, conscenso throno, sedebit et baculum di-

mittet. Secundus Diaconus assistens tollet ei mitram, et Episcopus assurgens dicet *Kyrie eleison* cum Assistentibus, et cum eo recitabit etiam Chorus.

209. Cappellanus a mitra deponet celeriter super Altare mitram pretiosam et accipiet auriphrygiatam.

210. Diaconus et Subdiaconus redibunt ante Altare, ut se rursus adiungant Episcopo, quando illuc adveniet, idemque facient deinceps, quum accedet ad Altare propter ordinationem.

211. Recitato *Kyrie*, sedebit Episcopus et a primo Diacono assistente reponetur ei mitra auriphrygiata: accipiet baculum et praeeunte Presbytero assistente, cum Diaconis assistentibus a lateribus, sequentibus Caudatario et Cappellanis a libro, scotula, mitra et baculo procedet ad Altare et cantores cessabunt a cantu *Kyrie*.

212. Quum ad Altare venerit Episcopus, recedent Diaconi assistentes, qui poterunt locum sumere ad scamnum Ministrorum, vel in stallis suis, nisi forte chorus longe aberit ab Altari, et Episcopus medius inter Diaconum et Subdiaconum ascendet ad Altare et conferet primam tonsuram, observans quod praescribetur cap. III. lib. VII.

213. Episcopus, tonsura administrata, redibit in thronum cum eodem comitatu, quo accesserit ad Altare, et conscenso throno sedebit, dimittet baculum et nudabitur mitra a secundo Diacono assistente.

214. Episcopus assurget et ex libro sustento a Presbytero assistente intonabit hymnum Angelicum *Gloria in excelsis Deo*. Et prosequetur hymnum recitare ex libro, qui post intonationem a Presbytero assistente relinquetur Cappellano. Cum Episcopo hymnum recitabunt Assistentes; recitabit etiam Chorus. Ad intonationem hymni praedicti sonabitur organis, campanis ecclesiae et reliquis omnibus urbis. Sonabitur etiam aliquandiu campanulis appensis in ecclesia ac detegentur tabulae pictae et imagines, quae hactenus fuerint coopertae.

215. Episcopus sedebit, et omnia fient quae cap. IX. lib. V. notata sunt.

216. Sub finem hymni eiusdem redibit ad Altare et procedet ad ordinationem Ostiariorum, Lectorum, Exorcistarum et Acolythorum, ut docebitur cap. III. libri VII.

217. Ordinatione absoluta, revertetur in thronum eodem modo ac supra, et cantabit *Pax vobis* et orationem Missae, cui addetur oratio altera seu collecta pro Ordinandis sub unica conclusione cum oratione prima, ut cap. IX. lib. V.

218. Post orationem redibit ad Altare et ordinabit Subdiaconos, ut cap. III. lib. VII.

219. Post Subdiaconorum ordinationem redibit Episcopus in thronum, cantabitur Epistola vel a Subdiacono ministro Altaris vel ab uno Subdiaconorum nuper ordinatorum, ut cap. IX. libri V. et Episcopus leget Epistolam, dum ipsa cantabitur, quia statim redeundum erit ad Altare propter ordinationem Diaconorum.

220. Cantata Epistola et manu Episcopi a Subdiacono osculata, Episcopus redibit ad Altare et procedet ad ordinationem Diaconorum, ut eodem cap. III. lib. VII.

221. Circa finem Diaconorum ordinationis, curae erit secundo Caeremoniario secum habere librum, quo utetur Subdiaconus in annunciando *Alleluia*.

222. Mansionarii seu Beneficiarii discedent de choro et recedent in Sacrarium ad dimittendam cappam pelliceam, et alteram cum serico induendam, vel etiam superpellicium, mox redituri hoc modo induti ad cantum *Alleluia*.

223. Completa Diaconorum ordinatione, redibit Episcopus in thronum, sequente Subdiacono, quem comitabitur Caeremoniarius secundus.

224. Sedente in throno Episcopo, stantibus in pedes ceteris omnibus, Diaconus stans ante gradus throni, reverentia facta ad Episcopum, elata voce dicet *Reverendissime Pater, annuntio vobis gaudium magnum, quod est Alleluia*. Ascendet dein ad thronum et Episcopi manum osculabitur; descendet et ante thronum praecinet Episcopo *Alleluia*, quum officium Subdiaconi sit praeintonatio, ut in Vesperis ad antiphonas.

225. Diaconus secundus tollet Episcopo mitram; Presbyter assistens Missale accipiet et praesentabit Episcopo, qui assurget et notis in Missali signatis cantabit *Alleluia*, cui respondebitur etiam a Choro. Idipsum faciet secunda ac tertia vice, vocem tamen singulis vicibus elevans hemitonio.

226. Cantato tertia vice *Alleluia* ab Episcopo, Presbyter assistens Missale relinquet in manu Cappellani a libro et redibit ad scabellum suum.

227. Quum a cantoribus tertia vice responsum fuerit *Alleluia*, Subdiaconus se recipiet ad locum suum, atque ita sedebunt Episcopus et Chorus.

228. Cantores prosequentur cantare versiculum *Confitemini Domino* etc. deinde cantabunt primum versiculum Tractus *Laudate Dominum omnes gentes*.

229. Episcopus sedens iterum operietur mitra a secundo Diacono assistente et rursus super eius genua ponetur gremiale; deinde ex Missali sustento a Cappellano leget ℣. *Confitemini* et versiculum primum Tractus *Laudate Dominum* etc. quo lecto, reveniet ad Altare propter ordinationem Presbyterorum, stando iis, quae cap. III. lib. VII. tradentur.

230. Expleta Presbyterorum ordinatione, Episcopus revertetur in thronum, sedebit, deponet baculum et primus Diaconus reponet ei gremiale.

231. Ex Missali quod sustinebit Cappellanus a libro, Episcopus leget ultimum versum Tractus, *Munda cor meum* et Evangelium et omnia peragentur ut descripsimus in Missis pontificalibus cap. IX. lib. V. eo tantum discrimine, ut Acolythi candelabra non deferant ad cantum Evangelii.

232. Episcopus postquam osculatus erit Evangelium, thurificabitur a Presbytero assistente, cantabit *Dominus vobiscum* et *Oremus*, postea sedebit et a primo Diacono assistente operietur mitra pretiosa, atque oblationem cereorum ab Ordinatis excipiet.

233. Post haec lavabit manus, procedet ad Altare et Sacrum continuabit quo modo traditum est pro Missis pontificalibus cap. IX. lib. V. et pro Ordinatione generali cap. III. lib. VII. cum hac tantum exceptione, quod hodierna die non recitabitur, neque cantabitur *Agnus Dei*, non donabitur *Pax*, sed immediate post *Pax Domini* etc. atque *Haec commixtio*, adiungentur tres usitatae orationes, ante Communionem.

234. Communio Ordinatis administrabitur, ut cap. III. lib. VII. Post ipsam Episcopus descendet ad balaustrium et communicabit Neophytos, ut cap. II. lib. V.

235. Post Communionem et purificationem reponetur faldistorium in medio suppedaneo et complebitur ordinatio Presbyterorum. Interea in promptu erit thuriferarius cum thuribulo et significabitur Diaconis assistentibus, ut praesto sint prope Altare, comitaturi rursus Episcopum ad thronum.

236. Quum novi Presbyteri ad locum suum redierint, Episcopus de Altari descendet, comitantibus eum Diacono et Subdiacono, quibus in fine graduum Altaris succedent Diaconi assistentes; Ministri autem ad scamnum suum prope Altare se recipient.

237. Episcopum antecedet Presbyter assistens et sequentur Cappellani supradicti, ille autem a libro meminerit relinquere Pontificale super abaco et resumere Missale.

238. Conscenso throno, Episcopus sedebit et cum ipso considebit Chorus. Episcopus dimittet baculum pastoralem et a primo Diacono assistente reponetur ei gremiale. Tunc cantores cantabunt antiphonam *Alleluia* etc. cum psalmo *Laudate Dominum omnes gentes*.

239. Se sistet Episcopo Cappellanus cum Missali, ex quo simul cum Assistentibus leget antiphonam praedictam et recitabit psalmum.

240. Cantato *Gloria Patri*, Caeremoniarius accipiet libellum sive antiphonarium, adhibendum in praecinenda Episcopo antiphona et accedet ad thronum cum Subdiacono, qui tamen non ascendent, sed consistent ante thronum. Thuriferarius sequetur Subdiaconum, sed progressus ante thronum, subsistet seorsim.

241. Hoc tempore Cappellanus a mitra, accipiet mitram pretiosam Episcopi, et curabit ut reportetur ad Altare mitra auriphrygiata, quum eam dimiserit Episcopus.

242. Repetita in cantu a cantoribus antiphona, secundus Diaconus assistens tollet gremiale Episcopo, qui assurget eique Subdiaconus praecinet antiphonam *Vespere autem Sabbati*. Episcopus sedebit: secundus Diaconus assistens nudabit eum mitra: Presbyter assistens librum accipiet et apertum sustinebit ante Episcopum.

243. Episcopus assurget atque e Missali intonabit anti-

phonam *Vespere autem Sabbati,* deinde rursus sedebit eique a primo Diacono assistente imponetur mitra pretiosa.

244. Presbyter assistens relinquet librum in manu Cappellani et accedet ad Episcopi dextram. Thuriferarius ascendet ad thronum.

245. Presbyter assistens, accepta navicula, ministrabit incensum Episcopo, qui cum benedictione consueta illud imponet in thuribulum.

246. Thure benedicto, Presbyter assistens descendet a latere de throno et redibit ad stallum suum : thuriferarius discedet de throno et perget ad Altare, ibique consistet a latere Epistolae: Diaconus interim et Subdiaconus procedent ante Altare, expectantes Episcopum.

247. Thure imposito et benedicto, intonabitur a cantoribus *Magnificat,* et Episcopus assurgens (sicut assurget omnis Chorus) signabit se, acceptoque sinistra baculo, procedet ad Altare medius inter Diaconos assistentes, sequentibus quatuor Cappellanis a mitra, baculo, libro et scotula.

248. Quum ante Altare ventum erit, recedent Diaconi assistentes, qui tamen restabunt ante Altare; Episcopus dimittet baculum et Diaconus ministrans tollet ei mitram.

249. Inter Diaconum et Subdiaconum ascendet Episcopus ad Altare, quod osculabitur. Thuriferarius porriget thuribulum Diacono et Diaconus Episcopo, qui adolebit Altare et recitabit *Magnificat* tempore thurificationis. Ministri antedicti attollent partem posteriorem planetae Episcopi.

250. Thurificatione peracta, Episcopus restituet thuribulum Diacono, hic autem thuriferario, qui sequens deinde Episcopum accedet ad thronum.

251. Diaconus mitram reponet Episcopo, qui descendet de Altari, et resumpto baculo redibit in thronum, incedens inter Diaconos assistentes.

252. Duo Cappellani a mitra et a baculo sequentur Episcopum et reliqui duo a libro et a scotula restabunt apud Altare, super quo, postquam discesserit Episcopus, ponent Missale cum cussino vel legili et scotulam in latere Epistolae.

253. Diaconus redibit ad locum suum et Subdiaconus se-

quetur lento gradu Episcopum. Presbyter assistens, quando Episcopus redibit ad thronum, de suo stallo descendet; ascendente autem in thronum Episcopo, ibit ante thronum ipsum, thurificaturus Episcopum.

254. Conscenso throno, Episcopus consistet in pedes, conversus ad Presbyterum assistentem, a quo thurificabitur, postea denuo sedebit.

255. Secundus Diaconus assistens tollet mitram Episcopo, qui assurget et accipiet baculum, eumque continebit iunctis manibus, dum cantabitur canticum supradictum.

256. Presbyter assistens, thurificato Episcopo, thuribulum Subdiacono tradet, ascendet ad thronum et consistet ante scabellum suum.

257. Subdiaconus, accepto thuribulo, incensabit Presbyterum assistentem, Diaconos assistentes, Canonicos paratos in choro et Diaconum, reddet thuribulum thuriferario et ab ipso incensabitur.

258. Thuriferarius deinde prosequetur thurificationem Chori, regulis praescriptis, eaque absoluta, statim complebitur cantus antiphonae, quae repetetur post *Magnificat*.

259. Cantato *Gloria Patri*, Episcopus dimittet baculum, sedebit eique a primo Diacono assistente reponetur mitra pretiosa. Sedebunt etiam Presbyter assistens et Diaconi assistentes.

260. Canonici etiam, si thurificationem acceperint, considebunt, itemque ceteri de choro.

261. Dum repetetur in cantu antiphona *Vespere autem Sabbati* etc. assurget Episcopus et sinistra accepto baculo, praeeunte Presbytero assistente, assistentibus ei duobus Diaconis, sequentibus Cappellanis a mitra et baculo, procedet ad Altare, ante quod iam aderunt Diaconus et Subdiaconus.

262. Ubi ventum erit ante Altare, Presbyter assistens veniet in latus Epistolae, ut Episcopo serviat ad Missale: Diaconi assistentes recedent et in eorum locum succedent Diaconus cum Subdiacono.

263. Episcopus baculum dimittet, eique Diaconus tollet mitram.

264. Episcopus ascendet ad Altare, Ministri consistent a

tergo Episcopi, qui Altare osculabitur et conversus ad populum, cantabit *Dominus vobiscum*: deinde accedet ad Missale et cantabit *Postcommunio*, cui adiunget et alterum pro Ordinatis, et Sacrum complebit cum benedictione, ut cap. IX. lib. V. traditum est.

265. Si fuerit Archiepiscopus, Crucem habebit ante se, ut loco citato.

266. Benedictione impertita, Presbyter assistens, conversus ad populum, publicabit Indulgentias, legens formulam, dum interea clericus unus in promptu habebit faldistorium collocandum in suppedaneo Altaris et Cappellanus a libro secum habebit Pontificale pro Episcopo.

267. Indulgentiis publicatis, reponetur faldistorium in medio suppedaneo et Ordinati genibus flexis manebunt.

268. Episcopus sedebit in faldistorio et sinistra sustinens baculum (reposita ipsi a Diacono mitra, si fuerit Archiepiscopus) admonebit Ordinatos, ut praescribit Pontificale.

269. Post admonitionem dimittet baculum et a Diacono nudabitur mitra.

270. Assurget Episcopus et amoto faldistorio convertetur ad Altare.

271. Si fuerit Archiepiscopus, tolletur ei s. Pallium.

272. Conversus ad Altare Episcopus dicet *Dominus vobiscum*, deinde *Initium sancti Evangelii secundum Ioannem*, signabit Altare et seipsum ac accepta a Diacono mitra, recitans antedictum Evangelium redibit in thronum, ut cap. IX. lib. V. Notandum tantum, quod sacris vestibus dimissis, induet cappam, quae in caputio erit serico, non pellibus ornata.

273. Ordinati de choro discedent in Sacrarium ad sacras vestes dimittendas.

274. Episcopus gratiarum actionem peraget ut cap. IX. lib. V. Tum dimittet caligas et sandalia seque recipiet ad Episcopium, associatus a Clero, ut cap. IV. eiusdem libri.

275. Si relatum in ecclesiam fuerit SS. Sacramentum, ut innutum est in principio, Episcopus ipsum adorabit antequam discedat de ecclesia et in eius discessu sonabitur organis et festivo more etiam sacra aera turris.

DE ASSISTENTIA AB EPISCOPO PRAESTANDA FUNCTIONIBUS SABBATI SANCTI, AB EPISCOPO EXTRANEO CELEBRATIS.

CAPUT XXI.

1. Fieri perraro potest, ut Episcopus ordinarius intersit hisce functionibus in sua Cathedrali ab alio Episcopo celebratis. Siquidem vel Episcopus ordinarius legitimis caussis impeditur, quominus functiones persolvat, et hoc quidem casu abstinebit ab interveniendo, vel non impeditur, et oportebit ut ipsemet peragat functiones, praesertim si conferendum sit baptismum adulto alicui et habenda ordinatio generalis, aut etiam partialis. Quum tamen casus iste remotissimus dari aliquando possit, et aliunde censeamus tradendas esse instructiones pro quacumque functione, quae possit celebrari, sic in capitulo praesenti describemus huiusce functionis caeremonias. Quod spectat ad baptismum et ordinationem, omittemus; etenim quum id proprium sit Episcopi ordinarii, minime decet, ut coram ipso, licet ex mandato eius, ab alio Episcopo persolvatur.

De rebus praeparandis.
Extra portam ecclesiae

2. Praeparabitur decens focus, in quo adsint carbones, ligna aliaeque materiae combustibiles, et in promptu etiam habebitur lapis siliceus ad eliciendam flammam et accendendum ignem. Aderit etiam forceps ad accipiendas prunas.

In Baptisterio.

3. Fons baptismalis iam praecedentibus diebus vacuefactus aqua lustrali et emundatus, implebitur aqua limpida et

munda tali copia, ut satisfacere possit devotioni fidelium, qui ea vellent uti in domibus suis, et impleantur vasa lapidea quae sunt in limine ecclesiae. Externa fontis pars ornari poterit floribus recentibus et in pavimento etiam licebit flores spargere et herbas odoras.

4. Prope baptisterium vel alio loco decenti praeparari una pluresve conchae seu vasa ampla poterunt, intra quae infundetur aqua baptismalis benedicta priusquam infundantur Olea sacra.

5. Apud fontem statuetur abacus contectus alba tobalea, in quo praeparabitur vasculum vacuum cum aspersorio ubi ponetur aqua sancta; alia vasa decentia, ad extrahendam aquam eamdem et reponendam in conchis supradictis et in vasis lapideis in limine ecclesiae, ampullae argenteae cum manubriis, in quarum una continebitur S. Chrisma, in altera Oleum sacrum Catechumenorum; urceus, pelvis et mantile in lance et aliquantulum medullae panis et mali medici pariter in lance in usum Celebrantis; paramanus seu velum album cum taeniis ligandum in Cereo paschali, quum a Celebrante immergendus erit in fontem; spongia et mantile unum ex tela rudi ad abstergendum fontem; stola violacea una utenda a prima Dignitate vel a Parocho in aspergendo populum aqua benedicta.

6. Quo loco videbitur commodius, praeparabitur parvum tapetum, in quo statuetur faldistorium cum tegumento violaceo pro Celebrante.

7. Disponentur scamna cooperta panno violaceo pro Canonicis, et statuentur intra vel extra Sacellum pro forma et amplitudine ipsius, cavendo ne populi conspectum impediant. Praeparabitur etiam locus distinctus pro Episcopo Dioecesano in capite scamnorum Canonicalium ex parte digniori, cum scabellis pro Assistentibus.

Ad Altare SS. Sacramenti,
et ad Altaria minora.

8. Observentur quae tradita sunt capituli praecedentis num. 12. 13. et 14. nulla enim occurrit variatio.

Ad Altare maius.
In Presbyterio et in Abacis.

9. In Altari ponentur sex candelabra nobilia cum cereis e cera albi coloris et media inter candelabra Crux detecta, aequalis candelabris eisdem. Non interponentur candelabris signa seu busta Sanctorum, nec reliquiaria nec vasa cum floribus. Mensa Altaris cooperietur tribus tobaleis, quarum superior a lateribus Altaris defluet usque ad terram. Gradus sternentur tapeto nobili, cui superponetur alterum violaceum, amovendum faciliter, si fieri poterit, sin minus aderit usque ab initio functionis tapetum nobile. Apponetur pallium nobile albi coloris, et super ipsum alterum violaceum removendum deinceps, ut suo loco indicabitur.

10. Ad tribunam sive ingressum Presbyterii aderunt fanalia seu candelabra maiora cum cereis vel intorticiis albi coloris.

11. Thronus parabitur lodicibus et pannis sericeis albi coloris, itemque baldachinum eius. Postergali et cathedrae superponentur lodices et panni sericei violacei coloris, removendi debito tempore. Gradus throni sternentur tapeto coloris rubri, cui superponetur alterum violaceum, tollendum ut infra. Aderunt tria scabella pro Assistentibus et pulvinus violaceus, quo utetur Episcopus in genuflexionibus peragendis. Alter etiam pulvinus albi coloris, qui apponetur pro Missa. Planum autem presbyterii inter thronum et Altare cooperiri poterit tapetis e panno viridi.

12. In medio presbyterio ante Altare statuetur faldistorium cum pulvinis violaceis, ubi genuflectet Episcopus; seorsim autem praeparabuntur pulvini albi coloris substinendi deinceps supradictis violaceis.

13. In latere Evangelii vel in alia parte, iuxta constructionem Presbyterii, collocabitur candelabrum ingens in formam columnae, cui infigetur Cereus paschalis magnus et pictus, cum quinque foraminibus in formam Crucis, versis ad Episcopum, quibus infigi possint grana thuris. Ante candelabrum praeparabitur scala commoda et firma, qua tuto ascen-

dere Diaconus possit, Cereo praedicta grana infixurus. Caveatur ut ellychnium Cerei sit iam bene dispositum, ut facile accendatur. Provideatur etiam tutelae Cerei ipsius, quum tollendus erit ac reponendus super candelabrum propter benedictionem fontis baptismalis (*a*).

14. Prope idem candelabrum statuetur legile nobile, convestitum velo albo acu picto, vel etiam auriphrygiato pro cantando Praeconio.

15. In latere Evangelii prope Altare ponetur basis ad sustinendam arundinem cum tricereo.

16. Loco consueto in latere Epistolae aderit scamnum pro Ministris, quod contegi poterit tegumento sive panno sericeo, qui adhibetur diebus festivis, cui superponetur alter e panno violaceo, tollendus ut infra.

17. Ante Altare in latere Epistolae collocabitur faldistorium pro Celebrante, instructum veste albi coloris, cui superponetur violacea.

18. Abaci autem contecti alba tobalea, continebunt res sequentes. In eo, qui aderit a latere Epistolae in usum Celebrantis, duo candelabra cum candelis albi coloris pro Acolythis: calix cum purificatorio, patena cum hostia et palla, corporale intra bursam albi coloris: gremiale album aequale paramentis: ampullae vini et aquae in pelvicula: campanula pro elevatione: urceus, pelvis et mantile in lance: manipuli albi coloris pro Ministris sacris: canon pontificalis: gremiale violaceum aequale paramentis: Epistolarium et Evangeliarium cum vestibus et signaculis albis et intra Evangeliarium manipulus albus Celebrantis: liber vel Missale pro cantandis prophetiis, instructum veste et signaculis violaceis: tunicella, dalmatica et chirothecae in lance, planeta et manipulus coloris violacei pro Celebrante: Missale pro eodem cum tegumento violaceo in functione adhibendum, alterum cum tegumento albi coloris in Missa: legile vel cussini, albus nempe et violaceus, ad sustinendum Missale super Altari: mitra pretiosa pro Celebrante: planeta, dalmatica, tunicella, stola et chirothecae in lance, omnia

---

(*a*) Vide adnotationem num. 21. capituli praecedentis subiectam.

coloris albi pro Celebrante: tabella cum formula indulgentiarum: planeta plicata cum stola et manipulo coloris violacei pro Diacono: pluviale violaceum pro Presbytero assistente: alterum albi coloris pro eodem: velum humerale album pro Subdiacono: liber *Exultet* seu praeconii cum veste et signaculis albi coloris: tabella seu libellus cum formula ad annuntiandum Episcopo *Alleluia*: intorticia pro Elevatione.

19. In altero abaco a latere Evangelii, qui adhibebitur in usum Episcopi, praeparabitur pluviale albi coloris cum stola, cingulum, alba et amictus pro Episcopo, formale pretiosum, mitra pretiosa et altera auriphrygiata, cum vimpa pro Cappellano a mitra: ibi etiam ponetur scotula cum candela, Missale cum veste violacea in functione, alterum cum veste albi coloris in Missa utendum: cappa cum serico rubini coloris loco pellium mustelae alpinae. Apud abacum praeparabitur baculus pastoralis.

20. Abaci supradicti cooperientur velo amplo violaceo, ne usque ad Missam appareant paramenta albi coloris.

21. Si Sacrarium longe abesset ab Altari, poterit seorsim statui parvus abacus cum paramentis albis Ministrorum, videlicet dalmatica et stola pro Diacono, tunicella pro Subdiacono.

22. Praeparabitur Crux processionalis in sua basi firmata a latere Evangelii: si tamen Episcopus ordinarius erit Metropolitanus, praeparabitur basis tantum: legile nudum pro cantu prophetiarum: scabellum unum aequale scabellis throni cum pulvino violaceo, utendum a Celebrante in cantu Litaniarum: alterum scabellum cum Missali in usum cantorum Litaniarum.

In Sacrario.

23. Paramenta pro Ministris sacris, videlicet amictus, albae et cingula duo; stola violacea pro Diacono; manipulus, stola et dalmatica albi coloris pro eodem: manipulus cum planeta pro Subdiacono.

24. Superpellicia sufficienti numero, pro Clero.

25. Sedes cameralis cum subiecto tapeto exiguo pro Celebrante.

26. Paramenta Celebrantis disposita super Altare Sacrarii, eaque sunt caligae et sandalia albi coloris in lance, cooperta velo violaceo, pluviale et stola violacea, cingulum, alba, amictus et mitra auriphrygiata cum vimpa. Paramenta praedicta coloris violacei contegentur velo violaceo.

27. Thuribulum cum navicula; vasculum aquae sanctae cum aspersorio ; grana thuris infigenda Cereo in lance argentea; Missale in usum Celebrantis pro benedictione ignis et granorum; laterna clausa una cum candelula extincta ; aliquantulum gossipii cerati cum duobus tribusve sulphuratis ad accendendum lumen ; arundo cum tricereo in apice.

28. Canon pontificalis pro Missae praeparatione ab Episcopo facienda.

29. Paramenta Ministrorum, nisi disposita fuerint apud Altare, disponentur in Sacrario , dalmatica nempe et stola albi coloris pro Diacono, tunicella albi coloris pro Subdiacono.

De functione

30. Hora praestituta congregabitur Clerus in chorum ad recitandas Horas minores, Primam, Tertiam, Sextam et Nonam, submissa voce et cereis extinctis.

31. Hoc tempore clerici duo accendent ignem extra portam ecclesiae ac meminerint illum extrahere de silice, ut praescribunt rubricae; hic enim ritus non caret mysterio.

32. Eodem tempore Episcopus celebrans sedens in Sacrario sede, ut supra, praeparata leget psalmos praeparationis ad Missam, quorum in fine recitabit *Gloria Patri* et a Cubiculario imponentur ei caligae et sandalia albi coloris. Clericus sustinebit ei Canonem et Presbyter assistens indutus superpellicio assistet eidem ad librum.

33. Ministri, adiuvantibus clericis, induent amictum, albam et cingulum ; Diaconus autem assumet etiam stolam diaconalem violaceam.

34. Parati Ministri, quum Celebrans praeparationem compleverit, reverentiam conficient ad Crucem, venient ante Celebrantem, salutabunt eum et consistent a lateribus ipsius, videlicet Diaconus a dextris, Subdiaconus a sinistris.

35. Interim clericis distribuentur paramenta Celebrantis.

36. In promptu etiam erunt clerici, qui accipient vasculum cum aqua sancta et aspersorium, grana thuris, thuribulum sine igne cum navicula et Missale in usum Celebrantis ad benedicendum ignem et grana.

37. Qui duo clerici accenderint ignem extra portam ecclesiae, transferent focum cum igne in Sacrarium.

38. Celebrans dimittet mantelletum et mozzetam quoque, si utetur ea, sedebit in sede superius indicata, caput operiet bireto et manus lavabit. Nobiles familiares eius, vel clerici duo lotionem manuum ei ministrabunt.

39. Celebrans, lotis manibus, dimittet biretum, et a Diacono, adiuvante Subdiacono, induetur amictu, alba, cingulo, Cruce pectorali, stola et pluviali coloris violacei.

40. Parato Celebrante, duo supradicti clerici aliquantulum admovebunt focum ante illum; clericus cum Missali se sistet prope Subdiaconum, clericus cum vasculo aquae sanctae et alter cum thuribulo consistent prope Diaconum; alter autem cum granis adstabit foco.

41. Celebrans assurget ac voce mediocri dicet *Dominus vobiscum*, deinde triplicem orationem pro benedictione ignis. Ministri, quum opus erit, attollent eius fimbrias pluvialis. In fine orationis tertiae thuriferarius ignem ex foco accipiet forcipe et imponet in thuribulum. Post triplicem orationem Celebrans alteram subiunget *Veniat, quaesumus, Domine* etc. pro benedictione granorum thuris, quin praemittat *Oremus*.

42. Celebrans sedebit, et incensum ei ministrante Diacono cum solitis osculis, imponet illud in thuribulum cum benedictione.

43. Tum assurget Celebrans, et Diaconus ei porriget aspersorium, quo asperget ignem et grana thuris in medio, a sinistris et a dextris suis. Reddito aspersorio Diacono, recipiet ab illo thuribulum, quo adolebit ignem et grana, ut supra.

44. Celebrans iterum sedebit: Diaconus imponet ei mitram auriphrygiatam: sedens expectabit donec moneatur, ut procedat ad Altare.

45. Duo supradicti clerici focum cum igne accipient ac

transferent in ecclesiam, ponentes cum seorsim in commodum fidelium, qui devotionis causa cuperent aliquam partem ignis benedicti domum suam asportare.

46. Clerici, quorum alter vasculum aquae sanctae, alter Missale Celebranti sustinuerint, vasculum et Missale relinquent in Sacrario. Clericus sustinens grana, deponet lancem cum ipsis quo loco erant ab initio, prope laternam ibi praeparatam.

47. Ministri salutabunt Celebrantem et recedent quo loco sibi induerunt paramenta. Diaconus dimittet stolam violaceam et induet stolam, dalmaticam et manipulum albi coloris. Subdiaconus assumet planetam plicatam violaceam et manipulum.

48. Parati Ministri redibunt ad Celebrantem, salutabunt ipsum et consistent Diaconus a dextris, Subdiaconus a sinistris eius.

49. Recitatis in choro Horis minoribus et completis omnibus superius innutis actionibus, quatietur crotalum ad fores Sacrarii ad nunciandam Canonicis associationem Episcopi, ut cap. IV. lib. V.

50. Si mos erit hoc triduo servandi aquam sanctam in vasis ante portam ecclesiae, a clerico aliquo deferetur vasculum cum aspersorio ad portam praedictam.

51. Monebuntur etiam in antecessum Canonici et Beneficiarii seu Mansionarii, ut cappam cum pellibus, si utentur, dimittant ad *Alleluia* in Missa solemni, et cappae substituant habitum choralem, quo utuntur aestivo tempore, quicumque ille sit.

52. Quum discesserint Canonici ituri ad associandum Episcopum, assurget Celebrans et cum Ministris reverentia facta ad Altare sive ad Imaginem Sacrarii, procedet ad Altare maius.

53. Praecedent clerici bini, deinde Celebrans medius inter Diaconum et Subdiaconum paratos, ut supra, qui sustentabunt eius fimbrias pluvialis, sequentur Cappellanus a mitra et Caudatarius, qui syrmam vestium eius sustinebit, postremo nobiles eius familiares, si aderunt.

54. Quum ventum erit ad Altare, Celebrans reverentiam, Ministri cum clericis genuflexionem conficient. Si Ministri essent Canonici, reverentiam peragent, ut Celebrans.

55. Celebrans sedebit in faldistorio, adstantibus Diacono a dextris, Subdiacono a sinistris. Clerici consistent in pedes apud abacum.

56. Prope abacum eumdem praesto erit thuriferarius cum thuribulo et navicula.

57. Episcopus descendet ad ecclesiam associatus a Canonicis, ac si fuerit Archiepiscopus, praeferetur Crux ante ipsum: si soleat in ecclesia servari aqua sancta, in limine accipiet aspersorium, quo signabit seipsum et asperget adstantes. Quae quidem actio omittetur, quando in vasis ecclesiae non servabitur aqua benedicta.

58. Sacrista curabit, ut statim aqua benedicta exhauriantur praedicti fontes lustrales, replendi mox aqua benedicta in fonte baptismali, ut infra.

59. Episcopus in ecclesiam ingressus, caput operiet caputio cappae, procedet ad Altare maius, salutabit Episcopum celebrantem, perveniens ad ipsum, tum nudabit caput, reverentiam faciet ad Crucem Altaris, geniculabit in faldistorio et brevi orabit.

60. Celebrans, quum perveniet Episcopus, assurget, salutabit eum, postea sedebit. Ministri, nisi fuerint Canonici, genuflexionem ad eum conficient, secus reverentiam.

61. Canonici et ceteri de Clero petent subsellia sua et orabunt, ut Episcopus. Consurgente de oratione Episcopo, consurgent et ipsi. Diaconi assistentes se sistent a lateribus Episcopi, quando geniculabit in faldistorio.

62. Episcopus de oratione assurget, reverentiam faciet ad Crucem et ad Celebrantem, qui respondebit ei cum Ministris, ut supra, et procedet ad thronum. Transiens per chorum, Clerum dextera benedicet.

63. Thuriferarius cum thuribulo sequetur Episcopum.

64. Episcopus, conscenso throno, sedebit. Ascendet a latere Presbyter assistens in planum throni. Thuriferarius, genuflexione facta, ad thronum ascendet et genuflexus Episcopo obiiciet thuribulum, in quo Episcopus ponet incensum cum benedictione, ministrante cum osculis Presbytero assistente.

65. Dum Episcopus ad thronum accedet, Subdiaconus ac-

cipiet Crucem processionalem et veniet ante thronum : Subdiacono se adiunget Diaconus cum tribus clericis, quorum officium declarabitur infra.

66. Incenso ab Episcopo imposito et benedicto, Presbyter assistens de throno a latere descendet et ad locum suum redibit. Thuriferarius de throno descendet et coibit cum Diacono, Subdiacono et clericis supradictis.

67. Episcopus sibi detrahet de capite biretum, assurget ac salutabit Crucem. Diaconus cum clericis respective conficient reverentiam vel genuflexionem ad Episcopum, et discedent de Presbyterio.

68. Praecedet thuriferarius, a sinistris eius incedet clericus alter, deinde Subdiaconus cum Cruce, post quem ibit Diaconus, reliquis duobus clericis comitantibus. Profectis de presbyterio praedictis Ministris, Chorus considebit.

69. In aditu presbyterii aderit claviger unus ecclesiae, qui Ministros cum clericis ducet in Sacrarium.

70. Ubi ventum erit in Sacrarium, clericus qui coiverat cum thuriferario, accipiet lancem cum granis incensi, alter sumet laternam et lumen accendet ex igne thuribuli, tertius accipiet arundinem eamque tradet Diacono, quem postea, si opus erit, adiuvabit in inclinanda arundine.

71. Quum omnia supradicto modo disposita fuerint, proficiscentur ad portam principalem, praecedente clavigero; thuriferarius incedet a dextris clerici sustinentis grana, tum Diaconus gestans Crucem, postremo Diaconus cum arundine, habens a dextris clericum, qui adiuvabit eum, siquando erit necesse, a sinistris autem clericum alterum cum lumine ardenti intra laternam et cum gossipio cerato ad accendendas arundinis candelas.

72. Quum ventum erit ad portam principalem, conversi ad Altare maius consistent ibi.

73. Diaconus inclinabit arundinem; in promptu erit clericus cum gossipio cerato ardenti et accendet unam ex tribus candelis. Diaconus eriget arundinem; geniculabunt omnes, excepto Subdiacono gestante Crucem, Diaconus tono praescripto cantabit *Lumen Christi* et Chorus respondebit *Deo gratias*. Con-

surgent omnes de genuflexione et Diaconus cum ceteris procedet in mediam ecclesiam.

74. Quando Episcopus, Celebrans et Chorus audient Diaconum canentem *Lumen Christi*, consurgent ac responso *Deo gratias*, iterum considebunt.

75. In media ecclesia accendetur altera candela eodem modo ac supra, et a Diacono cantabitur *Lumen Christi*, vocem efferendo hemitonio. Tertia accendetur ante Altare, et altero hemitonio Diaconus efferet vocem, dicens *Lumen Christi*.

76. Prope thronum aderit Cappellanus a libro Episcopi cum Missali pro benedictione Diaconi.

77. Quum venerint ante Altare, Diaconus relinquet arundinem clerico, qui astiterit ipsi, Subdiaconus simul cum thuriferario et clericis duobus, sustinentibus arundinem et grana, procedet ad legile praeparatum apud candelabrum Cerei paschalis, quo loco cantandum erit Praeconium.

78. Subdiaconus consistet a dextra legilis, clericus cum arundine a sinistris, thuriferarius prope Subdiaconum et clericus cum granis prope clericum cum arundine.

79. Diaconus librum accipiet a Caeremoniario, qui cum debitis reverentiis aut genuflexionibus ad Altare, comitabitur eum ante gradus throni. Quo quum venerit Diaconus geniculabit, vel profunde inclinatus (si Canonicus fuerit) petet ab Episcopo benedictionem, dicens *Iube Domne benedicere*. Episcopus respondebit *Dominus sit* etc. eique donabit benedictionem, formulam legens e Missali.

80. Diaconus, accepta benedictione, assurget ac reverentia aut genuflexione facta ad Episcopum, accedet ad legile praeparatum prope Cereum eique superponet librum apertum, accipiet thuribulum a Caeremoniario et librum adolebit in medio, a dextris et a sinistris suis.

81. Episcopus, quum Diaconus ad legile pervenerit, caput nudabit et assurget, idemque faciet cum ipso Chorus universus.

82. Caeremoniarius, qui assistet Celebranti, tollet ei mitram. Celebrans assurget et stabit conversus ad Diaconum.

83. Diaconus, thurificato libro, thuribulum restituet Cae-

remoniario, vel thuriferario ac iunctis manibus, nec seipsum signans nec librum incipiet cantare *Exultet*, ut in Missali.

84. Thuriferarius, libro thurificato a Diacono, reportabit thuribulum in Sacrarium et revertetur prope Subdiaconum.

85. Cantatis a Diacono verbis Praeconii *Curvat imperia*, considebunt omnes et Caeremoniarius Celebrantis reponet ipsi mitram.

86. Diaconus ascendet super scabellum gradatum et sinistra sustinens Cereum, ne curvetur, dextera infiget illi quinque grana in foraminibus designatis, videlicet primum versus summitatem, alterum infra primum, tertium infra secundum, quartum a dextra secundi, quintum a sinistra secundi, quemadmodum heic videre est.

1
4 2 5
3

87. Clericus sustinens lancem in qua aderant grana, veniet ad abacum ubi lancem deponet et revertetur eodem, remoturus legile cum libro post cantum Praeconii.

88. Diaconus de scabello descendet, redibit ad legile et prosequetur cantum ad illa verba *In huius igitur noctis gratia* etc. omnesque consurgent capite nudato, et Celebranti tolletur mitra a Caeremoniario. Idipsum fiet deinceps quotiescumque Diaconus cessabit a cantu.

89. Post verba *rutilans ignis accendit*, Diaconus abrumpet cantum et omnes considebunt, ut supra. Diaconus accedet ad Candelabrum et ope unius candelarum arundinis accendet Cereum.

90. Accenso Cereo ac restituta arundine clerico ipsius custodi, Diaconus redintegrabit cantum ad verba *Qui sit licet divisus* etc. Chorus consurget, ut antea.

91. Clericus qui custos erit arundinis, deferet ipsam prope Altare et collocabit in basi ibi praeparata.

92. Cantatis verbis *apis mater eduxit*, Diaconus cantum intermittet, omnesque sedebunt, ut supra.

93. Clericus aliquis accenso ex arundine aut Cereo gossipio cerato, accendet lampades omnes, quae aderunt in ecclesia, initium sumens ab Altari maiore.

94. Ubi lampades Altaris maioris et Altari viciniores accensae fuerint, consurget Chorus et Diaconus redintegrabit cantum ad verba *O vere beata nox*, et prosequetur illum usque ad finem (a).

95. Expleto cantu *Exultet*, Chorus sedebit, ut prius. Diaconus librum claudet ac relinquet super legili. Clericus unus librum reportabit ad abacum, et legile ponet seorsim. Subdiaconus tradet Crucem hastilem clerico alteri, qui reponet ipsam quo loco erat.

96. Diaconus et Subdiaconus conficient simul reverentiam aut genuflexionem ad Episcopum et ad Altare, dein reverentiam ad Celebrantem et recedent apud abacum.

97. Interim sub manu erunt paramenta Celebrantis, quae clericis distribuentur tali modo, ut actio ista peragatur celeriter.

98. Diaconus dimittet paramenta albi coloris et induet stolam diaconalem violaceam: Subdiaconus dimittet planetam plicatam et manipulum.

99. Hoc tempore Presbyter assistens Celebranti, appropinquabit ad ipsum et cum osculis consuetis educet annulum e digito eius, tum recedet apud abacum.

100. Diaconus et Subdiaconus revenient ad Celebrantem eosque sequentur clerici cum paramentis. Reverentiam Celebranti conficient, quum venerint ante ipsum, et Diaconus tollet ei mitram, deinde pluviale, adiuvante Subdiacono. Tum consistentes Diaconus a dextris, Subdiaconus a sinistris eius, induent eum tunicella, dalmatica, chirothecis ac planeta; postremo Subdiaconus eius brachio sinistro imponet manipulum, Diaconus cooperiet ipsum mitra auriphrygiata.

101. Dum parabitur Celebrans, Presbyter assistens apud abacum induet pluviale violaceum.

(a) Quod ad orationem *pro Romano imperio* vide lib. II. cap. XXVII. num. 50.

102. Ministri parato Celebranti facient reverentiam, recedent ad abacum et sibi induent planetam plicatam ac manipulum.

103. Interim in promptu esto clericus unus, translaturus faldistorium ad Altare.

104. Profectis a Celebrante Ministris, se sistet ei Presbyter assistens, qui cum osculis consuetis annulum inducet eius digito dextro annulari et a dextris ipsius consistet.

105. Ministri revertentur ad Celebrantem eique facta reverentia, Diaconus locum sumet a sinistris eius, Subdiaconus a sinistris Diaconi.

106. Celebrans ad nutum Caeremoniarii sui assurget ac procedet ad Altare. Transiens ante Episcopum in throno sedentem, profunda reverentia salutabit eum, itemque Ministri si fuerint Canonici; si tamen Canonici non essent, genuflectent.

107. Episcopus respectu Celebrantis Episcopi, nudabit caput bireto, seque illi inclinabit, aliquantulum assurgens: Chorus autem et assistentes Episcopo assurgent in pedes nec sedebunt, nisi quando sederit Celebrans.

108. Hoc tempore faldistorium a clerico transferetur in suppedaneum Altaris et collocabitur tali modo, ut in ipso sedens Celebrans respiciat latus Evangelii et habeat Altare a dextris suis (*a*).

109. Eodem tempore ab altero clerico statuetur in medio presbyterio legile nudum cum libro prophetiarum.

110. Clericus alter, vel Caeremoniarius chori locum sumet prope cantorem primae prophetiae et peraget quod tradetur inferius (*b*).

111. Clerici duo ex abaco accipient Missale pro Celebrante et gremiale, atque aderunt prope Altare quando ipse Celebrans illuc adveniet.

(*a*) In Sacello Pontificio et in Patriarchalibus Celebrans sedet in Altari, ut hac paragrapho innuitur.

(*b*) Notandum, quod cantores prophetiarum debent induere superpellicium, ideoque si essent Beneficiarii seu Mansionarii, oportet ut ad actionem istam dimittant insignia choralia.

112. Celebranti ante Altare progresso Diaconus tollet mitram.

113. Celebrans cum Ministris respective conficient reverentiam aut genuflexionem ante Crucem. Tum ad Altare ascendent, quod Celebrans osculabitur in medio, et Diaconus reponet ei mitram. Celebrans sedebit in faldistorio; sedenti autem Diaconus imponet gremiale super genua.

114. Caeremoniarius qui aderit in choro, deducturus cantores prophetiarum, dum Celebrans ad Altare procedet, invitabit per inclinationem cantorem prophetiae primae et secum deducet illum in medium presbyterium ad legile praeparatum: conficient iunctim genuflexionem ad Altare, dein ad Episcopum ibique consistent. Statim ac sederit Celebrans, Caeremoniarius monebit cantorem, qui subito incipiet cantum prophetiae tono notato (a).

115. Notandum, quod quando Episcopus hac die non celebrat, sed assistit functioni, primae quatuor prophetiae seu lectiones cantandae sunt a clericis, alterae quatuor a Beneficiariis, ultimae quatuor a Canonicis, ut praescribit Caeremoniale Episcoporum lib. II. cap. XXVIII.

116. Ubi cantor inceperit cantare lectionem seu prophetiam, se sistet Celebranti clericus unus, qui ei sustinebit Missale apertum, ex quo leget istam et reliquas prophetias atque etiam tractum post quartam, octavam et undecimam. Diaconus consistet a dextris, Subdiaconus a sinistris Celebrantis aliquanto post faldistorium, et Presbyter assistens stabit ante Subdiaconum, ut attendat ad librum, ex quo leget Episcopus.

117. Caeremoniarius curabit, ut super Altare in latere Epistolae ponatur legile seu cussinus pro Missali.

118. Quum Celebrans legerit prophetiam, clericus qui Missale ante eum sustinebat, deponet illud super legile seu cussinum in latere Epistolae et reverentia facta ad Celebrantem, recedet in planum apud Altare ex eodem Epistolae latere.

119. Ministri, si multum aberit, ut cantus prophetiae com-

(a) De habitu cantorum prophetiarum vide quae cap. praec. num. 114. notata sunt.

pleatur, salutabunt Celebrantem et sessum pergent ad scamnum ipsis praeparatum; secus prosequentur stare prope Celebrantem.

120. Quum cantor desierit cantare prophetiam, discedet de legili genuflectet ad Altare et accedet ad thronum, quo priusquam ascendat, genuflexionem faciet ante Episcopum, tum ascendet, manum Episcopi osculabitur, de throno descendet, genuflexionem iterabit ad Episcopum, dein ad Altare, redibit ad locum suum, ibique salutabit Caeremoniarium, a quo comitatus fuerit.

121. Eunte ad thronum cantore, consurgent Diaconi assistentes.

122. Caeremoniarius Episcopi meminerit super gradulum cathedrae ponere pulvinum in quo genuflectet Episcopus, illumque removere, post genuflexionem.

123. Dum cantor de throno descendet, Diaconus tollet gremiale et mitram Celebranti, qui assurget et convertetur ad Altare. Diaconus se sistet a tergo Celebrantis in gradu infra suppedaneum, Subdiaconus in infimo gradu vel in plano a tergo Diaconi et Presbyter assistens in latere Altaris a dextris Episcopi, indicaturus ei quae sint legenda e Missali.

124. Advertetur, ut *Oremus* cantetur quando in medio ante Altare aderit cantor de throno revertens, ut faciat genuflexionem ad *flectamus genua*, ne genuflexiones sine necessitate multiplicentur. Hoc tamen monitum non habet locum quando cantatur tractus post prophetias.

125. Quando Celebrans de faldistorio assurget, Episcopus etiam assurget capite nudato, et cum ipso chorus universus.

126. Celebrans cantabit *Oremus*, Diaconus *Flectamus genua*, omnesque genuflectent uno tantum genu, exceptis Celebrante et Presbytero assistente, qui stabunt in pedes; Subdiaconus cantabit *Levate* et omnes consurgent. Celebrans apertis manibus ac tono feriali subiunget orationem, post quam sedebit et a Diacono rursus cooperietur mitra ac recipiet ab eodem super genua gremiale.

127. Sedente Celebrante, considebunt ceteri omnes, comprehenso Episcopo.

128. Dum cantabitur oratio, deducetur ad legile in medium chorum cantor prophetiae secundae, qui cantum inchoabit, quum reposita erit mitra Celebranti, et omnia fient in ista et in reliquis ut in prima, etiam quod ad osculum manus Episcopi spectat.

129. Clericus designatus sustinendo librum Celebranti, advertat ut ascendat ad Altare, postquam Diaconus Celebranti imposuerit mitram, et faciens illi reverentiam, accipiat librum ex Altari et apertum ante illum sustineat, ex quo leget reliquas prophetias, eodem modo quo traditum est in prima, eademque fient pro cantu reliquarum orationum.

130. In quarta, octava et undecima prophetia leget etiam tractum.

131. Cantatis tribus praedictis prophetiis, postquam cantor illarum Episcopi manum osculatus erit, Cappellanus a libro se sistet cum Missali Episcopo, qui sedens leget supradictos tractus et quum ipsorum cantus completus erit, cantabitur oratio, ut in ceteris.

132. Monebitur Diaconus, ne cantet *Flectamus genua* post prophetiam duodecimam.

133. Quando cantabitur prophetia ultima, in promptu erit clericus unus ad tollendum de medio presbyterio legile cum libro, adhibitum in cantu prophetiarum; aderunt etiam clerici recepturi paramenta Celebrantis et alter qui deferat pluviale: unus vel alii duo translaturi faldistorium Celebrantis, alter etiam qui ex Altari accipiat Missale in usum Celebrantis in benedictione fontis; praeterea alteri duo, qui tollant Cereum de candelabro.

134. Acolythus unus accendet candelas in candelabris super abaco.

135. Sub finem eiusdem prophetiae praesto erunt cantores prope ingressum Presbyterii cum libro, ex quo cantare tractum debebunt *Sicut cervus desiderat* etc. in accessu ad baptisterium.

136. Itaque cantata prophetia duodecima et osculata a cantore Episcopi manu, Diaconus tollet Celebranti gremiale et mitram. Gremiale referetur ad abacum a clerico, qui curam geret illius. Celebrans cantabit orationem, quin Diaconus praemittat *Flectamus genua.*

137. Interim unus vel duo clerici accipient ex Altari faldistorium pro Celebrante et reponent illud ante Altare in latere Epistolae, ubi erat functionis initio.

138. Celebrans, oratione cantata, Crucem salutabit cum Ministris, Diaconus ei reponet mitram, ipse autem a latere descendet de Altari et sessum veniet ad faldistorium.

139. Presbyter assistens recedet ac dimittet pluviale.

140. Ministri conficient Celebranti reverentiam et pergent ad abacum, ubi deponent manipulum et planetas plicatas: tum, sequentibus clericis delectis ad recipienda paramenta, revertentur ad Celebrantem.

141. Ministri reversi ante Celebrantem, salutabunt eum, et Diaconus tollet ipsi mitram, deinde annulum: postea consistent a lateribus eius, nempe Diaconus a dextris, Subdiaconus a sinistris, eumque exuent paramentis: Subdiaconus tollet ei manipulum, Diaconus autem, adiuvante Subdiacono, exuet ei planetam, chirothecas, dalmaticam ac tunicellam. Tum induent ipsi pluviale et Diaconus reponet eius capiti mitram, et annulum digito dextro annulari.

142. Hoc tempore clericus unus accipiet Cereum processionalem et coibit cum Acolythis, qui gestabunt candelabra accensis candelis, ac procedent ante thronum. Episcopus assurget et dimisso de capite bireto, se inclinabit Cruci, deinde rursus sedebit, donec nunciabitur ei tempus esse in processionem discedendi.

143. Diaconi assistentes salutabunt Episcopum et recedent in chorum ad subsellia sua coituri cum ceteris Canonicis in processionem.

144. Ordinabitur et dirigetur processio ordine sequenti.

145. Clavigeri seu claviger ecclesiae. Clericus, qui deferet Cereum paschalem ante Crucem. Alter clericus superpellicio indutus, qui gestabit Crucem processionalem, medius inter duos Acolythos cum candelabris, accensis candelis. Chorus cantorum, qui exeuntes de Presbyterio cantabunt tractum *Sicut cervus* etc. Clerici Seminarii. Beneficiarii seu Mansionarii. Ca-

nonici, bini. Dignitates, ut supra. Clericus qui deferet Missale pro Celebrante. Celebrans medius inter Diaconum et Subdiaconum, sustentantes eius fimbrias pluvialis. Cappellanus a mitra Celebrantis et Cappellanus caudatarius, qui sustinebit syrmam vestis eius. Episcopus comitatus a Caeremoniario suo, sequentibus nobilibus eius familiaribus. Episcopus et Celebrans priusquam se Processioni adiungant, mutuam alter alteri peragent inclinationem. Si Episcopus ordinarius erit Metropolitanus, praeferetur Cereus et Crux cum Acolythis ante Canonicos, et imago Crucifixi convertetur ad Metropolitanum.

146. Clero, Celebrante et Episcopo de Altari profectis, Sacrista a suis clericis inservientibus iubebit de throno tolli conopoea et apparatus violaceos, tapeta etiam violacea strata super gradus Altaris et super gradus throni; et maioris commoditatis caussa poterit etiam amoveri de Altari pallium violaceum, sed Altaris cerei relinquentur extincti. Iubebit reponi ante Altare faldistorium cum pulvinis violaceis pro Episcopo; a sinistris autem faldistorii collocabitur scabellum cum pulvino violaceo pro Celebrante ad genuflectendum. Praeparabitur scabellum cum Missali ponendum in medio Presbyterio pro cantoribus Litaniarum. Tollentur de abacis vela violacea et reliqua omnia, quae opus amplius non erunt. Super mensam Altaris disponentur paramenta albi coloris pro Episcopo, simul cum mitra.

147. Quum processio ad baptisterium pervenerit, clericus sustinens Cereum, Crucifer gestans Crucem et Acolythi subsistent extra ingressum a sinistra. Canonici locum sument in scamnis praeparatis, reliqui de Clero disponentur intra Sacellum, vel extra ipsum, secundum loci amplitudinem.

148. Celebrans cum Ministris subsistet extra fontem et a dextris eius in eadem linea se sistet Episcopus. Diaconus mitram tollet Celebranti et Episcopus de capite dimittet biretum. Celebrans ex Missali, quod ei sustinebit clericus, cantabit tono feriali et iunctis manibus *Dominus vobiscum* et orationem *Omnipotens sempiterne Deus, respice* etc.

149. Recitata oratione, Episcopus accedet ad locum sibi praeparatum, qui si fuerit ad instar exigui throni, accedent etiam Diaconi assistentes.

150. Deinde Crux et Acolythi ingredientur in septum fontis baptismalis et consistent sive a dextra sive a sinistra, modo tamen non vertant humeros ad Episcopum. Clericus cum Cereo se sistet versus dexteram Celebrantis, advertens et ipse, ne convertat humeros ad Episcopum.

151. Diaconus reponet mitram Celebranti, qui ingredietur in septum seu cancellos fontis : clericus cum libro adstabit fonti a sinistris Celebrantis. Celebrans consistet ante fontem, medius inter sacros Ministros.

152. Stantibus Episcopo et Clero, Diaconus tollet mitram Celebranti, qui iunctis manibus ac tono feriali dicet *Dominus vobiscum* et orationem *Omnipotens sempiterne Deus, adesto* etc.

153. In benedictione fontis nulla occurrit variatio, excepto quod Presbytero assistenti locus non est, idcirco librum Episcopo sustinebit semper clericus unus. Quare observabitur quod traditum est cap. praeced. num. 144. et seqq.

154. Praefatione absoluta, Diaconus reponet mitram Celebranti, qui sessum perget ad faldistorium, ac sedebit etiam Episcopus et Clerus.

155. Clericus unus hauriet a fonte aquam sanctam in vasculum et secum habebit aspersorium.

156. Dignior Cleri vel Parochus sive alius, cuius officium aspergere populum aqua benedicta, perget ad abacum, sibi collo imponet stolam violaceam, coibit cum clerico, qui sustinebit vasculum aquae sanctae cum aspersorio et se sistet ante Episcopum.

157. Episcopus nudabit caput, assurget cumque ipso ceteri omnes, et a supradicto digniore vel quocumque alio de Clero, recipiet aspersorium, quod ei praesentabitur ab eodem cum osculo manus.

158. Accepto aspersorio, Episcopus signabit seipsum, deinde asperget eum, a quo aspersorium acceperit, tum Diaconos assistentes, si aderunt. Restituet aspersorium eidem, de quo supra, qui recipiet illud cum osculis et reverentia facta ad Episcopum, ab ipso discedet. Episcopus sedebit, cumque eo Diaconi assistentes, si aderunt.

159. Dignior supradictus accedet ad Celebrantem, cui Dia-

conus tollet mitram. Porriget aspersorium cum osculis Celebranti, qui aspersorio accepto, signabit seipsum, deinde Diaconum et Subdiaconum, qui ad aspersionem accipiendam genuflectent, nisi fuerint Canonici, secus accipient illam profunde inclinati. Celebrans aspersorium restituet supradicto, qui osculabitur mauum eius, salutabit ipsum et discedet. Celebrans sedebit et a Diacono mitra rursus cooperietur.

160. Idem dignior veniet ante Canonicos et singillatim illos asperget, cum inclinatione ad singulos ante et post aspersionem uniuscuiusque. Deinde asperget Clerum, et postremo per ecclesiam incedens, populum aqua benedicta asperget.

161. Canonici, postquam aspersi fuerint, sedebunt itemque ceteri de Clero, si aderunt scamna ad sedendum.

162. Hoc tempore clerici designati extrahent de fonte aquam, quae reponetur in vasis, ut supra innuimus, et implebunt etiam vasa marmorea, extantia prope limen ecclesiae.

163. Quum ad fontem redierit dignior, qui populum aqua benedicta asperserit, assurget Celebrans cum mitra iterumque approximabit ad fontem. Assurget etiam Episcopus, Canonici et ceteri omnes, qui consederant.

164. Celebrans Olea sacra in aquam baptismalem infundet, ut num. 166. 167 et 168. cap. praec.

165. Interim in promptu erunt Ministri lotionis pro Celebrante.

166. Oleis sacris in fontem infusis et manu commixtis, Celebrans revertetur ad faldistorium et lavabit manus. Ministri lotionis stabunt, quoniam aderit Episcopus.

167. Processio deinde ad Altare maius dirigetur ordine eodem ac supra.

168. Quando perveniet processio ad Altare maius, qui clericus sustinebit Cereum, altero adiuvante, reponet illum super candelabrum, advertens ut grana versa sint ad Episcopum, et removebitur scabellum gradatum, quod hanc ob rem applicitum fuerit candelabro: Acolythi reponent candelabra super abaco, accensis candelis: Crucifer firmabit Crucem in sua basi: qui duo cantores cantaturi erunt Litanias, locum sument apud scabellum, in quo praeparatum erit Missale: clerici tres con-

sistent prope scabellum Celebrantis a sinistris, paramenta recepturi, ut infra: ceteri de Clero ad subsellia se recipient: Celebrans consistet in pedes ante scabellum sibi praeparatum a sinistra faldistorii, et postquam illuc pervenerit cum Ministris, hi statim dimittent planetas plicatas, deinde tollent pluviale Celebranti: quae paramenta referentur ad abacum vel in Sacrarium a tribus supradictis clericis, qui ibi praesto erunt: Celebrans mitram in capite retinens, geniculabit in pulvino posito ante scabellum suum: Episcopus geniculabit in faldistorio: Diaconi duo assistentes procumbent in genua post Episcopum, Diaconus autem et Subdiaconus post Celebrantem: Presbyter assistens Celebranti aderit apud abacum, indutus superpellicio.

169. Genibus flexis ab Episcopo, Celebrante et choro cum ipsis, duo praedicti cantores incipient Litanias cantare ritu duplici, videlicet versiculus ab iisdem cantoribus cantatus, integer a Clero repetetur.

170. Ad versiculum *Omnes Sancti* etc. Diaconus et Subdiaconus consurgent et venient ad abacum vel in Sacrarium, nisi longius aberit, ubi dimissis paramentis violaceis, induent sibi albi coloris.

171. Hoc tempore clericis distribuentur paramenta albi coloris, pro Episcopo, quae deferentur in latus Evangelii prope faldistorium in quo genuflexus erit Episcopus. Cappellani quoque a mitra et baculo meminerint accipere quae ad ipsorum officium spectant. Cubicularius Episcopi aderit prope Diaconos assistentes, cappam Episcopi recepturus.

172. Curabitur, ut adsint alii clerici, qui praebeant paramenta albi coloris Celebrantis.

173. In promptu etiam erunt Acolythi ad accendendos cereos Altaris, tribunae et scotulam pro Episcopo.

174. Aderunt et clerici, qui tollant faldistorium, quum surrexerit Episcopus, et pulvinis violaceis substituant albi coloris: iidem mutabunt etiam vestem faldistorii adhibiti a Celebrante et pallium Altaris.

175. Itaque Ministri Celebrantis induti vestibus sacris albi coloris, moneantur ut intrent in Presbyterium, si se parave-

rint in Sacrario, sin apud abacum, ut accedant ad Celebrantem ad versiculum *Peccatores*; coeuntes cum eo, deducent ipsum ad faldistorium in latus Epistolae.

176. Tunc assurget Episcopus, genuflexo tamen Choro, et removebitur faldistorium, in quo prostratus erat.

177. Acolythi statim accendent cereos Altaris et Presbyterii, ut supra, et de Altari tolletur pallium violaceum ac substituetur album.

178. Duo cantores Litaniarum advertent, ut cantent illas cum maiori minorive pausa, prout videbitur necesse, ut in fine illarum parati sint Episcopus et Celebrans; ac si opus fuerit, repetent etiam versiculum aliquem Litaniarum earumdem.

179. Ministri Altaris operam dabunt vestiendo Celebranti celeriter.

180. Igitur quum Episcopus et Celebrans assurrexerint, Episcopus exuetur cappa a Diaconis assistentibus, adiuvante Cubiculario, qui meminerit expedire extremitatem posteriorem vestis episcopalis, et cappam deinde in Sacrarium asportabit. Diaconi iidem Episcopo induent amictum, albam, cingulum, Crucem pectoralem, stolam et pluviale albi coloris, cui applicabitur formale pretiosum, et primus Diaconus assistens mitram pretiosam capiti eius imponet.

181. Ministri autem exuent Celebranti mitram et stolam violaceam; Presbyter assistens, indutus superpelliceo, digito eius educet annulum. Tum iidem Ministri induent ei stolam, tunicellam, dalmaticam, chirothecas et planetam albi coloris; Diaconus autem cooperiet caput eius mitra pretiosa.

182. Dum paramentis albi coloris induetur Episcopus, Presbyter assistens Celebranti assumet pluviale albi coloris.

183. Ministri, parato ut supra Celebrante, salutabunt eum, accedent ad abacum et manipulum sibi imponent brachio sinistro.

184. Interim Presbyter assistens se sistet Celebranti et cum reverentiis praescriptis cumque osculis, annulum inseret eius digito dextro annulari et recedet prope latus Epistolae.

185. Ministri revertentur ad Celebrantem et reverentia ante ipsum facta, consistent a lateribus eius; innuente autem

Caeremoniario Episcopi, discedent iunctim de faldistorio et venient ad Episcopum propter Missam inchoandam.

186. Quum Celebrans venerit ad sinistram Episcopi, secundus Diaconus assistens mitram tollet Episcopo, qui appropinquans ad Altare exordietur Sacrum, quod peragetur ritibus praescriptis capit. XIII. et XVI. lib. V. exceptis observationibus quae sequuntur.

187. *Kyrie* cantabitur cantu firmo, tono feriali et cum pausa a cantoribus et repetetur etiam, si opus fuerit, usque ad intonationem hymni *Gloria in excelsis*.

188. Canonici efficient circulum ad *Kyrie*, ad *Gloria* et ad *Sanctus*, ut in aliis Missis praescribitur.

189. Ad intonationem *Gloria in excelsis* detegentur imagines et tabulae pictae, quae etiam tum velatae fuerint, sonabitur in laetitiae argumentum campanis omnibus, quibus signum dabitur reliquis ecclesiis, ut suas quaeque campanas pulsent. Sonabitur etiam campanulis appensis in ecclesia, ad fores Sacrarii etc. aliquandiu.

190. Quando paullulum aberit, ut a cantoribus compleatur cantus hymni *Gloria in excelsis*, dimidia pars chori, tum Canonici, tum Beneficiarii, recedent in Sacrarium, dimittent cappas cum pellibus, induent superpelliceum vel alteram cappam levem et revertentur in chorum statim ac nunciabitur Episcopo *Alleluia*. Tunc discedet alterum dimidium ad cappas, ut supra, commutandas; itemque discedent de throno Diaconi assistentes, quibus interea supplebunt Diaconi ultimi; isti autem discedent, quum redierint Diaconi praedicti.

191. Caeremoniarius, qui comitabitur Subdiaconum ad Epistolam cantandam, meminerit secum ferre tabellam, in qua scripta erit formula ad nunciandum Episcopo *Alleluia*.

192. Legente Epistolam Subdiacono, leget illam etiam Celebrans; siquidem quum debeat cantare *Alleluia*, inverteret ordinem Missae, nisi legeret illam hoc tempore. Clericus unus sustinebit ei Missale et Presbyter assistens cum Diacono non sedebunt, sed adstabunt lateribus faldistorii, ut assistant Celebranti.

193. Subdiaconus post cantatam Epistolam, reverentiam

vel genuflexionem faciet ad Crucem Altaris, deinde veniet ante thronum et reverentiam aut genuflexionem exsequetur ad Episcopum. Ibi priusquam ascendat, manum Episcopi osculaturus, elata voce nunciabit illi *Alleluia*, dicens « Reverendissime Pater. Annuntio vobis gaudium magnum, quod est *Alleluia* » Post haec ascendet ad thronum, manum osculabitur Episcopi, qui benedictionem ei largietur, descendet ac redibit ad Celebrantem, cui submissa voce praeintonabit *Alleluia*.

194. Praeintonato, ut supra, *Alleluia*, Diaconus mitram exuet Celebranti, qui assurget et ad Altare convertetur.

195. Episcopus assurget mitram in capite retinens, et cum eo totus Chorus consurget.

196. Celebrans tribus vicibus cantabit *Alleluia*, cui respondebit Chorus: advertet autem ut singulis vicibus vocem attollat hemitonio, quod faciet etiam Chorus in responsis.

197. Postquam Chorus tertia vice responderit *Alleluia*, sedebunt Celebrans, Episcopus et Chorus. Diaconus mitram et gremiale reponet Celebranti, qui ex Missali sustento a Subdiacono prosequetur legere ℣. *Confitemini Domino* etc. Episcopus autem leget Epistolam, *Alleluia* etc. ut in aliis Missis.

198. Ad cantum Evangelii non deferentur candelabra ab Acolythis, qui assistent iunctis manibus, sed fiet prorsus ut praescriptum est pro aliis Missis.

199. Offertorium caret versiculo legendo a Celebrante et Episcopo.

200. Non recitabitur *Agnus Dei*, ideoque non fiet circulus a Canonicis, nec pax donabitur.

201. Quum Celebrans consummaverit Sacramentum, Episcopus sedebit et a primo Diacono assistente cooperietur mitra auriphrygiata: Presbyter assistens Episcopi discedet de stallo suo, salutabit Crucem Altaris, deinde Episcopum ante thronum, ascendet ad thronum et consistet apud scabellum assistentiae.

202. Se sistent Episcopo Cappellani cum scotula et libro ex quo ille leget antiphonam *Alleluia* cum psalmo, *Laudate Dominum* etc. pro Vesperis, una cum Assistentibus, qui stabunt.

203. Celebrans, postquam laverit manus, nudabitur mitra a Diacono, et stans in latere Epistolae, recitabit cum Ministris antiphonam et psalmum praedictum pro Vesperis.

204. Interim in promptu erit Caeremoniarius vel thuriferarius cum thuribulo.

205. Cantorum etiam chorus cantabit antiphonam et psalmum supradictum, ut in Missali.

206. Cantato psalmo a cantoribus sive a choro, Subdiaconus submissa voce praecinet Celebranti antiphonam *Vespere autem Sabbati*. Celebrans hanc antiphonam intonabit, quae continuabitur a choro cantorum.

207. Celebrans, adstantibus eius lateribus Diacono et Subdiacono, transibit in medium Altaris ; Presbyter assistens Celebranti manebit a latere altaris in parte Epistolae, amoturus librum, quando Altare thurificabitur.

208. Ad intonationem antiphonae supradictae Episcopus assurget cum mitra, tum rursus sedebit. Idipsum faciet Clerus.

209. Presbyter assistens Episcopo accedet ad eius dexteram et ministrabit incensum, quod Episcopus imponet in thuribulum cum benedictione consueta. Dein thuriferarius procedet ad Altare.

210. Secundus Diaconus assistens mitram tollet Episcopo, qui assurget et cum ipso consurget Chorus. Episcopus accipiet baculum, quem continebit iunctis manibus dum cantabitur *Magnificat*.

211. Cantores apud legile intonabunt *Magnificat*, quum assurget Episcopus.

212. Diaconus ministrans thuribulum accipiet a thuriferario et porriget Celebranti, qui Altare adolebit: Ministri attollent planetam eius: Presbyter assistens amovebit ex Altari librum, quem ibi reponet, peracta thurificatione.

213. Celebrans post thurificationem restituet Diacono thuribulum et a Caeremoniario rursus cooperietur mitra pretiosa.

214. Diaconus adolebit Celebrantem duplici ductu, deinde accedet ad thronum.

215. Thurificato Celebranti Caeremoniarius tollet mitram et Celebrans convertetur ad Altare, perstans ante Missale, adstantibus ei Subdiacono et Presbytero assistente.

216. Appropinquante ad thronum Diacono, Episcopus dimittet baculum, sedebit, cooperietur a Diacono mitra pretiosa, tum iterum assurget.

217. Presbyter assistens Episcopo de throno descendet, accipiet thuribulum a Diacono, thurificabit Episcopum triplici ductu, postea ad suum scabellum in thronum reveniet.

218. Episcopus post thurificationem acceptam, benedictionem donabit Presbytero assistenti, sedebit, nudabitur mitra a Diacono secundo assistente, rursus assurget, resumet baculum et perstabit in pedes donec absolvatur cantus *Magnificat*.

219. Diaconus thurificabit assistentes throno, deinde Chorum et Ministros Altaris quo ordine descriptum est cap. V. lib. I.

220. Cantores, sonantibus organis, protrahent cantum *Magnificat*, donec compleatur thurificatio Chori. Cantato autem *Gloria Patri*, sedebunt Episcopus et Chorus, manentibus apud Altare Celebrante cum Ministris suis.

221. Presbyter assistens Episcopo, cantato *Gloria Patri*, reverebitur eum, de throno descendet a latere et ad stallum suum se recipiet, functus officio assistentiae.

222. Repetita in cantu antiphona a cantoribus vel organorum sono, secundus Diaconus mitram tollet Episcopo, qui assurget, et Chorus cum eo.

223. Celebrans veniet ad medium Altaris, sequentibus eum a tergo Diacono et Subdiacono, ut in aliis Missis, cantabit *Dominus vobiscum* et Postcommunionem, ut in aliis Missis.

224. Diaconus post *Ite Missa est* adiunget bis *Alleluia* eodemque modo respondebitur a cantoribus.

225. Episcopus benedictionem impertietur, et publicabitur Indulgentia, post quam Celebrans redibit in Sacrarium cum Ministris, dimissurus sacras vestes, ut cap. XIV. lib. V.

226. Si referendum in ecclesiam erit SS. Sacramentum, fiet id a Sacrista quo tempore cantabuntur Vesperae: notandum autem, quod praeparandum est faldistorium cum pulvinis albi coloris, vel stratum cum pulvinis in genuflexorio, quo utetur Episcopus in adoratione SS. Sacramenti.

227. Profecto Celebrante cum Ministris, clerici ascendent ad thronum recepturi et relaturi ad Altare paramenta episcopalia: Diaconi assistentes exuent Episcopo sacras vestes.

228. Cubicularius advertet, ut induat Episcopo cappam cum serico coloris rubini sine pellibus mustelae alpinae.

229. Postremo Episcopus de throno descendet, brevi tempore orabit ante Altare maius, adorabit SS. Sacramentum in suo Altari, si repositum ibi erit, et associatus a Clero, ordine consueto, ad aedes suas revertetur. Discedente de ecclesia Episcopo, organis et campanis festivo more sonabitur.

230. Si Celebrans subiectus non esset Episcopo ordinario, inspiciatur quod traditum est num. 303. et seq. cap. XIV. lib. V. et praescriptiones ibi notatae observentur etiam in functione huiusce diei. Hoc casu Episcopus ordinarius posset functioni et Missae assistere indutus cappa, quam mutare debet ad cantum *Alleluia*, sicut variatur ab aliis, qui illa utuntur in choro.

In maiorem utilitatem addimus variationes, quae in supradicta circumstantia fieri debent, referentes praesentis capituli numeros respectivos.

Additamentum

N. 64. Incensum imponetur a Celebrante, ministrante Diacono.

79. Celebrans benedictionem donabit Diacono ante cantum Praeconii.

120. Cantores prophetiarum non osculabuntur manum Episcopi.

171. Non distribuentur clericis paramenta albi coloris pro Episcopo, quoniam assistet Missae indutus cappa.

(176. Episcopus prosequetur genibus flexis insistere ad Li-
(180. tanias post ℣. *Peccatores.*

186. Completis Litaniis, Episcopus redibit in thronum, et Celebrans cum Ministris suis Missam ad Altare inchoabit. Celebrans incensum in thuribulum imponet, Altare adolebit, deinde a Diacono duplici ductu thurificabitur.

193. Subdiaconus osculabitur manum Celebrantis et omittetur annuntiare Episcopo *Alleluia.*

197. Cantato tertia vice *Alleluia*, Episcopus cappam mutabit; ideoque cubicularius in promptu ibi erit, recepturus cappam, quam dimittet Episcopus, eique repositurus alteram.

In reliqua Missa servabuntur quae tradita sunt cap. XXI. libri huius.

209. Incensum imponetur a Celebrante.

225. Benedictionem in fine Missae impertietur Celebrans, cum animadversionibus, quae capitulo citato notatae sunt.

DE ASSISTENTIA AB EPISCOPO PRAESTANDA
FUNCTIONIBUS SABBATI SANCTI
A CANONICO CELEBRATIS.

CAPUT XXII.

De rebus praeparandis.
Extra portam ecclesiae.

1. Praeparabitur decens focus, in quo adsint carbones, ligna aliaeque materiae combustibiles; in promptu etiam habebitur petra silicea ad ignem eliciendum et forceps ad accipiendum eumdem.

In Baptisterio.

2. Fons baptismalis, purgatus et emundatus aqua baptismali, quae ibi continebatur, replebitur aqua limpida et recenti, sufficienti quantitate, ut satisfieri possit fidelium pietati, qui cuperent aqua benedicta uti in domibus suis. Externae fontis partes poterunt ornari floribus recentibus, et super pavimentum spargere flores herbasque odoras licebit.

3. Prope baptisterium vel alio decenti loco praeparari poterunt una pluresve conchae, seu ampla vasa, in quae infundetur aqua baptismalis benedicta, priusquam misceantur illi Olea sacra.

4. Apud fontem abacus alba tobalea coopertus, in quo praeparabitur vasculum vacuum cum aspersorio pro aqua benedicta; alia vasa decentia ad extrahendam aquam eamdem et reponendam in conchas supradictas et in vasa marmorea ad

fores ecclesiae: ampullae argenteae cum manubriis, quarum in altera S. Chrisma, in altera Oleum sacrum Catechumenorum continebitur, urceus cum pelvi et mantile in usum Celebrantis cum aliquantula medulla panis et mali medici; spongia et mantile unum e tela rudi ad abstergendum fontem; stola violacea utenda a prima Dignitate vel a Parocho ad aspergendum populum aqua benedicta.

5. Prope fontem vel alio loco, ut videbitur commodius, praeparabitur parvum scamnum cum postergali, contectum panno violaceo pro Celebrante et Ministris.

6. Aderunt etiam scamna contecta pannis violaceis pro Canonicis, intra vel extra Sacellum secundum amplitudinem ipsius; cavendum autem ne populi conspectum impediant. Praeparabitur etiam locus distinctus pro Episcopo in parte digniori ante scamna Canonicorum, et scabella pro Assistentibus.

Ad Altare SS. Sacramenti,
Et ad Altaria minora.

7. Eadem ac notata sunt num. 12. 13. et 14. cap. XX. libri huius; nulla enim occurrit variatio.

In Altari maiore,
In Presbyterio et in Abacis.

8. In Altari ponentur sex candelabra nobilia cum cereis e cera albi coloris et media inter candelabra Crux detecta, aequalis candelabris. Non interponentur candelabris signa, reliquiaria, vasa cum floribus aut alia ornamenta. Gradus sternentur tapeto nobili, cui superponetur alterum violaceum faciliter amovendum, si fieri poterit, secus usque ab initio functionis aderit tapetum nobile. Apponetur pallium nobile albi coloris et super ipso alterum violaceum, tollendum, ut suo loco indicabitur.

9. Ad tribunam sive ingressum Presbyterii aderunt sex fanalia seu candelabra maiora cum intorticiis, vel cereis albi coloris.

10. Thronus parabitur lodicibus et pannis sericeis albi coloris, itemque baldachinum eius. Postergali et cathedrae superponentur lodices et panni sericei, coloris violacei removendi tempore debito. Gradus throni sternentur tapeto coloris rubri, cui superponetur alterum violaceum, tollendum cum ceteris ornamentis violaceis, ut infra. Aderunt tria scabella pro Assistentibus et pulvinus violaceus, quo utetur Episcopus in genuflexionibus peragendis; alter etiam pulvinus albus, qui celabitur donec tollentur lodices violacei coloris. Planum autem presbyterii inter thronum et Altare cooperiri poterit tapetis e panno viridi.

11. In medio presbyterio ante Altare statuetur faldistorium cum pulvinis violaceis, ubi genuflectet Episcopus. Seorsim praeparabuntur pulvini albi coloris substituendi deinceps supradictis violaceis.

12. In latere Evangelii, vel in alia parte, iuxta costructionem presbyterii, collocabitur Candelabrum ingens ad instar columnae, cui imponetur Cereus paschalis magnus et pictus cum quinque foraminibus in formam Crucis, versis ad Episcopum, quibus infigi possint grana thuris. Ante candelabrum praeparabitur scabellum gradatum commodum et firmum, quo tuto ascendere Diaconus possit, Cereo praedicta grana infixurus. Caveatur, ut ellychnium Cerei sit iam bene dispositum, ut facile accendatur. Provideatur etiam tutelae Cerei ipsius, quum tollendus erit ac reponendus super candelabrum propter benedictionem fontis baptismalis.

13. Prope candelabrum idem statuetur legile nobile, convestitum velo albi coloris acu picto, vel etiam auriphrygiato, pro cantando Praeconio.

14. In latere Evangelii prope ponetur Altare basis ad sustinendam arundinem cum tricereo.

15. Loco consueto in latere Epistolae aderit scamnum pro Ministris cum tegumento sive panno sericeo, qui adhibetur diebus festivis, cui superponetur alter e panno violaceo, tollendus ut infra.

16. Abaci autem contecti alba tobalea, continebunt res sequentes. In eo, qui aderit a latere Epistolae in usum Celebrantis,

duo candelabra cum candelis albi coloris pro Acolythis : calix
cum purificatorio : patena, hostia, palla et bursa albi coloris
cum corporali incluso : ampullae vini et aquae in pelvicula :
campanula pro elevatione : Epistolarium et Evangeliarium cum
vestibus et signaculis albi coloris : liber seu Missale pro cantu
prophetiarum cum tegumento et signaculis violaceis: planeta
et manipulus violaceus pro Celebrante : Missale pro eodem cum
veste albi coloris pro Missa, alterum cum veste violacea pro functione quae Missam praecedit : legile seu cussini coloris albi et
violacei ad sustinendum Missale super Altare: planeta plicata, stola et manipulus coloris violacaei pro Diacono : paramenta missalia albi coloris: velum humerale album pro Subdiacono : liber
Praeconii cum veste et signaculis albis : formula indulgentiarum : tabella seu libellus cum formula ad annunciandum Episcopo *Alleluia* : intorticia pro elevatione. Si Sacrarium distabit,
praeparantor apud abacum paramenta albi coloris pro Celebrante et Ministris, videlicet planeta, dalmatica, tunicella, stolae
duae, tres manipuli.

17. In altero abaco a latere Evangelii, qui adhibebitur pro
Episcopo, praeparabitur pluviale cum stola albi coloris, Crux pectoralis cingulum, alba, amictus, formale pretiosum, utraque mitra, nempe pretiosa et auriphrygiata, cum vimpa pro Cappellano ;
scotula cum candela ; Missale cum veste violacea pro functione,
alterum cum veste albi coloris pro Missa ; cappa cum serico coloris rubini loco pellium mustelae alpinae. Prope abacum aderit
baculus pastoralis,

18. Abaci supradicti cooperientur uno vel pluribus velis
amplis coloris violacei ita ut usque ad Missam nihil appareat
albi coloris.

19. Praeparabitur Crux processionalis infixa basi in latere
Evangelii; si tamen Ordinarius erit Archiepiscopus, praeparabitur sola basis seu stylobata ; legile nudum ad cantandas prophetias ; scabellum nudum aequale scabellis throni in usum
Celebrantis, quando canentur Litaniae : alterum scabellum simile cum Missali pro cantoribus Litaniarum.

In Sacrario.

20. Paramenta pro Celebrante et Ministris, videlicet amictus, albae et cingula, tria numero; stola violacea cum pluviali pro Celebrante, stola violacea pro Diacono, planeta plicata et manipulus pro Subdiacono, dalmatica, stola et manipulus albi coloris pro Diacono.

21. Superpellicia sufficienti numero pro clericis.

22. Thuribulum cum navicula; vasculum aquae sanctae cum aspersorio; grana thuris infigenda Cereo, posita in lance argentea; laterna clausa cum candela extincta; aliquantulum gossipii cerati cum duobus vel tribus sulphuratis ad accendendum lumen; Missale utendum a Celebrante pro benedictione ignis et granorum thuris; arundo cum tricereo in summitate.

23. Si Sacrarium erit proximum Altari maiori, praeparentur ibi etiam paramenta albi coloris pro Missa, superius notata in abaco Celebrantis.

In Functione.

24. Hora praestituta Clerus in chorum congregabitur et extinctis cereis Altaris, recitabit submissa voce Horas minores, nempe Primam, Tertiam, Sextam et Nonam.

25. Hoc tempore, seu quando incipietur recitari Sexta, clerici duo extra portam ecclesiae accendent ignem, quem tamen elicient e silice; haec enim lex non caret mysterio.

26. Dum in choro incipietur Nona hora, se parabunt sacris vestibus Celebrans et Ministri, videlicet Diaconus et Subdiaconus amictu, alba et cingulo; Diaconus autem assumet etiam stolam diaconalem; Celebrans induetur amictu, alba, cingulo, stola et pluviali violaceo.

27. In promptu erunt clerici, qui deferent, unus thuribulum cum navicula, alter vasculum aquae sanctae cum aspersorio, tertius lancem cum quinque granis incensi.

28. Duo praedicti clerici, accenso igne extra portam ecclesiae, asportabunt focum cum igne ardenti in Sacrarium quum parum aberit ut absolvatur recitatio Nonae, illumque ponent prope locum, in quo Celebrans induerit vestes sacras.

29. Clericus unus Missale accipiet ac sustinebit Celebranti, adstans prope Subdiaconum. Duo clerici cum vasculo ac thuribulo subsistent prope Diaconum et clericus cum granis incensi locum sumet prope focum.

30. Celebrans convertetur ad focum, adstantibus a lateribus eius Ministris, et voce competenti dicet *Dominus vobiscum* et orationem triplicem pro benedictione ignis. Diaconus sublevabit eius fimbriam pluvialis, quum opus fuerit. In fine tertiae orationis thuriferarius accipiet aliquantum ignem forcipe eumque imponet in thuribulum. Post orationem tertiam Celebrans non dicens *Oremus*, recitabit super grana orationem *Veniat, quaesumus, Domine* etc.

31. Diaconus incensum cum osculis ministrabit Celebranti, qui cum benedictione imponet illud in thuribulum ipsi obiectum a thuriferario.

32. Postea Diaconus aspersorium tradet Celebranti, qui asperget ignem et grana thuris in medio, a sinistris et a dextris suis, recitans submissa voce antiphonam *Asperges me* etc. Aspersorio reddito Diacono, accipiet ab isto thuribulum et adolebit, ut supra, ignem et grana. Idem Celebrans, thuribulo restituto Diacono, redibit cum Ministris quo loco paramenta assumpserit, ibique expectabit dum tempus erit eundi in ecclesiam.

33. Duo supradicti clerici focum cum igne accipient et ponent intra ecclesiam seorsim in commodum fidelium, qui cuperent partem aliquam illius ignis accipere et pie adhibere.

34. Clericus, qui sustinebat vasculum, relinquet ipsum in Sacrario quo loco ab initio praeparatum erat, itemque reliqui duo a Missali et a granis.

35. Quum Ministri ad locum suum rediverint, Diaconus dimittet stolam violaceam, induet stolam albi coloris et dalmaticam pariter albam cum manipulo simili: Subdiaconus induet planetam plicatam violaceam cum manipulo simili.

36. Tam Celebrans, quam Ministri caput cooperient bireto.

37. Completa in choro recitatione horarum minorum et in Sacrario benedictione supradicta, pulsabitur crotalum ad fores Sacrarii, ut signum Canonicis detur adesse tempus associandi Episcopum, ut cap. IV. lib. V.

38. Si mos erit hoc triduo servandi aquam sanctam in vasis ante portam ecclesiae, a clerico aliquo deferetur vasculum cum aspersorio ad portam praedictam.

39. Monebuntur etiam in antecessum Canonici et Beneficiarii seu Mansionarii, ut cappam cum pellibus, si utentur, dimittant ad *Alleluia* in Missa solemni, et cappae substituant habitum choralem, quo utuntur aestivo tempore, quicumque sit habitus ille.

40. Quum discesserint Canonici ituri ad associandum Episcopum, Celebrans cum Ministris, reverentia facta ad Crucem sive ad Imaginem Sacrarii, proficiscentur ad Altare maius.

41. Anteibunt Acolythi iunctis manibus, Caeremoniarius Celebrantis, deinde Celebrans medius inter Ministros sacros, paratos ut supra, qui fimbrias eius pluvialis sustinebunt.

42. Quum ventum erit ad Altare, Celebrans reverentiam, ceteri genuflexionem ad Crucem conficient. Si Ministri essent Canonici, reverentiam peragent, ut Celebrans, idque observabitur deinceps.

43. Tum Celebrans cum Ministris pergent ad scamnum sibi praeparatum et sedebunt cooperientes caput bireto. Clerici consistent apud abacum ibique stabunt.

44. Apud abacum praesto erit thuriferarius cum thuribulo quum ad ecclesiam perventurus erit Episcopus.

45. Episcopus associatus a Canonicis ad ecclesiam descendet, ac si fuerit Metropolitanus, Crux ante eum praeferetur: si soleat in fontibus lustralibus ecclesiae servari aqua sancta, in limine ecclesiae accipiet aspersorium, quo signabit seipsum et asperget adstantes. Quae quidem actio omittetur, quando in praedictis vasis non servabitur aqua benedicta.

46. Ingresso in ecclesiam Episcopo, Sacrista curabit, ut statim aqua benedicta exhauriantur praedicti fontes lustrales, si aqua benedicta adhuc servaretur in eis, ut repleantur aqua baptismali, sicut inferius docebitur.

47. Episcopus in ecclesiam ingressus caput operiet caputio cappae, procedet ad Altare maius et perveniens apud faldistorium, benedictionem donabit Celebranti, tum caput aperiet, salutabit Crucem Altaris, geniculabit in faldistorio ac brevi orabit.

48. Celebrans et Ministri, adveniente Episcopo, caput nudabunt, assurgent, salutabunt ipsum, tum rursus considebunt. Ministri tamen, nisi fuerint Canonici, genuflexionem ad illum conficient.

49. Canonici et ceteri de Clero se recipient ad subsellia sua, geniculabunt et consurgent quando Episcopus assurget de oratione. Diaconi assistentes consistent a lateribus Episcopi, quando genuflectet in faldistorio.

50. Episcopus de oratione assurget, salutabit Crucem, benedicet Celebrantem, qui cum Ministris se gerent erga Episcopum, ut supra, procedet ad thronum ac transiens per chorum, dextera benedicet Clerum. Thuriferarius cum thuribulo sequetur Episcopum.

51. Episcopus, conscenso throno, sedebit et bireto cooperiet caput. Ascendet a latere ad thronum Presbyter assistens. Thuriferarius, genuflexione facta, ascendet ad thronum et genibus flexis praesentabit Episcopo thuribulum. Episcopus, ministrante Presbytero assistente cum osculis, incensum in thuribulum iniiciet cum benedictione.

52. Dum Episcopus ad thronum procedet, Subdiaconus accipiet Crucem processionalem et veniet ante thronum; Subdiacono se adiungent Diaconus tresque clerici, quorum officium declarabitur infra.

53. Thure ab Episcopo imposito ac benedicto, Presbyter assistens descendet a latere de throno et redibit ad locum suum. Thuriferarius de throno descendet seque adiunget Diacono, Subdiacono ac tribus clericis supradictis.

54. Episcopus nudabit caput bireto, assurget et salutabit Crucem a Subdiacono sustentam. Diaconus cum clericis conficient respective reverentiam aut genuflexionem ad Episcopum et discedent de Presbyterio. Chorus sedebit post sacrorum Ministrorum discessum de presbyterio.

55. Anteibit thuriferarius, et a sinistris eius incedet clericus unus, deinde Subdiaconus gestans Crucem, post eum incedet Diaconus comitantibus reliquis duobus clericis.

56. In aditu presbyterii claviger unus aderit, qui Ministros cum clericis ducet in Sacrarium.

57. Quum in Sacrarium pervenerint Ministri cum clericis supradictis, clericus ille qui coibat cum thuriferario, accipiet lancem cum granis incensi, alter laternam, et accendet lumen ex igne thuribuli, tertius arundinem, quam tradet Diacono, eique assistet, adiuvans in inclinando arundinem ipsam, si necesse fuerit.

58. Quum omnia disposita erunt, proficiscentur ad portam primariam: praeibit claviger, deinde thuriferarius a dextris clerici, qui sustinebit grana, tum Subdiaconus cum Cruce, postremo Diaconus gestans arundinem, adstante eius dexterae clerico adiutore, ut supra, et a sinistris clerico cum lumine intra laternam ardenti et cum gossipio cerato ad accendendas arundinis candelas.

59. Ubi pervenerint hoc ordine ad portam primariam ecclesiae, convertentur versus Altare maius ibique in limine consistent.

60. Diaconus inclinabit arundinem; in promptu erit clericus cum gossipio cerato et accendet unam ex tribus candelis. Diaconus rursus eriget arundinem et omnes in genua procumbent, excepto Subdiacono, qui gestat Crucem. Diaconus tono praescripto cantabit *Lumen Christi*; Chorus respondebit *Deo gratias*. Omnes de genuflexione assurgent et Diaconus cum ceteris procedet in mediam ecclesiam.

61. Quando Episcopus, Celebrans et Clerus in choro audient Diaconum, cantantem *Lumen Christi*, consurgent omnes et responso, ut supra, *Deo gratias*, iterum sedebunt,

62. In media ecclesia accendetur altera candela, ut prima, et a Diacono cantabitur *Lumen Christi*, vocem elevando hemitonio. Tertia candela accendetur ante Altare et Diaconus vocem efferet altero hemitonio, cantans *Lumen Christi*.

63. Apud thronum praesto erit Cappellanus a libro cum Missali, ex quo Episcopus leget benedictionem Diacono donandam.

64. Quum ante Altare ventum erit, Diaconus arundinem relinquet clerico, qui astiterit ipsi, et Subdiaconus simul cum thuriferario et duobus clericis ab arundine et a granis procedent ad legile praeparatum prope Cereum pro cantu Praeconii.

65. Subdiaconus consistet a dextra legilis, clericus cum arundine a sinistra, thuriferarius prope Subdiaconum et clericus cum granis prope clericum ab arundine.

66. Diaconus librum *Exultet* seu Praeconii accipiet a Caeremoniario, qui cum debitis ad Altare reverentiis vel genuflexionibus, comitabitur illum ante gradus throni. Diaconus ibi geniculabit, vel profunde inclinabitur si fuerit Canonicus, et benedictionem petet ab Episcopo, dicens *Iube, Domne, benedicere*. Episcopus respondebit *Dominus sit* etc. eique benedictionem donabit, legens formulam ex Missali.

67. Diaconus, accepta benedictione, assurget et reverentia aut genuflexione facta ad Episcopum, accedet ad legile praeparatum apud Cereum, librum legili superponet et aperiet, accipiet a Caeremoniario thuribulum et librum adolebit in medio, a dextris et a sinistris suis.

68. Episcopus, quum ad legile pervenerit Diaconus, caput nudabit, assurget, et Chorus cum eo.

69. Celebrans nudabit caput, ascendet a latere ad Altare in latus Epistolae et iunctis manibus convertetur ad Diaconum, ut in cantu Evangelii.

70. Diaconus, thurificato libro, thuribulum restituet Caeremoniario vel thuriferario, et iunctis manibus non signans librum nec seipsum, incipiet cantum *Exultet* quo modo notatum est in Missali.

71. Thuriferarius, libro a Diacono thurificato, referet thuribulum in Sacrarium et redibit prope Subdiaconum.

72. Cantatis a Diacono verbis *Curvat imperia*, sedebunt Episcopus, et Chorus. Celebrans manebit ad Altare.

73. Diaconus grana Cereo infiget ordine tradito capitulo praecedenti.

74. Qui clericus sustinebat grana, perget ad abacum ibique deponet lancem et revertetur ad legile, amoturus ipsum cum libro post cantum *Exultet*.

75. Quando Diaconus resumet cantum ad verba *In huius igitur noctis gratia* etc. omnes consurgent capite nudato.

76. Post haec accendentur lampades et peragentur om-

nia ea quae notata sunt num. 84. et seqq. cap. XX. libri huius (a).

77. Absoluto cantu Praeconii, sedebit Chorus, ut antea; Diaconus librum claudet ac relinquet super legili. Clericus unus referet librum ad abacum et legile ponet seorsim. Subdiaconus tradet Crucem clerico, qui suo loco illam reponet. Celebrans, facta ad Crucem reverentia, descendet a latere de Altari et revertetur ad scamnum.

78. In promptu erunt clerici ministraturi paramenta Celebrantis et Ministrorum.

79. Diaconus et Subdiaconus iunctim conficient genuflexionem aut reverentiam ad Episcopum, dein ad Altare et accedent ad scamnum ubi aderit Celebrans. Ibi, adiuvantibus clericis, Celebrans dimittet pluviale et induet manipulum ac planetam, Diaconus deponet paramenta albi coloris, et induet stolam, planetam plicatam et manipulum violaceum.

80. Clericus aliquis advertet ut ponat super Altare in latere Epistolae Missale cum cussino seu legili pro Celebrante.

81. Quum Celebrans et Ministri parati fuerint, ut supra traditum est, redibunt a latere ad Altare in cornu Epistolae, ubi Celebrans et Ministri consistent eodem modo, quo in introitu Missarum solemnium.

82. Dum Celebrans et Diaconus exuent paramenta, et alia assument, ut supra dictum est, clericus unus ponet in medio choro seu presbyterio ante Altare legile nudum et super ipso librum prophetiarum.

83. Eodem tempore Caeremoniarius chori vel clericus huic rei delegatus invitabit cantorem primae prophetiae, advertens ut eum invitet modica salutatione et deducat in medium chorum seu presbyterium, dum Celebrans cum Ministris redibit ad Altare. Cantor et Caeremoniarius ad legile quum venerint, genuflexionem ad Altare et ad Episcopum conficient. Deinde cantor incipiet prophetiam cantare tono praescripto (b).

(a) Quoad orationem *pro Romano imperio* recole quae notavimus lib. II. cap. XXVII. num 50.

(b) Cantores prophetiarum induere debent superpellicium, ut num. 114. cap. praeced. innuimus.

84. Celebrans, ubi inchoabitur cantus prophetiae, leget eam totam submissa voce, idque faciet etiam in reliquis; tractum quoque leget post quartam, octavam et undecimam.

85. Quod spectat ad eos, qui cantare prophetias debebunt, observetur quod traditum est num. 115. capituli praecedentis.

86. Celebrans postquam legerit prophetiam, si multum aberit ut cantus ipsius compleatur, poterit cum Ministris pergere ad scamnum et sedere; ad Altare autem revertetur, quum absolutus erit cantus; idque ei facere licebit ut in ista, ita in reliquis sequentibus.

87. Cantor post cantatam Prophetiam, discedet de legili, genuflexionem faciet ad Altare, veniet ad Episcopum et priusquam ascendat ad thronum, genuflectet ante eum, ad thronum ascendet, genibus flexis osculabitur manum Episcopi, de throno descendet, genuflexionem ante Episcopum, dein ad Altare faciet, redibit ad locum suum, ibique salutabit Caeremoniarium, a quo comitatus fuerit.

88. Veniente ad thronum cantore, consurgent Diaconi assistentes.

89. Caeremoniarius Episcopi advertet, ut super gradulum cathedrae ponat pulvinum pro genuflexionibus ab Episcopo peragendis et post genuflexiones illum removeat.

90. Curabitur, ut *Oremus* cantetur quando cantor de throno revertens, aderit ante Altare, ut genuflexionem cum ceteris conficiat, ne genuflexiones sine necessitate multiplicentur. Id intelligi volumus, quum non cantatur tractus post prophetiam, siquidem si cantabitur, locus huic monito non est.

91. Episcopus assurget et chorus omnis cum eo.

92. Celebrans cantabit *Oremus*, Diaconus *Flectamus genua* omnesque genuflectent, excepto Celebrante, qui stabit, Subdiaconus cantabit *Levate* et omnes consurgent. Celebrans tono feriali et manibus expansis cantabit orationem.

93. Dum cantabitur oratio, deducetur ad legile cantor prophetiae secundae, qui cantum inchoabit statim ac sederit Episcopus. Eodem modo fiet in reliquis, ut in prima, etiam quoad osculandam manum Episcopi.

94. Cantata oratione, sedebit Episcopus et ceteri omnes cum ipso.

95. Absoluto cantu quartae, octavae et undecimae prophetiae, postquam cantor manum Episcopi osculatus erit, se sistet Episcopo Cappellanus a libro cum Missali, ex quo ipse Episcopus leget tractum respectivum, qui cantabitur a cantorum choro.

96. Monebitur debito tempore Diaconus, ne cantet *Flectamus genua* post duodecimam.

97. Quando cantabitur prophetia ultima, in promptu stabunt clericus unus amoturus legile cum libro positum in medio presbyterio pro cantu prophetiarum; clerici recepturi paramenta Celebrantis; unus delaturus pluviale; alter qui Missale Celebrantis accipiat in usum ipsius in benedictione fontis; duo insuper qui Cereum de candelabro educant. Acolythus unus curam geret accendendi candelas in candelabris Acolythorum.

98. Sub finem eiusdem prophetiae aderunt cantores prope ingressum Presbyterii cum libro seu libris ad cantandum tractum *Sicut cervus desiderat* in accessu ad fontem.

99. Cantata prophetia duodecima et oratione respondente sedebit Episcopus et Clerus.

100. Celebrans cum Ministris reverentiam conficient ad Crucem quo loco erunt, et a latere de Altari descendent ad scamnum sibi praeparatum.

101. Celebrans et Ministri, adiuvantibus clericis, dimittent ille planetam et manipulum ac resumet pluviale, isti autem manipulum dimittent.

102. Clericus unus accipiet Crucem processionalem et coibit cum Acolythis, qui deferent candelabra cum candelis ardentibus, et procedent ante thronum. Episcopus detrahet capiti biretum, assurget, salutabit Crucem et rursus sedebit, donec nunciabitur ei, ut proficiscatur in processionem.

103. Diaconi duo assistentes salutabunt Episcopum et se recipient ad subsellia sua, coituri cum ceteris Canonicis in processionem.

104. Ordinabitur processio, quae ad Baptisterium dirigetur ordine sequenti:

105. Clavigeri, seu claviger ecclesiae. Clericus qui deferet Cereum paschalem. Clericus qui gestabit Crucem processionalem medius inter Acolythos sustinentes candelabra, candelis ardentibus. Cantorum chorus, qui egrediens de presbyterio cantabit tractum *Sicut cervus* etc. Clerici Seminarii. Mansionarii seu Beneficiarii. Canonici, bini. Dignitates, ut supra. Clericus qui sustinebit Missale Celebrantis. Celebrans medius inter Diaconum et Subdiaconum, qui fimbrias pluvialis eius attollent et incedent capite bireto cooperto. Episcopus, cui suus Caeremoniarius assistet, sequente nobili eius familia. Celebrans advertet, ut priusquam locum sumat in processione, Episcopum salutet.

106. Si Ordinarius fuerit Metropolitanus, deferetur Cereus et Crux inter Acolythos ante Canonicos, imagine Crucifixi ad Archiepiscopum conversa.

107. Clero, Celebrante et Episcopo de Altari profectis, Sacrista adiuvantibus inservientibus suis, efficiet ut tollantur de throno conopoea et panni serici violacei, iubebit amoveri tapeta violacea de gradibus Altaris et throni, ac si difficile esset asportare Litaniarum tempore, iubebit removeri etiam pallium violaceum, extinctis tamen cereis Altaris. Iubebit etiam ante Altare faldistorium reponi cum pulvinis violaceis pro Episcopo et a sinistra faldistorii collocari scabellum aequale scabellis throni, in quo geniculabit Celebrans: curae ipsi quoque erit, ut praeparetur scabellum simile cum Missali in presbyterio pro cantoribus, qui Litanias cantabunt, ac tollet ex abacis vela violacea et omnia reliqua, quibus non erit amplius opus. Disponet etiam super Altare paramenta albi coloris et mitras Episcopi.

108. Quum ad baptisterium pervenerit processio, clericus cum Cereo et ceteri cum Cruce cumque candelabris consistent extra ingressum a sinistra. Canonici locum sument apud scamna ibi disposita eorum commoditati: ceteri de Clero disponentur aut intra aut extra sacellum idem, iuxta amplitudinem loci.

109. Celebrans cum Ministris subsistet extra fontem et a dextris eius ad lineam stabit Episcopus. Caput nudabunt Episcopus, Celebrans et Ministri: Celebrans ex Missali, quod su-

stinebit clericus, tono feriali et iunctis manibus cantabit *Dominus vobiscum* et orationem *Omnipotens sempiterne Deus, respice propitius* etc.

110. Recitata oratione, Episcopus procedet ad locum sibi praeparatum, qui si fuerit ad instar exigui throni, accedent illuc etiam Diaconi assistentes.

111. Deinde Crux, et Acolythi ingredientur intra septum fontis baptismalis et consistent a dextris vel a sinistris, ne tamen convertant humeros ad Episcopum. Clericus cum Cereo se sistet versus dexteram Celebrantis, advertens et ipse ne tergum convertat ad Episcopum.

112. Celebrans cum Ministris intrabit in septum Fontis et consistet ante ipsum. Clericus cum libro adstabit ei a sinistris.

113. Episcopus et Clerus stabunt in pedes,

114. Celebrans iunctis manibus ac tono feriali cantabit *Dominus vobiscum* et orationem *Omnipotens sempiterne Deus, adesto* etc.

115. In Fontis benedictione nulla occurrit variatio; quapropter observentur quae tradita sunt cap. XX. num. 144. et seqq. libri huius.

116. Praefatione completa, Celebrans cum Ministris sessum pergent ad scamnum sibi praeparatum, itemque sedebunt Episcopus et Clerus.

117. Clericus unus aquam sanctam ex fonte hauriet vasculo et accipiet aspersorium.

118. Dignior Cleri aut Parochus vel alius quisquis, cuius erit munus aspergere populum aqua benedicta, accedet ad abacum, sibi collo imponet stolam violaceam, se adiunget clerico sustinenti vasculum cum aqua sancta et aspersorium seque sistet Episcopo.

119. Episcopus nudabit caput, assurget cumque ipso ceteri omnes, et praedictus dignior tradet Episcopo aspersorium, osculans manum eius.

120. Episcopus, accepto aspersorio, signabit seipsum, deinde asperget eum, a quo aspersorium acceperit, tum Diaconos assistentes, si aderunt. Aspersorium restituet eidem digniori, qui recipiet illud cum osculis, salutabit Episcopum et discedet ab ipso. Episcopus sedebit et cum eo Diaconi assistentes.

121. Supradictus dignior procedet ad Celebrantem, cui porriget aspersorium. Celebrans prius signabit seipsum, deinde asperget Diaconum et Subdiaconum, qui si fuerint Canonici, aspersionem accipient cum reverentia profunda; sin minus, genuflectent. Celebrans restituet aspersorium eidem, de quo supra, qui salutatione facta, discedet ab eo. Celebrans cum Ministris suis sedebunt et caput bireto cooperient.

122. Dignior antedictus veniet ante Canonicos et singulos asperget, inclinationem ante et post peragens unicuique. Postea asperget reliquum Cleri: incedens postremo per ecclesiam asperget populum aqua benedicta.

123. Canonici postquam aspersi fuerint, sedebunt, itemque ceteri de Clero, si utentur scamnis.

124. Hoc tempore a clericis delectis extrahetur aqua de Fonte, quam reponent in vasa, ut superius innutum est, et implebunt conchas marmoreas ante portas ecclesiae.

125. Reverso ad fontem digniore, qui aspersionem aquae benedictae peregerit super populum, Celebrans cum Ministris caput nudabunt et simul procedent ad Fontem. Assurget etiam Episcopus et cum eo ceteri, qui sedebant.

126. Celebrans Olea sacra in aquam baptismalem infundet, ut cap. XX. num. 166. et seqq.

127. Postquam Celebrans Olea sacra infuderit et dextera miscuerit, accedet ad abacum et manus lavabit medulla panis et mali medici, quam ei clericus unus ministrabit.

128. Dirigetur deinde processio ad Altare maius eodem ordine, ac supra.

129. Processione ad Altare maius perveniente, qui clericus deferet Cereum, adiuvante clerico altero, reponet illum super candelabrum, advertens ut grana versa sint ad Episcopum: tolletur scabellum gradatum, qui applicitum fuerit candelabro: Acolythi candelabra reponent super abacum. ardentibus candelis: Crucifer restituet Crucem in sua basi: duo cantores qui Litanias cantare debebunt, locum sument apud scabellum, in quo praeparatum erit Missale: clerici tres consistent a sinistra scabelli Celebrantis recepturi paramenta eius et Ministrorum: ceteri de Clero se recipient ad subsellia sua:

Celebrans consistet in pedes ad scabellum sibi praeparatum a sinistra faldistorii, quo quum venerit una cum Ministris, hi dimittent planetas plicatas, et ipse exuet pluviale, quae paramenta a clericis antedictis referentur in Sacrarium: Celebrans geniculabit ad scabellum et Ministri in genua procumbent a tergo eius: Episcopus genuflectet in faldistorio et duo Diaconi assistentes geniculabunt post eum.

130. Genuflexo Episcopo, Celebrante et cum ipsis Choro, praedicti duo cantores incipient cantare Litanias, quae ritu duplici cantantor, videlicet integer versiculus a cantoribus cantatus repetetur a Choro.

131. Post versiculum *Omnes Sancti et Sanctae Dei* poterunt paramenta Episcopi distribui clericis, qui deferent ea per latus Evangelii ad faldistorium, in quo genuflexus erit Episcopus. Cappellani a mitra et a baculo curam gerent accipiendi quae sunt officii sui. Cubicularius Episcopi aderit prope Diaconos assistentes, recepturus cappam episcopalem.

132. In promptu etiam stabunt Acolythi accensuri cereos Altaris, alteros ad tribunam et candelam scotulae in usum Episcopi.

133. Aderunt clerici ad tollendum faldistorium, quando assurget Episcopus, et substituendos violaceis pulvinos albi coloris.

134. Statim ac cantabitur versiculus *Peccatores*, Celebrans cum Ministris consurgent et ad scamnum suum dimittent violacea paramenta et assument albi coloris. Id quidem fieri posset in Sacrario, si proximum esset Altari maiori. Hoc autem casu accedentes ad Sacrarium cooperient caput bireto eosque antecedent clerici duo.

135. Assurget etiam Episcopus, genibus flexis manente Choro, et removebitur faldistorium, in quo prostratus erat Episcopus.

136. Acolythi accendent cereos Altaris et Presbyterii, ut supra, et amovebitur pallium violaceum, relicto altero albi coloris.

137. Litaniarum duo supradicti cantores advertent ut eas cantent cum maiori minorive pausa, prout necesse erit, ut Episcopus in fine illarum sit paratus.

138. Assurgens, ut supra, Episcopus cappam dimittet adiuvantibus Diaconis assistentibus et Cubiculario, qui meminerit expedire extremitatem posteriorem vestis episcopalis, postea vero deferet cappam in Sacrarium : deinde Diaconi assistentes induent Episcopum amictu, alba, cingulo, Cruce pectorali, stola et pluviali albo, cui apponetur formale pretiosum, et primus Diaconus imponet ei mitram pretiosam.

139. Celebrans cum Ministris de loco, quo vestes sacras induerint, accedent ad Episcopum, et quum Celebrans constiterit a sinistris eius inchoaturus Sacrum, Diaconus secundus assistens mitram tollet Episcopo.

140. Sacrum celebrabitur ritu praescripto cap. XIII. lib. V. cum animadversionibus quae sequuntur.

141. A cantorum choro cantabitur *Kyrie* cantu firmo, tono feriali et pausatim, ac si opus fuerit, repetetur usque ad intonationem *Gloria in excelsis*.

142. Circulus fiet a Canonicis ad *Kyrie*, *Gloria* et *Sanctus*, ut in aliis Missis.

143. Ad intonationem hymni *Gloria in excelsis*, detegentur imagines, quae hactenus coopertae fuerint, sonabitur organis et festivo more omnibus ecclesiae campanis, quod erit signum reliquis loci ecclesiis, ut pulsentur campanae. Sonabitur etiam aliquandiu campanulis in ecclesia, ad fores Sacrarii.

144. Quum parum aberit, ut a cantoribus compleatur cantus *Gloria in excelsis*, dimidia pars Chori tum Canonici cum Beneficiarii, dimittent cappas cum pellibus et induent superpelliceum vel alteram cappam cum serico et revertentur in chorum statim ac nunciabitur Episcopo *Alleluia*. Tunc discedet alterum dimidium Chori ad immutandas cappas, ut fecerint primi, itemque proficiscentur e throno Diaconi assistentes et in locum eorum succedent ultimi duo Diaconi, qui recedent quando praedicti Diaconi redibunt.

145. Caeremoniarius, qui Subdiaconum comitabitur ad cantum Epistolae, meminerit secum ferre formulam ad annunciandum *Alleluia*.

146. Celebrans leget Epistolam tantum, quando ea cantabitur a Subdiacono; versiculum cum tractu leget postquam cantaverit *Alleluia*.

147. Subdiaconus, cantata Epistola et genuflexione aut reverentia facta ad Altare, subsistet ante thronum, non tamen deponens Epistolarium: reverentiam faciet aut genuflexionem ante Episcopum et priusquam ascendat ad osculandam manum eius, cantabit elata voce « Reverendissime Pater, annuntio vobis gaudium magnum, quod est *Alleluia* ». Tum ascendet ad thronum, osculabitur manum Episcopi, qui benedictionem ei donabit, et revertetur ad Altare.

148. Episcopus, statim ac de throno discesserit Subdiaconus, assurget et Celebrans tribus vicibus cantabit *Alleluia*, ut notatum est in Missali, vocem attollens hemitonio in singulis vicibus, quod faciet cantorum chorus in respondendo.

149. Postquam chorus responderit *Alleluia* tertia vice, Episcopus sedebit et ex Missali, quod ei praesentabit Cappellanus a libro, leget Epistolam et reliqua, ut in aliis Missis.

150. Ad Evangelium Acolythi sine candelabris assistent iunctis manibus.

151. Ad Offertorium deest versiculus a Celebrante et Episcopo legendus.

152. *Agnus Dei* non recitatur, ideoque omittitur circulus et donatio Pacis.

153. Quum Celebrans consummaverit Calicem, sedebit Episcopus et a primo Diacono cooperietur mitra auriphrygiata: Presbyter assistens discedet de stallo suo, salutabit Crucem Altaris, deinde Episcopum, quum steterit ante thronum, ascendet ad thronum et veniet ad scabellum assistentiae.

154. Se sistent Episcopo Cappellani cum scotula et libro, ex quo ille leget antiphonam *Alleluia* cum psalmo *Laudate Dominum* etc. pro Vesperis, una cum Assistentibus, qui stabunt in pedes.

155. Celebrans postquam ablutionem sumpserit, in latere Epistolae recitabit antiphonam et psalmum supra dictum.

156. A cantorum choro cantabitur antiphona et psalmus post Consummationem, ut supra.

157. In promptu erit thuriferarius cum thuribulo.

158. Cantato a choro psalmo antedicto et repetita etiam

antiphona, Celebrans intonabit antiphonam *Vespere autem Sabbati*, quam chorus cantorum prosequetur.

159. Celebrans post intonationem antiphonae veniet in medium Altaris, a dextris eius adstante Diacono, a sinistris Subdiacono.

160. Ad intonationem antiphonae assurget Episcopus, mitram capite gestans, et Chorus omnis capite nudato.

161. Antiphona intonata, sedebunt Episcopus et Chorus. Presbyter assistens accedet ad Episcopi dextram eique cum osculis ministrabit incensum, quod Episcopus imponet in thuribulum cum benedictione usitata. Thuriferarius, postquam Episcopus incensum in thuribulum imposuerit, procedet ad Altare.

162. Absoluto cantu antiphonae, Diaconus secundus assistens mitram tollet Episcopo, qui assurget et cum ipso etiam Chorus. Episcopus baculum iunctis manibus continebit, quandiu durabit cantus *Magnificat*. Cappellanus a mitra accipiet ex Altari mitram pretiosam ibique deponet auriphrygiatam.

163. Cantores apud legile intonabunt *Magnificat*, quando assurget Episcopus.

164. Thuriferarius thuribulum tradet Diacono, hic Celebranti, qui thurificabit Altare, et Diaconus cum Subdiacono attollent eius planetam.

165. Caeremoniarius vel unus ex Acolythis amovebit ab Altari Missale cum cussino propter thurificationem Altaris.

166. Peracta Altaris thurificatione, Celebrans tradet thuribulum Diacono, a quo incensabitur duplici ductu, postea Diaconus accedet ad thronum.

167. Celebrans postquam incensatus erit in latere Epistolae, ut in introitu Missae, convertetur ad Missale ibique restabit, prope dexteram eius adstante Subdiacono.

168. Approximante ad thronum Diacono, Episcopus baculum dimittet, sedebit, a primo Diacono assistente imponetur ei mitra pretiosa et assurget.

169. Presbyter assistens de throno descendet, accipiet a Diacono thuribulum, triplici ductu adolebit Episcopum, deinde iterum ascendet ad thronum et consistet ad scabellum suum.

170. Episcopus postquam thurificationem acceperit, sedebit, Diaconus secundus assistens ei tollet mitram, rursus assurget, recipiet baculum et stare perget dum cantabitur *Magnificat* ex toto.

171. Diaconus adolebit Assistentes throno, Chorum et reliquos, ut cap. V. lib. I.

172. Cantores advertent, ut protrahant cantum *Magnificat* sonantibus organis, donec in totum absoluta sit Chori thurificatio.

173. Cantato *Gloria Patri*, sedebunt Episcopus et Chorus: primus Diaconus assistens reponet Episcopo mitram pretiosam: Celebrans cum Ministris stans manebit ad Altare.

174. Presbyter assistens, cantato ut supra *Gloria Patri*, reverebitur Episcopum, descendet a latere de throno et se recipiet ad subsellium suum, functus iam officio assistentiae.

175. Antiphona sive a cantoribus sive organis repetita, Diaconus secundus assistens mitram tollet Episcopo, qui assurget, et Chorus cum eo.

176. Celebrans veniet ad medium Altaris, sequentibus a tergo Diacono et Subdiacono, cantabit *Dominus vobiscum* et *Postcommunio*, ut in aliis Missis.

177. A Diacono ad *Ite Missa est* bis adiicietur *Alleluia*, itemque a cantoribus in responsione.

178. Benedictio donabitur ab Episcopo, publicabitur indulgentia, complebitur Sacrum, et Celebrans cum Ministris, praecedentibus Acolythis candelabra gestantibus, revertentur in Sacrarium, sacras vestes dimissuri.

179. Si referendum in ecclesiam erit SS. Sacramentum, fiet id hoc tempore a Sacrista, vel etiam quando canentur Vesperae et advertetur ut praeparetur faldistorium cum pulvinis albis vel stratum cum pulvinis in genuflexorio, quo utetur Episcopus in adoratione SS. Sacramenti.

180. Profecto cum Ministris Celebrante, clerici ad thronum accedent recepturi paramenta Episcopi, quae referent super Altare et Diaconi assistentes exuent Episcopum.

181. Cubicularius advertet imponere Episcopo cappam cum serico rubini coloris sine pellibus.

182. Postremo Episcopus de throno descendet, brevi orabit ante Altare maius, adorabit SS. Sacramentum in suo Altari, si relatum in ecclesia fuerit, seque recipiet ad aedes suas, associatus a Clero ordine consueto. Abeunte de ecclesia Episcopo, sonabunt organa et sacra aera turris.

DE ORDINATIONE PRIVATA IN SABBATO SANCTO.

CAPUT XXIII.

1. Ordinationem habere licet in Sabbatis quatuor Temporum, in Sabbato ante Dominicam Passionis, appellato *Sitientes* et in Sabbato Sancto. Si qua de caussa extraordinaria nequiret Episcopus ordinationem conferre in Missa solemni de Sabbato Sancto, licebit hanc actionem peragere privatim in Sacello suo.

2. Porro, quum agatur de functione, quae celebrari potest casu tantum exceptitio, innuemus principalia solummodo observanda, de reliquo delegantes lectorem ad ea quae tradita sunt respectivis praecedentibus capitulis.

De rebus praeparandis.

3. Altare instruetur tobaleis, quatuor aut sex candelabris cum cereis albis et Cruce detecta, imagine tantum cooperta velo violaceo tollendo in Missa, ut docebitur inferius. Apponetur duplex pallium, violaceum videlicet super album. Cooperientur tapeto gradus Altaris ac tapeto etiam sternetur planum Sacelli propter prostrationem Ordinandorum.

4. Super mensam Altaris disponentur in medio paramenta episcopalia, quae sunt planeta, chirothecae in pelvicula, dalmatica, tunicella et stola albi coloris, quae omnia cooperientur velo violaceo et superponentur eis paramenta coloris vio-

lacei, nempe manipulus, planeta, chirothecae in lance, dalmatica, tunicella, stola, Crux pectoralis, cingulum, alba et amictus, quae contegentur pariter velo violaceo. Si fuerit Metropolitanus, praeparabitur etiam sacrum Pallium cum tribus spinulis. In latere Evangelii ponetur mitra auriphrygiata cum vimpa pro Cappellano, in latere autem Epistolae cussinus violaceus, vel legile cum Missali aperto.

5. In latere Epistolae collocabitur ante gradus faldistorium cum tegumento violaceo, cui suppositum erit alterum albi coloris, et in medio gradus infimi ponetur pulvinus, in quo genuflectet Episcopus. Prope idem latus Epistolae aderit baculus pastoralis.

6. Super abacum alba tobalea contectum disponentur res sequentes: caligae et sandalia albi coloris; cussinus albus pro Missali; Evangeliarium cum veste alba et intra ipsum, manipulus albi coloris pro Episcopo; urceus cum pelvi et mantilia in lance; Calix cum purificatorio, patena, hostia et palla, bursa albi coloris cum corporali; pixis cum particulis consecrandis, numero sufficienti Ordinandis; gremiale albi coloris pro Episcopo, simile paramentis; tobalea alba extendenda ante communicandos; mitra pretiosa; scotula cum candela extincta; canon pontificalis; ampullae vini et aquae in pelvicula; campanula; duo intorticia pro Elevatione et medulla panis ac mali medici in lance.

7. In abaco altero disponentur quae opus sunt ad ordinationem peragendam, ut innuimus num. 29. cap. XX. huiusce libri, exceptis rebus iis, quae Cerei benedictioni inserviunt.

8. In aliquo cubiculo proximo Sacello disponentur paramenta albi coloris pro Ordinandis, ut num. 42. supra citati capituli.

De functione

9. Ordinandi in Episcopium congregabuntur hora praestituta; ad nutum Caeremoniarii unusquisque sibi induet sacras vestes respectivas, tum intrabunt in Sacellum et locum quisque sibi attributum occupabit. Aderit Archidiaconus, qui ordinandos appellabit, Tabularius cum elencho sive indice ordi-

nandorum et nonnulli clerici Episcopo et ordinandis inservientes. Aequum etiam esset, ut Episcopus binis Canonicis assistentibus uteretur.

10. Episcopus indutus habitu praelaticio, rocheto et mozzeta veniet in Sacellum, ac si fuerit Metropolitanus, praecedet eum Crux archiepiscopalis a cappellano suo gestata.

11. Ante Altare quum steterit, reverebitur Crucem, geniculabit in pulvino, brevi tempore orabit, assurget, reverentiam Cruci iterabit et sedebit in faldistorio.

12. Leget psalmos et preces ad praeparationem et orationes ad paramenta; in fine autem psalmorum adiunget *Gloria Patri*. Hoc ipso tempore a suo cubiculario imponentur ei caligae et sandalia albi coloris.

13. Praeparatione peracta, dimittet mozzetam et annulum, lavabit manus, deinde a Canonicis, qui assistent ei, induetur paramentis violaceis, videlicet amictu, alba, cingulo, Cruce pectorali, stola, tunicella, dalmatica, chirothecis, planeta et manipulo, cooperietur mitra auriphrygiata ac postremo annulus digito inseretur.

14. Baculum sinistra accipiet, surget de faldistorio et procedet ante Altare, ubi baculum dimittet et mitra nudabitur.

15. Ascendet ad Altare, quod osculabitur in medio, transibit in cornu Epistolae et ex Missali ibi posito leget prophetias, et orationes apertis manibus recitabit. Leget etiam tractum quando in Missali notabitur, nempe post IV. VIII et XI prophetiam.

16. Post lectionem prophetiarum et recitationem orationum, iterabit reverentiam ad Crucem, rursus cooperietur mitra, accipiet baculum sinistra et a latere de Altari descendet ad faldistorium. Sedebit in eo, dimittet baculum, nudabitur mitra et exuetur planeta ac manipulo; tum reponetur ei mitra.

17. Assurget de faldistorio, redibit ad Altare et geniculabit in pulvino ante faldistorium, quod statuetur in medio suppedaneo. Interim Archidiaconus invitabit ad Altare Ordinandos ordinibus maioribus, qui procumbent in faciem suam super pavimentum.

18. Episcopus in faldistorio genuflexus, ex Missali ibi

posito recitabit Litanias, ut in Missali, et ab adstantibus repetentur versiculi iidem, quos recitabit Episcopus.

19. Ad ℣. *Peccatores* amovebitur ab Altari pallium violaceum et apparebit alterum albi coloris, et clericus unus accendet cereos in candelabris Altaris et candelam scotulae.

20. Repetito ab adstantibus ℣. *Ut omnibus fidelibus* etc. assurget Episcopus, baculum sinistra accipiet, convertetur ad Ordinandos et benedicet eos, ut in Pontificali, videlicet *Ut hos Electos* etc. et adstantes respondebunt *Te rogamus* etc.

21. Dimittet baculum, geniculabit denuo, prosequetur Litanias ad ℣ *Ut nos exaudire digneris* usque ad integrum ℣. *Christe exaudi nos*.

22. Completis Litaniis, assurget et redibit ad faldistorium; quod exuetur veste violacea et reponetur quo loco prius erat, ibique sedebit. Ordinandi de prostratione consurgent.

23. Tolletur ei annulus, deinde mitra, chirothecae, dalmatica, tunicella et stola violacea atque induetur paramentis albi coloris, nempe stola, tunicella, dalmatica, chirothecis et planeta, cui superponetur s. Pallium cum tribus spinulis, si fuerit Archiepiscopus: postea cooperietur mitra pretiosa, reponetur ipsi annulus et sinistra recipiet baculum pastoralem.

24. Assurget de faldistorio, veniet ante altare, dimittet baculum, nudabitur mitra, reverebitur Crucem et Sacrum exordietur. In confessione recitabit psalmum *Iudica me Deus* etc. et postea *Indulgentiam* etc. Tunc eius brachio sinistro imponetur manipulus.

25. Dicto *Oremus*, ascendet ad Altare recitans orationem *Aufer* etc. Osculabitur altare in medio, deinde Evangeliarium; et stans in medio altaris immediate subiunget *Kyrie eleison*.

26. Faldistorium ponetur in medio altaris; Episcopus in eo sedebit et ordinabit clericos prima tonsura.

27. Post ordinationem assurget, amovebitur faldistorium, recitabit *Gloria in excelsis*, detegetur imago altaris et sonabitur campanula.

28. Recitato hymno angelico, reponetur faldistorium in medio altari et ab Episcopo procedetur ad ordinationem successivam quatuor Ordinum minorum.

29. Post Minorum ordinationem, surget, dicet *Pax vobis*, tum leget ex Missali orationem Missae *Deus, qui hanc sacratissimam noctem* etc. cui adiiciet orationem *Exaudi, quaesumus, Domine* etc. pro Ordinandis sub unica conclusione.

30. Recitatis orationibus praedictis, iterum sedebit in faldistorio, posito in medio altaris, et ordinabit Subdiaconos. Omittetur recitatio Litaniarum, quae recitatae sunt post prophetias.

31. Subdiaconis ordinatis, redibit ad Missale et leget Epistolam, post quam rursus sedebit in faldistorio et ordinabit Diaconos.

32. Peracta Diaconorum ordinatione, redibit ad Missale, recitabit tribus vicibus *Alleluia* : vocem aliquantulum attollens singulis vicibus, eodemque vocis sono respondetur illi ab astantibus. Postea leget tractum exclusive ad ultimum versiculum.

33. Rursus veniet ad faldistorium, in quo sedebit et ordinabit Presbyteros. Post eorum ordinationem redibit ad Missale et leget ultimum versum tractus, idest *Quoniam confirmata est* etc.

34. Dicet deinceps *Munda cor meum* etc. leget Evangelium, omittet *Credo*, dicet *Dominus vobiscum* et subiunget *Oremus* sine versiculo Offertorii, quia non dicitur in Missa huius diei.

35. Sedebit faldistorio in medio suppedaneo, cooperietur mitra pretiosa, excipiet oblationem candelae ab Ordinatis, dimittet annulum et chirothecas, lavabit manus, reponetur ipsi annulus et tolletur mitra, assurget, convertetur ad Altare et Missam cum novis Presbyteris recitabit.

36. In Missa huius diei omittitur *Agnus Dei* nec pax donatur. S. Eucharistiam ministrabit Ordinatis et postquam sumpserit ablutionem, iterum coopertus mitra pretiosa lavabit manus.

37. Dimissa deinde mitra, stans in latere Epistolae, recitabit ℟. *Iam non dicam vos servos* etc. et ordinationem Presbyterorum absolvet.

38. Post haec redibit ad Missale et cum suis assistentibus recitabit ant. *Alleluia* etc. psalmum *Laudate Dominum omnes gentes* etc. repetet antiphonam praedictam : tum subiunget antiphonam alteram *Vespere autem Sabbati* cum *Magnificat* et repetet antiphonam.

39. Veniet ad medium altaris, dicet *Dominus vobiscum* deinde Postcommunionem ad Missale; ac reversus ad medium altaris, dicet *Dominus vobiscum* et *Ite Missa est alleluia, alleluia.*

40. Coopertus deinde mitra pretiosa, benedictionem impertietur: si fuerit Archiepiscopus, non utetur mitra, et cappellanus sustinebit ei Crucem archiepiscopalem.

41. Sedebit faldistorio in medio suppedaneo altaris, coopertus mitra, et Ordinatos ultima vice admonebit.

42. Nudabitur mitra, assurget, convertetur ad Altare et recitabit Evangelium S. Ioannis. Si tamen fuerit Archiepiscopus, antequam incipiat Evangelium, dimittet s. Pallium.

43. Mitra coopertus et baculum sinistra sustinens, redibit ad faldistorium, quod collocatum erit ante gradus altaris in latere Epistolae, et facta debita ad altaris Crucem reverentia, sedebit in faldistorio, ubi sacris vestibus exuetur.

44. Ordinati de sacello discedent et sacras vestes alio loco dimittent.

45. Episcopo, sacris indumentis dimissis, reponetur mozzeta et a cubiculario detrahentur sandalia et caligae, ac reponentur calceamenta usualia, dum recitabit psalmos et preces in gratiarum actionem: antiphonae autem *Trium puerorum* adiiciet *Alleluia.*

46. Tum redibit ante altare, geniculabit in pulvino posito in medio gradu infimo altaris, brevi tempore orabit. Postremo assurgens et salutans Crucem recedet in diaetam suam.

DE PASCHATE
AC DE TEMPORE PASCHALI

CAP. XXIV.

1. Paschatis solemnitas est inter omnes solemnitates primaria, a S. Gregorio appellata « nobilitas anni, mensium lux, alma dierum; horarum splendor ».

2. Quapropter ecclesia, altaria, chorus exornentur nobiliter, ut in praecipuis solemnitatibus, exceptis porticu et fronte.

3. Matutinum cum Laudibus cantabitur solemniter ab Episcopo vel a digniore Cleri, cuius munus est supplere in diebus designatis ad officia pontificalia. Aequum etiam esset, ut cantaretur Matutinum ad auroram, in commemorationem Resurrectionis Christi qui illa hora resurrexit: consuetudo ista servabitur in iis cathedralibus, in quibus vigebit.

4. Episcopus autem post horam Tertiam celebrabit solemniter Missam pontificalem et post Missam solemnem ab ipso cantatam, impertietur benedictionem Papalem.

5. Vesperas cantabit Episcopus solemniter cum Clero parato, ritu praescripto pro Vesperis primis, quum postridie cantaturus est Missam.

6. Antiphona *Haec dies* sive ad Vesperas, sive ad Laudes, a Subdiacono vel ab alio, ad quem spectat, praecinetur Episcopo, qui dimissa mitra, assurget, intonabit illam et perstabit in pedes dum cantabitur ipsa, quae in officio horum dierum locum obtinet capituli et hymni.

7. Si qua de gravi caussa nequiret Episcopus cantare Missam, non omittet tamen assistere Missae solemni paratus pluviali: hoc autem casu non impertietur benedictionem Papalem, et ante Missam solemnem fiet aspersio aquae benedictae, ritu praescripto cap. XIX. lib. V. utendo hac die aqua pridie benedicta in fonte baptismali et ad hunc finem extracta ante sacrorum Oleorum infusionem.

8. In duobus subsequentibus festis Episcopus assistet Missae solemni paratus pluviali.

9. Cereus paschalis accendetur quomodo innutum est cap. XXVIII. lib. II. num. 10.

10. Ritus processionum in maioribus minoribusque Litaniis, quae semper incidunt in tempus paschale, descriptus est duobus separatis capitulis. Conveniens autem esset, ut Episcopus celebraret primam Litaniarum maiorum et assisteret primae Litaniarum minorum.

DE BENEDICTIONE SOLEMNI, SUMMI PONTIFICIS NOMINE,
AB EPISCOPO IMPERTIENDA.

CAPUT XXV.

1. Clemens XIII. Pontifex Maximus, Constitutione - Inexhaustum Indulgentiarum thesaurum - edita die tertia Septembris an. 1762. facultates omnes donandi benedictionem nomine Summi Pontificis, a semet et a praedecessoribus suis concessas Episcopis aliisque ecclesiasticis Superioribus revocavit, atque decrevit, ut Patriarchae, Archiepiscopi et Episcopi bis in annum, videlicet in die Resurrectionis Dominicae et in altera tantum solemnitate ad libitum eorum, postquam Missam solemnem ritu pontificali celebraverint, et Abbates qui iurisdictione gaudent in territorio separato, in uno ex diebus statutis ad exercitium pontificalium, impertiantur benedictionem solemnem cum concessione Indulgentiae plenariae, nomine Summi Pontificis. Quam tamen facultatem petere debent quando electi sunt ad Ecclesiam, ipsorum curae commissam.

2. Ad hunc ritum persolvendum necesse est, ut animadvertatur ad ea, quae sequuntur.

3. Breve Pontificium, quo conceditur Episcopo facultas antedicta, iubebitur transcribi in bina exemplaria, quorum alterum erit latinum, eisdem verbis ac Breve, alterum erit Brevis eiusdem in vulgare idioma fidelis versio. Formula etiam concessionis Indulgentiae scribetur in pagellis duabus, latino sermone in una, vulgari in altera.

4. Praeterea super abacum praeparabitur liber maior cum formula benedictionis (*a*).

(*a*) In Pontificali Romano edito Romae anno 1848. volum. quarto extat appendix, in qua continetur absolutio donanda post homiliam et ritus benedictionis pontificalis in usum Episcoporum.

5. Curae erit Parochis id notum reddere populo, eumque monere quod ad lucrandam indulgentiam requiritur Confessio et Communio. Sic etiam necesse est ipsum monere, ne discedat de ecclesia nisi post benedictionem supradictam, quae distinguitur a benedictione Missae solemnis.

6. Deligentur ecclesiastici duo, voce sonora praediti, qui superpellicio induti prope ingressum presbyterii conversi ad populum, elata ac distincta voce Breve pontificium legant prius latino, postea vulgari idiomate.

7. Itaque completa Missa solemni, Episcopus redibit in thronum et in ipso sedebit. Si fuerit Archiepiscopus, non dimittet S. Pallium ad Altare, sed retinebit illud propter ritum peragendum. In throno Subdiaconus exuet ei manipulum, deinde Ministri revertentur ad scamnum suum prope Altare in latus Epistolae; Presbyter assistens se recipiet ad stallum suum in chorum, restantibus cum Episcopo Diaconis assistentibus tantummodo.

8. Sedente in throno Episcopo, ascendet illuc clericus afferens chirothecas, quae reponentur ei a praedictis Diaconis, annulus autem imponetur super chirothecam dexteram in digito annulari.

9. Duo supra nominati ecclesiastici cum debitis genuflexionibus accedent ad ingressum seu cancellos presbyterii, et aliquantulum conversi ad populum, primus ipsorum leget Breve Pontificium latinum, alter illius versionem in vernaculum sermonem, et completa lectione eius, redibunt ad locum suum.

10. In promptu erunt pagellae cum formula Indulgentiae, ut supra.

11. Post praedictam lectionem Brevis Pontificii, Diaconus secundus tollet mitram Episcopo, qui assurget et ex libro a Cappellano sustento leget formulam benedictionis, ut infra.

12. Assurgente Episcopo, Canonici assurgent et Praesules siqui aderunt: ceteri omnes adstantes in genua procumbent.

13. Formula autem, quam leget Episcopus iunctis manibus, sequens est:

Précibus et méritis Beátæ Maríæ semper Vírginis, beáti Michaélis Archángeli, beáti Joánnis Baptístæ et Sanctórum Apostolórum Petri et Pauli et ómnium Sanctórum. Misereátur vestri Omnípotens Deus et dimíssis peccátis vestris perdúcat vos Jesus Christus ad vitam ætérnam. ℟. Amen.

Indulgéntiam, absolutiónem et remissiónem ómnium peccatórum vestrórum, spátium veræ et fructuósæ pœniténtiæ, cor semper pœnitens et emendatiónem vitæ, perseverántiam in bonis opéribus tríbuat vobis omnípotens et miséricors Dóminus. ℟. Amen.

14. Diaconus primus mitram reponet Episcopo, qui manus et oculos elevans ad coelum, dicet:

Et benedíctio Dei omnipoténtis - acceptoque sinistra baculo, prosequetur.

Pa ✠ tris et Fi ✠ lii et Spíritus ✠ Sancti descéndat super vos et máneat semper. ℟. Amen.

15. In benedictionis actu sonabitur omnibus ecclesiae campanis.

16. Si fuerit Archiepiscopus, Crux a Subdiacono afferetur ante thronum, et benedictionem impertietur mitra dimissa, reverentiam conficiens ad Crucem archiepiscopalem, antequam dicat *Patris* etc.

17. Benedictione largita, dimittet baculum, sedebit mitram gestans capite et omnes illi, qui genuflexerunt, consurgent.

18. Duo supradicti ecclesiastici, qui legerint Breve, vel duo Diaconi assistentes, unus post alium publicabunt formulam Indulgentiae, primus latino idiomate, alter vernaculo seu vulgari. Formula autem sequens est:

Atténtis facultátibus a Sanctíssimo in Christo Patre et Dómino nostro, Dómino N. divína providéntia Papa N. in enuntiátis líteris expréssis, datis Reverendíssimo Dómino N. Dei et Apostólicæ Sedis grátia huius Sanctæ N.

Ecclésiæ Antístiti, éadem Dominátio sua Reverendíssima, Summi Pontíficis nómine, dat et concédit ómnibus hic præséntibus pœniténtibus et conféssis, ac sacra Communióne reféctis, Indulgéntiam plenáriam in forma Ecclésiæ consuéta. Rogáte ígitur Deum pro felíci statu Sanctíssimi Dómini nostri Papæ, Dominatióni suæ Reverendíssimæ et Sanctæ Matris Ecclésiæ.

19. Notanda est variatio, quae in formulam Indulgentiarum incidere posset. Etenim si facultas Episcopo concessa fuisset a Summo Pontifice praedefuncto, dicetur in formula « Attentis facultatibus a sa: me: N. Papa N. in enunciatis literis etc. » Si Episcopus erit Cardinalis, dicetur « Eminentissimo ac Reverendissimo Domino N. tituli S. N. Presbytero Cardinali N. Dei et Apostolicae Sedis gratia etc. ». Sin autem fuerit Cardinalis Episcopus suburbicarius, variabitur formula « Eminentissimo et Reverendissimo Domino N. miseratione divina huius Sanctae Ecclesiae Episcopo N. Sanctae Romanae Ecclesiae Cardinali N. eadem Dominatio etc. ». Sic etiam in utroque casu titulus Eminentissimi deinceps addetur Reverendissimo.

20. Post benedictionem, recedent de throno duo Cappellani a libro et scotula ac redibunt eo duo sacri Ministri, sequentibus clericis recepturis sacra indumenta Episcopi, qui vestes sacras dimittet, ut in aliis officiis pontificalibus.

DE PROCESSIONE LITANIARUM MAIORUM AB EPISCOPO CELEBRATA.

CAPUT XXVI.

De rebus praeparandis.

1. In Sacrario ecclesiae illius, in qua fiet Collecta, seu conventus Cleri, praeparabitur in medio faldistorium cum tegumento violaceo, collocatum super exiguo tapeto.
2. In Altari eiusdem Sacrarii, si aderit, secus in abaco distincto alba tobalea cooperto, disponentur paramenta episcopalia, quae sunt formale simplex, pluviale cum stola violacea, Crux pectoralis, cingulum, alba et amictus, quae contegentur velo coloris violacei. A latere abaci, sive Altaris, ponetur mitra auriphrygiata et prope abacum baculus pastoralis.
3. In eodem Sacrario praeparentur paramenta coloris violacei pro Canonicis Cathedralis, videlicet pluvialia pro Dignitatibus, planetae pro Presbyteris, dalmaticae pro Diaconis, tunicellae pro Subdiaconis et singulis paramentis suus erit amictus. Paramenta Diaconorum assistentium aderunt praeparata una cum ceteris.
4. Eodem in loco super alia mensa praeparabitur tunicella coloris violacei, cingulum, alba et amictus pro Subdiacono Crucem gestaturo, quatuor pluvialia pro Cappellanis a mitra, baculo, libro et scotula: candelabra duo cum candelis pro Acolythis: scotula: Rituale maioris formae in usum Episcopi cum veste violacea: vasculum aquae sanctae cum aspersorio.
5. Prope eamdem mensam aderit in promptu Crux processionalis.
6. In Altari maiore, ornato sex candelabris cum cereis et Cruce, pallio violaceo ac tapeto, praeparabitur medio presbyterio faldistorium cum pulvinis violaceis in usum Episcopi.

7. Item in presbyterio disponentur scamna contecta panno violaceo, ibique locum sument Canonici paramentis induti.

8. Ante altare SS. Sacramenti genuflexorium cum strato et pulvinis pro Episcopo.

9. Sin autem Collecta fieret in Cathedrali, Episcopus parabitur in throno, qui convestitus erit tegumentis violaceis: quare paramenta episcopalia disponentur super Altare, canonicalia autem in subselliis chori, ut in Vesperis pontificalibus assolet.

10. In eadem ecclesia praeparentur Cruces Regularium et Confraternitatum si processioni intervenient. Item aptabitur locus aliquis, quo decenter convenire possit Clerus et induere superpelliceum et alia insignia, quorum usu gaudebit.

11. In quibus ecclesiis statio fiet, Altare primarium ornandum est sex candelabris cum cereis et Cruce, pallio coloris violacei ac tapeto. Ante altare autem statuetur faldistorium cum pulvinis violaceis, in quo geniculabit Episcopus, et defectu faldistorii exiguum genuflexorium cum pulvinis et strato violacei coloris. Poterunt etiam praeparari scamna contecta pannis violaceis pro Canonicis paratis, praesertim si apud altare deesset balaustrium. In Sacrario habebitur in promptu vasculum aquae sanctae cum aspersorio, superpelliceum pro Superiore ecclesiae, et alterum pro clerico saltem uno, qui vasculum ei sustinebit.

12. In altera autem ecclesia, in qua finis processionis fiet, in promptu erunt omnia ea, quae opus sunt ad Missam solemnem, praesente Episcopo celebrandam, ut cap. XIV. lib. V. modo non esset commodius Missam cantare in Cathedrali: hoc enim casu, peracta processione, Episcopus cum Capitulo redibit ad Cathedralem ad Missam cantandam, ut infra.

In functione.

13. Hora praestituta Clerus tum saecularis, tum regularis congregabitur in ecclesiam designatam ad Collectam; Clerus autem saecularis induet insignia propria. Canonici Cathedralis Episcopum excipiendi caussa, induent habitum choralem.

14. Cum parum aberit, ut adveniat Episcopus accendentur cerei in Altari maiore et in Altari SS. Sacramenti. Superior ecclesiae induet superpelliceum, si fuerit Presbyter saecularis vel Clericus regularis, secus retinebit habitum religionis suae. Prope ipsum adstabit clericus cum vasculo aquae sanctae et cum aspersorio.

15. Interea se parabunt in Sacrario quatuor Cappellani a mitra etc. assumentes pluviale, et parabitur etiam Subdiaconus gestaturus Crucem.

16. Cum perventurus erit Episcopus, sonabitur campanis festivo more, quamvis ecclesia exempta esset a iurisdictione episcopali, et Canonici Cathedralis ac Superior ecclesiae cum suo Clero procedent obviam Episcopo ipsi ad portam ecclesiae principalem.

17. Episcopus in limine ecclesiae dimittet mozzetam et assumet cappam. Superior ecclesiae, osculans manum eius, porriget ipsi aspersorium, et Episcopus aspersorio accepto signabit se ipsum atque asperget adstantes, ut cap. IV. lib. V.

18. Procedet Episcopus ad adorandum SS. Sacramentum, deinde transibit in Sacrarium.

19. Si capax non esset Sacrarium, praeparabitur faldistorium in latere Epistolae Altaris maioris ante gradus: super Altare autem disponentur paramenta Episcopi, qui poterit ibi parari.

20. Ingressus in Sacrarium Episcopus procedet ad faldistorium et sedebit: Canonici immediate dimittent habitus chorales et supra rochetum vel superpelliceum induent amictum et paramentum respondens ordini, cui erunt addicti.

21. Si in ecclesia, ubi processionis fiet finis, cantabitur Missa, assistente Episcopo et Capitulo, designabitur aliquis, qui transferat illuc habitus chorales Canonicorum.

22. Diaconi assistentes, parati venient ad assistendum Episcopo ad latera faldistorii, et interea paramenta episcopalia distribuentur clericis, qui unus post alium facient debitam genuflexionem et paramenta ministrabunt Diaconis assistentibus.

23. Canonici circulum efficient ante Episcopum, cum parabitur.

24. Episcopus assurget, dimittet cappam et a cubiculario expedietur syrma vestis eius.

25. Statim ac ingressus erit in ecclesiam Episcopus, duo tresve clerici ad hoc delecti simul cum Caeremoniario in ordinem disponent Processionem, praesertim si ea constabit ex pluribus collegiis seu corporibus, ac si aderunt Confraternitates laicales, poterunt illas statim ordinare in processionem.

26. Clerus saecularis locum sumet apud Altare, Regulares consistent post Clerum saecularem. Confraternitates vel in ordinem processionis disponentur, ut supra innutum est, vel si limitatus esset earum numerus, poterunt disponi post Regulares, quum primae debeant exire de ecclesia.

27. Diaconi duo assistentes parabunt Episcopum amictu alba, cingulo, Cruce pectorali, stola et pluviali, cui a primo Diacono assistente superponetur formale simplex. Deinde idem Diaconus mitram imponet Episcopo, qui sinistra accipiet baculum pastoralem.

28. Quando Episcopus induetur pluviali, Acolythi accipient candelabra ardentibus candelis, Subdiaconus Crucem et sistent se ante Episcopum, sed aliquanto distantes ab ipso.

29. Postquam Episcopus baculum sinistra sumpserit, assurget et Crucem processionalem salutabit.

30. Subdiaconus cum Cruce medius inter Acolythos cum candelabris procedent ad Altare maius et post Crucem Clerus, ultimo loco Episcopus, sequentibus Cappellanis, ut infra.

31. Episcopus e Sacrario incedens ad Altare maius, dextera benedicet populum et Clerum, praeteriens ante ipsos.

32. Crux quum ad Altare maius pervenerit, consistet a latere Evangelii, Canonici paramentis induti apud scamna praeparata, stantibus Dignitatibus et post ipsos Canonicis Presbyteris in latere Evangelii prope Altare seu propius Episcopo; Diaconis autem in latere Epistolae et post eos Subdiaconis, ordine praedicto.

33. Ante Altare maius postquam venerit Episcopus dimittet baculum et a secundo Diacono assistente nudabitur mitra.

34. Genua flectet in faldistorio, Diaconis assistentibus fimbrias pluvialis eius distendentibus, ibique brevi tempore orabit.

35. Cum Episcopo in genua procumbent omnes illi, qui aderunt.

36. Post brevem orationem assurget Episcopus et cum ipso omnes ii qui genuflexerant; a cantoribus autem cantu firmo cantabitur antiphona *Exurge Domine* etc. cum primo versiculo psalmi *Deus auribus nostris* etc. cum *Gloria Patri*, deinde eodem cantu repetetur antiphona.

37. Post repetitionem antiphonae cantatae, Diaconus primus assistens mitram reponet Episcopo, qui geniculabit et cum ipso adstantes omnes.

38. Cantores duo, genibus flexis in medio Presbyterio, incipient Litanias et Clerus repetet versiculos eosdem a cantoribus praedictis cantatos.

39. Postquam ab eisdem cantatus erit ỳ. *Sancta Maria, ora pro nobis* et Clerus repetiverit eumdem, consurgent Episcopus et Clerus, ac processio ordinabitur extra ecclesiam ordine quenti.

40. Anteibunt Confraternitates, si intervenient, ordine antiquitatis, qua gaudent singulae. Regularium unumquodque collegium suam habebit Crucem, distinctam a Cruce Cleri saecularis, et incedent bini, capite nudato ac Litanias cantabunt. Post regulares locum sumet Magistratus, si solebit ipse huic processioni intervenire. Post Magistratum, vel post Regulares, incedent clavigeri ecclesiae cathedralis, si aderunt, sustinentes insignia sua. Tum Subdiaconus indutus tunicella violacea, qui gestabit Crucem processionalem medius inter Acolythos deferentes candelabra, ardentibus candelis. Cantores Cathedralis induti veste talari et superpelliceo. Clerici Seminarii, bini induti superpelliceo, qui bireto caput cooperient in limine ecclesiae. Parochi civitatis, bini, induti ut supra, vel aliis insignibus, si concessa eis fuerint a S. Sede. Collegiatae civitatis, quae praecedent ordine debito sive antiquitate institutionis seu privilegio, et induent habitum, qui convenit unicuique in processionibus, notando quod si gau-

derent usu rocheti et cappae, non licet uti cappa in processionibus sine indulto speciali S. Sedis, sed induendum est superpellicium supra rochetum. Mansionarii seu Beneficiarii Cathedralis induti insignibus suis. Canonici Subdiaconi parati tunicella. Canonici Diaconi parati dalmatica. Canonici Presbyteri parati planeta. Dignitates paratae pluviali. Siquo in ordine dispar esset numerus, ultimo loco ordinis illius incedent terni. Episcopus mitram capite, baculum sinistra gestans, qui dextera benedicet populum, medius inter Diaconos assistentes paratos dalmaticis, qui elatas sustinebunt fimbrias pluvialis. Sequetur caudatarius indutus superpellicio, qui sustentabit syrmam vestis episcopalis. Duo Cappellani a mitra et baculo, induti pluviali. Reliqui duo Cappellani a libro et scotula, induti ut supra, quorum alter deferet Rituale adhibendum, ut infra, alter scotulam. Hos sequentur familiares nobiles Episcopi. Si aderunt Praelati, processionem claudent induti mantelleto et rocheto, si usu illorum gaudebunt.

41. Si Celebrans fuerit Archiepiscopus, Crux non deferetur ante Clerum, sed ante Canonicos paratos, imagine Crucifixi conversa ad Archiepiscopum.

42. Si nimis Episcopum gravaret ferre sinistra baculum toto processionis itinere, poterit deferri ante ipsum a Cappellano supradicto vel ab alio, cui permittet usus. Hoc autem casu Cappellanus a mitra habebit a lateribus suis reliquos duos, alterum a libro, alterum a scotula et incedent iunctim post Episcopum.

43. Egrediente de ecclesia processione, sonabunt campanae festivo more et aequum esset, ut sonarent illae quoque ecclesiarum ceterarum, prope quas processio transiret.

44. Ordine supra descripto dirigetur processio versus ecclesiam, in qua finis eius fiet.

45. Si qua in ecclesia statio fieret in processionis itinere, intrabit in eam processio, vel pars aliqua illius, et Clerus disponetur quo ordine traditum est cap. XXIX. lib. II. num. 50. et seqq. Clerus ecclesiae illius, si aderit, excipiet extra ingressum processionem et Episcopum, cui quando erit in limine, a Superiore seu Rectore ecclesiae eiusdem porri-

getur aspersorium aqua sancta perfusum. Episcopus, aspersorio accepto, signabit seipsum, asperget Diaconos assistentes, deinde eos, qui sequentur ipsum.

46. Ante altare Episcopus quum venerit, baculum dimittet, Diaconus secundus assistens tollet ei mitram, et geniculabit in faldistorio seu genuflexorio praeparato, super quo fimbriae pluvialis eius a Diaconis assistentibus extendentur.

47. Post brevem orationem assurget Episcopus et cum ipso ceteri omnes, qui genuflexerant, et a cantorum choro cantabitur antiphona de Sancto Titulari. Qui duo cantores Litanias cantabant in processione, cantabunt versiculum; Episcopus autem ex libro sibi praesentato a Cappellano cantabit orationem.

48. Recitata ab Episcopo oratione, primus Diaconus assistens reponet ei mitram; tum baculum Episcopus recipiet et ordinabitur processio, ut antea.

49. Quum processio pervenerit ad ecclesiam, in qua finis eius fiet, sonabitur festivo more campanis ecclesiae illius et Clerus disponetur eadem methodo quo num. 24. et seq. cap. huius.

50. Episcopus in limine ecclesiae asperget ut supra, et procedet ad Altare SS. Sacramenti; ibi dimittet baculum et nudatus mitra ac pileolo a secundo Diacono assistente, brevi tempore orabit. Postea surgens iterabit genuflexionem, rursus cooperietur pileolo et mitra a Diacono primo, et recepto sinistra baculo, accedet ad Altare maius, ibique mitra nudatus, ut supra, cantabit genuflexus preces et stans orationes.

51. Nisi Missa ibi cantabitur, subiungetur a cantoribus antiphona de B. V. et ab Episcopo cantabitur oratio, deinde ab eisdem cantoribus altera antiphona de Sancto Titulari et ab Episcopo oratio, post quam ipse Episcopus ascendens ad Altare, benedictionem populo solemnem impertietur.

52. Sin autem ibi cantabitur Missa, Episcopo assistente, Canonicus Celebrans cum Ministris et Missae inservientibus recedent in Sacrarium, statim ac venerint in ecclesiam, ad induenda paramenta missalia et in promptu erunt sub finem processionis.

53. Praesto etiam erunt clerici cum canistris recepturi sacras vestes Canonicorum et afferent indumenta canonicalia eorum.

54. Episcopus recitatis precibus et orationibus, iterum cooperietur mitra a primo Diacono assistente et ascendet in thronum, ubi sedebit.

55. Diaconi duo assistentes, comitati ad thronum Episcopum, salutabunt eum ac recedent et in eorum locum succedent ultimi duo Canonici Diaconi.

56. Sedente in throno Episcopo, Canonici vel in sedilibus ipsis vel in Sacrario dimittent sacra paramenta, et resumpto habitu chorali, redibunt in chorum. Item in Sacrario pluviale dimittent quatuor Cappellani a mitra, baculo, libro et scotula; Subdiaconus etiam Crucifer exuet paramenta.

57. Diaconi assistentes, dimissis paramentis ac resumpto habitu canonicali, revertentur ad assistentiam, et discedent ultimi duo Diaconi, qui sacras vestes exuent et resument habitum canonicalem.

58. Exibit e Sacrario Celebrans cum Ministris et Episcopus de throno descendet ad Altare et Sacrum cum Celebrante inchoabit, ut cap. XVII. lib. V.

59. In fine Missae Episcopus impertietur benedictionem solemnem et Celebrans indulgentiam publicabit.

DE PROCESSIONE LITANIARUM MINORUM,
CELEBRANTE VEL ASSISTENTE EPISCOPO.

CAPUT XXVII.

1. Processiones Litaniarum minorum, seu Rogationum, celebrantur tribus diebus praecedentibus festum Ascensionis Dominicae.

2. Caeremoniale cap. XXXII. lib. II. §. 7. iubet eas ce-

lebrari minori solemnitate ; quare stando praescriptionibus eius, tradimus documenta quae sequuntur.

De rebus praeparandis.

3. In Sacrario ecclesiae illius, in qua fiet Collecta, praeparabitur Crux processionalis; candelabra duo cum cereis pro Acolythis; paramenta coloris violacei pro Ministris et Celebrante (qui erit vel dignior Capituli vel Hebdomadarius, sive alius Canonicus, iuxta peculiares constitutiones seu consuetudines) videlicet pluviale cum stola, dalmatica cum stola, tunicella, tria cingula, tres albae, tres amictus; rituale maioris formae cum veste violacea; vasculum aquae sanctae cum aspersorio; superpellicium pro Superiore ecclesiae, qui Episcopum debebit excipere, alterum pro clerico, qui sustinebit vasculum aquae benedictae.

4. Altare maius exornabitur sex candelabris cum cereis et Cruce, pallio violacei coloris, tapeto super gradus, et ante Altare statuetur faldistorium cum pulvinis violaceis, in quo geniculabit Episcopus.

5. De reliquo observabitur quod traditum est capituli praecedentis num. 10. 11. et 12. et capitulo XXIX. lib. II.

6. In ecclesiis, ad quas diversura erit processio, et in qua finis eius fiet, res tractabitur, quemadmodum notatum est locis citatis.

In Functione.

7. Hora praestituta Clerus saecularis et regularis vel pars illius, pro consuetudine peculiari cuiusque loci, congregabitur in ecclesiam, in qua fiet Collecta: Clerus saecularis induet superpelliceum vel alia insignia, quae spectabunt ad ipsum. Capitulum Cathedralis expectabit in Sacrario adventum Episcopi.

8. Paullo ante quam ad ecclesiam adveniat Episcopus, Celebrans et Ministri induentur supradictis paramentis, et in promptu erunt clerici tres, qui Crucem gestabunt mediam inter candelabra.

9. Quum ad ecclesiam perventurus erit Episcopus, Canonici Cathedralis et Clerus ecclesiae cum eius Superiore venient ad portam primariam ecclesiae ipsum excepturi. Superior subsistet a dextra portae eiusdem, adstante a sinistris eius clerico cum vasculo aquae sanctae et aspersorio.

10. Perveniente ad ecclesiam Episcopo, sonabitur campanis festivo more, quamvis ecclesia illa exempta esset a iurisdictione episcopali.

11. Episcopus in limine ecclesiae dimittet mozzetam et assumet cappam, quam explicabit totaliter.

12. Superior cum osculis consuetis aspersorium porriget Episcopo, qui aspersorio accepto, signabit seipsum, deinde asperget adstantes, postea Superiori eidem restituet aspersorium.

13. Tum, sequentibus suis eum Canonicis, procedet ad adorandum SS. Sacramentum.

14. Hoc tempore Celebrans medius inter Ministros suos, praecedentibus Cruce et Acolythis atque altero Clero, qui aderit, procedet ad Altare maius et reverentia facta ad Crucem altaris, recedet cum Ministris suis et consistet a latere Altaris ante infimum gradum in latere Epistolae.

15. Crux cum Acolythis consistet in latere Evangelii, non e regione Celebrantis, sed aliquantulum versus ingressum Presbyterii. Clerus in ordinem disponetur in presbyterio, vel extra ipsum, si capax non esset, relicto loco propiore Altari pro Canonicis Cathedralis.

16. Episcopus, postquam adoraverit SS. Sacramentum, procedet ad Altare maius, benedicet Clerum et Celebrantem et reverentia ad Crucem facta, geniculabit in faldistorio, brevi tempore orabit et cum ipso procumbet in genua etiam Clerus universus.

17. Assurgente de oratione Episcopo, consurgent Celebrans cum Ministris et Clerus.

18. Cantores cantabunt Antiphonam *Exurge, Domine*, primum versiculum psalmi *Deus, venerunt gentes* cum *Gloria Patri* et repetent in cantu antiphonam praedictam.

19. Antiphona repetita, omnes rursus geniculabunt et can-

tores duo a tergo Episcopi incipient Litanias usque ad totum versiculum *Sancta Maria, ora pro nobis*, quo repetito a Clero, cessabunt a cantu, quem prosequentur in processione, atque ita processionis fiet initium.

20. Ordo incedendi idem erit ac in Litaniis maioribus, videlicet Confraternitates cum signis suis, Clerus regularis, corpora singula cum sua Cruce, deinde Crux Cleri saecularis inter Acolythos, cantores induti veste talari et superpelliceo, Seminarium, Parochi, Collegiatae, Mansionarii seu Beneficiarii Cathedralis, Canonici et Dignitates, Celebrans medius inter Ministros, Episcopus solus cum cappa explicata, qui dextra populum benedicet, sustentante extremitatem posteriorem cappae Caudatario, familiares nobiles Episcopi, ultimo loco Praelati mantelleto induti et rocheto, si utentur. Si Ordinarius esset Archiepiscopus, Crux archiepiscopalis, cum imagine Crucifixi ad Metropolitanum versa, deferetur ante Canonicos Cathedralis.

21. In quibus ecclesiis stationem faciet haec processio, peragentur quae notata sunt capitulo praecedenti et cap. XXIX. lib. II. Celebrans cantabit orationem de Sancto Titulari, perstans in latere Epistolae, ut supra.

22. In ecclesia autem, in qua processio absolvetur, Celebrans, ut supra, cantabit versiculos et orationes ac nisi Missa ibi celebrabitur, Celebrans idem cantabit orationem de B. V. et de Sancto Titulari, postquam a cantoribus cantata fuerit antiphona cum versiculis: post orationes praedictas Episcopus ad Altare ascendet et benedictionem populo impertietur.

23. Sin autem ibi cantabitur Missa solemnis, Celebrans post preces et orationes Litaniarum, reverentia facta ad Altare et ad Episcopum, qui genuflexus in faldistorio manebit, apud abacum dimittet pluviale, induet manipulum et planetam, Ministri autem manipulos, et ipsis ad Altare reversis iunctim, assurget Episcopus et Sacrum inchoabitur, quod cantabitur ritibus praescriptis cap. XVII. lib. V. In fine autem benedictione ab Episcopo impertita, indulgentia a Celebrante publicabitur.

24. Si Episcopus cuperet officium peragere in processionibus istis aut in prima ipsarum, quae magis ab aliis distinguitur, observentur quae subiicimus.

25. In Sacrario praeparabitur faldistorium cum tegumento violaceo super exiguo tapeto pro Episcopo et super altari Sacrarii, vel super abaco distincto, paramenta pro eodem, videlicet mitra auriphrygiata cum velo utendo a Cappellano, formale simplex, pluviale cum stola violacea, Crux pectoralis, cingulum, alba et amictus, quae omnia contegentur velo coloris violacei. Prope altare vel abacum aderit baculus pastoralis. Diaconi assistentes Episcopo non utentur dalmatica; neque enim in hac processione Canonici induere debent paramenta. Praeparabitur etiam scotula, rituale cum veste violacea et aspersorium cum vasculo.

26. Si ecclesia ad Collectam designata, esset Cathedralis, Episcopus parari poterit in throno, et paramenta episcopalia disponentur super Altare.

27. Si eadem ecclesia, ut supra, careret Sacrario capaci, paramenta episcopalia disponentur super Altare et faldistorium in latere Epistolae ante gradus Altaris, ibique sedens Episcopus parabitur.

28. Quod ad reliquum functionis, tractabitur ut in Litaniis maioribus, ideoque stabitur iis, quae praescripta sunt capitulo praecedenti, excepto quod respicit Canonicos Cathedralis, qui sacra indumenta non assument.

29. Licebit Episcopo parato pluviali, aut cappa induto, assistere Missae quae, processione absoluta, cantabitur.

DE FESTO ASCENSIONIS DOMINICAE

CAPUT XXVIII.

1. In solemnitate Ascensionis Dominicae ornabitur nobiliter Altare maius, chorus, thronus et Secretarium, si Missa ab Episcopo cantabitur.

2. Officium festi huius pertinet ad Episcopum, qui primas Vesperas et Missam cantabit quo ritu superius descripsimus in relativis capitulis lib. V.

3. Ad Vesperas et ad Missam accendetur Cereus paschalis, qui a clerico aliquo extinguetur statim ac a Diacono cantatum fuerit Evangelium eiusdem Missae solemnis.

4. Cereus a candelabro amovebitur post Missam et reservabitur in Sacrario, rursus adhibendus in benedictione Fontis baptismalis in vigilia Pentecostes.

5. Si qua caussa Episcopus impediretur, quominus cantaret Missam, non omittet intonare Vesperas primas et assistere Missae solemni paratus pluviali.

DE VIGILIA PENTECOSTES.

CAPUT XXIX.

1. Inspiciantur quae iam notavimus num. 2. 3. et 4. cap. XXXI. lib. II. de obligatione persolvendi hoc officium.

2. Si hac die placeret Episcopo benedicere Fontem et cantare Missam, observabitur quod traditori sumus, referentes in rebus multis ea quae descripsimus in Sabbato Sancto, cuius officio valde simile est hoc, de quo agimus.

De rebus praeparandis.

3. In baptisterio praeparentur ac disponantur omnia eadem, quae descripsimus in Sabbato sancto cap. XX. libri huius a num. 3. ad 10. Hoc ipsum fiet in Sacello, in quo conferetur s. Confirmatio, si quis adultus baptizabitur. Ibidem num. 11.

4. Ad Altare SS. Sacramenti praeparabitur genuflexorium cum strato et pulvinis, vel faldistorium : pallium et conopoeum

sunto coloris rubri et in altari ardebunt sex consueti cerei, saltem quando Episcopus in accessu ad ecclesiam adorabit SS. Sacramentum.

Ad Altare maius.

5. Super Altari aderunt septem candelabra nobilia cum cereis albis et Cruce aequali candelabris. Non tamen ornabitur Reliquiariis aut signis Sanctorum nec vasis cum floribus inter candelabra. Pallium erit rubri coloris, cui superponetur alterum violaceum, quod tolli facile possit: gradus sternentur tapeto nobili, cui superponetur alterum coloris violacei amovendum faciliter: si hoc fieri non poterit, ponetur tapetum nobile usque ab initio functionis.

6. Thronus parabitur baldachino et lodicibus ex panno sericeo rubri coloris. In postergali et in cathedra superponentur alterae violaceae, tollendae debito tempore. Gradus cooperientur tapeto rubro et altero violaceo, tollendo ut supra. Apud thronum aderunt tria consueta scabella pro Assistentibus.

7. In medio presbyterio ante altare praeparabitur faldistorium cum pulvinis violaceis, in quo geniculabit Episcopus. Seorsum ponentur pulvini rubri coloris, substituendi violaceis.

8. Si aderunt catechumeni adulti, baptizandi, extra presbyterium ante balaustrium praeparabitur scamnum in usum eorum, et super balaustrium ipsum tobalea propter Communionem.

9. In latere Epistolae loco usitato ponetur scamnum pro Ministris, quod contegi poterit tapeto consueto, superposito altero violaceo, debito tempore amovendo.

10. Ad tribunam sive ingressum presbyterii aderunt in fanalibus intorticia aut cerei albi coloris, sex vel octo numero.

11. Super mensam Altaris disponentur paramenta episcopalia, videlicet planeta, chirothecae in lance, dalmatica, tunicella et stola rubri coloris, quae contegentur velo violaceo, ut celentur totaliter: super velum autem istud ponetur pluviale cum formali simplici, manipulus, planeta, chirothecae in lance, dalmatica, tunicella et stola violacei coloris, Crux pectoralis,

cingulum, alba et amictus, quae pariter contegentur altero velo violaceo. Mitra auriphrygiata, sive ex serico auro intexto in latere Epistolae. Si fuerit Metropolitanus, non utetur hac die s. Pallio.

12. Abaci contecti albo mantili satis ampli erunt, ut continere possint res ibi disponendas, videlicet in extremitate duo candelabra cum cereis pro Acolythis : calicem cum purificatoriis duobus, patenam cum binis hostiis, pallam cum corporali intra bursam rubri coloris : ampullas vini et aquae in pelvicula et pateram propter praegustationem : urceum cum pelvi : mantilia duo in lance : velum humerale rubri coloris simplex et alterum violaceum pro Magistratu, si aquam Episcopi manibus ministrabit : manipulos rubri coloris pro Ministris : canonem pontificalem : gremiale rubrum aequale paramentis : alterum violaceum, aequale paramentis : Epistolarium et Evangeliarium cum vestibus et signaculis rubris et intra Evangeliarium ponetur manipulus rubri coloris pro Episcopo : caligas et sandalia rubri coloris cum velis violaceis, ad ea deferenda, et alteris rubris ad recipienda : Missale cum veste rubra in usum Episcopi pro Missa : alterum cum veste violacea in usum Episcopi pro functione : librum prophetiarum cum veste et signaculis violaceis : Breviarium pro oratione Nonae : scotulam cum candela : mitram pretiosam : velum humerale rubrum pro Subdiacono : pixidem cum particulis, si neophytorum fiet Communio : tabellam cum formula indulgentiarum : thuribulum cum navicula : intorticia pro elevatione. Cooperientur haec omnia velo amplo coloris violacei, ne appareant apparatus sive sacra supellex rubri coloris.

13. In abaco altero disponentur paramenta pro Ministris, quae sunt dalmatica et stola rubra pro Diacono, tunicella rubra pro Subdiacono, duae planetae plicatae coloris violacei cum binis manipulis similibus pro eisdem Ministris.

14. Prope Altare praeparabitur baculus pastoralis Episcopi. Seorsum ponetur legile nudum adhibendum in cantu prophetiarum.

15. Crux etiam processionalis imposita basi in latere Evangelii : sin autem Celebrans erit Archiepiscopus ponetur pro

Cruce basis tantum. Apud abacum Cereus paschalis extinctus, cum granis suis.

16. Disponentur in canistris paramenta tum rubri tum violacei coloris pro Canonicis, nempe pluvialia rubra et violacea pro Dignitatibus, planetae rubrae et violaceae pro Canonicis Presbyteris, dalmaticae ac tunicellae rubrae et planetae plicatae violaceae pro Canonicis Diaconis ac Subdiaconis.

In Sacrario.

17. Pluvialia violacea tria pro Cappellanis a mitra, a baculo et a libro ac pluvialia quatuor rubra pro Cappellanis eisdem et pro altero Cappellano a scotula.

18. Planeta plicata coloris violacei cum cingulo, alba et amictu pro Subdiacono Crucifero, tunicella etiam rubra pro eodem, si Celebrans fuerit Archiepiscopus.

19. Paramenta pro Ministris, videlicet stola violacea, bina cingula, binae albae, bini amictus.

De functione.

20. Recitabitur in choro Matutinum cum Laudibus, Prima, Tertia et Sexta ac toto tempore officii aderit ad Altare pallium albi coloris.

21. Absoluta in choro recitatione Horae sextae, extinguentur Altaris cerei et pallium albi coloris removebitur.

22. Sonabitur campanula Sacrarii ad annuntiandam Clero associationem Episcopi, ut cap. IV. lib. V.

23. Interim in Sacrario se parabunt Ministri, videlicet Subdiaconus amictu, alba et cingulo, Diaconus autem, praeter paramenta praedicta, etiam stola violacea. Postea procedent ad Altare maius, comitantibus clericis duobus, et sedebunt in scamno praeparato.

24. Episcopus ingredietur in ecclesiam et in eius ingressu sonabunt tantum sacra aera turris. Adorabit SS. Sacramentum et brevi precatione facta ad Altare maius, ascendet in thronum comitatus a Diaconis assistentibus. Clerus subsellia chori occupabit.

25. In throno brevi tempore sedebit Episcopus, deinde nudabit caput, assurget, recitabit secreto *Pater noster* et *Ave Maria*, tum elevata voce intonabit *Deus in adiutorium* etc. pro recitatione Horae nonae. Hebdomadarius beneficiatus inchoabit hymnum et intonabit antiphonam; in fine autem recitabit etiam Capitulum. Episcopus recitabit orationem tantummodo.

26. Dum recitabuntur psalmi Nonae, Episcopus leget preces ad praeparationem et Subdiaconus ritu statuto afferet ad thronum caligas et sandalia rubri coloris, quae imponentur Episcopo.

27. Post recitationem Nonae, Episcopus dimittet cappam, lavabit manus et a Diacono cum Subdiacono parabitur amictu, alba, cingulo, Cruce pectorali, stola, tunicella, dalmatica, chirothecis et planeta violacea.

28. Statim ac Episcopus laverit manus, intrabunt in chorum clerici cum paramentis pro Canonicis, qui dimisso indumento chorali, induent quisque amictum cum paramento respectivo ordinis illius, cui sunt addicti; quos habitus respectivos postquam induerint, conficient circulum ante Episcopum, dum parabitur. Presbyter etiam assistens et Diaconi assistentes se parabunt in stallis suis. Presbyter assistens tollet annulum Episcopo eique ministrabit mantile, ut monuimus in Sabbato sancto. Diaconi assistentes redibunt in thronum.

29. Postquam Episcopus paratus erit planeta, Diaconus imponet ei mitram, Subdiaconus manipulum. Presbyter assistens veniet in thronum et annulum inseret digito Episcopi.

30. Duo Ministri de throno descendent et pergent ad assumendum manipulum et planetam plicatam, tum revenient ante Altare expectantes dum illuc perveniat Episcopus.

31. Canonici, parato Episcopo, se recipient ad subsellia sua.

32. Quo tempore parabitur Episcopus, se parabunt pluviali etiam tres Cappellani a mitra, baculo et libro et revertentur in chorum ad exercendum officium suum.

33. Quum omnia disposita fuerint, Episcopus sinistra accipiet baculum et comitantibus Diaconis assistentibus prae-

eunte Presbytero assistente, sequentibus Caudatario et Cappellanis a mitra et baculo descendet de throno et Clerum dextera benedicet.

34. Ante Altare statim ac venerit Episcopus, recedent Presbyter assistens cum Diaconis assistentibus et succedent Diaconus ac Subdiaconus in assistentiam Episcopi, qui baculum dimittet. Diaconus mitram tollet Episcopo, qui reverentia ante Altare facta, ascendet ad ipsum cum duobus Ministris praedictis et osculabitur illud in medio.

35. Diaconus mitram reponet Episcopo, qui descendet de Altari et Cruce salutata, coibit cum Assistentibus, redibit in thronum, sedebit, baculum dimittet et accipiet gremiale super genua.

36. Canentur prophetiae eodem ritu, quem descripsimus in Sabbato sancto, cap. XX. libri huius a num. 114. ad 134; cantor osculabitur manum Episcopi, qui cantabit orationes post prophetias, sed omittitur *Flectamus genua*.

37. Sub finem prophetiae sextae advertet clericus unus accendere Cereum paschalem et candelas in candelabris Acolythorum.

38. Deinde Episcopus, ut ibidem num. 134. 135. et 136. dimittet manipulum, planetam, chirothecas, dalmaticam, tunicellam et induetur pluviali violaceo.

39. Accessus Episcopi ad baptisterium, benedictio Fontis, baptisma et reditus ad Altare tractabitur prorsus ut loco saepius citato num. 137. et seqq. Notandum tantum, quod oratio, recitanda extra ingressum baptisterii, est propria huius diei.

40. Sacrista cum inservientibus suis advertet ut tollat apparatus et reliqua omnia coloris violacei et relinquat apparatus rubri coloris, statim ac de presbyterio discesserit Episcopus, iturus ad benedictionem Fontis.

41. In reditu ad Altare, qui clericus gestabit Cereum, non imponet illum in candelabrum, sed recta ex Altari perget in Sacrarium ibique deponet Cereum, qui extinguetur et reponetur, anno postero adhibendus.

42. Litaniae cantantur ut in Sabbato sancto cum animadversionibus ibi notatis: paramenta Canonicorum et Episcopi

sunto rubri coloris. Quum non habeatur ordinatio, cantores prosequentur cantare Litanias etiam post ℣. *Ut omnibus fidelibus defunctis* etc. (a).

43. In Missa servabitur ritus praescriptus in Missis pontificalibus: non cantabitur a cantoribus, nec recitabitur ab Episcopo introitus, siquidem prophetiae et Litaniae locum obtinent introitus.

44. Ad cantum *Kyrie* non sonabitur organis et cantabitur cantu Gregoriano in tono feriali.

45. Ad intonationem hymni *Gloria in excelsis* sonabitur organis et campanis.

46. Post Epistolam, *Alleluia* Episcopo non annunciabitur.

47. In cantu Evangelii non deferentur ab Acolythis candelabra.

48. De reliquo serventur ritus in Missis pontificalibus descripti.

49. Sin Episcopo placeret assistere officio et Missae solemni, stabitur iis, quae superius tradita sunt cap. XXII. huiusce libri cum exceptionibus praesenti capitulo notatis.

DE SOLEMNITATE PENTECOSTES.

CAPUT XXX.

1. Solemnitas haec est ex primariis et officium est Episcopi cantare Vesperas et Missam, in cuius celebratione ritus sunt iidem quos in huiusmodi functionibus descripsimus.

2. In Vesperis ad intonationem hymni *Veni creator Spiritus,*

(a) Quoad cantum Litaniarum vide adnotationem subiectam num. 92. cap. XXVII. libri II.

omnes in genua procumbent, Episcopus autem post intonationem geniculabit in pulvino posito super gradulo cathedrae.

3. Ad cantum Tertiae Episcopus intonabit hymnum *Veni creator Spiritus*, genuflectens in throno, vel si sedes capax non erit, in faldistorio posito ante thronum ipsum.

4. In Missa postquam Subdiaconus osculatus erit manum Episcopi, secundus Diaconus assistens tollet mitram Episcopo et cantores immediate incipient cantum ℣. *Veni Sancte Spiritus reple* etc. Episcopus geniculabit super pulvinum positum in gradulo cathedrae et ceteri omnes loco quisque suo. Deinde assurget, reponetur ei mitra et gremiale, ac leget Epistolam et reliqua ut in aliis Missis.

5. Ad intonationem hymni et ad cantum versiculi supra innuti, Episcopus genuflexus erit capite nudato pileolo, qui reponetur ei quando assurget de genuflexione.

6. Duobus subsequentibus festis Episcopus assistet Missae solemni paratus pluviali. Advertent clerici ut statuant faldistorium ante Altare, dum Subdiaconus ad thronum ascendet, osculaturus manum Episcopi. Profecto autem de throno Subdiacono, Episcopus descendet ad faldistorium, dimittet baculum et nudatus mitra geniculabit ad cantum ℣. *Veni Sancte Spiritus* etc. Cantores advertent ut hoc fiat accurate. Episcopus redibit in thronum post cantum praedicti versiculi et leget Epistolam etc. ut in aliis Missis.

7. Si Episcopus nequiret cantare Missam, intonabit saltem Vesperas primas et assistet Missae solemni, ut superius monuimus in festo Ascensionis.

DE FESTO SS. TRINITATIS

CAPUT XXXI.

Quod ad celebrationem huiusce festi nihil notandum occurrit. Episcopus poterit assistere Missae solemni paratus pluviali.

DE SOLEMNITATE CORPORIS CHRISTI

CAPUT XXXII.

1. Officium solemnitatis huius peragere spectat ad Episcopum, qui si legitime impediretur, pertinet eam persolvere ad primam Capituli Dignitatem.

2. Solemnitas ista recensetur inter dies festos primarios, gaudet speciali ritu processionis in ipso die festo, et expositionis SS. Sacramenti eodem die festo et per totam octavam.

3. Primae Vesperae ab Episcopo cantandae sunt, et in eis deberet Clerus sacra paramenta induere, ut induit postridie mane in processione. Saltem non omittet Episcopus primas Vesperas praedictas intonare ritu prescripto cap. XII. lib. V. Nisi postridie mane celebrabit Missam lectam, ut in Caeremoniali lib. II. Cap. XXXIII. num. 31. ideoque assistet Missae solemni a prima Dignitate cantatae, debebit in assistentia illa uti pluviali.

4. De methodo processionis agemus capitulo sequenti, sectantes hac in re ordinem Caeremonialis Episcoporum, quod in capitulo distincto tractat de processione ista.

5. Vesperas secundas celebrabit prima Dignitas, ritu descripto cap. II. lib. II.

6. Quod spectat ad expositionem toto octavae tempore, delegamus lectorem ad ea quae tradita sunt capitulis XI. et XXXIV. lib. II. Etiam quoad processionem repositionis peragendam vespere octavae post officium confer cap. XXXV. libri eiusdem.

7. Si placeret Episcopo in processione octavi diei gestare SS. Sacramentum, non parabitur Clerus, sed tantum Diaconus et Subdiaconus, qui assistent Episcopo. Quamobrem poterunt adoptari instructiones traditae cap. XXXVII. et XXXVIII. huiusce libri, in oratione quadraginta horarum et in processione Dominicae tertiae cuiusque mensis.

DE SOLEMNI CORPORIS CHRISTI PROCESSIONE AB EPISCOPO IN SUA CATHEDRALI CELEBRATA.

CAPUT XXXIII.

1. Omittimus animadversiones iam notatas cap. XXXV. lib. II. circa dispositiones in antecessum processionis sumendas.

Quae sint praeparanda.

2. Ecclesia cathedralis parabitur festivo more, ut in festis primariis.

3. Altare maius ornabitur sex candelabris nobilibus cum cereis et Cruce, pallio albi coloris ac tapeto super gradibus.

4. Si super ipso Altari exponendum esset in hac octava SS. Sacramentum, disponentur etiam alia candelabra cum candelis, numero legibus synodalibus praescripto, et maiori quoque numero, si placebit; aderit baldachinum seu thronus, in quo exponetur SS. Sacramentum et in plano, ubi collocabitur ostensorium, ponetur corporale, vel palla, magnitudinis sufficientis; item ciborium seu tabernaculum, in quo condendum

erit SS. Sacramentum, ibique etiam aderit palla, ut supra. Si Altare versum esset ad populum et suum iam haberet tabernaculum factum e marmore vel alia materia, non ponetur thronus ad exponendum SS. Sacramentum, sed satis erit praeparare basim in qua collocabitur ostensorium.

5. Si Episcopus Missam lectam celebrabit ante Processionem, praeparabitur quidquid opus est ad Missam istam, ut cap. V. lib. V. Quod si assistet Missae solemni, quae cantanda est a prima Dignitate Capituli, praeparentur quae praescripta sunt cap. XIII. libri eiusdem.

6. Super abacum autem, praeter omnia ea quae utroque casu opus sunt, et notata extant relativis capitulis supra citatis, praeparabitur intorticium unum ornatu distinctum pro Episcopo, quod gestabitur ab uno ex eius Cappellanis; octo intorticia adhibenda in elevatione, ut infra; Ostensorium albo velo contectum, quod esse debet leve nec valde magnum; capsula argentea cum operculo, quae continebit hostiam consecrandam, iam aptatam in lunula, gestandam in processionem; velum humerale nobile utendum ab Episcopo in processione; duo thuribula cum naviculis pro eadem processione; liber cum veste albi coloris, in quo extet oratio dicenda post processionem; tabella cum formula indulgentiarum; velum albi coloris ad contegendum SS. Sacramentum post processionem, si deerit ciborium; taenia albi coloris vel chordula sericea alba, si opus erit, imponenda collo Episcopi, qua sustentabit Ostensorium; pulvinus albi coloris, super infimum gradum Altaris ponendus, in quo geniculabit Episcopus; quod si Missam lectam Episcopus celebrabit, praeparabitur etiam pluviale album cum formali pretioso, mitra pretiosa, altera stola albi coloris et prope abacum baculus pastoralis.

7. Apud abacum vel prope Altare aderit Crux hastilis, in processionem gestanda, nisi Celebrans fuerit Archiepiscopus.

8. Ante Altare praeparabitur faldistorium cum pulvinis albi coloris, in quo genuflectet Episcopus ante Missam, sive eam celebret sive assistat.

9. In Sacrario disponentur paramenta albi coloris pro Canonicis, videlicet pluvialia pro Dignitatibus, planetae pro Ca-

nonicis Presbyteris, dalmaticae pro Canonicis Diaconis, tunicellae pro Canonicis Subdiaconis et singulis paramentis suus erit amictus. Aderunt pluvialia quatuor pro Cappellanis a mitra, a baculo, a libro et a scotula, tunicella cum cingulo, alba et amictu pro Subdiacono, qui gestabit Crucem et pluvialia octo pro Beneficiariis seu Mansionariis hastas baldachini delaturis.

10. Prope parietem proximum Altari maiori praeparabitur baldachinum nobile, portatile hastile et deligentur clerici duo, qui curam eius gerant. Prope baldachinum, vel etiam in presbyterio in promptu erunt quatuor laternae maiores hastiles cum candelis gestandae in processionem.

11. Ad Altare SS. Sacramenti praeparabitur genuflexorium cum strato et pulvinis, vel faldistorium.

12. In Sacrario aderunt in promptu intorticia distribuenda Canonicis et Magistratui gestanda in processionem et candelae vel etiam intorticia pro reliquo Clero saeculari et candelae pro Clero regulari et Confraternitatibus; deligentur autem quatuor vel sex clerici qui distribuant illa et recolligant etiam post processionem.

13. Si processio stationem faciet in altera ecclesia, sive in aliquo Altari erecto in itinere, praeparabitur ibi, praeter ea quae notata sunt cap. XXXV. lib. II. etiam pulvinus albi coloris pro Episcopo genuflexuro, et scamna parata tapeto pro Canonicis paratis.

14. Secundum iter, vel saltem intra ecclesiam spargentur herbae virides odorae. Curabitur, ut viae, qua incedet processio, tentoriis defendantur a sole, et muri domorum ornentur paratibus, aulaeis et ornamentis functioni alludentibus, non vero profanis.

De Functione.

15. Pridie Episcopus cantabit Vesperas, ut superius innuimus.

16. Post Vesperas recitabitur Completorium, deinde cantabitur aut recitabitur (pro consuetudine cuiusque ecclesiae) Matutinum cum Laudibus sequentis diei.

17. Postridie mane recitantor aut cantantor mature Horae

minores, et post illas, signo dato campanulae Sacrarii, associabitur Episcopus a Canonicis et Clero, ut cap. IV. lib. V.

18. Episcopus, SS. Sacramento in suo Altari adorato, procedet ad Altare maius et celebrabit Missam lectam, vel assistet Missae solemni a prima Dignitate celebratae, ut innutum est superius.

19. Curandum, ut initio Missae praesto sint in ecclesia, aut in platea, nisi ecclesia sufficeret, Clerus regularis et saecularis atque Confraternitates, quae processioni intervenient.

20. Congregatis in ecclesiam Clero et Confraternitatibus, candelae singulis individuis distribuentur a clericis superius nominatis.

21. Initio Missae ab Episcopo lectae, vel circa *Sanctus* Missae solemnis, in ordinem dirigetur processio et fiet ipsius initium.

22. Porro, quod ad tempus inchoandae processionis, nulla potest assignari certa lex, quum hoc dependeat a maiori, minorive numero collegiorum et individuorum, quibus constabit. Caeremoniale Episcoporum lib. II. cap. XXXIII. num. 16. tradit regulam sequendam, eaque est « elevato SS. Sacramento, vel etiam ante, si opus fuerit »

23. Si qua controversia inter aliqua corpora seu collegia de praecedentia oriretur, stabitur iis, quae tradita sunt de processione Litaniarum Maiorum lib. II. cap. XXIX. num. 8.

24. Omnes illi qui in processionem incedent, ibunt capite nudato, quamvis usu etiam mitrae gauderent. Qui dextrorsum incedent, intorticium aut candelam dextera sustinebunt, qui sinistrorsum, sinistra.

25. Super ordine, quo deferendum sit baldachinum, vide quae tradita sunt cap. XXXV. lib. II. num 60. et 61.

26. Ordo praecedentiae in processione servandus, erit sequens:

27. Signum seu vexillum albi coloris cum stemmate SS. Sacramenti, praeibit a clerico sustentum. Famuli Magistratus et Episcopi, bini induti nobilibus vestimentis familiaribus et cum intorticiis ardentibus, si talis usus vigebit. Item servabitur usus, si receptus esset, ut ceterae familiae distinctae mitterent

domesticos suos cum vestimento familiari et cum intorticio; notandum tamen, quod locus penultimus obtinendus est a famulis Magistratus, ultimus a famulis Episcopi.

28. Congregationes, si quae essent, Doctrinae Christianae vel aliud pium Institutum saecularium, quod nec sacci usu gaudeat neque alio insigni, et aliunde cuperet vel soleret intervenire processioni, occupabunt locum istum; praecedet autem eos Crucifixus, gestatus ab individuo eiusdem instituti seu societatis.

29. Confraternitates laicales, singulae cum propriis insignibus; et procedent ordine statuto in appendice II. lib. II. pag. 312.

30. Regulares; et singulis corporibus sua erit Crux, cui appensus erit pannus albi coloris, et incedent iuxta ordinem erectionis localis sui coenobii, ex Constitutione Gregorii XIII. data die 25. Julii an. 1585.

31. Magistratus, indutus habitu formali, et secum feret comitatum familiarium nobilium et reliquos a Municipio dependentes. Notandum, quod intorticium deferendum est a Vexillario, Priore, senioribus tantum, non vero a ceteris, quibus constat comitatus.

32. Claviger, seu clavigeri Cathedralis, si qui fuerint, cum propriis vestibus talaribus cum clava seu virga contecta sericeo panno vel serico villoso, cum stemmate inaurato ecclesiae.

33. Subdiaconus indutus tunicella albi coloris, gestans Crucem Cleri medius inter Acolythos candelabra sustinentes, ardentibus candelis.

34. Si Celebrans fuerit Archiepiscopus, Subdiaconus cum Cruce et Acolythis locum sument ante Canonicos.

35. Cantores induti veste talari et superpelliceo, non sustinentes candelam, sed identidem cantantes ex libris, quos habebunt, hymnos praescriptos.

36. Clerici Seminarii, bini.

37. Parochi civitatis, induti superpelliceo tantum, vel aliis insignibus, si concessa ipsis fuerint a S. Sede. Incedent iuxta ordinem antiquitatis in exercitio Paroeciae suae, vel iuxta dignitatem ecclesiae parochialis, sive alia methodo, pro consuetudine sive sanctione particulari.

38. Collegiatae civitatis, et singulae induent propria insignia, si utentur distinctis, vel superpelliceum, et incedent iuxta antiquitatem erectionis aut privilegia. Si cappae usu gaudebunt, dimittere illam debebunt et induere superpelliceum antequam in processionem conveniant.

39. Beneficiarii seu Mansionarii Cathedralis, induti choralibus insignibus, quibus uti liceat in processionibus.

40. Si Celebrans fuerit Metropolitanus, hoc loco incedet Subdiaconus paratus cum Cruce archiepiscopali inter duos Acolythos, et advertet ut Crucem deferat imagine Crucifixi versa ad Metropolitanum.

41. Octo Beneficiarii seu Mansionarii induti albo pluviali, gestaturi hastas baldachini, ut supra innutum est. Non sustinebunt manu intorticium.

42. Canonici Subdiaconi, tum Diaconi, deinde Presbyteri, ultimo loco Dignitates. Si dispar esset numerus in aliquo ex praedictis ordinibus, ultimo loco eiusdem ordinis incedent tres numero.

43. Solus incedet Minister seu Cappellanus baculi pastoralis, qui utraque manu sustinebit baculum ipsum paullulum elatum ab humo.

44. A lateribus incedent Cappellani seu clerici octo induti superpellicio, qui gestabunt intorticia ardentia, quaterni scilicet ferme ad latera baldachini.

45. Duo thuriferarii cum thuribulis et naviculis, qui leniter agitantes thuribula, adolebunt SS. Sacramentum. Thuriferarius a sinistris deferet thuribulum manu dextra, alter a dextris, deferet illud sinistra, in summitate catenularum; identidem in thuribula reponent incensum, ut ardeat iugiter.

46. Sequetur Episcopus sub umbraculo hastili, gestans SS. Sacramentum, medius inter Diaconos assistentes, qui fimbrias pluvialis eius sustentabunt.

47. Dignior Magistratus sequetur immediate Episcopum, cuius extremitatem pluvialis et vestis sustentabit.

48. Hastae umbraculi deferentur respective ordine innuto cap. XXXV. lib. II. num. 60. 61.

49. A lateribus umbraculi, in quatuor angulis, locum sumet quatuor clerici sustinentes laternas hastiles, in quibus aderit candela ardens clausa.

50. Prope hastam primam umbraculi a dextris incedet unus ex Cappellanis Episcopi, indutus habitu talari cum pallio, qui gestabit accensum intorticium Episcopi.

51. Immediate post Episcopum ibit Cappellanus cum mitra pretiosa, ac si processio subsistet in aliqua ecclesia vel Altari in via erecto, coibunt cum ipso ceteri duo Cappellani cum libro et cum scotula.

52. Sequentur familiares nobiles Episcopi sine intorticio vel candela.

53. Processionem claudent Praelati, si aderunt induti mantelleto et rocheto, si huius usu gaudebunt.

54. Ad *Sanctus*, sive Missa celebretur privatim ab Episcopo, sive cantetur solemniter a prima Dignitate, afferentur intorticia octo a totidem clericis ad elevationem, atque isti tali modo se disponent ante Altare ut neque Episcopi neque Celebrantis actiones impediant, ibi genuflectent et assurgent tunc solum cum tempus erit coeundi in processionem loco superius innuto, videlicet a lateribus umbraculi hastilis.

55. Quum Celebrans, sive Episcopus, compleverit communionem in Missa, discedet de choro dimidia pars Canonicorum, qui recedent in Sacrarium ad induenda paramenta respectiva et redibunt in chorum: reversis autem istis, discedent ceteri qui in choro supererant, et pergent in Sacrarium ibique assumptis sacris paramentis, revertentur in chorum.

56. Eodem tempore octo Beneficiarii delecti ad deferendum umbraculum hastile, recedent in Sacrarium, se parabunt pluviali et redibunt in chorum; hoc ipsum facient Subdiaconus, qui gestabit Crucem in processionem, et Cappellani a baculo, a mitra, a libro et a scotula.

57. Si forte Episcopus assistat Missae solemni, ultimi duo Canonici ex ordine Diaconorum succedent in assistentiam Episcopi, quando de throno discedent Diaconi assistentes sacra indumenta assumpturi.

58. Canonici et ceteri, qui pergent in Sacrarium ad sacras vestes induendas, genuflexionem utroque genu conficient

ad SS. Sacramentum et cum discedent et cum redibunt in chorum.

59. Quando Celebrans communicabit, Caeremoniarius ad Altare afferet Ostensorium coopertum albo velo, et quin inclinet, collocabit ipsum super Altare a dextra Celebrantis extra corporale. Si Missa celebrabitur ab Episcopo lecta, afferet etiam super Altare stolam albi coloris.

60. Posteaquam Celebrans Calicem sumpserit ac posuerit super corporale versus latus Evangelii, Subdiaconus, si Missa erit solemnis, vel Cappellanus si Missa erit lecta, Calicem palla cooperiet.

61. Si Missa erit solemnis, Ministri genuflexione facta, locum commutabunt, videlicet Diaconus transibit ad dexteram, Subdiaconus ad sinistram Celebrantis et cum eo genuflexionem iterabunt.

62. Interim Caeremoniarius velum detrahet Ostensorio, quod tradet Diacono. Hic ponet ipsum super corporale quin inclinet illud, aperiet crystallum, accipiet lunulam cum S. Hostia, ponet eam in ostensorio, claudet crystallum, collocabit ostensorium in medio corporali versus partem posteriorem Altaris, deinde facta genuflexione una cum Celebrante et Subdiacono, redibit ad sinistram et Subdiaconus ad dexteram Celebrantis; Missa autem continuabitur ritibus descriptis cap. XXV. lib. II. num. 24. et seqq.

63. Sin Missa celebrabitur ab Episcopo sine cantu; palla cooperto post consummationem Calice a Cappellano, qui Episcopo assistet a dextris, Cappellanus idem, imposita sibi collo stola, aperiet crystallum ostensorii et facta ad SS. Sacramentum genuflexione simul cum Episcopo et altero Cappellano, accipiet lunulam cum S. Hostia, ponet eam in ostensorio, claudet crystallum et collocabit ostensorium in medio corporali versus partem posteriorem Altaris. Episcopus simul cum iisdem duobus Cappellanis genuflexionem iterabit ad SS. Sacramentum: Cappellanus sibi tollet stolam et Episcopus prosequetur Sacrum usque ad finem, servato ritu praescripto cap. XXI. lib. I. de Missa celebrata ante SS. Sacramentum expositum.

64. Si Episcopus assistet Missae, in fine ipsius benedi-

ctionem impertietur, nudato adhuc mitra capite, et a Celebrante non publicabitur Indulgentia. Si fuerit Metropolitanus, afferetur ei ad pedem throni Crux Archiepiscopalis propter benedictionem.

65. Peracto Sacro, Celebrans cum Ministris, genuflexione confecta, recedent in Sacrarium, sacras vestes prompte dimittent, induent sibi proprios quisque habitus propter processionem et redibunt in chorum, coituri in processionem cum ceteris.

66. Si celebrabitur Missa lecta ab Episcopo, benedictione impertita, ipse recitabit Evangelium S. Ioannis ad Altare.

67. Interim clerici duo in promptu erunt cum paramentis episcopalibus apud abacum, et Episcopum sequentur ad thronum accedentem; cum clericis eisdem coibunt alii duo, recepturi planetam et manipulum.

68. In promptu etiam stabunt duo Cappellani cum mitra pretiosa et cum baculo pastorali, accessuri ad thronum post clericos supradictos.

69. Sub Missae finem aderunt in Presbyterio octo Mansionarii, de quibus supra, induti pluviali, umbraculum hastile delaturi, et qui primas obtinet in Magistratu, sustenturus extremitatem posteriorem pluvialis et vestis Episcopi.

70. Praesto erunt etiam apud abacum thuriferarii cum thuribulis.

71. Postquam parati erunt Canonici, poterunt eis distribui intorticia accensa a clericis duobus, itemque reliquo Clero, excepto Presbytero assistente, cui dabitur, ut infra.

72. Subdiaconus cum Cruce et Acolythis, si Clerus fuerit valde numerosus, nec debeat ante Canonicos paratos incedere, proficiscetur de choro statim ac donata fuerit ab Episcopo benedictio; et ordinem processionis sequetur.

73. Donata ab Episcopo benedictione, si Missam lectam celebraverit, duo Canonici Diaconi assistentes procedent ante Altare ibique expectabunt Episcopum, qui peracto Sacro, genuflexionem simplicem in suppedaneo faciet ad SS. Sacramentum, et quum descenderit ante Altare, medius inter Diaconos assistentes iterabit genuflexionem utroque genu, et cum eis ascendet in thronum.

74. Quando Episcopus de Altari accedet ad thronum et de throno redibit ad Altare, Clerum dextra non benedicet transiens per chorum.

75. Episcopus ascendet in cathedram throni, manipulum dimittet ac planetam, et a Diaconis assistentibus induetur pluviali cum formali pretioso. Caudatarius animadvertet ad expediendam extremitatem posteriorem vestis episcopalis.

76. Clerici referent ad abacum planetam et manipulum Episcopi; interim autem duo thuriferarii cum thuribulis appropinquabunt throno.

77. Clericus unus sustinebit taeniam seu chordulam albi coloris et velum humerale Episcopi prope Altare, traditurus illud, ut infra, et ponet etiam pulvinum albi coloris pro Episcopo super infimum gradum Altaris.

78. Quum omnia disposita fuerint ad profectionem Episcopi in processionem, ascendet a latere ad thronum Presbyter assistens, seu dignior Capituli, qui pluviali erit indutus.

79. Eodem tempore ascendent ad thronum cum debitis genuflexionibus duo thuriferarii.

80. Primus Diaconus assistens pileolum et mitram pretiosam imponet Episcopo.

81. Episcopus assurget, et incensum ministrante ex una navicula Presbytero assistente ac sine osculis, imponet illud sine benedictione in ambo thuribula successive praesentata a thuriferariis, qui stabunt in pedes.

82. Discedent de throno thuriferarii et procedent ad Altare, post ipsos ibit Presbyter assistens, qui geniculabit a dextra infimi gradus in parte anteriori, non vero in laterali.

83. Episcopus sinistra accipiet baculum postoralem et medius inter Diaconos assistentes, qui fimbrias pluvialis eius sublevabunt, descendet de throno.

84. Episcopum sequentur Caudatarius, qui syrmam sustentabit, deinde Cappellani a mitra, a baculo, a libro et a scotula.

85. Quum prope Altare venerit Episcopus dimittet baculum, qui recipietur a Cappellano vel ab alio, pro consuetudine cuiusque ecclesiae, et locum suum in processione sumet, ut supra.

86. Diaconus secundus assistens tollet Episcopo mitram, Diaconus primus tollet pileolum, et utrumque accipiet Cappellanus a mitra.

87. Cappellani a libro et a scotula accipient ex abaco librum et scotulam, si processio subsistet in aliqua ecclesia vel apud Altare aliquod erectum in processionis itinere.

88. Episcopus ante Altare progressus, genuflectet utroque genu in pavimento, deinde assurget et geniculabit super pulvinum positum in infimo gradu.

89. Diaconi assistentes, genuflexione cum Episcopo facta, ut supra, geniculabunt a lateribus eius, sed super pavimentum, ut locum dent thurificationi.

90. Presbyter assistens accipiet unum ex thuribulis et genuflexus a dextris Episcopi, porriget ei sine osculis thuribulum, quo ille triplici ductu thurificabit SS. Sacramentum.

91. Presbyter assistens recipiet thuribulum, quod tradet thuriferario, et assurgens accipiet a clerico intorticium suum et locum in processione sumet cum ceteris Canonicis.

92. Statim ac Episcopus incensaverit SS. Sacramentum, consurgent Canonici et in processionem incedent, ordine supra dicto.

93. Profecto de Altari Presbytero assistente, Caeremoniarius accipiet taeniam seu chordulam albam eamque imponet collo Episcopi, si opus fuerit, deinde acceptum velum humerale imponet super humeros Episcopi, cui velum ipsum ante pectus alligabitur a secundo Diacono assistente, qui ob eam rem geniculabit super gradum a sinistris Episcopi

94. Alligato ante pectus Episcopi velo humerali, Diaconus primus assistens surget, ascendet ad Altare, genuflexionem faciet in suppedaneo, sed aliquantulum a latere, ne vertat humeros ad Episcopum, accipiet dextera Ostensorium circa radiorum spheram, sinistra infra pedem, convertetur et Episcopo illud praesentabit.

95. Episcopus genuflexus adorabit SS. Sacramentum et adiuvante, si opus fuerit, secundo Diacono, manibus coopertis extremitatibus veli, assurget, accipiet Ostensorium, dexteram apponens nodo, sinistram infra pedem.

96. Diaconus primus geniculabit vel in suppedaneo vel super gradum Altaris, adorabit SS. Sacramentum, imponet pedi Ostensorii taeniam seu chordulam, quae pendebit de collo Episcopi, et assurget.

97. Episcopus, non ascendens ad Altare, convertetur ad populum et cantores immediate incipient cantare hymnum *Pange lingua*, quem prosequentur cum aliis hymnis cantare toto Processionis tempore.

98. Diaconi assistentes servantes locum suum, convertentur cum Episcopo ad populum et fimbrias pluvialis Episcopi sublevabunt.

99. Dum Episcopus thurificabit SS. Sacramentum, clerici duo ad hoc delecti, afferent umbraculum hastile ante Altare vel ad ingressum presbyterii et explicabunt ipsum: statim hastae illius accipientur a Beneficiariis seu mansionariis paratis, ut supra.

100. Ad intonationem hymni discedet Clerus, vel Canonici de choro, et bini exsequentes genuflexionem utroque genu ad Sacramentum ante Altare, in processionis ordinem incedent.

101. Quum Episcopus de Altari discedet, consurgent Cappellani sive clerici cum intorticiis et praecedent eum, locum sumentes ante et circa umbraculum, ut superius innutum est. Item quatuor supra nominati clerici cum laternis hastilibus, ardentibus candelis, occupabunt locum suum; ut supra.

102. Subeunte umbraculum Episcopo, dignior Magistratus qui aderit prope aditum presbyterii, ut superius dictum est, sequetur Episcopum, et accipiet ipsius vestis ac pluvialis extremitatem posteriorem, quam processionis tempore sustinebit. Caudatarius a sinistris eius incedet.

103. Processionis toto tempore, Episcopus cum Diaconis assistentibus recitabit alternatim hymnos et psalmos analogos.

104. Processio incedet per vias praestitutas, ordine supradicto.

105. Si cantorum chorus longe distaret ab Episcopo, immediate post umbraculum, ante Praelatos poterunt locum sumere quatuor aut sex cantores, qui variarum vocum concentu cantent identidem strophas hymnorum, qui sunt praescripti.

106. Si qua fiet statio secundum iter ad Altaria in viis erecta, vel in ecclesia aliqua, quae in itinere ipso occurret, processio intrabit in ecclesiam si capax erit, sin minus vel Clerus totus vel quaedam pars eius, et Canonici paramentis sacris induti locum sument ad scamna praeparata. Omnes illi, qui in ecclesiam ingredientur vel erunt in conspectu Altaris, procumbent in genua.

107. Episcopus progressus ante Altare subsistet, et primus Diaconus assistens, unum duosve passus praeveniens eum, aderit in suppedaneo vel super gradus, antequam Episcopus ad Altare accedat.

108. Diaconus idem accipiet Ostensorium, expectabit dum Episcopus genuflectat super pulvinum et cum ipso genuflectat etiam Diaconus secundus, atque adorent SS. Sacramentum; ipsum deinde collocabit super Altare, genuflectet a latere et redibit ad Episcopi dextram, ubi geniculabit.

109. Hoc tempore Diaconus secundus expediet Episcopo velum humerale, quod recipietur a Caeremoniario et clerico alicui tradetur.

110. Si necesse erit, unus ex thuriferariis recedet ad mutandum ignem in thuribulo; quod fiet deinde ab altero, quum redierit primus.

111. Presbyter assistens, commisso clerico intorticio, approximabit ad Altare et geniculabit in latere Epistolae, prope Diaconum primum assistentem.

112. Nobilis ille laicus, qui sustentabit extremitatem pluvialis et vestis episcopalis, geniculabit a tergo Episcopi.

113. Delatores umbraculi poterunt recedere a latere, sed animadvertent ut in promptu rursus sint, statim ac Episcopus recitaverit orationem.

114. Clerici seu Cappellani cum octo intorticiis disponentur ante vel circum Altare, ne tamen impediant actiones Episcopi et Assistentium eius.

115. Collocato a Diacono super Altari Ostensorio, cantores cantabunt *Tantum ergo* et post verba *Veneremur cernui,* ad quae omnes inclinabunt caput, Episcopus, Diaconi assistentes et Presbyter assistens consurgent. Se sistet Episcopo thu-

riferarius, qui stans in pedes obiiciet ei thuribulum apertum. Presbyter assistens incensum ministrabit Episcopo sine osculis. Episcopus incensum sine benedictione imponet in thuribulum. Diaconi assistentes attollent eius fimbrias pluvialis.

116. Postea rursus genuflectet Episcopus, et Presbyter assistens genuflexus a dextris eius in infimo gradu, tradet ei thuribulum, quo thurificabit triplici ductu SS. Sacramentum. Diaconi assistentes genuflectent in pavimento et fimbrias pluvialis Episcopi sublevabunt.

117. SS. Sacramento ab Episcopo thurificato, recipietur thuribulum a Presbytero assistente, qui restituet illud thuriferario, et redibit ad locum suum inter Canonicos atque intorticium resumet.

118. Accedent ad Episcopi dextram duo Cappellani cum libro et scotula.

119. Cantato a cantoribus ℣. *Panem de coelo* etc. ac responso *Omne delectamentum* etc. assurget Episcopus et e libro, quem ei praesentabit Cappellanus adstans in pedes a dextris eius, cantabit orationem *Oremus. Deus qui nobis* etc. cum brevi conclusione *Qui vivis et regnas in saecula saeculorum.*

120. Post orationem recedent Cappellani et Episcopus iterum geniculabit.

121. Redibunt ante Altare, seu Presbyterium, delatores umbraculi et ipsum explicabunt et ordinabunt ante Altare, dum interea processio rursus in ordinem dirigetur solicite.

122. Caeremoniarius reponet super humeros Episcopi velum humerale, quod ei a secundo Diacono assistente alligabitur.

123. Diaconus primus assistens ascendet ad Altare, genuflexionem faciet ante SS. Sacramentum, accipiet Ostensorium, convertetur ad Episcopum eique Ostensorium tradet, observando quae superius descripta sunt.

124. Relate ad delatores umbraculi in reditu ad ecclesiam, eadem quae superius num. 25.

125. In processionis reditu, Confraternitates disponentur in ecclesia versus portam primariam, Regulares circa medium ecclesiae et Clerus ordinabitur circum presbyterium. Nisi ec-

clesia capax fuerit continendi omnia collegia, quae processioni intervenerunt, Confraternitates disponentur in platea, vel alio modo fiet ut videbitur conveniens.

126. Caveatur prorsus, ne quis extinguat candelam aut discedat de ecclesia nisi quum donata fuerit ab Episcopo benedictio SS. Sacramenti et publicatae fuerint Indulgentiae.

127. Acolythi deponent candelabra super abacum et ibi geniculabunt.

128. Subdiaconus Crucifer poterit Crucem relinquere prope latus Evangelii, quo loco geniculabit.

129. Canonici Cathedralis, si hoc sinet amplitudo Presbyterii, disponentur in circuitum circa Altare, senioribus prope Episcopum restantibus, secus ad locum suum in chorum recedent.

130. Cappellanus a baculo coibit cum altero a mitra et consistent a latere versus cornu Evangelii.

131. Octo clerici seu Cappellani cum intorticiis locum sument ante vel a lateribus Altaris, caventes ne impediant actiones peragendas.

132. Beneficiarii seu Mansionarii cum pluviali, qui detulerint umbraculum usque ad Altare, tradent illud duobus supradictis clericis, qui reportabunt ipsum quo loco ab initio praeparatum erat; illi autem vel recedent in chorum, vel remanebunt in ingressu presbyterii.

133. Quatuor clerici sustinentes laternas hastiles poterunt redire in Sacrarium.

134. Duo thuriferarii consistent hinc inde a lateribus Altaris, ac si necesse fuerit, alter ipsorum renovabit ignem in thuribulo.

135. Cappellani cum libro et scotula consistent versus partem Epistolae.

136. Laicus nobilis, qui sustinuerit extremitatem posteriorem pluvialis et vestis episcopalis, quum steterit ante Altare, tradet illam Caudatario et se recipiet ad locum suum.

137. Presbyter assistens, tradito alicui clerico intorticio suo, consistet in latere Epistolae.

138. Episcopus consistet ante Altare et stabit.

139. Diaconus primus assistens accelerabit gradum, ut perveniat paullo ante Episcopum, et genuflexione facta, accipiet Ostensorium e manibus Episcopi. Expectabit autem ut Episcopus genua submittat in pulvino et Sacramentum adoret.

140. Tum Diaconus idem afferet Sacramentum super Altare et collocabit ipsum in medio, deinde genuflexione facta, ut supra, ad Episcopi dextram redibit.

141. Interea Diaconus secundus expediet Episcopo velum humerale, quod recipietur a Caeremoniario, et clerico alicui tradetur.

142. Ostensorio super Altari collocato, cantores cantabunt *Tantum ergo etc.* ac post *Veneremur cernui* consurgent Episcopus et Assistentes. Se sistet Episcopo thuriferarius, qui stans praesentabit ei thuribulum apertum. Presbyter assistens ministrabit incensum sine osculis. Diaconi assistentes attollent fimbrias pluvialis. Episcopus incensum in thuribulum sine benedictione iniiciet.

143. Episcopus iterum geniculabit et accepto thuribulo a Presbytero assistente, SS. Sacramentum triplici ductu incensabit.

144. Thurificato SS. Sacramento, Presbyter assistens recipiet thuribulum, eoque tradito thuriferario, geniculabit in infimo gradu a latere in parte Epistolae.

145. Uterque thuriferarius, genuflexione in medio facta ad SS. Sacramentum, redibunt in Sacrarium et deponent thuribula.

146. Appropinquabunt Episcopo dextrorsum duo Cappellani cum libro et scotula.

147. Cantato a cantoribus ℣. *Panem* etc. cum responso *Omne delectamentum* etc. assurget Episcopus et e libro, quem a dextris eius praesentabit ei Cappellanus stans in pedes, cantabit orationem *Oremus. Deus qui nobis* etc. cum brevi conclusione.

148. Post orationem recedent ad locum suum Cappellani a libro et scotula, atque Episcopus iterum submittet genua.

149. Caeremoniarius humeris Episcopi imponet velum humerale, quod alligabit ante pectus eius secundus Diaconus assistens.

150. Episcopus cum Diaconis assistentibus consurgent et ascendent in suppedaneum.

151. Clericus unus removebit pulvinum statim ac surrexerit Episcopus, eumque custodiet, repositurus ipsum, ut infra.

152. Quum Episcopus pervenerit in suppedaneum una cum Diaconis assistentibus, Diaconus secundus geniculabit in extremitate illius, Episcopus et Diaconus primus, facta genuflexione, consurgent.

153. Primus Diaconus assistens prius aptabit extremitates veli humeralis super manus Episcopi, postea accipiet Ostensorium et tradet Episcopo, qui accipiet illud ut supra, videlicet ponens dextram nodo et sinistram infra pedem.

154. Diaconus idem, tradito SS. Sacramento Episcopo, geniculabit in suppedaneo, ut alter Diaconus.

155. Uterque Diaconus assistens sublevabit fimbriam pluvialis Episcopi, et Caudatarius cavebit ne syrma vestis ei sit impedimento.

156. Episcopus, accepto Ostensorio, trinam benedictionem populo impertietur, videlicet primam a latere Epistolae, alteram in medio, ultimam a latere Evangelii: si tamen Altare esset orientale, seu quod idem est, si ante Altare habebit prospectum populi, benedictionem dabit primo versus cornu Evangelii, deinde in medio, postremo in latere Epistolae.

157. Priusquam Episcopus ad Altare ascendat daturus benedictionem, Presbyter assistens accipiet vel iubebit sibi tradi tabellam cum formula indulgentiarum.

158. Post benedictionem, assurget primus Diaconus assistens et receptum Ostensorium e manibus Episcopi ponet super Altare in medio.

159. Episcopus cum Diaconis assistentibus, iterata in suppedaneo genuflexione, descendent de Altari et geniculabunt iterum in infimo gradu.

160. Clericus unus reponet pulvinum albi coloris, in quo geniculabit Episcopus.

161. Presbyter assistens, descendente de Altari Episcopo ascendet a latere in cornu Epistolae, et publicabit formulam Indulgentiarum, postea facta genuflexione ad SS. Sacramentum, redibit ad locum suum.

162. Episcopo, post benedictionem genuflexo in infimo gradu, Diaconi assistentes expedient ac tollent velum humerale, quod a Caeremoniario recipietur et reponetur super abacum.

163. Publicatis, ut supra, indulgentiis, clericus unus vel Caeremoniarius deferet super Altare capsulam ad reponendum Sacramentum et velum albi coloris ad contegendum, si deesset tabernaculum seu ciborium.

164. Profecto de Altari Presbytero assistente, ascendet in suppedaneum Diaconus primus assistens, genuflexionem faciet ante SS. Sacramentum, aperiet crystallum Ostensorii, quin ipsum inclinet, extrahet lunulam cum S. Hostia eamque reponet in capsulam, quam operculo claudet, deinde reponet in ciborium, si aderit, vel relinquet super Altari et cooperiet velo albi coloris. Priusquam claudat ostiolum ciborii, genuflexionem faciet, tum de Altari descendet et ad Episcopi dextram redibit.

165. Assurget Episcopus cum Assistentibus et genuflexione ad SS. Sacramentum facta in pavimento sine pulvino, Diaconus primus assistens imponet prius pileolum, deinde mitram Episcopo, qui baculo sinistra sumpto, procedet ad thronum.

166. Episcopus accedens ad thronum, Clerum dextera benedicet dum per chorum transibit. Sequentur eum clerici recepturi paramenta eius et cubicularius deferens cappam.

167. Aderunt quatuor aut sex clerici intorticia Cleri recepturi et relaturi in Sacrarium.

168. In promptu etiam erunt clerici cum canistris, in quibus aderunt habitus chorales Canonicorum, et canistris aliis ad recipienda paramenta.

169. Throno ab Episcopo conscenso, Canonici in stallis suis dimittent paramenta et resument insignia choralia.

170. Episcopus ubi in thronum ascenderit, exuetur paramentis a Diaconis assistentibus: clerici paramenta episcopalia recipient et super Altare reponent. Si tamen adesset SS. Sacramentum non clausum in ciborio, sed coopertum super Altare, paramenta praedicta deferentur ad abacum ibique ponentur.

171. Cubicularius Episcopi animum adiiciet ad elevandam et alligandam syrmam vestis talaris et Episcopo, quum paramentis exutus erit, reponet cappam, adiutus a Diaconis assistentibus.

172. Beneficiarii parati pluviali, qui detulerunt hastas umbraculi in processionem, Subdiaconus Crucifer et quatuor Cappellani a mitra, baculo, libro et scotula recedent in Sacrarium ubi paramenta dimittent.

173. Octo clerici seu Cappellani cum intorticiis, profecto de Altari Episcopo, consurgent, genuflexionem conficient ad SS. Sacramentum et recedent in Sacrarium.

174. Dum exuetur Episcopus, reponetur ante Altare faldistorium cum pulvinis.

175. Cappa ab Episcopo resumpta, de throno discedent Diaconi assistentes, qui paramenta in stallis suis dimittent et resument habitum choralem.

176. Episcopus de throno descendet ad faldistorium, ubi genuflexus orabit; deinde genuflexione facta ad Sacramentum, associatus a Clero discedet de ecclesia.

177. Sin autem tota die etiam post processionem expositum super Altari adesset SS. Sacramentum, Diaconus primus, conscenso suppedaneo, loco reponendi SS. Sacramentum, genuflexione facta, ostensorium accipiet et collocabit in throno seu baldachino ascendens, si opus fuerit, super scabellum gradatum a clerico appositum. Tum redibit ad dexteram Episcopi et geniculabit.

178. Statim ac expositum erit SS. Sacramentum, Acolythi accipient candelabra et genuflexione facta ad SS. Sacramentum utroque genu, proficiscentur versus Sacrarium: post Acolythos incedet Clerus, qui genuflexionem exsequetur ut supra, deinde octo Beneficiarii parati pluviali, tum Canonici parati, ultimo loco Episcopus medius inter Diaconos assistentes, sequentibus Cappellanis a baculo, mitra etc. Ad nutum Caeremoniarii Episcopus cum Assistentibus consurgent et genuflexionem in pavimento exsequentur.

179. Si Celebrans erit Archiepiscopus, Crux archiepiscopalis a Subdiacono parato inter Acolythos deferetur ante Beneficiarios paratos et Canonicos.

180. Extra presbyterium, Diaconus primus assistens reponet pileolum et mitram pretiosam Episcopo, qui sinistra baculum accipiet.

181 In Sacrario ante altare aderit praeparatum in medio faldistorium cum tegumento albi coloris, super tapeto.

182. Episcopus in Sacrarium ingressus, salutabit Crucem altaris vel Crucem archiepiscopalem, si fuerit Archiepiscopus, Clerum dextera benedicet, sedebit in faldistorio et sacra indumenta dimittet.

183. Canonici quoque dimittent vestes sacras et resument habitum choralem, ad associandum Episcopum.

184. Episcopus, sacris vestibus dimissis, induetur mozzeta, et associatus a Canonicis discedet de Sacrario, non transiens per ecclesiam. Quod si nulla alia via exeundi esset de Sacrario, nisi per ecclesiam, hoc casu resumpta cappa intrabit in ecclesiam, adorabit SS. Sacramentum expositum, postea de ecclesia discedet associatus a Clero.

DE DOMINICIS POST PENTECOSTEN USQUE AD ADVENTUM.

CAP. XXXIV.

1. Nihil in hisce Dominicis occurrit, quod peculiarem mentionem mereatur. Si celebrabitur officium de Dominica, paramenta erunt viridis coloris, eiusdemque coloris erunt lodices et ceteri apparatus throni.

2. Si Episcopus assistet Missae solemni, observentur ritus superius descripti relativis capitulis, ante Missam autem fiet consueta aspersio aquae benedictae. Episcopus deberet assistere indutus cappa. Si qua de caussa extraordinaria assisteret paratus pluviali, praeter mitram auriphrygiatam, utetur etiam pretiosa.

3. Si Dominica, in qua suum officium celebratur, incideret in aliquam ex octavis seu generalibus sive partialibus, color paramentorum, throni etc. erit ille, quem requirit octava, ut praescribunt generales Missalis rubricae.

DE FESTIS PRIMARIIS IN ANNUM INCIDENTIBUS

CAP. XXXV.

1. Praecedentibus capitulis innuimus quo ritu celebranda sint quaedam festa principalia. Speciali modo egimus de illis, quorum celebrationi adnectitur ritus specialis, ut ex. gr. de festo Purificationis B. V. de Hebdomada maiori, de festo SS. Corporis Christi etc. Supervacaneum esse existimamus ulteriores addere instructiones pro ceteris festis primae et secundae classis, siquidem si placeret illa celebrare solemniter videmur consuluisse describendo diversos ritus pontificales pro Vesperis, Matutino et Missa.

2. Monebimus tantum pro ecclesiis cathedralibus, quod quum Episcopus celebrat Missam pontificalem, debet etiam officiare ritu praescripto in vesperis praecedentibus. Quae tamen obligatio non respicit vesperas secundas. A Caeremoniali tantum docemur posse Episcopum id facere in quibusdam solemnitatibus - Secundae vesperae poterunt etiam per Episcopum celebrari, saltem in Dominica Resurrectionis et in die Nativitatis Domini nostri Iesu Christi et in festo Sancti Titularis ecclesiae et Patroni civitatis - Lib. II. cap. I. num. 3.

3. Quandoquidem capitulo XXV. libri huius indicavimus, potestatem factam esse Episcopo donandi benedictionem Papalem in die Resurrectionis Dominicae et in altero ad libitum eligendo, praefinietur ab Episcopo dies, quo utetur hoc privilegio, ut innotescat fidelibus quo modo ibidem innutum est.

4. Pertinebit etiam ad Episcopum statuere quibus festis secundae classis velit assistere Missae solemni. Si festum esset magnae religionis apud populum, posset assistere indutus pluviali et pridie posset cantare vesperas ritu descripto relativis capitulis libri V.

CAPUT XXXVI.

1. Episcopus tenetur ipse per se visitare propriam dioecesim quibus temporibus decretum est a S. Concilio Tridentino.

2. Scopus visitationis indicatur in Pontificali Romano, titulo *Ordo ad visitandas Parochias* et a pluribus aliis scriptoribus, qui de argumento hoc egerunt.

3. Ne renuntiemus brevitati, quam persequimur, innuemus ritum, qui servandus est in visitatione, et in commodum Visitatorum inseremus in fine libri huius paragraphos 9. et 11. operis, cui titulus *Praxis compendiaria Visitationis* a P. Bartholomaeo Gavanto compilata.

4. Antequam instituatur Visitatio, publicabitur debito tempore Edictum, quod affigetur portis Cathedralis et mittetur per totam Dioecesim, affigendum in omnibus paroeciis, ut unusquisque possit ad visitationem disponi.

5. Utile etiam erit, praesertim in prima visitatione, ut praemittantur S. Missiones, quibus disponatur populus ad proficiendum ex S. Visitatione.

6. Die S. Visitationem praecedente sonabitur in laetitiae argumentum campanis Cathedralis et aliarum quoque ecclesiarum.

7. Functio sive actus aperturae Visitationis inchoabitur in Cathedrali, aliis autem locis in ecclesia parochiali seu primaria.

Quae sint praeparanda.

8. Ecclesia ornabitur more festivo.

9. In limine Cathedralis praeparabitur tapetum cum pulvino, in quo geniculabit Episcopus.

Ad Altare SS. Sacramenti.

10. Sternetur tapetum super gradus, apponetur pallium album et ardebunt sex cerei.

11. Ante Altare praeparabitur genuflexorium cum strato et pulvinis.

12. Prope latus Epistolae faldistorium cum veste albi coloris in usum Episcopi, quando sacra paramenta dimittet.

13. Abacus alba tobalea coopertus, in quo disponentur velum humerale album, libellus orationis de SS. Sacramento et intorticia duo.

14. Super Altari aderit corporale in medio explicatum, clavicula ciborii, stola albi coloris pro Sacrista, vasculum vitreum ad purificandos digitos, purificatorium unum.

Ad Altare maius.

15. Altare ornabitur sex candelabris nobilibus cum cereis et Cruce aequali candelabris, pallio coloris albi ac tapeto super gradibus. In promptu etiam habebitur pallium nigrum apponendum Altari pro absolutione defunctorum, ut docebitur inferius.

16. Super Altari in latere Epistolae aderit legile cum Pontificali pro recitandis precibus et oratione a digniore Cleri dicenda.

17. Ad pedem Crucis Canon pontificalis apertus pro benedictione ab Episcopo donanda.

18. Ante Altare ponetur faldistorium cum pulvinis, in quo genuflectet Episcopus.

19. Seorsim faldistorium alterum cum veste nigri coloris utendum ab Episcopo pro absolutione in defunctorum suffragium.

20. Super abaco contecto alba tobalea praeparabitur pluviale albi coloris cum stola, formale pretiosum et mitra auriphrygiata.

21. Super abacum alterum contectum, ut supra, disponentur pluviale cum stola nigra, formale simplex, amictus, mi-

tra simplex damascena albi coloris vel ex tela alba, pontificale (pars. III.) scotula cum candela, formula indulgentiarum, alter liber cum formula absolutionis. Prope Altare aderit baculus pastoralis.

22. Thronus indutus erit vestibus albi coloris.

In Sacristia.

23. Pluviale albi coloris pro digniore Cleri, qui excepturus erit Episcopum.
24. Thuribulum cum navicula.
25. Vasculum aquae sanctae cum aspersorio.
26. Exigua Crucifixi imago in lance argentea, albo velo contecta.
27. Crux hastilis seu processionalis.
28. Candelabra duo cum cereis pro Acolythis.
29. In Sacrario ipso, vel in aliquo cubiculo adiacente, disponentur ordinatim sacrae supellectiles ab Episcopo visitandae.
30. In promptu etiam erunt claves fontis baptismalis, armarii Oleorum sacrorum, et alterius armarii, in quo Reliquiae sacrae asservantur.

In Coemeterio.

31. In medio sternetur tapetum violaceum cum faldistorio instructo tegumento nigro.
32. Si Coemeterium ecclesiae adnexum non esset neque accedere ad illud liceret propter distantiam, praeparabitur lodix seu pannus niger explicandus super pavimentum in media ecclesia.

Ad Episcopium.

33. In ingressu Episcopii, vel etiam in aula, si commodae fuerint scalae, praeparabitur umbraculum hastile albi coloris.
34. Necesse est praeparare omnia ea quae opus sunt ad

Missam, si Episcopus celebrabit Missam lectam, itemque si administrabit solemniter Sacramentum Confirmationis, observabitur quod tradetur capitulo primo Libri VII.

De functione in Cathedrali.

35. Hora praestituta, quae erit mane, sonabitur festivo more campanis Cathedralis. Conveniens autem esset, ut etiam qui civitatis partes publicas sustinent, intervenirent huic functioni. Hoc casu Magistratus recta perget ad palatium episcopale.

36. Clerus congregabitur in Sacrarium, et ad nutum Caeremoniarii, dignior Capituli induet pluviale albi coloris supra rochetum, vel supra superpelliceum; Acolythi accendent candelas in candelabris suis; clerici tres accipient thuribulum cum igne et naviculam, vasculum aquae sanctae cum aspersorio et imaginem Crucifixi.

37. Interim accendentur Cerei in Altari maiore et in Altari SS. Sacramenti.

38. Clerus proficiscetur ad palatium episcopale ordine sequenti:

39. Tres praedicti clerici cum vasculo, cum Crucifixo et cum thuribulo: qui deferet Crucifixum obtinebit locum, medium, alter cum vasculo a dextris, tertius cum thuribulo a sinistris incedet. Clerici isti ubi pervenerint ad portam primariam ecclesiae, consistent a dextra ingressus intra ecclesiam. Post eos Crux processionalis inter Acolythos: Cantores induti superpellicio, secum ferentes pontificale, quo utentur in cantu, ut infra: Clerici Seminarii, bini: Beneficiarii seu Mansionarii, ut supra: Canonici et Dignitates, ut supra: ultimo loco dignior Capituli, pluviali albi coloris indutus, ut supra.

40. Egresso de ecclesia Clero, curae erit clerico alicui extendendi in limine tapetum cum pulvino.

41. Clericus alter custodiet habitum seu vestem choralem dignioris Cleri, cum dimittet pluviale.

42. Quum Clerus pervenerit ad Episcopium seu palatium episcopale, Crux cum Acolythis subsistet prope ingressum,

Seminarium in scalis, Beneficiarii in prioribus aulis. Canonici autem ingredientur in cubiculum salutatorium.

43. Clerici duo meminerint hastas umbraculi tradere Magistratui; quod si Magistratus non interveniret, tradent illis, ad quos deferre spectat sive ex usu, sive ex peculiari dispositione.

44. Episcopus cappa indutus excipiet Capitulum et processionaliter ad ecclesiam procedetur ordine sequenti:

45. Anteibunt clavigeri ecclesiae, siqui erunt, post eos incedet illa pars Magistratus, quae non erit inter delatores umbraculi; Crux inter Acolythos; cantores qui per iter cantabunt *Benedictus*; clerici Seminarii, bini, induti superpellicio et bireto capite cooperto; Beneficiarii seu Mansionarii Cathedralis, induti pariter superpellicio vel alio habitu chorali, si utentur, et bireto in capite; Canonici et Dignitates, induti canonicalibus insignibus et bireto capite cooperto, dignior Cleri indutus pluviali albi coloris et bireto in capite. Sequetur Episcopus solus, indutus cappa, sub umbraculo, et Caudatarius superpellicio indutus syrmam cappae episcopalis sustentabit; qui hastas umbraculi gestabunt, incedent capite nudato. Post umbraculum incedent familiares nobiles Episcopi et post ipsos Praelati, si aderunt et Convisitatores induti veste talari et pallio nigri coloris, nisi gaudebunt usu alius habitus distincti.

46. Si Ordinarius fuerit Metropolitanus, Crux praeferetur ante Canonicos, et imago Crucifixi versa erit ad Metropolitanum. Hoc casu in accessu Cleri ad palatium episcopale deferentur solum candelabra cum candelis et Acolythi ascendent ad Episcopium, coituri cum Crucifero.

47. Quum ad ecclesiam pervenerit Clerus, Crux subsistet contra portam aequo intervallo ita ut inter portam et Crucem ordinari in binas alas possit Clerus, qui capiti exuet biretum.

48. Episcopus quum pervenerit in limen ecclesiae, subsistet, geniculabit in pulvino ibi praeparato et capiti exuet etiam pileolum.

49. Dignior Cleri, exuto capiti bireto, a clerico, qui substiterit prope portam, accipiet Crucifixum, quem dempto velo, quo tegebatur, porriget osculandum Episcopo.

50. Postquam Episcopus osculatus erit Crucifixum, clericus illius custos, recipiet ipsum a digniore Cleri et rursus contectum velo albo reportabit in Sacrarium.

51. Tum idem Cleri dignior accipiet aspersorium aqua sancta perfusum, et cum osculis porriget illud Episcopo.

52. Episcopus, accepto aspersorio, signabit seipsum, deinde asperget Clerum, intra ecclesiam adstantem, in medio, a sinistris et a dextris suis; tum conversus ad portam, eodem modo asperget populum, qui aderit in platea, seu via. Ad aspersionem Episcopi, genuflectent omnes, exceptis Canonicis et Praelatis, siqui aderunt.

53. Episcopus aspersorium restituet digniori Cleri, hic autem clerico sustinenti vasculum.

54. Thuriferarius tradet naviculam digniori, et aperto thuribulo, se sistet ante Episcopum, cui genibus flexis illud praesentabit. Episcopus incensum, ministrante eodem digniore, imponet in thuribulum cum formula consueta, et benedicet illud.

55. Thuriferarius, imposito ab Episcopo incenso, assurget, thuribulum claudet ac tradet digniori, qui, consistens quatuor vel quinque passus longe ab Episcopo et contra ipsum, adolebit eum triplici ductu, profundam reverentiam peragens ante et post thurificationem. Episcopus thurificationem accipiet capite cooperto bireto et post eam benedicet digniorem praedictum.

56. Clerici cum vasculo ac thuribulo recedent iunctim in Sacrarium vel ad abacum, ibique res praedictas deponent.

57. Thurificato Episcopo cantores immediate cantabunt antiphonam *Sacerdos et Pontifex* etc. vel ℟. *Ecce Sacerdos magnus* etc.

58. Crux et Clerus dirigetur versus Altare SS. Sacramenti et disponetur ante ipsum in unum pluresve ordines. Crux cum Acolythis consistet in ea parte, qua procedendum erit ad Altare maius.

59. Episcopus geniculabit in genuflexorio vel faldistorio et prope sinistram eius dignior Cleri indutus pluviali. Interim absoluto cantu antiphonae sive antedicti responsorii, sonabitur organis.

60. Progresso Episcopo ante Altare SS. Sacramenti, removebitur umbraculum, quod rursus adhibebitur in accessu ad Altare maius.

61. Crux cum Acolythis dirigetur ad Altare maius, ordine supradicto.

62. Acolythi quum venerint ante Altare maius, deponent candelabra super abacum, Crucifer imponet Crucem basi praeparatae. Clerus se recipiet in chorum ad subsellia et loco quisque suo geniculabit; dignior Cleri pluviali indutus accedet ad Altare et consistet in latere Epistolae ita ut a dextra stet versus candelabra Altaris: Episcopus geniculabit in faldistorio.

63. Ubi Episcopus pervenerit in ingressum Presbyterii, removebitur umbraculum hastile, quod amplius non adhibebitur in functione ista, et clerici duo recipient ipsum e manibus delatorum ac transferent in Sacrarium vel alio.

64. Genuflexo in faldistorio Episcopo, cessabit organorum sonus. Dignior Cleri, indutus, ut supra, pluviali stans in pedes apud Altare, loco superius innuto, recitabit versiculos *Protector noster* etc. cum oratione *Deus humilium visitator* etc.

65. Completa oratione, Episcopus assurget, ascendet ad Altare, quod osculabitur in medio, et benedictionem populo solemnem impertietur (a).

66. Postquam Episcopus benedictionem solemnem donaverit, dignior Cleri de Altari descendet, seorsim dimittet pluviale et resumpto habitu chorali, locum sibi convenientem in choro occupabit.

67. Post haec Episcopus, si placebit, Missam lectam celebrabit, secus ascendet in thronum et habebit homiliam ad populum, docens eum de obiecto et fine S. Visitationis, deque utilitatibus, quas ex illa potest referre. Si non ita facile Episcopus, e throno loquens, audiatur a populo, ponetur faldistorium in suppedaneo Altaris, vel alio loco, et inde verba faciet. Si celebrabit Missam lectam, homiliam habebit post Evangelium, sedens, ut supra, in faldistorio.

(a) A pontificali romano non praescribitur, ut cantetur antiphona cum versiculo de Sancto Titulari.

68. Ascendente in thronum Episcopo, ascendent etiam Diaconi assistentes.

69. Post homiliam Episcopus, nisi erit in throno aut in Altari, ascendet in thronum, vel si celebrabit Missam, manebit apud Altare: se tunc sistet ante thronum, vel ad pedem Altaris, Beneficiarius unus, qui cantabit *Confiteor*, stans in pedes, et genuflexionem faciet ad verba *Tibi Pater* et ad illa *Te Pater*. Episcopus etiam stabit in pedes, dum cantabitur *Confiteor*.

70. Sub finem *Confiteor*, accedent ad thronum vel ad Altare, Cappellani cum libro et scotula.

71. Dignior Cleri approximabit ad Episcopum, ferens secum formulam indulgentiarum.

72. Absoluto cantu praedicti *Confiteor*, recedet Beneficiarius, qui hoc cantaverit, sedebit Episcopus, et antedictus dignior Cleri publicabit indulgentias.

73. Post haec Episcopus assurgens donabit absolutionem et benedictionem cum formula *Precibus et meritis* etc. ad illa autem verba *Et benedictio Dei omnipotentis* caput operiet bireto vel caputio cappae, nisi celebrabit Missam: sin Missam celebrabit, antequam dicat *Et benedictio* etc. mitra cooperietur a primo Diacono.

74. Episcopus, donata benedictione, Missam, si celebrabit prosequetur usque ad finem, eaque expleta, exuet vestes sacras et operam dabit gratiarum actioni.

75. Si Missam non celebrabit, post benedictionem apponetur Altari pallium nigri coloris, distribuentur clericis paramenta nigra episcopalia, quae afferent ad thronum, videlicet amictus, stola nigra, pluviale nigrum et formale simplex. Cappellanus a mitra sibi imponet humeris velum seu vimpam, accipiet mitram simplicem eamque afferet ad thronum. Ad thronum etiam accedet Cubicularius. Cappellani a libro et a scotula, de throno profecti, accipient ex abaco pontificale et prope Altare consistent.

76. Sin autem Missam celebraverit, statuetur faldistorium in latere Epistolae ante gradus Altaris, ibique se parabit.

77. Progressis ante thronum clericis, Episcopus adiuvan-

tibus Diaconis assistentibus et Cubiculario, cappam dimittet, ac si erit ad faldistorium, dimittet mozzetam.

78. A Diaconis assistentibus induetur amictu, stola et pluviali nigri coloris, cui apponetur formale simplex. Diaconus primus mitram simplicem capiti eius imponet.

79. Aderunt interea prope Altare etiam clerici cum vasculo ac thuribulo.

80. Si aberit Caemeterium, ut supra innutum est, sternetur hoc tempore a clericis duobus in media ecclesia lodix nigra, et in capite sed extra ipsam ponetur exiguum tapetum violaceum, super quo collocabitur faldistorium convestitum tegumento nigro.

81. Paratus Episcopus descendet de throno, vel discedet e faldistorio medius inter Diaconos assistentes, qui fimbrias pluvialis eius attollent, et procedet ante Altare ibique faciet reverentiam.

82. Presbyter assistens de suo stallo discedet ac veniet ad Altare prope Episcopum.

83. Episcopus, reverentia ante Altare facta, convertetur versus populum, aut si Altare esset orientale, convertetur versus chorum, eique se sistent duo Cappellani cum libro et scotula.

84. Episcopus mitram capite gestans, intonabit sine cantu antiphonam *Si iniquitates* et post ipsam recitabit *De profundis* alternatim cum Assistentibus: in finem psalmi dicetur *Requiem aeternam* et Episcopus nullum faciet Crucis signum; post psalmum repetetur integra antiphona *Si iniquitates* etc.

85. Post antiphonam, secundus Diaconus assistens mitra nudabit Episcopum, qui dicet *Kyrie eleison* etc. deinde *Pater noster*, quod continuabit secreto..

86. Presbyter assistens approximabit ad dexteram Episcopi eique porriget aspersorium aqua sancta perfusum, sine osculis.

87. Episcopus, accepto aspersorio, asperget in medio, a sinistris et a dextris suis super pavimentum, quod habebit ante se. Cavebit in aspersione ista, ne aspergat pedes suos, nimium literaliter interpretando illa rubricae verba *ante se*: deinde aspersorium reddet Presbytero assistenti.

88. Postea thuriferarius naviculam tradet Presbytero assistenti et genuflexus praesentabit Episcopo thuribulum apertum. Episcopus incensum, ministrante Presbytero assistente sine osculis, imponet in thuribulum cum formula consueta cumque benedictione. Thuriferarius assurget, claudet thuribulum, quod tradet Presbytero assistenti, recipiens ab ipso naviculam.

89. Presbyter assistens porriget thuribulum Episcopo, qui versus pavimentum incensabit eodem modo quo traditum est de aspersione, et restituet deinde thuribulum Presbytero assistenti, hic autem thuriferario.

90. Se sistent Episcopo duo Cappellani cum libro et scotula atque Episcopus recitabit versiculos *Et ne nos inducas* etc. cum reliquis, postea orationem pro Episcopis defunctis.

91. Recitata praedicta oratione, primus Diaconus assistens reponet mitram Episcopo, et procedetur ad Coemeterium, vel in mediam ecclesiam, si Coemeterium ab ecclesia abesset, hoc ordine :

92. Clerici cum vasculo ac thuribulo. Clericus alter cum Cruce processionali, medius inter Acolythos cum candelabris, ardentibus candelis. Cantores. Clerus ordine superius innuto, Episcopus medius inter Diaconos assistentes. Tres Cappellani a mitra, a libro et a scotula.

93. Si fuerit Metropolitanus, Crux inter Acolythos deferetur ante Canonicos et clerici cum vasculo aquae sanctae cumque thuribulo antecedent Crucem.

94. Statim ac de choro movebitur Clerus, cantores intonabunt Responsorium *Qui Lazarum resuscitasti* etc. quod prosequentur cantare in itinere ab ecclesia ad Coemeterium.

95. Episcopus salutabit Crucem Altaris, priusquam proficiscatur cum Clero, et immediate submissa voce una cum Assistentibus recitabit ant. *Si iniquitates*, psalmum *De profundis* cum *Requiem* in fine, deinde repetet integram antiphonam *Si iniquitates observaveris*, etc.

96. Clerus quum pervenerit ad Coemeterium, vel in mediam ecclesiam, si aberit Coemeterium, ordinabitur a lateribus faldistorii, stantibus dignioribus propius Episcopum ; clerici cum vasculo ac thuribulo consistent versus dexteram faldi-

storii, Episcopus sedebit in faldistorio inter Diaconos assistentes, Cappellani cum libro et scotula a sinistra faldistorii prope secundum Diaconum assistentem, Crux inter Acolythos stabit e regione Episcopi, sufficienti intervallo.

97. Episcopus sedebit in faldistorio in capite Coemeterii sive ecclesiae et priusquam sedeat, salutabit Crucem processionalem.

98. Absoluto a cantoribus cantu Responsorii *Qui Lazarum* etc. et sedente in faldistorio Episcopo, cantabitur alterum responsorium *Libera me, Domine* etc.

99. Presbyter assistens, ferme ad dimidium cantum antedicti responsorii approximabit ad dexteram Episcopi.

100. Cantato a cantoribus ℣. *Requiem aeternam*, ad quem Episcopus nullum faciet Crucis signum, Diaconi assistentes fimbrias pluvialis episcopalis attollent et ad dexteram eius accedet Presbyter assistens.

101. Thuriferarius naviculam tradet Presbytero assistenti et genuflexus praesentabit Episcopo thuribulum apertum. Presbyter assistens ministrabit sine osculis Episcopo incensum, quod ab ipso imponetur in thuribulum cum usitata formula cumque benedictione.

102. Presbyter assistens restituet naviculam thuriferario, qui recedet ad dexteram alterius clerici sustinentis vasculum.

103. Completo cantu responsorii, secundus Diaconus assistens tollet mitram Episcopo, qui assurget ac tum cantabitur a choro *Kyrie eleison* etc.

104. Deinde Episcopus elata voce cantabit *Pater noster*, quod prosequetur secreto. Presbyter assistens accipiet aspersorium et sine osculis Episcopo tradet ipsum. Episcopus, asperget super humum Coemeterii, vel si fiet in ecclesia, super lodicem nigram in pavimento positam, prius in medio, tum a sinistris, postremo a dextris suis, et restituet aspersorium Presbytero assistenti, a quo postea accipiet thuribulum, incensabit ut supra, et reddet thuribulum eidem Presbytero, qui salutato Episcopo, redibit ad locum suum inter Canonicos.

105. Se sistent Episcopo duo Cappellani cum libro et scotula atque Episcopus cantabit ℣. *Et ne nos inducas* etc. cum

reliquis: cantabit deinde triplicem orationem iunctis manibus, quando autem dicet *Oremus*, inclinationem faciet versus Crucem processionalem. Post orationes subiunget ℣. *Requiem aeternam*, nullum faciens Crucis signum et cantores duo cantabunt ℣. *Requiescant in pace*, ac responso *Amen*, Episcopus efficiet signum Crucis versus singulas partes Coemeterii, aut versus lodicem in media ecclesia extensam et versus sepulturas, si erunt.

106. Diaconus primus reponet mitram Episcopo, et Clerus ordine supra descripto, sequente Episcopo, revertetur ad ecclesiam et procedet ad Altare maius.

107. Inchoabit Episcopus et alternatim cum Clero prosequetur recitare psalmum *Miserere mei Deus*, etc. cum *Requiem aeternam* in fine.

108. Ubi Clerus pervenerit ad Altare maius, deponetur Crux processionalis et Acolythi candelabra relinquent super abacum. Clericus deponet vasculum super abacum, thuriferarius recedet in Sacrarium, renovabit ignem in thuribulo, deinde aderit prope Altare, in quo asservabitur SS. Sacramentum. Clerus ordinabitur circa Altare in presbyterio, vel circa balaustrium, pro amplitudine loci, ut in promptu sit accedendo ad Altare SS. Sacramenti.

109. Episcopo ante Altare progresso secundus Diaconus assistens tollet mitram. Episcopus, salutata Cruce Altaris, stans ad Altare ipsum conversus, e libro sibi obiecto a respectivo Cappellano, recitabit versiculos *Kyrie eleison* etc. cum oratione *Absolve*.

110. Interim praesto erit ad Altare SS. Sacramenti Sacrista indutus superpelliceo, thuriferarius, ut supra dictum est, et clerici duo qui accendent intorticia et consistent a lateribus ante Altare. Iubebitur de medio tolli faldistorium, quo usus erit Episcopus in accessu ad ecclesiam, et ponetur in infimo gradu pulvinus albi coloris in usum Episcopi.

111. Si instituta fuerit Confraternitas SS. Sacramenti, cuius praesertim munus sit tueri et ornare Sacellum istud, poterunt invitari confratres ad actum visitationis, et aderunt extra septum Sacelli sustinentes candelas ardentes.

112. Episcopus, post orationem *Absolve*, salutabit Crucem

Altaris eique reposita mitra simplici a primo Diacono assistente, ascendet rursum in thronum, vel praeparabitur faldistorium in latere Epistolae ante Altare, in quo sedebit versa facie ad populum.

113. Distribuentur paramenta episcopalia albi coloris, et aderunt alii clerici prope thronum vel apud Altare, recepturi paramenta, quae ab Episcopo dimittentur.

114. Episcopus, comitantibus Diaconis assistentibus, sequentibus clericis supradictis, quum venerit in thronum, a secundo Diacono assistente nudabitur mitra, et a primo Diacono, adiuvante secundo, exuetur formali simplici, pluviali et stola nigri coloris, et ab eisdem induetur stola albi coloris, pluviali simili et formali pretioso. Diaconus primus assistens imponet ei mitram auriphrygiatam. Episcopus baculum sinistra accipiet (a).

115. Interim Clerus processionaliter ordinabitur omnesque bini procedent versus Sacellum SS. Sacramenti, ibique Clerus in ordinem disponetur intra sacellum vel extra ipsum, pro amplitudine loci et numero Cleri. Crux non deferetur ante Clerum, nisi quum esset Crux archiepiscopalis ante Canonicos deferenda.

116. Episcopus cum Diaconis assistentibus sequetur Canonicos; post Episcopum incedent Cappellani a mitra, baculo, libro et scotula, ultimo loco Convisitatores cum Secretario seu scriba S. Visitationis.

117. In accessu Episcopi ad Altare, aderit ibi Parochus vel Sacrista, thuriferarius cum thuribulo et clerici cum intorticiis ardentibus.

118. Progressus ante Altare Episcopus dimittet baculum, secundus Diaconus assistens tollet ei mitram, primus tollet pileolum, quem tradet Cappellano a mitra.

119. Episcopus cum Diaconis assistentibus genuflexionem conficiet uno genu in pavimento et sine pulvino. Deinde Episcopus geniculabit super pulvinum positum in infimo gradu Altaris, ceteri omnes etiam geniculabunt.

(a) Notandum quod Pontificale romanum non praescribit actum obedientiae Episcopo praestandae in ipso S. Visitationis momento.

120. Sacrista, imposita sibi collo stola albi coloris, ascendet ad Altare, explicabit corporale in media mensa, admovebit aliquantulum ad dexteram corporalis vasculum aquae propter purificationem cum purificatorio, accipiet claviculam, ciborium aperiet, contrahet ex uno latere tentoriolum internum, si aderit in ciborio, genuflectet a latere in suppedaneo postea recedet extra ipsum, dimittens de collo stolam.

121. Interim ad Altare accedet Presbyter assistens et prope Diaconum primum consistet.

122. Aperto ciborio seu tabernaculo, in quo custodietur SS. Sacramentum, assurget Episcopus. Diaconi assistentes attollent eius fimbrias pluvialis. Presbyter assistens incensum ministrabit Episcopo sine osculis et Episcopus incensum imponet in thuribulum, quod ei praesentabitur a thuriferario stante.

123. Genuflectet iterum super pulvinum Episcopus, accipiet a Presbytero assistente thuribulum, thurificabit triplici ductu SS. Sacramentum, deinde restituet thuribulum Presbytero assistenti et hic thuriferario, qui referet illud in Sacrarium.

124. Presbyter assistens discedet de Altari et redibit ad locum suum inter Canonicos.

125. Episcopus postquam thurificaverit SS. Sacramentum, intonabit *Tantum ergo*, quod in cantu prosequentur Clerus et populus. Post verba *Veneremur cernui*, ad quae fiet ab omnibus profunda inclinatio, assurget Episcopus, et ab uno clerico amoto pulvino, ascendet ad Altare ac genuflectet in suppedaneo. Approximabunt ad Altare Convisitatores cum Secretario Visitationis et Parochus etiam vel Sacrista, recedentibus aliquantulo Diaconis assistentibus.

126. Episcopus pixidem educet de ciborio seu tabernaculo eamque ponet in Altari et demet operculum; inspiciet pixidem ipsam, tabernaculum et accessiones, ac si opus fuerit, emanabit opportuna decreta, quae a Secretario S. Visitationis notabuntur.

127. Postquam Episcopus adoraverit SS. Sacramentum et rursus texerit pixidem, recedent Convisitatores cum Secretario iterumque accedent ad Episcopum Diaconi assistentes. Cae-

remoniarius in promptu habebit velum humerale. Episcopus geniculabit in suppedaneo cum Diaconis assistentibus, eique a Caeremoniario imponetur humeris velum humerale, quod ante pectus eius alligabit secundus Diaconus assistens. Sacrista rursus sibi collo imponet stolam et approximabit ad Altare.

128. Cantores resument cantum ad ℣. *Genitori genitoque* etc. Postea surget Episcopus et trinam populo benedictionem impertietur, Sacrista porrigente ei, si opus fuerit, S. Pixidem, quae tamen in benedictione contecta erit extremitatibus veli humeralis.

129. Benedictione largita, Episcopus deponet Sacramentum super Altare ac dimittet velum humerale. Sacrista reponet S. Pixidem et claudet ciborium.

130. Episcopus de Altari descendet, genuflectet ante SS. Sacramentum capite nudato et a primo Diacono assistente reponetur ei pileolus et mitra.

131. Accedet ad faldistorium ibique sedens exuetur sacris paramentis. Clerici recipient paramenta episcopalia et super abacum reponent.

132. Episcopus cappam resumet et brevi oratione facta ante SS. Sacramentum, genuflectens in pulvino posito super infimum gradum, comitantibus Convisitatoribus et Secretario Visitationis ac sequente Clero, procedet ad Baptisterium. Praesto ibi erit Parochus, qui aperiet baptisterium, fontem baptismalem et reliqua omnia ibi custodita.

133. Post haec Episcopus eodem ac supra comitatu, accedet ad visitandam custodiam, qua continentur Olea sacra, eaque aperietur a Parocho vel a Sacrista, penes quem erit clavis.

134. Transibit deinde in Sacrarium ibique in promptu stabunt clerici duo cum intorticiis ardentibus et praeparatus erit etiam pulvinus vel genuflexorium cum pulvinis. Aperietur a Sacrista armarium, quo asservantur S. Reliquiae. Episcopus geniculabit in pulvino vel super genuflexorio et orabit ante S. Reliquias: postea visitationem peraget ipsarum.

135. His effectis, poterit Episcopus redire ad residentiam suam et associabitur a Clero, ut supra, ac diebus subsequentibus prosequetur visitationem.

136. Relate ad administrationem S. Confirmationis et ad alias functiones, quae fieri deberent in actu S. Visitationis, observabitur quod praescribetur in relativis capitulis lib. VII.

De functione in Dioecesi

137. In locis distinctioribus Dioecesis, in quibus adsit Clerus numerosus, servabitur methodus eadem, ac si placeret Episcopo visitationem inchoare statim post adventum suum, excipietur cum umbraculo hastili et processionaliter a Clero ad portam civitatis : ideoque Episcopus aliquo ab urbe intervallo induet habitus praelaticios et cappam, atque in porta quum steterit, osculabitur Crucifixum: in reliqua functione observabitur totum id quod praescriptum est in Cathedrali.

138. Locis autem minoribus Dioecesis, nisi possit erigi thronus pro Episcopo, praeparabitur sedes cameralis vel faldistorium in suppedaneo Altaris : Episcopus non utetur cappa, sed mozzeta supra rochetum; et pro absolutione defunctorum atque adoratione SS. Sacramenti, supra mozzetam assumet stolam nigram, deinde stolam albi coloris. Hoc casu poterit observari methodus praescripta pro paroeciis ruralibus Clero carentibus, ut cap. XII. lib. III.

139. In discessu autem, Episcopus indutus habitu viatorio, descendet ad ecclesiam, adorabit SS. Sacramentum et stans deinde in pedes prope Altare in latere Epistolae, recitabit psalmum *De profundis* cum reliquis precibus in Pontificali notatis.

DE EXPOSITIONE AUT REPOSITIONE SS. SACRAMENTI
IN ORATIONE QUADRAGINTA HORARUM,
PERSOLUTA AB EPISCOPO.

CAPUT XXXVIII.

1. Quibusdam in ecclesiis ad maiorem solemnitatem solet expositio aut repositio SS. Sacramenti in oratione quadraginta horarum celebrari ab Episcopo.
2. Missa celebrabitur semper a Presbytero. Functio tantum post Missam reservabitur Episcopo.

Quae sint praeparanda.

3. In abaco praeparentur ea omnia, quae opus sunt in Missis solemnibus, ut notavimus respectivis capitulis lib. II. addetur autem velum humerale album pro Episcopo, pulvinus in quo geniculabit, scotula cum candela et liber pro recitandis precibus.
4. In Sacrario, praeter paramenta pro Celebrante et Ministris, praeparabitur super illius Altare pluviale cum stola albi coloris, Crux pectoralis, cingulum, alba et amictus, quae contegentur albo velo, et in latere uno mitra pretiosa cum velo pro Cappellano a mitra. Si Episcopus esset ordinarius, praeparabitur etiam formale, et prope Altare baculus pastoralis.
5. In medio Sacrario super exiguo tapeto praeparabitur sedes cameralis vel faldistorium.
6. Si color, qui in Missa requiritur, non erit albus, super alia mensa aderunt in promptu paramenta albi coloris pro Ministris, quae aderunt etiam, si Ministri essent alii ab illis, qui in Missa solemni ministrabunt.
7. In eodem Sacrario in promptu erunt duo thuribula cum naviculis.

De Functione.

8. Episcopus, qui exsequi functionem supradictam debebit, aderit hora praestituta in Sacrario, ne notabile temporis intervallum intersit inter Missam et functionem. Accedet ad Sacrarium per portam privatam, etiamsi esset Episcopus ordinarius: siquidem eius accessus per portam maiorem posset aliquod afferre impedimentum ritibus Missae solemnis et multo magis, si iam adesset expositum SS. Sacramentum. Excipietur in Sacrario a quibusdam digniorum Cleri, prout Episcopus erit ordinarius vel extraneus; ibique immorabitur donec peractum erit Sacrum solemne. Aderunt etiam in Sacrario clerici delecti ad inserviendum Episcopo.

9. Celebrans, peracto Sacro, genuflexionem in suppedaneo conficiet cum Ministris, quibuscum etiam descendet de Altari, et in plano ante infimum gradum genuflexionem iterabunt utroque genu et Celebrans et Ministri: hoc ipsum fiet ab Acolythis, qui ad ultimum Evangelium, candelabris ex abaco sumptis, procedent ante Altare.

10. De choro discedent Acolythi cum candelabris et Celebrans cum Ministris, qui caput bireto cooperient quando erunt extra conspectum SS. Sacramenti.

11. Ubi ventum erit in Sacrarium fiet ab omnibus reverentia ad Episcopum. Acolythi deponent candelabra, quae tamen non extinguent: Ministri comitabuntur Celebrantem ad locum ipsum, ubi induerunt paramenta, dimittent manipulos, salutabunt Celebrantem, accedent ad Episcopum et reverentia facta ante ipsum, consistent a lateribus eius. Si tamen deberent paramenta immutare propter colorem, id exsequentur priusquam veniant ad Episcopum. Celebrans autem, adiuvante clerico aliquo, paramenta dimittet.

12. Si Ministri alii essent a Ministris Celebrantis, possent parari Ministri, deinde Episcopus sub finem Missae solemnis, atque ita, reverso in Sacrarium Celebrante, principium fieri posset reliquae functionis.

13. Quum ad Episcopum accesserint Ministri, in promptu erunt clerici deferentes paramenta episcopalia, quae in ante-

Manuale Sacr. Caerem. lib. 6.

cessum distribuentur eis a Caeremoniario, et unus post alium iunctim procedent ante Episcopum.

14. Episcopus dimittet mantelletum vel mozzetam, expedietur a Cubiculario syrma vestis eius et a Ministris ipsis parabitur amictu, alba, cingulo, Cruce pectorali, stola et pluviali albi coloris. Si erit in sua dioecesi, super pluviali imponetur ei formale a Diacono. Item Diaconus induet eum mitra pretiosa, ac si fuerit in sua dioecesi, tradetur ei a Subdiacono baculus pastoralis, quem sinistra accipiet. Ministri accipient a Caeremoniario biretum, quo caput cooperient, quum egressi fuerint e Sacrario.

15. Sin autem Celebrans esset Archiepiscopus et functionem celebraret in sua metropoli, aderit Subdiaconus paratus alba tunicella, qui se sistet ante ipsum cum Cruce archiepiscopali, dum ei a Diacono imponetur mitra.

16. Episcopus assurget et reverentiam faciet ante Crucem vel ad imaginem praecipuam Sacrarii. Si tamen fuerit Archiepiscopus, reverentiam faciet ad Crucem archiepiscopalem. Ad ecclesiam autem procedetur ordine sequenti:

17. Si expositionis erit functio, anteibunt duo thuriferarii cum thuribulis et naviculis. Duo Acolythi cum candelabris. Clerus, si aderit, et incedent bini. Episcopus medius inter Ministros sustinentes eius fimbrias pluvialis. Sequentur clericus a mitra et clericus caudatarius qui extremitatem posteriorem eius vestis sustentabit.

18. Sin autem fuerit Metropolitanus, anteibunt duo thuriferarii cum thuribulis, si tamen functio erit expositionis; Crucifer indutus tunicella, qui gestabit Crucem archiepiscopalem inter Acolythos; Canonici Cathedralis, si qui erunt; Episcopus medius inter Ministros, sequentibus clerico a mitra et clerico caudatario.

19. Ministri ingressi in conspectum SS. Sacramenti, biretum dimittent ac tradent Caeremoniario. Diaconus autem tollet mitram et pileolum Episcopo, quando aderit prope ingressum Presbyterii.

20. Si Episcopus erit Ordinarius abstinebit a benedicendo adstantes dextera, respectu SS. Sacramenti.

21. Si expositionis erit functio, duo thuriferarii genuflexionem conficient utroque genu et consistent versus cornu Epistolae. Acolythi pariter genuflectent, ut supra, deinde se aggregabunt clerico, qui Crucem in processionem gestabit. Episcopus ante Altare progressus, genuflexionem utroque genu faciet in pavimento ante gradum infimum, non utens pulvino; deinde assurget et incensum sine benedictione immediate imponet in utrumque thuribulum, eique Diaconus ministrabit incensum et thuriferarii stantes successive praesentabunt thuribulum.

22. Interim ordinabitur processio, ut cap. XXXVIII. lib. II. num. 60 et seq.

23. Episcopus, incenso in thuribula iniecto, geniculabit in pulvino posito super gradum infimum et accepto a Diacono thuribulo, SS. Sacramentum thurificabit.

24. Caeremoniarius imponet humeris Episcopi velum humerale, quod ei a Subdiacono alligabitur; Diaconus autem ascendet ad Altare, accipiet Sacramentum, ipsumque tradet Episcopo et reliqua peragentur, ut traditum est supra citato capitulo.

25. Si fuerit Episcopus ordinarius, ante baldachinum praeibit clericus, qui deferet baculum pastoralem. Si fuerit Metropolitanus in sua dioecesi, praeter baculum, curabitur, ut Crux deferatur immediate ante Canonicos, ac si deerunt Canonici, praeibit immediate ante Metropolitanum.

26. In processionis reditu ad Altare, exponetur SS. Sacramentum, cantabitur *Tantum ergo*, Litaniae et preces, tum ordine superius innuto, redibitur in Sacrarium.

27. In functione autem repositionis, Episcopus progressus ante Altare, genuflexionem utroque genu conficiet cum Ministris ante infimum gradum Altaris in pavimento, tum geniculabit super pulvinum positum in medio gradu infimo et incipientur cantari Litaniae.

28. Sub finem cantus Litaniarum thuriferarii pergent in Sacrarium ad accipienda thuribula.

29. Reliqua in functione peragentur ordine supra descripto et citato capitulo XXXVIII. lib. II.

DE PROCESSIONE CUM SS. SACRAMENTO IN DOMINICA TERTIA CUIUSQUE MENSIS.

CAPUT XXXVIII.

1. Usum vetustissimum, in ecclesiis cathedralibus et parochialibus receptum, celebrandi Processionem cum SS. Sacramento in Dominica tertia cuiusque mensis, notavimus iam lib. II. cap. XXXIX.

2. Instructiones pro functione ista persolvenda in ecclesiis cathedralibus non differunt ab illis, quae traditae sunt libro et capitulo praedicto pro ceteris ecclesiis.

3. Fieri quandoque potest, ut Episcopus assistat Missae solemni, deinde intersit etiam processioni. Hoc in casu quaedam brevia documenta sunt tradenda.

4. In Missa consecrabitur S. Hostia in processionem gestanda.

5. Episcopus cappa indutus non sedebit post Communionem et stabit etiam quando, peracto Sacro, Celebrans induetur pluviali.

6. Celebrans postquam indutus erit pluviali, procedet cum Ministris ante Altare, genuflexionem duplicem ante SS. Sacramentum cum ipsis conficiet et super infimum gradum in latere Epistolae geniculabunt.

7. Interim versus latus Evangelii praeparabitur pro Episcopo faldistorium vel genuflexorium, apud quod genibus flexis adstabit cappellanus eius habitu talari sine superpellicio, qui sustinebit intorticium ardens, quod ipsi traditum erit a clerico sub exitum Missae.

8. Dum Celebrans, ut supra, ad Altare procedet, uterque thuriferarius ascendent ad thronum et Episcopus stans adhuc in pedes imponet incensum in utrumque thuribulum sine benedictione. Presbyter assistens conscenso throno a latere, incensum Episcopo sine osculis ministrabit.

9. Episcopus, praeeunte Presbytero assistente et comitantibus Diaconis assistentibus, descendet de throno, veniet ante Altare, genuflexionem duplicem in pavimento faciet, non adhibito pulvino, assurget, geniculabit in pulvino super medium gradum infimum praeparato et SS. Sacramentum incensabit thuribulo, quod ei porriget Presbyter assistens.

10. Thuribulo restituto, assurget Episcopus, iterabit genuflexionem, ut supra, et veniet ad faldistorium seu genuflexorium sibi praeparatum versus latus Evangelii, et in illo geniculabit.

11. Interea clericus unus amovebit a medio gradu pulvinum, quo usus erit Episcopus, Diaconus autem vel Caeremoniarius velum humerale imponet humeris Celebrantis.

12. Genuflexo Episcopo, Presbyter assistens et Diaconi assistentes recedent inter Canonicos ad locum suum et accipient intorticium vel candelam in processionem gestandam.

13. Item genuflexo Episcopo, Celebrans cum Ministris procedent ante Altare et geniculabunt in medio gradu infimo. Diaconus ascendet ad Altare, accipiet SS. Sacramentum, ut ibidem descriptum est, et processionis principium fiet.

14. Episcopus in processionem incedet solus post Celebrantem et intorticium ardens manu dextera sustinebit. Eum comitabuntur Caeremoniarius et sequentur sui familiares nobiles.

15. In processionis reditu ad Altare, collocabitur faldistorium in medio ante Altare, ibique genua flectet Episcopus. Revenient ad assistentiam praestandam Presbyter assistens et Diaconi assistentes, qui clerico alicui tradent intorticium seu candelam, quam gestaverint in processionem.

16. Celebrans, postquam Diaconus Sacramentum super Altare reposuerit, asssurget et cum Ministris veniet geniculatum in latus Epistolae, ne tergum vertat Episcopo.

17. Episcopus, innuente Caeremoniario, assurget, incensum imponet in thuribulum, accedet ad Altare, genua submittet in gradu infimo et SS. Sacramentum thurificabit.

18. Presbyter assistens ministrabit Episcopo incensum ac thuribulum, deinde ad locum suum se recipiet.

19. Benedictione donata et reposito SS. Sacramento, Episcopus de Ecclesia discedet associatus a Clero: tum Celebrans cum Ministris, praecedentibus Acolythis cum candelabris, revertetur in Sacrarium.

20. Si ordinarius erit Metropolitanus, in processionem deferetur Crux ecclesiae ante Clerum, et Crux archiepiscopalis remanebit apud Altare nec gestabitur ante Metropolitanum, qui immediate post Celebrantem comitabitur SS. Sacramentum.

21. Sin autem Episcopus assistet Missae solemni paratus pluviali, peracto Sacro, Celebrans cum Ministris discedent de Altari et redibunt in Sacrarium.

22. Cum initium processionis faciendum erit, Diaconus primus mitram reponet Episcopo, qui stans imponet sine benedictione in utrumque thuribulum incensum, quod ipsi ministrabit Presbyter assistens. Deinde accepto sinistra baculo, praeeunte Presbytero assistente, medius inter Diaconos assistentes, qui fimbrias pluvialis eius sustentabunt, descendet de throno, non benedicet Clerum et procedet ante Altare, ubi dimittet baculum et secundus Diaconus tollet ei mitram, primus Diaconus pileolum.

23. Episcopus ante Altare progressus, genuflexionem duplicem in pavimento faciet, non adhibito pulvino, tum assurget, geniculabit super pulvinum positum in medio gradu infimo, ac thuribulo accepto a Presbytero assistente, thurificabit SS. Sacramentum.

24. Interim a clerico aliquo imponetur primo Diacono stola Diaconalis supra cappam, vel supra insigne chorale, cuius usu gaudebit

25. Presbyter assistens, postquam ab Episcopo receperit thuribulum, se recipiet ad locum suum inter Canonicos; Caeremoniarius autem imponet humeris Episcopi velum humerale albi coloris, quod ipsi a secundo Diacono assistente ante pectus alligabitur.

26. Diaconus primus assistens ascendet in suppedaneum, SS. Sacramentum cum debitis genuflexionibus accipiet, deinde tradet Episcopo. Cantores incipient cantum hymni *Pange lingua*, et processionis initium fiet.

27. Idem Diaconus primus, SS. Sacramento tradito Epi-

scopo, sibi detrahet stolam, quae adhibebitur in reditu processionis, et cum Diacono secundo operam dabit assistendo Episcopo.

28. Si Celebrans fuerit Archiepiscopus, deferetur Crux archiepiscopalis ante Canonicos tantum a Crucifero superpellicio induto, adstantibus ipsi a lateribus duobus Acolythis candelabra gestantibus.

29. In processionis reditu ad Altare, Diaconus primus sibi rursus imponet stolam diaconalem, recipiet ab Episcopo SS. Sacramentum et reponet ipsum super Altare.

30. Postremo benedictionem Episcopus impertietur, et post ipsam redibit in thronum ubi sacras vestes dimittet, vel recedet in Sacrarium ad dimittendas vestes sacras, et a Clero ad suam residentiam associabitur.

DE ANNIVERSARIIS
ELECTIONIS ET CONSECRATIONIS EPISCOPI.

CAPUT XXXIX.

1. Singulis annis in diebus electionis et consecrationis proprii Episcopi, in ecclesia cathedrali post Nonam ab Dignitate aut Canonico aliquo, vel etiam ab Episcopo ipso cantabitur Missa solemnis huius commemorationis, quae in Missali recensetur inter Missas votivas cum titulo « In anniversario electionis seu consecrationis Episcopi » Celebrabitur cum paramentis albi coloris, cum *Gloria* et *Credo* cumque unica oratione, ut convenit Missis votivis solemnibus.

2. Episcopus, nisi ipsemet Missam celebrabit, assistet paratus pluviali, vel saltem indutus cappa. Advertetur, ut in oratione nominetur ecclesia, cui praesidet.

3. Si unum ex hisce diebus incideret in diem feriatum,

quo scilicet non liceat Missam votivam solemnem celebrare, adiungetur oratio pro Episcopo in Missa solemni, addendo commemorationem primae orationi Missae sub unica conclusione.

4. In omnibus Collegiatis cantabitur, ut supra, Missa, et in omnibus ecclesiis Dioecesis, comprehensis Regularium ecclesiis, recitabitur praedictis diebus oratio pro Episcopo, post orationes omnes a rubrica praescriptas.

5. Quibus diebus occurrit duplex aliquod primae classis, omittetur supradicta oratio in Missis privatis et in diebus de officio duplici secundae classis recitabitur sub unica conclusione cum oratione prima.

6. Si Episcopus translatus erit ab una in alteram dioecesim, loco diei eletionis cantabitur Missa et respective recitabitur collecta in die translationis.

7. Illud postremo notandum, quod dies anniversarius electionis aut translationis ille quidem est, in quo Episcopus electus fuit aut translatus a Summo Pontifice in Consistorio ad Ecclesiam illam, cui praesidet actualiter

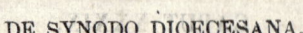

DE SYNODO DIOECESANA.

CAPUT XL.

1. Praesenti capitulo, quo agitur de Synodo dioecesana, pariterque in sequenti, quo tractabitur Concilium provinciale, innuemus tantummodo ritum in utraque functione servandum. De iure autem interveniendi et appellandi, de materiis in Synodo et in Concilio agitandis et quidquid extraneum est Caeremoniis, supersedemus disserere, propterea quod possit quisquis illa discere ex iis scriptoribus, qui ex professo de materiis istis egerunt. Limites, quos nobis ipsi proposuimus in hoc sacrarum Caeremoniarum Manuali, non sinunt ut talia argumenta ingrediamur, quae longum tractatum requirerent.

*De dispositionibus
in antecessum Synodi capiendis.*

2. Dioecesana Synodus congreganda esset singulis annis, quemadmodum praescribit Concilium Tridentinum sess. XXIV. cap. II. *De reformat.* Solet nunc rarius (ex indulto Pontificio) ab Episcopis haberi, et generatim post primam visitationem Dioecesis, siquidem quum cognitae tunc sint indigentiae dioecesis ipsius, placet iis consulere et mederi celebratione Synodi.

3. Episcopus solet accire suae dioecesis Ecclesiasticos, prudentia, doctrina et moribus spectabiliores, et cum ipsis conferre de materiis subiiciendis Synodi decisionibus. Non excludet tamen ab illis quosdam suae Cathedralis Canonicos. Interea compilabuntur Constitutiones synodales, subiiciendae examini Capituli, ut docebitur inferius.

4. Quum omnia disposita et meditatae difficultates superandae fuerint, poterit indici Synodus, quae celebrabitur post Pascha, vel etiam alio anni tempore, si ita magis conferat ad Synodum ipsam.

5. Itaque die festo Epiphaniae in publicatione festorum mobilium nunciabitur celebratio Synodi, ut praescribit Pontificale, ac si nondum praefinita dies erit qua initium eius fiet, dicetur simpliciter — Post Pascha dioecesana Synodus habebitur.

6. Compilabitur autem latino sermone ac typis excusum vulgabitur Edictum de Synodo, quod affixum portis Cathedralis, Episcopii et ecclesiarum parochialium dioecesis, obligabit omnes illos, qui debebunt intervenire, perinde ac si fuisset singulis indictum. Praefinietur in edicto dies, quo initium Synodi fiet et convocabuntur omnes illi, qui vel iure vel consuetudine intervenire ad Synodum debent; quod si quis legittime impediretur, impedimentum suum tenetur probare formis canonicis; definientur publicae preces faciendae a die denunciationis usque ad complementum Synodi; persuadetur Parochis ceterisque Ecclesiasticis, ut Episcopum vel eius Vicarium doceant de malis et probris, si qua in dioecesim irrepserint, ac de modo quo possint extirpari: demum oratio cunctis fidelibus

commendabitur ad obtinendam Dei super Synodum benedictionem, ut emolumento et utilitati sit dioecesi universae. Porro edictum istud publicabitur et affigetur duobus ferme mensibus ante Synodi ipsius celebrationem.

7. Triginta diebus vel paullo plus ante Synodum, cogentur apud Episcopum Congregationes conciliares in praeparatione rerum gerendarum.

8. Congregationes praedictae habebuntur in Palatio episcopali, iisque praeerit ipse Episcopus, qui interveniet indutus habitu praelatitio, videlicet veste talari, rocheto et mozzeta. Canonici ceterique Ecclesiastici induent vestem talarem cum pallio vel cum alio habitu distinctiori, si huius usu gaudebunt. Episcopus sedebit sede spectabili in capite aulae, ceteri considebunt in lateribus quo ordine singulis conveniet ex antiquitate et dignitate. Aderit mensa ampla, cooperta viridi tapeto, cum atramentariis, calamis, charta etc. et circa ipsam sedebunt saltem Canonici Cathedralis. Prope mensam istam aderunt binae tabulae minores, ad quarum unam sedebit Secretarius, ad alteram Tabularius synodalis. Prope locum Episcopi ponetur tabella cum oratione *Adsumus* etc. imago Crucifixi et campanula. Curae autem erit familiaribus Episcopi vigilare, ne quis inaudiendi caussa quae tractentur in Congregatione, audeat accedere et subsistere ad fores aulae.

9. In una pluribusve Congregationibus habendis, ut supra, deligentur ante omnia Officiales Synodi, deinde legentur Constitutiones, de quibus locum habebit discussio, et reformabuntur, si ita videbitur Episcopo ex consilio Capituli sui. Statuentur etiam ea, quae opus esse poterunt pro regulari processu functionis, pro hospitio Cleri dioecesani, etc.

10. Aequum etiam esset, ut populorum animi disponerentur S. Missionibus, Clerus autem totus una cum Episcopo secederent in aliquod coenobium seu domum Religiosorum, operam dantes Exercitiis spiritualibus.

11. Diebus octo decemve ante Synodum publicabitur typis impressa instructio latina pro iis, qui debebunt Synodo intervenire, et affigetur eodem modo quo de Edicto traditum est.

12. Instructio praedicta continebit quae observanda erunt a Clero, videlicet quod quibus diebus fient sessiones synodales, illi omnes qui adfuturi erunt in Synodo, adsint induti veste talari, superpellicio et bireto in aula Episcopii prima die; reliquis autem diebus in Sacrario Cathedralis; quod Canonici Collegiatarum sive interveniant omnes, sive tantum deputati ad repraesentandam Collegiatam ipsam, adsint et ipsi in aula Episcopii vel in Sacrario ut supra. Beneficiarii qui nondum emiserint Professionem Fidei in Synodo, meminerint secum habere schedulam, in qua notatum sit nomen et cognomen Beneficiarii, cum titulo Beneficii quo gaudent, quam schedulam tradent Tabulario synodali, postquam emiserint Fidei professionem. Quod unusquisque de Clero, quando in fine sessionum appellabitur, debeat respondere *Adsum* et praestare Episcopo obedientiam quo modo a Caeremoniario docebitur. Quod Parochi, qui Synodo interveniendi causa, relinquere paroeciam debent, consulant assistentiae paroeciae suae, committentes eam alicui Presbytero ad excipiendas Confessiones adprobato. Quod actionibus synodalibus incipiendis hora (et loco isto indicabitur hora) omnes in promptu sint et soliciti, quod sive in processionibus, sive in sessionibus occupent locum, qui a Caeremoniarium Magistro ipsis attribuetur, ac si forte locus ille non esset conveniens eorum gradui eorumque iuribus, declaratur nunquam fore, ut ipsis afferre possit praeiudicium, integro relicto iure et rationibus unicuique competentibus. Quod confabulationibus abstineant et silentium servent. Quod unusquisque attendat ad surgendum, ad sedendum vel ad genuflectendum, ut monebitur a clericis ad hoc delectis. Quod nemo de sessione discedat priusquam penitus absolvatur et abierit Episcopus, ac siquis necessitate compulsus recessurus sit, facultatem petat a Vicario generali vel ab alio deputato a Vicario: in discessu post sessiones servetur ordo et vitetur confusio. Quod in processionem incedant prope Crucem, capite cooperto bireto extra ecclesiam, nudato autem intra ecclesiam, et attente cantent hymnos atque psalmos praestitutos. Quod omnes obediant Caeremoniarum Magistro in orando, in processionibus et in quacumque alia actione.

Quod denique abstineant ab iis rebus omnibus, quae dedecere possunt loci et functionum sanctitatem dignitatemque. Qui secus facere audebit, subiicietur poenis quae ab Episcopo praefinientur. Praeterea Vicarii foranei, recipientes instructionem supra dictam, tradent latori illius elenchum Ecclesiasticorum, qui morantur in Vicariatu suo cum notitiis, quae requisitae ab Episcopo fuerint. Parochi et Clerus dioecesis curabunt ut in civitate praesto sint debito tempore, quemadmodum ipsis significabitur.

13. Praeparabitur in ecclesia locus idoneus sessionibus et functionibus, ut inferius docebitur.

14. In Presbyterio, praeter thronum, pannis rubri coloris paratum, et sedilia pro Capitulo Cathedralis, disponentur sedilia seu scamna in usum Cleri dioecesani, quo modo id fieri possit per amplitudinem presbyterii; quod si fuerit angustum, sedilia praedicta statuentur proxima presbyterio ipsi, ita ut sint ferme coniuncta cum ceteris sedilibus seu scamnis iam sitis in presbyterio.

15. In medio navis principalis ecclesiae disponetur ac praeparabitur locus pro consessu sive conventibus synodalibus. Pavimentum totius loci consessus, si fieri poterit, sternetur tapeto, secus curabitur, ut adsit tapetum in utroque loco, quo utetur Episcopus, ut docebitur inferius. In capite consessus versus Altare statuetur faldistorium ornatum veste rubri coloris cum pulvino simili et collocabitur super aliquod suppedaneum contectum tapeto; a lateribus faldistorii, extra suppedaneum, ponentur duo scabella pro Diaconis assistentibus. Seorsim versus cornu Evangelii aderit mensa contecta panno serico rubri coloris, ponenda, quum tempus erit, ante Episcopum. In parte Epistolae aderit breve scamnum cum postergali, paratum panno decenti, pro Diacono et Subdiacono. Sin autem sessio celebrabitur in Presbyterio, faldistorium et scabella, Sacro peracto, disponentur super Altaris suppedaneum. A lateribus faldistorii in longitudinem, per navim prope muros ecclesiae ponentur scamna cum postergali et suppedali pro Canonicis Cathedralis, quae scamna cooperientur pannis laneis sive aulaeis. In extremitatibus inferioribus scamno-

rum eorumdem, versus latus Evangelii praeparabitur pulpitum paratum baldachino, ex quo Episcopus sermonem habebit. Prope pulpitum ipsum a sinistra eiusdem, seu versus scamnum Canonicorum constituetur locus distinctus pro Vicario generali. E regione pulpiti in latere Epistolae aderit Ambo, seu parvum pulpitum sine tabulato superiori seu baldachino, ex quo publicabuntur decreta. Prope pulpitum Episcopi ponetur mensa cooperta panno viridi cum scabellis, seu sedilibus, ad quam considebunt Promotores et Tabularii. Apud ambonem supra dictum altera mensa similis cum scabellis seu sedilibus pro Secretariis Synodi. In mensis antedictis aderunt atramentaria, calami, charta etc. Post pulpitum in longitudinem, unus pluresve ordines scamnorum cum postergali, et cooperientur panno viridi, in usum Canonicorum Collegiatarum civitatis et dioecesis et pro Parochis. Ex parte adversa prope ambonem, scamna similia pro Theologis et Canonistis, nisi forte addicti erunt Capitulis praedictis, et pro Superioribus coenobiorum Regularium, si intervenient Synodo. Beneficiarii Cathedralis et reliquum Cleri urbani et dioecesani disponentur ad scamna, quae statuentur post scamna Canonicorum Cathedralis et Collegiatarum in unum pluresve ordines. In fine consessus ponetur pro Episcopo alterum faldistorium, cum duobus scabellis pro Diaconis assistentibus et prope faldistorium praeparabitur pulvinus, in quo geniculabit Episcopus. Opus erit, ut adsit etiam abacus coopertus alba tobalea, situs versus cornu Epistolae, in quo collocentur quae inferius describemus.

16. Haec quidem est dispositio consessus synodalis, quae tamen, si sufficiens ambitus ecclesiae non esset, alio quodam modo disponetur pro capacitate loci, sed ordo supra descriptus, quoad fieri possit, servabitur. Illo autem casu non dedecens erit uti Presbyterio ipso pro actionibus synodalibus, redacto tamen in formam supra descriptam.

17 Ecclesia autem exornabitur nobiliter eodem modo ac in solemnitatibus maioribus. Oportebit etiam, ut Caeremoniarius distribuat officia et sibi inservientibus utatur aliis clericis, suis nutibus intentis, ad prompte exsequendas actiones omnes quae deinceps notabuntur.

18. Tribus Synodum praecedentibus diebus, quibusdam statutis horis diei, sonabitur in laetitiae argumentum campanis non Cathedralis tantum, sed omnium ecclesiarum etiam civitatis.

19. Functio incipietur summo mane, ideoque pridie in choro Cathedralis post Vesperas et Completorium recitabitur aut cantabitur Matutinum cum Laudibus sequentis diei. Sic etiam mane recitandae aut cantandae sunt Horae minores et cantabitur Missa conventualis. Si tamen Synodus habebitur in die aut intra octavam Pentescostes, omittitur Missa conventualis, quoniam Missa sessionem synodalem praecedens respondet officio, quod fit in die.

20. Missae solemni, quae celebratur pro Synodo, non praemittetur cantus horarum Tertiae aut Nonae, ut maturetur processus functionis.

21. Monebitur etiam Clerus, quod in Missa solemni, quae praecedit aperitionem Synodi, accipere e manibus Episcopi debet S. Communionem.

22. Indicetur Confraternitatibus et Regularibus hora certa, qua debent adesse in Cathedrali, ut sine mora incipiatur processio. Dabitur opera, ut mundentur viae qua transibit processio, et ut habeantur in promptu excusi typis libelli cum psalmis et hymnis cantandis in processionem, distribuendi Clero qui interveniet. Eisdem libellis, vel etiam in aliis, excudentur psalmi cantandi in sessionibus synodalibus, acclamationes et cetera quae respiciunt functionem ipsam.

23. Dabitur etiam opera ut scribantur formulae instantiarum pro Promotoribus, pro Secretario, pro Episcopo etc. ut docebitur inferius.

24. Vicarius generalis in promptu habebit decreta danda Episcopo, qui tradet ipsa Secretario synodali.

De rebus praeparandis.

25. SS. Sacramentum reponetur in Sacello, quoad fieri poterit, remoto a loco sessionum; ornabitur Altare ut festis solemnibus, animadvertendo tamen, ut pallium et conopoeum sint coloris officio respondentis. Ante Altare statuetur genuflexorium cum strato et pulvinis, vel faldistorium cum pulvinis.

26. Altare maius ornabitur septem candelabris nobilibus cum cereis albis et Cruce aequali candelabris, quae collocabitur ante septimum candelabrum in medio: contegetur tobaleis et pallio rubri coloris, gradus sternentur tapeto. Super mensam disponentur pro Episcopo paramenta rubri coloris, videlicet planeta, chirothecae in lance, dalmatica et tunicella, pluviale cum stola, cingulum, alba et amictus, quae cooperientur velo rubri coloris. Mitra pretiosa ponetur in latere Evangelii et auriphrygiata in latere Epistolae. Si fuerit Metropolitanus, praeparabitur etiam in lance S. Pallium velo rubro contectum, cum tribus spinulis.

27. Ante Altare aderit faldistorium cum pulvinis, in quo geniculabit Episcopus.

28. Prope latus Epistolae, scamnum contectum panno laneo pro Ministris Altaris.

29. In eodem latere, abacus coopertus alba tobalea, in quo disponentur res sequentes, videlicet duo candelabra cum cereis pro Acolythis; urceus et pelvis cum duobus mantilibus in lance et velum humerale simplex, si a Magistratu ministrabitur lotio manuum Episcopo; calix cum patena, binis hostiis, purificatorio et palla atque intra bursam corporale; ampullae vini et aquae in pelvicula; patera ad faciendam praegustationem; campanula pro elevatione; sex vel octo intorticia pro elevatione; velum humerale pro Subdiacono; canon; scotula cum candela; Missale pro Episcopo instructum tegumento; Evangeliarium et Epistolarium convestitum, ut supra, et intra Evangeliarium aderit manipulus pro Episcopo; Pontificale (pars. III.) caligae et sandalia cum velis, quibuscum deferentur; pixis cum particulis numero respondenti communicandis; stolae rubri coloris sex numero pro Presbyteris, qui S. Communionem recipient; tobalea alba linea sustinenda ante communicandos; thuribulum cum navicula; manipuli pro Ministris; gremiale aequale paramentis pro Episcopo; cussinus vel legile pro sustinendo Missali.

30. In latere Evangelii praeparabitur Crux processionalis cum sua basi: si tamen Ordinarius fuerit Metropolitanus, non praeparabitur Crux, sed basis tantum.

31. In Sacrario vel alio alio loco, paramenta rubri coloris pro Ministris et Canonicis eodem modo, quo traditum est de Pontificalibus cap. IX. lib. V.

32. Thronus parabitur vestibus rubri coloris, cum tribus scabellis pro Assistentibus et pulvino rubri coloris pro genuflexionibus Episcopi.

33. Ad balaustrium sive in presbyterio, sex vel octo fanalia cum intorticiis aut cereis albi coloris.

34. Locus sessionum praeparabitur, ut supra descriptum est.

DE FUNCTIONE

Sessio prima.

35. Pridie vespere (ut innutum est superius) in choro Cathedralis recitabitur a Capitulo Matutinum cum Laudibus. Mane autem sequenti, mature tamen, recitabuntur Horae minores et cantabitur post horam praestitutam Missa conventualis. De qua tamen observandum, quod superius monuimus, si habebitur Synodus in festo et intra octavam Pentecostes.

36. Hora praestituta congregabuntur in ecclesiam Confraternitates cum insignibus suis et Clerus regularis, delata a singulis Collegiis respectiva Cruce cum panno. Disponentur in ecclesia tali modo, ut facile possint in processionem ordinari.

37. Ad hunc finem, ut iam superius innuimus, Caeremoniarius utetur Presbyteris vel clericis pluribus, qui sint adiumento, et advertet ut ipsis attribuat munia sive officia singulis obeunda.

38. Item in Sacrario Cathedralis, vel in aedibus episcopalibus coibit Clerus urbanus cum Clero dioecesano, qui debebit Synodo intervenire, siquidem prima die associandus est Episcopus a Clero universo. Non esset abs re si manerent in Sacrario Canonici illi duo, qui ministrabunt ad Altare, Subdiaconus Crucem gestaturus et quatuor Cappellani a mitra, a baculo, a libro, a scotula, qui se parabunt, ut in promptu sint ad accedendum debito tempore ad Altare.

39. Expleta recitatione officii, ut supra, sonabitur campanula Sacrarii et Canonici procedent ad Episcopium, associaturi Episcopum.

40. Paullo ante, quam Episcopus ad ecclesiam perveniat, sonabitur festivo more universis campanis Cathedralis, quibus respondebunt ceterae omnes campanae civitatis et continuabitur sonus integram horam.

41. In limine ecclesiae aderit clericus cum vasculo et aspersorio.

42. Quum Clerus et Magistratus (si tamen hic intervenire debebit) pervenerint ad Episcopium, Episcopus induet cappam et procedetur ad ecclesiam ordine sequenti.

43. Magistratus et civiles auctoritates. Episcopus, cuius a caudatario suo sustentabitur extremitas posterior cappae iam expeditae. Sequentur Vicarius generalis: Canonici Cathedralis; Beneficiarii et Mansionarii eiusdem Cathedralis; Canonici Collegiatarum civitatis cum Beneficiariis suis; Canonici seu qui repraesentant Collegiatas dioecesanas; Parochi urbani; Parochi dioecesani; Clerus simplex urbanus et alter dioecesanus iuxta ordinem Hierarchiae; Seminarium et Clerici minoribus ordinibus constituti, tum civitatis, tum dioecesis, si erunt interventuri Synodo; ultimo loco familiares nobiles Episcopi.

44. Episcopus ad portam ecclesiae quum venerit, a prima Dignitate Capituli accipiet aspersorium aqua sancta perfusum, quo signabit seipsum; asperget Clerum sequentem, deinde ceteros qui iam ingressi erunt in ecclesiam.

45. Ingrediente in Ecclesiam Episcopo, sonabitur organis.

46. Episcopus procedet ad Altare SS. Sacramenti ibique orabit donec nunciabitur discedendum esse. Canonici Cathedralis geniculabunt post Episcopum. Ceteri omnes de Clero, ad vitandam perturbationem, quae posset oriri ex multitudine, genuflexionem ordinatim conficient et venient in presbyterium occupantes locum, qui singulis ibi attribuetur.

47. Si processio erit numerosa, statim ac ingressus fuerit in ecclesiam Episcopus, in ordinem dirigentur confraternitates ac regulares et exibunt ex porta ecclesiae principali, unde egressi incipient cantare preces praescriptas. De ordine autem praecedentiae sermo erit inferius.

48. Quum Clerus locum proprium occupaverit, Episcopus cum Canonicis Cathedralis, innuente Caeremoniario, consurgent

Manuale Sacr. Caerem. lib. 6.

atque iterata ad SS. Sacramentum genuflexione, procedent ad Altare maius.

49. Episcopus ad Altare maius quum venerit, salutabit Crucem et geniculabit in faldistorio ibi praeparato.

50. Canonici petent subsellia sua, ubi geniculabunt et consurgent quando assurget Episcopus. Restabunt autem cum Episcopo a lateribus eius duo Diaconi assistentes.

51. Prope abacum praesto erunt clerici delaturi ad thronum paramenta episcopalia.

52. Post brevem orationem assurget Episcopus, reverentiam faciet ad Crucem Altaris, deinde ascendet in thronum quo sedebit, advertens ut priusquam ascendat illuc, benedicat Clerum in choro praesentem.

53. Sedente in throno Episcopo, recedent Canonici in Sacrarium et se parabunt paramentis ordini suo convenientibus, vel se parabunt in ipso choro, methodo tradita in Vesperis pontificalibus cap. VIII. lib. V.

54. Discedent de throno Diaconi assistentes paramenta assumpturi et ascendent illuc ultimi duo Canonici Diaconi succedentes in locum eorum.

55. Ministri sacri, quatuor Cappellani a mitra, a baculo, a libro et a scotula et Subdiaconus gestaturus Crucem se parabunt in Sacrario et intrabunt in chorum, praecedentibus clericis duobus, statim ac Episcopus sederit in throno. Ministri pergent ad scamnum sibi praeparatum, Cappellani consistent prope sinistram throni et Subdiaconus prope Crucem.

56. Canonici revertentur in chorum postquam se paraverint, ac si paramenta assumpserint in subselliis suis, duo Diaconi assistentes redibunt ad thronum, unde discedent Canonici, qui supplebant eorum vicibus, et recedent ad paramenta induenda. Presbyter assistens remanebit in stallo suo cum ceteris Canonicis.

57. Reversis ad thronum Diaconis assistentibus praedictis, distribuentur clericis paramenta Episcopi.

58. Interim accedet ad thronum Cubicularius Episcopi, recepturus cappam.

59. Distributis paramentis clericis, ut supra, Diaconus et

Subdiaconus ascendent ad thronum eosque sequentur clerici antedicti cum paramentis episcopalibus.

60. Ministri praedicti quum pervenerint ante thronum, reverentiam conficient ad Episcopum, clerici autem cum paramentis, genuflexionem.

61. Episcopus, adiuvantibus Diaconis assistentibus, dimittet cappam, quam recipiet Cubicularius et advertet ut expediat eius extremitatem posteriorem vestis.

62. Diaconi assistentes recedent aliquanto a lateribus Episcopi, sed non discedent de throno.

63. Ascendent ad thronum Diaconus et Subdiaconus, mutantes locum, videlicet Diaconus veniet ad dexteram, Subdiaconus ad sinistram Episcopi.

64. Innuente Caeremoniario, Canonici de suis stallis descendent et circulum conficient ante Episcopum, caput cooperientes bireto.

65. Ascendent ad thronum clerici cum paramentis unus post alium, et paramenta Diacono ministrabunt, quibus induet Episcopum et adiuvabitur a Subdiacono, quando opus erit.

66. In promptu stabit thuriferarius cum thuribulo et navicula.

67. Episcopus a Diacono induetur amictu, alba, cingulo, Cruce pectorali, stola et pluviali cum formali. Deinde Diaconus idem mitram pretiosam imponet capiti Episcopi, cui reverentia facta cum Subdiacono discedent de throno et ad locum suum revertentur.

68. Canonici, qui circulum confecerunt, caput aperient et reverentia facta ad Episcopum, redibunt unusquisque ad stallum suum.

69. Subdiaconus Crucifer accipiet Crucem, cum eo coibunt Acolythi cum candelabris et venient ad exitum Presbyterii seu prope ingressum.

70. Profectis de throno Diacono et Subdiacono, ascendet illuc a latere Presbyter assistens et locum sumet a dextris Episcopi.

71. Ascendet ad thronum thuriferarius cum thuribulo ac tradita Presbytero assistenti navicula, genibus flexis prae-

sentabit thuribulum apertum Episcopo, qui, ministrante Presbytero assistente, incensum in thuribulum imponet cum benedictione.

72. Imposito in thuribulum incenso, thuriferarius discedet de throno et se adiunget Subdiacono, qui gestabit Crucem.

73. Praesto erunt prope faldistorium in medio Presbyterio duo Cappellani cum libro et scotula pro Episcopo.

74. Thuriferario de throno profecto, Episcopus sinistra accipiet baculum pastoralem, assurget, de throno descendet, benedicet Clerum et veniet ad faldistorium praeparatum ante Altare, adstantibus a lateribus eius Diaconis assistentibus, qui fimbrias eius pluvialis attollent, praeeunte Presbytero assistente et sequentibus caudatario suo et duobus Cappellanis a mitra et a baculo.

75. Episcopus ante faldistorium dimittet baculum pastoralem et a secundo Diacono nudabitur mitra: Diaconus primus nudabit eum etiam pileolo.

76. Subdiaconus, ministraturus ad Altare, approximabit ad Episcopum eique submissa voce praecinet hymnum *Veni creator* etc.

77. Presbyter assistens accipiet librum a Cappellano libri custode et sustinebit illum ante Episcopum, paullulum a latere, ne directe vertat humeros ad Altare.

78. Episcopus, stans in pedes, intonabit hymnum *Veni creator Spiritus* et immediate geniculabit in faldistorio, perstans eodem statu donec cantabitur integra strophe prima.

79. Cum Episcopo in genua procumbent ceteri omnes, itemque Presbyter assistens librum claudet restituetque Cappellano et geniculabit prope secundum Diaconum assistentem.

80. Diaconi assistentes advertent ut expandant super faldistorium fimbrias pluvialis Episcopi.

81. Post primam stropham praedictam assurget Episcopus et cum ipso Clerus universus, qui ordinabitur in processionem.

82. Hoc tempore Cappellanus a mitra, deponet super Altare mitram pretiosam et accipiet auriphrygiatam, nisi Episcopus velit in processione uti mitra pretiosa. In promptu etiam

stabit prope aditum Presbyterii unus de Magistratibus, sustenturus in processione extremitatem posteriorem pluvialis et vestis episcopalis.

83. Ordo sequens in processione servabitur: Confraternitates laicorum cum suis respectivis signis et unaquaeque occupabit locum, qui ad ipsam spectabit. Post Confraternitates incedent Regulares; singulis corporibus seu collegiis sua erit Crux distincta, cui appensus erit pannus rubri coloris, servato ordine praecedentiae ex epocha, qua unumquodque coenobium erectum est, iuxta constitutionem Gregorii XIII. Post regulares locus erit Magistratui, si aderit. Deinde clavigeri Cathedralis, siqui erunt. Hinc thuriferarius cum thuribulo, quem sequetur Subdiaconus paratus tunicella rubri coloris, qui gestabit Crucem medius inter Acolythos sustinentes candelabra. Clerus occupabit locum post Crucem ordine isto; videlicet clerici minoribus ordinibus constituti, qui sunt dioecesani; clerici minoristae, ut supra, qui sunt urbani; clerici Seminarii; clerici dioecesani ordine sacro insigniti, deinde urbani; Presbyteri qui nullo gaudent beneficio residentiali dioecesis, deinde ceteri urbani; et relate ad Clerum simplicem id praescribitur, si vigebit usus ut interveniant Synodo. Post Clerum, ut supra descriptum est, incedent Parochi dioecesani, deinde urbani et utentur suis insiginbus distinctis, si hoc privilegio gaudebunt; Collegiatae dioecesanae cum signis suis, vel repraesentantes ipsarum, de more: quod ad locum praecedentiae, vel attribuetur ipsis ab Episcopo, nullo laeso earum iure, vel stabitur iis, quae servata erunt in aliarum Synodorum circumstantia. Sequentur Collegiatae civitatis, servato ordine usitato in processionibus generalibus. Post Collegiatas praedictas incedent Cappellani Cathedralis, tum Beneficiarii seu Mansionarii cum suis insignibus, post eos Canonici Cathedralis induti paramentis sacris, nempe Canonici Subdiaconi induti tunicellis, Canonici Diaconi dalmaticis, Canonici Presbyteri planetis et Dignitates pluvialibus. Si cuiuscumque ordinis numerus esset dispar, propter paramenta sacra distincta, incedent terni in ultimo loco. Subdiaconus et Diaconus, ministraturi ad Altare, locum sument qui ipsis conveniet ratione praecedentiae in ordinibus respectivis, quod etiam

observabit Presbyter assistens inter Dignitates. Ultimo loco incedet Episcopus, medius inter Diaconos assistentes, qui fimbrias pluvialis eius sustentabunt et dextera benedicet adstantes. Sequetur Episcopum unus ex repraesentantibus Magistratum, qui sustinebit eius vestis extremitatem posteriorem et prope ipsum ibit caudatarius; tum Cappellani a mitra et baculo ac post eos reliqui duo a libro et scotula. Hos sequentur familiares nobiles Episcopi. Locum postremo sibi sument Praelati, siqui aderunt, induti mantelleto et Vicarius generalis, qui nisi fuerit Protonotarius, induet vestem talarem nigram cum pallio simili.

84. In processsionem seniores incedent prope Episcopum: Clerus saecularis caput cooperiet bireto.

85. Si forte fuerit Metropolitanus, thuriferarius, Acolythi et Subdiaconus paratus Crucem deferens, incedent ante Canonicos paratos, et imago Crucifixi versa erit ad Metropolitanum.

86. Completo cantu primae strophae, assurget Episcopus, reponetur ei pileolus a primo Diacono assistente et stabit in pedes ante faldistorium, donec tempus erit discedendi, ut se adiungat Processioni. Tunc Diaconus primus imponet ei mitram auriphrygiatam, vel pretiosam, nisi fuerit ipsi gravi incommodo. Episcopus autem cum in procinctu discedendi erit, accipiet baculum sinistra.

87. Processio dirigetur extra ecclesiam per vias ab Episcopo designatas, quae mundatae in antecessum erunt et in iis spargetur aliquantum herbarum virentium. Viae praecurrendae erunt plus minusve longae pro numero collegiorum processioni intervenientium.

88. Processione profecta de ecclesia, tolletur a clericis duobus faldistorium, quo usus erit Episcopus, et ponetur seorsim.

89. Tempore toto processionis, canentur hymni et psalmi praefiniti, qui notati in libellis separatis, a clericis duobus in ingressu presbyterii stantibus distribuentur singulis de Clero, ipso momento discedendi in processionem.

90. Si fiet in itinere statio in aliqua ecclesia, cantabitur

ibi antiphona cum versiculo et oratione de Sancto Titulari methodo tradita in Processione Litaniarum maiorum cap. XXIX. lib. II. num. 50. et seqq.

91. In processionis reditu ad Cathedralem, Confraternitates in ordinem disponentur secundum navem primariam, vel in navibus minoribus, quod etiam facient collegia Regularium, methodo innuta in processione Corporis Domini cap. XXXIII. num. 124. libri huius.

92. Magistratus petet residentiam suam.

93. Clerus locum sumet ad scamna attributa singulis coetibus, seu collegiis.

94. Thuriferarius, genuflexione facta ad Altare, perget ad deponendum thuribulum, idemque facient Acolythi qui candelabra deponent super abacum. Subdiaconus relinquet Crucem quo loco aderat initio functionis, recedet in Sacrarium et sacra paramenta dimittet. Duo sacri Ministri redibunt ad scamnum suum prope Altare et Presbyter assistens ibit in chorum ad stallum suum cum ceteris Canonicis.

95. Episcopus, reverentia facta ad Crucem, ascendet in thronum cum Diaconis assistentibus, sedebit in illo et dimittet baculum pastoralem. Repraesentans Magistratus, qui sustinuerit extremitatem posteriorem vestis episcopalis, prope Presbyterium statim ac pervenerit, tradet illam caudatario et se recipiet ad locum suum.

96. Si Episcopus usus erit mitra pretiosa in processione, Cappellanus a mitra accipiet ex Altari mitram auriphrygiatam eamque deferet ad thronum ac tradet primo Diacono assistenti. Diaconus secundus assistens tollet Episcopo mitram pretiosam et tradet illam Cappellano, qui referet ipsam super Altare, primus autem Diaconus assistens imponet Episcopo mitram auriphrygiatam.

97. Duo Cappellani a libro et a scotula, statim ac pervenerint cum Episcopo ad Altare, pergent ad abacum, accipient Canonem cum scotula et accedent ad thronum.

98. Sedente Episcopo et commutata mitra, ut supra, se sistent ei praedicti Cappellani cum libro et scotula; Episco-

pus autem e Canone leget praeparationem ad Missam et hoc ipso tempore aderunt apud abacum clerici delaturi paramenta episcopalia ad thronum.

99. Ubi Episcopus inceperit legere psalmos ad praeparationem, Subdiaconus invitatus a Caeremoniario accedet ad abacum, accipiet caligas cum sandaliis et comitantibus clericis quatuor ac Cubiculario Episcopi, ascendet ad thronum ibique imponentur Episcopo caligae et sandalia ut cap. IX. lib. V. Tum Subdiaconus cum clericis redibunt ad locum suum.

100. Ad preces *Kyrie eleison* etc. Episcopus non assurget, neque caput aperiet, siquidem indutus est paramentis sacris. Post preces et orationes subiunget etiam orationes ad paramenta praescriptas.

101. Interea distribuentur clericis paramenta episcopalia et invitabitur ad abacum aliquis e Magistratu, qui ministret aquam Episcopo in lotione manuum, ut capitulo supra citato.

102. Quum Episcopus absolverit recitationem precum ad praeparationem Missae, recedent duo Cappellani a libro et scotula, qui haec ad abacum reportabunt.

103. Presbyter assistens de suo stallo discedens, ascendet a latere ad thronum et consistet prope dexteram Episcopi.

104. Ascendent ad thronum Ministri lotionis; Presbyter assistens tollet annulum Episcopo; Diaconi assistentes attollent eius fimbrias pluvialis; Episcopus lavabit manus; Praelati cum Canonicis consurgent et ceteri omnes in genua procumbent ad actionem istam. Presbyter assistens porriget Episcopo mantile, quo manus absterget. Discedent de throno Ministri lotionis, qui referent ad abacum instrumenta in lotione adhibita et unusquisque revertetur ad locum suum.

105. Profectis de throno Ministris praedictis, Presbyter assistens se recipiet ad stallum suum, Diaconi assistentes recedent aliquantulo, sed de throno non abibunt.

106. Ascendent ad thronum Diaconus et Subdiaconus, sequentibus clericis, qui deferent paramenta episcopalia. Diaconus tollet Episcopo mitram, deinde formale ac pluviale, et adiuvante Subdiacono, induet illi paramenta missalia, videli-

cet tunicellam, dalmaticam, chirothecas et planetam, ut eodem cap. IX. lib. II. Si fuerit Metropolitanus, utetur S. Pallio in occasione huiusmodi.

107. Canonici ad circulum descendent ante Episcopum et caput bireto cooperient, innuente Caeremoniario.

108. Postquam Episcopus coopertus erit a Diacono mitra pretiosa, Subdiaconus se adiunget sinistrae Diaconi, reverentiam simul conficient ad Episcopum et revertentur ad scamnum suum, ubi assument manipulum in brachio sinistro, Acolythis adiuvantibus.

109. Canonici, dimisso de capite bireto, iterabunt reverentiam ad Altare et ad Episcopum, discedent de circulo seque recipient ad subsellia.

110. Presbyter assistens ascendet a latere in thronum et annulum cum osculis usitatis inseret digito Episcopi annulari dextero.

111. Subdiaconus, postquam impositus ei fuerit manipulus in brachio sinistro, recipiet Evangeliarium cum manipulo Episcopi, quod sustinebit ante pectus et una cum Diacono redibunt ad thronum, ante quem prius reverentiam conficient ad Episcopum, deinde ascendent et consistent prope Episcopi sinistram.

112. Episcopus baculum sinistra accipiet, assurget et descendet de throno, adstantibus ei Presbytero assistente a dextris, Diacono a sinistris, Subdiacono a sinistris Diaconi. Sequetur eum Caudatarius itemque Diaconi assistentes et post ipsos incedent duo Cappellani a mitra et a baculo.

113. Quum de throno descenderit Episcopus benedicet Clerum et procedet ante Altare, ibique stans inchoabit Missam ritu notato capitulo superius citato.

114. Celebrabitur Missa votiva de Spiritu Sancto, in qua, propterea quod est solemnis, recitabitur *Gloria in excelsis, Credo*, unica tantum oratio, praefatio propria, omissis verbis *hodierna die* et omittetur etiam Sequentia. Ad ℣. *Veni Sancte Spiritus* in graduali, relate ad genuflexionem observabitur quod traditum est in festo Pentecostes cap. XXX. huius libri num. 4.

115. Si Synodus habebitur in festo aut in octava Pentecostes, cantabitur Missa officii, ut alias innuimus.

116. In Missa fiet generalis Communio Cleri, quae tractabitur ritu statuto libri V. capit. XI.

117. Cantato a Diacono *Ite Missa est*, Episcopus convertetur ad Altare, recitabit orationem *Placeat* etc. et omittens donare benedictionem, incipiet Evangelium S. Ioannis, quod prosequetur in accessu ad thronum.

118. Sequentur Episcopum clerici recepturi paramenta eius et alii duo, qui pluviale et formale portabunt.

119. Ministri ascendent in thronum cum Episcopo; Canonici paramenta non dimittent.

120. Completa recitatione Evangelii, Episcopus sedebit in throno et deponet baculum pastoralem.

121. Diaconus et Subdiaconus sibi exuent manipulum; deinde Diaconus mitra nudabit Episcopum et adiuvante Subdiacono exuet ipsi planetam, dalmaticam ac tunicellam et induet pluviale, cui apponet formale, tum capiti eius imponet mitram pretiosam.

122. Interim a clericis ponetur faldistorium pro Episcopo in medio consessu cum duobus scabellis pro Diaconis assistentibus et alterum cum duobus similibus scabellis statuetur in suppedaneo Altaris, vel ante Altare ipsum, si Altare esset orientale et locus consessus esset in media ecclesia. Prope utrumque faldistorium aderit pulvinus adhibendus in genuflexionibus Episcopi.

123. Diaconus et Subdiaconus postquam, ut supra, induerint Episcopum pluviali et mitra, redibunt ad scamnum suum, ubi Diaconus subsistet; Subdiaconus autem, acceptis velis cum lance, comitantibus clericis et cubiculario Episcopi, revertetur ad thronum, et Episcopo tollentur caligae et sandalia eique reponentur calceamenta usualia.

124. Subdiaconus, cum eodem ac supra comitatu, reveniet ad abacum, in quo deponet caligas et sandalia, atque coibit cum Diacono ad scamnum Ministrorum prope Altare.

125. Duo Cappellani a libro et a scotula accipient ex abaco pontificale et scotulam tum aderunt prope faldistorium positum in medio consessu.

126. Si consessus synodalis dispositus esset in media ecclesia extra presbyterium, Clerus de presbyterio discedet et veniet ad scamna praeparata, initio facto a clericis, deinceps a ceteris subsequentibus, ut de processione traditum est.

127. Sin in presbyterio consessus erit, vel ita dispositus ut unusquisque maneat loco sibi attributo pro Missa, Episcopus tantum accedet ad faldistorium ; Secretarii, Tabularii et Promotores accedent ad mensas sibi designatas. Deinde Episcopus, baculo sinistra sumpto, assurget, de throno descendet medius inter Diaconos assistentes, qui sublevabunt eius fimbrias pluvialis, sequentibus caudatario ac duobus Cappellanis a mitra et a baculo, accedet ad faldistorium in medio consessu praeparatum, ibique sedebit, facie versa ad Altare.

128. Approximabit Subdiaconus ad Episcopum eique submissa voce praecinet antiphonam *Exaudi nos, Domine*. Secundus Diaconus assistens mitram tollet Episcopo, qui assurget. Clericus unus deponet ante Episcopum pulvinum, super quo geniculabit.

129. Episcopus, ut supra assurgens, ex libro, quem sustinebit Cappellanus proprius, intonabit antiphonam *Exaudi nos*, *Domine* et immediate flectet genua.

130. Omnes adstantes in genua procumbent cum Episcopo et Cappellanus a libro, librum claudet et geniculabit cum ceteris.

131. Cantores prosequentur cantum antiphonae, postea intonabunt psalmum *Salvum me fac*, *Deus* etc.

132. Cappellanus a mitra meminerit referre ad Altare mitram pretiosam et accipere alteram auriphrygiatam.

133. Psalmo intonato, assurget Episcopus et sedebit in faldistorio, ut supra. Diaconus primus assistens reponet eius capiti mitram.

134. Clerus assurget, considebit et alternatim cantabitur psalmus supradictus.

135. Post psalmum repetetur in cantu antiphona a cantoribus.

136. Expleto cantu antiphonae, Diaconus secundus mitram exuet Episcopo, qui assurget et conversus ad Altare cantabit orationem *Adsumus, Domine* etc. iunctis manibus, tono feriali,

nec praemittens *Oremus*. Post orationem istam cantabit iunctis manibus *Oremus* et orationem alteram *Omnipotens sempiterne Deus* etc. tono etiam feriali.

137. Post orationem secundam sedebit Episcopus in faldistorio eique a Diacono primo reponetur mitra.

138. Episcopus rursus assurget, clerici duo faldistorium ponent ante ipsum, clericus alter pulvinum ponet ante faldistorium. Episcopus geniculabit in faldistorio et cum eo procumbent in genua ceteri omnes. Cantores duo superpellicio induti, stantes a latere consessus, cantabunt Litanias, ad quas respondetur ab adstantibus.

139. Postquam cantores cantaverint *Ut omnibus fidlibeus defunctis* etc. cessabunt a cantu, Episcopus assurget cum Assistentibus suis et sinistra accepto baculo, dextra benedicet Synodum seu consessum, sicut in Pontificali *Ut hanc praesentem Synodum* etc. ac responso ab adstantibus *Te rogamus* etc. dimittet baculum et genuflectet rursus cum Assistentibus. Cantores tunc resument cantum Litaniarum ad ℣. *Ut nos exaudire* etc. easque absolvent.

140. Post cantum Litaniarum assurget Episcopus et cum ipso ceteri omnes.

141. Clerici faldistorium ante Episcopum positum amovebunt et ponent quo loco erat antea, itemque clericus alter tollet pulvinum et ponet seorsim.

142. Diaconus secundus tollet mitram Episcopo, qui versus Altare iunctis manibus cantabit *Oremus*, primus Diaconus *Flectamus genua*, omnesque genuflectent, excepto Episcopo, et secundus Diaconus *Levate* omnesque consurgent. Deinde Episcopus tono feriali et iunctis manibus recitabit orationem *Da, quaesumus, Ecclesiae tuae* etc.

143. Interim Acolythi manipulos imponent Diacono et Subdiacono, ac thuriferarius in promptu habebit thuribulum cum igne.

144. Post orationem supra nominatam Episcopus sedebit et Diaconus primus reponet ei mitram. Assurget Episcopus et baculo sinistra sumpto, procedet ad Altare medius inter Diaconos assistentes et sequentibus, ut supra innuimus, caudatario

ac quatuor Cappellanis a mitra, a baculo, a libro et scotula. Ubi venerit ante Altare, reverentiam faciet ad Crucem, deinde sedebit in faldistorio et baculum dimittet.

145. Diaconus de suo loco discedet et cum debitis reverentiis veniet ad osculandum manum Episcopi.

146. Presbyter assistens discedet de stallo suo et accedet ad Episcopi dexteram: thuriferarius cum thuribulo et navicula procedet ante Episcopum, ac navicula tradita Presbytero assistenti, praesentabit genuflexus thuribulum Episcopo, qui cum benedictione consueta incensum imponet.

147. Diaconus accipiet Evangeliarium et simul cum Subdiacono atque Acolythis gestantibus candelabra accensis candelis, procedet ante Episcopum.

148. Incenso ab Episcopo benedicto, thuriferarius coibit cum Diacono et ceteris.

149. Presbyter assistens remanebit prope dextram Episcopi.

150. Diaconus profunde inclinatus ante Episcopum, benedictionem ab ipso petet dicens *Iube Domne benedicere*, Episcopus respondebit *Dominus sit* etc. eique benedicet. Acolythi ac thuriferarius manebunt genibus flexis.

151. Accepta benedictione, Diaconus ac Subdiaconus reverentia facta, Acolythi ac thuriferarius, genuflexionem exsecuti ante Episcopum, procedent ad Evangelium cantandum, quo assolet, ritibus pro Missis solemnibus praescriptis.

152. Diacono cum ceteris profectis, secundus Diaconus assistens exuet mitram Episcopo, qui ad cantum Evangelii stabit et baculum pastoralem continebit iunctis manibus.

153. Completo cantu Evangelii, Episcopus dimittet baculum; Subdiaconus afferet ei librum Evangelii, quod osculabitur dicens *Per evangelica dicta* etc. ut in Missis solemnibus. Subdiaconus librum claudet ac tradet clerico alicui, qui referet illum ad abacum. Acolythi candelabra in abaco reponent. Diaconus et Subdiaconus reversi ad scamnum suum manipulos dimittent, adiuvantibus Acolythis. Quando Episcopus osculatus erit Evangelium, Presbyter assistens descendet in planum ante Episcopum, thurificabit ipsum triplici ductu, et redibit ad locum suum inter Canonicos. Thuriferarius reportabit ad abacum thuribulum, quo non opus est amplius in hac functione.

154. Episcopus, postquam thurificatus erit a Presbytero assistente, convertetur ad Altare. Clericus unus ponet pulvinum ante faldistorium. Primus Diaconus assistens pileolum exuet Episcopo.

155. Episcopus, geniculabit et intonabit hymnum *Veni creator Spiritus*, qui in cantu continuabitur a choro. Omnes cum Episcopo in genua procumbent.

156. Absoluta prima stropha hymni, seu primis quatuor versibus, reponetur a primo Diacono assistente pileolus Episcopo, qui assurget cumque ipso ceteri omnes, et prosequentur cantare hymnum usque ad finem

157. Cantato hymno, Episcopus sedebit in faldistorio et ab eodem primo Diacono assistente reponetur ei mitra.

158. Ostiarii in aditu Presbyterii conversi ad populum indicent adstantibus, ut exeant de ecclesia, dicentes elata voce *Extra omnes*. Educendo populum de ecclesia, curabitur ut actio ista fiat sine strepitu ac sollicite. Ostiariii praedicti claudent portas ecclesiae easque custodient.

159. In ecclesia superesse debent illi tantum, qui vel iure vel consuetudine locum habent in Synodo: ceteri omnes excludendi sunt, non exceptis familiaribus Episcopi, qui immorari poterunt in Sacrario aut alio loco convenienti, ut prompti sint ad redeundum in ecclesiam, quando rursus aperientur portae.

160. Quum populus egressus erit de ecclesia, Episcopus ex Pontificali leget allocutionem *Venerabiles consacerdotes* etc. vel omissa nominata allocutione, ascendet in pulpitum praeparatum et sermonem habebit ad Clerum, praesertim si prima fuerit Synodus, quae ab ipso celebretur. Hoc autem casu comitabuntur eum Diaconi assistentes, qui deducto Episcopo ad pulpitum, nisi locus erit ipsis, se recipient ad sedendum inter alios Canonicos. Episcopus baculum dimittet priusquam ascendat in pulpitum. Oratio seu sermo, quem habebit, congruet circumstantiis.

161. Sin autem sermo fiet ab alio ex mandato Episcopi,

Episcopus manebit sedens in faldistorio, ubi erat, et vir delectus ad sermonem habendum, prius petet ab Episcopo benedictionem cum formula consueta, deinde in pulpitum ascendet, retinens habitum, quo erat indutus a principio functionis.

162. Post sermonem, si hunc habuerit Episcopus, revertentur ad pulpitum Diaconi assistentes, qui comitabuntur eum ante Altare.

163. Clerus transeunte per medium consessum Episcopo, assurget et Episcopus donabit ei benedictionem.

164. Episcopus sedebit in faldistorio et baculum dimittet: sedebunt a lateribus eius duo Diaconi assistentes, in duobus scabellis ibi praeparatis.

165. Clerici duo apprehendent mensam apparatam eamque statuent ante Episcopum.

166. Tum Vicarius generalis se sistet Episcopo eique tradet decreta publicanda. Atque heic notandum occurrit, quod exemplar decretorum, utendum in publicatione eorumdem, scriptum ita sit, ut Episcopus possit illud separatim tradere, ut inferius.

167. Notetur et illud, quod quisquis accedet ad Episcopum, vel discedet ab ipso, faciat ei reverentiam profundam si Canonicus Cathedralis erit; genuflexionem autem faciat nisi fuerit Canonicus, ut supra.

168. Vicarius generalis, postquam Episcopo decreta tradiderit, ad locum suum disctinctum recedet.

169. Secretarius, ad nutum Caeremoniarii, procedet ante Episcopum, recipiet ab ipso decreta, ascendet in ambonem et illa leget alta voce et intelligibili. Secretarius poterit sedere, excepto quod stabit in pedes, dum decretorum eorumdem leget titulos. Advertet autem, ut retineat habitum, quo indutus astiterit Missae. Tum Secretarium, tum Promotores, euntes ad Episcopum, comitabuntur Caeremoniarius unus, ac si fuerint Canonici Cathedralis, clerici etiam duo.

170. Itaque Secretarius, conscenso ambone, leget decreta 1. *de Synodo incepta* 2. *de modo vivendi in Synodo* 3. *de officialibus Synodi* 4. *de praeiudicio non inferendo* 5. *de audiendis querelis et absentium excusationibus* 6. *de non discedendo* 7. *de oratione publica*.

171. De ambone descendet Secretarius, cui se adiungent Promotores et iunctim accedent ad Episcopum. Euntes autem Promotores cum Secretario ad Episcopum, singuli obtinebunt locum, qui convenit ipsis iuxta dignitatem qua erunt insigniti.

172. Primus Promotor nomine etiam collegae sui (si duo delecti erunt ad officium istud) postulabit ut legantur decreta S. Concilii Tridentini, ut infra, atque ut emittatur professio Fidei ab illis, qui nulla alia Synodo praestiterunt eam.

173. Episcopus respondebit *Decernimus et ita fieri mandamus* ac decreta tradet Secretario.

174. Promotores revertentur ad locum suum et Secretarius iterum conscenso ambone, leget decretum S. Concilii Tridentini *de professione Fidei* sess. 25. cap. II. et alterum *de residentia* sess. 23. cap. I.

175. Interim Caeremoniarius in promptu habebit librum ad professionem fidei ab Episcopo emittendam in prima Synodo ab ipso congregata, et Evangeliarium vel Missale et monebit duos clericos ut amoveant mensam, quam posuerant ante Episcopum.

176. Lectis a Secretario supradictis decretis, clerici duo praedicti tollent mensam ante Episcopum positam eamque reponent seorsum.

177. Diaconus secundus mitram exuet Episcopo, qui assurget, convertetur ad Altare et geniculabit ante faldistorium super pulvinum, quem apponet clericus unus.

178. Ceteri omnes, qui aderunt in consessu, caput nudabunt et consurgent, respectu Episcopi.

179. Episcopus alta voce leget e tabella formulam sequentem « Ego N. Episcopus N. promitto, spondeo, profiteor, « detestor, anathematizo, voveo et iuro iuxta Professionis Fi« dei formulam ex Bulla felicis recordationis Pii Papae Quarti, « singula singulis referendo ». Deinde Evangelii libro, quem ei sustinebunt apertum duo Diaconi, imponet utramque manum et subiunget « Sic me Deus adiuvet et haec sancta Dei Evangelia ».

180. Episcopus assurget, removebitur a clerico pulvinus in quo genuflexerit, sedebit in faldistorio et Diaconus primus reponet ei mitram.

181. Sedente, ut supra, Episcopo, Secretarius denuntiabit omnibus illis, qui beneficio ecclesiastico fruuntur, quique nunquam emiserunt in Synodo professionem fidei, ut prodeant in medium consessum ad emittendam professionem praedictam.

182. Beneficiarii, de quibus supra, procedent in medium, servantes ordinem innutum in processione, videlicet Canonici Cathedralis prope Episcopum, et ceteri eodem modo.

183. Quando omnes erunt in medio consessu, ad nutum Caeremoniarii procumbent in genua. Tabularius Synodi habebit elenchum nominum eorum omnium, qui debebunt professionem emittere et consistet prope Episcopum a dextris primi Diaconi. Secretarius stans in ambone leget elata voce ac pausatim formulam professionis fidei, ut praescripta est a Pio IV. et extat inserta in Pontificali, nempe *Ego firma fide credo et profiteor* etc.

184. Sub finem lectionis formulae antedictae, duo Diaconi assistentes imponent super genua Episcopi librum Evangeliorum apertum ita ut pagina versa sit ad illos, qui debebunt ratam facere professionem supradictam et prope Episcopum aderit clericus qui sustinebit tabellam cum formula, de qua supra, scripta charactere maiori et intelligibili.

185. Postquam Secretarius legerit formulam, descendet de ambone et redibit ad locum suum. Si Secretarius ipse deberet ratificare cum ceteris, lecta formula, descendet de pulpito seque adiunget ceteris eo loco, qui competit ei.

186. Formula ut supra lecta omnes illi qui genibus flexis aderunt in medio consessu, consurgent et unus post alium pergent ante Episcopum, geniculabunt singuli et ratam facient professionem imponentes manus apertas et extensas super Evangelium, quod sustinebit Episcopus et unusquisque recitabit formulam sequentem « Ego idem N. N. spondeo, voveo ac iuro: « sic me Deus adiuvet et haec sancta Dei Evangelia. » Post haec unusquisque se recipiet ad locum suum.

187. Postquam ab omnibus emissa fuerit ratificatio supradicta, amovebitur de gremio Episcopi liber a Diaconis assistentibus et duo supradicti clerici reportabunt ac reponent mensam ante ipsum.

188. Revenient ante Episcopum Promotores et primus eo-

rum postulabit ut secundum Constitutionem Bonifacii VIII. deveniatur ad electionem Examinatorum synodalium, Iudicum synodalium ac Testium synodalium.

189. Profectis Promotoribus, Secretarius ad Episcopum redibit eique tradet elenchum Examinatorum et Iudicum atque schedulam seu folium obsignatum cum nominibus testium.

190. Secretarius ascendet in ambonem et publicabit nomina examinatorum synodalium. Deinde subiunget nomina Iudicum synodalium, postremo decretum testium synodalium et in fine lectionis decreti ipsius ostendet Synodo schedulam signatam, quae continebit nomina ipsorum.

191. Interim removebitur a duobus clericis mensa, quae aderit ante Episcopum et Caeremoniarius in promptu habebit librum Evangeliorum et formulam iurisiurandi pro Examinatoribus synodalibus.

192. Postquam Secretarius ostenderit schedulam, ut superius innuimus, vocabit Examinatores nominatos ad iusiurandum praestandum ante Episcopum, et denuntiabit testibus synodalibus, ut praestent et ipsi iusiurandum secreto vel apud Episcopum, vel apud Vicarium generalem. Secretarius de ambone descendet et redibit ad locum suum.

193. Examinatores procedent ante Episcopum et singuli, unus post alium, pronunciabunt formulam iurisiurandi et imponent manus super librum, quem apertum Episcopus sustinebit in gremio. Unusquisque Examinator, postquam iusiurandum praestiterit, revertetur ad locum suum, et a Diaconis assistentibus tolletur liber de gremio Episcopi.

194. Reponetur mensa a clericis ante Episcopum.

195. Se sistent Episcopo Promotores et primus ipsorum instantiam faciet ut promulgentur decreta synodalia. Episcopus respondebit *Promulgari iubemus.*

196. Se recipiet Promotor, seu Promotores ad locum suum et reveniet Secretarius ante Episcopum, a quo receptis decretis, rursus ascendet in ambonem et leget ea. Secretarius poterit habere alium a quo adiuvetur in decretis legendis.

197. Si in promulgatione decretorum vellet quis cum debita convenientia rationem aliquam contra obiicere, diluetur

obiectio, et in casu discrepantiae poterit requiri sententia Synodi, qua prolata, Promotor instantiam faciet Episcopo, ut actum Tabularius conficiat. Episcopus instantiae Promotoris respondebit *Conficiatur* ac Tabularius subiunget *Conficiam.*

198. Continuabitur lectio decretorum donec videbitur Episcopo, qui nutu iubebit finem fieri.

199. Tunc Secretarius promulgabit decretum pro continuatione sessionis in eodem die post Completorium.

200. Postquam de ambone descenderit Secretarius, Promotores cum Tabulario se sistent Episcopo, et Promotores instantiam facient contra absentes: Episcopus autem respondebit *Ita decernimus et declaramus.*

201. Deinde Promotor idem efflagitabit ut conficiantur acta: Episcopus respondebit *Conficiantur* ac Tabularius subiunget *Conficiam.*

202. Revertentur ad locum suum Promotores ac Tabularius, clerici autem amovebunt mensam, quae aderit ante Episcopum.

203. Episcopus assurget ac Synodum dextera benedicet, nullo addito verbo. Clerus congeniculabit, exceptis Canonicis Cathedralis et Praelatis, si forte adessent.

204. Post haec Episcopus de Altari descendet medius inter Diaconos assistentes, salutabit Crucem, baculum sinistra accipiet ac redibit in thronum.

205. Hoc tempore ab Ostiariis reserabuntur portae ecclesiae.

206. Diaconus et Subdiaconus, qui ministraverint ad Missam, sequentur Episcopum simul cum clericis, recepturis paramenta episcopalia.

207. In promptu etiam stabunt clerici alii, qui recipiant paramenta Canonicorum eosque adiuvent in resumendis indumentis choralibus.

208. Episcopus vestes sacras dimittet, quo modo traditum est in Missa pontificali cap. IX. lib. V. et resumpta cappa, se recipiet ad Episcopium, associatus a Canonicis Cathedralis.

CONTINUATIO

SESSIONIS PRIMAE.

De rebus praeparandis.

209. Ad Altare SS. Sacramenti ponetur stratum cum pulvinis in genuflexorio, vel faldistorium pro Episcopo.

210. Ante Altare maius, faldistorium in quo geniculabit Episcopus pro brevi oratione.

211. Super mensam Altaris disponentur paramenta episcopalia rubri coloris, videlicet pluviale et stola, Crux pectoralis, cingulum, alba, amictus et formale pretiosum, et haec cooperientur velo rubri coloris. In lateribus mensae ponentur mitrae, nempe pretiosa et auriphrygiata, prope Altare baculus pastoralis.

212. Si fuerit Metropolitanus, aderit basis pro Cruce archiepiscopali prope latus Evangelii.

213. Thronus paratus erit, ut mane, vestibus rubri coloris, et aderunt faldistoria cum scabellis, ut superius, in loco consessus.

214. In Sacrario aut in respectivis stallis choralibus disponentur paramenta pro Canonicis et in Sacrario pluvialia pro Cappellanis a mitra, baculo, libro et scotula, vasculum aquae sanctae cum aspersorio; ac si fuerit Metropolitanus, praeparabitur etiam tunicella cum cingulo, alba et amictu pro Subdiacono, qui delaturus erit Crucem ad benedictionem in fine sessionis.

215. Super abacum autem praeparabitur scotula cum candela et Pontificale (pars. III.) pro Episcopo.

216. Non oportet ut paramenta induant Diaconus et Subdiaconus, sicut in Missa, siquidem locum non habet cantus Evangelii.

De Functione.

217. Hora praestituta cantantor vel recitantor Vesperae cum Completorio, pro consuetudine illius ecclesiae et qualitate festi incidentis.

218. Interea congregabitur in ecclesiam Clerus, qui Synodo interventurus est, et unumquodque individuum sibi induet superpelliceum aut aliud insigne, cuius usu gaudebit.

219. Absoluta in choro recitatione Completorii et omnibus rite dispositis, sonabitur campanula Sacrarii et Canonici Cathedralis convenient ad associandum Episcopum.

220. Sub ingressum Episcopi in ecclesiam, sonabitur organis et campanis.

221. In accessu autem ad ecclesiam, osservabitur quod notatum est cap. IV. lib. V.

222. Episcopus, postquam oraverit ad Altare SS. Sacramenti, procedet ad Altare maius ibique geniculabit in faldistorio.

223. Hoc ipso tempore se parabunt Canonici Cathedralis paramentis sacris, ut mane, exceptis Diacono et Subdiacono, qui vestes sacras assument in ordine suo cum ceteris Canonicis, quia non cantatur Evangelium, ut supra monitum est. Se parabunt etiam in Sacrario quatuor Cappellani pro libro, scotula, mitra et baculo, qui consistent prope Altare vel apud abacum, ut in Vesperis pontificalibus. Parabitur etiam Subdiaconus, ut supra dictum est, ad Crucem deferendam, si Celebrans erit Archiepiscopus.

224. Episcopus postquam brevi oraverit ante Altare maius, accedet ad thronum, quo priusquam ascendat, Clerum benedicet.

225. Ultimi duo Canonici Diaconi assistent Episcopo ad thronum, donec parati fuerint duo Diaconi assistentes, quibus ad thronum ascendentibus, duo illi Canonici supplentes discedent et pergent ad vestes sacras assumendas.

226. Profecto Episcopo de medio presbyterio, clerici duo removebunt faldistorium, quo usus erit Episcopus in brevi oratione et ponent illud seorsim.

227. Praesto erunt prope Altare clerici delaturi paramenta episcopalia.

228. Statim ac pervenerint ad thronum duo Diaconi assistentes, Caeremoniarius distribuet paramenta clericis, qui deferent illa ad thronum, ordine consueto.

229. Meminerit cubicularius Episcopi ascendere ad thronum et subsistere prope secundum Diaconum assistentem, recepturus cappam episcopalem, quam complicabit, repositurus illam Episcopo, quando exibit de ecclesia.

230. Episcopus, adiuvantibus Diaconis assistentibus, exuetur cappa : cubicularius, ut supra ostendimus, recipiet cappam et expediet extremitatem posteriorem vestis episcopalis.

231. Episcopus a Diaconis assistentibus induetur sacris paramentis, videlicet amictu, alba, cingulo, Cruce pectorali, stola et pluviali cum formali.

232. Hoc tempore a clericis ad hoc delectis ponentur faldistorium et scabella in fine consessus, alterum etiam faldistorium et scabella in suppedaneo vel ante Altare, ut superius descripsimus num. 122. habita ratione Altaris ipsius positionis.

233. Diaconus primus mitram pretiosam imponet Episcopo, qui baculum sinistra accipiet.

234. Duo Cappellani a scotula et a libro accipient haec ex abaco et consistent prope faldistorium collocatum in fine consessus.

235. Parato, ut supra Episcopo, procedetur ad locum consessus, qui si erit in presbyterio, Episcopus tantum cum Assistentibus suis discedet de throno, benedicet Clerum et veniet ad faldistorium collocatum in fine consessus.

236. Promotores, Secretarius ac Tabularius accedent ad mensas sibi praeparatas.

237. Episcopus ad faldistorium quum venerit, sedebit et baculum dimittet.

238. Diaconus secundus assistens exuet mitram Episcopo, qui assurget ac tono feriali cantabit orationem *Adsumus, Domine* etc., quae extat in Pontificali « Ordo ad Synodum » pro sessione prima.

239. Recitante praedictam orationem Episcopo, Clerus stabit in pedes.

240. Cappellanus a mitra deponet super Altare pretiosam et accipiet auriphrygiatam.

241. Recitata, ut supra, oratione, sedebit Episcopus et a primo Diacono reponetur ei mitra auriphrygiata.

242. Episcopus recipiet baculum, assurget ac procedet ad Altare, sedebit in faldistorio ibi posito et baculum dimittet.

243. Diaconi assistentes sedebunt a lateribus Episcopi in scabellis praeparatis.

244. Ostiarii cantabunt *Extra omnes*, dimittetur populus de ecclesia et claudentur portae.

245. Clerici duo ponent mensam ante Episcopum, et Vicarius generalis tradet ei decreta publicanda.

246. Sedenti, ut supra, Episcopo se sistent Promotores et Secretarius. Promotor primus efflagitabit, ut continuetur lectio decretorum, et Episcopus respondebit *Continuetur*. Post haec Episcopus decreta Secretario tradet.

247. Promotores redibunt ad locum suum et Secretarius ascendet super ambonem ac leget, ut supra, decreta sibi tradita ab Episcopo.

248. Expleta decretorum lectione, Secretarius idem leget decretum seu denunciationem sessionis secundae in posterum diem mane, vel alio die, descendet de ambone et se recipiet ad locum suum.

249. Se sistent Episcopo Promotores et primus ipsorum instantiam faciet contra absentes. Episcopus autem respondebit *Ita decernimus et declaramus*.

250. Deinde approximabit ad Episcopum Tabularius synodalis. Post instantiam antedictam fiet a Promotore altera instantia ut scribantur acta : Episcopus dicet *Conficiantur*. Tabularius respondebit *Conficiam*.

251. Post haec ascendet super ambonem Canonicus ad hoc delectus, qui elata voce cantabit triplex caput orationis mentalis, pausam non ita longam interponens inter singula capita.

252. Ad orationem Episcopus assurget, convertetur ad Altare et geniculabit ante faldistorium, ante quod ponetur pulvinus a clerico aliquo. Episcopus genuflectens retinebit in capite mitram : ceteri omnes de Clero geniculabunt capite nudato in locis suis.

253. Absoluta oratione, assurget Episcopus et cum ipso Canonici tantum Cathedralis et Praelati, siqui aderunt.

254. Episcopus donabit benedictionem solemnem *Sit nomen Domini benedictum* etc. Si fuerit Archiepiscopus, dimittet mitram et habebit ante se Crucem archiepiscopalem.

255. Post benedictionem Episcopus de Altari descendet, redibit in thronum, ut supra dictum est, a Diaconis assistentibus exuetur sacris paramentis, tum resumpta cappa, associatus a Canonicis Cathedralis revertetur ad residentiam suam.

256. Notandum, quod post benedictionem non promulgatur indulgentia, ac praeterea nisi sessio continuetur horis pomeridianis, oratio mentalis et benedictio solemnis locum habebit matutino tempore sub finem sessionis.

SESSIO SECUNDA.
De rebus praeparandis.

257. Disponentur omnia quae ad Missam solemnem opus sunt, assistente Episcopo, parato pluviali, ut cap. XVII. lib. V.

258. Praeparabitur praeterea super abacum Pontificale (pars 3.) pro Episcopo.

259. In presbyterio seu loco sessionis statuentur faldistoria, scabella, mensa et reliqua omnia descripta in sessione prima.

260. Missa solemnis erit votiva de Spiritu Sancto; sin autem habebitur Synodus in festo et in octava Pentecostes, cantabitur Missa respondens Officio.

261. In Sacrario, vel alio loco disponentur paramenta sacra, quibus induentur Canonici Cathedralis, peracto Sacro solemni.

De functione.

262. Ante sessionem peragetur Officium regulare, cuius initium fiet hora convenienti. Missa etiam conventualis in choro cantabitur respondens officio, excepto casu supra innuto de Pentecoste.

263. Interim in Sacrarium congregabitur Clerus, qui debebit sessioni intervenire et singuli induent insignia respectiva.

264. Sonabitur festivo more campanis Cathedralis paullo ante, quam incipiatur functio synodalis.

265. Completo officio, sonabitur campanula Sacrarii et Canonici Cathedralis proficiscentur ad associandum Episcopum.

266. Quod ad associationem Episcopi, accessum ad ecclesiam et celebrationem Missae observabitur quod iam descriptum est respectivis capitulis IV. et XVII. eiusdem lib. V.

267. Clerus dioecesanus poterit locum sumere in scamnis ipsi attributis antequam adveniat Episcopus ad ecclesiam, idque ut vitetur confusio.

268. Missa solemnis cantabitur ab una Dignitatum Capituli Cathedralis, assistentibus ei duobus Canonicis eiusdem.

269. Postquam Diaconus cantaverit *Ite Missa est*, Episcopus non donabit benedictionem. Celebrans recitabit orationem *Placeat tibi* etc. deinde ultimum Evangelium S. Ioannis, quo recitato, descendet cum Ministris de Altari, reverentiam faciet ad Crucem, deinde ad Episcopum et cum ipsis recedet in Sacrarium, praecedentibus duobus Acolythis qui non deferent candelabra.

270. Sacro peracto, sedebit Episcopus et a primo Diacono assistente cooperietur mitra pretiosa.

271. Profecto cum Ministris Celebrante, ascendent ad thronum ultimi duo Canonici Diaconi ad assistentiam praestandam Episcopo.

272. Canonici Cathedralis recedent in Sacrarium et induent sibi paramenta sacra ut in prima sessione. Item assument pluviale quatuor Cappellani a mitra, a baculo, a libro et a scotula, ac si absolvetur functio eodem mane, seu nisi protrahatur functio in horas pomeridianas et Episcopus esset Metropolitanus, parabitur etiam Subdiaconus, delaturus Crucem archiepiscopalem ad benedictionem.

273. Celebrans dimittet vestes sacras Missales, induet alterum sacrum habitum, qui competet ipsi et in chorum revertetur ad locum suum.

274. Duo sacri Ministri, manipulo retento, redibunt ad Altare et locum sument ad scamnum sibi praeparatum.

275. Redeuntibus ad thronum Diaconis assistentibus, discedent inde praedicti duo Canonici, qui vice illorum suppleverunt, recedent ad paramenta sibi induenda et revenient in chorum cum ceteris.

276. Interim collocabitur a clericis faldistorium cum scabellis in suppedaneo Altaris et alterum versus finem loci sessionis, cum animadversionibus iam superius notatis.

277. Quum omnia disposita fuerint ad initium functionis faciendum, Episcopus assurget et baculo sinistra sumpto, de throno descendet. Salutabit Crucem Altaris et benedicet Clerum dum transibit per medium consessum.

278. Si locus consessus seiunctus erit a Presbyterio, Episcopus ordinatim antecedetur a Clero, qui occupabit locum singulis attributum.

279. Episcopus incedet medius inter Diaconos assistentes, qui sustentabunt eius fimbrias pluvialis, eumque sequentur caudatarius et duo Cappellani a mitra et a baculo. Reliqui duo Cappellani cum libro et cum scotula praesto erunt apud faldistorium.

280. Promotores, Secretarius ac Tabularius occupabunt locum respectivum ad mensas praeparatas.

281. Episcopus progressus ad faldistorium, sedebit et baculum dimittet.

282. Approximabit ad Episcopum Subdiaconus, qui praecinet ipsi antiphonam *Propitius esto*. Clericus unus pulvinum ponet ante Episcopum. Diaconus secundus mitram exuet Episcopo, qui assurget et intonabit antiphonam praedictam *Propitius esto*, quam prosequetur in cantu chorus cantorum.

283. Episcopus, statim ac intonaverit antiphonam, geniculabit et cum ipso in genua procumbent adstantes universi.

284. Cappellanus a mitra recipiet mitram pretiosam et deferet ad Altare, atque accipiet alteram auriphrygiatam.

285. Absoluto antiphonae cantu, intonabitur ab eisdem cantoribus psalmus *Deus venerunt gentes* etc. qui cantabitur alternatim a Clero.

286. Psalmo intonato, Episcopus assurget, sedebit in faldistorio et a primo Diacono iterum cooperietur mitra.

287. Diaconi assistentes sedebunt scabellis positis a lateribus faldistorii. Clerus consurget et sedebit unusquisque loco suo.

288. Clericus unus tollet pulvinum, in quo genua flexerit Episcopus.

289. Post cantum psalmi repetetur a cantoribus antiphona superius nominata.

290. Interea thuriferarius curabit, ut in promptu sit ignis pro thuribulo.

291. Cantu antiphonae expleto, Diaconus secundus exuet mitram Episcopo, qui assurget; cum ipso consurget etiam Clerus universus.

292. Episcopus ex libro cantabit tono feriali orationem *Oremus. Nostrorum tibi* etc. et orationem alteram *Oremus. Mentibus nostris* etc. Post orationes praedictas Episcopus cantabit *Oremus*, Diaconus primus cantabit *Flectamus genua*, omnesque in genua procumbent, exceptis Episcopo et duobus Cappellanis a libro et a scotula; Diaconus autem secundus subiunget *Levate* et consurgent omnes: tum Episcopus tono feriali prosequetur cantare orationem alteram *Deus, qui nos iustitiam* etc.

293. Post orationem istam sedebit Episcopus, rursus induetur mitra a primo Diacono et sinistra baculum recipiet.

294. Assurget ac procedet ad Altare : transiens autem per medium consessum, benedicet Clerum.

295. Ante Altare quum venerit, reverentiam faciet, sedebit in faldistorio et baculum dimittet.

296. Presbyter assistens de suo stallo discedet et veniet ad dexteram Episcopi.

297. De loco suo proficiscetur Diaconus et veniet ad osculandum manum Episcopi, deinde redibit ad abacum, ex quo accipiet Evangeliarium, seque adiunget Subdiacono atque Acolythis.

298. Postquam Diaconus manum Episcopi osculatus erit, se sistet Episcopo thuriferarius cum thuribulo, quod genuflexus sustinebit ante eum. Presbyter assistens ministrabit incensum, quod Episcopus imponet in thuribulum cum benedictione usitata.

299. Presbyter assistens remanebit prope dexteram Episcopi.

300. Se sistent ante Episcopum Diaconus, Subdiaconus, Acolythi ac thuriferarius, Diaconus autem benedictionem petet atque accipiet ritu consueto.

301. Postea cantabitur Evangelium, ut in Missis solemnibus.

302. Diaconus secundus tollet mitram Episcopo, qui assurget et baculum accipiet, ut in Missis solemnibus.

303. Post cantatum Evangelium, Episcopus dimittet baculum. Subdiaconus afferet ad eum librum Evangelii, quod osculabitur dicens *Per evangelica* etc.

304. Diaconus et Acolythi cum candelabris redibunt ad locum suum.

305. Thuriferarius subsistet ante Episcopum.

306. Subdiaconus, quum Episcopus osculatus erit sacrum textum, librum claudet, redibit ad locum suum, ubi librum tradet clerico seque adiunget Diacono.

307. Presbyter assistens accedet ante Episcopum ac thuribulo a thuriferario recepto, incensabit Episcopum triplici ductu, postea revertetur ad stallum suum inter ceteros Canonicos.

308. Thuriferarius recedet ad deponendum thuribulum, quo non amplius opus est ad functionem.

309. Diaconus et Subdiaconus, adiuvantibus Acolythis, manipulum dimittent.

310. Postquam Episcopus thurificatus erit, convertetur ad Altare, et clericus unus ponet pulvinum ante faldistorium.

311. Episcopus genua flectet atque intonabit hymnum *Veni creator Spiritus*, qui continuabitur a cantoribus. Cum Episcopo geniculabunt adstantes omnes.

312. Absoluta stropha prima, consurgent omnes et stabunt donec completus erit cantus hymni.

313. Post cantum praedictum Episcopus sedebit et a primo Diacono reponetur ei mitra.

314. Ostiarii cantabunt *Extra omnes*: dimittetur populus et claudetur ecclesia, cuius portae custodientur ab Ostiariis ipsis.

315. Duo clerici ponent mensam ante Episcopum.

316. Vicarius generalis tradet Episcopo decreta publicanda.

317. Promotores se sistent ante Episcopum et instantiam facient, ut continuetur promulgatio Decretorum. Episcopus respondebit *Continuetur*; Promotores redibunt ad locum suum.

318. Secretarius se sistet Episcopo, recipiet ab ipso decreta, ascendet in ambonem et leget illa, ut superius declaratum est.

319. Reliqua, videlicet decretum pro continuatione lectionis decretorum, instantia contra absentes, instantia pro actorum scriptione, fient ut traditum est in Sessione prima.

320. Post haec acta Episcopus dextera benedicet Synodum et redibit in thronum, ubi sacra paramenta dimittet.

321. Si continuabitur sessio post Vesperas, observabitur quidquid traditum est alio loco pro continuatione sessionis primae.

322. Sin autem sessio absolvetur ipso mane, acta praescripta ad finem sessionis vespertinae, eodem mane conficientur.

SESSIO TERTIA.

323. In tertia sessione peragentur omnia illa, quae indicata sunt in secunda. Quapropter servabuntur ritus iidem ad secundam diem constituti, exceptis orationibus et precibus, quae inveniuntur in Pontificali parte III. *Ordo ad Synodum*, ad rubricam *Die tertia conventione facta* etc.

324. In ista sessione vel etiam in antecedentibus, ut opportunius videbitur Episcopo, publicabuntur Officiales Cleri, fiet scrutinium Cleri, fiet appellatio illorum, qui debent Synodo intervenire et denunciabitur Clero, ut solvat taxationem Cathedratici atque haec omnia ex instantia Promotorum et ex decretis successivis. Quod ad vocationem sive appellationem Cleri, postquam Secretarius publicaverit decretum, in quo declarabitur, quod unusquisque ex appellatis debeat assurgere et elata voce dicere *Adsum*, Tabularius ascendet super ambonem, et Clerum ut supra appellabit, initium ducens a Capitulo Cathedralis, et singuli observabunt quod traditum est.

325. Completa autem decretorum publicatione, Episcopus poterit allocutionem e pulpito facere ad Clerum quo modo innuimus in sessione prima.

326. Si protrahatur sessio in vespertinas horas, post orationem *Adsumus*, ut supra, poterit Episcopus allocutionem ad Clerum habere.

327. Post haec Promotores instabunt pro conclusione Synodi, Episcopus respondebit *Ita decernimus et declaramus*. Recedent Promotores, Secretarius accedet ad Episcopum, a quo accipiet decretum relativum, ascendet super ambonem, publicabit decretum, deinde redibit ad locum suum.

328. Revenient ad Episcopum Promotores, eique instantiam facient ut indicatur Synodus futura. Episcopus respondebit, ut supra, postmodum publicabitur decretum, ordine innuto.

329. Postremo fiet instantia pro confectione actorum, ut in aliis sessionibus; tum vero portae ecclesiae aperientur.

330. Amovebitur a clericis duobus mensa, quae posita fuerat ante Episcopum et secundus Diaconus assistens mitram exuet Episcopo.

331. Assurget Episcopus, et cum ipso totus consessus, et intonabit *Te Deum* quod a Clero alternatim cantabitur.

332. Ad cantum hymni antedicti sonabitur organis et campanis omnibus Cathedralis.

333. Episcopus in intonatione et in cantu eiusdem hymni conversus stabit ad Synodum; ad cantum autem ℣. *Te ergo quaesumus* etc. geniculabit versus Altare et cum Episcopo ceteri omnes in genua procumbent.

334. Post cantatum *Te Deum*, se sistent Episcopo duo Cappellani cum libro et scotula.

335. Episcopus, conversus ad Synodum, ut supra, cantabit tono feriali orationem *Oremus. Nulla est, Domine* etc.

336. Cappellanus a mitra meminerit relinquere in Altari auriphrygiatam et accipere pretiosam.

337. Tum Episcopus sedebit eique primus Diaconus assistens mitram pretiosam imponet.

338. Ascendet super ambonem Canonicus iam designatus, qui cantabit acclamationes, ad quas respondebit chorus cantorum (a).

339. Tempore toto acclamationum Episcopus et Clerus stabunt.

(a) Acclamationes fieri solent in Synodo tantum prima, quae ab Episcopo convocatur.

340. Sub finem cantus acclamationum Presbyter assistens, secum ferens formulam Indulgentiarum, accedet prope dexteram Episcopi.

341. Peracto acclamationum cantu, Secretarius ascendet in ambonem et publicabit decretum de Synodi dimissione.

342. Cantu acclamationum absoluto et decreto de dimissione publicato, se sistent Episcopo Cappellani cum libro et scotula; Episcopus quin convertatur ad Altare donabit solemnem benedictionem *Sit nomen Domini* etc.

343. Presbyter assistens post benedictionem publicabit Indulgentias, legens formulam statutam.

344. Primus Diaconus assistens, si fuerit Archidiaconus, secus Archidiaconus ipse, accedens prope Episcopum, convertetur versus Synodum et cantabit *Recedamus cum pace*, Clerus autem respondebit *In nomine Christi*.

345. Episcopus de Altari descendet et redibit in thronum ad sacras vestes dimittendas.

346. Canonici Cathedralis dimittent paramenta et resument habitum choralem.

347. Episcopus, resumpta cappa, comitatus a Clero universo se recipiet ad residentiam suam.

DE CONCILIO PROVINCIALI

CAPUT XLI.

1. S. Concilium Tridentinum sess. XXIV. cap. II. de *reformat.* praescribit, ut Concilium provinciale convocetur a Metropolitano singulis trienniis.

2. Priusquam Metropolitanus ipse formaliter indicat conventionem conciliarem, necesse est, ut in antecessum cum Episcopis comprovincialibus agat de materiis, circa quas san-

ciendae erunt eiusdem Concilii constitutiones. Quum in hanc rem celebrentur conventus privati, nulla potest assignari certa regula de ordine in ipsis servando, eo quod dependeat hoc ab urbanitate et indulgentia Metropolitani ipsius. Quum statutum erit, ut habeatur Concilium, animadvertenda sunt quae sequuntur.

3. Die festo Epiphaniae in publicatione festorum mobilium annuntiabitur celebratio Concilii Provincialis, nempe « Dominica secunda post Pascha, Provinciale Concilium habebitur » vel alio die, quo indictum erit: si tamen in festo supradicto nondum definita esset dies, dicetur » Post Pascha Provinciale Concilium habebitur ».

4. Quatuor aut quinque ante Concilium mensibus typis excudetur edictum, latino sermone exaratum, pro Concilii convocatione, quod affigetur portis Metropolitanae et Cathedralium suffraganearum ceterisque locis consuetis.

5. Idem edictum cum respectivis literis iubebitur afferri ad Episcopos suffraganeos, qui alia epistola significabunt Metropolitano, se illud accepisse.

6. Simul cum edicto et literis officialibus mittetur ad ipsos Episcopos epistola fiduciaria, qua designentur ipsis personae secum ad Concilium ducendae, moneantur etiam de vestiario, quo in functionibus uti debebunt, videlicet habitu praelatitio violacei et nigri coloris cum rocheto et mozzeta, exclusa cappa, simulque insinuetur eis ut secum ferant etiam paramenta, quae opus esse poterunt in functionibus, nempe amictum, pluviale rubri coloris et mitram auriphrygiatam pro sesssionibus, pluviale autem nigrum cum mitra simplici linea albi coloris pro funere solemni Episcoporum omnium defunctorum. Unusquique autem Episcopus poterit secum ducere, praeter familiares, Theologum, et Canonistam unum, quos seliget e Clero dioecesis suae, neque incongruum esset, ut inter theologos ab Episcopis suffraganeis selectos, adessent quidam de Clero Regulari. Idem fieri poterit a Metropolitano ipso, praesertim si in civitate illa extent conspicua Regularium coenobia.

7. Mittentur etiam literae officiales ad Capitula Cathe-

dralium, quarum singulae deputabunt regulariter Canonicos binos, qui sint earum repraesentantes in Concilio. Poterit insuper mitti epistola familiaris ad primam Dignitatem seu Canonicum alium, ut significetur ei quod repraesentantes debent in sessionibus uti habitu chorali respectivo, doceri de hospitio, ac praeterea quod iidem Capitulorum repraesentantes incedent et sedebunt eodem ordine quo Episcopi suffraganei, idque ut vitentur controversiae, quae possent forte oriri de praecedentia in ipso functionis actu.

8. Opportunum erit, ut typis mandentur libelli cum precibus et psalmis recitandis sive cantandis in processionibus; psalmi et preces quae cantantur initio sessionum; acclamationes; capita orationis et breve generale compendium actionum, quae erunt persolvendae.

9. Excudentur etiam formulae pro denunciatione Congregationum particularium et ceterarum Conciliarium, mittendae ad eos qui debebunt illis intervenire, et affigendae etiam portis Metropolitanae ac palatio Archiepiscopi, si opus fuerit.

10. Multum expediet, ut compilentur relativae instructiones pro singulis Concilii officialibus, idque ut unusquisque noscat attributiones suas et sic persolvantur actiones regulariter atque expedite.

11. Constituetur tractatio praestanda Episcopis in eorum ad civitatem adventu, ideoque necesse erit significare ipsis methodum praefinitam, ut notificent diem et horam adventus sui.

12. Poterit etiam parari ipsis hospitium conveniens ac decens vel in ipso Metropolitani palatio, vel in alia domo non longinqua a palatio, ut possint faciliter congregari pro quolibet eventu.

13. Delegabitur qui debeat excipere Episcopos, ducere ipsos ad hospitium omnibusque rebus prospicere, quae forte possent eis opus esse.

14. Parabitur insuper habitaculum pro iis, qui Capitula repraesentant Cathedralium suffraganearum, pro Theologis et Canonistis ac deligetur, ut supra, qui huiusce rei curam gerat.

15. Indicentur publicae in provincia supplicationes, ut Dominus adsit et benedicat coetus conciliares. Toto autem Con-

cilii tempore singulis feriis V. cantabitur in Cathedrali et in collegiatis Missa votiva de Spiritu Sancto, et in Missis privatis adiungetur etiam oratio de Spiritu Sancto.

16. Quum vero cuncti Episcopi apud Metropolitanum convenerint, fieri poterit Novendiale de Spiritu Sancto in Metropolitana, cum interventu Episcoporum omnium.

17. Advertet etiam Metropolitanus ut a Summo Pontifice obtineat Indulgentiam plenariam pro fidelibus cunctis, qui visitabunt Metropolitanam vel aliam ecclesiam, Concilii tempore toto.

18. Excudetur typis et affigetur invitamentum sacrum, seu notificatio, in qua reddetur ratio de functionibus, et docebitur in ipsa, quod populus excludi ab ecclesia debet tempore sessionum conciliarium. Praecipietur Parochis, ut in tribus Dominicis Concilium praecedentibus, explicantes Evangelium, hortentur fideles ad precationem et Sacramentorum frequeutationem. Id ipsum commonebuntur Concionatores, ut faciant in sacris concionibus ante Concilium.

19. Istae ferme sunt dispositiones, quae suggeruntur capiendae pro regulari Concilii processu, quae tamen in sequentibus instructionibus evolventur.

De Congregatione particulari
in Concilii praeparationem.

20. Expediet ut Metropolitanus convocet Congregationem peculiarem, ut res opportune disponat ac penes ipsum est advocare et admittere quos viros existimabit ad rem.

21. Quum agatur de Congregatione peculiari et privata licebit Metropolitano intervenire induto epitogio, eamque habere in quo cubiculo ei magis placebit.

22. Conficiendus in primis erit elenchus officialium proponendus Episcopis suffraganeis in prima Congregatione praeparatoria, reservando tamen aliquot nominationes quorumdam officiorum etiam pro Canonicis Cathedralium suffraganearum, qui Concilio intervenient.

23. Officiales nominandi, praeter Procuratores Capitulo-

rum, Theologos et Canonistas, sunt — Iudices querelarum — Iudices excusationum — Promotores — Deputatus ad renunciandum et introducendum postulantes audiri in Concilio — Secretarius — Adiutor seu adiutores Secretarii — Notarius — Testes ad acta Synodalia — Magistri Caeremoniarum — Ostiarii — Cursores et Nuncii Concilii — Delectus theologorum et canonistarum ex parte Metropolitani fieri poterit in ista, aut in Congregationibus sequentibus.

24. Expendenda erit methodus servanda tum in functionibus tum etiam in sessionibus, iuxta documenta, quae tradentur deinceps, probabuntur formulae instantiarum, citationum etc.

25. Deligentur Canonici duo Metropolitanae, ac possent deligi ultimi, qui excipiant et comitentur Episcopos, quando accedent ad Congregationes.

26. Constituetur methodus tenenda in excipiendis tractandisque Episcopis, ut in sequenti paragrapho, quae methodus postquam probata fuerit, transmittetur Episcopis ipsis ad normam eorumdem.

Propositio
de modo tractandi Episcopos suffraganeos
in eorum ad Metropolitanam adventu.

27. Aliquo ab urbe intervallo ipsis obviam procedet currus unus Metropolitani.

28. Designabitur unus ex Canonicis Metropolitanae cum Vicario generali Archiepiscopi, qui eos officii causa comitetur et in urbem introducat.

29. Vicarius generalis cum Canonico induent habitum talarem, modo non gaudeant usu alius vestiarii distincti.

30. Constituetur locus aliquis proximus civitati, in quo praesto erit currus supradictus cum Vicario generali cumque Canonico, quo loco possit subsistere et intermittere parumper iter Episcopus atque induere habitum viatorium coloris violacei. Si Episcopus carebit habitu viatorio, induet vestem talarem cum fascia, mantelletum et mozzetam sine rocheto, ut habitus viatorii quamdam speciem praebeat, siquidem Episcopus in itineribus numquam utitur rocheto.

31. Episcopus igitur conscendet currum Metropolitani et introducetur in urbem. Ad currum aderunt famuli duo Metropolitani, familiaribus vestimentis usualibus induti. Currus autem Episcopi poterit servire pompae, nempe sequetur currum Metropolitani.

32. Quum pervenerit ad Metropolitanam, Episcopus de curru descendet et ad portam primariam excipietur a quatuor Canonicis et Beneficiariis seu Mansionariis quatuor, ad hoc deputatis, qui erunt induti habitu chorali. Sacrista indutus superpellicio porriget ei aspersorium, ex quo per contactum accipiet aquam benedictam, non tamen aspergens adstantes, qui actus est iurisdictionis et competit tantum Ordinario.

33. Episcopus orabit ad Altare SS. Sacramenti et ad alterum Sancti Patroni seu Titularis; ad hunc finem praeparabitur ibi genuflexorium instructum strato et pulvinis e panno violaceo et accendentur sex cerei Altaris. Canonici et Beneficiarii, de quibus supra, geniculabunt a tergo eius et post visitationem supradictam, rursus comitabuntur eum ad portam ecclesiae, ubi ipse gratias aget.

34. A famulis Metropolitani, qui ei inservient, a Vicario generali et a Canonico supra dicto deducetur Episcopus ad residentiam Metropolitani. A ceteris famulis Metropolitani, si aderunt, excipietur ad imas scalas, et a familiaribus nobilibus ad portam procaetonis. Metropolitanus aderit in habitu eumque excipiet ad primum procoetonem. Introducet eum in cubiculum salutatorium, concedet ei dexteram et claudetur tentorium ostii. Exiens inde, deducetur ad hospitium sibi attributum.

De Congregationibus praeparatoriis
cum Episcoporum interventu.

35. In cubiculo sive aula, in qua conventus fiet Congregationis, praeparabitur sedes una cum fulcris pro Metropolitano, quae sedes aderit ad caput mensae maioris, quae ibi sita erit, et cooperietur tapeto e panno viridi.

36. A lateribus eiusdem mensae disponentur aliae sedes

cum fulcris pro Episcopis suffraganeis, advertendo tamen, ut sint ornatu inferiori sede Metropolitani.

37. Super mensam praedictam ponetur imago Crucifixi, tabella cum oratione *Adsumus* etc. omnia quae scribendo opus sunt, nempe atramentarium, calami scriptorii, charta, pugillar etc. cum campanula.

38. Prope mensam supradictam praeparabitur altera minor distincta pro Secretario, nisi forte complaceat ipsam statuere ad extremitatem mensae maioris e regione Metropolitani.

39. Disponrutur circa aulam seu cubiculum, scamna contecta tapeto pro Theologis et Canonistis.

40. Congregatio indicetur cum invitatione particulari vel voce Episcopis, qui monebuntur etiam, quod induendum ipsis erit vestimentum praelatitium, nempe vestis talaris cum fascia, rochetum et mozzeta: indicabitur dies et hora, qua adesse debebunt in diaeta Metropolitani.

41. Nunciabitur etiam Theologis et Canonistis, qui intervenient habitu talari induti, nisi gaudebunt usu alius distincti vestiarii. Ipsi quoque invitabuntur per schedulam vel voce, ut videbitur commodius.

42. In Congregatione ista subiiciendae in primis erunt Episcoporum examini decisiones receptae in Congregatione peculiari superius innuta num. 20. et seq. ac praeterea methodus praefinita pro functionibus et sessionibus Concilii; invitatio Cleri saecularis et regularis atque Confraternitatum ad processiones; nunciatio sonitus campanarum etc. deinde materiae cunctae a Concilio definiendae, quae expendentur in aliis etiam Congregationibus, si opus fuerit, ac postremo literae scribendae Summo Pontifici nomine Episcoporum omnium ad petendam canonum et decretorum synodalium approbationem.

43. Metropolitanus sedebit honoratiori loco mensae, et a lateribus Episcopi suffraganei, qui considebunt servato ordine praecedentiae et antiquitatis, desumendo ex quo die electi fuerunt in Consistorio. Theologi et Canonistae sedebunt scamnis sibi assignatis et Secretarius apud mensam minorem.

44. Principio Congregationis Metropolitanus recitabit ora-

tionem *Adsumus* etc. ad quam omnes stabunt, capite nudato. Deinde, dimissis omnibus iis quibus non est in Congregatione locus, claudetur ianua.

45. Cavendum porro est, ne quis accedat ad ianuas inaudiendi causa quae in Congregationibus tractantur.

46. Sonitu campanulae complebitur Congregatio et aperietur ianua.

De generali Congregatione Conciliari.

47. Congregationibus generalibus conciliaribus, praeter Metropolitanum et Suffraganeos, intervenient Procuratores Episcoporum absentium, Procuratores Cathedralium suffraganearum, Promotores Concilii, Secretarius Concilii, Notarii Concilii, Theologi, Canonistae, Officialis delectus ad admittendos eos, qui postulabunt audiri, et Ostiarii.

48. In capite aulae maioris praeparabitur thronus pro Metropolitano, videlicet postergale cum baldachino rubri coloris, sub quo aderit sedes inaurata cum fulcris, posita super suppedaneum coopertum tapeto. A lateribus throni aderunt sedes camerales pro Episcopis suffraganeis, quae ornatu distinctae erunt a sede Metropolitani.

49. Contra thronum statuentur scamna parata aulaeis seu peristromatis, quibus sedebunt Procuratores Episcoporum absentium et Procuratores seu repraesentantes Capitulorum Cathedralium suffraganearum.

50. A dextra et a laeva throni praeparabuntur mensae duae contectae panno viridi et scabella ad sedendum: apud mensam dextrorsum positam locum sumet Secretarius, ad alteram sinistrorsum Tabularii, seu Notarii.

51. Aderunt scamna alia pro ceteris Officialibus.

52. Relate ad habitum ab illis induendum, qui intervenient Congregationibus istis, observabitur quod superius traditum iam est in altera Congregatione num. 40. et 41. capituli huius.

53. Congregatio seu Congregationes indicentur per schedulam typis impressam, quae affigetur portis Metropolitanae ceterisque locis consuetis.

54. Ubi omnia disposita fuerint, Metropolitanus sequentibus Episcopis veniet ad aulam Congregationi designatam. Metropolitanus accedet ad thronum, Episcopi ad sedes singulis attributas, itemque Secretarius et Notarii. Promotores immorabuntur prope thronum a sinistris.

55. Metropolitanus stans et capite nudato recitabit orationem *Adsumus* etc. ex tabella quam ei sustinebit Caeremoniarius. Episcopi stabunt in pedes capite nudato, ceterique omnes geniculabunt.

56. Post orationem sedebunt Metropolitanus et Episcopi.

57. Ostiarii conciliares dicent *Extra omnes* et claudentur fores, restantibus in aula Episcopis et Officialibus supra nominatis, videlicet Promotoribus, Secretario et Notariis.

58. Postquam clausae fores erunt, Metropolitanus sermonem analogum habebit ad Episcopos, et sermone confecto, se sistent Metropolitano Promotores eique exhibebunt nominationem suam.

59. Recognita nominatione, Promotores ipsi instantiam facient, ut initium fiat Concilii, et recipient se ad locum suum.

60. Secretarius cum Notariis accedent ad Metropolitanum et ad Episcopos poscentque eorum votum: tum redibunt ad Metropolitanum et votorum relationem peragent.

61. Secretarius et Notarii ad locum suum revertentur.

62. Secretarius leget Decretum pro aperitione Concilii.

63. Aperientur fores aulae.

64. Ingredientur omnes illi, qui aderunt extra ipsam: Theologi et Canonistae accedent ad locum sibi attributum et sedebunt: ceteri consistent in vacuo, quod relictum erit inter ianuam et septum scamnorum.

65. Secretarius, petita venia a Metropolitano, dicet alta voce — RR. DD. Si quis est vestrum, qui ad hanc sanctam Synodum aliquid referre velit, datur ei libera facultas dicendi — Haec eadem repetet vulgari sermone Notarius.

66. Brevi interposita mora, nisi quis erit qui prodeat, Secretarius appellabit Procuratores Episcoporum absentium, dicens — Accedant Procuratores Rmorum Episcoporum absentium, qui volunt audiri — Introducentur Procuratores ab Offi-

ciali ad hoc delecto, cum formula ista — Rme Pater, adsunt Procuratores Rmorum Episcoporum absentium, qui habent quod ad hanc sanctam Synodum referant — Unusquisque Procurator Metropolitano exhibebit literas procuratorias, quae postquam recognitae erunt legales in formis suis, Procuratores praedicti considebunt locis sibi assignatis.

67. Deinde Secretarius vocabit Procuratores seu Repraesentantes Capitulorum Cathedralium suffraganearum, dicens — Accedant Procuratores Capitulorum, qui volunt audiri — Introducentur, ut supra, ab Officiali, qui dicet — Rme Pater, adsunt Procuratores Cathedralium N. et N. qui volunt audiri. — Procuratores antedicti accedent ordinatim ad Metropolitanum, exhibebunt ei respectivas literas procuratorias, quibus recognitis, ut supra, sedebunt loco qui erit ipsis constitutus.

68. Tunc Canonici Metropolitanae vocabuntur a Secretario qui dicet — Accedant Canonici, qui volunt audiri — quorum siquis erit, prodibit.

69. Postea appellabuntur Parochi ab eodem Secretario dicente — Accedant Parochi, qui volunt audiri — et prodibunt in audientiam, ut ceteri.

70. Clerus deinde a Secretario invitabitur — Accedant Clerici, qui volunt audiri — et prodibit, ut supra, qui volet.

71. Demum vocabuntur laici, si aderunt, cum formula — Accedant laici et alii quicumque volunt audiri — ac si aderunt, admittentur ad audientiam.

72. Fine facto audiendi, Secretarius elata voce dicet — RR. DD. exeant omnes, praeter Procuratores Rmorum Episcoporum et Capitulorum — tunc ab Ostiariis claudentur fores. Restabunt tamen Theologi, Canonistae et ceteri Officiales supra nominati.

73. Promotores iterum se sistent Metropolitano et instantiam facient, ne Procuratores admittantur, nisi venia facta, et modo constet de mandato legitimo a iudicibus deputatis recognoscendo.

74. Recedent Promotores, et Secretarius cum Notariis accedent ad Metropolitanum et ad Episcopos audituri votum ipsorum, de quo mox referent ad Metropolitanum.

75. Post haec Metropolitanus interrogabit Episcopos — RRmi Patres; scitis an aliquis absit, qui voti decisivi ius, vel privilegium habeat ? — Episcopi responsum dabunt.

76. Secretarius leget catalogum Ministrorum seu Officialium Concilii, instantias, si quae aderunt, et decreta promulganda in prima sessione.

77. Postquam legerit decreta, assurget et interrogabit Episcopos, dicens — RRmi Patres, decreta et alia modo lecta placentne vobis?

78. Secretarius idem cum Notariis accedet ad Episcopos, colliget vota et referet illa ad Metropolitanum.

79. Deinde idem Secretarius redibit ad locum suum et iussu Metropolitani subiunget — Decreta modo lecta placuerunt Patribus: de eorum ergo assensu illa statuimus, ut lecta sunt — Sin autem esset sententiarum discrepantia, locus erit discussioni.

80. Aperientur fores et absolvetur Congregatio.

81. In aliis Congregationibus generalibus servabitur eadem methodus, exceptis quae praescripta sunt relate ad nominationem Procuratorum Episcoporum et Capitulorum ; et continuabitur lectio aliorum decretorum ac discussio alicuius materiae controversae, si opus fuerit.

INCHOATIO CONCILII

Dispositiones.

82. Ad Clerum saecularem, ad Clerum regularem et ad Confraternitates mittetur denunciatio Processionis peragendae, priusquam incipiatur Concilium. Indicabitur hora et locus quo conveniendum erit. In processione autem quae fiet in fine Concilii, locus erit Clero tantum saeculari et regulari, exclusis Confraternitatibus ut processio sit brevior. In secunda processione Clerus congregabitur in Metropolitanam.

83. Cunctis ecclesiis urbanis imperabitur sonus festivus campanarum omnium, triduo praecedenti integram horam ad meridiem, alteram horam ab salutatione Angelica usque ad primam noctis horam. Iisdem ecclesiis imperabitur etiam, ut

campanis sonetur mane tempore processionis, signo dato a Metropolitana, neu cessetur a sonitu donec non desierit Metropolitana ipsa.

84. Parabitur festivo more ecclesia metropolitana et porticus, ut in celebritatibus principalibus : quin etiam in porticu, praeter stemma Metropolitani, possent etiam Episcoporum suffraganeorum stemmata appendi.

85. In eadem ecclesia praeparabitur presbyterium et consessus modo sequenti :

86. Praeter thronum Metropolitani, statuetur a dextra scamnum maius cum suppedali duorum graduum pro Episcopis suffraganeis et scamnum parabitur panno sericeo rubri coloris, suppedale autem seu gradus cooperientur tapeto viridis coloris.

87. Post scamnum Episcoporum, sive a tergo eorum, ponetur scamnum alterum humilius cum uno tantum gradu, panno viridi contectum, quo sedebunt Procuratores Episcoporum absentium.

88. A sinistra throni, vel ferme contra ipsum, si collocatus erit in latere Evangelii, non sub tribuna, statuentur scamna pro Canonicis Metropolitanae, a tergo autem vel post scamna Canonicorum ponetur scamnum alterum distinctum pro Abbatibus, qui vel de iure vel ex usu interveniunt Concilio. Scamna, quibus sedebunt Procuratores Episcoporum, Canonici et Abbates, erunt aequalia, quoad fieri poterit, tum forma tum etiam ornatu.

89. Ad extremitatem scamnorum, quibus Procuratores Episcoporum sedebunt, praeparabitur pulpitum paratum cum baldachino, quo utentur Metropolitanus et Episcopi suffraganei, qui relativos sermones habebunt. Ad extremitatem scamnorum pro Canonicis et Abbatibus ponetur Ambo seu parvum pulpitum sine baldachino, ex quo publicabuntur decreta.

90. Post pulpitum disponentur alia scamna sine suppedali, cooperta panno viridi in usum Procuratorum seu Repraesentantium Capitulorum Cathedralium, et ex parte opposita locus erit Theologis et Canonistis in scamnis similibus.

91. Beneficiarii, seu Mansionarii Metropolitanae et clerici Seminarii locum sument ad scamna humiliora, e regione Altaris, seu in fine consessus.

92. Haec poterit esse ordinaria dispositio, quae tamen opus erit ut serviat loci capacitati.

93. Prope pulpitum ac prope ambonem aderunt mensae duae contectae panno viridi cum aliquot scabellis ad mensam utramque. Mensae proximae pulpito assidebunt Promotores et Notarii, mensae proximae amboni Secretarius cum substitutis suis. Super mensis aderunt thecae calamariae, pulverariae, calami, charta et reliqua.

94. Praeparabitur etiam mensa cooperta panno sericeo rubri coloris ponenda ante Metropolitanum, faldistoria duo cum vestibus rubri coloris, scabella quatuor pro Diaconis assistentibus, pulvini duo, ad genuflectendum, prope faldistorium et stylobata seu basis pro fulcienda Cruce archiepiscopali.

95. Caeremoniarius utetur adiumento aliis ecclesiasticis, quibus tradet documenta opportuna ad actiones exsequendas, eo quod processus et ordo regularis functionis in totum dependeat a dispositionibus in antecessum constitutis.

De rebus praeparandis.
In diaeta Metropolitani

96. Praeparabitur Sacellum Archiepiscopatus, ex quo initium fiet Processionis, quae praecedet Concilium. Nisi Sacellum esset satis capax, redigetur ad usum istum una ex aulis maioribus Palatii, ibique ponetur Altare cum suppedaneo et decenter exornabitur ita ut a Sacello ipso nequaquam differat.

97. Altare ornabitur sex candelabris cum cereis et Cruce aequali candelabris, item tobaleis, pallio rubri coloris ac tapeto quod cooperiat suppedaneum et pavimentum circa Altare ipsum.

98. Super mensam disponentur paramenta Metropolitani, videlicet pluviale cum stola rubri coloris, Crux pectoralis, cingulum, alba, amictus et formale pretiosum, quae omnia contegentur velo rubri coloris. In latere Evangelii ponetur mitra pretiosa et prope Altare baculus pastoralis.

99. In latere Epistolae ante suppedaneum seu gradus Altaris collocabitur faldistorium cum veste rubri coloris et

in medio suppedaneo vel gradu infimo aderit pulvinus, in quo genua flectet Metropolitanus.

100. In latere eodem aderit abacus contectus alba tobalea, in quo disponentur candelabra cum candelis pro Acolythis, vasculum aquae benedictae cum aspersorio, thuribulum cum navicula, scotula cum candela, liber pro intonatione hymni *Veni creator Spiritus*, utendus a Metropolitano et libri precum distribuendi Episcopis, Canonicis et ceteris.

101. Ex parte Evangelii statuetur scamnum paratum panno sericeo rubri coloris pro Episcopis.

102. In parte eadem aderit abacus maior, alba tobalea coopertus, in quo praeparabuntur paramenta pro Episcopis suffraganeis, videlicet mitra auriphrygiata, pluviale rubri coloris et amictus. Ibi etiam ponentur superpellicea pro Cappellanis, qui assistent Episcopis, nisi forte videretur opportunius, ut illa induerent extra Sacellum ipsum.

103. In una ex aulis Palatii, proxima Sacello, super tabulas ad hoc comparatas disponentur paramenta pro Canonicis Metropolitanae, et curabitur ut adsint etiam paramenta pro Diacono et Subdiacono, qui ministrabunt ad Missam solemnem, excepto manipulo. In altera tabula, quatuor pluvialia pro Cappellanis a mitra, a baculo, a scotula, a libro, ac tunicella cum cingulo, alba et amictu pro Subdiacono Crucem archiepiscopalem gestaturo.

104. Altera aula Palatii assignabitur Procuratoribus Capitulorum Cathedralium suffraganearum, in qua possint commode induere respectiva insignia choralia.

105. Si tamen Palatium archiepiscopale contiguum esset Metropolitanae, unde esset aditus privatus ad palatium ipsum, possent tum Canonici Metropolitanae, tum etiam Cathedralium suffraganearum induere respectiva insignia et paramenta in Sacrario Metropolitanae, deinde ascendere ad diaetam Archiepiscopi, processionis initium ut fiat.

Ad Altare SS. Sacramenti.

106. Ornabitur nobiliter ut in festis solemnibus, prout superius innutum est; conopoeum autem et pallium erunt coloris quem requiret Officium.

107. Si Sacellum in quo SS. Sacramentum quotidie asservatur, esset nimis proximum loco consessus, reponetur in Sacellum sive Altare remotius.

108. Statuetur ibi faldistorium cum pulvinis, in quo geniculabit Metropolitanus. Ponetur etiam genuflexorium cum pulvinis, et strato pro Episcopis suffraganeis. Pro Canonicis Metropolitanae, si tamen locus id patietur, constituetur scamnum sine dorsuali, contectum panno laneo, quo utentur cum genua flectent in adoratione SS. Sacramenti.

109. Advertetur a Sacrista, ut in promptu habeatur genuflexorium sufficiens cum strato et pulvinis pro Metropolitano et pro Episcopis, adhibendum post functionem. Duo pulvini in usum Metropolitani, distinctiores quam ceteri statuentur in medio.

Ad Altare maius.

110. Nobiliter instruetur septem candelabris cum cereis et Cruce aequali candelabris ante candelabrum in medio positum

111. Super mensam disponentur paramenta pro Metropolitano, videlicet S. Pallium in lance contectum velo rubri coloris, tres spinulae gemmatae in altera lance, planeta, chirothecae in lance, dalmatica ac tunicella, omnia rubri coloris, contecta velo simili. In latere Evangelii praeparabitur mitra auriphrygiata.

112. Super infimum gradum aderit pulvinus pro Metropolitano, aliique pro Episcopis suffraganeis, qui si tam multi numero essent, ut nequirent commode genuflectere super ipso gradu, ponentur pulvini in plano presbyterii prope Altare.

113. Thronus convestietur tegumentis rubri coloris, cum tribus scabellis pro Assistentibus et pulvinus utendus ab Episcopo in genuflexionibus.

114. Super abacum in latere Epistolae, alba tobalea coopertum praeparabitur quidquid opus erit ad Missam solemnem, nempe caligae et sandalia rubri coloris cum velis similibus quibuscum afferentur ad Metropolitanum; canon pontificalis cum scotula; manipuli pro Ministris; Epistolarium cum veste rubri coloris; Evangeliarium cum veste simili, una cum manipulo Metropolitani; Missale pro Metropolitano instructum veste rubri coloris; gremiale aequale paramentis; velum humerale pro Subdiacono; calix cum purificatoriis duobus, patena cum binis hostiis, et palla, corporale intra bursam; ampullae vini et aquae in pelvicula; patera ad praegustationem faciendam; campanula; intorticia octo pro elevatione; urceus et pelvis: mantilia duo in lance: si lotio manuum ministrabitur a Magistratu, praeparabitur velum humerale simplex sine ullo opere phrygio, instrumentum pacis cum velo, si Magistratus interveniet.

115. Prope latus Evangelii statuetur basis pro Cruce Archiepiscopali.

116. In loco consessus aderit abacus cum Evangeliario ac Pontificali (parte III). praeter mensas superius notatas pro Metropolitano, pro Secretario, Promotoribus et Notario.

117. Aderunt praeterea duo faldistoria collocanda in loco consessus et quatuor scabella, ut docebitur deinceps, et basis pro Cruce archiepiscopali, de qua supra.

118. In exitu presbyterii vel consessus, ponentur octo fanalia cum cereis aut intorticiis ex cera albi coloris.

De Functione.

119. Pridie vespere in choro Metropolitanae praevertetur recitatio Matutini et Laudum. Mane autem sequenti, mature recitabuntur Horae minores et cantabitur Missa conventualis.

120. Si Concilium congregabitur in festis Pentecostes, omittetur in choro Missa conventualis.

121. Hora praestituta in atrium Palatii archiepiscopalis, aut in plateam, vel alio, pro dispositione et capacitate locorum, convenient Confraternitates et Regulares, singulis collegiis propria signa deferentibus.

122. Absoluta recitatione officii in ecclesia, Clerus saecularis congregabitur in Palatium Metropolitani, vel alio modo coibit cum Clero regulari.

123. Festivo campanarum sonitu ex turri Metropolitanae et ex aliis omnibus ecclesiarum civitatis, initium fiet processionis, cuius evolutio ac processus respondebit numero collegiorum, quibus constabit.

124. Supervacaneum esse ducimus hortari, ut viae qua transibit processio, sint emundatae utque spargantur herbae virentes in laetitiae argumentum: itemque domorum seu dominis sive inquilinis suadebitur, ut aulaeis aut tapetis convenientibus exornent fenestras et podia suarum aedium, ante quas praeteribit processio.

125. Deligentur ecclesiastici aliquot, qui iuxta ordinem praecedentiae a Metropolitano constitutum, instruent et conducent processionem. Confraternitates possent recitare Rosarium B. V. si difficile ipsis esset cantare hymnos et psalmos praefinitos. Clerus regularis et saecularis cantabunt hymnos et psalmos, ut supra. Quapropter unus ex ecclesiasticis antedictis, in ordinandis respectivis collegiis, tradet singulis individuis libellum typis excusum, qui continebit preces cantandas aut recitandas.

126. Episcopi suffraganei, nisi hospitio excepti essent in palatio Metropolitani, advertent convenire priusquam fiat initium processionis, qua inchoata, posset eorum accessus in curru perturbationem aliquam afferre, nisi forte accessus alter peculiaris esset, quo uti possent in circumstantia ista.

127. In Sacello Archiepiscopatus locum sument Canonici Metropolitanae sacris paramentis induti et Canonici Cathedralium suffraganearum, si locus fuerit satis capax, sin minus, immorabuntur in aulis attiguis.

128. Nihilominus in eodem Sacello aderunt duo Diaconi assistentes, Presbyter assistens, Diaconus et Subdiaconus, clerici allaturi paramenta ad Metropolitanum, duo Cappellani a mitra et a baculo et Subdiaconus, qui Crucem deferet in processionem, praeter Episcopos suffraganeos, ut inferius docebitur, quibus sui Cappellani assistent.

129. Clericus unus ex abaco accipiet vasculum et subsistet a dextra aditus ipsius Sacelli, ubi etiam aderit dignior Capituli Metropolitani, porrecturus aspersorium Archiepiscopo. Item thuriferarius advertet ut in promptu sit thuribulum cum igne.

130. Episcopi suffraganei induti rocheto et mozzeta convenient in procoetonem Metropolitani.

131. Caeremoniarius, cum tempus erit, invitabit Metropolitanum, ne interrumpatur processio, vel ne Metropolitanus ipse nimium expectet postquam paratus erit.

132. Itaque Caeremoniarius nunciabit Metropolitano initium faciendum esse functionis, et Metropolitanus indutus rocheto ac mozzeta, aliquem obsequii actum praestabit Episcopis suffraganeis, deinde mozzeta dimissa, induetur cappa.

133. Procedetur ad Sacellum Archiepiscopatus ordine sequenti :

134. Anteibunt familiares nobiles Metropolitani ; Crucifer indutus crocea, qui gestabit Crucem archiepiscopalem, Metropolitanus sequente caudatario crocea et superpellicio indutus, qui extremitatem posteriorem eius cappae sustentabit; Episcopi suffraganei induti rocheto ac mozzeta, qui bini incedent, seniores autem propiores Metropolitano: antiquitas Episcoporum desumitur ex eorum in Consistorio electione, a lateribus Episcoporum incedent bini Cappellani superpellicio induti.

135. Canonici Metropolitanae, iam parati vestibus sacris, praesto erunt in Sacello, si capax fuerit, vel in cubiculo ante illud sito. Idem fiet a Procuratoribus seu Repraesentantibus Cathedralium suffraganearum.

136. Metropolitanus, quum venerit ad fores Sacelli, accipiet aspersorium a digniore Capituli, quo signabit seipsum, deinde porriget attingendum singulis Episcopis, postremo adstantes extra et intra Sacellum asperget.

137. Ingressus in Sacellum Metropolitanus geniculabit in pulvino super gradum infimum praeparato. Episcopi suffraganei genua submittent versus Altare ante scamnum sibi praeparatum. Crucifer tradet Crucem archiepiscopalem Subdiacono parato, qui aderit ibi prope latus Evangelii. Cappellani Episcoporum

suffraganeorum subsistent apud abacum, in quo disposita erunt paramenta Episcoporum eorumdem.

138. Metropolitanus, brevi facta oratione, assurget, reverentiam faciet ad Crucem Altaris, dein inclinationem ad Episcopos, qui consurgent eiusque salutationi respondebunt.

139. Postea Metropolitanus accedet ad faldistorium, ibique sedebit, versis humeris ad Altare. Cubicularius se sistet post faldistorium, cappam recepturus.

140. Diaconus et Subdiaconus venient ante Metropolitanum, reverentia ipsum honorabunt et consistent a lateribus eius, nempe Diaconus a dextris, Subdiaconus a sinistris, versis humeris ad Altare.

141. Hoc tempore distribuentur paramenta clericis, qui peragent eadem, quae notata sunt in Missa pontificali cap. IX. lib. V.

142. Metropolitanus, adiuvantibus Ministris sacris praedictis, dimittet cappam eamque recipiet Cubicularius, qui vestis eius extremitatem posteriorem expediet. Idem cubicularius meminerit complicare cappam ipsamque in promptu habere in Sacrario, peracta functione.

143. Diaconus, adiuvante Subdiacono, induet Metropolitano amictum, albam, cingulum, Crucem pectoralem, stolam et pluviale, cui apponetur formale.

144. Dum parabitur Metropolitanus, Cappellani Episcoporum suffraganeorum accipient ex abaco paramenta et haec deferent ad eos cum debitis reverentiis: unus tamen e cappellanis deferet paramenta, alter comitabitur eum. Episcopi consurgent: adiuvante Cappellano, qui paramenta non sustinebit, dimittent mozzetam, deinde eodem adiuvante induent amictum et pluviale, accipient manu mitram iterumque sedebunt. Cappellani, manebunt apud ipsos et advertent ut accipiant respectivam mozzetam, tradituri eam alicui familiarium, ut in promptu sit in fine functionis.

145. Diaconus mitram pretiosam imponet Metropolitano, ac tum etiam Episcopi suffraganei sibi ipsi imponent mitram auriphrygiatam. Diaconus et Subdiaconus reverentiam conficient ad Metropolitanum ac recedent, Diaconus ad locum

suum inter Canonicos et Subdiaconus consistet prope Altare. Succedent in assistentiam Archiepiscopi duo Diaconi assistentes et Presbyter assistens.

146. Se sistet Metropolitano thuriferarius, qui navicula tradita Presbytero assistenti, praesentabit genuflexus thuribulum apertum. Metropolitanus, ministrante Presbytero assistente, imponet in thuribulum incensum, quod benedicet cum formula usitata *Ab illo benedicaris* etc.

147. Praesto erunt apud Altare duo Cappellani cum libro et scotula.

148. Metropolitanus baculum sinistra accipiet, assurget et procedet ante Altare, medius inter Diaconos assistentes, qui fimbrias pluvialis eius attollent, caudatarius autem syrmam vestis eius sustentabit.

149. Episcopi suffraganei consurgent ac mitram de capite dimittent, quando mitra exuetur Metropolitanus.

150. Metropolitanus ante Altare quum venerit, dimittet baculum. Subdiaconus ei submissa voce praecinet hymnum *Veni creator Spiritus*, dein se recipiet ad locum suum inter Canonicos Subdiaconos.

151. Metropolitano secundus Diaconus assistens exuet mitram, Diaconus primus pileolum.

152. Metropolitanus stans in pedes, ex libro sustento a Presbytero assistente intonabit hymnum *Veni creator Spiritus* et immediate geniculabit super pulvinum ibi praeparatum. Cum Metropolitano congeniculabunt ceteri omnes, comprehenso Presbytero assistente, qui librum claudet et procumbet in genua a dextris primi Diaconi assistentis. Etiam Episcopi suffraganei dimittent pileolum.

153. A cantoribus continuabitur cantus hymni.

154. Cantatis primis quatuor versibus, seu stropha prima absoluta, consurgent omnes.

155. Diaconus primus reponet Metropolitano pileolum et mitram pretiosam. Episcopi suffraganei sibi reponent pileolum et mitram auriphrygiatam. Presbyter assistens ad locum suum inter Dignitates redibit.

156. Si aderit Magistratus, ille qui primas in Magistratu obtinet, sustentabit extremitatem vestis Metropolitani in processione et monebitur a Caeremoniario, ut praesto sit in Sacello ad hoc officium praestandum.

157. Metropolitanus et Suffraganei discedent in ordinem processionis, quae tractabitur methodo seguenti.

158. Praecedent Confraternitates laicorum cum signis respectivis, et ordine antiquitatis, qui ad singulas spectat, recitantes Rosarium, vel psalmos praescriptos cum animadversione superius notata: sequentur Collegia Regularium urbana, quae procedent servato ordine praecedentiae ex Constitutione Gregorii XIII alias citata; singula deferent Crucem propriam ornatam panno rubri coloris et cantabunt preces statutas: post Regulares locum sumet Magistratus: succedent clavigeri Metropolitanae, siqui erunt, et post ipsos incedent Officiales Concilii videlicet Ostiarii, Notarii, Canonistae ac Theologi, unusquisque indutus habitu talari vel alio, cuius usu gaudebit, si tamen addicti essent vel omnes, vel partim Capitulo Metropolitanae sive Cathedralium suffraganearum, locum sument inter Capitulum proprium: Procuratores, seu repraesentantes Cathedralium suffraganearum cum suis insignibus; post Officiales, Seminarium, tum Parochi, Mansionarii seu Beneficiarii Metropolitanae, unusquisque cum respectivis insignibus; thuriferarius cum thuribulo: Subdiaconus paratus gestans Crucem archiepiscopalem medius inter duos Acolythos sustinentes candelabra cum cereis: Procuratores Episcoporum absentium, qui supra superpelliceum induent amictum et pluviale rubri coloris, capite cooperto bireto, et incedent iuxta ordinem praecedentiae, quae debetur eorum repraesentatis: Abbates induti superpellicio, amictu et pluviali rubro, gestantes capite mitram lineam albi coloris et incedent cum ordine antiquitatis vel iuxta privilegia suis Congregationibus monasticis concessa: Canonici Metropolitanae distincti paramentis in respectivis ordinibus et inter Subdiaconos incedet Subdiaconus ministrans, itemque inter Diaconos locum sumet Diaconus ministrans: Dignitates Metropolitanae, in quibus loco suo Presbyter assistens: Episcopi suffraganei, quibus duo Cappellani superius nominati adstabunt prope latus seu dexterum sive sinistrum, prout incedent dextrorsum

aut sinistrorsum : Metropolitanus paratus, ut supra qui dextra benedicet adstantes ac sinistra sustinebit baculum pastoralem; incedet medius inter Diaconos assistentes, qui sustentabunt eius fimbrias pluvialis, sequente Caudatario et uno etiam ex Repraesentantibus Magistratus, de quo supra, qui sustentabit extremitatem posteriorem pluvialis et vestis eius: duo Cappellani a mitra et a baculo, et reliqui duo a libro et a scotula ac nobilis familia Metropolitani. Processionem claudent Praelati, si qui aderunt, quos sequetur populus devotus qui Rosarium recitabit.

159. Si processio stationem factura sit in aliqua ecclesia quae occurret in itinere, observabitur quod traditum est in processione Litaniarum maiorum lib. II. cap. XXIX. num. 50. et seq.

160. Quum processio ad Metropolitanam pervenerit, Confraternitates et Clerus regularis ordinatim disponentur in navibus lateralibus et nave principali: Clerus saecularis, genuflexione facta ad SS. Sacramentum, se recipiet in chorum et occupabit locum, qui attribuetur ei.

161. Postquam in ecclesiam ingressus erit Metropolitanus, Clerus regularis dissolvetur, Confraternitates autem cum signis suis revertentur ad proprias ecclesias sive oratoria.

162. Clerus, qui incedet prope Crucem, accedet ad Sacellum SS. Sacramenti ibique in ordinem disponetur iuxta capacitatem loci. Episcopi dimittent mitram et pileolum eaque sustinebunt manu et procedent ad genuflexorium sibi praeparatum. Metropolitanus, ante faldistorium ubi venerit, deponet baculum, eique a secundo Diacono tolletur mitra, a Diacono primo, pileolus. Deinde Metropolitanus, Episcopi et reliqui genuflexionem conficient in pavimento sine pulvino, tum congeniculabunt loco quisque suo et brevi orabunt ante SS. Sacramentum: Diaconi assistentes meminerint super faldistorium extendere fimbrias pluvialis Metropolitani.

163. Innuente Caeremoniario, assurget Metropolitanus cum ceteris omnibus et simul conficient, ut supra, genuflexionem ad SS. Sacramentum. Diaconus primus pileolum et mitram reponet Metropolitano, qui sinistra resumet baculum pasto-

ralem: Episcopi etiam suffraganei sibi reponent pileolum et mitram.

164. Processio dirigetur ad Altare primarium.

165. Thuriferarius, genuflexione facta ad Altare, recedet ad thuribulum deponendum: item Acolythi, genuflexione ad Altare facta, accedent ad abacum ibique candelabra deponent: Crucifer deferet Crucem ad latus Evangelii, firmabit eam in sua basi ibique consistet: Canonici, facta ad Crucem reverentia, venient ad scamna sibi praeparata, Diaconus autem cum Subdiacono ad scamnum suum prope latus Epistolae et Presbyter assistens in chorum seu stallum cum ceteris Canonicis. Episcopi in ingressu presbyterii efficient lineam aequalem inter se divisi et medium accipient Metropolitanum ac procedent ante Altare. Ibi Metropolitanus dimittet baculum, mitra nudabitur a Diacono secundo et Episcopi sibi ipsi mitram capiti exuent: reverentiam iunctim ad Crucem conficient et geniculabunt in pulvinis positis super gradum infimum Altaris. Diaconi assistentes genua submittent in pavimento a tergo Metropolitani, ceteri autem omnes quo loco aderunt.

166. Interim duo Cappellani a libro et a scotula accipient ex abaco canonem et scotulam et praesto erunt apud thronum. Cappellanus a mitra, receptam mitram pretiosam deponet super Altare et accipiet alteram auriphrygiatam. Cubicularius Metropolitani aderit prope abacum. Repraesentans Magistratus relinquet caudatario syrmam vestis Metropolitani et se recipiet ad locum suum extra presbyterium.

167. Metropolitanus cum Episcopis de oratione assurget et cum ipso ceteri omnes de Clero. Metropolitanus et Episcopi salutabunt Crucem. Diaconus primus imponet mitram auriphrygiatam Metropolitano, qui sinistra recipiet baculum pastoralem. Episcopi sibi ipsi mitram reponent.

168. Metropolitanus et Episcopi se ad invicem salutabunt ac dirimentur: Metropolitanus accedet ad thronum et Suffraganei ad scamnum sibi praeparatum.

169. Metropolitanus priusquam ascendat in thronum, benedicet Clerum, tum conscenso throno, sedebit et baculum dimittet.

170. Praesto erunt clerici duo remoturi pulvinos de infimo gradu Altaris eosque ponent seorsim, reposituri ipsos in fine sessionis.

171. In promptu etiam erunt clerici recepturi paramenta archiepiscopalia.

172. Statim ac sederit in throno Metropolitanus, se sistent ei Cappellani cum libro, et scotula; ipse autem sedens semper neque unquam dimittens mitram, recitabit preces ad praeparationem Missae.

173. Sedente ut supra, Metropolitano, Subdiaconus ex abaco accipiet caligas cum sandaliis et comitatus a Caeremoniario, a clericis quatuor et a Cubiculario Metropolitani ipsius ascendet ad thronum, ibique more solito induentur Metropolitano caligae et sandalia, ut in Missa pontificali traditum est cap. IX. lib. V.

174. Interea dum Metropolitano induentur caligae et sandalia, Caeremoniarius alter paramenta distribuet clericis designatis, qui tempore debito illa deferent ad thronum, idem fiet a Subdiacono, qui afferre illuc debebit S. Pallium.

175. Praesto erunt etiam Ministri lotionis, praesertim si hunc obsequii actum praestiturus esset Magistratus.

176. Quum recitationem precum ad Missae praeparationem peregerit Metropolitanus, ascendet ad thronum Presbyter assistens, qui Metropolitano tollet annulum, deinde porriget mantile ad manus abstergendas.

177. Ascendent ad thronum Ministri lotionis, et Diaconi assistentes sublevabunt fimbrias pluvialis Metropolitani, qui lavabit manus.

178. Episcopi suffraganei consurgent, mitram capite retinentes, Canonici, Abbates, Procuratores Episcoporum absentium et ceteri Praelati, siqui aderunt, consurgent capite nudato, ceteri omnes in genua procumbent ad actionem antedictam; quod etiam exsequentur in reliquis tribus lotionibus, videlicet ad offertorium, post thurificationem Oblatorum et post Communionem.

179. Profectis de throno Ministris lotionis, Caeremoniarius signum dabit Canonicis, ut descendant ad circulum, dum

parabitur Metropolitanus. Episcopi suffraganei et reliqui Praelati, qui aderunt, considebunt.

180. Ascendent ad thronum Diaconus et Subdiaconus, sequentibus clericis afferentibus paramenta missalia; Presbyter assistens redibit ad locum suum et Diaconi assistentes recedent aliquantulo, non tamen de throno discedent.

181. Diaconus exuet mitram et formale Metropolitano, deinde adiuvante Subdiacono, exuet etiam pluviale.

182. Cappellanus a mitra advertet, ut referat ad Altare auriphrygiatam et accipiat pretiosam: clericus unus portabit ad abacum formale et pluviale, rursus adhibendum post Missam.

183. Diaconus, adiuvante Subdiacono, induet Metropolitano tunicellam, dalmaticam, chirothecas et planetam, deinde S. Pallium cum spinulis, postremo eius capiti imponet mitram pretiosam.

184. Parato Metropolitano, Canonici cum reverentiis consuetis ad subsellia se recipient.

185. Discedent de throno cum debitis reverentiis Diaconus et Subdiaconus et accedent ad abacum, ubi adiuvantibus Acolythis, sibi inducent brachio sinistro manipulum et Subdiaconus accipiet Evangeliarium, in quo aderit manipulus Metropolitani et sustinebit illud ante pectus, utraque manu extremitatibus inferioribus libri applicita.

186. Profectis duobus praedictis Ministris, accedent ad assistentiam duo Diaconi. Presbyter assistens redibit ad thronum, cum osculis consuetis annulum inseret digito annulari dextero Metropolitani et restabit prope dexteram eius.

187. Postquam sacri Ministri manipulum assumpserint, ut supra, revenient cum debitis reverentiis ad assistentiam, ascendent in planum throni, Diaconus subsistet a sinistris Metropolitani et Subdiaconus a sinistris Diaconi.

188. Metropolitanus baculum sinistra accipiet, assurget ac descendet de throno, adstantibus ei Presbytero assistente a dextris, Diacono a sinistris et a sinistris Diaconi Subdiacono. Duo Diaconi assistentes incedent a lateribus Metropolitani aliquantulo post: Caudatarius sustentabit syrmam vestis eius: duo Cappellani a mitra et a baculo ibunt post Diaconos assi-

stentes et reliqui duo a libro et a scotula post praedictos a mitra et a baculo.

189. Quum descendet de throno Metropolitanus, simul cum Ministris et Assistentibus suis salutabit Suffraganeos, qui consurgentes, pari salutatione respondebunt ei: tum Metropolitanus ipse benedicet Clerum, accedet ad Altare et Sacrum solemne inchoabitur, quod peragetur ritibus descriptis eodem cap. IX. lib. V.

190. Episcopi Suffraganei, mitram sibi dum vel imponent vel exuent, congruent cum Metropolitano, mitramque retinebunt etiam cum sedebunt offertorii tempore ante incensationem.

191. Item Suffraganei recitabunt inter se Confessionem, *Kyrie, Gloria* etc. ut fiet a ceteris in choro.

192. Dum cantabitur ℣. *Veni Sancte Spiritus, reple* etc. quoad genuflexionem observabitur quod traditum est die festo Pentecostes cap. XXX. num. 4. libri huius.

193. Unusquisque Episcopus suffraganeus poterit habere ad pedes sedentem Cappellanum superpellicio indutum, qui ipsi assistat, quemque esse peritum oportet, ut sciat ei tempore opportuno suggerere quae sint agenda.

194. Thurificatio autem tractabitur modo sequenti. Diaconus, ministrans Altari thurificabit triplici ductu Metropolitanum, duplici ductu Presbyterum assistentem, Diaconum primum assistentem, et Diaconum secundum. Accedet dein ad chorum ac triplici ductu adolebit singulos Episcopos suffraganeos, qui postquam incensati fuerint capite nudato, nisi inceptus erit cantus praefationis, sedebunt et mitram sibi rursus capiti imponent, Diaconus idem incensabit Dignitates et Canonicos Metropolitanae, tum Abbates, Procuratores Episcoporum absentium, postea ceteros Praelatos, siqui aderunt, singulos duplici ductu: redibit ad Altare et adolebit Subdiaconum duplici ductu, ac thuribulo tradito thuriferario vel Caeremoniario alicui, se recipiet ad locum suum et ipse duplici ductu incensabitur.

195. Idem deinde seu Caeremoniarius sive thuriferarius accedet ad chorum et adolebit uno tantum ductu Canonicos procuratores seu repraesentantes Cathedralium suffraganearum

ceterosque Concilii Officiales, nempe Theologos, Canonistas, Promotores, Secretarios etc. tum Mansionarios seu Beneficiarios Metropolitanae. Postea praeteriens incensabit clericos Seminarii et si qui alii aderunt, postremo populum.

196. Relate ad Magistratum et publicos Repraesentantes servabitur methodus laudabiliter recepta in unaquaque ecclesia.

197. In donanda Pace, Presbyter assistens accipiet illam a Metropolitano, qui praebebit eamdem Diaconis assistentibus et Ministris sacris, ut in aliis Missis pontificalibus. Presbyter assistens veniet in chorum et pacem donabit primo Episcopo suffraganeo, primae Dignitati, primo Canonico Presbytero, primo Canonico Diacono, primo Canonico Subdiacono, primo Abbati, primo Procuratori Episcoporum absentium et primo Praelato, si aderit; deinde unusquisque successive communicabit eam Collegis suis.

198. Reversus apud Altare Presbyter assistens pacem donabit uni ex Caeremoniariis, qui afferet illam primo Canonicorum repraesentantium Cathedralium suffraganearum, primo Theologorum seu Canonistarum, primo ceterorum Officialium, primo Mansionariorum et Seminario, ordine consueto.

199. Quod ad Magistratum, servabitur methodus recepta, eique pax donabitur cum Instrumento usitato.

200. Postquam Diaconus cantaverit *Ite Missa est*, Metropolitanus ad Altare conversus recitabit orationem *Placeat tibi* etc. et osculabitur Altare.

201. Diaconus exuet S. Pallium Metropolitano, qui benedictionem omittens signabit Altare ac seipsum et incipiet recitare Evangelium S. Ioannis *In principio erat Verbum* etc.

202. Diaconus reponet mitram pretiosam Metropolitano, qui baculum sinistra recipiens, recta perget ad thronum, recitans praedictum Evangelium, ibique complebit.

203. Ministri comitabuntur Metropolitanum venientem ad thronum, ut in accessu ad Altare, eumque sequentur clerici, relaturi ad Altare paramenta missalia. Clericos istos sequentur alteri clerici duo, quorum unus portabit pluviale Metropolitani, alter ipsius formale.

204. Ministri ad thronum quum venerint, dimittent ma-

nipulum, quem tradent clericis. Tum Diaconus exuet Metropolitano mitram, Subdiaconus manipulum : postmodum Diaconus idem, adiuvante Subdiacono exuet Metropolitano planetam, dalmaticam ac tunicellam, deinde induet eum pluviali, cui applicabit formale, eique reponet mitram pretiosam.

205. Duo praedicti Ministri reverentia Metropolitanum honorabunt, descendent de throno et revertentur ad scamnum suum prope Altare.

206. Interim se sistent Metropolitano duo Cappellani cum scotula et canone, ex quo ille leget ant. *Trium puerorum* cum cantico *Benedicite* et orationes quae sequuntur.

207. Quum ad locum suum venerint Ministri, Diaconus sedebit scamno et Subdiaconus accipiet ex abaco vela et comitatus a Caeremoniario, a clericis quatuor et a cubiculario Metropolitani, redibit cum debitis reverentiis ad thronum, ubi Metropolitano exuentur sandalia et caligae eique a cubiculario suo reponentur calceamenta usualia.

208. Subdiaconus, cum eodem ut supra comitatu, redibit ad abacum in quo deponet caligas et sandalia, tum reveniet ad scamnum et sedebit cum Diacono.

209. Subdiacono de throno profecto, cessabit Metropolitanus a recitandis precibus : Cappellani a libro et scotula, relicto canone super abaco, accipient pontificale et accedent prope faldistorium positum in exitu consessus.

210. Dum Metropolitanus dimittet caligas, clerici duo advertent, ut ponant faldistorium cum scabellis duobus in fine consessus et alterum faldistorium simile cum scabellis statuant in suppedaneo Altaris, vel ante Altare, si hoc versum esset ad populum, vel si locus consessus esset totaliter seiunctus a Presbyterio. Meminerint etiam apponere pulvinum ad genuflectendum prope utrumque faldistorium.

211. Quum omnia disposita fuerint, Metropolitanus, baculo sinistra sumpto, de throno descendet, salutabit Episcopos, qui consurgent, reverentiam ad Altare faciet, benedicet Clerum, qui et ipse stabit in pedes, et veniet sessum ad faldistorium positum in exitu consessus : adstabunt ipsi a lateribus Diaconi assistentes, qui fimbrias pluvialis eius sustine-

bunt, sequente caudatario, qui vestis eius extremitatem posteriorem sustentabit, ac duobus Cappellanis a mitra et a baculo.

212. Promotores, Secretarius et Notarius, dum de throno descendet Metropolitanus, accedent ad mensas officio suo designatas et retinebunt habitum, quo quisque erit indutus.

213. Si locus consessus erit totaliter seiunctus a presbyterio, Clerus ordinatim se movebit et unusquisque occupabit locum sibi attributum. Subdiaconus Crucifer advertet hoc casu, ut deferat Crucem ante Metropolitanum eamque, postquam pervenerit ad faldistorium, collocabit in capite consessus a latere.

214. Quum Metropolitanus venerit ad faldistorium, sedebit humeris versis ad portam ecclesiae, facie autem versa ad consessum et Altare, ac dimittet baculum.

215. Accedet ad Metropolitanum Subdiaconus eique praecinet ant. *Exaudi nos, Domine.*

216. Diaconus secundus tollet mitram Metropolitano et clericus unus apponet ipsi pulvinum, in quo genuflexurus erit. Metropolitanus ex libro, quem ei sustinebit Cappellanus, intonabit ant. *Exaudi nos*, *Domine* et immediate geniculabit super pulvinum. Cum eo procumbent in genua cuncti assistentes et omnes ii qui aderunt in consessu, non excepto Cappellano a libro, qui intonata a Metropolitano antiphona, statim claudet librum et geniculabit loco suo.

217. Chorus cantorum prosequetur cantum antiphonae qua absoluta, intonabit psalmum *Salvum me fac, Deus*, qui alternatim cantabitur a Clero.

218. Cappellanus a mitra advertet ut mitram pretiosam afferat ad Altare, accipiat auriphrygiatam et redeat apud Metropolitanum.

219. Post primum psalmi versiculum, Metropolitanus assurget et sedebit faldistorio : Clerus etiam et Assistentes consurgent atque unusquisque respective sedebit et cooperiet caput.

220. Diaconus primus mitram auriphrygiatam reponet Metropolitano, statim ac sederit, et Diaconi assistentes sedebunt a lateribus eius in scabellis suis.

221. Post psalmum a cantoribus eadem antiphona in cantu repetetur.

222. Supervacuum esse ducimus monere, ut Episcopi suffraganei retineant mitram capite, quando retinebitur a Metropolitano, ut superius ad Missam monitum est.

223. Repetita a cantoribus antiphona, secundus Diaconus mitram exuet Metropolitano, qui assurget et ceteri omnes cum eo consurgent.

224. Metropolitanus e libro sustento a Cappellano, cantabit tono feriali orationem *Adsumus, Domine Sancte Spiritus* etc. non praemittens *Oremus*. Responso *Amen* a Clero rursus Metropolitanus cantabit tono feriali *Oremus. Omnipotens sempiterne Deus* etc.

225. Post orationem Metropolitanus sedebit iterumque cooperietur mitra auriphrygiata a Diacono primo assistente. Deinde assurget et clerici duo statuent ante eum faldistorium cum pulvino in quo geniculabit et procumbet super faldistorium. Diaconi assistentes animadvertent ad extendendas super faldistorium fimbrias eius pluvialis. Ceteri omnes suo quisque loco geniculabunt.

226. Cantores duo, genibus flexis in uno ex lateribus consessus, immediate incipient cantum Litaniarum, quibus respondebit Clerus cum adstantibus, easque prosequentur usque ad ℣ *Ut omnibus fidelibus defunctis* etc. inclusive.

227. Hoc versiculo cantato, assurget Metropolitanus cum iis assistentibus, quibus opus est ad actionem istam, ceteris omnibus manentibus genuflexis, et baculo sinistra sumpto, benedicet Concilium, eodem tono cantans *Ut hanc praesentem Synodum* etc. Responso ab adstantibus *Te rogamus* etc. dimittet baculum iterumque procumbet super faldistorium, geniculantibus etiam illis, qui consurrexerant cum eo.

228. Cantores recipient cantum Litaniarum ad ℣. *Ut nos exaudire digneris* et prosequentur usque ad finem.

229. Post cantum Litaniarum Metropolitanus assurget omnesque adstantes cum ipso.

230. Clerici duo removebunt faldistorium cum pulvino, quo usus erit Metropolitanus, et reponent illud quo loco prius erat.

231. Diaconus secundus assistens exuet mitram Metropolitano qui cantabit *Oremus*. Primus Diaconus assistens cantabit *Flectamus genua*, et genuflectent omnes, exceptis Metropoli-

tano ac duobus Cappellanis a libro et scotula. Secundus Diaconus assistens immediate subiunget *Levate*, omnesque consurgent. Metropolitanus cantabit tono feriali orationem *Da, quaesumus, Ecclesiae tuae* etc.

232. Advertet thuriferarius, ut in promptu habeat thuribulum; duo autem Acolythi manipulum brachio inducent Diaconi et Subdiaconi.

233. Post orationem sedebit Metropolitanus eique a primo Diacono assistente reponetur mitra auriphrygiata deinde baculum sinistra accipiet, assurget ac medius inter Diaconos assistentes, sequentibus Cappellanis supra nominatis, procedet ad Altare. Transiens per consessum benedicet Clerum et salutabit Episcopos suffraganeos; progressus ante Altare, reverentiam ad Crucem faciet, sedebit faldistorio ibi praeparato et baculum dimittet.

234. Diaconus, qui ministraverit in Missa, discedet de loco suo, veniet ante Metropolitanum. Interim Presbyter assistens accedet ad Altare et consistet prope dexteram Metropolitani. Thuriferarius sequetur Diaconum, deferens thuribulum et naviculam.

235. Ubi Diaconus osculatus erit Metropolitani manum, thuriferarius cum debitis genuflexionibus se sistet Metropolitano et naviculam tradet Presbytero assistenti. Thuriferarius genibus flexis thuribulum praesentabit Metropolitano, qui cum benedictione usitata imponet incensum, a Presbytero assistente ministratum. Thure imposito, thuriferarius recipiet naviculam a Presbytero assistente, seque adiunget ceteris Ministris, ut infra.

236. Presbyter assistens manebit prope dexteram Metropolitani.

237. Diaconus ad abacum reversus, accipiet Evangeliarium cumque ipso coibunt Subdiaconus et Acolythi candelabra gestantes. Venient iunctim ante Metropolitanum eisque se adiunget thuriferarius. Diaconus benedictionem a Metropolitano petet, deinde cantabit Evangelium eodem ritu quo in Missis solemnibus.

238. Diaconus secundus mitram exuet Metropolitano, qui ad cantum Evangelii assurget et baculum iunctis manibus re-

tinebit, ut in Missis solemnibus. Postquam autem Diaconus cantaverit Evangelium, Metropolitanus baculum dimittet.

239. Subdiaconus afferet S. Textum osculandum Metropolitano, qui manus imponet libro et dicet *Per Evangelica dicta* etc. Subdiaconus librum claudet ac reverentia facta, redibit ad locum suum et librum tradet clerico alicui.

240. Diaconus cum Acolythis, dum Subdiaconus librum afferet, ut supra ad Metropolitanum, redibunt ad locum suum cum debitis reverentiis aut genuflexionibus.

241. Ascendente ad Metropolitanum Subdiacono, descendet de Altare Presbyter assistens eique se adiunget thuriferarius, a quo ille accepto thuribulo, triplici ductu incensabit Metropolitanum. Thuriferarius adstabit Presbytero assistenti dextrorsum eiusque attollet fimbriam dexteram pluvialis, dum thurificabit.

242. Metropolitanus postquam thurificationem acceperit, benedicet Presbyterum assistentem, qui se recipiet ad stallum suum inter Canonicos. Thuriferarius deponet thuribulum, quo non opus est amplius ad functionem istam.

243. Acolythi, postquam super abacum, candelabra reposuerint, advertent ut exuant Diacono et Subdiacono manipulos, quos pariter super abacum reponent.

244. Metropolitanus convertetur versus Altare et clericus unus ponet ante faldistorium pulvinum, in quo geniculabit Metropolitanus ipse et intonabit hymnum *Veni creator Spiritus*, quem Clerus in cantu prosequetur. Ante intonationem primus Diaconus assistens tollet ei pileolum.

245. Ad intonationem hymni cum Metropolitano in genua procumbent adstantes omnes, qui perstabunt genibus flexis ad primos quatuor versus, idest ad cantum totius strophae primae.

246. Post primam stropham, Diaconus primus reponet pileolum Metropolitano, qui assurget ac stabit ad Altare conversus, dum totus cantabitur hymnus. Item consurgent adstantes omnes.

247. A clerico uno tolletur pulvinus, in quo geniculaverit Metropolitanus.

248. Absoluto cantu hymni, Metropolitanus sedebit faldistorio, eique a primo Diacono reponetur mitra auriphrygiata.

249. Se sistent Ostiarii in aditu consessus, et cantato *Extra omnes*, populus de ecclesia dimittetur, claudentur portae, earumque custodia Ostiariis ipsis committetur.

250. Portis ecclesiae clausis, Metropolitanus baculum sinistra accipiet, assurget, descendet de Altari et comitantibus Diaconis assistentibus ac sequentibus Caudatario et duobus Cappellanis a mitra et a baculo, accedet ad pulpitum. Priusquam illuc ascendat, dimittet baculum, ac si locus in pulpito non erit Diaconis, ipsi recedent sessum ad subsellia sua inter Canonicos. Metropolitanus pulpito sedens sermonem analogum ad Patres Concilii exordietur.

251. Post sermonem redibit Metropolitanus ad Altare cum eodem, ut supra, comitatu, sedebit faldistorio, dimittet baculum et a clericis duobus ante eum statuetur mensa in antecessum praeparata.

252. Caeremoniarius in eo ponet decreta, quae divisa erunt ordine publicationis, insuper et responsa ab Episcopo emittenda.

253. Clericus unus basim statuet in medio consessus et Subdiaconus illuc afferet Crucem archiepiscopalem, quam in basi firmabit, imagine Crucifixi ad Metropolitanum versa; tum uterque se recipiet ad locum suum.

254. Se sistet Metropolitano Secretarius cum uno e Caeremoniariis, et ab illo recipiet decretum de inchoando Concilio.

255. Generatim, quotiescumque Promotores vel Secretarius se sistent Metropolitano, comitabuntur eos unus ex Caeremoniariis et quatuor etiam clerici atque unusquisque eorum reverentiam conficiet vel genuflexionem ad Metropolitanum dum vel accedet ad ipsum vel ab ipso discedet.

256. Secretarius, recepto decreto, ascendet super ambonem ibique stans capite nudato publicabit nomine Metropolitani decretum de inchoando Concilio. Postea Secretarius ipse de ambone descendet, Notarius et unus ex Caeremoniariis coibit cum eo et venient ante Episcopos suffraganeos, vota collecturi. Singuli Episcopi mediocri voce dicent *Placet*. Id ipsum observabunt deinceps quotiescumque sententiam suam roga-

buntur; quod si quis contrariae sententiae esset, dicet *Non placet.*

257. Votis collectis, accedent ad Metropolitanum et ad eum referent de votis.

258. Metropolitanus elata voce dicet *Decretum placuit omnibus Patribus: itaque decernimus primae* (vel secundae, tertiae etc.) *Provincialis nostrae Synodi initium fieri et iam factum esse.*

259. Notarius redibit ad locum suum et Secretarius a Metropolitano recipiet reliqua decreta publicanda in antecessum Concilii, eaque erunt 1. *De ratione vivendi in Synodo* etc. 2. *De ministris synodalibus.* 3. *De praeiudicio non afferendo* 4. *De non discedendo.*

260. Secretarius redibit super ambonem et publicabit decreta, de quibus supra. Titulos illorum leget stans et capite nudato, decreta vero ipsa leget sedens et capite cooperto. Postquam decreta legerit, assurget capite nudato et rogabit sententiam Episcopos, dicens *Reverendissimi Patres, placentne vobis haec decreta?* et de ambone descendet.

261. Secretarius et Notarius cum uno ex Caeremoniariis accedent simul ad Episcopos eosque sententiam rogabunt.

262. Revertentur ad Metropolitanum et referent ad eum de votis Episcoporum; ipse autem elata voce dicet *Decreta placuerunt Patribus, ideoque agendae sunt Deo gratiae* Episcopi elata pariter voce dicent *Deo gratias.*

263. Post haec Notarius se recipiet ad locum suum et Promotores coeuntes cum Secretario accedent ad Metropolitanum. Promotor primus instantiam faciet pro vocatione Patrum aliorumque, qui ius habere possunt interveniendi Concilio.

264. Metropolitanus respondebit *Ita decernimus et declaramus* ac decretum tradet Secretario.

265. Promotores ad locum suum redibunt, Secretarius autem ascendet super ambonem et publicabit decretum *de vocatione Patrum.*

266. Post publicationem decreti, de ambone descendet Secretarius et redibit ad locum suum.

267. Notarius veniet prope Metropolitanum, suum ferens elenchum Episcoporum eosque vocabit nominatim cum respectivis ipsorum titulis. Singuli Episcopi, non assurgentes, respondebunt *Adsum*, quod etiam fiet ab Abbatibus ordinariis dependentibus a Metropolitano, si aderunt. Absente Episcopo aliquo, respondebit eius Procurator qui praesens erit.

268. Si quis eorum, qui Concilio debent intervenire, forte abesset, Promotores revenient ante Metropolitanum et primus illorum instantiam faciet contra absentes.

269 Metropolitanus respondebit *Admittimus et committimus*.

270. Deinde Promotores iidem instantiam facient pro denunciatione secundae sessionis.

271. Metropolitanus respondebit *Habeatur Reverendissimorum Patrum sententia*.

272. Secretarius ascendet super ambonem ibique stans capite nudato, ut superius de aliis decretis notatum est, rogabit Episcopos de sessione secunda et descendet de ambone.

273. Secretarius cum Notario coibit, simulque accedent ad Episcopos collecturi vota, deinde referent ad Metropolitanum.

274. Secretarius accipiet decretum, Notarius redibit ad locum suum.

275. Secretarius ascendet in ambonem et publicabit decretum, quo indicetur secunda sessio.

276. Idem de ambone descendet et se recipiet ad locum suum.

277. Promotores cum Notario se sistent Metropolitano. Promotor primus instantiam faciet pro confectione actorum. Notarius respondebit *Conficiam*.

278. Reserabitur porta ecclesiae et clerici duo amovebunt mensam positam ante Metropolitanum eamque reponent quo loco prius erat.

279. Canonicus designatus ad proponenda capita orationis mentalis, ascendet super ambonem.

280. Metropolitanus assurget, convertetur ad Altare et geniculabit ante faldistorium, ubi clericus unus ponet pulvinum. Ceteri omnes, qui aderunt in consessu, pariter geniculabunt suo quisque loco, nudato capite.

281. Canonicus ex ambone proponet in cantu triplex ora-

tionis caput, atque inter unum et alterum caput efficiet, ut intersint duo vel tria temporis minuta.

282. Sub finem orationis Subdiaconus crucifer advertet ut praesto sit ad afferendam Crucem archiepiscopalem ad benedictionem. Item in promptu stabunt duo Cappellani allaturi scotulam et canonem pontificalem.

283. Expleta oratione, Canonicus supradictus de ambone descendet: Metropolitanus, Episcopi suffraganei, Canonici Metropolitanae, Abbates et Praelati, siqui aderunt, consurgent. Clericus unus tollet pulvinum, super quo genuflexerit Metropolitanus.

284. Metropolitanus convertetur versus consessum et Diaconus secundus exuet ei mitram, Subdiaconus accipiet Crucem archiepiscopalem, quam deferet ad Altare et genuflexus in medio gradu infimo sustinebit ante Metropolitanum: Cappellani a libro et scotula sustinebunt ei canonem apertum. Tunc Metropolitanus donabit benedictionem solemnem *Sit nomen Domini benedictum* etc. ritu consueto, eaque donata, non publicabitur Indulgentia.

285. Episcopi et Abbates ad benedictionem praedictam sibi exuent mitram.

286. Cappellanus a mitra advertet ut deponat super Altare mitram auriphrygiatam et accipiat pretiosam.

287. Clericus unus de medio consessus tollet basim Crucis et reponet eam quo loco erat.

288. Diaconus primus mitram pretiosam reponet Metropolitano, qui baculum pastoralem sinistra retinens, descendet de Altari, reverebitur Crucem, dein salutabit Episcopos, benedicet Clerum et redibit in thronum, medius inter Diaconos assistentes.

289. Diaconus et Subdiaconus sequentur Metropolitanum simul cum clericis, qui paramenta Metropolitani ipsius referre debebunt ad Altare.

290. Item in promptu erunt Cappellani recepturi paramenta Episcoporum suffraganeorum eisque reposituri mozzetam.

291. Canonici Metropolitanae, Abbates et ceteri paramentis induti, recedent in Sacrarium ibique dimittent indumenta sacra et resumptis insignibus suis, redibunt in presbyterium.

292. Diaconus et Subdiaconus exuent vestes sacras Metropolitano, qui deinde adiuvantibus Diaconis assistentibus, resumet cappam.

293. Ministri praedicti, postquam exuerint Metropolitano vestes sacras, comitantibus clericis duobus recedent in Sacrarium ad vestimenta sacra dimittenda.

294. Dum cappam resumet Metropolitanus, clerici duo super infimum gradum reponent pulvinos pro Metropolitano et pro Episcopis.

295. Quum Canonici reversi fuerint in chorum et Episcopi mozzetam resumpserint, Metropolitanus de throno descendet et procedet ante Altare, faciens prius ad Episcopos reverentiam. Episcopi de suo loco discedent et venient geniculatum super gradum infimum, occupantes singuli locum sibi convenientem, videlicet Episcopus, qui primas obtinet, a dextris Metropolitani, secundus a sinistris eiusdem, tertius a dextris primi, quartus a sinistris secundi et ita porro. Si numerus Episcoporum dispar esset, Episcopus primus adstabit sinistrae Metropolitani, secundus a dextris Metropolitani, tertius a sinistris primi, quartus a dextris secundi, quintus a sinistris tertii et sic de reliquis, si aderunt.

296. Post brevem orationem Metropolitanus et Episcopi consurgent et servantes ordinem supra demonstratum, accedent ad Sacellum SS. Sacramenti, genicolabunt in genuflexorio ibi praeparato et brevi tempore orabunt.

297. Post haec Metropolitanus, adstantibus ei a lateribus Episcopis suffraganeis, ordine supra descripto, se recipiet ad residentiam suam, associatus a Canonicis Metropolitanae tantum et antecedente Cruce a Crucifero eius sustenta.

298. In reditu Metropolitani et Episcoporum ad residentiam suam, sonabitur organis et campanis quoque, dum de ecclesia discedent.

299. Quum Metropolitanus ascenderit ad diaetam suam, gratias aget Episcopis, deinde Canonicos Metropolitanae dimittet.

SESSIO SECUNDA

Dispositiones.

300. Missa solemnis conciliaris cantabitur ab Episcopo suffraganeo, qui a Metropolitano invitabitur. Episcopus ille parabitur in Sacrario, vel in Sacello laterali dedita opera praeparato, si forte Sacrarium non satis sufficiens esset, propter non exiguum Cleri numerum, qui Concilio interveniet.

301. Recitatio officii, Matutini nempe et Laudum poterit anticipari pridie vespere, die autem sessionis recitandae erunt in choro Horae minores, et bene mane cantabitur Missa conventualis.

302. Missa conciliaris erit votiva de Spiritu Sancto; sin autem Concilium celebraretur intra octavam Pentecostes, omittetur in choro Missa conventualis et in sessione cantabitur Missa officii currentis.

303. Canonici Metropolitanae assistent Episcopo celebranti, fungentes officium Presbyteri assistentis, Diaconi et Subdiaconi.

De rebus praeparandis.

304. Ad Altare SS. Sacramenti praeparabitur genuflexorium cum strato et pulvinis pro Metropolitano et Episcopis.

305. Ad Altare maius praeparabuntur omnia ea, quae opus sunt ad Missam, ut cap. XIV. lib. V.

306. Faldistorium pro oratione Metropolitani non ponetur ante Altare sed praeparabitur seorsim, ponendum tamen ante Altare quando opus erit in Missa. Vice illius aderunt pulvini super gradu infimo in usum Metropolitani et Episcoporum.

307. Quod ad sessionem, disponentur omnia ut prima die; addetur autem super abacum liber cum formula professionis Fidei et formula quoque ratificationis professionis eiusdem.

308. In Sacrario praeparabuntur paramenta pro Episcopis Suffraganeis et pro Canonicis Metropolitanae, comprehensis quatuor Cappellanis a mitra, baculo, scotula, libro et Subdiacono crucifero, item pro Abbatibus et Procuratoribus Episcoporum absentium.

De Functione.

309. Hora praestituta sonabitur festivo more campanis Metropolitanae, quod Episcopis suffraganeis, indutis rocheto et mozzeta, signum erit conveniendi in aedes Metropolitani, descensuri deinde cum ipso in ecclesiam ad sacram functionem peragendam.

310. Canonici suffraganearum Cathedralium convenient in Sacrarium Metropolitanae, ubi sibi induent propria insignia.

311. Episcopus celebrans accedet in antecessum ad ecclesiam, excipietur a Canonicis duobus et a quatuor clericis Seminarii, adorabit SS. Sacramentum, dein recedet in Sacrarium, vel Sacellum, in quo dabit operam praeparationi et sacris vestibus induetur.

312. Peracta officii recitatione, sonabitur campanula Sacrarii, ut signum detur Canonicis adesse tempus associandi Metropolitanum. Cavebit tamen Caeremoniarius, ne det signum, nisi certior factus erit in promptu esse Celebrantem cum Ministris sacris.

313. Canonici Cathedralium suffraganearum expectabunt Metropolitanum in ecclesia una cum Clero Metropolitanae, idemque facient Officiales Concilii.

314. Accessus Metropolitani ad ecclesiam tractabitur ritu consueto, ut praescriptum est cap. IV. lib. V. eo tantum discrimine, quod Episcopi suffraganei incedent a lateribus Metropolitani eodem ordine, quo supra num. 134. In limine ecclesiae Metropolitanus, accepto aspersorio, signabit seipsum aqua benedicta, tum porriget aspersorium Episcopis, incipiens a seniori, et singuli eorum accipient aquam benedictam per contactum, seque signabunt; postremo autem Metropolitanus asperget adstantes.

315. In adoratione SS. Sacramenti Metropolitanus et Episcopi genua flectent in genuflexorio eodem, itemque progressi ad Altare maius, reverentiam conficient ad Episcopum celebrantem, si ibi aderit, et congeniculabunt super gradum infimum in pulvinis iam praeparatis.

316. Post brevem orationem Metropolitanus et Episcopi

consurgent, iunctim salutabunt Crucem, sibique facta ad invicem reverentia, Metropolitanus ascendet in thronum, Episcopi autem accedent ad scamnum suum.

317. Metropolitanus tantum induet vestimenta sacra, servato ritu praescripto cap. XIV. lib. V. et Canonici Metropolitanae tantummodo efficient circulum ut quando parabitur archiepiscopus, ita ad *Kyrie*, ad *Gloria* etc.

318. Missa cantabitur ritu descripto in capitulo supra citato. Metropolitanus advertet, ut salutet Episcopos tum descendens de throno tum ascendens ad ipsum, excepto tempore quo aderit SS. Sacramentum, a consecratione ad Communionem.

319. Thurificatio autem tractabitur ordine sequenti: Diaconus, qui ministrabit ad Altare, triplici ductu incensabit Celebrantem; deinde veniet ante thronum ac thuribulum tradet Presbytero assistenti, qui Metropolitanum ipsum triplici ductu adolebit. Recepto thuribulo e manibus Presbyteri assistentis, duplici ductu eumdem Presbyterum thurificabit, tum primum Diaconum assistentem, postea Diaconum assistentem secundum. Accedet inde ad chorum et incensabit triplici ductu Episcopos suffraganeos, deinde duplici ductu Praelatos, siqui aderunt, duplici ductu Dignitates et Canonicos Metropolitanae, Abbates et Procuratores Episcoporum absentium, si aderunt. Redibit ad Altare et duplici ductu incensabit Presbyterum assistentem Celebranti et Subdiaconum. Thuribulum tradet Caeremoniario vel thuriferario, a quo ipse incensabitur duplici ductu, idemque Caeremoniarius sive thuriferarius prosequetur thurificationem, ut in prima sessione docuimus.

320. Quoad pacem donandam methodus ista observabitur: Presbyter assistens Metropolitano pacem accipiet a Celebrante, communicabit eam ipsi Metropolitano, hic autem duobus Diaconis assistentibus. Postea Presbyter assistens Celebranti pacem accipiet a Presbytero assistente Metropolitano eamque afferet ad primum Episcopum suffraganeum, ad primum Praelatum, si aderunt, ad primam Dignitatem Capituli Metropolitanae, ad Canonicum primum qui aderit in choro post Presbyterum assistentem Metropolitano, ad primum Abbatem et

primum Procuratorem Episcoporum absentium, siquis erit. Pacem deinde dabit Caeremoniario vel alii clerico, qui eum comitabitur, et hic donabit ceteris, ut in sessione prima. Presbyter assistens Celebranti redibit ad Altare, pacem praebebit Diacono, qui communicabit Subdiacono, hic autem clerico et ab ipso accipient Acolythi et clerici inservientes, qui stabunt prope abacum.

321. Cantato a Diacono *Ite Missa est*, Celebrans dicet orationem *Placeat tibi* etc. atque osculatus Altare, immediate recitabit Evangelium S. Ioannis et redibit in Sacrarium sive in Sacellum ubi paramenta assumpsit, ibique dimittet vestes sacras. Acolythi qui Celebrantem cum Ministris comitabuntur, candelabra non deferent sed relinquent super abacum.

322. Episcopus qui Missam solemnem celebraverit, postquam exuerit etiam caligas et sandalia, induet supra rochetum amictum et pluviale rubri coloris ac sustinens manu mitram auriphrygiatam, comitantibus duobus cappellanis suis superpellicio indutis, veniet in consessum, salutabit Altare, Metropolitanum et Episcopos ac sedebit quo loco ipsi conveniet inter Suffraganeos.

323. Sacri Ministri Celebrantis, postquam ipsum exuerint sacris paramentis, comitantibus clericis duobus, redibunt in presbyterium et post debitas reverentias accedent ad scamnum suum ibique sedebunt: clerici qui eos reducent ad presbyterium, advertent ut secum ferant manipulos et reponant ipsos super abacum.

324. Postquam Episcopus Celebrans de presbyterio discesserit, ultimi duo Canonici ex ordine Diaconorum venient ad thronum ut assistant Metropolitano, et discedent Diaconi duo assistentes, qui post debitas reverentias recedent in Sacrarium ad assumendas vestes sacras rubri coloris: post Diaconos assistentes ibunt Dignitates et ceteri Canonici Metropolitanae, quatuor Cappellani a mitra, baculo, scotula et libro, Subdiaconus Crucifer, insuper Abbates et Procuratores Episcoporum, si aderunt.

325. Interim a duobus vel pluribus clericis removebitur ex Altari faldistorium adhibitum ab Episcopo celebrante et po-

nentur duo faldistoria et scabella in extremo loco sessionis et in suppedaneo Altaris; prope utrumque faldistorium pulvinus unus.

326. In Sacrarium venient etiam respectivi Cappellani Episcoporum, accepturi paramenta eorumdem et delaturi in presbyterium, ut infra.

327. Quum parati fuerint Canonici et ceteri supra nominati, redibunt ordinatim in presbyterium et praecedent Diaconi assistentes, tum Dignitates, Canonici, Abbates, Procuratores Episcoporum absentium, Cappellani, Subdiaconus et postremo accedent Cappellani Episcoporum cum paramentis.

328. Diaconi assistentes cum debitis reverentiis recta pergent ad thronum et inde discedent Canonici, qui eis suppleverint, ac recedent in Sacrarium, ubi sacra paramenta assument et revertentur in chorum. Dignitates, Canonici et reliqui supra nominati cum debitis reverentiis ad locum quisque suum se recipient.

329. Si aderunt in choro Praelati, qui sederint supra Canonicos, redeuntibus his indutis vestibus sacris, recedent et locum digniorem cedent Canonicis et ceteris etiam, respectu vestium sacrarum, quibus illi erunt induti.

330. Cappellani Episcoporum, facta genuflexione ad Altare et ad Metropolitanum ac reverentia ad Episcopos, accedent ad suum quisque Episcopum, et monebunt ut dimittat mozzetam, induat deinde amictum et pluviale, postea sibi capiti imponat mitram auriphrygiatam.

331. Subdiaconus crucifer tunicella indutus consistet prope Crucem, duo Cappellani a mitra et baculo prope thronum, reliqui duo a libro et scotula, accepto ex abaco pontificali et scotula, se sistent prope faldistorium in exitu consessus collocatum.

332. Quum omnia disposita fuerint ad initium functionis faciendum, Metropolitanus accepto sinistra baculo, assurget ac descendet de throno. Ante Altare salutabit Crucem, convertetur ad Episcopos, salutabit eos et transiens per medium presbyterium benedicet Clerum. Adstabunt lateribus eius Diaconi assistentes, qui fimbrias pluvialis sustinebunt, sequentur

caudatarius sustentans extremitatem posteriorem vestis eius et duo Cappellani a mitra et a baculo.

333. Quando de throno discedet Metropolitanus, Promotores, Secretarius, et Notarius accedent ad locum singulis in consessu attributum.

334. Si locus consessus a presbyterio esset seiunctus, servabitur in accessu ordo innutus in sessione prima num. 213. capituli praesentis.

335. Quum Metropolitanus venerit ad faldistorium, sedebit et baculum deponet. Approximabit ad eum Subdiaconus, qui praecinet illi antiphonam *Propitius esto*. Diaconus secundus mitram exuet Metropolitano, qui postquam assurrexerit, intonabit antiphonam praedictam et immediate procumbet in genua super pulvinum, qui a clerico apponetur.

336. Cum Metropolitano congeniculabunt adstantes universi et a cantoribus antiphona supra dicta cantabitur.

337. Cappellanus a mitra, acceptam a secundo Diacono mitram pretiosam afferet ad Altare et deponet in ipso, accipiet auriphrygiatam et cum ipsa revertetur ad tergum Metropolitani.

338. Cantores, postquam cantaverint antiphonam, intonabunt psalmum *Deus venerunt gentes* etc. Psalmo intonato, assurget Metropolitanus, sedebit in faldistorio et a primo Diacono rursus cooperietur mitra auriphrygiata. Assurget etiam Clerus in consessu et sedebit. Psalmus a Clero alternatim cantabitur. Clericus tollet pulvinum, quo usus erit Metropolitanus in genuflectendo.

339. Post psalmum repetetur a cantoribus eadem antiphona.

340. Diaconus secundus mitram exuet Metropolitano, qui assurget et cum ipso consurgent adstantes omnes.

341. Metropolitanus cantabit tono feriali orationes *Nostrorum tibi, Domine* etc. et *Mentibus nostris* etc. Deinde subiunget in cantu *Oremus*, primus Diaconus assistens *Flectamus genua* et genuflectetur ab omnibus adstantibus, excepto Metropolitano et Cappellanis a libro et a scotula, Diaconus secundus cantabit *Levate* et consurgent universi. Metropolitanus item tono feriali subiunget alteram orationem *Deus, qui nos iustitiam* etc.

342. Duo Acolythi reponent manipulum Diacono et Subdiacono; thuriferarius autem in promptu habebit thuribulum cum igne.

343. Post orationem sedebit Metropolitanus et a primo Diacono reponetur ei mitra: accipiet sinistra baculum, assurget ac procedet ad faldistorium alterum ante Altare positum : transiens per medium consessum benedicet Clerum et salutabit Episcopos: ante Altare quum venerit, reverentiam faciet ad Crucem, sedebit faldistorio ibi praeparato et baculum dimittet.

344. Presbyter assistens de suo loco discedet, veniet ad Altare et consistet prope dexteram Metropolitani.

345. Sedente, ut supra Metropolitano, Diaconus qui ministraverit in Missa, de suo loco discedens ad Metropolitanum accedet eiusque manum osculabitur.

346. Thuriferarius sequens Diaconum veniet ad Metropolitanum.

347. Profecto Diacono, se sistet thuriferarius, qui navicula tradita Presbytero assistenti, genibus flexis thuribulum obiiciet Metropolitano, qui cum benedictione consueta incensum in thuribulum imponet.

348. Diaconus postquam manum Metropolitani, ut supra, osculatus erit, redibit ad abacum, accipiet Evangeliarium et cum ipso coibunt Subdiaconus et Acolythi cum candelabris. Procedent ante Metropolitanum, ibique se adiunget eis etiam thuriferarius. Diaconus benedictionem petet, stantibus praedictis Ministris aut inclinatis aut genibus flexis, ut in Missis solemnibus.

349. Cantabitur Evangelium ritu iam praescripto pro Missis solemnibus.

350. Diaconus secundus tollet mitram Metropolitano, qui ad cantum Evangelii assurget et baculum pastoralem iunctis manibus continebit.

351. Omnes adstantes ad cantum Evangelii stabunt.

352. Post Evangelium cantatum, Metropolitanus deponet baculum.

353. Subdiaconus afferet librum osculandum Metropolitano, qui utramque manum imponet libro et osculans illum

dicet *Per Evangelica dicta* etc. Subdiaconus librum claudet, descendet de Altari, debitam faciet reverentiam, redibit ad locum suum et librum tradet clerico, qui reponet illum super abacum.

354. Diaconus medius inter Acolythos, facta respective reverentia vel genuflexione ad Metropolitanum, revertetur ad locum suum, Acolythi, autem ad abacum, in quo deponent candelabra. Acolythi postquam candelabra deposuerint super abacum, detrahent Ministris manipulos, quos item super abacum deponent.

355. Presbyter assistens, dum Subdiaconus ascendet ad Altare afferens librum apertum, descendet ante Altare et profecto Subdiacono eodem, thurificabit triplici ductu Metropolitanum, qui post thurificationem acceptam benedicet eum.

356. Presbyter assistens redibit ad locum suum inter Dignitates seu Canonicos, thuriferarius autem reportabit in Sacrarium, vel ad abacum, thuribulum quo non est amplius opus in functione ista.

357. Metropolitanus convertetur ad Altare et geniculabit ante faldistorium in pulvino, quem ei clericus apponet; Diaconus primus exuet ei pileolum. Metropolitanus intonabit hymnum *Veni Creator Spiritus*, quem prosequentur cantores et adstantes omnes in genua procumbent.

358. Post primos quatuor versus, seu post primam stropham, assurget Metropolitanus et cum ipso adstantes omnes. Diaconus primus pileolum reponet Metropolitano, qui in toto cantu hymni praedicti stabit in pedes conversus ad Altare. Clericus amovebit pulvinum, in quo Metropolitanus genuflexerit.

359. Absoluto hymni cantu, Metropolitanus sedebit in faldistorio et a primo Diacono reponetur ei mitra.

360. Ostiarii in aditu consessus, conversi ad populum, cantabunt *Extra omnes*; populus de ecclesia dimittetur et claudentur portae, quae ab Ostiariis custodientur.

361. Populo de ecclesia dimisso, habebitur ad Patres oratio ab uno ex Episcopis suffraganeis, qui priusquam ascendat in pulpitum, non petet a Metropolitano benedictionem.

362. Sermone autem peracto, unus e clericis collocabit basim Crucis in medio consessu. Subdiaconus crucifer accipiet Crucem archiepiscopalem eamque firmabit in sua basi, imagine Crucifixi ad Metropolitanum versa.

363. Sin autem Metropolitanus ipse censeret omittendum esse sermonem ne retardentur actiones Concilii, statim ac clausae fuerint portae ecclesiae, se sistent Metropolitano Promotores et Secretarius, comitati ut in sessione prima ab uno ex Caeremoniariis.

364. Promotor primus postulabit, ut fiat professio Fidei a Metropolitano et ab Episcopis suffraganeis.

365. Metropolitanus respondebit *Ita decernimus et declaramus*.

366. Promotores redibunt ad locum suum; Caeremoniarius autem decretum praebebit Metropolitano, qui Secretario tradet illud.

367. Secretarius in ambonem ascendet, publicabit decretum et ad locum suum redibit.

368. Caeremoniarius ex abaco accipiet librum cum formula professionis Fidei et librum Evangeliorum. Innuet Episcopis suffraganeis, ut consurgant et ad Metropolitanum appropinquent.

369. Episcopi dimittent mitram, approximabunt ad Altare et semicirculum efficient ante Metropolitanum.

370. Diaconus secundus assistens exuet mitram Metropolitano, qui assurget et convertetur ad Episcopos.

371. Caeremoniarius librum cum formula professionis Fidei tradet Diaconis assistentibus, qui sustinebunt illum apertum ante Metropolitanum et ipse iunctis manibus atque elata voce professionis praedictam formulam leget ab initio ad finem.

372. Dum Metropolitanus et Episcopi emittent professionem Fidei, Clerus stabit in pedes, capite nudato.

373. Postquam Metropolitanus totam legerit formulam supra dictam, Caeremoniarius recipiet a Diaconis assistentibus librum formulae et dabit eis alterum cum textu Evangelii; quem pariter apertum sustinebunt. Metropolitanus imponet illi apertam utramque manum et dicet *Sic me Deus adiuvet et haec Sancta Dei Evangelia*. Caeremoniarius recipiet a Diaconis Evangeliarium.

374. Metropolitanus sedebit et a primo Diacono reponetur ei mitra.

375. Caeremoniarius tradet Evangeliarium secundo Diacono assistenti, qui porriget apertum Metropolitano ita ut vertex paginae versus sit ad Metropolitanum ipsum. Diaconi assistentes attollent eius fimbrias pluvialis.

376. Metropolitanus sustinebit librum supradictum utraque manu.

377. Primus Episcopus suffraganeus approximabit ad Metropolitanum et leget formulam ratificationis, nempe — Et ego N. Episcopus N. recipio, promitto, spondeo, profiteor, detestor, anathematizo, voveo et iuro in formula professionis Fidei modo lecta, singula singulis referendo — et imponens utramque manum apertam super librum Evangeliorum a Metropolitano sustentum, adiunget — Sic me Deus adiuvet et haec sancta Dei Evangelia — Idipsum successive fiet ab unoquoque Episcopo, servato ordine antiquitatis.

378. Episcopi se recipient ad locum suum, sedebunt et caput mitra cooperient. Tunc etiam Clerus considebit.

379. A clericis duobus ponetur mensa ante Metropolitanum, super qua Caeremoniarius ponet exemplar decretorum, quae erunt publicanda.

380. Se sistent Metropolitano Promotores et Secretarius. Promotor primus postulabit, ut publicentur decreta. Respondebit Metropolitanus - Ita decernimus et mandamus - atque exemplar decretorum, quae super mensam ante se habebit, tradet Secretario.

381. Promotores revertentur ad locum suum: Secretarius ascendet super ambonem et leget decreta: adiuvabitur ab alio in lectione et in publicatione ipsorum, servato ordine superius innuto in sessione prima.

382. Lectis decretis pro sessione ista assignatis, Secretarius rogabit Episcopos assensum eorum, utens formula superius expressa num. 260. et de ambone descendet.

383. Secretarius coibit cum Notario, simulque accedent ad Episcopos et colligent eorum vota, tum redibunt ad Metropolitanum, referentes ad eum de votis.

384. Metropolitanus, audita relatione, dicet elata voce - Decreta placuerunt Patribus, ideo agendae sunt Deo gratiae - et Episcopi elata pariter voce dicent *Deo gratias.*

385. Promotores cum Secretario revenient ad Metropolitanum et postulabunt ut fiat prorogatio sessionis post Vesperas.

386. Metropolitanus respondebit *Habeatur sententia Patrum.*

387. Promotores ad locum suum revertentur et Secretarius ascendet super ambonem atque Episcopos rogabit assensum formula sequenti, vel alia consimili - Rm̃i Patres, quum omnia, quae in hac sessione peragenda sunt, prae temporis brevitate hac mane absolvi non possint, placetne Vobis hanc ipsam sessionem prorogari hodie post Vesperas? - et de ambone descendet.

388. Secretarius additus Notario, accedet ad Episcopos vota colliget ac de illis ad Metropolitanum referet.

389. Metropolitanus tradet Secretario decretum de sessione post Vesperas continuanda.

390. Notarius se recipiet ad locum suum; Secretarius autem ascendet iterum super ambonem, ibique publicabit decretum de continuatione sessionis, ut supra.

391. Promotores una cum Notario se rursus sistent Metropolitano et instantiam facient adversus absentes, si qui forte abessent, et Metropolitanus respondebit *Admittimus, committimus et iubemus.*

392. Deinceps Promotores instantiam facient pro confectione actorum. Metropolitanus subiunget *Conficiantur.* Notarius respondebit *Conficiam.* Recedent Promotores ad locum suum, et Notarius etiam ad locum suum se recipiet.

393 Postea Secretarius redibit ad Metropolitanum et recipiet ab ipso decretum de discessu. Secretarius ascendet super ambonem, decretum publicabit et redibit ad locum suum.

394. Duo clerici amovebunt mensam quam, ut supra, posuerant ante Metropolitanum.

395. Portae ecclesiae ab Ostiariis aperientur.

396. Tunc Metropolitanus assurget, sinistra accipiet bacu-

lum et nullam proferens formulam, Crucis signum super Concilium efficiet, ad quem actum Episcopi, Canonici, Praelati et Abbates stabunt capite nudato, ceteri omnes procumbent in genua.

397. Subdiaconus crucifer tollet de medio consessu Crucem archiepiscopalem eamque reponet quo loco prius erat. Clericus unus removebit de medio basim Crucis et seorsim ipsam collocabit.

398. In promptu erunt Cappellani Episcoporum sustinentes ipsorum mozzetas itemque alii Cappellani recepturi paramenta.

399. Metropolitanus de Altari descendet, salutabit Crucem, deinde Episcopos, benedicet Clerum et ascendet in thronum, medius inter Diaconos assistentes, sequentibus clericis, quorum officium paramenta referre ad Altare.

400. Throno a Metropolitano conscenso, Canonici Metropolitanae, Abbates, Procuratores Episcoporum, si aderunt, Cappellani Metropolitani et Subdiaconus crucifer recedent cum debitis reverentiis in Sacrarium, ubi sacra indumenta dimittent, resument insignia sua et revertentur in chorum.

401. Metropolitanus conscenso throno, sedebit, dimittet baculum pastoralem et a Diaconis assistentibus exuetur paramentis sacris quae recepta a clericis referentur ad Altare.

402. Interim unus vel duo clerici reponent in suppedaneo pulvinos, super quos genua submittent Metropolitanus et Episcopi.

403. Quo tempore vestes sacras dimittet Metropolitanus, dimittent pariter Episcopi suffraganei suo quisque loco, adiuvantibus eorum Cappellanis et mozzetam supra rochetum resument; deinde Cappellani iidem reportabunt in Sacrarium indumenta sacra Episcoporum.

404. Metropolitanus, postquam dimiserit vestes sacras, induet cappam et discedet de throno Diaconi assistentes, qui recedent in Sacrarium ad sacra paramenta exuenda.

405. Metropolitanus de throno descendet, salutabit Episcopos qui discedentes de loco suo coibunt cum ipso: procedent iunctim ad Altare et genibus flexis super gradum infi-

mum brevi tempore orabunt. Postea venient ad SS. Sacramentum adorandum et simul proficiscentur de ecclesia, associati a Canonicis Metropolitanae, ut superius descriptum est num. 299.

SESSIONIS SECUNDAE

post Vesperas

CONTINUATIO.

De rebus praeparandis.

406. Ad Altare SS. Sacramenti praeparabitur genuflexorium cum strato et pulvinis pro Metropolitano atque Episcopis suffraganeis.

407. Ad Altare maius super gradum infimum ponentur pulvini pro Metropolitano et pro Episcopis. Super mensam disponentur paramenta Metropolitani, eaque sunt mitra pretiosa et altera auriphrygiata, pluviale cum stola rubri coloris, Crux pectoralis, cingulum, alba, amictus et formale in lance, quae tamen paramenta contegentur velo coloris eiusdem.

408. Prope Altare aderit baculus pastoralis et in latere Evangelii basis, qua deinceps firmabitur Crux archiepiscopalis.

409. Super abacum praeparabitur canon pro benedictione, pontificale (pars. 3.) et scotula cum candela.

410. In promptu insuper aderunt duo faldistoria et quatuor scabella, ponenda in consessu, ut inferius docebitur.

411. In Sacrario autem disponentur paramenta pro Episcopis suffraganeis, videlicet amictus, pluviale rubri coloris et mitra auriphrygiata pro singulis eorum; paramenta pro Canonicis Metropolitanae; exceptis paramentis Ministrorum, quae opus non sunt, quoniam Evangelium non cantatur; paramenta pro Abbatibus et pro Episcoporum absentium Procuratoribus, si aderunt; paramenta pro Cappellanis a mitra, a baculo, et a libro, a scotula et pro Subdiacono delaturo Crucem archiepiscopalem.

De Functione.

412. Hora praestituta Capitulum Metropolitanae recitabit aut cantabit in choro Vesperas cum Completorio. Campanis omnibus Metropolitanae eiusdem sonabitur festivo more, quod signum erit functionis incipiendae.

413. Interim in palatium Metropolitani convenient Episcopi suffraganei, rocheto et mozzeta induti, cum ipso coituri in accessu ad ecclesiam.

414. In Sacrarium convenient Canonici Cathedralium suffraganearum et ceteri Officiales Concilii : unusquisque induet habitum sibi competentem.

415. Peracta recitatione Completorii, rebusque omnibus ita dispositis, ut fieri possit functionis initium, sonabitur campanula Sacrarii et Canonici Metropolitanae procedent ad associandum Archiepiscopum. Ceteri de Clero manebunt in ecclesia, ut supra.

416. Nulla occurrit variatio de associatione Metropolitani et Episcoporum comprovincialium, de eorum accessu ad ecclesiam, de adoratione SS. Sacramenti et Altaris maioris visitatione, quae omnia peragentur, ut num. 314. capitis huius traditum est.

417. Post brevem orationem ad Altare maius consurgent Metropolitanus et Episcopi, qui facta prius ad Crucem, dein sibi ad invicem reverentia, Metropolitanus accedet ad thronum et Episcopi suffraganei ad locum suum.

418. Canonici Metropolitanae, Abbates, Procuratores Episcoporum absentium, Cappellani Metropolitani saepius nominati et Subdiaconus crucifer convenient in Sacrarium, ubi sacras vestes induent sibi quisque convenientes. Convenient etiam Cappellani Episcoporum suffraganeorum, accepturi eorumdem Episcoporum sacra indumenta.

419. Ultimi duo Canonici ex ordine Diaconorum supplebunt in assistentia Metropolitani.

420. Statim ac parati fuerint Canonici et ceteri supra nominati, revertentur in presbyterium et cum debitis reverentiis, singuli occupabunt locum suum.

421. Diaconi duo assistentes, qui praecedent ceteros omnes, recta pergent ad thronum, unde discedent Canonici illi duo, qui supplebant. Hi recedent in Sacrarium, paramenta induent, redibunt in presbyterium ad locum suum inter Canonicos.

422. Statim ac Diaconi assistentes ad thronum pervenerint paramentis induti, unus ex Caeremoniariis paramenta Metropolitani tradet clericis, qui ea deferent ad thronum.

423. Metropolitanus, adiuvantibus Diaconis assistentibus, dimittet cappam, quam recipiet cubicularius advertens ut expediat extremitatem posteriorem vestis.

424. Diaconi assistentes induent Metropolitano amictum, albam, cingulum, Crucem pectoralem, stolam et pluviale cum formali.

425. Dum parabitur Metropolitanus, Canonici ad circulum descendent.

426. Eodem tempore ingredientur in presbyterium Cappellani Episcoporum suffraganeorum afferentes paramenta, quae cum debitis reverentiis eisdem Episcopis porrigent. Episcopi autem, dimissa mozzeta, induent supra rocheto amictum et pluviale rubri coloris et sument mitram auriphrygiatam.

427. Quando parabitur Metropolitanus, a duobus pluribusve clericis ponetur faldistorium cum duobus scabellis in exitu consessus, item faldistorium alterum cum scabellis similibus in suppedaneo Altaris vel ante Altare ipsum et prope faldistorium istud ponetur etiam pulvinus ad genuflectendum.

428. Cappellani a scotula et a libro accipient ex abaco pontificale et scotulam et venient ad faldistorium positum in exitu consessus, ubi consistent.

429. Postquam Metropolitanus indutus erit paramentis supra indicatis, Diaconus primus assistens imponet ei mitram pretiosam, tum Metropolitanus sinistra accipiet baculum pastoralem.

430. Ad nutum Caeremoniarii Canonici de circulo redibunt ad subsellia sua.

431. Metropolitanus innuente Caeremoniario, descendet de throno medius inter Diaconos assistentes, qui fimbrias pluvialis eius attollent, sequente caudatario sustentante extremitatem posteriorem eius vestis et duobus Cappellanis a mitra

et a baculo. De throno quum descenderit, reverebitur Crucem ante Altare, salutabit Episcopos suffraganeos, benedicet Clerum et accedet ad faldistorium in exitu consessus praeparatum.

432. Si locus consessus a presbyterio seiunctus esset, observabitur quod notatum est num. 213. capituli huius.

433. Promotores, Secretarius et Notarius petent loca sibi attributa.

434. Metropolitanus ubi venerit ad faldistorium, sedebit et baculum dimittet.

435. Diaconus secundus assistens mitram exuet Metropolitano et Cappellanus a mitra advertet ut illam ad Altare referat et accipiat auriphrygiatam.

436. Metropolitanus assurget ac tono feriali cantabit orationem *Adsumus*, *Domine Sancte Spiritus* etc. non praemittens *Oremus*, quae oratio notata est in Pontificali ad sessionem primam.

437. Post orationem supra dictam rursus sedebit Metropolitanus, cooperietur mitra auriphrygiata a secundo Diacono assistente et sinistra recipiet baculum pastoralem.

438. Tum assurget, procedet ad Altare maius ac transiens per presbyterium benedicet Clerum et salutabit Episcopos. Progressus ante Altare, salutabit Crucem, sedebit faldistorio et deponet baculum.

439. Ubi sederit Metropolitanus, duo Ostiarii se sistent in aditu Presbyterii et cantabunt *Extra omnes*; dimittetur populus de ecclesia, cuius portae claudentur earumque custodiae invigilabunt Ostiarii.

440. Clericus unus basim Crucis statuet in medio consessu et Subdiaconus Crucifer afferet illuc Crucem Archiepiscopalem quam in eadem basi firmabit, imagine Crucifixi ad Metropolitanum versa.

441. Clerici duo mensam ponent ante Metropolitanum et Caeremoniarius super illam collocabit exemplar decretorum, quae publicanda erunt.

442. Populo dimisso et clausis ecclesiae portis, se sistent Metropolitano Promotores et Secretarius.

443. Promotor primus postulabit, ut continuetur lectio

decretorum. Metropolitanus respondebit *Ita decernimus et mandamus*.

444. Promotores redibunt ad locum suum et Secretarius, accepto e manibus Metropolitani decretorum exemplari, ascendet super ambonem et publicabit decreta, qua in re ab alio adiuvabitur, ut alias monuimus.

445. Postquam Secretarius legerit totam decretorum partem, iam designatam pro sessione ista, Secretarius stans capite nudato, interrogabit Patres, seu Episcopos suffraganeos, sententiam eorum, utens solita formula *Rmi Patres* etc. ut superius num. 260. et de ambone descendet.

446. Secretarius cum Notario accedent ad Episcopos, collecturi vota, quibus auditis, revertentur ad Metropolitanum et referent ad eum.

447. Metropolitanus elata voce dicet—Decreta placuerunt Patribus, ideo agendae sunt Deo gratiae — Episcopi autem unanimiter respondebunt et alta voce *Deo gratias*.

448. Secretarius rursus ascendet super ambonem et Concilio indicabit diem, quo solemne funus celebrabitur pro cunctis Episcopis comprovincialibus ab epocha novissimi Concilii defunctis, quae denunciatio fiet in sessione, quae funus antedictum praecedet.

449. Promotores cum Secretario se sistent Metropolitano et Promotor primus instantiam faciet pro sessione tertia.

450. Metropolitanus respondebit *Habeatur sententia Patrum*.

451. Promotores redibunt ad locum suum et Secretarius, conscenso ambone, interrogabit Patres placeatne ipsis indicere sessionem tertiam.

452. Descendet de ambone Secretarius, coibit cum Notario, accedet ad Episcopos, quorum assensum requiret. Item una cum Notario se sistet Metropolitano et ad eum referet de votis.

453. Metropolitanus tradet Secretario decretum. Notarius redibit ad locum suum. Secretarius, conscenso ambone, publicabit decretum, quo sessio tertia indicetur.

454. Publicato decreto, Secretarius se recipiet ad locum suum. Promotores cum Notario revenient ante Metropolitanum.

455. Promotor primus instantiam faciet adversus absentes contumaces, si qui fuerint, et Metropolitanus respondebit *Admittimus et committimus.*

456. Promotor idem instantiam faciet pro confectione actorum eiusque instantiae Notarius dicet *Conficiam.*

457. Promotores redibunt ad locum suum: Notarius quoque ad locum suum recedet.

458. Aperientur ecclesiae portae.

459. Clerici duo amovebunt mensam, quae posita fuerat ante Metropolitanum eamque reponent quo loco erat ab initio.

460. Canonicus praepositurus capita orationis ascendet super ambonem.

461. Metropolitanus assurget, convertetur ad Altare et perstans ante faldistorium, geniculabit super pulvinum, quem ipsi clericus apponet. Ceteri omnes, qui aderunt in consessu, suo quisque loco geniculabunt, capite nudato.

462. Canonicus de ambone proponet in cantu triplex orationis caput atque inter unum et alterum caput efficiet ut duo aut tria temporis minuta intercedant.

463. Quum in eo erit ut compleatur oratio, Subdiaconus procedet in medium consessum ad accipiendam Crucem archiepiscopalem propter benedictionem, et Cappellani a libro et a scotula in promptu erunt cum canone et scotula pro eadem actione.

464. Oratione absoluta, de ambone Canonicus descendet. Metropolitanus assurget et cum ipso consurgent Episcopi suffraganei, Canonici Metropolitanae, Abbates et Praelati, si aderunt. Clericus unus amovebit pulvinum a Metropolitano in oratione adhibitum.

465. Metropolitanus convertetur versus consessum, et a secundo Diacono nudabitur mitra. Cappellanus a mitra advertet ut reponat super Altare auriphrygiatam et accipiat pretiosam. Subdiaconus, genuflexus in medio gradu infimo Altaris, sustinebit ante Metropolitanum Crucem archiepiscopalem.

466. Metropolitanus impertietur benedictionem solemnem *Sit nomen Domini* etc. ritu consueto, sed indulgentia non publicabitur.

467. Curae erit clerico alicui removere basim Crucis de medio consessus eamque reponere quo loco aderat a principio.

468. Benedictione impertita, Diaconus primus mitram pretiosam reponet Metropolitano, qui retinens baculum pastoralem, descendet de Altari, reverebitur Crucem, deinde Episcopos, benedicet Clerum et medius inter Diaconos assistentes redibit ad thronum.

469. Clerici, paramenta recepturi et relaturi ad Altare, sequentur Metropolitanum.

470. In promptu etiam erunt Cappellani Episcoporum, recepturi paramenta eorumdem et reposituri eis mozzetam.

471. Canonici Metropolitanae, Abbates et ceteri qui vestibus sacris erunt induti, recedent in Sacrarium ibique depositis paramentis et resumptis insignibus suis, revertentur in presbyterium.

472. Dimittente paramenta Metropolitano, clerici duo pulvinos super gradum infimum Altaris pro Metropolitano et pro Episcopis reponent.

473. Postquam Canonici reversi fuerint in chorum et Episcopi resumpserint mozzetam, Metropolitanus descendet de throno, salutabit Episcopos, qui se adiungent ei, procedent ante Altare et brevi orationi operam dabunt eadem methodo, qua superius num. 295.

474. Eodem ordine adorabunt SS. Sacramentum et associati a Canonicis Metropolitanae revertentur ad Palatium archiepiscopale.

475. Si sessionis fieret finis mane eodem nec protraheretur post Vesperas, omittetur totum id, quod traditum est a num. 396. ad num. 444. et absolvetur methodo descripta a num. 445. ad 474.

De solemnibus exequiis
pro cunctis Episcopis defunctis
comprovincialibus.

476. Uno ex diebus conciliaribus celebrabitur solemne funus pro Episcopis omnibus comprovincialibus a novissimo Concilio usque ad praesens defunctis.

477. Statuetur in media ecclesia decens castrum doloris, ornatum pannis nigris et circum dispositis luminibus cereis, in cuius vertice poni poterit pileus pontificalis viridi colore ornatus, proprium et exclusivum Episcoporum insigne.

478. Curandum, ut ornamentum ecclesiae respondeat functioni funereae, quae celebrabitur, ideoque parietes navis principalis et presbyterii convestiendi essent pannis nigri coloris; thronus et scamnum Episcoporum cooperientur pannis violaceis, cera Altaris et abaci, intorticia presbyterii et elevationis erunt lutea sive e cera non purgata, paramenta Celebrantis, Episcoporum, Canonicorum, ceterorum denique Ministrorum sunto nigri coloris, tapeta Altaris et presbyterii violacea, et Metropolitanus cum Episcopis utentur mitra simplici damascena albi coloris. Tum Metropolitanus, tum suffraganei induent habitum praelatitium nigri coloris.

479. Ab uno Episcopo comprovinciali, induto pluviali et mitra, funebris oratio latino sermone confecta habebitur, ex pulpito, quod ornabitur pannis violaceis aut nigris.

480. Post Missam, quae a Metropolitano celebrabitur, et post funebrem laudationem, de qua supra, peragetur absolutio solemnis a Metropolitano ipso et ab Episcopis quatuor senioribus provinciae, quibus licebit assumere stolam nigram intra pluviale usque ab initio functionis.

481. Cantabitur Missa, quae prima extat in Missali inter Missas *pro Defunctis* cum oratione *Deus, qui inter Apostolicos . . . . pontificali fecisti* etc. pluraliter. In absolutione praeponetur oratio *Non intres*, singulariter, ut in pontificali, et orationes dicentur numero plurali.

482. Ritus Missae solemnis pontificalis et absolutionis supersedemus describere, propterea quod utrique separatim descripti sunt capitulis XXII et XXIII lib. V.

483. Notandum tantum, quod Episcopi paramenta assumere debent in presbyterio, Canonici et reliqui in Sacrario. Episcopi absolventes utentur altero etiam Cappellano, qui prope unumquemque illorum sustinebit intorticium ardens, toto absolutionis ritu.

SESSIO TERTIA.

484. Cantabitur Missa ab uno ex Episcopis suffraganeis et omnia tractabuntur quo ordine descripta sunt in sessione secunda, exceptis antiphona, psalmo, orationibus et Evangelio, quae cantabuntur notata in pontificali *Die tertia* etc. Eodem pariter modo tractabitur processus sessionis conciliaris, excepto quod traditum est ad professionem Fidei. Relate ad testes synodales in ultima sessione eligendos, servabitur usus provinciae cuiusque.

485. Si Concilium absolvetur in sessione tertia, protrahetur post Vesperas eodem modo ac supra, et in antecessum indicetur processio Clero regulari et saeculari, significata ipsis hora, qua adesse debeant in Metropolitana.

CONTINUATIO
SESSIONIS ULTIMAE POST VESPERAS

Ad Concilium dimittendum.

De rebus praeparandis.

486. Sessio ultima continuabitur post Vesperas propter Processionem, quae celebrabitur pro conclusione seu fine Concilii.

487. Praeparabitur quidquid superius descriptum est num. 406. ad continuationem secundae sessionis et praeterea candelabra cum cereis pro Acolythis super abacum; formula indulgentiae, iuxta concessionem a Summo Pontifice largitam; thuribulum et navicula.

488. Processio autem constabit tantummodo ex Clero regulari et saeculari, dummodo non vigeret alia consuetudo, et fiet tantum per aream adiacentem Metropolitanae, vel per vias eidem ecclesiae proximas.

489. Super Altare maius in latere Evangelii ponetur pugillar maioris formae, ne maculetur tobalea, et supra pugillar acta seu decreta originalia Concilii, discus cum atramentario, theca pulveraria et calami scriptorii in usum Episcoporum.

De functione.

490. Associatio Metropolitani et Episcoporum, accessus ad ecclesiam, visitatio SS. Sacramenti et ad Altare maius, assumptio sacrarum vestium et oratio *Adsumus, Domine* etc. in principio sessionis tractabitur, ut superius innutum est num. 412. et seq.

491. Metropolitano sedente faldistorio posito in suppedaneo Altaris, claudenda esset ecclesia et dimittendus populus. Quum tamen in sessione ista agatur de actionibus simplicis formalitatis, poterit admitti populus in ecclesiam, quae relinquetur aperta etiam in commodum Cleri regularis et ceterorum, qui processioni intervenient.

492. Itaque sedenti, ut supra, Metropolitano apponetur mensa et Caeremoniarius in ea ponet decreta ex ambone publicanda. Se sistent illi Promotores cum Secretario et promotor primus postulabit ut subscribatur decretis Concilii. Metropolitanus respondebit *Monemus, praecipimus et fieri mandamus*. Promotores redibunt ad locum suum, Secretarius autem accepto e manibus Metropolitani decreto pro subscriptione, ascendet super ambonem, publicabit decretum et ad locum suum se recipiet.

493. Decreto publicato, Notarius procedet ad Altare et consistet prope latus Evangelii.

494. Metropolitanus, deinde Episcopi unus post alium accedent ad Altare et subscribent decretis conciliaribus. Si aderunt Procuratores Episcoporum absentium, et ipsi subscribent decretis nomine eorum, quos repraesentant, sed post Episcopos in Concilio praesentes. Notarius accipiet decreta subsignata, ut illis addat authenticum testimonium suum. Clericus unus tollet de Altari pugillar, atramentarium etc.

495. Promotores cum Secretario revenient ante Metropolitanum et postulabunt ab ipso, ut priusquam dimittatur Concilium praesens, indicatur proximum futurum Concilium, triennio post celebrandum.

496. Metropolitanus respondebit *Ita decernimus et mandamus*. Promotores recedent ad locum suum. Secretarius accipiet a Metropolitano decretum relativum, ascendet super ambonem et ibi decretum ipsum publicabit.

497. Promotores cum Secretario revertentur ad Metropolitanum et flagitabunt ipsum, ut iubeat Concilio finem imponi. Respondebit Metropolitanus *Ita decernimus et mandamus, si Patribus placet.*

498. Ad locum suum se recipient Promotores: Secretarius ascendet super ambonem et in ipso, conversus ad Episcopos, dicet *Rmi Patres, placetne Vobis ad Dei omnipotentis laudem huius provincialis Synodi finem iam fieri?* et de ambone descendet.

499. Secretarius cum Notario accedet ad Episcopos eorumque assensum requiret; una deinde redibunt ad Metropolitanum, relationem votorum facturi. Metropolitanus elata voce dicet *Placuit omnibus Patribus; itaque decernimus huic primae* (vel secundae, tertiae etc.) *provinciali Synodo nostrae finem fieri et iam esse factum.*

500. Secretarius a Metropolitano decretum accipiet, accedet ad ambonem, ascendet, publicabit decretum, dein ad locum suum recedet.

501. Promotores cum Notario accedent ad Metropolitanum et Promotor primus instantiam faciet pro confectione actorum. Notarius dicet *Conficiam.*

502. Promotores et Notarius recedent ad locum suum.

503. Unus ex Episcopis suffraganeis ascendet in pulpitum et sermonem latinum ad Patres habebit gratulatorium de Concilio absoluto.

504. Post orationem, Episcopus redibit ad locum suum et mensa, quae posita fuerat ante Metropolitanum, a duobus clericis amovebitur et seorsim ponetur.

505. Interim ordinabitur expedite processio extra ecclesiam et constabit Clero regulari ac saeculari, ut alio loco monuimus.

506. Praesto erunt apud abacum Acolythi delaturi candelabra ac thuriferarius cum thuribulo.

507. Si aderit Magistratus, monebitur ut unus repraesentantium Magistratus ipsius praesto sit in ingressu presbyterii, sustenturus in processionem extremitatem posteriorem vestis et pluvialis Metropolitani.

508. Statim ac de ecclesia exibit processio, sonabunt festivo more campanae Metropolitanae.

509. Antecedent collegia coenobitarum cum Crucibus suis, quibus erit appensus pannus rubri coloris, cum ordine praecedentiae praescripto in saepius citata Constitutione Gregorii XIII. Deinde Magistratus, si aderit. Clavigeri ecclesiae, siquem habebit, Officiales Concilii, Repraesentantes Cathedralium suffraganearum, Seminarium, Parochi et Mansionarii seu Beneficiarii Metropolitanae, unusquisque cum suis respectivis insignibus.

510. Dum in processionem disponentur Parochi, approximabunt ad Metropolitanum Presbyter assistens ac thuriferarius. A Metropolitano imponetur in thuribulum incensum, ministrante Presbytero assistente, qui postea recedet ad locum suum inter Canonicos.

511. Subdiaconus accipiet Crucem archiepiscopalem positam in medio consessus et clerico alicui curae erit removere de medio basim Crucis eamque reponere in latere Evangelii.

512. Subdiacono se adiungent Acolythi ac thuriferarius, postquam a Metropolitano benedictum fuerit incensum.

513. In ipso discessus momento, Metropolitanus assurget eique exuetur mitra a secundo Diacono assistente; convertetur ad Altare et intonabit *Te Deum*, quod prosequentur in cantu cantores et Clerus alternatim.

514. Metropolitanus convertetur versus consessum.

515. Sequetur processio ordine sequenti, videlicet post Beneficiarios Metropolitanae, thuriferarius cum thuribulo, Acolythi gestantes candelabra cum cereis et medius inter eos Subdiaconus paratus, qui deferet Crucem Archiepiscopalem, imagine Crucifixi versa ad Metropolitanum. Post Crucem incedent Procuratores Episcoporum absentium, induti pluviali rubri coloris supra superpelliceum et supra amictum, bireto cooperto capite; Abbates parati superpellicio, amictu et pluviali capite gestantes mitram lineam albi coloris, succedent Canonici Metropolitanae parati et distincti in suos respectivos ordines Subdiaconorum, Diaconorum et Presbyterorum; tum Dignitates Metropolitanae induti pluviali; Episcopi suffraganei supra rochetum parati amictu et pluviali, gestantes capite mitram auriphrygiatam, adstantibus eorum lateri cappellanis indutis superpellicio;

incedet postremo Metropolitanus, mitram in capite, baculum sinistra sustinens, dextra benedicens adstantes; Diaconi assistentes fimbrias eius pluvialis elatas sustinebunt. Caudatarius vel unus de Magistratu, ut supra, sustentabit extremitatem posteriorem vestis eius. Metropolitanum sequentur duo Cappellani a mitra et baculo ac reliqui duo a scotula et libro et familiares eius nobiles. Ultimo loco ibunt Praelati induti mantelleto, si aderunt, et populus.

516. In reditu processionis ad ecclesiam, ordinabitur Clerus regularis in nave principali ibique manebit usque ad benedictionem Metropolitani, si tamen per multitudinem populi id fieri non posset, manebit in nave principali usquedum ad Altare redibit Metropolitanus ipse.

517. Clerus se recipiet ad locum suum, thuriferarius recedet ad deponendum thuribulum, Acolythi relinquent candelabra super abacum et Subdiaconus reportabit Crucem ad latus Evangelii ac prope illam subsistet propter benedictionem, ut inferius.

518. Metropolitanus redibit ante Altare et dimittet mitram, qua exuetur a secundo Diacono assistente, perstans ibi in pedes donec completus erit cantus hymni *Te Deum*. Immo curabunt cantores, ut ℣. *Te ergo quaesumus* cantetur prorsus quum Metropolitanus pervenerit ante Altare, ubi geniculabit in pulvino et cum ipso ceteri omnes in genua procumbent.

519. Ad cantum huius hymni poterit etiam sonari organis.

520. Duo Cappellani a libro et scotula, sub finem hymni praedicti, pontificale et scotulam ex abaco recipient et in promptu erunt prope Metropolitanum.

521. Post cantum hymni, Metropolitanus stans adhuc conversus ad Altare, cantabit tono feriali orationem *Oremus. Nulla est, Domine* etc.

522. Oratione absoluta, Metropolitanus ascendet ante faldistorium super suppedaneum Altaris et convertetur versus consessum.

523. Unus ex Episcopis suffraganeis ascendet in ambonem et cantabit acclamationes, quibus respondebunt in cantu Episcopi: poterunt iis addi duo quatuorve cantores.

524. Post acclamationes Metropolitanus stabit. Episcopi unus post alium accedent ad eum, non excepto Episcopo, qui cantaverit acclamationes et sibi ad invicem pacis amplexum dabunt.

525. Interim Presbyter assistens veniet prope Metropolitanum et secum retinebit formulam Indulgentiae publicandae. Item in promptu erit Subdiaconus cum Cruce, delaturus ipsam ante Metropolitanum, statim ac Episcopus ultimus de amplexu discesserit.

526. Post pacis amplexum, Metropolitanus habens ante se Crucem archiepiscopalem, sustentam a Subdiacono genuflexo in medio gradu infimo Altaris, impertietur solemnem benedictionem *Sit nomen Domini* etc. ritu consueto.

527. Benedictione a Metropolitano largita, Presbyter assistens conversus ad populum publicabit Indulgentiam, quam Summus Pontifex concesserit, vel consuetam, quam concedet Metropolitanus.

528. Publicata indulgentia, primus Diaconus assistens conversus ad consessum elata voce cantabit *Recedamus cum pace* et Clerus respondebit *In nomine Christi*.

529. A Diacono primo mitra pretiosa reponetur Metropolitano, qui baculo sinistra sumpto, de Altari descendet et veniet in thronum ad sacras vestes dimittendas.

530. Reliquae actiones omnes peragentur ut extant notatae a num. 468. usque ad 474 capituli huius. Animadvertendum illud tantummodo quod Metropolitanus et Episcopi in reditu ad Palatium Archiepiscopale associandi erunt non solum a Canonicis Metropolitanae, sed a Canonicis etiam Cathedralium suffraganearum et ab Officialibus Concilii.

DE VARIATIONIBUS
QUAE IN CONCILIO PROVINCIALI ADMITTENDAE SUNT
SI METROPOLITANUS
INSIGNITUS SIT DIGNITATE CARDINALITIA.

CAPUT XLII.

1. Currus, qui a Metropolitano mittetur occursum et exceptum Episcopos, destitutus erit ornamentis et distinctionibus illis, quae propriae sunt Cardinalium tantummodo.

2. Eṁus Metropolitanus ne domi quidem suae cedet dexteram Episcopis suffraganeis in visitationibus officiosis.

3. Quamquam Episcopi respectu dignitatis Cardinalitiae debent coram ipsis uti mantelleto, tamen in circumstantia Concilii provincialis, etiam coram Metropolitano Cardinali et aliis quoque Cardinalibus, utentur rocheto cum mozzeta.

4. In formula, quae dirigetur ad Metropolitanum sive in Congregationibus sive in sessionibus, loco dicendi *Reverendissime Pater*, dicetur *Eminentissime ac Reverendissime Pater et Domine*.

5. In Sacello SS. Sacramenti, Metropolitanus genuflectet genuflexorio vel faldistorio, sibi praeparato in medio. Episcopi geniculabunt in alio genuflexorio posito a latere post genuflexorium antedictum, quod non erit instructum strato, sed tantum pulvinis e panno violaceo ad genua et brachia.

6. Ad Altare maius tum in prima tum in ceteris sessionibus praeparatum aderit faldistorium, quo geniculabit Eṁus Metropolitanus. Episcopi suffraganei geniculabunt super pulvinos e panno violaceo positos in pavimento paullo post faldistorium ipsum. Hoc autem intelligendum est in unaquaque sessione, quando Metropolitanus iunctim cum Episcopis orabunt genibus flexis vel in faldistorio vel in infimo gradu Altaris.

7. Eṁus Metropolitanus induet rubri coloris habitum, cappam et calceos quoque.

8. In solemnibus exequiis Episcoporum omnium defun-

ctorum, Eṁus Metropolitanus utetur habitu et cappa violacei coloris.

9. In pacis amplexu Eṁus Metropolitanus sedebit faldistorio cum mitra in capite.

10. Monemus postremo, quod in titulis decretorum, instructionum, etc. innuendus est titulus Cardinalitius Metropolitani Cardinalis, videlicet — *N.* tituli Sancti *N.* S. R. E. Presbyter Cardinalis *N.* Dei et Apostolicae Sedis gratia Archiepiscopus *N.* —

DE VARIATIONIBUS
QUAE LOCUM HABENT IN CONCILIO PROVINCIALI,
SI PRAETER CARDINALEM METROPOLITANUM
ADSIT ALTER EPISCOPUS SUFFRAGANEUS
INSIGNITUS ET IPSE DIGNITATE CARDINALITIA.

CAP. XLIII. (*a*)

(n. 27.)

1. Cardinales Episcopi suffraganei in accessu ad Metropolitanam excipientur eodem ferme modo, quo indicavimus de Episcopis: hoc tantum adiiciendum, quod equis currus, qui mittetur eis obviam ab Eṁo Metropolitano, addenda sunt ornamenta rubri coloris; quod in limine ecclesiae Metropolitanae Cardinalis Episcopus suffraganeus excipietur a Capitulo toto; quod genuflexorium parabitur pannis rubri coloris; quod poterit sonari organis in accessu ad ecclesiam, quod familiares nobiles Eṁi Metropolitani praesto erunt officii causa ad imas scalas Palatii et Metropolitanus ipsemet veniet obvius eis usque ad ostium aulae primae, cedens eis dexteram in domo sua.

(*a*) Ne frustra, eadem repeteremus; notavimus inter parenthesim numerum paragraphorum illarum, quae in circumstantia, de qua agitur, subiiciuntur variationibus in praesenti capitulo indicatis.

(n. 35)

2. In capite aulae, ubi Congregationes praeparatoriae cum interventu Episcoporum habebuntur, disponentur sedes aequales inauratae cum fulcris pro Ēmo Metropolitano, proque Ēmis Suffraganeis.

3. In ipsis locus honoratior et praeminentia semper erit Metropolitano, licet ad Cardinalitiam Dignitatem assumptus esset post Suffraganeos. Cardinales suffraganei, si plures erunt numero, observabunt praecedentiae ordinem inter se, quam desument a sua quisque assumptione ad Sacrum Collegium.

(n. 48.)

4. Pro generalibus Congregationibus conciliaribus praeparabitur thronus, ut num. cit. sed infra thronum ponentur sedes aequales inauratae cum fulcris pro Cardinalibus Suffraganeis. Locus autem honoratior, ut supra, spectabit ad Metropolitanum.

(n. 66.)

5. In formulis, quibus interrogabuntur Episcopi, dicetur — Ēmi et R̄mi Patres ac Domini, R̄mi Patres etc. — idque tum in Congregationibus, cum in sessionibus.

(n. 86.)

6. Contra thronum Metropolitani, si aderit in latere Evangelii, sin minus alio distinctiori Presbyterii loco construetur thronus alter, numero graduum, altitudine et ornatu aequalis throno Metropolitani, sed loco Cathedrae ponentur in eo sedes camerales inauratae cum fulcris quae respodebunt numero Cardinalium suffraganeorum.

(n. 101.)

7. In latere Evangelii prope Altare ponentur sedes camerales inauratae pro Cardinalibus suffraganeis, qui sedebunt ibi dum parabitur Metropolitanus; aderunt etiam pulvini ad genuflectendum.

(n. 109.)

8. In Sacello SS. Sacramenti ponentur tot faldistoria ad genuflectendum, quot erunt Cardinales, vel ponetur in medio genuflexorium unum contectum strato et pulvinis aequalibus e serico villoso vel sericeis, in quo geniculabit Ēmus Metropolitanus cum Ēmis suffraganeis.

(n. 112.)

9. Ante Altare maius quoque ponentur faldistoria respondentia numero Cardinalium cum pulvinis ad orationem peragendam.

(n. 117.)

10. In sessionibus Cardinales suffraganei sedebunt in faldistorio a lateribus Metropolitani. Hoc casu praeparabuntur faldistoria aequalia, ponenda tum in fine consessus, cum in suppedaneo Altaris vel ante Altare, ut supra monuimus. Singulis faldistoriis suus erit pulvinus ad genuflectendum.

11. Curandum etiam, ut in Sacrario praeparentur paramenta pro Cardinalibus suffraganeis, quibus induentur post Missam eaque sunt amictus, pluviale et mitra auriphrygiata; insuper ut pluviale Cardinalium eorumdem ornatu et opere phrygio distinguatur a pluviali Episcoporum.

(n. 130.)

12. Cardinales suffraganei convenient in Palatium Metropolitani et quando ipse assumet cappam, illi quoque induent cappam rubri coloris; calceis item rubri coloris utentur.

(n. 134.)

13. Emus Metropolitanus cum Cardinalibus suffraganeis procedent ad Sacellum iunctim in eadem linea eosque sequentur Episcopi suffraganei etc.

(n. 137)

14. Metropolitanus cum Cardinalibus suffraganeis geniculabunt in pulvinis positis super gradum infimum Altaris, si capax erit, secus Cardinalis Metropolitanus geniculabit in gradu infimo et Cardinales suffraganei in pulvinis positis ante sedes pro ipsis praeparatas.

(n. 144.)

15. Cardinales suffraganei non dimittent cappam rubri coloris, eaque soluta utentur in diaeta Metropolitani.

(n. 158.)

16. In processione post Episcopos suffraganeos incedent Cardinales suffraganei induti cappa rubri coloris cum familiaribus nobilibus a latere, sequente Caudatario induto superpellicio, sustinente syrmam cappae. Post Cardinales suffraganeos incedet Emus Metropolitanus, ut loco cit.

Manuale Sacr. Caerem. lib. 6.

(n. 169.)

17. Cardinales suffraganei ascendent in thronum sibi praeparatum et singulis assistent singuli Caeremoniarii, qui doceant eos de actionibus peragendis.

(n. 178.)

18. Cardinales antedicti sedebunt, dum Metropolitanus lavabit manus.

(n. 179.)

19. Canonici nullum efficient circulum ante Metropolitanum.

(n. 189.)

20. Metropolitanus quum de throno descenderit, reverebitur Episcopos suffraganeos, deinde benedicet Clerum, tum reverebitur Cardinales et postremo procedet ante Altare. In reditu de Altari ad thronum, salutabit Cardinales, benedicet Clerum, salutabit Episcopos et ascendet in thronum. Hic ordo servabitur etiam deinceps.

(n. 191.)

21. Cardinales inter se recitabunt Confessionem, *Kyrie* etc. Si unus tantum erit, recitabit illa cum Caeremoniario, qui ipsi assistet.

(n. 194.)

22. Diaconus postquam thurificaverit Metropolitanum, Presbyterum assistentem et duos Diaconos assistentes, adolebit triplici ductu Cardinales, qui assurgent et biretum manu sustinebunt. Postea sedebunt et Diaconus prosequetur thurificationem, incensans Episcopos suffraganeos etc.

23. Clericis designatis curae erit ponere in presbyterio faldistoria, quibus geniculabunt Cardinales ad *Sanctus* et elevationem, ac removere illa, quum reversi fuerint in thronum.

24. Pacem eis praebebit Presbyter assistens, postquam acceperit illam a Metropolitano; advertet autem ut manus supponat brachiis eorum.

(n. 206.)

25. Quando Metropolitanus dimittet paramenta sacra post Missam et induetur pluviali, Cappellani Cardinalium suffraga-

neorum, sequentibus respectivis Cubiculariis afferent ad ipsos paramenta sacra. Cardinales, dimissa cappa, quae recipietur a Cubiculario, supra rochetum induent amictum, pluviale et mitram auriphrygiatam, adiuvantibus iisdem Cappellanis.

(n. 210.)

26. In fine consessus et in suppedaneo Altaris, vel ante Altare ponentur a clericis faldistoria pro Metropolitano et Cardinalibus suffraganeis : ita tamen collocabuntur ut inter singula intercedat spatium sufficiens. In fine consessus ponentur scabella pro Diaconis assistentibus duos tresve passus post faldistorium Metropolitani; super Altare autem ponentur faldistoria tantummodo et Diaconi sedebunt scabellis, positis in lateribus Altaris extra gradus omnes.

(n. 211.)

27. In accessu Metropolitani ad locum sessionis versus finem consessus, Cardinales se adiungent ei incedent iunctim a lateribus et sedebunt faldistoriis praeparatis. Cardinales suffraganei suis utentur Cappellanis, qui assistent ipsis quo modo Diaconi assistentes servient Metropolitano.

(n. 219.)

28. Quando sedebit Metropolitanus, duo Diaconi sedebunt in scabellis a tergo eius, quoniam in eadem linea Metropolitani erunt Cardinales suffraganei.

(n. 227.)

29. Metropolitanus solus assurget ad ℣. *Ut hanc praesentem Synodum* etc. in Litaniis.

(n. 233.)

30. Quando ad Altare procedet Metropolitanus, coibunt cum eo Cardinales etiam et sedebunt faldistoriis ibi praeparatis.

(n. 250.)

31. Si Metropolitanus sermonem habebit de pulpito, Cardinales suffraganei manebunt in Altari quo loco erunt.

(n. 284.)

32. Ad benedictionem Metropolitani, Cardinales stabunt in pedes sine mitra.

(n. 288.)

33. Cardinales suffraganei de Altari descendent una cum

Metropolitano et singuli accedent ad thronum suum, ubi paramenta dimittent et cappam resument.

(n. 294.)

34. Metropolitanus et Cardinales suffraganei orationi vacabunt ad faldistoria, ut in principio.

(n. 309.)

35. Cardinales suffraganei induti cappa rubri coloris descendent in ecclesiam una cum Metropolitano. Missae solemni assistent in suo throno induti cappa. Metropolitanus induet paramenta, sed Canonici in Missa circulos non efficient.

(n. 319.)

36. Diaconus thurificabit Cardinales, postquam incensaverit Presbyterum assistentem et Diaconos assistentes Metropolitano. Pax eis praebebitur a Presbytero assistente Celebranti, postquam acceperit illam a Presbytero assistente Metropolitano et advertet ut brachiis eorum supponat manus.

(n. 324.)

37. Cappellani Cardinalium accipient paramenta, quae aderunt praeparata in Sacrario vel super abaco prope thronum, et induent eos. Cubicularii accipient cappam, quam illi dimittent.

(n. 333.)

38. In sessione Cardinales se adiungent Metropolitano, ut in sessione prima, quod facient etiam in reliquis.

(n. 371.)

39. Diaconi assistentes sustinebunt librum Metropolitano dum professionem peraget Fidei, sed advertent ut stent in gradu superiori, non vero a lateribus eius. Postquam Metropolitanus emiserit iusiurandum, Cardinales ratificationem facient et manus imponent Evangeliario, quod eis praesentabit Metropolitanus. Postea sedebunt cum mitra in capite et fiet a ceteris Episcopis ratificatio.

(n. 476.)

40. Thronus Cardinalium parabitur pannis violacei coloris et eiusdem coloris erunt pulvini sedium. Induent habitus violaceos cum cappa violacea. Ad absolutionem non discedent de throno. Ad orationem et quando genuflectendum erit pro-

cedent ante Altare ad faldistoria ipsis praeparata, quae erunt etiam instructa pulvinis violaceis.

(n. 494.)

41. In subscriptione decretorum scribent = Ego *N*. Cardinalis, Episcopus *N*.

(n. 515.)

42. In processionem incedent induti pluviali et mitra in capite post Episcopos et ante Metropolitanum. Habebunt a latere familiam nobilem, praeter Cappellanos.

(n. 544.)

43. Amplexum accipient a Metropolitano qui stabit in pedes capite nudato, eoque accepto sedebunt faldistorio et caput mitra cooperient.

Methodus ista observata est in Concilio provinciali a Card. Clarissimo Falconieri Archiepiscopo in Metropolitana Ravennati habito diebus 28. 29. 30. et 31. Maii an. 1855. cui Concilio intervenerunt Cardinales duo suffraganei; mihique ex mandato Summi Pontificis commissum fuit honorificum dirigendi munus.

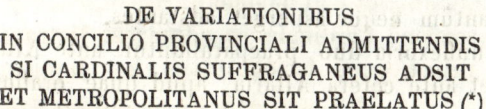

DE VARIATIONIBUS
IN CONCILIO PROVINCIALI ADMITTENDIS
SI CARDINALIS SUFFRAGANEUS ADSIT
ET METROPOLITANUS SIT PRAELATUS (*)

CAPUT XLIV.

1. Oportet hoc casu principium poni, quod iam sacri Canones definierunt, ut Concilium provinciale convocetur a Metropolitano eique praesit ipse. In circumstantia ista Suffraganei dependent ab Archiepiscopo Metropolitano, ideoque Cardi-

---

(*a*) Instructiones praesentes desumptae sunt ex opere P. Bartholomaei Gavanto, cui titulus *Manuale Episcoporum*.

nali Episcopo, Suffraganeo Praelati Metropolitani et subiecto huic iure Metropolitico, nunquam poterit competere praeminentia honoris, quae pro dignitate illi competeret extra Concilium.

2. Hinc innuentur respectivae variationes methodo qua usi sumus in paragrapho praecedenti.

(n. 27.)

3. In excipiendo Eṁo Suffraganeo in suo ad urbem accessu poterit servari ordo sequens.

4. Praesul Metropolitanus curru magnificentiori vectus, obviam procedet Eṁo Suffraganeo. Uterque induent rochetum cum mozzeta. Eṁus Suffraganeus ascendet in currum Metropolitani, qui dexteram ei cedet eumque precabitur, ut benedicat populum.

5. Si soleat Metropolitanus praemittere sibi per viam Crucem archiepiscopalem etiam quum vehatur curru, in hac circumstantia abstinebit (a).

6. In limine ecclesiae Metropolitanae praesto erit Capitulum universum, quod eos excipiat, sonabitur festivo more campanis et organis; dignior Capituli offeret aspersorium Cardinali, qui porriget illud Metropolitano, deinde signabit seipsum tantum neque asperget adstantes.

7. Genuflexoria duo praeparabuntur ante Altare SS. Sacramenti et ante cetera Altaria, apud quae orabunt. Illud a dextera instructum strato et pulvinis nobilioribus erit in usum Eṁi suffraganei, alterum a sinistra, Metropolitani.

8. Capitulum associabit ad Palatium Eṁum Suffraganeum et Metropolitanum.

(n. 35.)

9. Pro Congregationibus praeparatoriis in capite aulae praeparabuntur duae sedes aequales distinctae a sedibus Episcoporum, et in illis sedebunt Metropolitanus et Cardinalis Suffraganeus. In Congregationibus Metropolitanus stabit a dextris,

---

(a) Sacra Rituum Congregatio, decreto edito die 18. Septembris an. 1666. prohibuit Archiepiscopis quominus iubeant ante se praeferri Crucem, quando utuntur curru.

recitabit orationem *Adsumus, Domine* etc. proponet materias etc. ut brevi comprehendam, praeerit Congregationi.

(n. 47.)

10. Pro Congregationibus generalibus conciliariis praeparabitur thronus in capite aulae cum sedibus duabus aequalibus; a dextris sedebit Metropolitanus, a sinistris Cardinalis suffraganeus.

11. Metropolitanus praeerit Congregationi, ut supra notatum est.

12. In formula qua Episcopi rogabuntur assensum in Congregationibus conciliaribus et in sessionibus, Secretarius dicet *Eme et Rme Pater ac Domine, Rmi Patres* etc.

(n. 101.)

13. In Sacello Archiepiscopatus praeparabitur a latere Evangelii sedes inaurata cum fulcris et pulvinis e serico villoso seu damasceno rubri coloris, quae applicita erit parieti, in usum Cardinalis suffraganei.

(n. 108.)

14. Ad Altare SS. Sacramenti praeparabuntur faldistoria duo, unum pro Metropolitano, alterum pro Cardinali.

(n. 109.)

15. In latere Epistolae praeparabitur thronus aequalis throno Metropolitani pro Cardinali suffraganeo, in quo throno loco cathedrae ponetur sedes cameralis inaurata cum fulcris et cum pulvinis rubri coloris. Prope eumdem thronum aderit abacus, in quo disponentur paramenta pro Cardinali, videlicet mitra auriphrygiata, pluviale rubri coloris et amictus. Etiam ante Altare maius praeparabuntur duo faldistoria, quibus geniculabunt Metropolitanus et Cardinalis, ordine superius descripto. Ceteri Episcopi suffraganei geniculabunt ante scamnum ipsis praeparatum. Si Altare versum esset ad populum, thronus Cardinalis suffraganei collocabitur distinctiori loco, iuxta dispositionem presbyterii.

(n. 130.)

16. Episcopi in procoetonem Metropolitani convenient et Metropolitanus ipse accedet ad diaetam Cardinalis (ponimus hospitio exceptum esse in eodem palatio) eumque invi-

tabit. Metropolitanus et Cardinalis suffraganeus in eodem procoetone salutabunt Episcopos, dimittent mozzetam, induentque cappam, quam explicabunt. Metropolitanus utetur cappa violacea, Cardinalis cappa rubri coloris.

17. Praecedente Cruce archiepiscopali, progredientur ad Sacellum Archiepiscopatus, et Metropolitanus incedet a dextris Cardinalis. Sequentur Episcopi. Ad fores Sacelli praedicti Metropolitanus accipiet aspersorium a digniori Capituli, et porriget illud Cardinali, qui dextra accipiet aquam benedictam seque signabit; Metropolitanus deinde signabit seipsum, tum porriget aspersorium Episcopis, postremo asperget adstantes.

18. Notandum autem, quod haec eadem methodus, ne frustra repetamus alias, servandus erit in accessu ad ecclesiam pro ceteris functionibus.

19. Metropolitanus et Cardinalis genuflexi super gradus ante Altare orabunt, consurgent, salutabunt Crucem, sibique facta ad invicem reverentia, Metropolitanus accedet ad faldistorium et parabitur, Cardinalis autem ad sedem ipsi praeparatam, et sedebit in ea.

(n. 152.)

20. Ad intonationem hymni *Veni creator* etc. Cardinalis geniculabit super pulvinum positum prope sedem suam.

(n. 158.)

21. In processione Cardinalis indutus cappa et cum bireto in capite incedet a sinistris Metropolitani. Diaconi assistentes, qui sublevabunt fimbrias pluvialis Metropolitani, advertent ut paullo retro incedant, ita ut Metropolitanus et Cardinalis iunctim incedentes nullum alium habeant ad lineam.

(n. 163.)

22. In adoratione ad Altare SS. Sacramenti, Metropolitanus genuflectet in faldistorio posito a dextra, Cardinalis in alio a sinistra.

(n. 165.)

23. Eodem ordine procedent ad Altare maius et geniculabunt respectivis faldistoriis ibi praeparatis.

24. Post orationem consurgent sibique facta ad invicem reverentia, Metropolitanus accedet ad thronum collocatum in

latere Evangelii, Cardinalis ad alterum in latere Epistolae. Missae tempore Cardinalis retinebit cappam, neque ullo utetur Canonico assistente. Non leget introitum, Epistolam, Evangelium etc. sed recitabit Confessionem, *Kyrie, Gloria, Credo, Sanctus* et *Agnus Dei* cum Caeremoniario, qui assistet ei. Thurificabitur triplici ductu a Diacono, et pacem accipiet a Presbytero assistente, ut supra. Ad *Sanctus* genuflectet in faldistorio, quod ponetur in medio presbyterio ante Altare, ideoque clerici cum intorticiis consistent a lateribus Altaris.

(n. 206.)

25. Quando Metropolitanus dimittet paramenta missalia, resumpturus pluviale, Cardinalis dimittet cappam et induet amictum cum pluviali: Caeremoniarius, qui assistet ei, mitram auriphrygiatam eius capiti imponet, quod poterit etiam facere deinceps.

(n. 210.)

26. Faldistoria duo praeparabuntur in fine consessus et alia duo in suppedaneo Altaris, vel ante Altare, pro Metropolitano a dextra, pro Cardinali a sinistra. Scabella Assistentium ponentur post faldistoria in fine consessus, et ad Altare a latere ut monuimus etiam superius.

27. Cardinalis suffraganeus in omnibus actionibus stabit, sedebit ac genuflectet a sinistris Metropolitani, qui si sermonem de pulpito habebit, Cardinalis sedebit faldistorio in Altari posito.

28. Decreta legentur nomine Metropolitani, qui praesidebit Concilio a se convocato.

(n. 267.)

29. Notarius cum vocabit Cardinalem suffraganeum, reverebitur eum, neque Cardinalis respondebit *Adsum*.

(n. 289.)

30. Metropolitanus et Cardinalis dimittent paramenta in throno, ubi illa induerint.

(n. 294.)

31. Discessus de ecclesia tractabitur ut accessus ad ipsam.

(n. 309.)

32. De accessu ad ecclesiam diebus aliarum sessionum, servabuntur ea ipsa, quae tradita sunt in prima sessione.

33. Missa solemnis cantabitur ab Episcopo suffraganeo. Metropolitanus Missae assistet paratus pluviali. Cardinalis suffraganeus cappa indutus assistet in throno suo. Functio peragetur ritu praescripto cap. XVIII. lib. V. cum ea tantum exceptione, quod Canonici, respectu Cardinalis praesentis, non efficient circulos ante Metropolitanum.

34. Incensabitur a Diacono, postquam thurificaverit Assistentes Metropolitani.

35. Ad *Sanctus* genuflectent Metropolitanus et Cardinalis suis respectivis faldistoriis in presbyterio, primus a dextra, alter a sinistra.

36. Pacem accipiet a Presbytero assistente Celebranti.

37. Post Missam parabitur Cardinalis in throno suo, in consessu deinde se adiunget Metropolitano, ut in prima sessione traditum est.

(n. 371.)

38. In professione Fidei, Cardinalis ratificationem faciet post Metropolitanum, qui stans praesentabit ei Evangeliarium, cui manus imponet ac dicet *Sic me Deus* etc. postea sedebit cum Metropolitano et mitra cooperietur.

(n. 476.)

39. In exequiis pro Episcopis defunctis, thronus Cardinalis et ornatus sedis erit coloris violacei. Cardinalis induet habitum et cappam coloris violacei, et assistentiam praestabit Missae, laudationi funebri et absolutioni de throno suo.

(n. 494.)

40. In sessione ultima post Vesperas, Cardinalis firmabit decreta Concilii post Metropolitanum, utens verbis sequentibus — Ego *N.* Cardinalis *N.* Episcopus *N.* —.

(n. 515.)

41. In processionem incedet Cardinalis, pluviali et mitra paratus, post Episcopos suffraganeos et ante Metropolitanum, habens a lateribus praeter Cappellanos cum superpellicio, suos etiam familiares nobiles.

(n. 524.)

42. Recipietur ad amplexum a Metropolitano, qui stabit in pedes et mitra de capite dimissa. Deinde sedebit cum Me-

tropolitano in faldistorio suo, cooperietur mitra, et amplexum ab Episcopis suffraganeis non accipiet.

DE ANNIVERSARIO EPISCOPI PRAEDECESSORIS.

CAPUT XLV.

1. Celebrandum ab Episcopo est anniversarium in suffragium animae antecessoris sui, qui decessit regens Ecclesiam illam, quamvis ante ipsum in ea sede fuerit et alter Episcopus, ad aliam sedem translatus.

2. Post Nonam a Dignitate vel a Canonico aliquo cantabitur Missa solemnis de requie, cui assistet Episcopus cappa indutus.

3. Post Missam, profecto de Altari Celebrante, Episcopus parabitur pluviali et peraget absolutionem super pannum nigrum, vel super tumulum, positum ante thronum in presbyterio.

4. In functione ista observabitur ritus, quem superius descripsimus in capitulis XXVII. et XXIII. lib. V.

5. Monemus id tantum, quod in hoc anniversario locus non est funebri laudationi.

DE ANNIVERSARIO EPISCOPORUM ET CANONICORUM OMNIUM DEFUNCTORUM.

CAPUT XLVI.

1. In uno ex diebus octavarii defunctorum celebrabitur anniversarium in suffragium Episcoporum omnium defunctorum. Missa celebrabitur a Dignitate aut a Canonico aliquo et assistet Episcopus, qui post Missam peraget, ut supra notatum est, absolutionem.

2. Alio die celebrabitur anniversarium pro Canonicis omnibus defunctis Cathedralis. Missa cantabitur a Canonico et aequum esset, ut Episcopus Missae assisteret indutus cappa. Absolutio persolvetur ab eodem Celebrante, praesente Episcopo, ritu statuto superius cap. XXV. lib. V.

DE OBITU ET EXEQUIIS EPISCOPI ET DE SUPPLICATIONIBUS PRO NOVO EPISCOPO ELIGENDO.

CAPUT XLVII.

1. De supremo morbo, de obitu et de exequiis Episcopi agitur Libri secundi capitulo ultimo Caeremonialis Episcoporum; quocirca rem esse inutilem existimamus repetere quae ibi sapientissime suggeruntur in aegrotatione Episcopi et in administratione Sacramentorum, quae peragenda est a prima Capituli Dignitate

2. Ne pauca quidem censemus dicenda de aperitione te-

stamenti et de aliis curis suscipiendis ab herede vel a testamenti curatore, aut a quocumque alio, cui commissum sit negotium tuendi rem familiarem, spectantem ad defunctum et ad curationem domesticam. Operam dabimus tantum notandis functionibus peragendis iuxta finem quem nobis ipsi proposuimus in hoc opere, cuiuscumque demum pretii futurum sit atque utilitatis.

3. Durante Episcopi morbo, praescribentur ab eius Vicario generali publicae supplicationes ad omnia urbana et dioecesana templa et in coenobiis utriusque sexus. Esset etiam res optimi exempli si publicis supplicationibus interesset non modo Capitulum Cathedralis, sed Magistratus etiam et publici Repraesentantes, interveniendo formaliter.

4. Postquam Episcopus Sanctissimum Christi Corpus in viaticum acceperit, indicetur collecta per omnes ecclesias *pro Episcopo infirmo*, et recitabitur oratio in Missali praescripta. Quum vero administrata ipsi erit extrema Unctio, substituetur collecta altera pro *Episcopo infirmo morti proximo*, quae pariter notata in Missali est.

5. Statim ac Episcopus animam efflaverit, Canonici qui morti eius aderunt, recitabunt unusquisque super cadaver versiculos *A porta inferi* etc. cum oratione notata in Caeremoniali capitulo supra citato num. 18.

6. Vicarius generalis mandabit per ecclesias omnes, ut ad sonum e turri Cathedralis ceterae omnes ecclesiae urbanae annuncient obitum Episcopi lugubri campanarum sonitu per aliquod temporis spatium determinatum, ac deinceps, sonantibus campanis Cathedralis, debeant eodem tempore sonare ecclesiae reliquae omnes.

7. Interim cubicularii Episcopi cum omni decentia curabunt cadaver. Si heredi placebit iubere balsamo illud illini aut iniectare, id fiet semper postquam ab obitu elapsum erit tempus aliquod determinatum, ut indicabunt artis periti; quod tamen caveatur, ut cum omni decentia pertractetur.

8. Necesse etiam esset, ut sine mora legeretur testamentum ad agnoscendas dispositiones defuncti, praesertim si de funere suo cavisset. Utcumque sit, sive spectet ad hereditatem,

sive ad mensam episcopalem, sive ad quemquam alium, detur opera, ut funus sit conveniens dignitati et personae quam gessit, vitando ut nimium luxum, sic nimiam parsimoniam.

9. Itaque a Vicario generali, a prima Dignitate Capituli et a Caeremoniarum Magistro capientur concorditer dispositiones sequentes.

10. Curandum, ut cadaver conservari possit usque ad asportationem in ecclesiam: quod si difficile factu erit, efficiatur ut maturo tempore construatur arca lignea, in qua condatur. Arca autem erit longior cadavere tres ferme palmos, ut condi possit capite cooperto mitra: item erit latior a vertice et angustior versus talos. Intra arcam aderit pulvinus laneus coloris violacei, subiiciendus capiti cadaveris. In operculo autem picta erit Crux. Praeparabuntur praeter vestes usuales praelatitias nigri coloris, paramenta omnia coloris violacei, quibus induatur ac sepeliatur, comprehensa Cruce pectorali, annulo, ac tribus etiam spinulis S. Pallii, si fuerit Archiepiscopus.

11. Fiet Clero regulari et Clero saeculari denunciatio pro cantu vigiliarum priusquam asportetur cadaver, indicato ordine quo erunt celebrandae.

12. Invitabuntur etiam Confraternitates laicorum, quae debebunt intervenire asportationi cadaveris.

13. Construetur lectus ligneus, in quo exponetur in palatio et alter ponendus in ecclesia. Lectus constabit duobus canteriis, uno palmos quinque alto, altero palmos sex, cum tabulis super ipsum longis palmos duodecim et super tabulatum ponetur culcitra linea, subtili stramine plena: lectus totus cooperietur lodice sericea vel lanea cum pulvinis similibus, supponendis capiti cadaveris. Praeparabitur insuper parva tabula iuxta mensuram cadaveris cum capulis e chordula violacea in quatuor extremitatibus, in qua ponatur cadaver ipsum, ut possit moveri facile ac decenter.

14. Praeparabitur cerae copia sufficiens pro expositione cadaveris in palatio et pro asportatione ad ecclesiam. Numerus intorticiorum in hac circumstantia adhibendorum desumetur ex usu cuiusque loci et ex dispositionibus etiam testamentariis defuncti. Comparabitur insuper cera distribuenda illis, qui funeri intervenient.

15. Ex Cathedrali accipientur candelabra mortuaria ferrea vel scamna perforata ad firmanda intorticia, seu cereos circa cadaver, duo candelabra cum abaco collocando ad pedes lecti, pluviale nigri coloris cum stola, superpellicea, thuribulum cum navicula, vasculum cum aspersorio, legile maioris formae cum graduali in usum cantorum, et Missale aut Rituale pro oratione post vigilias.

16. Illa palatii pars, quae propter expositionem oportebit ut pateat, expoliabitur omni ornamento et in aula maiori sive in procoetone praeparabitur lectus supradictus.

17. Si Cathedralis ornata esset festive pro aliqua circumstantia solemnitatis, tolletur ornamentum omne. Thronus poterit relinqui paratus pannis violaceis, siquidem mors Episcopi non efficit ut esse desinat ecclesia cathedralis.

18. Congregabitur etiam Capitulum Cathedralis pro eligendo, termino praescripto a iure canonico, Vicario capitulari, qui participabit nominationem suam et consequenter decessum Episcopi ad S. Sedem.

19. Deputabitur a Capitulo Cathedralis vel ab herede ecclesiasticus quidam doctus, qui funebrem laudationem habeat in exequiis super cadaver peragendis.

20. Praeparabitur etiam feretrum, quo asportandum cadaver ad ecclesiam erit.

21. Vicarius capitularis, vel alius quispiam hortabitur Clerum et fideles, ut suffragentur animae Episcopi et disponet etiam, ut in ecclesiis omnibus celebretur ei funus die septimo aut tricesimo.

22. In ecclesia cathedrali praeparabitur lectus funebris eiusdem magnitudinis atque alter supra notatus pro domo et apponetur ille cereorum aut intorticiorum numerus, qui praestitutus erit, ut ibidem notatum est.

23. Licebit celebrare Missas in sacello Episcopii, sed alia erigere Altaria in diaeta episcopali ad Missas celebrandas non licebit, nisi ex speciali concessione S. Sedis.

24. In diaeta praedicta praeparabuntur scamna parata panno nigro pro Canonicis Cathedralis, pro Magistratu ceterisque, qui vigiliis erunt interventuri. In dispositione illorum ra-

tio babebitur capacitatis loci, et curabitur ut locus sit Canonicis Cathedralis, Magistratui et saltem. Regularibus, ad quos spectabit cantare in vigilia ipsis assignata, animadvertendo ut sint circa lectum.

25. Si cadaver fuerit balsamo illitum, privatim et noctu ad ecclesiam asportabitur vas clausum et signatum cum visceribus, quod comitabitur cappellanus defuncti cum famulis duobus funalia sustinentibus, statimque condetur sepulcro.

26. Postquam curatum erit cadaver, induetur subucula, caligis nigris, femoralibus, collari nigro, veste talari nigra cum syrma, fascia nigra simili et rocheto. Cappellani deinde eius induti superpelliceo, vestient ipsum caligis et sandaliis, amictu, alba, cingulo, Cruce pectorali ex auricalcho inaurato et sine Reliquiis, appensa chordulae sericae viridi, stola, tunicella, dalmatica, chirothecis, planeta et manipulo; inserent deinde annulum eius digito annulari dextro et manus component in pectore, quas iungent simul ope unius taeniae violaceae firmatae pulsis, ac super pectore eius ponetur exigua Crux lignea cum Crucifixo, quam continebit utraque manu. Deinde imponetur cadaver tabulae supra descriptae, cui erunt obstacula ad pedes ne cadaver excurrat, quaeque cooperietur prorsus habitu et vestibus quibus corpus erit indutum. Si fuerit Archiepiscopus in sua dioecesi aut provincia, imponent etiam humeris eius s. Pallium cum tribus spinulis; sin autem erit extra provinciam aut honoratus fuerit altero Pallio in altera ecclesia, supponetur plicatum capiti eius.

27. A lateribus lecti aderunt scabella gradata, ut super illum possit collocari corpus.

28. Quando igitur in promptu erit lectus, collocabitur in eo cadaver et capiti imponetur mitra linea coloris albi aut damascena, postquam in lecto compositum fuerit, pulvinis capiti suppositis, nam movendo cadaver posset forte delabi mitra.

29. Si lectus in promptu non erit, relinquetur cadaver in uno ex cubiculis Palatii et ardebunt in candelabris duobus candelae, una ad caput, altera ad pedes.

30. Exposito supra lectum cadavere, appendetur pileus pontificalis viridis coloris ad pedes lecti super lodice, et ante

lectum ipsum ponetur parvus abacus contectus alba tobalea, in qua aderunt superpellicia tria, stola cum pluviali nigro, Caeremoniale pro oratione, vasculum aquae benedictae cum aspersorio ac thuribulum cum navicula. Ignis deinceps utendus aderit seorsim in alio cubiculo. Accendentur intorticia seu cerei positi circa lectum in scamnis perforatis, vel saltem fanalia quatuor a lateribus lecti cum intorticiis aut cereis singulis.

31. Aperietur diaeta et providebitur, ut adsit qui bono ordini invigilet, clausa vero erunt cubicula, in quibus asserventur quae ad hereditatem spectant.

32. In aula prima aderunt famuli habitu familiari induti, et familiares nobiles habitu formali in procaetone et cubiculis prioribus.

33. Asportatio ab aedibus ad ecclesiam fieri debet mane; ante asportationem autem celebrandae sunt in ipsis aedibus vigiliae. Animadvertatur tamen ut inchoentur tempore debito.

34. Vigiliae celebrandae essent a familiis fratrum mendicantium, si fuerint, vel saltem ab aliis. Si numerus familiarum regularium satis non erit, poterunt ab una cantari vigiliae duae, sed in fine cuiusque fiet absolutio, ut declarabitur inferius.

35. Item si plures erunt coenobitarum familiae, ut nequeat a singulis una vigilia cantari, poterunt colligi simul plures familiae in celebratione vigiliae unius. Ad familiam digniorem spectabit ultima vigilia. Atque heic notandum, quod dignitas desumenda est ex praecedentia, qua fruuntur in processionibus generalibus, videlicet ex institutione coenobii, vel ex eo quod sanxerit usus laudabilis.

36. Hora praestituta, quando collecti simul erunt qui interfuturi sunt vigiliis vel saltem pars eorum, Caeremoniarius in aulam, ubi expositum erit cadaver, invitabit fratres quibus attributa est vigilia prima. Hi disponentur apud scamna praeparata circa lectum; primus ipsorum, habens ante se legile cum libro chorali, incipiet antiphonam *Placebo Domino*, quam prosequentur ceteri cum psalmis et antiphonis Vesperarum pro Defunctis. Antiphonae canentur ritu duplici, ante et post psalmos. Intonata praedicta antiphona, sedebunt omnes et a clerico uno singulis distribuetur candela. In promptu etiam erunt

alteri clerici duo induti superpelliceo, ad afferendnm vasculum ac thuribulum.

37. Quum incipietur canticum *Magnificat*, omnes consurgent et interim Superior fratrum, qui cantaverint vigiliam primam seu vesperas, accedet ad pedem lecti, adiuvantibus clericis duobus, induet superpelliceum, stolam, pluviale nigri coloris ibique ad pedem lecti remanebit.

38. Duo praedicti clerici accipient unus vasculum cum aspersorio, alter thuribulum cum igne et naviculam. Alterius clerici officium erit accendere candelas eis, quibus fuerint distributae.

39. Dum repetetur antiphona, Caeremoniarius vel alter Cappellanus, superpellicio indutus, ministrabit sine osculis incensum Superiori, de quo supra, qui imponet illud in thuribulum a thuriferario sustentum.

40. Completo supradictae antiphonae cantu, Superior, idem, iunctis manibus dicet *Pater noster* et aspersorio accepto a Caeremoniario seu Cappellano, qui sublevabit eius fimbriam dexteram pluvialis, procedens a dextris suis asperget cadaver circumiens lectum, prius versus pedem sinistrum, deinde versus medium, tum versus humerum sinistrum: rediens autem per latus alterum lecti, asperget illud versus humerum dextrum, deinde versus medium, postremo versus pedem dexterum.

41. Transiens ante Canonicos Cathedralis, reverebitur eos. Sin autem lectus non posset circumiri, asperget cadaver in medio, a sinistris et a dextris suis.

42. Reversus ad pedem lecti, restituet aspersorium et accepto thuribulo, adolebit cadaver eodem modo quo asperserit.

43. Reddito thuribulo, perstans ad pedem lecti cantabit versiculos *Et ne nos* etc. et orationem notatam in Caeremoniali capitulo citato, cum conclusione brevi. Post orationem subiunget alterum versiculum *Requiem aeternam* etc. et a cantoribus cantabitur ℣. *Requiescat in pace* omnesque respondebunt *Amen*.

44. Fratres deinde extinguent candelas, quas tempore absolutionis sustinuerint manu, Superior dimittet pluviale, stolam et superpelliceum super abacum; discedent ex aula aliique succedent ad secundam vigiliam designati.

45. In vigilia secunda cantabitur invitatorium et primum nocturnum Officii pro Defunctis cum antiphonis de ritu duplici. Ad invitatorium et ad *Pater noster* ante lectiones, stabunt omnes; ad cantum psalmorum, lectionum et responsoriorum sedebunt. Distribuetur cera, ut superius, et ad cantum responsorii tertii, Superior induet pluviale, tum peraget absolutionem, ut in prima vigilia traditum est.

46. In tertia vigilia cantabitur nocturnum secundum, in quarta nocturnum tertium cum Responsorio *Libera me Domine de morte aeterna*; in quinta autem Laudes.

47. Dum cantabitur ultima vigilia seu Laudes, disponetur asportatio cadaveris. Ad hanc rem ut invitentur illi, qui asportationi praedictae interventuri sunt, non esset abs re dare signum campanis Cathedralis, quibus poterunt reliquarum ecclesiarum campanae respondere.

48. Corpora seu collegia interventura processioni in asportatione cadaveris, convenire debent in Cathedralem, discessura inde ordinatim, quum nunciabitur eis.

49. Interim praesto erunt Presbyteri superpellicio induti ac sine stola, delaturi super feretrum cadaver. In promptu erit feretrum nobile et unus ex familiaribus, qui distribuet intorticia ferenda circum cadaver iis quibus attributum erit officium, itemque candelas tradet illi, cuius officium erit distributionem facere singulis, pompae funebri intervenientibus.

50. Capitulum Cathedralis congregabitur in diaetam episcopalem associaturum cadaver, quod fiet etiam a Magistratu aliisque publicis repraesentantibus, qui aliunde tenerentur vigiliis interesse.

51. Dignior Capituli Cathedralis supra rochetum vel superpelliceum assumet stolam cum pluviali nigri coloris.

52. Vigiliis expletis, adstantes de diaeta dimittentur, a Presbyteris indutis superpellicio demittetur de lecto cadaver et componetur in feretro.

53. Disponetur processio, quae percurret vias primarias et dirigetur ad Cathedralem. Asportationis tempore sonabunt luctuoso more campanae Cathedralis et reliquarum omnium ecclesiarum.

54. Officians in functione ista priusquam domo efferatur cadaver, asperget ipsum et recitabit antiphonam *Si iniquitates* cum psalmo *De profundis*, ut notatur in Rituali. Deinde in itinere recitabitur psalmus *Miserere* cum reliquis in Rituali notatis.

55. Processio ordinabitur sequenti modo. Anteibunt Confraternitates laicorum iuxta ordinem antiquitatis uniuscuiusque, et singulae deferent propriam Crucem aut signum, quo utuntur in associatione mortuorum. Tum Crux ecclesiae cathedralis delata a clerico, post ipsam incedent familiae coenobitarum, ordine ab ipsis servato in processionibus generalibus. Post collegia Regularium incedet Seminarium, cuius alumni induti erunt superpellicio et bireto; clericis Seminarii succedent Parochi urbani, superpellicio pariter ac bireto induti, vel alio insigni regulariter eis concesso; tum Collegiatae, si quae fuerint; Beneficiarii deinde seu Mansionarii, postremo Canonici Cathedralis, quorum in fine incedet Dignitas, de qua supra, indutus superpellicio et pluviali. Cadaver in feretro deferetur a quatuor Presbyteris, ac si opus fuerit, aderunt alii substituendi primis. Circa feretrum ardentia intorticia deferentur aut a quibusdam confratrum praedictarum Confraternitatum, aut a Mansionariis seu Beneficiariis, vel ab aliis de more cuiusque loci. Familiares nobiles Episcopi incedent immediate post feretrum vel a lateribus illius et unus eorum deferet pileum pontificalem, appendendum deinceps in ecclesia ad pedem lecti. Sequentur ultimo loco Magistratus et publici Repraesentantes quo ordine solent incedere in functionibus publicis, post eos autem famulitium defuncti in habitu familiari.

56. Si mos erit ut unusquisque in processionem gestet candelam ardentem, poterit servari, secus in ingressu ecclesiae distribuetur candela singulis individuis, quam sustinebunt ardentem in absolutione, quae ibi persolvetur, ut infra.

57. In ecclesia aderunt clerici tres unus cum thuribulo, alter cum vasculo aquae benedictae, tertius cum libro absolutionis. Item accendentur cerei sive intorticia circa lectum in ecclesia et advertetur ut circa illum adsint scabella gradata ad collocandum in eo cadaver.

58. Ubi ad ecclesiam pervenerit processio, Confraternitates instruentur in unum pluresve ordines circa lectum; ante Confraternitates disponentur Regulares et ante Regulares Clerus saecularis. Crux consistet ad caput cadaveris, ad pedes autem ipsius dignior Capituli qui functionem peraget. Magistratus stabit post Officiantem. Presbyteri, delatores feretri, collocabunt ipsum capite verso ad Altare, pedibus versis ad portam: delatores intorticiorum subsistent a lateribus cadaveris.

59. Deposito in media ecclesia feretro cum cadavere, repetetur antiphona *Exultabunt Domino* etc. deinde cantabitur ℟. *Subvenite Sancti Dei* etc. Sub finem Responsorii Officians imponet incensum in thuribulum cum benedictione et completo cantu Responsorii, cantabit *Pater noster*, et asperget ac thurificabit deinde cadaver, quemadmodum descriptum est superius in domo, et cantabit versiculos *Et ne nos* etc. cum oratione.

60. Discedent de ecclesia confraternitates et regulares. Magistratus locum sumet in scamno suo et Clerus in choro. Presbyteri cadaver tollent de feretro et imponent lecto, tum ad pedes lecti appendent pileum pontificalem.

61. Parabitur in Sacrario dignior Cleri et cantabitur Missa solemnis.

62. Post Missam recitabitur laudatio funebris et persolventur quinque absolutiones ritu descripto cap. XXIII. lib. V. eo tantum discrimine, quod Celebrans, quum non sit Episcopus, sedebit in scabello, ceterique absolventes sibi ipsi sustinebunt intorticium vel candelam ardentem.

63. Clausis ecclesiae portis, deponetur a Presbyteris de lecto cadaver et condetur in arca, ubi claudetur etiam intra tubum vitreum charta pergamena inscripta nomine aliisque notitiis defuncti. Cadaver sepelietur cum paramentis supra indicatis; quod si planeta nobili indutum fuerit, poterit exui illa et vestiri alia minoris pretii. Priusquam operculo claudatur arca, contegetur os defuncti sudariolo albi coloris. Deinde arca lignea cum cadavere claudetur in altera arca plumbea, in cuius operculo incisa erit Crux, epigraphe cum nomine etc. et stemma gentilitium. Cadaver sepelietur aut in sepulcro Episcoporum aut in alio, quod sibi delegerit defunctus. Pileus pontificalis su-

spendetur ad absidem seu lacunar ecclesiae versus locum sepulturae.

64. Si qua de caussa rationabili non poterit celebrari Missa solemnis super cadaver, non omittetur solemne funus die tertia aut septima cum absolutionibus indicatis. Immo si quis Episcopus limitrophus esset non ita longe a dioecesi, posset a Capitulo invitari ad functionem in funere Episcopi persolvendam.

65. Condito Episcopi cadavere, Vicarius capitularis praefiniet publicas preces ad obtinendam quamprimum electionem novi Pastoris, qui digne ac fructuose administret ecclesiam et ad salutem dirigat animas suae curae commissas. Itaque servabitur usus cuiusque dioecesis quod attinet ad preces supra nominatas; et quibusdam diebus vel circumstantiis fiet etiam processio Regularium ad Cathedralem, in qua simul cum Clero saeculari exorent Deum, ut sanctis Patronis intercedentibus, dignetur ecclesiae preces exaudire.

66. Quum vero officialiter communicata fuerit notitia electionis in Consistorio secutae, observabitur totum id, quod traditum est cap. I. lib. V.

APPENDIX

DE EMINENTISSIMIS AC REVERENDISSIMIS S. ROM. ECCLESIAE CARDINALIBUS.

CAPUT I.

1. Non est animus hoc loco tractatum addere de Eṁis ac Rṁis S. Ecclesiae Cardinalibus, de quorum honorificentiis, praerogativis et dignitate tam multi scripserunt clarissimi viri. Quia vero forte posset evenire, ut quidam Cardinalium moraretur extra Urbem et invitaretur ad assistendum functioni alicui, innuemus tantummodo regulas quasdam in circumstantia praedicta sequendas pro decore Dignitatis Cardinalitiae, cui Eṁi ac Rṁi Domini Cardinales se ipsi obligant solemni iureiurando.

2. Ac primo quidem loco notandum, quod Dominis Cardinalibus non licet privatim in ecclesiis interesse sacris functionibus, neque ingredi licet quacumque circumstantia in habitu privato. Solet Ipsis voce indulgere Summus Pontifex, ut visitent ecclesias, dummodo nullum ibi fiat officium et dum non adsit fidelium multitudo. Licet Eis accedere ad ecclesias in aliquam tribunam seu chorulum munitum transennis seu fenestris cancellatis, quo non ascendatur ex interna parte ecclesiae, sed ex alio loco separato.

3. Praeterea animadvertendum, quod Domini Cardinales, si extra Urbem induere habitum Cardinalitium debeant, numquam induunt mantelletum, sed mozzetam tantum supra rochetum, excepto tantummodo casu, quo in loco ipso eorum mansionis adesset Summus Pontifex, siquidem casu isto rochetum cooperiunt mantelleto ac mozzeta.

4. Neque erit heic abs re significare, quod habitus cardinalitius duplicis est coloris, rubri nempe et violacei. Adhibentur eadem regula ac superius tradita pro Episcopis cap. II.

lib. V. videlicet quum Episcopis praescribitur habitus violaceus, Cardinales utuntur rubri coloris et quum Episcopis praescribitur niger, Cardinales induunt violaceum.

5. Forma habitus est aequalis in utrisque, videlicet vestis talaris rubri coloris cum syrma, fascia sericea rubra cum floccis aureis in extremitatibus, rochetum cum suis paramanibus rubris infra reticulum in extremitatibus manicarum et mozzeta rubri coloris. Caligae autem et collarium sunt rubri coloris ut reliquum indumentum. Hyemis tempore habitus supra descriptus erit e panno exornato serico rubro in ocellis, in orbiculis, in marginibus et cum paramanibus similibus, itemque ex toto subsuta erit serico rubri coloris mozzeta, quae habebit orbiculos, ocellos et margines e serico rubro. Color autem qui vulgo appellatur *ponsò*. Aestivo tempore poterit esse ex lana leviori, ornatus, ut supra, serico, vel etiam totus sericeus, nempe ex panno sericeo, vulgo dicto *amuerro*, erit autem undulatus, exclusis prorsus sericis villosis et rasilibus.

6. Alter violaceus est aequalis illi, quem descripsimus pro Episcopis cum reflexibus, orbiculis, ocellis et marginibus, seu orae textibus coloris rubri et fasciae violaceae erunt flocci aurei. Adhibendo habitum huiusmodi, paramanus rocheti erunt coloris rubini. Color caligarum et collarii colori habitus respondeat oportet.

7. In Dominicis tertia Adventus et quarta Quadragesimae, quae dicuntur *Gaudete* et *Laetare*, Domini Cardinales in Urbe morantes, utuntur habitu coloris rosae siccae, cuius generis sunt etiam ornamenta illius, videlicet ocelli, orbiculi, orae textus, pannus subsutus et fascia cum floccis aureis. Aequum esset, ut etiam extra Urbem habitus iste adhiberetur.

8. Cappa vero, qua induti intersunt sacris functionibus, est e serico coloris rubri vel violacei, cum pellibus mustelae alpinae in caputio, hyberno tempore; aestivo autem, cappa rubri coloris habet sericum rubrum, violacea sericum coloris rubini. Feria sexta in Parasceve induunt cappam laneam violaceam cum pellibus mustelae alpinae in caputio.

9. Biretum autem et pileolus quocumque tempore et qualibet circumstantia erit semper rubri coloris (ponsò) utrum-

que ex panno laneo vel sericeo pro temporibus anni. In bireto est usus vulgo receptus, ut nullus adsit in medio floccus, ut esse solet in biretis Cleri saecularis. Pileus quoque utendus cum vestiario descripto erit semper rubri coloris, ornatus taenia seu lemnisco aureo in extremitate orae et cum flocco rubro intertexto auro.

10. Insuper utuntur calceis rubri coloris, quorum usus locum habet in diebus et celebritatibus solemnibus, nunquam vero quum habitus est coloris violacei. Aliis diebus calcei in summitate orae sunto coloris rubri.

11. Cardinales assumpti ex Ordinibus regularibus retinebunt tum in vestibus, tum in cappa colores habitus instituti sui, ut innutum est pro Episcopis cap. II. lib. V, neque eis licebit uti alio ornamento rubri coloris, praeter pileum, biretum et pileolum, qui erit aequalis pileolo aliorum, ut paulo ante monuimus, eo tamen discrimine, quod qualitas panni, quo confectum erit biretum et pileolus, esse debet semper lanea. Cardinales, qui addicti sunt alicui Congregationi Clericorum regularium, utentur rubro et violaceo habitu, ut ceteri, sed pannus vestium, cappae etc. semper erit laneus.

12. Altera occurrit opportuna animadversio, quod super habitum Cardinalibus supra descriptum nullum licet apponere decoramentum seu insigne ordinum equestrium laicorum, quamvis sint nobilissimi. Ratio est, quod dignitas Cardinalitia, propter quam qui assequuntur ipsam fiunt principes electores et eligibiles, superior est quocumque alio decoramento aut insigni; quocirca Emi Cardinales praecedentiam non cedunt, nisi Regibus et Principibus hereditariis.

13. Neque erit incongruum monere de qualitate stemmatum sive armorum Cardinalium, quod nempe ipsis interdicitur apponere quodcumque insigne laicum, excepto scuto seu parma, ideoque stemma gentilitium seu familiae debet aeque ab omnibus decorari pileo cardinalitio tantummodo (a).

14. Cardinales autem in publicum prodeuntes vel assisten-

(a) Inspiciatur Constitutio Innocentii X. *Militantis Ecclesiae* die 19. Decembris an. 1644. ad quam observandam Emi Cardinales se iureiurando obstringunt.

tes actui alicui solemni tum civili, tum religioso, cedere dexteram nemini possunt, neque a latere eorum potest adstare aut incedere quisquam. Quapropter locus eorum erit semper dignior et honoratior.

15. His praemissis, animadvertendum est, quod si Episcopus ordinarius insignitus erit etiam dignitate Cardinalitia, poterit uti throno parato textili aureo vel argenteo, scilicet serico albo, argento intexto, pro colore albo; et serico rubro, auro intexto, pro colore rubro; et serico violaceo, auro intexto, vel villoso violaceo pro colore isto.

16. Genuflexorium ad Altare SS. Sacramenti contectum erit strato et pulvinis villosis aut sericeis rubri aut violacei coloris, secundum colorem, quo Cardinalis Episcopus utetur in habitu, itemque eiusdem generis ac vestium throni, poterunt esse pulvini, in quibus geniculabit, quum accesserit ad faldistorium.

17. Quando pontificabit Missas solemnes aliasque functiones, si Magistratus intererit, ad ipsum spectat aquam eius manibus ministrare in singulis lotionibus.

18. In abaco, praeter vasa notata in singulis functionibus, poni poterunt alia vasa argentea vel inaurata, magnificentiae gratia et simplicis ornamenti.

19. Coram Cardinali, Episcopus in sua dioecesi abstinebit a benedictione largienda tum solemni, tum privata; Archiepiscopus etiam in sua provincia nec donabit, ut supra, benedictionem, neque ante se gestari iubebit Crucem archiepiscopalem, si aderit Cardinalis (Caerem. lib. I. cap. IV. num. 2.) excepto casu Concilii provincialis, ut cap. XLIII. libri huius innutum est.

20. Episcopus vel Archiepiscopus, si Cardinalis intersit sacrae functioni, cedet ipsi exercitium sui muneris episcopalis; sin autem Cardinalis renuerit illud exsequi, postquam officiatus fuerit, fiet id ab Episcopo sive Archiepiscopo (Caerem. loc. cit.)

21. Si Episcopus vel Archiepiscopus esset etiam Cardinalis et praesens adesset Cardinalis alter, qui simul cum eo Missae solemni assisteret, precari Cardinalem praesentem de-

bet ut exerceat functiones omnes, quae ad ipsum spectant, benedicendi nempe incensum, aquam, Ministros etc. Si Cardinalis praesens renuerit, fiet ab Episcopo Cardinali, qui in fine Missae donabit etiam benedictionem non ex throno sed ex Altari, respectu Collegae sui praesentis (Caerem. loc. cit. num. 3.)

22. Si Episcopus vel Archiepiscopus Cardinalis celebraret Missam solemnem et Cardinalis alter adesset, non insignitus repraesentantia Legati S. Sedis, Cardinalis Episcopus vel Archiepiscopus exsequetur benedictiones omnes, quae spectant ad Celebrantem, ac si fuerit Archiepiscopus, adhibebit etiam Crucem archiepiscopalem ad benedictionem (Caerem. loc. cit. num. 4.)

23. Cardinalis qui aderit in aliqua urbe, in qua sedes sit Episcopi, abstinebit ab interveniendo publice functionibus episcopalibus, quae possent aliquo modo impediri praesentia eius (Caerem. loc. cit. num. 5.)

24. Quod attinet ad locum Cardinalis in sacris functionibus, constitutum etiam est a Caeremoniali quid sit peragendum. Ad Cardinalem spectat sedes seu thronus Episcopi. Si Episcopus cantabit Missam, sedebit in faldistorio in latere Epistolae ante gradus Altaris; si Missam non cantabit, sedebit in primo chori stallo, quod ornabitur paratu distincto in postergali; in sedili et in genuflexorio si aderit, ponentur etiam pulvini ad genuflectendum (Caerem. loc. cit. cap. XIII. num. 4.)

25. Si plures aderunt Cardinales, sedebunt sedibus aequalibus in latere Evangelii et Cardinalis Episcopus ordinarius, nisi celebrabit, erit semper ultimo loco, quamvis esset praesentibus antiquior respectu promotionis Cardinalitiae. Committet exercitium suae repraesentationis Cardinali seniori; si hic renuerit, faciet id Episcopus Cardinalis et in fine Missae donabit etiam benedictionem ex Altari (Caerem. loc. cit. num. 5. 6.)

26. Quotiescumque Cardinalis quispiam accedet in ecclesiam cathedralem interfuturus functionibus sacris, excipietur in limine ecclesiae ab Episcopo ordinario, cappa induto, et ab omni Capitulo. Si Episcopus celebraturus sit Missam, obviam Cardinali procedetur a Capitulo tantummodo. Si Cardinalis decoratus erit munere Legati S. Sedis, Episcopus praesens of-

feret ei in limine aspersorium, quo Cardinalis Legatus signabit seipsum, porriget illud Episcopo, tum asperget adstantes. Sin autem Legatus non fuerit, dignior Capituli porriget ei aspersorium, quamvis ibi adesset Episcopus, et Cardinalis signabit seipsum tantum, quin aspergat adstantes (Caerem. loc. cit. cap. XV. num. 4.)

27. De Ritu servando in Missa solemni coram Cardinali, tractabimus sequenti capitulo.

DE EMINENTISSIMI CARDINALIS MISSAE SOLEMNI ASSISTENTIA.

CAP. II.

1. Instructiones, quae traduntur in capitulo praesenti, formulatae sunt super decretis S. Congregationis Caeremonialis, quae sequens regulas a Caeremoniali Episcoporum statutas, praescripsit ritum in circumstantia ista servandum. Decretum S. Congregationis referetur in fine praesentis capituli.

2. Si functioni locus erit in Cathedrali et interveniet etiam Episcopus ordinarius, ad Altare SS. Sacramenti praeparabitur genuflexorium ornatum strato et pulvinis pro Cardinali, coloris rubri vel violacei, quali ipse utetur in habitu.

3. Pro Episcopo autem pulvinus in pavimento a latere Cardinalis.

4. Ad Altare maius praeparabitur quidquid opus est ad Missam solemnem et in medio Presbyterio pro Cardinali statuetur genuflexorium eiusdem coloris, ut supra.

5. Praeparabitur thronus cum cathedra, paratus colore quem requirit officium et a lateribus cathedrae ponentur scabella duo pro totidem Canonicis, qui assistent Cardinali. Prope cathedram aderit pulvinus adhibendus in genuflexione ad ℣. *Et incarnatus* in Credo.

6. Pro Episcopo ordinario parabitur stallum primum in choro cum augmento in sedili et cum paratu sericeo in postergali ac pulvino in sedili: si ante stalla in choro aderunt

genuflexoria, in loco quem occupabit Episcopus, ponetur pulvinus super genuflexorium cum panno sericeo, qui pendebit ex parte anteriori.

7. Si functio peragetur in ecclesia, quae non sit cathedralis, Episcopus non interveniet, et in latere Evangelii statuetur thronus cum sede camerali, loco cathedrae pro Cardinali.

8. Quando functio fiat in Cathedrali, Episcopus praeoccupabit adventum Cardinalis et indutus cappa morabitur in Sacrario cum Capitulo universo.

9. Quum nunciabitur adesse iam Cardinalem ad ecclesiam, Episcopus incedens in fronte Capituli sui veniet ad limen ecclesiae, excepturus Cardinalem, et aderit clericus deferens vasculum aquae benedictae cum aspersorio.

10. Cardinalis in limine ecclesiae induet cappam, deinde a digniore Capituli (nunquam vero ab Episcopo) accipiet aspersorium, quo signabit seipsum tantum, neque ullo modo adstantes asperget.

11. Procedet ad SS. Sacramentum adorandum, genuflectens in genuflexorio praeparato, et Episcopus geniculabit super pulvinum positum extra genuflexorium ipsum. Advertet ne dextra benedicat adstantes dum incedet in ecclesia.

12. Postea transibit ad Altare maius ubi orabit brevi tempore in genuflexorio, quod ibi praeparatum fuerit, et Episcopus cum Capitulo accedet in chorum ad stallum quo geniculabit.

13. Celebrans cum Ministris stabunt in pedes, quum adveniet Cardinalis, quem reverebuntur et ipse cum inclinatione respondebit eis.

14. Post orationem, Cardinalis assurget, salutabit Crucem Altaris seque inclinabit Celebranti et Ministris, qui reverentia respondebunt ei, procedet ad thronum, quo priusquam ascendat se inclinabit Episcopo ordinario, qui pariter ei respodebit cum reverentia.

15. Conscenso throno, sedebit brevi tempore et Canonici duo assistent ei a lateribus.

16. Celebrans, quin petat in antecessum permissionem, accedet cum Ministris ad Altare, peragens debitas reverentias ad chorum et ad Cardinalem atque exordietur Sacrum ad

pedem Altaris in medio, quamquam thronus situs esset in medio e regione Altaris, si Altare ipsum versum esset ad populum.

17. Cardinalis cum Canonicis assistentibus recitabit Confessionem.

18. Si Celebrans gaudebit privilegio scotulae, abstinebit eius usu.

19. Cardinalis cum assistentibus suis recitabit *Kyrie, Gloria, Credo, Sanctus* et *Agnus Dei*.

20. Quaecumque benedictio Ministrorum, thuris et aquae fiet a Celebrante.

21. Cardinali non erit Presbyter assistens, nec leget introitum, Epistolam, Graduale, Evangelium et versiculos Offertorii et Communionis.

22. Diaconus et Subdiaconus osculabuntur manum et accipient benedictionem a Celebrante.

23. Post cantum Evangelii, Subdiaconus librum osculandum afferet ad Cardinalem et Celebrans thurificabitur a Diacono.

24. Cardinalis thurificabitur solum a Diacono post Oblata.

25. Ad *Sanctus* descendet ad geniculandum in medium presbyterium ad genuflexorium ibi praeparatum, comitatus a duobus praedictis Canonicis assistentibus.

26. Clerici cum intorticiis ad elevationem consistent in lateribus Altaris, ne tergum vertant ad Cardinalem, qui ibi aderit genuflexus.

27. In fine Sacri benedictio donabitur a Celebrante, qui postquam dixerit *Omnipotens Deus*, convertetur ad Cardinalem, salutabit ipsum, deinde benedictionem versus populum donabit.

28. Non publicabuntur Indulgentiae nomine Cardinalis.

29. Profecto de Altari Celebrante cum Ministris, Cardinalis, de throno descendet, comitatus ab Episcopo et a Clero, ac brevi facta oratione ad Altare maius et ad Altare SS. Sacramenti, ut in accessu, discedet de ecclesia.

30. Methodus haec observabitur a quovis Cardinali, qui nulla gaudeat iurisdictione in eo loco quo forte moratur, quamvis esset ex ordine Cardinalium Episcoporum vel ex ordine Cardinalium Presbyterorum, in quo etiam ordine insignitus esset charactere episcopali.

31. In aliis ecclesiis, praeter Cathedralem tantum, serva-

bitur idem ordo, excepto quod non habebit Assistentes throno, siquidem non aderunt Canonici, et excipietur atque associabitur ab illo collegio, quod ipsam ecclesiam custodiet atque officiabit.

32. Sin autem in Cathedrali celebraretur Missa ab Episcopo ordinario, observabitur quod prescribetur sequenti capitulo *de Missa ab Episcopo ordinario ad faldistorium celebrata*.

33. Quare animadvertendum erit ut Cardinalis debito tempore adveniat ad ecclesiam, scilicet post cantum Tertiae; grave enim esset incommodum, si Episcopus ordinarius, cum suo Clero parato expectaturus esset diutius et in publico adventum Cardinalis.

34. Hoc igitur casu Canonici quatuor excipient Cardinalem in limine ecclesiae cum quibusdam Beneficiariis, seu Mansionariis, qui deducent eum ad Altare SS. Sacramenti et ad Altare maius.

35. Canonici qui comitabuntur Cardinalem, statim ac venerint illuc, induent vestes sacras.

36. Cardinalis nullo utetur Canonico assistente throno.

37. Episcopus non utetur scotula.

38. Liber Evangelii, post cantum ipsius afferetur ad Cardinalem qui illum osculabitur.

39. Quando Episcopus lavabit manus tum ante Offertorium, tum post thurificationem et post Communionem, Ministri qui lotionem ei praebebunt, stabunt, neque assurgent Canonici nec genuflectent ceteri de choro.

40. Post offertorium, procedente ad Altare Episcopo, Cardinalis caput bireto nudabit et assurget in pedes, respondens sic inclinationi, qua ipsum salutabit Episcopus.

41. Episcopus antequam donet benedictionem in exitu Missae, inclinationem faciet versus Cardinalem.

42. Sacro peracto, Episcopus redibit ad faldistorium et postquam discesserit Cardinalis dimittet paramenta sacra.

43. Quatuor supradicti Canonici, qui Cardinalem exceperint in accessu ad ecclesiam, advertent ut mature dimittant paramenta et resumant habitum choralem, rursus eum comitaturi ad portam ecclesiae simul cum ceteris de Clero, qui prius ipsum exceperunt.

DECRETA

S. Congregationis Caeremonialis
Habitae die 14. Decembris an. 1837.

Quum S. Congregatio Caeremonialis animadverterit, maxime opportunum fore, si methodus praefiniretur in Pontificalibus aliisque Missis solemnibus, quae in Cathedrali Ecclesia eius Urbis, ubi Emus Dominus Provinciae Legatus residet, ipso praesente, celebrantur, servanda, ut uniformitas tum in omnibus tum in sacris praecipue caeremoniis adeo commendanda hac quoque in re servaretur, omnibus rationum momentis hinc inde serio perpensis, ut Cardinalitiae simul et Episcopali dignitati foret consultum, sequentes regulas censuit decernendas:

Emus Legatus Rei Divinae in Cathedrali Ecclesia interfuturus ab Episcopo, si adsit, a Capitulo, nec non a Magistratu in Ecclesiae porta excipitur. Si tamen Episcopus ipse sit celebraturus, Emo Legato obviam ire non tenetur.

Aspersorium a digniore Canonico recipiet, quo se tantum signat, alios vero non aspergit.

Missam cum Celebrante, quisquis is sit, non incipit.

Sedem Episcopalem occupat, ubi, si non celebret Episcopus, Canonicum vel Canonicos assistentes potest habere, celebrante tamen Episcopo, non potest. Neutro autem in casu Presbyterum assistentem proprie dictum habere valet.

Hymnum Angelicum et Epistolam non legit; recitat tantummodo Hymnum praedictum ac Symbolum cum eo vel iis qui assistunt.

Benedictiones omnes et singulas Celebranti remittit.

Post Evangelium librum a Subdiacono porrectum osculatur.

Post oblata tantum thurificatur per Diaconum.

Pacem recipit per Presbyterum Episcopo assistentem, si Episcopus celebret; per Subdiaconum vero, si alius.

Indulgentiam publicare nequit iure ordinario.

Discedens ab Episcopo, Capitulo, et Magistratu ad portam deducitur, si Episcopus adsit, neque celebraverit; si vero celebraverit Episcopus, aliqui tantum ex Canonicis, qui antea sacris exuti sint paramentis, cum Magistratu Legatum comitantur.

Eadem tamen S. Congregatio declaravit, regulas praedictas ad Eminentissimos Dominos Legatos Ferrariensem, Foroliviensem, Ravennatem, atque Urbinatem et Pisauriensem tantummodo pertinere: ad Em̂um enim Legatum Bononiae quod spectat, causis sibi notis, rei huiusce examen differri voluit.

(Omittitur tenor aliorum decretorum)

Facta autem SSm̂o Domino Nostro GREGORIO PP. XVI. per me infrascriptum Secretarium de praemissis omnibus relatione, idem SSm̂us Dominus Noster praefata Decreta non solum approbavit, sed inviolabiliter ab omnibus et singulis, ad quos ea spectant, servari praecepit: ne vero eorum ignorantia posset adduci, ea ipsa publicari atque opportune significari iussit. Hac die 16. *Decembris anni* 1837. *SSm̂i Domini Nostri Pontificatus anno septimo.*

B. Card. *PACCA S. C. Decanus et S. C. Caeremonialis Praef.*

L. ✠ S.

Josephus de Ligne Secretarius.

DE MISSA PONTIFICALI
AB EPISCOPO ORDINARIO AD FALDISTORIUM CELEBRATA.

CAPUT III.

1. Fieri forte potest, ut quadam circumstantia extraordinaria Episcopus ordinarius, cantans Missam solemnem, sedere faldistorio debeat, quemadmodum contigeret, si Cardinalis quidam Missae solemni interesset. In casu praedicto sequens methodus servabitur.

De rebus praeparandis.

2. Apud Altare SS. Sacramenti praeparabitur genuflexorium cum strato et pulvinis.

3. Altare maius ornabitur candelabris septem cum cereis et Cruce aequali candelabris ante candelabrum septimum posita: praeter tobaleas, pallium ac tapetum, super mensam Altaris disponentur paramenta missalia pro Episcopo, videlicet planeta, chirothecae, dalmatica, tunicella, pluviale, stola, Crux pectoralis, cingulum, alba, amictus et formale, quae contegentur velo coloris respondentis colori paramentorum: in latere Evangelii praeparabitur mitra pretiosa cum vimpa, seu velo pro Cappellano illius et in latere Epistolae altera mitra, idest auriphrygiata. Si fuerit Archiepiscopus, praeparabitur etiam s. Pallium in lance et tres spinulae in lance altera.

4. Ante gradus Ataris in latere Epistolae praeparabitur faldistorium cum veste concolori ceteris paramentis, et faldistorio ipsi supponetur suppedaneum ligneum, ut aliquantum extet ex pavimento, quod suppedaneum cooperietur tapeto laneo decenti.

5. Super abaco contecto alba tobalea in latere Epistolae, duo candelabra cum cereis aderunt pro Acolythis; antiphonarium pro intonatione et oratione Tertiae; canon pontificalis; scotula; caligae et sandalia cum duobus velis consuetis; urceus

cum pelvi; Epistolarium, Evangeliarium cum manipulo pro Episcopo; Missale in usum Episcopi cum cussino seu legili pro Altari; manipuli pro Ministris; thuribulum cum navicula; calix cum purificatoriis duobus; patena cum duabus hostiis, palla corporale intra bursam; gremiale aequale paramentis pro Episcopo; velum humerale pro Subdiacono; ampullae vini et aquae in pelvicula, in qua aderit etiam patera vitrea ad praegustationem faciendam; campanula; intorticia ad elevationem et formula Indulgentiarum. Si Magistratus intererit, praeparabitur etiam instrumentum pacis cum velo.

6. Prope Altare aderit baculus pastoralis, ac si fuerit Archiepiscopus, collocabitur versus latus Evangelii basis ad firmandam Crucem archiepiscopalem.

7. In latere Epistolae, scamnum usitatum pro Ministris, coopertum panno laneo, et pulvinus etiam utendus a Celebrante in genuflexione ad *Incarnatus*.

8. Ante Altare in medio Presbyterio, genuflexorium cum strato et pulvinis.

9. Ad cancellos presbyterii fanalia sex vel octo cum intorticiis aut cereis.

10. Thronus ornabitur lodicibus et pannis sericeis eius coloris, quem requirit officium itemque cathedra, prope quam ponetur pulvinus utendus in genuflexione ad *Incarnatus*: non tamen aderunt tria scabella pro Assistentibus.

11. In sedilibus chori vel alio loco praeparabuntur paramenta pro Canonicis et in promptu etiam erunt capistri ad recipiendam cappam vel superpellicium aut aliud insigne, cuius usu gaudebunt, quodque dimittent ut sibi induant amictum et paramenta.

12. In Sacrario disponentur paramenta pro sacris Ministris, videlicet pluviale pro Presbytero assistente; dalmatica, stola, cingulum, alba et amictus pro Diacono; tunicella, cingulum, alba et amictus pro Subdiacono. Cappellani a mitra, a baculo, a libro et scotula non induent pluviale. Aderit etiam vasculum aquae sanctae cum aspersorio, praeter superpellicea sufficienti numero pro inservientibus.

13. Si Ordinarius erit Archiepiscopus, praeparabitur etiam tunicella, cingulum, alba et amictus pro Subdiacono Crucifero.

De Functione.

14. Quum omnia quae ad Missam pontificalem pertinent, singillatim descripta sint capitulo IX. libri V. quin frustra repetamus eadem, innuemus actiones illas tantummodo, in quibus esse potest a rebus ibi descriptis aliquod discrimen.

15. Semel aut pluries in antecessum sacrae functionis sonabitur festivo more campanis.

16. Hora praestituta, expleta recitatione Officii usque ad horam canonicam, quae debebit Missam solemnem praecedere, sonabitur campanula Sacrarii et Canonici proficiscentur ad associandum Episcopum.

17. Hoc tempore se parabunt in Sacrario Presbyter assistens, Diaconus et Subdiaconus, qui parati quum erint, procedent ad Altare maius, praeeuntibus clericis et post reverentiam debitam Altari, sessum ibunt ad scamnum ipsis praeparatum.

18. Episcopus cappa indutus, associabitur a Canonicis: in ingressu ecclesiae accipiet aspersorium a digniore Capituli, se signabit et asperget adstantes. Adorabit SS. Sacramentum et procedet ad Altare maius, ante ipsum geniculabit utens genuflexorio ibi praeparato.

19. Interea Canonici induent sibi paramenta sacra respondentia eorum ordinibus. Parabitur etiam in Sacrario Subdiaconus crucifer, si Ordinarius erit Archiepiscopus et postquam paratus erit, accedet prope Altare.

20. Episcopus assurget, salutabit Crucem et veniet ad faldistorium, comitatus a Caeremoniario suo et sequente Caudatario, qui cappae extremitatem posteriorem sustentabit. Diaconis autem assistentibus non utetur.

21. Episcopus in faldistorio sedebit versis humeris ad Altare et a lateribus habebit Diaconum et Subdiaconum, qui iunctis manibus stabunt in pedes eodem statu. Presbyter assistens consistet prope Subdiaconum.

22. Quando parati erunt Canonici, Episcopus bireto caput nudabit, assurget, convertetur ad Altare et intonabit Horam tertiam. Presbyter assistens substinebit ei librum, dum cantabit *Deus in adiutorium.*

23. Primo psalmo intonato, sedebit et bireto cooperto capite, leget psalmos praeparationis *Quam dilecta*, alternatim cum Diacono et Presbytero assistente.

24. Subdiaconus perget ad abacum, accipiet caligas et sandalia contecta duplici velo et comitantibus quatuor clericis cum cubiculario, redibit ante Episcopum, qui caligis et sandaliis induetur.

25. Postquam Episcopus induerit caligas et sandalia, Subdiaconus ad abacum reportabit lancem cum duobus velis et redibit ad sinistram Episcopi, qui caput aperiet, assurget ad Altare convertetur ad *Kyrie* et ad reliquas preces. Chorus sedere perget.

26. Episcopus deinde sedens recitabit orationes ad paramenta.

27. Hoc tempore distribuentur clericis paramenta episcopalia.

28. Absoluta orationum praedictarum recitatione, recedent cappellani a libro et scotula; tum Episcopus, adiuvantibus Diacono et Subdiacono, dimittet cappam, quam recipiet cubicularius eius, qui advertet ut expediat vestis eius extremitatem posteriorem.

29. Presbyter assistens tollet annulum Episcopo et consistet prope dexteram eius.

30. Episcopus sedens lavabit manus eique porrigetur mantile a Presbytero assistente, qui post actionem istam recedet versus scamnum Ministrorum.

31. Ad lotionem manuum Episcopi, Canonici et Praelati, si aderunt, consurgent, ceteri autem geniculabunt.

32. Post haec Diaconus, adiuvante Subdiacono, parabit Episcopum amictu, alba, cingulo, Cruce pectorali, stola et pluviali, cui apponet formale. Deinde imponet ei mitram auriphrygiatam eique facta cum Subdiacono reverentia, perget iunctim cum Subdiacono eodem ac Presbytero assistente ad scamnum ipsis praeparatum, ibique sedebunt usquedum absolutus erit cantus psalmorum Tertiae.

33. Notandum autem, quod tres praedicti Ministri in sedendo debent animadvertere, ut Presbyter assistens stet propius Episcopum, Diaconus in medio sive a dextris sive a si-

nistris Presbyteri assistentis et Subdiaconus post Diaconum sive a sinistris sive a dextris eius, pro scamni eiusdem positione.

34. Canonici consuetum circulum efficient, quando parabitur Episcopus.

35. Dum in cantu repetetur antiphona post psalmos Tertiae, venient supradicti Ministri ante Episcopum, quem reverentia salutabunt; ipse autem, completo cantu antiphonae, assurget et ad Altare convertetur.

36. Subdiaconus cantabit Capitulum Tertiae.

37. Cantores duo, superpellicio induti, in medio presbyterio cantabunt Responsorium.

38. Ad versiculum Diaconus exuet mitram Episcopo.

39. Accedent ad Episcopum duo Acolythi cum candelabris.

40. Episcopus cantabit orationem Tertiae et Presbyter assistens substinebit ei librum.

41. Deinde clericis distribuentur reliqua paramenta.

42. Interim Diaconus exuet Episcopo formale et pluviale, atque adiuvante Subdiacono, induet eum tunicella, dalmatica, chirothecis et planeta.

43. Si fuerit Archiepiscopus, Subdiaconus a Cruce ascendet ad Altare, accipiet s. Pallium et cum clerico uno, qui accipiet lancem cum spinulis, accedent ad Episcopum, cui Diaconus imponet s. Pallium.

44. Diaconus induet ei mitram pretiosam et cum Subdiacono reverebitur eum.

45. Presbyter assistens annulum inseret digito annulari dextro Episcopi, tum consistet a dextris eius.

46. Episcopus baculum pastoralem sinistra accipiet.

47. Diaconus cum Subdiacono manipulum assument prope abacum et Subdiaconus accipiet etiam Evangeliarium cum manipulo Episcopi; redibunt ad eum, Diaconus consistet a sinistris eius et Subdiaconus a sinistris Diaconi.

48. Episcopus procedet ad Altare medius inter Ministros, ordine supradicto, benedicet Clerum et ante Altare dimittet baculum, tum a Diacono nudabitur mitra.

49. Exordietur Missam ritu usitato. Quum ascendet ad Al-

tare, Diaconus transibit ad eius dexteram et Subdiaconus approximabit ad sinistram. Presbyter assistens transibit in latus Evangelii, praesentaturus ei textum Evangelii, quod osculabitur.

50. Diaconus ministrabit incensum et Episcopus ritu consueto adolebit Altare.

51. Thuribulo Diacono restituto, mitra pretiosa ei rursus imponetur a Caeremoniario.

52. Postquam thurificatus fuerit, recipiet baculum, reverebitur Crucem Altaris et revertetur ad faldistorium, medius inter Ministros, de Altari descendens a latere.

53. Sedebit faldistorio, nudabitur mitra a Diacono, assurget, convertetur ad Altare, leget introitum et recitabit *Kyrie*.

54. Intonabit deinde *Gloria in excelsis* et ad intonationem Presbyter assistens sustinebit ei librum, Diaconus stabit a tergo eius et Subdiaconus post Diaconum.

55. Post intonationem Diaconus et Subdiaconus accedent ad latera eius et Presbyter assistens librum relinquet respectivo Cappellano.

56. Recitato *Gloria* cum Ministris, sedebit et a Diacono reponetur ei mitra auriphrygiata et gremiale.

57. Ministri quoque sessum ibunt ad scamnum praeparatum, ordine supra innuto.

58. Cappellani ceterique clerici sedebunt in gradibus lateralibus Altaris.

59. In fine hymni angelici redibunt Ministri ante Episcopum et Diaconus tollet ei gremiale ac mitram.

60. Ad *Pax vobis* et orationes, ut ad intonationem *Gloria*.

61. Post orationes sedebit Episcopus et a Diacono reponetur ei mitra et gremiale.

62. Diaconus cum Presbytero assistente sessum recedent.

63. Subdiaconus cantabit Epistolam ritu consueto.

64. Post Epistolam, Subdiaconus osculabitur manum Episcopi eique sustinebit Missale, ex quo leget Epistolam, Graduale, *Munda cor meum* et Evangelium. Presbyter assistens, post cantatam Epistolam, accedet ad sinistram Episcopi eique monstrabit quae sint legenda.

65. Diaconus, quum tempus erit, Evangeliarium afferet ad Altare, deinde accedet ad dexteram Episcopi.

66. Postquam Episcopus legerit Evangelium, Diaconus ei ministrabit incensum, tum revertetur ad Altare, recitabit *Munda cor meum*, accipiet librum, veniet ante Episcopum et benedictionem ab ipso petet; benedictione autem accepta, osculabitur manum eius.

67. Ritu consueto cantabitur Evangelium.

68. Caeremoniarius ante cantum Evangelii tollet Episcopo gremiale et mitram.

69. Episcopus ad cantum Evangelii assurget, convertetur versus Diaconum, signabit se, baculum accipiet eumque iunctis manibus continebit, donec Evangelii cantus absolutus erit. Tum dimittet baculum, osculabitur librum ac thurificabitur.

70. In intonatione *Credo* observabitur quod innuimus in intonatione hymni *Gloria*.

71. Episcopus ad cantum *Credo* sedebit itemque Ministri et clerici.

72. Sub finem *Credo* redibunt Ministri ante Episcopum et Diaconus tollet ipsi gremiale et mitram.

73. Ad *Dominus vobiscum* et ad *Oremus* fiet idem ut in intonatione *Gloria*. Presbyter assistens, postquam Episcopus cantaverit *Oremus*, relinquet Missale in manu Cappellani a libro.

74. Postquam Episcopus legerit ℣. Offertorii, sedebit et Diaconus reponet ei mitram pretiosam. Deinde Diaconus veniet ad dexteram, Subdiaconus ad sinistram Episcopi, Presbyter assistens tollet ei annulum, Ministri chirothecas. Episcopus lavabit manus; ad actionem istam consurgent Canonici, ceteri geniculabunt. Presbyter assistens porriget Episcopo mantile et eius digito reponet annulum.

75. Postea Presbyter assistens et Subdiaconus pergent ad abacum; primus accipiet cussinum vel legile cum Missali et portabit ad Altare, comitatus a Cappellano cum scotula: Subdiacono autem imponetur velum humerale: accipiet calicem eumque deferet ad Altare, quando illuc ascendet Episcopus.

76. Ad nutum Caeremoniarii, videlicet quum Presbyter assistens collocaverit super Altare et aperuerit Missale, Episcopus accipiet baculum, assurget, de faldistorio discedet, benedicet Clerum et procedet ante Altare. Quo quum venerit,

baculum dimittet; a Diacono ei tolletur mitra, ascendet ad Altare, quod osculabitur in medio, et prosequetur Missam ritu consueto, sed cum exceptionibus quae sequuntur.

77. Caeremoniarius reponet Episcopo mitram post thurificationem eique tollet eam postquam laverit manus.

78. Diaconus adolebit Episcopum, deinde Presbyterum assistentem. Accedet ad chorum, incensabit Dignitates et Canonicos: redibit ad Altare, incensabit Subdiaconum et restituet thuribulum Caeremoniario vel thuriferario, a quo ipse thurificabitur.

79. Episcopus pacem praebebit Presbytero assistenti, Diacono et Subdiacono. Si duo praedicti Ministri S. Eucharistiam accipient, pacem eis praebebit postquam de sacra mensa paverit ipsos.

80. In fine Missae, si fuerit Archiepiscopus, Subdiaconus crucifer genibus flexis sustinebit Crucem archiepiscopalem ante Altare, ad quam conversus Archiepiscopus benedictionem donabit, non utens mitra.

81. Indulgentia publicabitur a Presbytero assistente.

82. Post benedictionem, Episcopus Altare et seipsum signans, incipiet recitare Evangelium S. Ioannis, a Diacono rursus cooperietur mitra, accipiet baculum sinistra et medius inter Ministros redibit ad faldistorium, recitans Evangelium praedictum, ubi illud complebit. Si fuerit Archiepiscopus, Pallium dimittet super Altari, postquam donaverit benedictionem et publicatae fuerint indulgentiae.

83. Ministri dimittent manipulos et Episcopum exuent sacris paramentis, quae a clericis recipientur et referentur ad Altare.

84. Episcopo sacris vestibus exuto alligabitur a Cubiculario extremitas posterior vestis et a Ministris ipsis, adiuvante Cubiculario, reponetur cappa.

85. Canonici sive in choro sive in Sacrario dimittent paramenta et resument habitum choralem unicuique proprium. Etiam Presbyter assistens deponet pluviale et habitum choralem resumet.

86. Postquam Ministri cappam Episcopo reposuerint, Subdiaconus perget ad abacum, recipiet lancem cum velis et co-

mitantibus clericis quatuor cum cubiculario, redibit ante Episcopum, qui dimittet sandalia et caligas et a cubiculario suo reponentur ei calceamenta usualia.

87. Subdiaconus reportabit ad abacum caligas cum sandaliis, redibit ad sinistram Episcopi, eique assistere cum Diacono prosequetur, donec absolverit recitationem precum ad gratiarum actionem.

88. Post haec Episcopus associatus, ut in principio, revertetur ad residentiam suam.

89. Episcopo de Altari profecto, Ministri sacri, clericis comitantibus, se recipient in Sacrarium, ubi vestes sacras dimittent.

SACRA SUPPELLEX
QUAE OPUS EST EPISCOPO
AD FUNCTIONES ECCLESIASTICAS PERAGENDAS

CAP. IV.

Vasa sacra ex argento inaurato.

Calix cum patena.
Pixis cum operculo.
Baculus pastoralis in partes plures resolvendus ad maiorem commoditatem.
Vasculum aquae sanctae cum aspersorio. Globus perforatus, qui est in summitate aspersorii, aperietur in binas partes, ut possit abstergi.
Capsula rotunda cum operculo ad conservandas hostias et particulas, quae quum non adhibeatur ad reponendam S. Eucharistiam, carebit Cruce in summitate.
Scotula.
Urceus cum pelvi.

Lances orbiculati sex numero, qui adhibentur pro caligis et sandaliis, pro chirothecis, pro annulo, pro pileolo, pro mantilibus, pro medulla panis et mali medici.

Ampullae vini et aquae.

Pelvicula formae ovatae pro ampullis antedictis.

Campanula pro elevatione.

Cochleare parvum cum patera perexigua ad infundendam aquam in calicem.

Alterum cochleare maioris formae ad extrahendam e calice S. Particulam in consecratione Episcoporum.

Cochleare ingens ad effundendos odores super ignem in benedictione campanarum.

Cochleare conchatum cum manubrio ad fundendam aquam in administratione baptismatis.

Ligula, seu cochleare exiguum cum manubrio eburneo ad instar illius, quo utuntur fabri caementarii, quod adhibendum est in demittendo caemento in sepulcrum Reliquiarum, quum consecrantur Altaria.

Altera ligula seu cochleare simile maioris formae cum manubrio ex ebeno ad iniiciendam calcem in Altare, cuius mensa erit operculum sepulcri Reliquiarum.

Phialae duae vitreae cum operculis binis, quorum alterum erit in cochleam retortum ad afferendum vinum et aquam, quibus opus est in Missa.

Forfices e chalybe cum manubrio argenteo inaurato ad primam tonsuram signandam.

Vascula numero tria cum operculis similibus, adhibenda pro sacris Oleis, distincta literis, unum CHR. alterum CAT. tertium INF. quae literae oportet ut sint incisae in vasculo ipso, non vero in operculo, excepto casu quo vasculo coniuncta ita essent opercula, ut nullus esset errori locus de sacrorum Oleorum qualitate.

Pelvicula formae ovatae pro vasculis praedictis.

Ampullae duae cum manubriis, cum operculis et cum epistomiis subtilibus, una distincta literis CHR. altera literis CAT. quorum usus in consecratione Altarium et in benedictione fontis baptismalis.

Pelvicula formae ovatae pro ampullis huiusmodi.

Vasculum operculo instructum, quo contineatur sal utendus in administratione baptismatis et intra illud aderit vas vitreum, ne argentum sale corrodatur.

Formale seu rationale pro pluviali, et habebit unculum maiorem in parte aversa, ut apponi possit fibulae pluvialis ipsius. Poterit in eo expressa esse imago Spiritus Sancti, vel Sancti Patroni vel sacri alius obiecti et poterit etiam distingui gemmis et unionibus.

Instrumentum Pacis, in quo figurata erit Resurrectio vel aliud mysterium Passionis divini Redemptoris.

Rudicula ad miscendum balsamum in consecratione S. Chrismatis.

Patera cum operculo, qua contineatur balsamum in consecratione S. Chrismatis.

Cuspis e chalybe, ponenda in extremitate inferiori baculi pastoralis, ad signanda super cinerem bina alphabeta in consecration ecclesiarum.

Paterae duae sine operculo ad praegustationem in pontificalibus faciendam a Sacrista et a structore mensae.

Thuribulum cum navicula et cochleari.

Vasa argentea non inaurata pro officiis ferialibus et mortuariis.

Calix cum patena.
Capsula cum operculo ad conservandas hostias.
Scotula.
Urceus cum pelvi.
Duae lances orbiculatae pro mantili et pro pileolo.
Campanula.
Ampullae vini et aquae.
Pelvicula ovatae formae pro ampullis.
Cochleare ad infundendam aquam in calicem.
Phialae duae pro vino et aqua cum operculis binis, quorum alterum in cochleam retortum, argenteis.
Formale pro pluviali, in quo sit expressa aliqua imago sacra, sed sine ornamento gemmarum.
Vasculum aquae sanctae cum aspersorio.
Res omnes supra descriptae custodientur in vagina instar

arcae, quae convestiri solet pelle colorata cum stemmate in medio. In parte inferiori vaginae ipsius solet esse vacuum quoddam cum duplici arcula ad reponenda paramenta functioni necessaria.

Res lintearia.

Amictus quatuor cum exiguo textili pinnato in extremitatibus et cum taeniis sericeis, quas licebit variare pro colore paramentorum.

Alba una nobilis, quae in textili pinnato manicarum habebit interne paramanus coloris rubini, ad conservandum ipsum textile pinnatum (a).

Alba altera minus nobilis cum paramanibus ut supra, coloris violacei, pro functionibus ferialibus et mortuariis.

Purificatoria numero decem e tela subtili, ornata textili pinnato.

Mantilia seu manutergia numero quatuor, e tela subtili, ornata textili pinnato.

Corporalia duo e tela subtilissima ornata exiguo textili pinnato lineo in extremitatibus.

Pallae duae similes corporalibus (b).

Gremiale ex tela linea instructum pariter textili pinnato in extremitate, cum taeniis sericeis albi coloris, cuius usus est in ordinationibus, consecrationibus etc. tempore sacrarum unctionum.

Tobalea ex tela subtili cum opere phrygio lineo vel textili pinnato in extremitatibus, ponenda super genua Episcopi

---

(a) Probari nullo modo potest immodicus usus reticulorum, vulgo *merletti*, ita ut quandoque alba praeter perparvam telae partem, sit ferme tota ex reticulo seu textili pinnato. Hac in re videtur non parum levitatis apparere, praesertim si textile pinnatum magni pretii saltem non esset.

(b) In memoriam revocamus, quod interdicitur palla contecta charta crassa, vulgo *cartone*, et panno serico phrygiato ornata in parte superiori. Eo demum processit rerum novarum effraenata cupido, ut quadam in ecclesia, ubi Missa de requie celebrata fuit ab Episcopo, adhiberi viderim pallam contectam panno nigro cum Cruce in medio phrygiata argento, similem lodici nigrae, qua solet exornari feretrum mortuarium.

quum distribuit candelas, cineres et palmas in respectivis functionibus.

Superpellicea crispata pro cappellanis, distincta exiguo textili pinnato.

Paramenta

Planeta nobilis albi coloris cum aequali suo complemento, stola videlicet, manipulo, velo calicis, bursa corporalis, gremiali, veste Missalis et cussino pro Missali eodem.

Planeta rubri coloris cum omni instrumento simili praecedenti. Planetae istae duae nobilissimae essent oporteret, quoniam adhibentur diebus solemnioribus. Ceterae quae infra notantur, sunto minus nobiles; videlicet

Planeta viridis coloris cum ornamento superius notato;

Planeta coloris violacei cum ornamentis, ut supra;

Planeta nigra in totum, ut supra (a).

Canistri plani (vulgo *zaine*) ad paramenta, cum opus sit, deferenda, cum velis maioribus sericeis cooperiendi causa paramenta ipsa. Solent huiusmodi canistri cooperiri panno serico concolore paramentis. Color vestis et velorum in praedictis canistris parvi referet qualis sit, siquidem adhibenda non sunt in actu functionis.

Caligae et sandalia ornata taeniis ex auro lamato, coloris albi, rubri, viridis et violacei (b).

Chirothecae sericeae ansulatae, phrygiatae auro in medio et in extremitatibus, coloris albi, rubri, viridis et violacei.

Dalmatica ac tunicella e panno levi ornatae taenia aurea, et

(a) Visum est quibusdam Episcopum dedecere usum coloris nigri in paramentis sacris. Id autem obstat rubricis, Caeremoniali Episcoporum et disciplinae veteri ac recenti, quae constanter eadem ab Ecclesia servata est. Inspiciatur opusculum Praesulis Dominici Giorgi de vestibus sacris violaceis et nigris Summi Pontificis. Huic tamen rei consuluit recenter S. Rituum Congregatio, decreto a nobis relato in libro primo pag. 375.

(b) Errant qui putant super sandalium ponendam esse Crucem phrygiatam, hoc enim ornamentum proprium est tantum Summi Pontificis, cuius osculantur pedes. Contra regulam etiam est apponere florem formae quadratae, in similitudinem Crucis, propter aequivocationem, quae inde oritur.

coloris albi, rubri, viridis, violacei et nigri. Advertatur differentia manicarum; videlicet latiores erunt et breviores in dalmatica, angustiores et longiores in tunicella.

Velum sericeum albi coloris subtile in formam stolae latae et longae cum laciniis aureis in extremitatibus, quae *vimpa* vulgo dicitur, et ipsa utitur Cappellanus quum defert mitram.

Cingula sericea auro intexta coloris albi, rubri, viridis. violacei et nigri.

Mitra pretiosa e serico argenteo, illusa auro et distincta gemmis.

Mitra auriphrygiata, sive e serico aureo cum ornamentis taeniae lamatae in extremitatibus et cum laciniis aureis in fine vittarum.

Tum pretiosa, tum auriphrygiata subsutae erunt serico rubro coccineo.

Mitra simplex damascena albi coloris, vel ex tela alba, cum laciniis rubri coloris coccinei in extremitate vittarum (*a*).

Vagina ad reponendas et portandas mitras.

Pluvialia ex lama, auro distincta, coloris albi, rubri, violacei et nigri. Illa duo coloris albi et rubri adhibenda in solemnitatibus, erunt nobiliora. Pluviale autem viridis coloris, quia videtur inutile, supersedimus recensere.

Velum humerale albi coloris cum opere phrygio aureo, in processionibus et in benedictionibus cum SS. Sacramento adhibendum.

Paramanus, seu velum albi coloris cum lemniscis ornatum aurea lacinia, apponendum cereo in festo Purificationis B. Virginis et Cereo paschali in benedictione fontis baptismalis.

(*a*) Inscitia phrygionum seu tapetium institorum invectus est (non multis abhinc annis) usus mitrae ex lama argentea sine opere phrygio, cum fimbriis aureis in usum Episcoporum in suis dioecesibus loco mitrae simplicis lineae aut damascenae. Perpendantur expressiones Caeremonialis Episcoporum et inde apparebit, quam dedecens et abusiva sit consuetudo ista, ideoque reiicienda.

Libri

Pontificale in partes quatuor divisum.
Canon pontificalis.
Missale.
Manuale chorale, pro antiphonis, hymnis et orationibus in Vesperis, Matutinis et Laudibus.

Reliqua suppellex

Crux pectoralis aurea vel argentea inaurata aut metallica inaurata, in qua conditae erunt Reliquiae Sanctorum martyrum. Crux erit ex toto clausa sine crystallo, ne Reliquiae conspici possint. Poterit etiam ornari gemmis. Habebit chordulam sericeam viridis coloris, auro intextam, ut collo possit suspendi (*a*).

Annulus nobilis utendus super chirothecis in functionibus pontificalibus.

Faldistorium cum singulis vestibus coloris albi, rubri, viridis et violacei (*b*).

Bina vela et serico simplici in singulos colores, album nempe, rubrum, viridem et violaceum, ad caligas et sandalia deferenda.

Si Magistratui mos erit ministrandi lotionem Episcopo, comparanda sunt vela humeralia sericea sine opere phrygio et cum tenui ornamento laciniae aureae in fimbria, quorum colores erunt albus, rubrus et violaceus (*c*).

(*a*) Non ita pridem chordulae sericeae substituta est catena aurea. Servari usus chordulae in functionibus sacris saltem posset.

(*b*) Quandoquidem faldistorium vice fungitur throni, ideo secundum regulas a Caeremoniali Episcoporum statutas, convestiendum esset lodicibus tantum sericeis, non vero lamatis, siquidem Episcopis interdicuntur in throno lodices lamatae, quae conveniunt Cardinalibus tantummodo. Et quia thronus nunquam convestitur lodicibus nigri coloris, sic faldistorium in Missis mortuariis cooperiendum esset vestibus violaceis. Haec ratio est, cur in paragrapho ista de veste nigri coloris pro faldistorio mentionem non fecimus.

(*c*) Raro admodum contingit, ut Episcopus solemniter pontificet quo die color officii sit viridis, ideoque de velo humerali simplici huius coloris nulla

Si fuerit Archiepiscopus, opus est Crux archiepiscopalis argentea inaurata, Crucis autem hasta ad maiorem commoditatem poterit in plures partes resolvi.

Capsula cum operculo formae oblongae, subsuta serico ad custodiendum S. Pallium.

Tres spinulae aureae, gemmatae in summitate, figendae S. Pallio (*a*).

Vela exigua quatuor sericea ornata taenia aurea, in singulos colores, album, rubrum, viridem et violaceum ad contegendum S. Pallium.

Velum ex villoso serico violaceo ornatum auro in fimbriis ad convestiendam Crucem archiepiscopalem tempore Passionis. Velum hoc instructum erit lemniscis similibus ex parte interiori extrahendis in Dominica Palmarum ad ligandam palmam Cruci eidem, tempore functionis.

Res Sacello privato necessariae.

Altare cum sex candelabris, Cruce, chartegloriis, tobaleis, legili, Missali ac tapeto.

Ceterae tobaleae variandae, quando opus est.

Genuflexorium parvum cum pulvinis duobus, uno videlicet brachiis, altero genibus supponendum.

Abacus contectus alba tobalea.

Altera tobalea substituenda in abaco.

Una duaeve mappulae pro Communione.

---

mentio facta est. Item non praescripsimus velum humerale nigri coloris, quoniam in officiis mortuariis nullus est veli humeralis usus. Si Magistratus in functione Feriae VI. in Parasceve aut in aliqua Missa de requie ministraret lotionem Episcopo, suppleri posset velo humerali violaceo, quod velum a Magistratu laico adhibetur observantiae gratia.

(*a*) Spinulae Pallii habere debent tres lapides pretiosos in summitate, unum praestantiorem altero, ut possint gradatim poni super pectus et super humeros. Forma illarum erit similis non spinae, sed potius gladiolo, ut sint visibiles, quemadmodum apparet ex ocellis, qui in Pallio ipso conspiciuntur.

In usum Episcopi.

Planeta stola, manipulus, bursa corporalis et velum calicis omnia e serico et subsuta serico simili cum ornatibus aureis, coloris albi.

Altera similis coloris rubri.
Altera coloris viridis
Altera coloris violacei.
Altera coloris nigri (a).

Crux pectoralis aurea vel inaurata cum chordula sericea viridi.

Cingula sericea colorum eorumdem.
Albae ex tela subtili cum exiguo reticulo.
Numerus sufficiens amictuum ex tela subtili sine reticulo.
Numerus sufficiens purificatoriorum, ut supra.
Mantilia seu manutergia ex tela subtili sine reticulo.
Corporalia cum pallis.
Calix cum patena ex argento.
Pelvicula ovata pro ampullis.
Ampullae vitreae.
Campanula.
Scotula.
Urceus cum pelvi
Lances duae pro pileolo et pro manutergio.
Instrumentum pacis.
Canon pontificalis.
Mitra auriphrygiata pro Confirmatione.
Rochetum simplex pro Missa, pro confirmatione, benedictione rerum sacrarum etc.
Vasculum argenteum S. Chrismatis cum lance aequali.
Capsula ad continendum gossipium.

(a) Improbandus est malus usus a quibusdam invectus, utendi una tantum planeta coloris flavi vel una virgata lineis versicoloribus. Leges ecclesiasticae colorem flavum non admittunt, planetae versicolores, quum absit color definitus, nullius coloris sunt. Episcopus, quum abusiones in ecclesiis et Sacellis privatis tollat oporteat, cavebit illas ne admittat in suum.

Libellus cum ritu Confirmationis.
Stola albi coloris distincta ad rem eamdem.
Faldistorium cum veste albi coloris utendum in Confirmatione.
Tela stragula pro Altari.
Tentoriolum violaceum seu velum ad velandam imaginem sacram Passionis tempore.
Velum Crucis violaceum eodem tempore adhibendum.
Vasculum aquae sanctae cum aspersorio.
Concha aquae sanctae in ingressu Sacelli.

In usum Cappellani.

Planeta albi coloris cum stola, manipulo, velo calicis et bursa corporalis cum ornatibus sericeis et cum panno ex tela subsuto.
Altera similis rubri coloris.
Altera coloris viridis.
Altera coloris violacei
Altera nigri coloris.
Cingula linea.
Albae et amictus.
Purificatoria, corporalia et pallae.
Mappullae pro ampullis.
Calix cum patena.
Capsula ad custodiendas hostias.
Pelvicula formae ovatae cum ampullis distinctis.
Superpellicia usualia pro Cappellanis.
Armarium ad custodienda omnia quae descripta sunt, quod poterit esse usui Cappellano ipsi, quum induturus erit vestes sacras ad rem divinam peragendam. (a)

(a) Utensilia sacra, cuiusque generis ea sint, ab Archiepiscopis, Episcopis, Abbatibus, Commendatariis ac quibusque beneficiatis in eorum obitu relicta, debentur cathedralibus, collegiatis et ecclesiis, quarum beneficium obtinuerunt, ex constitutione s. Pii V. *Romani Pontificis providentia* dat. 18 Septembris 1567.

CAPUT V.

Visitatorum utilitati consulentes, praemonuimus capite **XXXVI**. *num.* 3. *libri huius, in calce eiusdem insertum iri instructiones desumptas ex opere* P. *Bartholomaei Gavanto, cui titulus* **Praxis** compendiaria Visitationis. *Aliter tamen egimus, et loco earum referimus brevem methodum sacrae Visitationis, quae inter opuscula Benedicti* **XIII**. *extat concinnata pro Ecclesia Beneventana, eo quod utilior nobis visa est.*

BREVIS METHODUS SACRAE VISITATIONIS

Localis Realis et Personalis.

VISITATIO LOCALIS ET REALIS

PARS PRIMA

§ I.

De sanctissima Eucharistia

Pyxis.
Auro linita intus.
Particulae:
Fragmenta:
Renovatio.
Velum sericum album externum Pyxidis.
Pyxis pro infirmis.
Corporale stratum pro capacitate cellulae Tabernaculi.
Vestis interior alba.
Tabernaculum.
Clavis argentea.
Basis tabernaculi vacua, nisi sit intra gradus.
Conopoeum et an quatuor colorum?.
Vas pro purificatione cum pelvicula.
Scabellum.

Lampas ardens cum pomulo ex auricalco.
Tabernaculum gestatorium pro Processione, sive sphera cum tegumento.
Monumentum pro feria V. in Coena Domini.
Velum album pro humeris longum pal. 9.
Bursa cum chordulis alba pro rurali Communione.
Baldachinum pro expositione.
Baldachinum pro ministratione Ss. Viatici in domo infirmi.
Umbella gestatoria alba.
Baldachinum hastatum.
Laternae saltem tres et hastatae cum earum basi immobili foraminata pro conservatione.
Intorticia saltem sex.

§ II.

De Baptisterio.

Qualis fons.

Aqua.
An renovetur bis in anno?
Cochlear argenteum pro infundenda aqua, in baptisteriis aptatis ad Baptismum per infusionem.
Vasa, saltem stamnea, cum bombacio madido sacrorum Oleorum Chrismatis et Cathecumenorum.
Pelvicula saltem stamnea pro sale.
Lintea crispata ad tegenda capita loco vestis candidae.
Ciborium fontis ligneum cum veste interiori alba.
Stolae duae acuminatae, una violacei et altera albi coloris.
Conopoeum.
Imago Sancti Ioannis Baptistae Christum baptizantis ornamento circumdata.
Umbella.
Sacrarium.
Cancelli.

§ III.

De Oleis sacris.

Armarium in Ecclesia a latere Evangelii Altaris maioris.
Inscriptio impressa maiusculis literis.
Ornatus exterior et interior bipartitus coloribus albo et violaceo respective.
Vas cum bombacio madido Olei Infirmorum et siccum superius, intus capsulam corio coopertam.
Bursa violacea.
Ampullae tres pro deferendis a Cathedrali Oleis sacris.
Arcula cum clavi: et si mittatur; qui deferat ad tenorem Constitutionum Synodalium.
Renovatio.
Combustio veterum Oleorum in lampade Sacramenti.

§ IV.

De sedibus Confessionalibus.

Sedes in publico.
An sera claudi queat, ne laici sedeant?
Lamina forata.
Velum spissum, vel crates ligneae.
Imago pia ex parte poenitentis circumdata ornamento.
Casus Bullae Coenae, et casus Episcopo reservati, hinc inde interius affixi.
Stola violacea propria.

§ V.

De Sacris Reliquiis.

Armarium.
Inscriptio.
Claves.
Vestis interior.
Thecae propriae.
Nomina Reliquiarum.
Approbatio.
Expositio.
Officia divina.
Festa.

§ IV.

De Altari necessariis.

Patronus.
Dos Altaris pro reparatione.

Onera Missarum cum redditu correspondenti.
Satisfactio.
Titulus beneficii, si adsit.
Festum.
Privilegium defunctorum.

§ VII.

De ipso Altari.

Gradus ad illud.
Suppedaneum ligneum.
Pallia varia.
Stipes cum angulis lapideis.
Fenestellae nullae in eo.
Tela stragula,
Pulvinaria, sive legile ligneum.
Mappae tres sine Cruce, vel una duplicata, altera longa desuper expansa.
Earum benedictio.
Mutatio mapparum,
Ara lapidea expolita.
Consecratio totius, sive Altare portatile.
Tela cerata, si totum Altare sit sacratum.
Gradus in eo.
Crux.
Candelabra.
Vasa florum similia.
Instrumentum rotundum ligneum pro firmandis candelis.
Tabella secretarum.
Tabella ultimi Evangelii.
Icon.
Statuae.
Umbella.
Fenestra urceorum extra stipitem, sive abacus lapideus in cornu Epistolae.
Emunctorium cum hasta, vulgo *smoccolatoio*.

Clavus pro bireto Sacerdotis, nisi sufficiat abacus.
Campanula.
Cerostata, vel saltem unum pro Cereo Paschali in Altari maiori.
Cancelli.

§ VIII.

De Ecclesiae necessariis.

Titulus Ecclesiae.
Dedicatio.
Festum utriusque.
Alia festa propria.
An illicita in ipsis?
Indulgentiae.
Stationes.
Oratio XL. horarum.
Patronus.
Dos pro reparatione.

§ IX.

De ipsa Ecclesia.

Tectum.
Annua pensio ad sarta tecta.
Contignatio, vel fornix.
Parietes.
Fenestrae.
Imagines sanctorum.
Naves ecclesiae.
Pavimentum.

§ X.

De sepulturis.

Sepulturae pro Clero.
Pro viris.
Pro mulieribus.
Pro pueris.
Duplices lapides.

Inscriptio.

§ XI.

De nonnullis in aliquibus Ecclesiis.

Confessio sub Altari maiore.
Crux magna in alto loco cum Salvatoris imagine.
Sedes pontificalis cum gradibus et umbella.
Genuflexorium pro Episcopo.
Scabellum pro concionibus parochialibus.
Cathedrae pro disputationibus Doctrinae Christianae.
Pulpitum.
Organum.
Epistomium, vulgo *Coretto*.

§ XII.

De reliquis omni Ecclesiae communibus.

Divisio sexus.
Sedes mulierum et populi.
Armaria.
An profana serventur ibi?
Arculae eleemosynarum.
Inscriptio Dedicationis ornata.
Epitaphia indecora.
Vasa aquae benedictae.
Porta.
Super eam imago.
Crux in culmine.
Parietes externi crustati, vulgo *arricciati*.
Fovea exterior, ut aqua decurrat.
Remotio arborum.

§ XIII.

De Choro.

Sedes.
Legilia.
Psalterium.
Antiphonarium.
Graduale.
Breviaria.
Martyrologium.
Calendarium expositum.
Pontificale.
Caeremoniale.
Directorium.
Rituale pro Processionibus.

§ XIV.

De Sacristia.

Portae.
Claves.
Tectum.
Contignatio, vel fornix.
Parietes.
Fenestrae tutae.
Pavimentum.
Labrum ad lavandas manus.
Trochlea, vulgo *girella*.
Manutergia.
Oratorium.
Imagines devotae cum ornamento.
Tabellae precum ante et post Missam cum ornamento.
Tabellae onerum Missarum.
Tabella pro clerico parochiano.
Edictum pro Processione SS. Viatici.
Distributio tabellarum.
Calendarium.
Rituale Romanum.
Armaria ad formam (*Rettore ec-*

clesiastico tit. 19. num. 10. e seg.)
Inscriptio colorum.
Pannus super mensam.
Archivium.
Arcae.
Pennularium.

§ XV.

De sacra suppellectili Missali.

Missalia.
Signacula.
Calices.
Patenae.
Thecae eorum.
Purificatoria.
Corporalia et pallae.
Vela.
Bursae.
Cotyla hostiarum cum plumbo.
Amictus.
Albae.
Cingula.
Manipuli, stolae et casulae quinque colorum.
Dalmaticae.
Tunicellae.
Planetae plicatae.
Pluvialia.
Vela pro humeris.
Pallia quinque colorum.
Vestes pro Crucibus violaceae in hebdomada Passionis.
Pulvinaria pro genibus.
Superpellicia.
Mappulae ad manus tergendas.
Aliae ad usum Communionis.
Urceoli et pelviculae.
Campanulae.
Vas ad lavanda corporalia.
Piscina sacra.

§ XVI.

De ceteris suppellectilibus ecclesiasticis.

Crux processionalis cum hasta palmorum septem.
Thuribulum cum navicula.
Vexilla in Ecclesiis inferioribus.
Vas aquae benedictae cum aspergillo.
Tabella pacis.
Vasa florum fictorum.
Instrumentum conficiendarum hostiarum et particularum.
Duo alia instrumenta pro tondendis hostiis et particulis.
Capsula pro praedictis.
Cribrum pro particulis.
Legilia.
Triangulum pro triduo hebdomadae maioris.
Tabula pro strepitu.
Feretrum.
Candelabra mortualia.
Pannus mortuorum sine Crucibus.
Pellis mortualis.
Scopae, penniculi, vulgo *spazzarine*.
Inventarium praedictorum.

§ XVII.

De campanili.

Clavis.
Ostium.
Pavimentum.
Scalae lapideae.
Parietes crustati.
Tectum.
Culmen.

Crux in eo.
Campanae.
Earum benedictio.
Usus earum, an ad laicorum negotia?
Funes.

§ XVIII.

De Coemeterio.

Clausura.
Arbores nullae.
Crux lignea.
Benedictio.

§ XIX.

De Aedibus ecclesiasticis.

Distantia ab Ecclesia.
Quot cellae et officinae?
Reparatio.
Incolae.
An cohabitatio feminarum?
An facinorosorum latibulum?

§ XX.

De Oratoriis Confraternitatum, ultra ea quae de Ecclesiis.

Vexillum cum sua veste.
Crux processionalis cum labaro, vulgo *panno pendente*.
Baculi Priorum.
Cappae, vulgo *sacchi colle mozzette*.
Fundatio.
Aggregationis diploma et an in Archivo?
Tabella indulgentiarum et an decenter exposita?
Statuta, sive regulae synodales.
Inventarium bonorum mobilium.
An onera Missarum?
Satisfactio eorum.

§ XXI.

De Hospitalibus.

Porta.
Inscriptio.
Cellae.
Distinctio sexus.
Lecti.
Supellex.
Ministri.
Fundatio.
Statuta, sive regulae.
Privilegia, si adsint.
Onera, an exposita in tabella?
Inventarium bonorum mobilium.
An onera Missarum?
Satisfactio eorum.

§ XXII.

De Oratoriis viarum.

Altaria nulla.
Imagines.
Clausura a bestiis.
Reparatio.

§ XXIII.

De Monasteriis Monialium.
1. *De Ecclesiis*.
Ultra quae de aliis.

Crates ferreae duplices
Rotae.
Fenestellae Communionis et Confessionis.

Claves earum et penes quos?
Aliae fenestrae; an cum cancellis?

2. *De clausura exteriori.*

Portae.
Collocutoria.
Crates ferreae duplices.

3. *De clausura interiori.*

Claustrum.
Hortus.
Officinae variae.
Cella vinaria.
Cella lignaria.
Promptuaria, vulgo *dispense*.
Coquina.
Refectorium.
Mensa et scamna.
Scalae.
Aula operum manualium.
Chorus.
Dormitorium.
Cellae.
Fenestrae.
Vestiarium.
Supellex.
Libri.
Peristilium craticulatum, vulgo *belvedere*.

VISITATIO PERSONALIS

PARS SECUNDA

§ I.

De Clero in communi.

Nomen, Cognomen.
Patria, aetas.
Ordines.
Habitus.
Subcollaria.

Superpelliceum et biretum.
Tonsura.
Patrimonium.
Servitium Ecclesiae.
Cantus Gregorianus.
Confessio frequens.
Communio de quindena in quindenam pro Clericis non Presbyteris.
Congregatio casuum et rituum.
Studia.
Experimentum super ritibus Missae pro Presbyteris: super methodo orationis mentalis: super Doctrina Christiana et an coadiuvent Parochos in eam docendo iuxta Constitutiones Synodales et super lingua latina.
Breviarium et Calendarium.
Officium parvum B. M. V. pro Clericis in minoribus.
Synodi Provinciales et Diocesanae.
Catalogus librorum.
Mores.
Negotiatio-Venatio.
Ludus.
Spectacula-Larvae.
Cohabitatio.
Conversatio; an cum personis suspectis?

§ II.

De Beneficiatis, ultra praedicta.

Titulus Beneficii.
Bulla: possessio: professio Fidei.
Servitium.
Pluralitas beneficiorum.
Pensiones activae et passivae.

De statu oeconomico.

Redditus.
Onera.
Satisfactio.
Lites.
Locatio bonorum, an consanguineis?
Inventarium bonorum, vulgo *platea*.

§ III.

De Capitulo et Collegiis.

Origo.
Numerus Canonicorum.
Dignitates quot et quae?
Distinctio praebendarum.
Theologalis.
Poenitentiaria.
Magister Caeremoniarum et an socius?
Habitus choralis.
Servitium chori.
Chori disciplina.
Cantus.
Horae Canonicae et an statis horis?
Missae solemnes ⎫
Anniversaria pro ⎬ Numerus
  defunctis   earum
Missae planae ⎭
Satisfactio.
Festa ⎫ propria.
Officia ⎭
Processiones extraordinariae et an abusus in ipsis?
Conciones.
Residentia.
Punctatores.
Sacrista maior.
Officiales Capituli qui? praecipue de Archivista et Secretario.

Munera eorum.
Conventus capitulares.
Acta: an in Archivo?
Statuta capitularia.
Consuetudines Ecclesiae non redactae in capitularibus statutis.
Sigillum, et penes quem?

De statu oeconomico.

Redditus.
Distributiones quotidianae.
Onera.
Lites.
Inventarium bonorum, et an in archivo?

§ IV.

De Collegio Mansionariorum.

Origo.
Numerus.
Habitus choralis.
Servitium chori.
Cantus.
Numerus Missarum et Anniversariorum.
Satisfactio.
Residentia.
Punctatores.
Officiales.
Conventus pro negotiis Collegii.
Acta an in Archivo?
Statuta propria.
Consuetudines propriae an redactae in statutis?

De statu oeconomico.

Redditus.
Distributiones quotidianae.

Onera.
Lites.
Inventarium bonorum et an in archivo?

§ V.

De ceteris Clericis inservientibus.

Sacrista minor
Clerici missales
Clerici chorales
Musici
Organistae
Campanarii
Scopatores
} Merces eorum.

§. VI.

De Parochis.
Ut de Clericis et de Beneficiatis; praeterea.

1. De Parochis ipsis.

Residentia intra fines Paroeciae.
Notitia pro S. Visitatione ad tenorem Edicti vel Synodi.
Decreta Visitationum praeteritarum.
Libri sex parochiales, videlicet
1. Baptizatorum.
2. Confirmatorum.
3. Matrimoniorum.
4. Status animarum.
5. Defunctorum.
6. Decimarum.

Liber satisfactionis Missarum.
Liber edictorum.
Inventarium bonorum.

2. De exercitio parochiali.

Doctrinam Christianam an doceant post prandium diebus festivis?
An utantur libro Bellarmini?
An alta et modulata voce post Evangelium edoceant praescripta capita eiusdem Doctrinae?
An idem faciant Cappellani in altera Missa et in ecclesiis ruralibus?
An doceant actum contritionis?
Conciones post Evangelium in diebus festivis.
Festorum,
Vigilarum,
Indulgentiarum,
Edictorum.
} publicatio

Abusus circa Concionatores et an sermones post vigesimam quartam diei horam? Stipendium et habitatio pro Concionatore.

3. De Sacramentorum administratione.

Baptismus: an differatur ultra vigintiquatuor horas, exceptis hebdomada maiori et ante Pentecosten?
Benedictio fontis: an fiat in utroque Sabbato Paschae et Pentecostes?
Baptismus solemnis in dictis Sabbatis.
An Obstetrix sit instructa?
Confirmatio. An confirmandos instruant?
Eucharistia. An prima vice communicandos doceant tempore debito?
An frequentetur a populo?
An in deferendo Viatico servetur edictum et consuetudines synodales?

Poenitentia. An administretur cum stola et superpelliceo?
An poenitentes interrogentur super mysteriis Trinitatis et Incarnationis?
An pueri primo ad confessionem admittendi instruantur?
Extrema unctio. An deferatur ad infirmos tempore a Synodo praescripto?
Ordo. An in attestationibus servetur Synodus?
Matrimonium. De cohabitatione post peracta sponsalia.
De benedictione et quando omittatur?
De experimento sponsi et sponsae super Doctrina Christiana.

4. De commendatione animae.

An per se ipsum?
Coadiutores?
Quo libro utantur?

5. De exequiis.

An servetur Rituale Romanum?
Experimentum super rubricis in huiusmodi functione.

6. De sacris functionibus.

Benedictiones Candelarum, Cinerum et Palmarum an fiant iuxta rubricas?
Processiones quae? et an abusus?
Ritus et caeremoniae sacrae, an adamussim serventur ad praescriptum Rubricarum?
Experimentum super praxi Caeremoniarum.

Consuetudines et abusus in ritibus ecclesiasticis an adsint?

7. De moribus populi.

Status spiritualis animarum.
Festa } an serventur edicta
Usurae } synodalia.
Ludi, comessationes, bravia in diebus festis, an circa Ecclesias?
An praedicta expensis Confraternitatum?

8. De statu oeconomico.

Annui redditus parochiales.
Decimae praediales et personales.
Obventiones, vulgo *Stola.*
Onera certa, scilicet
Cera,
Quarta Episcopalis,
Cathedraticum,
Clericus parochialis,
Sacrista. An ipsum edoceant duo ultima capitula *Rectoris ecclesiastici* pro munditia Ecclesiae et sacrae suppellectilis?
Spolia et triremes.
Visitationis procuratio.
Onera extraordinaria.
Subsidium charitativum.

§ VII.

De Eremitis.

Nomen, cognomen et patria.
An sint coniugati?
Literae patentales.
Habitatio et cum quibus?
An hospites ultra unum diem admittant.

Habitus.
An caputia ad formam Regularium?
Tonsura capillorum ad formam Conversorum Regularium.
Servitium.
Assistentia in Paroecia festivis diebus pro doctrina Christiana addiscenda.
Exercitia spiritualia.
Experimentum super Doctrina Christiana et methodo orationis mentalis.
Confessio frequens.
Communio menstrua.
Eleemosynae.
Rationum redditio de eisdem.

§ VIII.

De Monialibus in communi.
1. *Circa numerum et regulam.*

Numerus Choralium et Conversarum.
Quot numerariae, quot supranumerariae?
Catalogus earum immediate tradendus Visitatori.
Regula et Constitutiones.
An impressae vernaculo idiomate?
An plura exemplaria?

2. *Circa vota.*

Obedientia.
Paupertas.
Exproprium singulis annis.
An depositum in capsa communi?
An largitio munerum sine licentia?
Modestia.

Epistolae, an cum licentia Praelatae?

3. *De exercitiis spiritualibus.*

Chori disciplina.
An Breviarium et Calendarium proprium?
Oratio mentalis.
Examen conscientiae de sero.
Exercitia spiritualia quolibet anno.
Sacramentorum frequentia.
Confessarius ordinarius et extraordinarius.
Conciones.
Instructio Doctrinae Christianae diebus festivis.
Silentium in choro, in dormitorio et in refectorio.
Capitulum culparum.

4. *De mensa.*

An victus communis et omnino uniformis?
An abusus circa illum?
An permittantur fercula particularia et ab exteris accepta.
Ieiunia regularia.
An permittantur particularia pro asserta devotione speciali in iis, quae communia non servant, aut nequeunt observare?
Lectio spiritualis, vel regulae.

5. *De exercitiis manualibus.*

Quae communia?
Quae particularia?
An horis chori exercitia impedientibus?
An de licentia Praelatae?

An abusus, vel quaestus in emptione et venditione praedictorum operum manualium?

6. De accessu Monialium ad crates.

An ibi cum licentia Praelatae?
Auscultatrices.
Accessus exterorum cum licentia Curiae, a Confessario revisa et Rotariae exhibita?
Crates an clausae horis vetitis?
Item tempore Adventus et Quadragesimae.
Item tempore Divinorum Officiorum.
Ingressus exterorum intra septa Monasterii.
An vagentur ultra proprium ministerium?

7. De infirmis.

Earum cura.
An a Monialibus charitative visitentur?
Victus particularis.
Conversa deputata pro servitio.
Solicitudo Praelatae circa praedicta.

8. De Officialibus intra Monasterium.

Praelata.
Vicaria.
Magistra Novitiarum.
Sacristiae Praefecta.
Infirmaria.
Janitrices.
Rotariae.
} Scrutentur circa propria officia.

Oeconoma, sive Celleraria.
Capsaria.
Officiales minores.
} Scrutentur circa propria officia.

Earum electio.
Duratio officii.

9. De Monialibus in particulari.

Nomen, Cognomen, Patria, Aetas.
Professio et a quo tempore?
Benedictio.
Novitia et a quot mensibus?
Conversa, Novitia, an Professa et a quo tempore?
An numeraria, vel supranumeraria?
Dos allata.
Renunciatio.
Reservatio census vitalitii.
Quantus, a quibus et quo tempore solvendus?
An inexacti et ad quam summam ascendant?
Habitus.
Manicae thoracis an clausae ne subucula appareat?
Chirothecae.
Annuli
Manicae pelliceae immodestae.
Flabella irreligiosa.
} Abusus

Tibialia lanea, cuius coloris?
Calceamenta praeter usum feminarum saecularium.
Tonsura capillorum.
Velum capitis. Nigrum pro benedictis.
Alterum subgutturale album, vulgo *Soggolo*.
Cella separata.
Suppellex: an irreligiosa?

Munus et officium.
Exercitia manualia.
An canes?
An aves?
An speculum? } Abusus
An instrumenta musica?
Librorum catalogus omnino tradendus Visitatori.

10. *De officialibus extra monasterium.*

Confessarius.
Cappellani.
Sacrista.
Protector.
Advocatus.   } Scrutentur
Procurator.   circa
Exactor.   propria
Notarius.   Officia
Medici.
Chirurgus.
Famulae.
Earum electio.
Duratio officii.
Salaria.

11. *De statu oeconomico.*

Redditus.
Onera.
Satisfactio.
Lites.
Inventarium bonorum, vulgo *Platea.*
Aliud inventarium bonorum mobilium.
Liber introitus et exitus.
Liber expensarum pro victu quotidiano.
Redditio annua computorum Ministro a Curia deputato.

§ IX.

In visitatione Praefecti spiritualis et Oeconomorum, sive Administratorum Confraternitatum, Hospitalium, ceterorumque locorum piorum.

1. *A Praefecto.*

An exercitia spiritualia a Confratribus peragantur ad tenorem Synodalium Regularum?

2. *Ab Officialibus.*

Officiales qui et an sint debitores?
Electio ipsorum, an iuxta regulas synodales?
An confirmati a Curia?
Iuramentum de fideli administratione, ac computorum redditione, an praestitum?

3. *De statu oeconomico.*

Redditus.
Onera.
Satisfactio.
Lites.
Eleemosynae et quae?
Quaestores qui?
A quo tempore et cui rationem reddiderint?
Liber introitus et exitus.
An significatoriae contra Administratores.
Notula debitorum.
Notula legatorum non solutorum.
Instrumenta et scripturae locationum et contractuum in fasciculis.

Inventarium bonorum, vulgo *Platea*.
Salaria Ministrorum.
Stipendia pro exactoribus reddituum inexactorum.
Comessationes, fragores bellici, vulgo *fuochi artificiali*, bravia et alia ludrica, an expensis locorum piorum?
An sumptus superflui?
Mutuationes frumenti: an in his servetur Synodus pro usurarum coercitione? et an licentia Curiae impetretur?
Redditio computorum Ministro a Curia deputato.

DE SEMINARII VISITATIONE

PARS TERTIA

§ I.

Visitatio localis.

Clavis.
Porta tuta.
Impluvium, vulgo *Cortile*.
Officinae variae.
Cella vinaria.
Cella lignaria.
Promptuaria, vulgo *Dispense*.
Coquina.
Refectorium.
Mensae et sedilia.
Pulpitum pro lectione mensae vel pro sermonibus domesticis.
Scalae.
Deambulatoria, vulgo *Corridori*.
Aulae communes.
Scholae cantus Gregoriani cum libris et legili,
    Philosophiae,
    Theologiae scholasticae,
    Theologiae moralis,
    Sacrorum rituum.
Cathedrae pro Magistris.
Scamna et pugillaria pro scholaribus.
Archivum.
Bibliotheca.
Dormitoria saltem tria
    pro adolescentibus,
    pro maiori aetate provectis,
    pro provectioribus.
An ibi lampades accensae de nocte?
Cella Rectoris.
Cellae Magistrorum.
Cellae aliae particulares seorsim a dormitoriis
  pro Presbyteris
  pro Ordinandis
  pro spiritualibus exercitiis ordinandorum,
    } ibi pro ecclesiastica disciplina adipiscenda degentibus.
Cellae pro officialibus inferioribus.
Perystilium, vulgo *Loggia Belvedere*.
Carcer
Tecta
Contignationes vel fornices.
Fenestrae
Parietes interni et externi crustati.
Pavimenta.
    } in omnibus supradictis locis animadvertendum.

§ II.

Visitatio realis.

Supellex communis.
Lecti distincti.
An separati in dormitoriis?
An uniformes?

An quotidie complicentur et decenter cooperiantur?
Genuflexoria cum Imagine sacra.
Libri.
Arculae particulares.

§ III.

Visitatio personalis.

1. *De ipsis seminaristis, ultra ea quae de Clero in communi.*

Alumni et quot?
An bonae, vel malae indolis?
An perspicacis, vel rudis ingenii?
An saltem annorum 12?
An pauperes et dioecesani?
An de oppidis, quorum Confraternitates contribuunt alimenta?
Convictores et quot?
An clerici, vel laici?
An solvant ratam anticipatam?
Vestes violaceae talares.
Subcollaria.
Cingulum item violaceum.
Supravestes, vulgo *zimarre* nigri coloris.

Thoraces ⎫
Femoralia ⎬ modesti coloris, sed non nigri ad usum Clericorum regularium.
Tibialia ⎭

Calceamenta nigri coloris modesta et uniformia.
Discursus per civitatem et extra.
An cum licentia et socio?
An cum debita modestia?
An amicorum domos adeant?
An semel in hebdomada ad campos cum tota communitate accedant?
An epistolae accipiantur, vel mittantur sine Rectoris licentia?
Arma ⎱
Ludi ⎰ an procul a Seminario?

2. *De mensa.*

An victus communis et omnino uniformis?
An abusus circa illum?
An permittantur fercula particularia et ab exteris accepta?
Lectio spiritualis, vel historica, vel regularum.

3. *De infirmis.*

Cura.
Victus.
Famulus deputatus.

4. *De exercitiis spiritualibus.*

Oratio mentalis de mane.
Experimentum quotidianum super punctis meditatis.
Officium B. Virginis singulis diebus.
Missa quotidiana.
Rosarium B. V. de sero.
Examen conscientiae ante cubitum.
Servitium in Cathedrali diebus festis.
An exercitia spiritualia quolibet anno, quo tempore et per quot dies?
Profectus in moribus exquirendus a Rectore.

5. De exercitiis literariis.

Profectus in literis a Magistris exquirendus.
Examen bis in anno, assistentibus Deputatis.
Cantus Gregorianus.
An exercitium quotidie in ipso per horam post prandium?
An profectus in eodem?
Silentium tempore studii.

6. De feriis aestivis.

Quo et pro quanto tempore concedantur?
An recto tramite domus suas adeant?
An cum epistolis ad Parochos, vel Vicarios foraneos directis mittantur.

7. De officialibus.

Rector
Praefecti
Magistri
Lectores artium
Theologiae
Casuum conscientiae.
Instructor sacrorum rituum
Magister cantus Gregoriani
Deputati
} scrutentur circa eorum officia.

8. Ab ipsis Deputatis.

An congregatio hebdomadaria ab ipsis habeatur?
An decisiones in dictis Congregationibus factae in libro registrentur?

9. De ministris inferioribus.

Qui et eorum ministeria?
Ab bonis moribus praediti?
An quotidie Missam audiant?
An diebus festis Doctrinae Christianae intersint?
An saltem in mense sacra Synaxi reficiantur?
An diligenter et charitative inserviant?

10. De statu oeconomico.

Redditus.
Onera.
Satisfactio.
Lites.
Inventarium bonorum, vulgo *Platea.*
Aliud inventarium suppellectilium communium.
Instrumenta et scripturae locationum et contractuum ordinata in fasciculis et in Archivo asservata.
Libri introitus et exitus, sive dati et accepti.
Significatoriae adnotatae in praedicto libro.
Liber pro expensis quotidianis victus.
Liber pro aliis expensis extraordinariis.
Liber salariorum Ministrorum.
Liber Alumnorum et Convictorum.
Redditio menstrua computorum coram Deputatis.
Annua ministro a Curia deputato.

INDEX

LIBRI VI.

CAPUT I.	De Adventu . . . . pag.	3
CAPUT II.	De Vigilia Nativitatis Domini. . . . »	4
CAPUT III.	De die Natali D. N. I. C. . . . . . »	ib.
CAPUT IV.	De Festis diebus qui natalem D. N. I. C. sequuntur . . . . »	15
CAPUT V.	De Festo Epiphaniae. . . . . . . »	ib.
CAPUT VI.	De Dominicis post Epiphaniam . . . »	16
CAPUT VII.	De Dominicis, Septuagesimae, Sexagesimae et Quinquagesimae . . . . »	ib.
CAPUT VIII.	De festo Purificationis B. M. V. . . »	17
CAPUT IX.	De feria IV. Cinerum . . . . . . »	30
CAPUT X.	De Quadragesima et de tempore Passionis. . . . . »	38
CAPUT XI.	De Dominica Palmarum . . . . . »	40
CAPUT XII.	De maiore Hebdomada. . . . . . »	56
CAPUT XIII.	De Matutinis tenebrarum. . . . . »	ib.
CAPUT XIV.	De feria V. in Coena Domini, celebrante Episcopo . . . . »	61
CAPUT XV.	Assistentia ab Episcopo praestanda officiis feriae V. in Coena Domini . . . »	100
CAPUT XVI.	De lotione Altaris Vespere feriae V. in Coena Domini . . . . »	113
CAPUT XVII.	De feria VI. in Parasceve, celebrante Episcopo. . . . . »	121
CAPUT XVIII.	Assistentia ab Episcopo praestanda functionibus feriae VI. in Parasceve ab Episcopo extraneo peragendis . . »	152
CAPUT XIX.	De assistentia Episcopi praestanda officio feriae VI. in Parasceve, a Canonico cathedralis celebrato . . . . . . »	183
CAPUT XX.	De functionibus Sabbati Sancti ab Episcopo celebratis . . . . »	211

CAPUT XXI.	De assistentia ab Episcopo praestanda functionibus Sabbati Sancti, ab Episcopo extraneo celebratis . . . . . pag.	250
CAPUT XXII.	De assistentia ab Episcopo praestanda functionibus Sabbati Sancti a Canonico celebratis . . . . »	278
CAPUT XXIII.	De ordinatione privata in Sabbato Sancto. . . . . »	299
CAPUT XXIV.	De Paschate ac de tempore Paschali. »	304
CAPUT XXV.	De Benedictione solemni, Summi Pontificis nomine, ab Episcopo impertienda »	306
CAPUT XXVI.	De Processione litaniarum maiorum ab Episcopo celebrata . . . . . . »	310
CAPUT XXVII.	De Processione litaniarum minorum, celebrante, vel assistente Episcopo . »	317
CAPUT XXVIII.	De Festo Ascensionis Dominicae . . »	321
CAPUT XXIX.	De Vigilia Pentecostes . . . . . . »	322
CAPUT XXX.	De solemnitate Pentecostes . . . . »	328
CAPUT XXXI.	De festo SS. Trinitatis. . . . . . »	330
CAPUT XXXII.	De solemnitate Corporis Christi . . »	ib.
CAPUT XXXIII.	De solemni Corporis Christi Processione ab Episcopo in sua Cathedrali celebrata . . . . »	331
CAPUT XXXIV.	De Dominicis post Pentecosten usque ad Adventum . . . . »	350
CAPUT XXXV.	De festis primariis in annum incidentibus . . . . »	351
CAPUT XXXVI.	Visitatio Dioecesis . . . . »	352
CAPUT XXXVII.	De expositione aut repositione SS. Sacramenti in oratione quadraginta horarum, persoluta ab Episcopo. . . »	368
CAPUT XXXVIII.	De processione cum SS. Sacramento in Dominica tertia cuiusque mensis . »	372
CAPUT XXXIX.	De Anniversariis electionis et consecrationis Episcopi. . . . . »	375
CAPUT XL.	De Synodo Dioecesana. . . . . . »	376
CAPUT XLI.	De Concilio Provinciali . . . . . »	415
CAPUT XLII.	De variationibus quae in Concilio Provinciali admittendae sunt si Metropolitanus insignitus sit dignitate Cardinalitia . . . . »	478

CAUT XLIII.	De variationibus quae locum habent in Concilio Provinciali, si praeter Cardinalem Metropolitanum adsit alter Episcopus suffraganeus insignitus et ipse dignitate Cardinalitia . . . . pag.	479
CAPUT XLIV.	De variationibus in Concilio Provinciali admittendis si Cardinalis suffraganeus adsit et Metropolitanus sit Praelatus. »	485
CAPUT XLV.	De anniversario Episcopi praedecessoris. . . . . »	491
CAPUT XLVI.	De anniversario Episcoporum et Canonicorum omnium defunctorum . . »	492
CAPUT XLVII.	De obitu et exsequiis Episcopi et de supplicationibus pro novo Episcopo eligendo. . . . . »	ib.

APPENDIX

CAPUT I.	De Eminentissimis ac Reverendissimis S. Rom. Ecclesiae Cardinalibus . . »	503
CAPUT II.	De Eminentissimi Cardinalis Missae solemni assistentia . . . . »	508
	Decreta. S. Congregationis Caeremonialis habitae die 14. Decembris an. 1837 . . . »	512
CAPUT III.	De Missa Pontificali ab Episcopo ordinario ad faldistorium celebrata . . «	514
CAPUT IV.	Sacra supellex quae opus est Episcopo ad functiones ecclesiasticas peragendas. . . . . »	522
CAPUT V.	Brevis methodus sacrae visitationis Localis Realis et Personalis . . . . . »	532

ERRATA			CORRIGE
Pag. 13	linea	2. inde aut candelabra	inde candelabra
» 18	»	5. violacem	violaceum
» 32	»	16. funalia	fanalia
» 38	»	10. Celebrans procedet	Episcopus procedet
» 65	»	18. pelvicula et cochleare maius	rudicula et cochleare maius
» 67	»	21. pluresve urcei	pluresve pelves
» 69	»	15. ad Altare recitabit	ad Altare assurget, recitabit
» 78	»	29. mitra et baculo	mitra auriphrygiata et baculo
» 98	»	18. acolythi et redibunt	acolythi, qui deponent candelabra super abacum. Redibunt
» 126	»	13. separabit	se parabit
» 136	»	29. tollet de pede Crucem: quam de Altari	tollet de pede Crucem et postquam de Altari
» 147	»	4. si S. Hostia ; erat	si S. Hostia erat
» 244	»	27. Diaconus stans	Subdiaconus stans
» 267	»	22. accipiet Cereum	accipiet Crucem
» 273	»	6. capit. XIII et XVI	cap. XIV.
» 309	»	6. Dominationi suae	Dominationis suae
» 366	»	8. Sacristra	Sacrista
» 376	»	14. eletionis	electionis
» 396	»	13. *fidlibeus*	*fidelibus*
» 453	»	16. ne det signum	ne detur signum
» 463	»	33. et discedet	et discedent
» 467	»	25. popolus	populus
» 480	»	26. respodebunt	respondebunt
» 485	»	10. (544)	(524)
» 540	»	14. col. 2. vigilarum	vigiliarum

VENIA SUPERIORUM

CATHOLIC THEOLOGICAL UNION

3 0311 00104 0604

WITHDRAWN